W0069524

Lutz von Werder

Lehrbuch des kreativen Schreibens

Meinem Sohn Max gewidmet

Lutz von Werder

Lehrbuch des kreativen Schreibens

mit 22 Schreibbildern von Frank Steinicke

marixverlag

Alle Rechte vorbehalten

Es ist nicht gestattet, Abbildungen dieses Buches zu scannen,
in PCs oder auf CDs zu speichern oder mit Computern zu verändern
oder einzeln oder zusammen mit anderen Bildvorlagen zu manipulieren,
es sei denn mit schriftlicher Genehmigung des Verlages.

Copyright © by Marix Verlag GmbH, Wiesbaden 2007
Aktualisierte und neu gesetzte Ausgabe
nach der Auflage Schibri-Verlag, Berlin/ Milow 2001
Covergestaltung: Thomas Jarzina, Köln
Bildnachweis: Corbis GmbH, Düsseldorf
Gesamtherstellung: GGP Media GmbH, Pößneck
Printed in Germany

ISBN 978-3-86539-148-3

www.marixverlag.de

Inhaltsverzeichnis

Einleitung

Die Schreibbewegung in Deutschland und den USA

1. Ausbildung zum Schriftsteller oder was?

In der Bundesrepublik entwickelte sich seit Anfang der 70er Jahre eine kreative Schreibbewegung. Sie ging von der provokanten These aus: „Schreiben über seine alltäglichen Erlebnisse, Wünsche und Krisen kann jeder." Man formulierte: „Schreiben – in unserer Gesellschaft ein arbeitsteilig organisiertes Spezialvermögen – wollen wir als eine allgemeine Fähigkeit propagieren." (Boehncke, H.; Humburg, J.: Schreiben kann jeder. Handbuch zur Schreibpraxis für Vorschule, Schule, Universität, Beruf und Freizeit. Reinbek 1980, S. 9) Dieses freie Schreiben sollte sich „in dem Maße entfalten, in dem es eingebunden ist in selbstbestimmte Erfahrungs-, Handlungs- und Kommunikationszusammenhänge und dies einhergeht mit der Aneignung der Schreibtechniken bzw. Kommunikationsmittel." (Boehncke, H., Humburg, J., a.a.O., S. 89 f.).

Diese Expansion des Schreibens stieß bald auf die Kritik von Schriftstellern. Sie fragten: Zielt die Schreibbewegung auf langweilige Verständigungsliteratur, will sie Hobbyschriftsteller oder Berufsschriftsteller ausbilden? Es wird nicht überraschen, dass sich die Schriftsteller von der Schreibbewegung abwandten und verbreiteten, dass sie für Hobbyautoren und schreibende Selbsttherapeuten keinen Bedarf hätten. Der Autor Hugo Dittberner formulierte: „Da entsteht Verständigungsliteratur, die viele schreiben, aber keiner mehr lesen will." (Dittberner, H.: Arche Nova. Aufzeichnungen als Literarische Leitform. Göttingen 1998, S. 8)

Die Schreibbewegung hat sich um die Ablehnung durch die Schriftsteller nicht gekümmert, sondern – im Zugriff auf die 100-jährige Tradition des „kreativen Schreibens" (Creative Writing) in den USA und Lateinamerikas – Theorie, Methodik, Didaktik und Evaluation des Kreativen Schreibens für alle in Deutschland ausgebaut. Der Schreibbewegung war dabei klar, dass Kreatives Schreiben als Unterhaltung, Selbstverständigung, Selbsttherapie ebenso nützlich ist, wie zur Aneignung von Schreib-Handwerkszeug. Sie ging davon aus, dass in einer demokratischen Gesellschaft nicht nur eine kleine Genie-Elite schreiben dürfe, sondern sie erkannte: Geschrieben wird, leider auf niedrigem Niveau, in der Schule, in der Universität, im Beruf und in der Freizeit, in der Erwachsenenbildung, in der Therapie, in der Altenarbeit, im Knast, in der Reha, auf Bildungsreisen usw., usw. Die Konsequenz war: Kreatives Schreiben als professionelles Schreiben wurde als Medium des Lernens, des Kommunizierens, der Selbsterfahrung und Selbstverwirklichung ebenso praktiziert, wie als Vorschule für Schriftsteller und Journalisten, aber auch für Schüler und Studenten aller Disziplinen bei der Aneignung der Wissenschaft.

Das Berufsziel des Kreativen Schreibens wurde als Autobiograph, Hobby-Autor, als Kultursozialarbeiter, Schreibcoach, Schreibpädagoge, Schreibtherapeut oder Schreiblehrer an Universitäten und Hochschulen in allen Fächern umrissen. Das Berufsziel „Schriftsteller" bzw. hochgelobter „Bestsellerautor" war nur eine Marginalie für die Schreibbewegung.

Allerdings ist heute im 21. Jahrhundert das „kreative Schreiben" auch in den Schriftstellerausbildungsgängen in den Universitäten von Leipzig, Hildesheim und Berlin angekommen. In diesen Ausbildungsgängen wird behauptet: Die Literatur über kreatives Schreiben stellt in ihren Büchern nicht die Frage, was kreatives Schreiben ist. Die Literatur des kreativen Schreibens käme weitgehend ohne begriffliches oder historisches Denken aus. Man erklärt nun mit großer Emphase: „Es ist also an der Zeit, das kreative Schreiben ernst zu nehmen." (H.-J. Ortheil: Aristoteles und andere Ahnherren. Über Herkunft und Ursprung des Kreativen Schreibens. In: Haslinger, J.: Treichel, H.-U. (Hrsg.): Schreiben lernen – Schreiben lehren. Frankfurt 2006, S. 17)

Das ist ein totaler Irrtum. Das Kreative Schreiben ist längst, außerhalb der universitären Seminare in Leipzig, Berlin und Hildesheim, seit über 30 Jahren in Deutschland weit verbreitet und wissenschaftlich fundiert. Viele Schreibgruppen des Kreativen Schreibens helfen auch vielen anleitenden Schriftstellern beim Überleben, ohne die bezahlte Anleitung von kreativen Schreibgruppen gehören heute Schriftsteller zur Hartz-IV-Kultur. Sehen wir uns also die Entwicklung des kreativen Schreibens in Deutschland an.

2. Die Schreibbewegung in Deutschland seit den 80er Jahren

Die **selbst organisierten Schreibwerkstätten** mit literarischem Anspruch umfassten in der BRD 1988 etwa 200 Gruppen (M. Basse, E. Pfeiffer. Literaturwerkstätten und Literaturbüros in der Bundesrepublik. Lebach 1988). Ebenso viele Schreibgruppen gab es bis 1989 in der DDR, die sich am „Bitterfelder Weg" des Schreibens für alle orientierten. Dieser Weg forderte: „Kumpel greif zur Feder!" (Vgl. U. Steinhaussen, D. Faulseit, J. Bonk: Handbuch für schreibende Arbeiter. Berlin 1969) Die Zahl der literarischen Schreibgruppen hat sich in Gesamtdeutschland bis heute sicherlich verdoppelt.

Neben die literarischen Schreibwerkstätten treten die Kurse zum Kreativen Schreiben an den **Volkshochschulen**. Hier ist die rasante Entwicklung des Kreativen Schreibens ungebrochen. Eine Umfrage zeigte, dass es „heute im Durchschnitt an jeder Volkshochschule zwei Schreibwerkstätten gibt. Wenn jede Werkstatt 20 Teilnehmer hat und 1000 Volkshochschulen existieren, die im Jahr zwei Kurse anbieten, dann lernen heute jährlich 40.000 Deutsche kreatives Schreiben an deutschen Volkshochschulen." (L. v. Werder, B. Schulte-Steinicke: Die deutsche Schreibkrise. Empirische Umfragen von 1994-2002. Hohengehren 2003, S. 76)

An den deutschen **Gymnasien** firmiert kreatives Schreiben als „produktiver Umgang mit Literatur". In 5 von 16 Bundesländern ist heute kreatives Schreiben fester Bestandteil der Rahmenpläne Deutsch. Die meisten Bücher zum Kreativen Schreiben richten sich deshalb in Deutschland auch an Lehrer oder Schüler.

Ansätze zum Kreativen Schreiben in den Wissenschaften gibt es in verschiedenen Fächern der **Universitäten und Fachhochschulen**. Gab es 1986 an deutschen Hochschulen 37 einsemestrige Schreibseminare, so haben sich die Angebote heute auf über 100 entwickelt. (L. v. Werder, B. Schulte-Steinicke, a.a.O., S. 20) Obwohl festgestellt wurde, dass „bei einem Drittel der Studenten die Schreibfähigkeit unterstützt werden muss, kann von einem endgültigen Durchbruch des Kreativen Schreibens in allen universitären Fächern noch keine Rede sein." (Vgl. L. v. Werder: Kreatives Schreiben in den Wissenschaften. Berlin 2002)

Das kreative Schreiben im **Beruf** „wird bisher in Deutschland von Akademikern in seinem Stellenwert für den Erfolg im Beruf noch häufig verkannt." (L. v. Werder, B. Schulte-Steinicke, a.a.O., S. 86) Dabei haben nach einer Umfrage „98% der Fach- und Führungskräfte der deutschen Wirtschaft Probleme mit dem beruflichen Schreiben." (L. v. Werder, B. Schulte-Steinicke, a.a.O.) Sowohl an Universitäten wie im Betrieb wird das Kreative Schreiben im Gegensatz zu außeruniversitären Institutionen erst ansatzweise gefördert.

Allerdings ist sicher, dass kreatives Schreiben ein wichtiges Hobby für die **Freizeit** der Einzelnen ist. Da die Gesellschaft immer älter wird, wird kreatives Schreiben seine Bedeutung in Deutschland bald für ein Millionenpublikum ausbauen können. Ja, es ist sicher, dass viele Menschen in Lebenskrisen, als Autobiographen und Tagebuchschreiber, als Gelegenheitsdichter und eigene Lebensphilosophen und Selbsttherapeuten das Kreative Schreiben heute schon hunderttausendfach nutzen.

In der internationalen Szene des Kreativen Schreibens liegt Deutschland mit diesem Verbreitungsprofil bisher gegenüber den USA und England deutlich im Hintertreffen. Während es in den USA über 350 Schreibstudiengänge für die literarische, wissenschaftliche oder berufliche Schreibqualifikation gibt, lassen sich in Europa nach Barbara Glindemann nur 56 Schreibstudiengänge in England finden. (B. Glindemann: Creative Writing in England, den USA und Deutschland. Frankfurt 2001). Theoretisch tritt die Erforschung des Kreativen Schreibens in Deutschland besonders an den Universitäten Leipzig und Hildesheim auf der Stelle.

Immerhin gibt es seit 2000 die Zeitschrift „TextArt. Magazin für Kreatives Schreiben", die Oliver Buslau viermal im Jahr erscheinen lässt. Diese Zeitschrift bietet einen sehr praxisbezogen Einblick in das Schreiben verschiedener Textsorten vom Tagebuch über das Drehbuch bis zum Krimi. Sie stellt Schriftsteller vor, die Berichte von der Arbeit am Schreibtisch liefern. Schreibwerkstätten von Schreibpädagogen werden porträtiert. Die wichtigsten Neuerscheinungen zum kreativen Schreiben werden rezensiert. Verlage werden unter die Lupe genommen, besonders Druckkostenzuschuss-Verlage. Aber auch der Einsatz des Computers beim Schreiben wird gewürdigt. In jedem Heft werben 30-50 Schreibseminare bundesweit um Kunden.

3. Die Schreibbewegung in den USA seit den 80er Jahren

Das Kreative Schreiben in den USA expandiert seit 100 Jahren. In den USA erscheinen 16 Zeitschriften zum Kreativen Schreiben und vier Zeitschriften zum Kreativen Schreiben in allen wissenschaftlichen Fächern (Vgl. H. A. Rau (Hrsg.): Kreatives Schreiben an Hochschulen. Tübingen 1988, S. 15) Seit 1988 erscheint in den USA – in Deutschland undenkbar – jährlich eine Bibliographie zum Kreativen Schreiben. Sie wird von der „Conference on College Composition and Rhetoric" in Carbondale durch die „Southern Illinois Universal Press" herausgegeben und verzeichnet jährlich rund 2000 der wichtigsten Publikationen zum Kreativen Schreiben.

Diese Bibliographie gliedert sich in folgende Abschnitte:

1. Bibliographien zum Kreativen Schreiben
2. Theorie und Forschung zum Kreativen Schreiben
3. Ausbildung zum Schreiblehrer
4. Studiengänge des Kreativen Schreibens
5. Qualitätskontrolle des Kreativen Schreibens

Die USA entwickelt eine umfassende kreative Schreibforschung, in Deutschlands Universitäten wird höchstens mal nach der Beziehung von Literaturwissenschaft und Kreativem Schreiben gefragt (S. Porombka: Abgewandt. Angewandt. Zugewandt. Über die Beziehung von Literaturwissenschaft und Kreativem Schreiben. In: Zeitschrift für Germanistik. H3/2006, S. 597–609).

Auch nach 10 Jahren Schreiblehre am „Deutschen Literaturinstitut" an der Universität Leipzig ist man erst soweit, zu fragen, ob es denn für Berufsschriftsteller eine Poetik des Kreativen Schreibens geben müsste (J. Haslinger,

H.-U. Treichel (Hrsg.): Wie werde ich ein verdammt guter Schriftsteller? Frankfurt 2005, Dies. (Hrsg.): Schreiben lernen – schreiben lehren. Frankfurt 2006). Als besondere Entdeckung gilt in Deutschland auch im Studiengang „Kreatives Schreiben" an der Universität Leipzig die Verbindung von Lesen und Schreiben. Josef Orthei will außerdem mit dem Zugriff auf die Poetik von Aristoteles, Horaz und Poe Fundamente des Kreativen Schreibens legen. Kreatives Schreiben ist für die deutsche Schreibforschung eben nur „angewandte Literaturwissenschaft." (S. Porombka, a.a.O., S. 605)

In den USA ist dagegen kreative Schreibforschung seit 100 Jahren an der Tagesordnung. (Vgl. D. R. Russell: Writing in the Academic Disciplines 1870-1990. A Curricular History. Carbondale: 1991; Jollife, D. A. (Hrsg.): Writing in Academic Disciplines. Norwood 1988; Adams, K. H.: A History of Professional Writing Instructions in American Colleges. Dallas 1993)

Das Kreative Schreiben in den USA hat längst das Ghetto des literarischen Schreibens durchbrochen. In den USA existiert auch seit 1986 das „National Network of Writing across the Curriculum", das an über 400 Hochschulen verankert ist. Kreatives Schreiben überschreitet den Bereich der Literaturproduktion und wird in Mathematik, Physik, Chemie, Recht und allen Geistes- und Sozialwissenschaften, um durch kreatives Schreiben zu lernen, transdisziplinär entwickelt. Die Werkstätten des „Writing across the Curriculum"-Programms (abgekürzt WAC) versuchen, kreatives Schreiben und kritisches Denken zu verbinden.

Die Bibliographie "Writing across the Curriculum. An annotated Bibliography" von C. M. Anson, J. E. Schwiebert und M. M. Williamson (Westport 1993) macht deutlich, dass Theorie und empirische Erforschung im Kreativen Schreiben in allen Disziplinen wichtige Schwerpunkte sind. Das Buch zeigt aber auch, dass das Kreative Schreiben in Mathematik, Technik, Sozialwissenschaft, Wirtschaftswissenschaft, Finanzwissenschaft und Recht eine besondere Aufmerksamkeit genießt.

Es gibt auch kreative Schreibseminare an US-Universitäten, in denen das Schreiben interdisziplinärer Texte gelehrt wird. An allen amerikanischen Universitäten und Colleges gibt es Schreiberatungszentren.

Das Handbuch "Writing Centres. An annotated Bibliography" (Hrsg.: C. Murphy, J. Law, S. Sherwood. Westport 1996) zeigt, dass die Geschichte der Schreibzentren, ihre Programme, die Theorie der Schreibzentren, die Verwaltung und Finanzierung, die Ausbildung von Lehrpersonal für Schreibzentren im Mittelpunkt einer lebendigen Forschung stehen.

Diese Praxis hat auch auf die Großbetriebe übergegriffen. Große Anwaltskanzleien und Forschungsinstitute haben Schreibberatungszentren. Wichtig ist in den USA auch die Erforschung des Schreibens in Gruppen, die kollektive Textproduktion betreiben, geworden. (Dynes, R.: Creative Writing in Group Work. Oxson 1988, Gere, A. R.: Writing Groups: History, Theory and Implication. Carbondale 1987) Die Verbindung von kreativem

Lesen und Schreiben ist in den USA Standard (Fulwiler, T., Young, A.: Language Connection: Writing and Reading across the Curriculum. Urbama 1982). Alle Studenten in allen Fächern der USA werden angehalten, ein kreatives wissenschaftliches Tagebuch zu führen (Fulwiler, T.: The Journal Book. Portsmouth 1987). Jede Elite-Universität gibt ein eigenes Handbuch des Kreativen und wissenschaftlichen Schreibens für ihre Studenten heraus. (Hier eine winzige Auswahl: Hefermann, J. A. W., Lincoln, J. E.: Writing. A College Handbook. New York 1986; Hacker, D.: The Bedford Handbook for Writers. Boston 1994; Axelrod, R. B., Cooper, C. R.; The St. Martins Guide to Writing. New York 1988; Fulwiler, T.: Hayakawa, A. R.: The Blair Handbook of Writing. Prentice Hall 1994 usw.)

Als wichtige Grundlage des Kreativen Schreibens wird in den USA die Tiefenpsychologie, die Rhetorik, die Literaturwissenschaft, aber auch die Erwachsenenbildung und die Schreibpädagogik betrachtet. (Vgl. z.B. Lindemann, E.: A Rhetoric for Writing Teachers. New York 1982; Winterowd, W.R.: Composition / Rhetoric. A Synthesis. Carbondale 1986) Die Erforschung von Schreibstörungen ist in den USA ein wichtiger psychologischer Beitrag (Mundis, I.: Break writing black now. New York 1991; Rose, M. (Hrsg.): When a Writer Can't Write. New York 1985; Kelloy, R.T.: The Psychology of Writing. New York 1999 etc.). Die Methodik und Didaktik des Kreativen Schreibens wird besonders entwickelt (Bishop, W. u.a.: Teaching Creative Writing. A Selective annotated Bibliography. Bloomington 1989).

Natürlich gibt es in den USA auch eine entwickelte Schreibtherapie, die 1980 mit A. Lerners Buch: „Poetry in the Therapeutic Experience" (New York 1980) begann und von J. J. Leedy: „Poetry as Healer" (New York 1985) weitergeführt wurde. P. Kelley hat in ihrer Untersuchung "The Uses of Writing in Psychotherapy" (New York 1990) nachgewiesen, dass auch der therapeutische Aspekt des Kreativen Schreibens eindeutig nachweisbar ist. (Vgl. auch L.v. Werder: Kreative Einführung in Grundkonzepte der Psychotherapie. Berlin 1998, S. 14-17)

Die Wissenschaft des Kreativen Schreibens in den USA basiert auf einer riesigen universitären und außeruniversitären Schreibszene. So gibt es rund 200 Schreiborganisationen von professionellen und Hobby-Schreibern, die zwischen 5.000 bis 15.000 Mitglieder umfassen (Malone, E.: The complete Guide to Writers Groups, Conferences and Workshops. New York 1996, S. 129-151) Es gibt 350 Studiengänge zum Kreativen Schreiben. Dabei werden 200 dieser Studiengänge von Universitäten und 150 von Colleges angeboten. (Malone, E., a.a.O., S. 153-182) Dazu kommen die 400 Schreibprojekte des Schreibens „across the Curriculum". Bekannt sind rund 1.500 Schreibberatungszentren und private Schreib-Lehr-Institute quer durch die USA. Sie wenden sich an alle Zielgruppen von Frauen, über Farbige, von Managern bis Fotografen, an Jugendliche und Leute über 57 Jahre (Malone, E., a.a.O., S. 183–245).

Es ist deshalb nicht überraschend, dass jährlich rund 2.000 Publikationen zum Kreativen Schreiben in den USA veröffentlicht werden. Die Zahl der Schreibprofessoren muss über 3.000 Hochschullehrer umfassen. Die deutschen Zahlen sehen dagegen mager aus: 3–5 Bücher über kreatives Schreiben pro Jahr und 5–6 Schreibprofessoren an deutschen Hochschulen. Hochgerechnet!

4. Aufbau und Ziel des vorliegenden Lehrbuches

Die Entwicklung des Kreativen Schreibens in den USA setzt sich aber auch in Deutschland langsam durch. Es ist deshalb an der Zeit, mit dem neu aufgelegten „Lehrbuch des Kreativen Schreibens" einen immer noch aktuellen Überblick über Theorie und Praxis des kreativen Schreibens für alle zu geben.

Die Geschichte des Kreativen Schreibens in Deutschland lässt sich in folgende Phasen gliedern:
- Kreatives Schreiben in der Schule (ab 1970)
- Kreatives Schreiben in der Freizeit (ab 1980)
- Kreatives Schreiben in Wissenschaft, Beruf und Therapie (ab 1990)
- Kreatives Schreiben in allen wissenschaftlichen Fächern (ab 2000)

Das Lehrbuch fasst die sich erweiternden Erkenntnisse aller dieser Phasen zusammen.

Im Lehrbuch wird nicht der kritische Umgang mit fertigen Texten vorgestellt, sondern die **Begleitung durch den Schreibprozess mit seinen vier Phasen**: Ideen sammeln, gliedern, schreiben und überarbeiten.

Dabei ist klar, dass für den Schreibprozess in der 1. Phase die Kreativitätsforschung und die Neurologie zum Zuge kommen. In der 2. und 3. Phase sind die kognitive und die Tiefenpsychologie von Wichtigkeit. In der 4. Phase hat die Poetik, die Rhetorik, die Metapherologie ihren Stellenwert.

Für die **Durchführung des Kreativen Schreibens in Gruppen** ist dann noch die Gruppenpädagogik und Gruppendynamik von Wichtigkeit. Für den Vertrieb der entstandenen Texte wären die Ökonomie und das Marketing zu Rate zu ziehen. Das Lehrbuch ist deshalb, seitdem es zum ersten Mal erschienen ist, interdisziplinär.

Das Lehrbuch des Kreativen Schreibens gliedert sich in zwei Teile:

Der 1. Teil umfasst das Feld des Schreibens: Er definiert das Kreative Schreiben, stellt die Techniken und Methoden vor und entwickelt Schreibszenarien für viele Textsorten in vielen Fächern und Formaten.

Der 2. Teil entwickelt die Theorie der Schreibpädagogik und der Schreibgruppenpädagogik.

Am Schluss gibt es Hinweise wie man mit diesem Buch kreativ umgehen kann.

Das Buch hat eine große und differenzierte Zielgruppe:

- Es wendet sich an Schriftsteller, die eine Qualifikation als Schreibgruppenleiter erwerben wollen.

- Es richtet sich an Hobby-Schriftsteller, die Anregungen für Schreiben in der Einsamkeit oder in Schreibgruppen suchen.
- Es ist für alle Menschen bestimmt, denen kreatives Schreiben helfen kann, ihr Leben und ihre Lebenskrisen zu meistern.
- Das Buch ist auch für Sozial- und Pflege-Profis bestimmt. Es gibt Hilfen für Sozialarbeiter und Sozialpädagogen, die mit dem Medium Schreiben ihre Zielgruppe zur Verbesserung ihres Selbstverständnisses führen wollen.
- Dieses Buch hilft Schreiblehrern und Schreiberatern, die Ressourcen des Kreativen Schreibens für ihre Kunden besser zu nutzen.
- Schließlich kann es Erwachsenenbildner für ihre Schreibgruppen an Volkshochschulen, in Gewerkschaften, in Vereinen und Verbänden Anregungen vermitteln.
- Außerdem kann für Hochschullehrer das Kreative Schreiben zusammen mit dem Kreativen Lesen ein wichtiges Medium zur Verbesserung ihrer Lehre werden.
- Studenten aller Fächer können mit diesem Lehrbuch ihr Potential des Selberlernens durch Schreiben verbessern.

Angesichts dieser breiten Zielgruppe ist klar, dass auf dem Gebiet des Kreativen Schreibens noch viel Forschungsbedarf besteht. Das Lehrbuch kann hier nur die Forschung sowie die Praxis anregen. Es weist selbstverständlich noch viele Lücken in der Schreibforschung wie in der Schreibpädagogik auf.

Die ausführliche **Bibliographie zum Kreativen Schreiben** am Ende des Buches deckt diese Defizite auf und hält viele überraschende Informationen für alle Schreibbegeisterten bereit.

5. Dank für Hilfe

Ohne 20 Jahre Schreibforschung und viele Studentengenerationen aus Schreibgruppen und Schreibprojekten, ihren Praxisberichten und Diplomarbeiten wäre dieses Buch nicht entstanden. Ohne 15 Jahre Schreibforschung am Hochschuldidaktischen Zentrum (HDZ) der Alice-Salomon-Fachhochschule wäre die Aufarbeitung der amerikanischen Forschung zum Kreativen Schreiben nicht möglich gewesen. Die 2006 erfolgte Eröffnung des 1. Master-Aufbau-Studiengangs „Zum kreativen und autobiographischen Schreiben" an der Alice-Salomon-Fachhochschule in Berlin war ohne dieses Lehrbuch undenkbar.

Ich danke Frau Miriam Zöller für die Möglichkeit, dieses Buch in einer neuen Ausgabe einem breiten Publikum vorzustellen. Frau Iris van Beek vom Schibri-Verlag und Frau Dipl. Ing. Sonja Lingk, meiner Assistentin, gilt mein Dank für die Betreuung dieses Buchprojekts.

Berlin, Frühjahr 2007 *Prof. Dr. Lutz von Werder*

1. Teil

DAS POETISCHE FELD

„Ich habe oft gehört, dass niemand ohne Begeisterung und einen gewissen Anhauch von Wahnsinn ein guter Dichter werden kann."
Demokrit, in: W. Capelle (Hrsg.):
Die Vorsokratiker. Stuttgart 1968, S. 465

„Denn ein leichtes Wesen ist der Dichter und geflügelt und heilig, und nicht eher vermögend zu dichten, bis er begeistert worden ist, und bewusstlos und die Vernunft nicht mehr in ihm wohnt."
(Platon Ion, in: Platon: Sämtliche Werke.
Reinbek, 1959 Bd. 2, S. 103)

„Wer aber ohne den Wahnsinn der Musen sich den Pforten der Dichtkunst naht, in der Überzeugung, schon durch gute Technik ein fähiger Dichter zu werden, der bleibt selbst erfolglos, und die Dichtung des Vernünftlers verschwindet vor der Dichtung der im Wahn Verzückten ins Nichts."
(Platon Phaidros. Frankfurt 1963, S. 35)

A. Das kreative Schreiben

1. Begriff und Geschichte

Die moderne Kreativitätsforschung hat ihren Gegenstand von zwei Seiten umschrieben: Kreativ ist jeder Akt, der für ein Individuum etwas Neues darstellt oder im weiteren Sinne etwas Neues für einen Kulturkreis oder die Menschheit bedeutet (U. Beer, W. Erl: Entfaltung der Kreativität. Tübingen 1974, S. 9).

Kreatives Schreiben soll also das Schreiben genannt werden, das einmal für den einzelnen eine Entfaltung neuer Ausdrucksmöglichkeiten, Kom-

munikationsformen und neue Formen der Selbsterkenntnis mit sich bringt. Damit das kreative Schreiben aber nicht nur einen individuellen, sondern auch gesellschaftlichen Fortschritt beinhaltet, muss das kreative Schreiben die produktive Auseinandersetzung mit den literarischen Experimenten fortführen, die seit der Romantik die Literatur prägen. Es muss die großen Alternativen in der heutigen Literatur, Sprachexperiment und Selbsterfahrung, zu vermitteln suchen.

In der neuen Literaturdiskussion seit 1945 tritt ein wichtiger Antagonismus auf. Schreiben wird als Rühmen des Lebens (H.G. Oates, O. Paz), als Sprachexperiment und Sprachspiel (Gomringer, Mon, Heissenbüttel, Jandl) einerseits und als Gefühlsausdruck (W.H. Auden, A. Ginsberg), als Darstellung von Erfahrung (C. Wolff, R. Baumgart), als Selbsterkenntnis (Sartre, Eich, Domin) andererseits verstanden und praktiziert.

Dieser Antagonismus und seine Vermittlung birgt neue Kreationsmöglichkeiten, die das kreative Schreiben nutzen sollte. Kreatives Schreiben als produktives, literarisches Schreiben (vgl. C. Eykman: Schreiben als Erfahrung. Bonn 1985, 32–68) ist also zu unterscheiden von dem spontanen Schreiben in vielen Schreibgruppen, und es ist besonders zu unterscheiden von anderen Schreibarten wie journalistisches, wissenschaftliches oder triviales Schreiben (vgl. W. Gössmann: Theorie und Praxis des Schreibens. Düsseldorf 1987, S. 57–137).

Die Geschichte des kreativen Schreibens wird durch das Jahr 1900 in zwei Teile geteilt. Die Zeit vor der Veröffentlichung von Freuds Traumdeutung und die Zeit nach der Veröffentlichung von Freuds Traumdeutung. Vor Freud diente das Schreiben der Darstellung von Gefühlen, der Erfahrung, der Selbsterkenntnis. Es verwandte besonders die Produktionstechniken der freien Assoziation und der Imagination. Freuds Tiefenanalyse der Triebkräfte der freien Assoziation, seine Enthüllung der kindlichen Komplexe als Quelle des Schreibens, haben Technik und Inhalt des Schreibens umgewälzt. Schon die Wiener Literatur (Schnitzler, K. Kraus, H. v. Hofmannsthal) verstrickte sich in eine intensive Auseinandersetzung mit Freud (W. Worbs: Nerven-Kunst. Frankfurt 1983). D. H. Lawrence entwickelte als Reaktion auf Freud „eine eigene Auffassung vom Unbewussten, das es nicht aufzuklären, sondern in der Erfahrung des Körpers, insbesondere in der sexuellen, als Energie zu wecken gilt" (H. Mettler: Autoren schreiben anders: Der Einfluss der Psychoanalyse auf die moderne Literatur. In: Psychologie im 20. Jahrhundert. München: Kindler 1980, Bd. 15, S. 837). Rilke und Kafka lehnten die Analyse ab. Hesse und Th. Mann verwerteten die Psychoanalyse als eigene Erfahrung oder Vorbild. Aber erst der Expressionismus schuf mit der Technik der mythologischen Imagination, der Surrealismus mit dem automatischen Schreiben, der Dadaismus mit dem zitierenden Schreiben Produktionstechniken, die über die freie Assoziation hinausgingen, die Textdeutung überwanden und dem Sprachspiel, dem Sprachexperiment den Weg ebneten. Diese neuen Schreibtechniken gehen über die freie Assoziation des 19. Jahrhunderts hinaus. Schon C.G. Jung konnte J. Joyce mitteilen, dass Joyces innerer Monolog der Molly Bloom im Schlusskapitel des Ulysses: „eine Kette veritabler psychologischer Perlen ist. Höchstens des Teufels Großmutter weiß so viel von der Psychologie einer Frau. Ich wenigstens nicht" (zit. n. R. Ellmann: James Joyce. Frankfurt 1979, Bd. 2, S. 947).

Seit die neuen literarischen Produktionstechniken des 20. Jahrhunderts in engster Auseinandersetzung mit der freien Assoziation sich entwickelt haben, tut sich die Psychoanalyse schwer mit der literarischen Moderne. „Es scheint unmöglich, die surrealistischen Produktionen der Analyse zu unterziehen" (M. Rutschky: Lektüre der Seele. Berlin 1981, S. 166). Während die Analyse an Texten des 19. Jahrhunderts die Tiefenschichten erhellte, muss sie angesichts der literarischen Moderne oft vor dem „schöpferischen Geheimnis" kapitulieren (vgl. C.D. Eck: Psychoanalytiker deuten Gestalten und Werke der Literatur. In: Psychologie des 20. Jahrhunderts. München: Kindler 1987, Bd. 15, S. 863). Die moderne Literatur spaltet sich: Sie zerfällt in eine Strömung, die traditionell assoziativ weiter schreibt und in eine Strömung, die die neuen literarischen Produktionstechniken benutzt. In der traditionellen Schreibe werden heute auch die vielen Vater- und Muttergeschichten geschrieben, die als Selbsttherapie einige Therapeuten um Kunden bringen. Davon abgegrenzt arbeiten die experimentellen Texter, vor denen die Deuter ratlos stehen. Kreatives Schreiben könnte sich auf beide Lager beziehen und aus **ihrer Integration** neue Schreibimpulse entwickeln.

2. Wissenschaftliche Zugänge zum kreativen Schreiben

Die neue deutsche Schreibbewegung hat seit Beginn der 70er Jahre nicht nur viele Schreibpraxen entwickelt, sondern sie war auch um eine wissenschaftliche Theorie ihres Tuns bemüht. Die wissenschaftlichen Zugänge zum kreativen Schreiben haben sich allerdings zersplittert. Um aber einen gewissen Überblick zu bekommen, sollen die Zugänge nach ihrem Verständnis des Gegenstandes des kreativen Schreibens unterschieden werden. Nach meiner Einschätzung lassen sich drei wissenschaftliche Zugänge typologisieren: Kreatives Schreiben als Stilaneignung, als Spiel und als Selbsterkenntnis und Selbsterfahrung.

2.1. Kreatives Schreiben als literarischer Stil

Am Anfang der Schreibbewegung standen die unruhigen Deutschlehrer und Deutschdidaktiker, die aus den Fesseln der bloßen Literaturrezeption und Literaturkritik heraus wollten. So propagierte Ingeborg Meckling in „Kreativitätsübungen im Literaturunterricht der Oberstufe" (München 1972) kreatives Schreiben als Imitation von literarischen Schreibmustern. Sie empfahl z. B. dadaistische Texte zu imitieren, anti-dadaistische Texte zu schreiben und dadaistische Textcollagen zu produzieren (vgl. I. Meckling, a. a. O., 8. Übung Dada). Hans Gatti stellte in seinem Buch „Schüler machen Gedichte" (Freiburg 1979) das analoge Gestalten in den Mittelpunkt. Das analoge Gestalten beginnt mit der Begegnung eines Dichtertextes. „Nach dessen Behandlung versuchen nun die Schüler einen thematisch und meist auch formal ähnlichen Text zu schreiben" (H. Gatti, a. a. O., S. 66). Ein großer Vorteil, meint Gatti, liegt darin, „daß das Muster für die selbst zu verfassenden Gedichte schon bekannt ist, also ein vorher erarbeitetes Schema nur noch nachgeahmt zu werden braucht" (H. Gatti, a. a. O., S. 67). Was richtiger literarischer Stil ist, das bestimmt für Gerd Ueding die antike Rhetorik Quintilians. „Oberste Regel für die sprachliche Fassung eines Themas sind in der rhetorischen Stillehre enthalten" (G. Ueding: Rhetorik des Schreibens. Königstein 1985, S. 61). Ein System des Schreibens nach stilistischen Regeln hat Günter Waldmann mit seinem Buch „Produktiver Umgang mit Lyrik" (Baltmannsweiler 1988) vorgelegt, das Versform, Klangform, Wortform, Bildform, Satzform und Strophenform in praktischer Hinsicht vorstellt und die Aneignung dieses lyrischen Stils als Erweiterung der Alltagssprache um die literarische Sprache versteht und diesen Vorgang „produktive literarische Differenzerfahrung" (G. Waldmann, a. a. O., S. 232) nennt. Einen sehr viel breiteren Ansatz des kreativen Schreibens nach vorgegebenen Mustern vertritt W. Gössmann in seinem Buch „Theorie und Praxis das Schreibens" (Düsseldorf 1987). Er löst sich vom lyrischen Schreiben ab und erschließt folgende Bereiche des Schreibens: 1. Spontanes literarisches Schreiben, 2. Erzählendes Schreiben, 3. Konzipierendes Schreiben, 4. Journalistisches Schreiben. 5. Wissenschaftliches Schreiben, 6. Literarisches Übersetzen. In allen diesen Bereichen will er zeigen, „daß Schreiben die Anspannung des Denkvermögens verlangt sowie die Ausbildung der sprachlichen Sensibilität" (W.Gössmann, a. a. O., S. 14).

2.2. Kreatives Schreiben als Spiel

Im Gegenzug zur Gefahr, kreatives Schreiben in starrer Imitation und bloßer Regelbefolgung zu ersticken, hat eine zweite Gruppe von Wissenschaftlern den Spielcharakter des kreativen Schreibens untersucht. Zum Vorsprecher der Praxis „Arkadischer Schreibspiele" machte sich besonders Gundel Mattenklott. Sie erforschte die Schreibspiele der Poeten, z. B. das Schreiben nach Spielkarten, nach dem Tarot, mit Hilfe des I-Ging usw. Kreatives Schreiben ist für Mattenklott *„das Spielen mit Worten, Buchstaben, Sätzen, Texten … ein praktisches Experimentieren … Es gehört zu den wichtigsten Disziplinen, denn in der Möglichkeit des Sprechens, des Sich-Verständigens, der Übersetzung und der Vermittlung von Texten liegt unsere Zukunft beschlossen"* (G. Mattenklott: Spielregeln in der Literatur. Diskussion Deutsch, 1985, 16. Jg., H. 84, S. 435). Die „Arkadischen Schreibspiele" etablieren eine neue Form literarischer Geselligkeit, die durch folgende Momente charakterisiert wird: Spiel, Spaß, Lust und Heiterkeit. Sie heben die Konkurrenz unter den Menschen auf. Sie sind Spiele ohne Sieger. Sie befriedigen den Wunsch nach Stillstand der Zeit, nach Fest und Aufbruch aus dem Alltag. Sie machen die Teilnehmer zum Subjekt. Sie erweitern die Sprachfähigkeit und die Sprachinspiration. Sie vermitteln den Schreibgenuss und die Erkenntnismöglichkeit der Dichter (vgl. G. Mattenklott: Literarische Geselligkeit, Stuttgart 1979, S. 181 f.). Dieses Votum für das Schreibspiel unterstützt auch Gerhard Goebel mit folgenden Argumenten: „*Dann aber ist auch zu bedenken, daß die Arkadischen Spiele, nun gerade die, bei denen (auf den ersten oder gar zweiten Blick) Absurdes oder selbst Abgeschmacktes herauskommt, einen unvergleichlichen Vorzug haben: Sie geben der Spielfähigkeit selbst, in der nicht nur nach Freud das Wesen der dichterischen Produktivität besteht, eine Chance, sich aus sozialisationsbedingter Verschüttung ein Stück zu befreien; sie fordern die Fantasie und die Sprache heraus, die Zwänge einer vorgegebenen, quasi verordneten Wirklichkeit und Vernünftigkeit abzuschütteln und mögliche Welten zu ersinnen, in denen das Abgeschmackte und Absurde logisch, sinnvoll und sogar schön ist. Und sie geben dem Spieler, der sich sonst nur als mehr oder weniger andächtig oder unverdrossener Kunstverbraucher kennt, die Möglichkeit, sich wenigstens vorstellungsweise auf den Standpunkt des Produzenten und damit in eine Welt zu versetzen, in welcher die arbeitsteilige Scheidung der Menschen in Kunstproduzenten und Kunstkonsumenten und solche, die in ihrer Stellung im Produktionsprozeß ganz und gar von der ästhetischen Erhöhung des Lebens ausgeschlossen sind, aufgehoben wäre; wo das Zoon politikon ein Zoon poetikon wäre und umgekehrt*“ (G. Goebel: Schreibspiele oder die Vergesellschaftung der Schrift. In: Lendemais, 3 (1978), Bd. 12, S. 108). Die Arbeit mit Schreibspielen ist heute in Schreibwerkstätten so verbreitet, dass G. Schalk und B. Rolfes in ihrem Buch „Schreiben befreit“ (Bonn 1986) auf 100 Seiten eine breite Palette von Schreibspielen und Übungen vorstellen konnten, die sie aus der Praxis gewonnen hatten.

2.3. Kreatives Schreiben als Selbsterkenntnis und Selbsttherapie

Vielen Teilnehmern an Schreibwerkstätten war aufgefallen, dass beim Schreiben sich therapieähnliche Prozesse vollziehen. Als einer der ersten artikulierte dieses Phänomen Paul Schuster 1977: „*Im Prozess des Schreibens wird eine Fülle von Erinnerungen heraufbeschworen, von atmosphärischen, dinglichen, physiognomischen Details, an die man viele Jahre nicht gedacht hat – und das oft in einer Genauigkeit, die Staunen auslöst. Manchmal kommt es zu Kettenreaktionen, so dass man schreibend unversehens in ganz andere Bereiche gerät als das Thema sie absteckt*“ (P. Schuster, Selberschreiben – von den Schwierigkeiten des Lernens und Verlernens. H. Beck, H. Boenke (Hrsg.): Jahrbuch für Lehrer. Reinbeck 1977, S. 206). Auch 1979 bestätigt Schuster, „*dass einem beim Schreiben (aller-*

dings nur beim Schreiben in eigener Angelegenheit, zumal dann, wenn man über sehr weit Zurückliegendes schreibt) eine Menge von Dingen einfallen, an die man seit Jahren nicht gedacht hat und vielleicht auch nie wieder gedacht hätte ohne dies Spiel. Schreiben kann also Vergessenes wieder in Erinnerung rufen, Wiederbegegnung mit sich selbst bewirken, dadurch aber tatsächlich Selbsterkenntnis fördern" (P. Schuster: Sinnlichkeit und Talent. Zu einer Grundbedingung des Schreibens. In: Literaturmagazin, 11, 1979, S. 164).

Die wesentlichen Aspekte des kreativen Schreibens hat Jürgen Fröchling im autobiographischen Schreibumfeld folgendermaßen benannt: 1. Autobiographie, 2. Fantasie, 3. Ästhetik, 4. Kommunikation. Er hat auch die regressiven und progressiven Phasen im kreativen Schreibprozess bemerkt. Regression bedeutet, das *„sich Einlassen auf verborgene innere Triebkräfte, was zu einer graduellen Auflösung festgefügter innerer Strukturen des Schreibenden führt"* (J. Fröchling: Was beim Schreiben so passiert und wie man damit umgehen kann. In: PTI-Info, 1989, Nr. 9, S. 74). Der Regression beim Schreibakt folgt aber bei der Arbeit am Text die Progression: *„Die bewusste sprachliche Formung und Überarbeitung aber führt wieder zu einer neuen Integration der so freigewordenen Kräfte in die Gesamtpersönlichkeit des Schreibens, was den so oft beobachteten Gewinn als Erkenntnis beim Schreiben verstehbar macht"* (J. Fröchling: Was beim Schreiben so passiert und wie man damit umgehen kann, a. a. O., S. 74, vgl. auch ders.: Expressives Schreiben. Frankfurt 1987). Jürgen vom Scheidt, der Leiter der „Münchner Schreibwerkstatt", hat einen umfassenden Katalog der Funktionen des kreativen Schreibens entworfen, der besonders die therapeutischen Aspekte des Schreibens betont: *„Das Schreiben kann Informationen verarbeiten, von innerem Druck entlasten, die Persönlichkeit in Subjekt und Objekt spalten, Gefühlserinnerungen anreichern, von allzu bedrohlichen Gefühlen distanzieren, unvereinbare Gegensätze integrieren, Erfahrungen verdichten, die Welt vergeistigen, Sinn stiften, unbewusste Inhalte durch Fehlleistungen sichtbar machen, die eigene Vergangenheit wiedererinnern und aneignen, geistige Zugänge versprachlichen, Erfahrungen verinnerlichen, das Loslassen und Langsamerwerden üben, die Aufmerksamkeit auf die eigene Mitte lenken, neue geistige Ordnungen strukturieren und sich selbst auf das Wesentliche konzentrieren helfen"* (vgl. J. vom Scheidt: Kreatives Schreiben. Frankfurt 1989, S. 38–42). Damit wird die Breite der therapeutischen Möglichkeiten des Schreibens sichtbar gemacht. Es werden einmal die regressiven Gefahren des kreativen Schreibens erarbeitet: Die Verstärkung der Einsamkeitserfahrung (J. vom Scheidt, a. a. O., S. 163), die Konfrontation mit dem inneren Schreiber „tief im archetypischen Urgrund" (J. vom Scheidt, a. a. O., S. 102), dem inneren Kind, dem „Hüter der Kreativität" (J. vom Scheidt, a. a. O., S. 120), die erneute Konfrontation mit dem „was einem in früheren Jahren Schmerzen zugefügt hat" (J. vom Scheidt, a. a. O., S. 135), das Einrasten von Schreibblockaden (J.v. Scheidt, a. a. O., S. 139). Zum anderen werden die progressiven Chancen des Schreibens besonders durch die unterstützende Gruppenarbeit betont. Die Gruppe leistet ein frühes Echo auf den Text und die Herauslösung des Schreibers aus der bedrohlichen Einsamkeit. *„Die Gruppensituation kann … seelische und soziale Verkrustungen lockern und so dazu beitragen, dass die Einfälle fließen, dass das Schreiben etwas von der qualvollen Mühe verliert, die so viele Menschen davon abhält, sich das vielseitige Instrument zu nutze zu machen"* (J. vom Scheidt, a. a. O., S. 185).

2.4. Kreatives Schreiben als integrativer Ansatz

Diese drei genannten Ansätze bekämpfen sich untereinander, grenzen sich ab und versuchen, sich jeweils eigenständig zu profilieren. Das hat zur Folge, dass wichtige Erfahrungen nicht berücksichtigt werden, dass das kreative Schreiben als Gegenstand fragmentiert wird. Statt die äußeren Widerstände gegen das kreative Schreiben in einer Gesellschaft latenter Analphabeten zu bekämpfen, ist bei diesen Ansätzen Selbstzerfleischung angesagt.

Es ist kein Wunder, dass der integrative Ansatz, der kreatives Schreiben sowohl als Stil, als Spiel und als Therapie ernstnimmt, in der amerikanischen Schreibbewegung entstand, die sehr viel älter und entwickelter ist als die deutsche. Das Buch von G.L. Rico: „Garantiert Schreiben lernen" (Reinbek 1984) hat gezeigt, dass beim kreativen Schreiben literarische, spielerische und therapeutische Aspekte zu berücksichtigen sind. Durch G.L. Rico wurden auch meine beiden Bücher „… triffst Du nur das Zauberwort", a. a. O., und „Schreiben als Therapie" (München 1988) angeregt, die besonders die therapeutischen Szenarien des kreativen Schreibens entworfen haben. Um den Charakter eines integrativen Ansatzes des kreativen Schreibens herauszuarbeiten, soll im Folgenden über den bisherigen Ansatz hinaus die Integration rationaler und emotionaler Aspekte des kreativen Schreibens entwickelt werden.

3. Schreibwerkstatt: Phasen, Potenzen, Struktur

Eine Schreibwerkstatt ist eine kreative Gruppe, die sich zum Zweck der Stimulation, Produktion, Bearbeitung und Deutung von Texten zusammengefunden hat. Jede Sitzung dieser Werkstatt dauert etwa 120 Minuten. Dabei gliedert sich jede Sitzung in folgende Abschnitte:

1. Schreibanregungen (20 Minuten)
2. Schreibarbeit (20 Minuten)
3. Textarbeit (20 Minuten)
4. Textdeutung (60 Minuten)

Eine Schreibwerkstatt trifft sich gewöhnlich einmal die Woche abends, über mindestens ein halbes Jahr. Es gibt aber auch Werkstätten, die über drei und mehr Jahre arbeiten (vgl. P. Schuster, J. vom Scheidt).

Die Phasen der Schreibwerkstatt können sich auf die entdeckten Phasen der Kreativitätsforschung stützen. Viele Kreativitätsforscher glauben nicht, dass Kreativität ein blitzartiger Einfall ist, sondern kreative Einfälle sind für sie nur ein Teil eines größeren kreativen Prozesses. „Kreativität ist nur zu einem Teil Inspiration, größtenteils aber Transpiration (Schweiß und Fleiß). Vor und nach dem kreativen Einfall liegen oft harte Vorbereitungen und Ausarbeitungen" (S. Preiser: Kreativitätsforschung. Darmstadt 1976, S. 42). Gewöhnlich werden vier Phasen des kreativen Prozesses unterschieden: „Das Vierphasenmodell findet man in Ost wie West immer wieder vor, wenn über Kreativität und schöpferische Arbeit nachgedacht wird" (M. Curtis: Theoria in nuce. In: Diess.: Seminar. Theorien der künstlerischen Produktivität. Frankfurt 1976, S. 23). Die vier Phasen werden Inspiration, Inkubation, Illumination und Verifikation genannt (vgl. Preiser, a. a. O., Tabelle 2, S. 42 ff.).

Zur **Inspirationsphase** des kreativen Prozesses gehören bestimmte aktive Auseinandersetzungen mit der Umwelt, das spontane Entdecken verborgener Probleme in der äußeren Umwelt oder in der eigenen Seele und die Verarbeitung und Sammlung von Informationen ohne vorschnelle Verallgemeinerungen und Kategorisierungen.

In der **Inkubationsphase** wird mit dem gewonnenen Ausgangsmaterial gespielt, oft in einem Bewusstseinszustand der verminderten Aufmerksamkeit des Ichs. Diese teilweisen Regressionen im Dienste des Ichs erleichtern „ein problembezogenes, aber lockeres und damit unvoreingenommenes Herumspielen mit Informationen, Problemaspekten und Gedankenverknüpfungen (Assoziationen)" (S. Preiser, a. a. O., S. 45). In der Inkubationsphase kann es zum Auftauchen mythologischer und symbolischer Bilder kommen, die aus der Kindheit stammen und dem Ich erstmal sehr fremd vorkommen: „*Symbol und Mythos haben kindliche archaische Ängste, unbewusste Sehnsüchte und ähnliche primitive Inhalte ins Bewusstsein zu heben. Das ist ihr regressiver Aspekt. Aber sie fördern auch neue Bedeutungen, die vorher buchstäblich nicht vorhanden waren. … Dies ist die progressive Seite von Symbol und Mythos. Dieser Aspekt weist nach vorn. Er ist integrativ*" (R. May: Mut zur Kreativität. Paderborn 1987, S. 86). Der Erwachsene steht diesen fremden Bildern aber nicht hilflos gegenüber. *„Im Erwachsenenalter besitzen wir viele komplizierte Symbolmuster, von denen einige aus der frühen Kindheit übernommen wurden, aber viele als Teil der verschiedenen Allegorien und Metaphern gelernt wurden, die einen festen Bestandteil unserer Kultur ausmachen. Die historischen Gestalten, die bedeutende Aspekte unserer religiösen und historischen Erziehung darstellen, wie auch die mythologischen übernatürlichen Aspekte unseres speziellen kulturellen Erbes stehen uns jetzt alle zur Verfügung, wenn es um die Einordnung neuer Probleme oder unassimilierbarer Informationen geht" (J.L. Singer: Phantasie und Tagtraum. München 1978, S. 248).*

Die **Illuminationsphase** endet „häufig mit einem schlagartigen Einfall (Illumination), der vom Individuum als erleichternde Lösung des Problems aufgenommen wird." (S. Preiser, a.a.O., S. 45). Die bisherigen ungeordneten Elemente bekommen eine Gestalt. Besonders beim Schreiben *„können sich ... vorher desperate Gedanken plötzlich verbinden und schließlich in einem verdichteten Ganzen vorhanden sein, das alle später wiederum zu entfaltenden Teile in sich enthält. Der Schreibende weiß dann plötzlich, welches Ziel er anstrebt, überschaut die vielen Einzelgedanken, die er entfalten muß. Er ist dann gezwungen, das Ganze ... auseinanderzufalten und in eine zeitliche Abfolge zu bringen"* (H. Müller-Braunschweig: Aspekte der psychoanalytischen Kreativitätstheorie. In: H. Kraft (Hrsg.): Psychoanalyse, Kunst und Kreativität heute. Köln 1984, S. 143). Das Überprüfen und Ausarbeiten der Gedanken- und Gefühlskeime ist Bestandteil dieser Phase.

Die letzte Phase heißt **Verifikation**. In dieser Phase wird das entstandene Produkt überprüft, vorgelesen und möglicherweise später publiziert. „Ohne Kommunikation und Realisierung mag eine Idee für ein Individuum subjektiv befriedigend sein, eine direkte gesellschaftliche Relevanz hätte sie jedoch nicht" (S. Preiser, a.a.O., S. 47).

Diese vier Phasen entwickeln sich nicht wie eine Naturmacht. Der eine oder andere Teilnehmer an Schreibwerkstätten steigt zwischendurch aus oder bricht die Arbeit ab. Auch können sich die Phasen ineinander schieben oder auseinanderziehen. Entscheidend ist aber, wie der Durchgang durch diese Phasen organisiert wird. Mit Erika Landau können wir den „organisierten" von dem „inspirierten" Zugang zum kreativen Prozess unterscheiden. Der organisierte Zugang betont die kognitiven Prozesse der Analyse, Synthese und Evaluierung (E. Landau: Kreatives Erleben. München 1984, S. 67). Bei dieser Steuerung des kreativen Prozesses werden „die assoziierten Ideen durch synthetisches Denken zu immer neuen Kombinationen geformt, die ihrerseits verschiedene Lösungsmöglichkeiten des Problems bilden. Es ist eine bewusste Technik, bei der jede Assoziation die Kombinationen umdenken und verbessern lässt" (E. Landau, a. a. O., S. 68). Beim inspirativen Zugang dominiert der unbewusste Charakter der Kreativität. Da bei diesem Zugang „die angesammelten Erfahrungen im Unbewussten schweben, ist sie für das Individuum eine sehr unruhige und frustrierende Zeit, die oft von Minderwertigkeitsgefühlen begleitet ist und eine erhebliche Frustrationstoleranz erfordert" (E. Landau, a.a.O., S. 69).

Eine Schreibwerkstatt stellt den Versuch dar, diese Kreativitätsphasen in jeder Sitzung gemeinsam zu durchlaufen. In der Inspirationsphase werden die Schreibanregungen vorgestellt. In der Inkubationsphase entsteht der Text. Die Illuminationsphase umfasst die Textbearbeitung, Textkorrektur und Textverbesserung. Die Verifikationsphase beinhaltet das Vorlesen, Diskutieren, Kommunizieren über die vorgelesenen Texte. Wie die Phasen der Schreibwerkstatt nun durchlaufen werden, hängt ab von der Spannung zwischen organisiertem und inspiriertem Zugang zum kreativen Prozess. Wenn besonders die Probleme der Regression und unbewussten Bildproduktion gering gehalten werden sollen, empfiehlt sich der organisierte Zugang. Dieser Zugang ist bei Anfängergruppen oder bei der Arbeit von therapieunerfahrenen Anleitern in jedem Falle richtig. Der organisierte Zugang zum kreativen Prozess in Schreibgruppen stützt sich eher auf Schreibstimuli, die gegenwärtige Probleme ansprechen. Er fordert die Beobachtung äußerer Verhältnisse und übt verschiedene Stile und Textformen ein. Er beschränkt sich bei der Deutung auf ein einfaches Feedback. Der inspirative Zugang, der mit Schreibstimuli arbeitet, die die Kontrolle des Ichs stark herabsetzen (z. B. Meditation, Imagination, intensive freie Assoziation usw.), wendet sich Themen der frühen Vergangenheit zu, konzentriert sich auf innerseelische Probleme und steuert schließlich eine vertiefte Textdeutung an. Bei der längeren Entwicklung von Schreibgruppen ist der Einsatz beider Zugänge möglich.

Die Kraft der Kreativität in Schreibwerkstätten hängt von bestimmten Gruppenfaktoren ab. Als kreativitätshemmend gelten folgende Faktoren:

„1. Gruppendruck, Konformitätszwang, Normierungstendenzen.
2. Hemmung durch soziale Hierarchie.
3. Aggression, Destruktion, soziale Konflikte.
4. Konzentrationsstörung durch Ablenkungen." (S. Preiser, a. a. O., S. 92)

Als kreativitätsfördernd wirken sich folgende Gruppeneinflüsse aus:

„1. Gegenseitige Verstärkung.
2. Stimulierung und Aktivierung.
3. Vielseitige Personenzusammensetzung.
4. Assoziationsförderung durch gegenseitige Anregung.
5. Aktivierung durch aufgabenzentrierten Wettbewerb zwischen Untergruppen.
6. Großes Informationsreservat.
7. Emotionelle Sicherheit, Identitätsmöglichkeiten, Abbau von Hemmungen, Verständigung bei der Bewältigung individueller Probleme.
8. Möglichkeiten sozialer Erfahrungen." (S. Preiser, a. a. O., S. 92 ff.)

Bezogen auf die Kreativitätsphasen hat der Werkstattleiter folgende Interventionsmöglichkeiten zur Verbesserung des kreativen Klimas in der Gruppe: In der ersten Phase der Inspiration kann der Leiter die Kreativität verbessern durch Stimulation sozialer Umweltreize und durch die Aktivierung emotionaler Sicherheit. In der Inkubationsphase kann der Leiter die Schreibaktivitäten durch die Entfaltung emotionaler Sicherheit und durch die Unterstützung der Offenheit für vielfältige Suchbewegungen unterstützen. In der Illuminationsphase (der Textarbeit) ist der Leiter gehalten, eine große Toleranz gegenüber unterschiedlichen Textverständnissen aufzubringen und mit allen zur Verfügung stehenden Mitteln die Konzentration zu fördern. In der Verifikationsphase (der Textdeutung) hat der Leiter besonders auf die Verbesserung der emotionalen Sicherheit und auf die Vertiefung der Identifikation mit der Gruppe zu achten (vgl. P.R. Hofstätter: Gruppendynamik. Reinbek 1971).

Die Förderung der kognitiven Kreativitätsleistung beim kreativen Schreiben verlangt die Auflockerung der Denkklischees. Diese Auflockerung gelingt erst dann, wenn der Gruppenleiter für diesen Prozess viel Zeit lässt. Bei Zeitdruck erfolgt die Verhärtung von Denkschablonen (E. Landauer, a. a. O., S. 82). Die Förderung der emotionellen Kreativität ist immer an die Stärkung des Ichs, seiner Synthese-, Analyse- und Abwehrfunktion gebunden. Jede emotionale regressive Kreativitätsphase bedarf der „Verarbeitung des Rohmaterials durch Kontrolle, Raison, Ordnung und Logik“ (E. Landauer, a. a. O., S. 85). Erst die Synthese von Regression und Progression kann sich Kreativität nennen.

Schreibwerkstätten, die über längere Zeit arbeiten, müssen mit typischen Problemen der Dynamik von Schreibgruppenentwicklungen rechnen. Auch in der Gruppenentwicklung treten vier Phasen auf, die beobachtet werden müssen:

1. Phase: Ankommen, Auftauen, sich orientieren.
2. Phase: Gärung und Klärung.
3. Phase: Arbeitslust und Produktivität.
4. Phase: Ausstieg und Transfer.

Während in der ersten Phase das Wohlbefinden vorherrscht, wird in der 2. Phase das Missbehagen und die Enttäuschung der Teilnehmer groß. Rivalität und Durchsetzungswille machen sich nun breit. Aggression kommt hoch. Ziel und Aufgaben der Gruppen werden problematisiert. Oft teilen sich die Schreibwerkstätten nun in eine Untergruppe: „Stil für junge Autoren“ und in eine andere Untergruppe „Therapie und Selbsterfahrung für psychologisch Interessierte“. Eine Aufnahme neuer Teilnehmer, die Unterdrückung der Probleme, die Aufteilung in weitere Untergruppen stimuliert nur die Krise. Erst bei Lösung dieser Probleme wird die aktive 3. Phase erreicht, die Kreativität erst eigentlich entfalten kann. Die 4. Phase beginnt, wenn das Ende der Gruppe naht. Wieder sinkt die Zufriedenheit erheblich ab. Die Trauerarbeit der Trennung und die Fragen des Transfers der erworbenen Kenntnisse und Fähigkeiten beginnt. Jeder muss nun seinen eigenen Weg wiederfinden. Das macht zornig und hilflos. Die Schlussphase in Schreibwerkstätten erfordert besonders viel Kraft und Erfahrung (vgl. B. Langmarck u. a.: Wie die Gruppe laufen lernt. Weinheim 1987, S. 78–87).

4. Kreatives Schreiben in der Gruppe: Aspekte der Förderung und Hemmung von Kreativität in Schreibgruppen

Schreiben ist ein monologisches, einsames Geschäft von avancierten Autodidakten. Das ist die herrschende Meinung. Das Schreiben in Gruppen ist neu und verspricht bessere Texte. Die entwickelte kreative Gruppe ist der Einzelarbeit erheblich überlegen. Kreative Schreibgruppen werden der Masse der völlig Unbegabten und der kleinen Zahl der Schreibgenies jedoch nicht viel bieten können. Falls die kreativen Schreibgruppen einen größeren Einfluss bekommen und sich stabilisieren, könnten sie aber im breiten mittleren Niveau der Literaturtalente bedeutsame Verbesserungen der literarischen Landschaft durch Vermittlung literarischer Qualitäten erreichen. Eine kreative Schreibgruppe verbessert die Einzelarbeit besonders durch ihre Funktion als Informationspool und Energiequelle.

Der „Poolingeffekt" in kreativen Schreibgruppen erwächst aus der Vielzahl der Texte, die zu gleichen oder zu verschiedenen Themen erarbeitet werden. Diese vielen Texte, die z. T. auch verschriftlicht und vervielfältigt werden, ergeben ein hohes Maß an quantitativer und qualitativer Information. Informationen können dadurch vermehrt aufgenommen und auf die eigene Problemlage übertragen werden, wodurch der einzelne neue Assoziationen und Kombinationen von Informationen und Erfahrungen entwickeln kann. Das Problem wird durch viele Texte metaphorisch, stilistisch, symbolisch und ästhetisch angereichert, verschärft, und Problemlösungen werden in größerer Anzahl im schönen Stil und tieferen Ausdruck individualisiert sichtbar gemacht.

Die Gruppe potenziert die Schreibenergie des einzelnen, indem sie jeden einzelnen besonders stimuliert. Jeder Schreibende erhält sofort Feedback und Unterstützung. Er kann längere Entwicklungen seiner Texte im Schutz der Gruppen ausleben. Schreibrisiken werden durch die Gruppe getragen, das Risikozutrauen des einzelnen hebt sich. Der Energiepool der Gruppe kommt jedem zugute. „*Wenn jedes Gruppenmitglied weiß, dass es seiner Fantasie freien Lauf lassen kann, dass andere in den Imaginationsprozess mit einsteigen, dass man sich gegenseitig fördert, dass jeder mit den Texten anderer weiterspielen kann, dass das Resultat ein gemeinsames ist, dann wird dadurch Energie freigesetzt, die die Gruppenmitglieder oft selbst nicht vermutet hätten*" (J. Sikora: Handbuch der Kreativmethoden: Heidelberg 1976, S. 83).

Allerdings müsste eine ideale kreative Schreibgruppe folgende Eigenschaften besitzen:

Zielsetzung: Eine klare Zielsetzung hat erhebliche Vorteile. Das Aggressionspotential der Gruppenmitglieder wird gesenkt. Die Mitglieder identifizieren sich mehr mit der Gruppe. Sie schätzen ihre Schreibarbeit höher ein. Sie empfinden die Spannung zwischen Gruppen- und Individualzielen nicht mehr so schwerwiegend.

Gruppengröße: Die Produktivität einer Gruppe nimmt mit zunehmender Gruppengröße ab (A. Sjølund: Gruppenpsychologie für Erzieher, Lehrer und Gruppenleiter. Heidelberg 1974, S. 81).

Schreibgruppen sollten deshalb zwischen 6 bis 10 Mitglieder haben. Mehr Gruppenmitglieder blockieren die Spontaneität und führen zur Gefahr der Bildung von Untergruppen und dazu, dass sich einige dem Kreativitätsprozess entziehen. Weniger als sechs Gruppenmitglieder könnten das Leistungsniveau des einzelnen überfordern, weil er häufiger interagieren muss.

Heterogenität: Das kreative Schreiben kann sich besser bei heterogener Gruppenzusammensetzung, was Alter, Bildung, Geschlecht, Lebenserfahrung anbelangt, entwickeln. Heterogene Gruppen verfügen über einen größeren Informationspool, über mehr Ausdrucks- und Sprachform und über verschiedene Denkstile. Parität der Geschlechter und breite Streuung der Altersstufen sind ebenso von Vorteil. Allerdings muss bei aller Heterogenität Homogenität in der Benutzung der Schreibziele und Schreibmethoden bestehen. Das kann aber nicht heißen, dass das kreative Schreiben nicht auch die Chance nutzt, mit homogenen Zielgruppen zu arbeiten. Besonders die Selbsthilfegruppenbewegung hat die Qualität und Kreativität homogener Zielgruppen herausgearbeitet. Das wird die Schreibbewegung entsprechend zu nutzen haben.

Hierarchie: Eine wenig ausgeprägte Hierarchie, die durch häufigen Wechsel der Rollen immer wieder durchbrochen wird, ist für die breite Entfaltung kreativer Ausdrucksmöglichkeiten günstig. Das kann aber nicht bedeuten, dass Schreibgruppen besonders in ihren schwierigen Start- und Entwicklungsphasen nicht einen Anleiter brauchen. Allerdings ist die längerfristige Überflüssigmachung des Anleiters ebenso wichtig.

Dauer: Zwei Stunden beträgt die optimale Dauer bei einer Schreibgruppe. *„Nach etwa einer Stunde erreicht die Leistungsfähigkeit ihren Höhepunkt, danach tritt eine gewisse Müdigkeit ein, die kurz vor dem Ende einer Sitzung noch einmal durch einen starken Leistungsanstieg abgelöst wird“* (J. Sikora, a. a. O., S. 89).

Neben zweistündigen Sitzungen haben sich aber auch zwei- bis dreitägige Wochenendschreibprojekte bewährt, wobei besonders die Arbeit mit mehreren Anleitern und die Aufteilung in Untergruppen gute Effekte bewirkt haben. Als Gesamtdauer der Schreibgruppen sind bei einem Treffen pro Woche allerdings zwei oder drei Jahre optimal. Halbjährige Kurse, z. B. an den Volkshochschulen, können immer nur als Starthilfe betrachtet werden. Nach drei Jahren ist meistens jedes Mitglied soweit kreativ stabilisiert, dass die Gruppe in ihrer alten Form auch zum Hemmschuh werden kann.

Integration: Die Aufnahme neuer Gruppenmitglieder setzt voraus, dass neue Mitglieder zur Gruppenmitarbeit über Inhalt, Ziel und Geschichte der Schreibgruppe intensiv informiert worden sind, sonst wird das neue Mitglied als störender Fremdkörper betrachtet, und die ganze Gruppe verliert ihr Intimitätsniveau und kann auch in unproduktive Spaltungsprozesse verwickelt werden.

Autonomie: Die Texte jeder Schreibgruppe sollten in der Verfügungsgewalt der Gruppe bleiben oder nach gemeinsamer Absprache individuell oder kollektiv veröffentlicht werden. Über die Prozesse der Entstehung von Texten in der Gruppe, über Textdeutungen und Schreiberfahrungen sollte nichts über die Gruppe hinausdringen. Es sei denn in wissenschaftlicher Form, um die Entwicklung der Praxis von Schreibgruppen zu verbessern.

Normen: In der kreativen Schreibgruppe herrschen Normen der Offenheit und Intimität, die im Alltag nicht weit verbreitet sind. Die Entwicklung kreativer Ausdrucksmöglichkeiten wirkt aber auf den Alltag zurück. Deshalb sind für Teilnehmer bestimmte Konflikte mit Nicht-Teilnehmern zu erwarten. Jedes Gruppenmitglied sollte solche Konflikte im Alltag durch Defensivität und Einfühlung zu unterlaufen suchen.

Kommunikation: In jeder Schreibgruppe wird rational und emotional, verbal und averbal kommuniziert. Jeder Text hat diese doppelte Ebene. „Gefühlsmäßige Einstellung von Gruppenmitgliedern zur Arbeit haben großen Einfluss auf das Ausmaß und die Qualität der Leistung“ (K. Antons: Praxis der Gruppendynamik. Göttingen 1973, S. 91, vgl. auch T. Brocher: Gruppendynamik und Erwachsenenbildung. Braunschweig 1967). Die Entwicklung der nötigen Empathie und Toleranz müssen in emotionell bedeutsam agierenden Schreibgruppen durch häufige Texte des einzelnen über seine Stellung in der Gruppe und die Haltung der Gruppe zu seinen Texten bearbeitet werden. Hauptaufgabe der Kommunikation in kreativen Schreibgruppen ist der Abbau von Angst der Gruppenmitglieder untereinander. Ohne Abbau dieser Angst ist kreatives Lernen in Schreibgruppen nicht möglich.

Emotionen: Das Haeckel'sche sogenannte biogenetische Grundgesetz: „Die Ontogenese ist eine verkürzte Wiederholung der Phylogenese“, lässt sich auch in kreativen Schreibgruppen beobachten. In kreativen Schreibgruppen ist die Entwicklung des Individuums geprägt durch die Wiederholung seiner entscheidenden Erfahrungen aus seiner Herkunftsfamilie. Beim Eintreten in die neue Schreibgruppe unterliegt jedes Individuum einer Identitätskrise, denn die Mitglieder der neuen Gruppe reagieren immer anders, als es die in der Familie erworbenen affektiven und emotionellen Grundmuster erwarten lassen. *„Wie immer dieser Übergangsprozess in sekundäre Gruppen beim einzelnen ursprünglich verlaufen ist, d. h. traumatisch und entwicklungshemmend oder positiv und entwicklungsfördernd, er wiederholt sich beim Eintritt in eine neue Gruppe*

…" (T. Brocher: Gruppendynamik und Erwachsenenbildung, a. a. O., S. 34). Das Kindliche in jedem Menschen wird auch in kreativen Schreibgruppen mobilisiert. „*Die Grundgefühle der Angst vor Abweichung, vor Liebesverlust oder Verringerung der Selbstbestätigung, die Gefühle der Eifersucht und Rivalität oder der Anlehnung, der Wunsch nach Dominanz (Überlegenheit) und die Angst vor Submission (Unterwerfung) bleiben im Vergleich zu den sozialen Befürchtungen und Erwartungen von Kindern bei Erwachsenen gleich geartet. Der Erwachsene entwickelt zwar differenziertere Formen als das Kind, d. h. er kann seine inneren Gefühlsresonanzen weitgehend beherrschen, verbergen oder rationalisieren, … aber die Mobilisation der primären, unbewussten, emotionalen Objektbeziehung wird dabei genausowenig verhindert, wie etwa bei den Wirkungen unbemerkter, stillschweigender Vorurteile*" (T. Brocher, a. a. O., S. 44). Die Forderung, kreative Fähigkeiten zu entwickeln, zielt auf eine Ich-Erweiterung ab, die in jeder Weise mit einer Krise des Selbstwertgefühls verbunden ist. Der Ausgang dieser Identitätskrise „ist davon abhängig, in welcher Weise die neue Identität in der Zugehörigkeitsgruppe und in deren Verhältnis zu negativen oder positiven Bezugsgruppen begründet werden kann" (T. Brocher, a. a. O., S. 40). Reaktionen auf überfordernde neue Identitätsentwürfe können in die Richtung der regressiven oder progressiven Flucht weisen oder in die Entwicklung der Rolle des Sündenbocks. „*Während die regressive Fluchttendenz aus der Angst vor einem Verlust der Nähe entsteht, entwickelt sich die progressive Fluchttendenz gerade umgekehrt aus der Angst vor zu großer Nähe. Entsprechend verlaufen die Gefühle bei der regressiven Tendenz mehr in Richtung der Verlassenheitsängste wie sie vor allem bei kleinen Kindern auftreten, bei der progressiven Tendenz haben sie dagegen mehr paranoide Inhalte des Verfolgt-, Bestraft-, Geächtet- und Isoliertwerdens, wie dies eher bei Jugendlichen festzustellen ist*" (T. Brocher, a. a. O., S. 54). Allerdings kann auch die Gruppendynamik in die Richtung Stigmatisierung eines Gruppenteilnehmers zum Opfer und Sündenbock gehen. Dieser Gruppenteilnehmer steht dann in Gefahr, sich gegenüber der Gruppe zu isolieren, in eine Fantasiewelt zu flüchten und sie zur alleingültigen Realität zu erklären. Um diese Art der Identitätsgefährdung zu unterlaufen, entwickeln viele Gruppenteilnehmer spezifische Abwehrmechanismen. Vier dieser Abwehrmechanismen sind besonders verbreitet:

„*1. Die Mitglieder einer Gruppe nehmen an, dass ihr Leiter allmächtig sei und alles wisse. Sie behaupten hartnäckig ihre völlige Abhängigkeit von ihm.*
2. Die Mitglieder einer Gruppe versuchen, einen Kampf aller Teilnehmer untereinander und gegen den Gruppenleiter zu eröffnen in der Annahme, durch diesen Kampf könne eine Verminderung der Mitgliederzahl erreicht und dadurch die Befriedigung des einzelnen Mitgliedes rasch vergrößert werden.
3. Die Mitglieder einer Gruppe als ganzes oder als einzelne versuchen sich der gestellten Aufgabe durch Flucht in ein anderes Thema oder in ein abweichendes Verhalten zu entziehen.

4. *Die Mitglieder einer Gruppe fördern, unterstützen oder verhindern entstehende Paarbildungen einzelner Mitglieder in der Erwartung, dadurch könne eine bessere Bewältigung des Gegenstandes entstehen*" (T. Brocher, a. a. O., S. 57 f.).

Besonders gefährlich in der Gruppendynamik kreativer Schreibgruppen ist die Rettung der Gruppenmitglieder aus ihren internen Konflikten in eine Idealisierung des Gruppenleiters: „Die Rettung aus diesen Konflikten besteht in einer Übertragung des Ich-Ideals an den Gruppenleiter, dem dann jene Allwissenheit und Allmacht zugeschrieben wird, die das eigene unbewusste Ich-Ideal fordert" (T. Brocher, a. a. O., S. 78). Ist die Idealisierung des Gruppenleiters einmal vollzogen, kehren alle familiären Konflikte, wie sie in den Konflikten zwischen den Generationen allzu häufig beschrieben sind, in der Gruppe wieder und die Chance, ein entspanntes kreatives Schreibmilieu zu entwickeln, schwindet dahin. Entscheidend bei der Bewältigung der Emotionen in der Gruppe ist die ruhige, reflektierte und informierte Haltung des Gruppenleiters: „*Der Lehrende muss begreifen, dass er nicht ein den Gruppenmitgliedern übergeordneter, dominierender Leiter ist, sondern ein Mitglied dieser Erwachsenengruppe, die hier und jetzt mit anderen für diese und mit ihnen zusammen eine Führungsfunktion verdeutlicht, die zunehmend von allen übernommen werden kann und muss*" (T. Brocher, a. a. O., S. 82). Der richtig eingestellte Gruppenleiter wird die Hauptprobleme seiner Arbeit darin sehen, eine richtige emotionelle Balance in der Gruppe zu entwicklen: „*Nähe, die allzu nah erlebt wird, fordert also schmerzzufügende Abwehr heraus, um die erwünschte Distanz zu erreichen. Ferne und Distanz dagegen rufen Sehnsucht nach Anlehnung und Wärme hervor. Dem Versuch, die individuelle jeweils richtige Distanz zueinander zu gewinnen, dient eine sehr lange Strecke jeder Gruppenarbeit, weitgehend unabhängig vom Stoff, die in diesem Abschnitt eher als Vehikel für affektive Bedürfnisse benutzt und unter Umständen auch missbraucht wird*" (T. Brocher, a. a. O., S. 92).

Vertrauen: Nach Carl Rogers verlangt eine kreative Gruppe in Bezug auf ihre Binnenstruktur „psychologische Sicherheit und Freiheit" (C. Rogers: Toward a Theory of Creativity. In: S.J. Parnes u. a.: A Sourcebook for creative thinking. New York 1962, S. 70 f.). Sicherheit empfindet jedes Gruppenmitglied, wenn es sich in seiner Persönlichkeit akzeptiert fühlt und gelernt hat, die anderen zu verstehen. Freiheit spürt der einzelne, wenn die Gruppe sein Vertrauen zu sich selbst, zu den anderen und zur Gruppe unterstützt. Sicherheit und Freiheit kann sich nur bei einem warmen, vertrauensvollen Gruppenklima entwickeln, das von allen Mitgliedern getragen wird.

Aus allen diesen Bestimmungen lassen sich auch die idealtypischen Gefahren ableiten, die zum Scheitern der Schreibgruppe führen könnten:

1. *Unklare Zielsetzung,*
2. *zu große Gruppe,*

3. *zu wenig Heterogenität,*
4. *straffe Hierarchie und Allmachtsfantasie des Leiters,*
5. *zu kurze Dauer,*
6. *zu hohe Fluktuation,*
7. *Bruch des Gruppengeheimnisses,*
8. *offensive Konfrontation mit dem Alltag,*
9. *Übersehen von emotionalen, averbalen und regressiven Konflikten der Gruppenmitglieder untereinander,*
10. *niedriges Vertrauensniveau in der Gruppe, fehlende soziale Sicherheit und niedrige kreative Freiheit, frostiges Gruppenklima und niedrige Gruppenkohäsion.*

Die Besonderheiten der Schreibgruppe lassen sich durch einen Blick auf die psychologischen Aspekte des kreativen Schreibens vertiefen.

5. Psychologische Aspekte des kreativen Schreibens

Die verschiedenen Ansätze zur Erforschung des kreativen Schreibens beziehen sich auf zwei wichtige Schwerpunkte: auf die kognitive und auf die emotionelle Seite des Schreibprozesses. Während Ergebnisse zum ersten Aspekt von den Kognitionspsychologen (H. Aebli, Wygotski, Piaget, J.R. Anderson usw.) vorgelegt wurden, äußern sich zur emotionellen Seite hauptsächlich Tiefenpsychologen (Freud, Jung usw.), Poeten und die moderne Gehirnforschung. Im Sinne unseres integrativen Ansatzes ist es wichtig, sich beide Ansätze zu vergegenwärtigen, zu integrieren und für die Praxis fruchtbar zu machen.

5.1. Das kognitive Modell des Schreibprozesses

Der Kognitionspsychologie gilt die Entwicklung schriftlicher Kommunikationsfähigkeit als Resultat der Auseinandersetzung des werdenden Individuums mit seiner kommunikativen Umwelt.

Das Schreiben baut auf der verbalen Kommunikation des kleinen Kindes auf. Es wird dann in der Schule systematisch vermittelt und ausgebaut. Im Gleichschritt der Entfaltung von Denken und Sprache im Kind erobert sich das Kind seine Umwelt. Den Stufen des Spracherwerbs sind die Stufen der Erwerbung der Schreibfähigkeit koordiniert. Von der egozentrischen Privatsprache und Privatschreibe entwickelt der Mensch die Fähigkeit des öffentlichen schriftlichen Ausdrucks, der der Erweiterung seines Lebenshorizonts auch thematisch entspricht. „Mit dem Abbau des Egozentrismus geht die zunehmende Fähigkeit einher, fremde Standpunkte einzunehmen und das Verhalten und die Motive anderer Menschen zu verstehen“ (H. Aebli: Zwölf Grundformen des Lehrens. Stuttgart 1983, S. 176). Deshalb wird der schriftliche Ausdruck immer mehr zum Medium der verbesserten Erkenntnis, der Selbsterkenntnis, der Erkenntnis der Umwelt und zugleich zum verbesserten Kommunikationsmittel mit anderen. „*Die klare logische Gliederung geschriebener Texte hat zur Folge, daß ihr Erkenntniswert auch für den Verfasser größer ist, als wenn er die gleiche Sache nur mündlich vorträgt, und daß er sie besser behält. Darum gibt es kein besseres Mittel für den Erwachsenen wie für den Schüler, sich eine Sache klarzumachen, als sie schriftlich darzustellen*" (H. Aebli, a. a. O., S. 157).

Allerdings weiß die Kognitionspsychologie um die Schwierigkeiten, von der gesprochenen zur geschriebenen Sprache überzugehen. Wygotski hat dafür folgende Gründe ermittelt:

1. *Die schriftliche Sprache setzt einen hohen Grad der Abstraktion voraus. Sie klammert die expressive Lautung der Sprache völlig aus.*
2. *Schriftlichem Ausdruck fehlt üblicherweise der direkte Gesprächspartner. Er ist Monologsprache auf weißem Papier.*
3. *Schreiben steht nicht wie Rede in alltäglichen Handlungszwängen und Sprechakten. Beim Schreiben müssen wir uns eine Schreibsituation als Anlass vorstellen.*
4. *Das Schreiben setzt eine kognitive Anstrengung der Umsetzung von Gedanken in Worte und schließlich in Schriftzeichen und Sätze voraus.*
5. *Das Geschriebene ist Produkt großer Bewusstheit und Anstrengung. Das Schreiben zwingt den Schreiber zu intellektueller Handlung* (vgl. L.S. Wygotski: Denken und Sprechen. Frankfurt 1971, S. 224 ff.).

Um diese Schwierigkeiten zu bewältigen, untersucht das kognitive Modell des Schreibprozesses besonders die kognitiven Schreibakte. Es bleibt damit ich- und bewusstseinsnah und klammert die unbewussten emotionellen Seiten des Schreibens ganz aus. So unterscheidet John R. Anderson in seinem Modell des Schreibprozesses drei Phasen:

Das Schreiben beginnt mit einer Planungsstufe. Auf dieser Stufe vollzieht sich ein Kreislauf zwischen dem Konzipieren des Textes und der Angleichung der Sprachfertigkeiten an diesem Text. Nach der Planung sieht Anderson die Schreibphase, die dann von der Korrektur- und Überarbeitungsphase abgelöst wird (John R. Anderson: Kognitive Psychologie. Heidelberg 1988, S. 363 f.).

Sehr viel ausführlicher ist das Modell der kognitiven Schreibphasen bei Hans Aebli. Das Schreiben wird bei ihm als rationaler Handlungsakt verstanden und kann deshalb auch wie sonstiges Handeln kommunikativ geplant und rational durchgeführt werden. Die wichtigste Phase des Schreibens ist auch bei ihm die Phase der Textplanung. „Der Text muss systematisch geplant werden" (H. Aebli, a. a. O., S.161).

Das kognitive Modell des Schreibprozesses

Pädagogische Phasen	1. Schreibanregung + Planung	2. Schreibarbeit	3. Überarbeiten des Textes	4. Texterprobung
Kognitive Psychologie des Schreibprozesses	– Gliederung des Themas – Sammlung von Argumenten – Passung von Inhalt und Sprache – Passung Schreibziel + Leserinteresse – Überprüfung des Textplanes	Spontane Niederschrift: – im Stück oder – nach Stichpunkten	Kontrolle der/des – äußeren Form – sprachlichen Form – inhaltlichen Aufbaus	Feedback der Hörer
Krisenpunkte	Fehlende Passung, Logik, Leserantizipation	Kognitive Schreibblöcke	Mangelnde Textkritik	Zu harte Kritik

Am Anfang des Schreibens steht die Schreibidee, die Klärung des Schreibziels und des Adressaten des Textes. Dann geht es an die Entwicklung eines Textplanes. „*Ein Textplan … gleicht einer äußerst gerafften Zusammenfassung. Er umfasst in der Regel nicht einmal Sätze, sondern zusammenfassende Begriffe für die einzelnen Abschnitte*“ (H. Aebli, a. a. O., S. 161). Laut denkend wird der Entwerfer eines Textplanes folgende Akte vollziehen:

1. *Er wird sein Thema deduktiv auffächern und dabei induktiv abstrahieren.*
2. *Er wird eine Texthierarchie des Aufbaus, der Argumente und der Konkretionen herstellen.*
3. *Er wird Inhalte und Sprache auf ihre Passung untersuchen.*
4. *Er wird das Schreibziel mit dem antizipierten Leser des Textes in eine Relation fassen und ihre Passung überprüfen.*
5. *Angesichts des Gesamtplanes wird er eine Überprüfung des Verhältnisses von Textidee und Textplanung herstellen* (vgl. H. Aebli, a. a. O., S. 162 f. und 169 f.).

Als nächste Phase sieht Aebli die Phase des Niederschreibens des Textes an. Er plädiert hier, „einen Text zuerst einmal in einem Zuge durchzuschreiben. Das fördert seine innere Geschlossenheit“ (H. Aebli, a. a. O., S. 170). Es ist nämlich „viel leichter einen einmal vorliegenden Text zu verbessern als ihn schon im ersten Durchgang perfekt zu verfassen. Man hält sich also beim ersten Niederschreiben nicht bei jeder Einzelheit auf“ (Aebli, S. 170). In diesem Akt hat das Spontane und damit das Unbewusste seinen zugestandenen Ort, aber über seine Wirkung auf das Schreiben sagt die Kognitionspsychologie nichts aus. Sie betont vielmehr die Phase 3 und 4: das Überarbeiten des Textes und die Erprobung der Textwirkung. Die Überarbeitung muss die äußere Form, die sprachliche Form und den inhaltlichen Aufbau des Textes überprüfen. In der Schlussphase, nachdem der Text vorgelesen worden ist, wird die „Rückkoppelungsschleife" gefahren. „Der Verfasser muss erfahren, wie sein Text auf den Leser wirkt, und er muss Gelegenheit erhalten, sein Schreibverhalten an den Reaktionen der Leser und Hörer zu verbessern" (H. Aebli, a. a. O., S. 172). Das Feedback, sagt Aebli, sollte dabei sehr kontrolliert vollzogen werden, denn es berührt „Probleme des Taktes und des zivilen Umganges innerhalb der Gruppe" (H. Aebli, S. 173). In der Grafik auf der vorherigen Seite ist das **kognitive Modell des Schreibprozesses** abgebildet.

Dieses Modell zeigt die starke Bewusstseinszentrierung der Schreibarbeit, die sich unter ständiger Kontrolle durch das literarische oder besser wissenschaftliche Über-Ich vollzieht, Spontaneität und Emotionalität deshalb fast völlig ausklammert. Ein solcher Begriff vom Schreiben wird Krisenpunkte im Schreibprozess als kognitive Störung begreifen, als fehlenden Passus von Idee und Plan, als fehlende Logik im Planaufbau, als fehlende Antizipationsfähigkeit des Textadressaten. Dieses Modell ist ideal geeignet, um Leistungsängste in ihrer Auswirkung auf den Schreibprozess zu erhellen. Es kann aber auch eine gewisse Korrektur des tiefenpsychologischen Modells des Schreibprozesses bieten, das hauptsächlich die emotionelle und spontane Seite des Schreibprozesses thematisiert und die Phase der Textplanung völlig unbeleuchtet lässt.

5.2. Das emotionelle Modell des Schreibprozesses

Eine Erweiterung des Blicks auf den Schreibprozess leisten die Dichter, die sich besonders seit der Moderne zu intensiver Reflexion ihrer Praxis gezwungen sahen. Sie reklamieren die unbewussten emotionellen Seiten des Schreibprozesses, unabhängig von den Forschungen der Psychoanalye. Dichter berichten von der unbewussten Verarbeitung erfahrener Realität, die zum plötzlichen Auftauchen einer Schreibidee führt. Christa Wolf schreibt von einer gewissen schöpferischen Unruhe. „Diese Unruhe zieht sich dann auf den Kernpunkt zusammen, und die Idee ist da" (Zitat C. Eykmann: Schreiben als Erfahrung. Bonn 1985, S. 127). Diese Uridee, von der der Schreibprozess ausgeht, wird von den Dichtern unterschiedlich benannt: „Zentrales Thema, zentrale Idee, Livingcenter, Jewel Center of Interest, Keimpunkt, Kristallisationsprozess und Ideenkeim" (C. Eykmann, a. a. O., S. 127). In der Uridee ist ohne Planungsarbeit, unbewusst, schon die Totalität des zu schreibenden Textes keimhaft enthalten. Aus dieser Uridee entspringt der Impuls zum Schreiben. Dazu der Lyriker Karl Schwedhelm: *„Die Schicht, in die das Erlebnis absinkt, ist ein unterschwelliges Bewusstsein. Es ist dort verborgen gegenwärtig, doch nicht greifbar ... Zugleich aber wird es in den vorhandenen Erlebnisbestand eingebaut, verschmilzt mit ihm und gewinnt seine spezifische Werthaltigkeit. Damit ist es vom Stoff zum Motiv geworden ... Aus dieser Vorstellung muss es (das Motiv) nun in die Sprache eingehen, einen Prozess durchlaufen, der* *schmerzlich ist wie jede Geburt, weil das werdende Geschöpf plötzlich aus der bergenden Umhüllung seines wortlosen Urzustandes in die Eisluft der denkenden Welt hinaustritt*" (vgl. C. Eykmann, a. a. O., S. 140). Bei Dürrenmatt werden die verschiedenen Phasen des Schreibprozesses genauer benannt: „Das initiale Erleben, das Absinken, die Mitte als unbewußter und unbekannter seelischer Fundus, das Verwandlungserlebnis und schließlich die sprachliche Formung" (C. Eykmann, a. a. O., S. 142).

Dichter begreifen den Schreibprozess als Bewegung zwischen dem Bewusstsein und dem Unbewussten. Die Schreibimpulse drängen schlagartig ins Bewusstsein und werden dann am Leitfaden der Uridee in Sprache umgesetzt, oder der Dichter dringt aktiv in das Unbewusste ein und versucht, wie ein Bergmann die Schreibschätze zu bergen. Dieser Abstieg ins Unbewusste wird von den Dichtern oft mit Anspielung auf mythische Figuren geschildert: „*Der amerikanische Lyriker William Everson spricht von einem besonderen Typus des Dichters, dem dionysischen (mit dem er sich selbst identifiziert), welcher mutig und bewusst den Abstieg ins Unbewusste wagt, um sich dort einer weitgehenden Auflösung seines bewussten Ichs auszusetzen. Das diffuse Ich ist aber gerade das schöpferisch Empfängliche. In seinem (dank der Berührung mit dem Unbewussten) entgrenzten Zustand strömen ihm die Worte zu, und das Gedicht entsteht – nun wieder unter der behutsamen Kontrolle des wachen Ich*" (C. Eykmann, a. a. O., S. 146). Da wird also von Dionysos gesprochen oder von einer Begegnung mit dem Urtyp des Poeten als Seher: „Edouard Roditi, französischer Lyriker und Essayist, spricht von einer außergewöhnlichen Exaltation, während derer er freier und fantasievoller zu schreiben imstande sei. Während dieses Zustandes wird das Bewusstsein von zahllosen vergessenen Eindrücken überflutet. Der amerikanische Lyriker Richard Eberhart umschreibt den gleichen Zustand mit Ausdrücken wie Extraordinary States of Being ... Demonic or Anglic Possession. Der Dichter fühlt sich hier zum Seher erhoben" (C. Eykmann, a. a. O., S. 155). Das Unbewusste bekommt als autonome Sphäre eine eigene Stimme, die den Dichter, wie die archaischen Poeten, zum „Vates" (Seher) beruft. So spricht Donald Hall „von der seherischen Stimme, der gegenüber der Autor sich passiv zu verhalten habe und deren Worte sich dem Verständnis des Schreibenden zunächst entziehen" (C. Eykmann, a. a. O., S. 158). Diese Erfahrung wird von den Dichtern auch in antikisierender Weise als Musenkuss verstanden. Diese Dichteraussagen erweitern das kognitive Modell des Schreibprozesses und beleuchten seine unbewusste Seite.

Das emotionelle Modell wird in der Tiefenpsychologie des Unbewussten zu einer kompletten Alternative gegenüber dem kognitiven Schreibmodell ausgebaut. Die Psychoanalyse hat viel von der Theorie der Dichter über den Schreibprozess gelernt, als sie daran ging, ihr eigenes Modell des Schreibprozesses zu entwickeln. Der Schreibprozess wird von Sigmund Freud in Analogie zum Tag- und Nachttraum gesehen, dessen Wurzel Freud im Spiel des Kindes erkennt. Der erwachsene Dichter führt das Kinderspiel weiter, indem er sich schreibend die Wünsche erfüllt, die ihm die Realität verwehrt. Dabei werden durch die Ars Poetica die störenden Seiten infantiler Lustgewinnung im Text abgeändert und verhüllt. Der Text wird damit so umgearbeitet, dass er ohne Schuldgefühle rezipiert werden kann (vgl. Sigmund Freud: Der Dichter und das Phantasieren. GW, Bd 7.). Freud erweitert das dichterische Modell des Schreibprozesses. Er bringt die Uridee in engeren Kontakt mit kindlicher Lusterfüllung, sieht den aus dieser Lust entspringenden Text abgewehrt und sich dann von einem egomanisch infantilen, latenten Text in einen überarbeiteten, manifesten Erwachsenentext verwandeln. Freud betont, dass Schreiben Regression und zugleich Progression ist. Der Dichter flüchtet aus der unbefriedigenden Welt in eine Welt der Fantasie und findet durch seine kreative Textgestaltung in die Realität zurück. Kreativität entspringt aus dem Leid. Das gelungene Produkt der Kreativität, der Text, hebt zugleich das Leiden wieder auf. Freuds Mitarbeiter und Nachfolger haben das emotionale Modell des Schreibprozesses vertieft. Sie entdeckten im Schreiben die Bewältigung des dichterischen Narzissmus, der sekundär auf die Werke übertragen wird (O. Rank). Sie stellten weiter fest, dass beim Schreiben zumeist bis auf die orale Entwicklungsstufe der Psyche regrediert wird und dass mit Hilfe von Worten das ausgebliebene Saugen an der Mutterbrust kompensiert wird (A. A. Brill). Sie erkannten schließlich, dass die Schuldgefühle, die der Schreibprozess hervorruft, indem das Ich tief ins Unbewusste absinkt und sich der Macht des Über-Ichs entzieht, durch die soziale Anerkennung für das Werk geheilt werden kann (H. Sachs).

Damit legten sie die Belastungen offen, die den dichterischen Schreibprozess begleiten. Dichten erscheint als Versuch, die oralen Omnipotenz- und Lustgefühle gegen den Einfluss des Über-Ichs, das das Realitätsprinzip vertritt, in der schreibenden Fantasie zu befriedigen. Dieser Versuch führt zum chronischen masochistischen Leiden, weil das Über-Ich die Missachtung seiner Macht durch das Ich mit Angst- und Schuldgefühlen beim Schreiben bestraft. Diese Strafe versucht der Dichter durch einen ständig neuen Schreibimpuls zu heilen (vgl. E. Bergler: The Writer and Psychoanalysis. Madison 1988).

Im Gegenzug zu den Ergebnissen der Freudschule hat C.G. Jung nicht den masochistischen Charakter des Dichtens hervorgehoben, sondern seinen kollektiven Charakter. Der Dichter überwindet im Schreibakt das nur Biographische, Persönliche und gelangt durch das Eintauchen ins kollektive Unbewusste zur Möglichkeit der Gestaltung der Archetypen des kollektiven Unbewussten. C.G. Jung erhellt an seinem Modell des Schreibprozesses besonders die Begegnung des Schreibens mit den Archetypen und ihren mythologischen Gestalten, wie es im Schreibmodell der Dichter auch schon behauptet wurde. Der Dichter ist im Schreiben passiv empfangender Seher: *„Die beste Beschreibung hierfür ist die des Sehers oder des Weisen, der symbolische Ausdrucksformen bzw. ihre Inhalte nicht intentional produziert, sondern schaut. Zweifellos bringt der schamanistische, magische Seher Jungs Vorstellungen von der künstleri-*

Das emotionelle Modell des Schreibprozesses

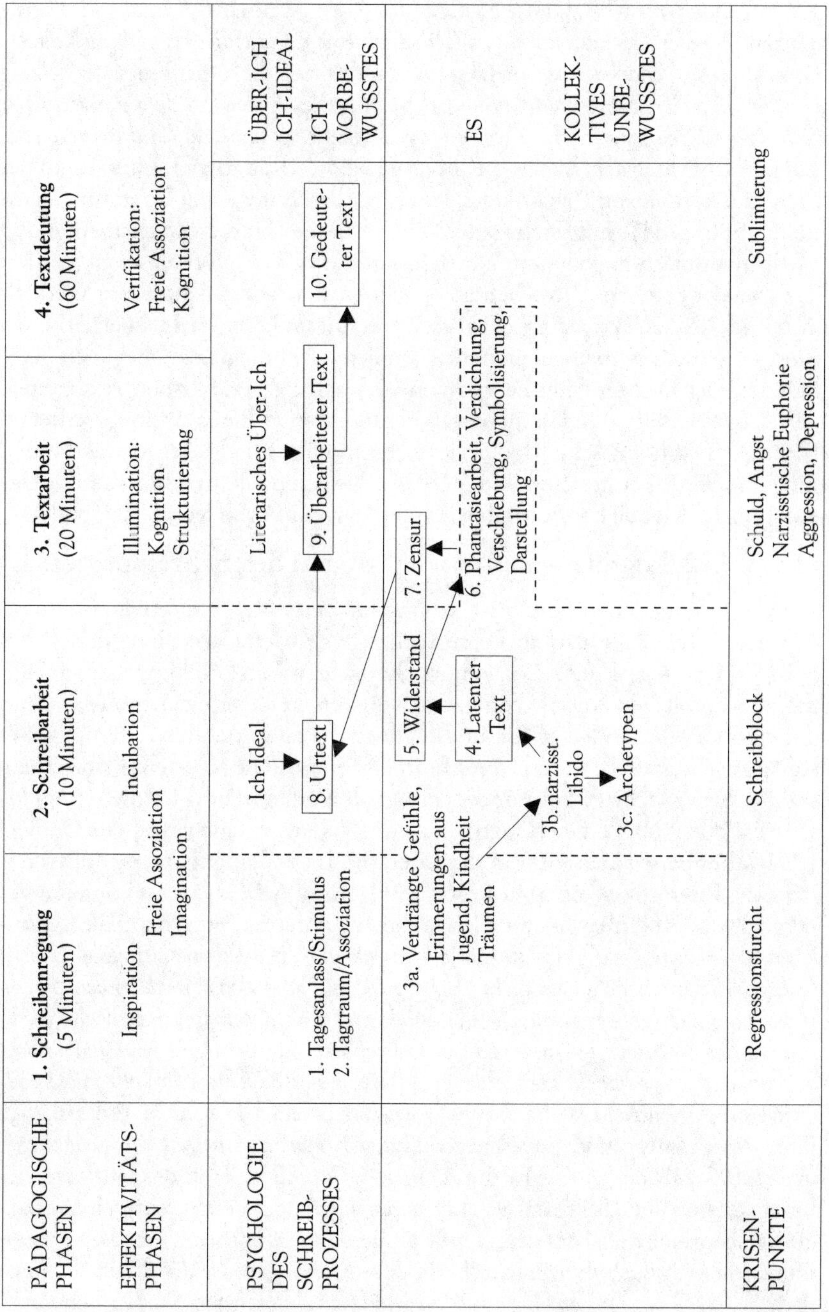

PÄDAGOGISCHE PHASEN	**1. Schreibanregung** (5 Minuten)	**2. Schreibarbeit** (10 Minuten)	**3. Textarbeit** (20 Minuten)	**4. Textdeutung** (60 Minuten)	
EFFEKTIVITÄTS-PHASEN	Inspiration Freie Assoziation Imagination	Incubation	Illumination: Kognition Strukturierung	Verifikation: Freie Assoziation Kognition	
PSYCHOLOGIE DES SCHREIB-PROZESSES	1. Tagesanlass/Stimulus 2. Tagtraum/Assoziation	Ich-Ideal → 8. Urtext →	Literarisches Über-Ich → 9. Überarbeiteter Text →	10. Gedeuteter Text	ÜBER-ICH ICH-IDEAL ICH VORBE-WUSSTES
	3a. Verdrängte Gefühle, Erinnerungen aus Jugend, Kindheit Träumen →	5. Widerstand ← 4. Latenter Text ← 3b. narzisst. Libido → 3c. Archetypen	7. Zensur ← 6. Phantasiearbeit, Verdichtung, Verschiebung, Symbolisierung, Darstellung		ES KOLLEK-TIVES UNBE-WUSSTES
KRISEN-PUNKTE	Regressionsfurcht	Schreibblock	Schuld, Angst Narzisstische Euphorie Aggression, Depression	Sublimierung	

schen Persönlichkeit am besten zum Ausdruck, daß der Künstler dadurch Kunst schaffe, daß er in einem Akt der Ekstase (des Außer-sich-seins) Kontakt mit überirdischen Mächten (hier das kollektive Unbewußte) habe und dies visionär artikuliere. Das Ritual der schamanistischen Ekstase kennzeichnet am besten Jungs Vorstellung von der künstlerischen Produktion. Einem Rausch ähnlich, in dem der Künstler nicht mehr er selbst und demzufolge auch nicht mehr für sein Tun verantwortlich ist, verlaufe der Prozeß der visionären Kunstproduktion" (R. Langner: Literatur in der Sicht der komplexen Psychologie. In: Ders.: Psychologie der Literatur. Weinheim 1986, S. 63). Jung sieht den Dichter auf die Stufe von Schamanen und Medizinmännern regredieren und sich durch das Werk von dieser Regression auch wieder befreien. Diese Befreiung gelingt, wenn der Dichter sein Werk als Ausdruck des kollektiven Unbewussten erkennt und Spuren des überzeitlichen Sinns in seinem zeitbezogenen Schreiben begreift. Jung macht aber auch deutlich, daß der Dichter beim Fehlen von Charakter gegenüber den Archetypen der Gefahr verfällt, sein Ich im omnipotenten Manna-Bewusstsein zu verlieren. Das tiefenpsychologische Modell des Schreibprozesses, das Freudianische und Jungianische Erkenntnisse zusammenfasst, lässt sich wie in der Graphik **„Das emotionelle Modell des Schreibprozesses"** auf der vorherigen Seite abbilden.

5.3. Das kognitiv-emotionelle Modell des Schreibprozesses

Von verschiedenen Seiten ist in jüngster Zeit eine produktive Auseinandersetzung sowohl mit dem kognitiven wie dem emotionellen Modell des Schreibprozesses erfolgt. Die empirische Kreativitätsforschung hat gezeigt, dass die kognitiven Anteile beim kreativen Schaffen doch viel größer sind, als das emotionelle Modell erfasst und zugleich die emotionellen Anteile größer sind als das kognitive Modell annimmt. Die empirische Kreativitätsforschung stellt fest, der kreative Schreiber „verfügt als Voraussetzung für die schöpferische Fähigkeit über einen hohen Grad von Wissen auf dem jeweiligen Gebiet" (A. Rothenberg: Kreativität in der Literatur. In: R. Langner (Hrsg.): Psychologie der Literatur. Weinheim 1986, S. 91). Im kreativen Prozess kommen neben emotionell Unbewussten auch kognitive Potenzen zum Zug. „*Die wohlbekannte Tatsache, dass kreative Persönlichkeiten bedeutende Einfälle haben, während sie anscheinend gar nicht über das spezifische Problem nachdenken, hat zu einem populären, aber irrtümlichen Glauben an die unmittelbare, ursächliche Wirksamkeit des Unbewussten in der Kreativität geführt. Aus dem Unbewussten hervorquellende Ideen zu haben, grenzt die schöpferische Persönlichkeit ein, aber diese vollbringt im Augenblick des kreativen Konzipierens einen bewussten Willensakt in Form einer aktiven und zuweilen verkürzten Konzeption mittels ungewöhnlicher und abstrakter Modi...*" (A. Rothenberg, a. a. O., S. 95). Trotz des Einflusses des Unbewussten auf das kreative Schreiben spielt Logik beim kreativen Denken eine folgenreiche und entscheidende Rolle. „*Ein Großteil des kreativen Prozesses besteht in Ausarbeitung und technischer Ausführung sowie dem Versuch, durch Sprache, Symbole und einengende Konstrukte zu differenzieren und zu erklären.*

Der Hauptbestandteil der schöpferischen Leistung und der Kreativität insgesamt ist ein Resultat harter, systematischer Arbeit, eine Folge des Motivs, einen zunächst nur roh geformten Gegenstand zu vollenden. Dieser Aspekt des kreativen Prozesses leitet sich aus der intensiven Motivation des Schöpfers ab, durchzuhalten und die Realität zu entdecken und zu meistern. Die fortwährende Formung, Differenzierung und Klärung zum Zweck der Kommunikation mit anderen führt für den schöpferischen Menschen auf charakteristische Weise wieder zu neuen Entdeckungen. Der Wettstreit mit anderen spielt ebenfalls eine Rolle. Oft gibt es einen intensiven und aktiven Wettstreit mit anderen kreativen Persönlichkeiten, die früher oder zur gleichen Zeit auf einem ähnlichen Gebiet tätig sind. Das Wetteifern mit historischen und zeitgenössischen Vertretern des Fachs, sowohl zum Zweck der Erlangung persönlicher Beachtung und persönlichen Erfolgs als auch zum Zweck der Beachtung der Entdeckung selbst, ist ein starkes und vielleicht zentrales Motiv kreativer Persönlichkeiten. Wiederum wird deutlich, dass der kreative Prozess, als Spiegelbild des Träumens, aus hochmotiviertem und gerichtetem Verhalten anstelle von unfreiwilligen Gedankenprozessen besteht, die während des Schlafens passiv empfangen werden" (A. Rothenburg, a. a. O., S. 99). Deshalb gilt: „*Obwohl während des kreativen Prozesses, der sich über Jahre und Jahrzehnte erstrecken kann, unterschiedliche psychische Zustände auftreten, steht der schöpferische Mensch stets unter dem Einfluss einer bewussten Intention. Der kreative Prozess beginnt im Wachleben und endet im Wachleben*" (A. Rothenburg, a. a. O., S. 103).

Die historische Literaturpsychologie, die sich der Erforschung des Wechsels der literarischen Stilepochen zugewandt hat, hat gezeigt, dass in der Moderne immer regressive von progressiven Stilrichtungen abgelöst worden sind: „*Tatsächlich lässt sich durch quantitative Daten belegen, dass zeitlich nacheinander schreibende Dichter im 19. Jahrhundert zunehmend tiefer regredierten, bis sich der Prozess etwa gegen 1900 umkehrte und die Tiefe der Regression, vermutlich aufgrund der gelockerten stilistischen Regeln, wieder abnahm*" (*C. Martindale: Psychologie der Literaturgeschichte. In: R. Langner, a. a. O., S. 179*). Der Blick auf die Literaturgeschichte zeigt also eine gewisse Variationsbreite in der Betonung rationaler und emotionaler Momente im kreativen Schreibprozess.

Schließlich gibt es eine dritte Quelle der Relativierung des rationalen und emotionellen Modells des Schreibprozesses: die neurologische Gehirnforschung (vgl. G.L. Rico: Garantiert schreiben lernen. Reinbek 1984, S. 74–85). Die Entdeckung des „Doppelhirns" macht deutlich, dass beim kreativen Akt die linke rationale mit der rechten emotionalen Gehirnseite kooperieren muss, wenn dabei ein gelungener, kommunizierbarer Text herauskommen soll. Es zeigt sich also die Notwendigkeit, von einem rationalen und emotionalen Modell des Schreibprozesses auszugehen. Während das rationale Modell offensichtlich mehr das Schreiben eher wissenschaftlicher Texte abbildet, zeigt das emotionelle Modell offensichtlich die Produktion emotionell überreagierender poetischer Autoren. Die Zielsetzung des kreativen Schreibens legt es nahe, beide extremen Positionen zu meiden und bei der Organisierung von Schreibprozessen in Gruppen Kognition und Emotion gleichberechtigt zum Zuge kommen zu lassen. Die alte Idee des „Poeta doctus" oder des Schillerschen „sentimentalischen Dichters", der sein Dichten kognitiv steuert, steht bei dieser Orientierung Pate.

6. Schreibblockaden, kognitiv und emotionell

Die Komplexität des Schreibprozesses erweist sich in seiner leichten Störbarkeit. Edmund Bergler hat zehn traditionelle Meinungen zusammengestellt, die Schreibblockaden erklären sollen. Er nennt 1. das fehlende Talent, 2. mangelnde Publikationsmöglichkeiten, 3. das Ausgeschriebene Sein, 4. fehlende Zeit, 5. Alkohol, 6. fehlender Wille zum Marktrisiko, 7. Faulheit, 8. übersteigerte Karrierevorstellungen, 9. Ablehnung durch den Verleger, 10. fehlende Kenntnisse über die Auflösung von Schreibblockaden (E. Bergler: Does Writers Block exist? In: American Imago, 7. Jahrgang 1950, S. 43 ff.). Das sind die landläufigen Ideen über Schreibblockaden. Was weiß die Wissenschaft? Wir wollen im Folgenden drei Aspekte herausheben.

6.1. Die kognitiven Blockaden

Bei Schreibblockaden wirkt sich die Fixierung auf bestimmte „dominante Theorien" aus (Edward de Bono: Das Spielerische Denken. Reinbek 1971). Eine beherrschende Idee, z. B. was Literatur sein soll und welches Niveau sie haben sollte, kann ein Schreibhindernis werden statt zum Schreiben motivieren. Gerade durch die Orientierung des Schulunterrichts an der Hochliteratur erwirbt jeder Schulabsolvent ein literarisches Minderwertigkeitsgefühl und ein rigides, d. h. strenges literarisches Über-Ich. Dieses strenge literarische Über-Ich programmiert ihn bei der Planung und Durchführung von Schreibplänen auf Fehlplanungen. Die Folgen der Schule als Ursachen für kognitive Schreibblockaden ist unübersehbar.

Jürgen vom Scheidt hat die Wirkung des Deutschunterrichts auf die Zerstörung der Schreibkreativität in acht Aspekten festgehalten:

1. *Der ständige Drill, fehlerlos zu schreiben, stellt die Form höher als den Inhalt.*
2. *Schule ist zielorientiert und grenzt spielerische Fantasie aus.*
3. *Der Deutschunterricht ist leistungsorientiert und zerstört durch Noten für schlechtes Deutsch jede Unbefangenheit im kreativen Umgang mit der Sprache.*
4. *Der Körper wird schulisch abgespalten und alles wird vom Kopf verlangt. Damit wird der abstrakte Ausdruck bevorzugt.*
5. *Der Unterricht fördert die konkurrenzlerische Vereinzelung und lässt kreative Gruppenarbeit kaum zu.*
6. *Der Unterricht fordert Tempo und verbietet kreative Muße.*
7. *Geschrieben wird mit der rechten Hand, die die rationalen Muster der linken Gehirnhälfte umsetzt und die rechte Gehirnhälfte nicht zum Zuge kommen lässt.*

8. *Die Alltagssprache, von der jedes Schreiben ausgeht, ist in der Schule meistens tabu.* (vgl. J.v. Scheidt: Kreatives Schreiben. Frankfurt 1989, S. 88 ff.)

Die kognitiven Theorien über Schreibwiderstände haben diese Wirkung des Deutschunterrichts erfasst. Sie stellten bei Schreibblockaden Folgendes fest: Die Schreibregeln, nach denen Blockierte schreiben, sind rigide, ungenügend geübt oder völlig falsch. Den Schreibblockierten fehlt eine ausreichende Schreibplanung oder Schreibstrategie. Sie begeben sich zu früh in den Schreibprozess und glauben, dass Inspiration alles ist und der Text quasi automatisch entstehen müsste. Schreibblockierte neigen zu verfrühten Korrekturen und blocken damit weitere Schreibideen ab. Am Ende wird der Text auch noch mit ungenügenden oder nicht verstandenen ästhetischen Kriterien abgewertet und die nächste Schreibblockade vorprogrammiert (vgl. M. Rose (Hrsg.): Writers Block. Carbondale, 1984, S. 4). Weiter ergab die Forschung: Blockierte leiden an ungenügendem Selbstbewusstsein. Sie hegen Zweifel an der eigenen Leistung, werten die gestellten Aufgaben ab und suchen zwanghaft nach alternativen Ideen. Sie verlieren sich in der Vorahnung von Bestrafung und von Verlust des Ansehens für ihr Scheitern und führen damit das Scheitern erst herbei (vgl. Rose (Hrsg:): When a Writer Can't Write. New York 1985). Hinter vielen kognitiven Schreibblockaden stehen aber auch emotionelle Gründe.

6.2. Die emotionellen Blockaden

Die emotionellen Schreibblockaden erwachsen aus der Angst vor Unsicherheit. Denn wer schreibt, „der verliert zumindest für geraume Zeit den festen Boden unter den Füßen. Er bewegt sich in Bereichen und Dimensionen, deren Ablauf nicht vorhergesagt werden kann. Diese Situation kollidiert mit dem verständlichen Bedürfnis nach Sicherheit" (J. Sikora: Handbuch der Kreativmethoden. Heidelberg 1976, S. 73). Aus Angst vor dieser Unsicherheit, die auch aus der emotionellen Belastung durch beängstigende und fremdartige Fantasien entstehen kann, entwickelt sich eine blockierte Haltung, die „Küstenschiffahrt entlang den Ufern sicheren Festlandes betreibt und dabei nie auf hoher See den unbegrenzten Horizont entdeckt" (J. Sikora, a. a. O., S. 73).

Auch die unbefriedigende oder emotionell unerwartete Reaktion anderer Gruppenmitglieder auf die eigenen Texte kann Angst vor dem Schreiben hervorrufen. Besonders gravierend auf die Schreibfähigkeit wirken sich allerdings tiefere emotionelle Lebenskrisen aus. Texte, die in solchen Situationen geschrieben werden, wirken peinlich, machen Furcht oder lösen auch Panik beim Schreiber aus. Dabei muss die Krise dem Schreiber nicht in jedem Fall bewusst geworden sein, sondern sie kann sich besonders im Verfassen von dunklen und unheimlichen Texten erst überraschend andeuten. Edmund Bergler hat die emotionellen Schreibblockaden in der Psychoanalyse von 36

Autoren langfristig und gründlich erforscht. Schreiben, das ist für Bergler die kreative Auseinandersetzung des Ichs mit Es und Über-Ich. Die Anlässe zum Schreiben liegen in der Notwendigkeit, sich mit infantilen, meist präödipalen Fantasien auseinanderzusetzen. Dabei wird das Ich mit den Schuldvorwürfen des Über-Ichs konfrontiert. Das Ich spaltet sich im Schreibakt. Es folgt einerseits den Wünschen des Ich-Ideals, andererseits wird es vom Gewissen mit Schuld für die Durchbrechung von Tabus und Widerständen beladen. In dieser Zwickmühle wird Schreiben, wenn es gelingt, durch den zustimmenden Hörer entsühnt. Wenn es nicht gelingt und kein Text zustande kommt, wächst die Schuld und Schreibstörungen treten auf. Schreibblöcke entstehen für Edmund Bergler hauptsächlich aus Schuldgefühl oder Selbsthass. „Wenn der Schreiber sein Über-Ich nicht von der Harmlosigkeit seiner Fantasien überzeugen kann, versiegt jede Schreibidee" (E. Bergler: The Writer and Psychoanalysis. a. a. O., S. 93). Genauer haben sich vier emotionelle Ursachen für Schreibblöcke identifizieren lassen:

1. Schreibblock durch orale Regression und Mutterfixierung: Auftauchende Schreibschwierigkeiten werden als Ablehnung durch die Mutter verstanden und masochistisch gegen sich gewendet. Der blockierte Autor imitiert die ablehnende Mutter und entwickelt Störungen im Magen-Darm-Bereich: Schreibversuche können zu Erbrechen, zu unmäßigem Durst und zu Schwindelgefühlen führen. Produktive Autoren haben dagegen meist einen gesegneten Appetit.

2. Schreibblock durch zu starke Berührung mit verdrängten infantilen Wünschen: Wenn der Schreiber beim Schreiben auf infantile Wünsche trifft, die er im Alltag nicht mehr bewältigen kann, versiegt das Schreiben, weil nun das Über-Ich strafend eingreift.

3. Schreibblock durch narzisstische Regression: Der Schreiber identifiziert sich mit seinen asozialen Fantasien, bläht sich zum Größenselbst auf, und fördert damit das verbietende Einschreiten des Über-Ichs.

4. Schreibblock durch wachsende Neurotisierung: Wenn sich die Regression auf der Basis von Schreibstörungen stabilisiert, gerät der Schreiber in einen Teufelskreis. Er kann sich nicht mehr durch Schreiben selbst heilen, vermehrt seine Selbstverachtung, schwächt sein Ich und steigert seine infantilen Fixierungen, die er schreibend nun nicht mehr los wird. Die wachsende Neurotisierung des Schreibers deutet sich in folgendem Schreibphänomen an. Die Erzählungen und Texte werden immer kürzer. Seine Figuren besitzen keine psychologische Plausibilität mehr. Der Text wird schluderig und primär autobiographisch. Der Text wird kompliziert, oder es beginnen Klischees zu wuchern. Die Dauer von Schreibblöcken sind unterschiedlich. Blöcke von kürzerer Dauer führen oft zur Selbstheilung durch einen gelingenden Schreibschub. Lange Schreibblöcke über Jahre erfordern jedoch therapeutische Beratung. Kürzere Schreibblöcke lassen sich allein schon dadurch beheben, dass der Autor seinen Text liegenlässt, die Emotionen, die der Text hervorgerufen hat, abklingen lässt und später erneut den Schreibversuch fortsetzt. In Schreibgruppen können Schreibblöcke dadurch minimiert werden, dass zwischen die Schreibphase und die Phase des Vorlesens und des Bearbeitens der Texte ein zeitlicher Zwischenraum gesetzt wird. In diesem zeitlichen Zwischenraum können sich die Emotionen, die das Schreiben des Textes hervorgerufen hat, auflösen, das Ich kann sich stärken, und die weitere Arbeit am Text wird besser.

6.3. Kulturelle Blockierungen

Kreatives Schreiben stößt auch auf kulturelle Barrieren. Trotz einer gewissen Propagierung von Kreativität wertet die heutige Gesellschaft Konformität höher als Abweichung. Dichtung und Neurose wird immer noch in einem engen Zusammenhang gesehen. Arbeit wird meist höher geschätzt als Spiel, obwohl J. Huizinga gezeigt hat, wie stark der Ursprung der Kultur dem Spiel verbunden ist (J. Huizinga: Homo ludens – Vom Ursprung der Kultur im Spiel. Reinbek 1988). Die meisten Arbeitsverhältnisse, auch für Textproduzenten (im Bereich Massenmedien, Journalismus, Literaturindustrie) setzen auf Routine und Schematexte. Hilflosigkeit und damit Schreibblockaden treten dann ein, wenn ein Text geschrieben werden soll, der von der herrschenden Norm abweicht. Auch die Bindung jeder Schreibarbeit an den ökonomischen Erfolg, als Wertmaßstab für gesellschaftliche Nützlichkeit, blockiert die experimentelle Freiheit und Ziellosigkeit, die das Entstehen kreativer Texte meist erfordert. Es ist also nicht verwunderlich, dass das kreative Schreiben durch vielfältige Krisen gekennzeichnet ist, dem aber auch gute Chancen der kreativen Entwicklung gegenüberstehen. Sowohl die Techniken des kreativen Schreibens wie die poesiepädagogische Begleitung des Schreib- und Gruppenprozesses müssen diese Krisen und Chancen des kreativen Schreibens berücksichtigen.

7. Kleine Poetik des kreativen Schreibens

Die Poetik als Lehre vom Wesen und den Formen der Dichtkunst verstand sich immer als Theorie der Lern- und Lehrbarkeit des Dichtens. Sie überlieferte Dokumente über die Entstehung des Dichtens bis in die vorschriftliche Zeit. Z. B. im griechischen Mythos werden verschiedene Torsi der Entstehung der Dichterpotenz präsentiert. Die ersten archaischen Dichter waren die Götter selbst, die Musen. Die Musen haben in der griechischen Mythologie Zeus zum Vater und Mnemosyne zur Mutter. In der vorpatriarchalen Welt waren die neun Musen Töchter der Urgöttin Gaya (vgl. H. Göttner-Abendroth: Für die Musen. Frankfurt 1989, S. 66). Dichtung war ursprünglich göttliches Geschäft. Musen lebten an Quellen und im Wasser. Für die Musen „bedeutete der Sturz in die Wassertiefe nicht den Tod, sondern eher die befreiende, erlösende Heimkehr ins wohlvertraute Urelement" (W. Danckert: Wesen und Ursprung der Tonwelt im Mythos. In: Archiv für Musikwissenschaft, 12. Jg., 1955, S. 102). Von den Göttern übernahmen die Heroen die Kunst des Dichtens. Ohne göttlichen Beistand kann der Poesieheroe nicht schaffen.

Dichten bedeutet, den Wagen der Muse zu besteigen und sich ins Unendliche zu erheben. Die erste mythische Poetik entwickelt auch die Konflikte des Dichtens. Die Poesieheroen hatten mit den Göttern zu kämpfen. Es gibt furchtbare Opfer. Marsyas, eine Bocksgestalt aus Phrygien, forderte als Flötenspieler den Laierspieler Apoll heraus, unterlag im Wettkampf und bekam das Fell am lebendigen Leibe abgezogen. Linos, Sohn der Muse Urania, wurde von Herkules erschlagen, als er ihn wegen falscher Töne beim Lyraunterricht tadelte. Thamyres, Sohn der Nymphe Argope, wurde als Verlierer des Wettkampfs mit den Musen geblendet (Homer: Ilias: Frankfurt 1961, Bd. II, S. 575–585). Bellerophon fing das Dichterross Pegasus und wollte in die Wohnung der Götter fliegen, stürzte aber ab und irrte bis zu seinem Tode in Kleinasien herum. Orpheus, Sohn der Muse Kalliope, verrät mit seinem Schicksal, wer die Poesieheroen wirklich waren. Orpheus geht den Weg der Schamanen. Er fährt ins Jenseits, um gestorbene oder geistig umnachtete Seelen zurückzuholen und damit zu heilen. Die gesungene Dichtung ist sein Zaubermittel. Der Rettungsversuch von Eurydike scheitert. Orpheus, als Gefolgsmann des Dionysos, wird nun Anhänger des Lichtgotts Apoll, und aus Rache wird er dann von den dionysischen Mänaden zerrissen (vgl. E.R. Dodds: Die Griechen und das Irrationale. Darmstadt 1970., S. 82ff, E. Hämmerling: Orpheus Wiederkehr. Interlaken 1984). Die mythologische Poetik zeigt das Dichten als ekstatische Heilkunst, die im ständigen Kampf mit den Göttern unter großen Opfern von den sterblichen Menschen errungen wird, und als magische Kraft, die archaische Dichter oft mit großen emotionellen Aufschwüngen und tiefen Gefühlsabstürzen gefährdet und verführt. Die erste Poetik des Vorsokratikers Demokrit lautet deshalb: „Ich habe oft gehört…, dass niemand ohne Begeisterung und einen gewissen Anhauch von Wahnsinn ein guter Dichter werden kann… Was ein Dichter, des Gottes voll, in heiliger Begeisterung niederschreibt, das ist sicherlich schön" (Demokrit zit. n. W. Capelle: Die Vorsokratiker. Stuttgart 1968, S. 469). Dichten geschieht in schamanistischer Ekstase (M. Eliade: Schamanismus und archaische Ekstasetechnik. Frankfurt 1974, vgl. auch H. Schlaffer: Poesie und Wissen. Frankfurt 1990). Plato entwickelt aus der mythischen Poetik die erste philosophische Poetik. Der Dichter tritt bei Plato beim Dichten aus sich heraus (Ekstase) und verfällt dem Enthusiasmus (von Gott erfüllt sein). „Denn alle rechten Dichter alter Sagen sprechen nicht durch Kunst, sondern als Begeisterte und Besessene diese schönen Lieder… Wenn sie von Harmonie und Rhythmus erfüllt sind, dann werden sie den Bacchen ähnlich… Nämlich nicht durch Kunst bringen sie die Lieder hervor, sondern durch göttliche Kraft... Die Dichter aber sind nichts als Sprecher der Götter, besessen jeder von dem, der ihn eben besitzt" (Platon, Ion in: ders.: Sämtliche Werke. Reinbek 1959, Bd. 1, S. 103, 533e-535a). Diese Ekstase wird von Dichtern auch auf die Rhapsoden übertragen. „Wenn ich nämlich etwas Klägliches vortrage, so füllen sich mir die Augen mit Tränen, wenn aber etwas Furchtbares und Schreckliches, so sträuben sich mir die Haare aufwärts, und das Herz pocht" (Platon, Ion, a. a. O., S. 104, 535c). Auch die Zuhörer werden von der dichterischen Katharsis ergriffen. Der Rhapsode Ion berichtet von der Wirkung seiner Auftritte auf die Zuschauer folgendes: „Ich betrachte sie jedes mal oben herab von der Bühne, wie sie weinen und furchtbar umherblicken und mitstaunen über das Gesagte" (Platon, Ion, a. a. O., S. 104, 535e). Gegen Platons enthusiastische Poetik entwickelt Aristoteles seine normative Poetik. Aristoteles rationale Gegenthese: „Die Dichtkunst (ist) mehr Sache des Talents als des Enthusiasmus. Denn das Talent lässt sich bilden, der Enthusiasmus aber führt zur Ekstase" (Aristoteles: Poetik in: ders.: Hauptwerke. Stuttgart 1953, S. 362). An der Tragödie entwickelt Aristoteles die Technik der Herstellung von Mitleid und Furcht, die der Dichter nun lernen und in seinem Schreiben praktizieren kann. „Das, was Furcht und Mitleid erregt ..., kann ... in der Komposition der Handlung enthalten sein, und dies ist ... das Werk ... eines Dichters. Denn die Fabel ... muss so komponiert sein..., dass man schon beim bloßen Hören dessen, was geschieht, infolge der Vorgänge Schauder und Mitleid empfindet" (Aristoteles: Poetik, a. a. O., S. 357). Aristoteles gibt auch die Regeln an, nach denen kathartisch gedichtet werden kann. Die Personen der Tragödie müssen eng verwandt sein und sich die schrecklichsten Dinge antun. „Der Dichter muss auf solche Fälle ausgehen, in denen leidschaffende Taten im befreundeten Kreise vollbracht werden: Wenn z. B. der Bruder den Bruder oder der Sohn den Vater oder die Mutter den Sohn oder der Sohn die Mutter tötet oder töten soll oder sonst ein Verwandter etwas derartiges tut" (Aristoteles: Poetik, a. a. O., S. 358). Aristoteles entwickelt alle Bedingungen der Charaktere der Personen, des Aufbaus, der Handlung, des Sprachstils und der Rhetorik der Tragödie, die beim Schreiben derselben nötig sind, damit die Dichter ihr kathartisches Ziel erreichen. Erst wenn der Dichter alle diese Bedingungen erfüllt, „kommt es zu einer tragischen Wirkung, die die menschliche Teilnahme weckt" (Aristoteles, a. a. O., S. 364).

Mit Platon und Aristoteles liegt der Grundkonflikt der Poetik offen zu Tage: Ist Dichten emotionelle Ekstase und Enthusiasmus oder rationales Kalkül von Katharsis und Rührung? Ist der Dichter ein ekstatischer Seher (poeta vates) oder ein kalkulierender Sprachinszenator (poeta doctus)?

An der Lösung dieser Grundfrage hat sich die Geschichte der Poetik bis heute abgearbeitet. In der römischen Antike bei Horaz wird für den poeta doctus plädiert: „Das Wissen vom Menschen ist letztlich Bedingung für vorbildhafte Dichtung und wichtiger als Enthusiasmus" (Horaz: Ars poetica zit. n. H. Wiegmann: Geschichte der Poetik. Stuttgart 1977, S. 15). Mit Quintilian werden die Regeln der Rhetorik verbindlich für stilgerechtes rationales Schreiben. Cassius Longius widerspricht allerdings Quintilian und Horaz. Das Wunderbare ist für den Dichter wichtiger als das Nützliche. „Keine Katharsis wird angezielt, sondern Erhebung über sich selbst in nicht mehr rational kontrollierbare Dimensionen" (Cassius Longius: De Sublimitate. Zit. n. H. Wiegmann, a. a. O., S. 16). Das Mittelalter steht aber völlig im Banne des poeta doctus. Poetiken sind nun Verslehren nach rhetorischen Lehren. Dichten ist lernbar „normierbar in den Singschulen des Spätmittelalters, die Qualität poetischer und rhetorischer Erfindung liegt in der Erfindung des neuen Tons" (H. Wiegmann, a. a. O., S. 27).

Erst seit der Renaissance wird der Streit zwischen dem poeta vates und poeta doctus wieder eröffnet. Bei J.C. Scalinger „Poetices libri septem" (1561) wird eine Synthese von Platon und Aristoteles versucht. Er betrachtet im Sinn der platonischen Enthusiasmuslehre den Dichter als „alter deus". Aber neben aller „Betonung der schöpferischen Inspiration" fordert er vom Dichter doch „die zu erwerbende Bildung und Meisterschaft" (H. Wiegmann, a. a. O., S. 35). T. Sebillet „Art poétique Fransois (1548) „greift aber den Gedanken des vates, des göttlich inspirierten Dichters auf, den er vom Rimeur (dem Verseschmied) dem Rhetoriqueur (dem versifizierenden Rhetoriker des Mittelalters) absetzt (H. Wiegmann, a. a. O., S. 37).

Bis zum Sturm und Drang bleibt also der Streit über die Bedeutung von Ratio und Gefühl beim Dichten zu Gunsten der Ratio entschieden. Bis zum Anfang der Moderne „suspendiert die Vernunft ihre kontrollierende Funktion nie, der Fantasie wird zwar eine gewisse Narrenfreiheit zugestanden, als dichterisches Erkenntnismedium steht sie aber durchweg unter Kuratel – aufklärerische Variante des alten griechischen Rechtsstreits, der zu Gunsten philosophischer Erkenntnis rational entschieden wurde" (H. Wiegmann, a. a. O., S. 56, vgl. auch F. Schlaffer: Poesie und Wissen. Frankfurt 1990, Teil I). Mit J.G. Hamann (Ästhetica in nuce, 1762) wird der Dichtungsakt wieder im Unbewussten angesiedelt. Das dichterische Genie gewinnt wieder Anteil am Wort Gottes. Der Sturm und Drang sieht den Dichter „als poeta vates eine von der Vernunft nicht zu kontrollierende Wahrheitserkenntnis vermitteln, welche der logischen Verstandesarbeit verschlossen bleiben muss" (H. Wiegmann, a. a. O., S. 82). Schiller versucht in seiner Schrift „Über naive und sentimentalische Dichtung" (1795/96) beiden Typen des Dichtens gerecht zu werden. Auch in Nietzsches „Geburt der Tragödie aus dem Geist der Musik" 1872 stehen die dionysische und apollinische Dichtungsart nebeneinander. Trotz dem Ende der normativen Poetik und ihrem Grundsatz der Lern- und Lehrbarkeit der Dichtkunst am Leitfaden der Rhetorik (im 19. Jahrhundert) und trotz der Entwicklung induktiver beschreibender und individualistischer Poetiken schlagen die Konflikte zwischen der poeta vates- und doctus-Position auch im 19. und 20. Jahrhundert durch, sobald es um eine Produktionspoetik und nicht um die verbreitete normative Produktpoetik geht. Eine entscheidende Artikulation beider Positionen leisten beispielhaft einmal Arthur Rimbaud in seinem „Seher-Brief“ (1873) und Edgar Allan Poe in seiner „Philosophie of Composition“ (1846). Rimbaud beschwört den Dichter als poeta vates: „Das erste, was der Mensch sich erarbeiten muss, der Dichter sein will, ist die volle Erkenntnis des Eigenen... Ich sage, dass es not tut, Seher zu sein, sich sehend zu machen... Der Dichter macht sich sehend durch eine lange, gewalttätige und überlegte Entregelung aller Sinne... Er kommt an beim Unbekannten, und wenn er überwältigt daran endet, dass er das Verständnis seiner Gesichte verliert, so hat er sie doch gesehen! ... Also der Dichter ist wahrhaftig ein Dieb des Feuers“ (A. Rimbaud: Seher-Brief. Zit. n. W. Höllerer (Hrsg.): Dokumente zur Poetik. Reinbek 1965, Bd. 1, S. 70). Rimbaud beschwört noch einmal das mythologische und platonische Bild vom ekstatischen Dichten mit seinen Gefahren und drohenden prometheischen Schuldgefühlen (vgl. H. Schlaffer, a. a. O., S. 26 ff.). Er bahnt damit das Dichtungsselbstverständnis der Expressionisten und Surrealisten des 20. Jahrhunderts an. Dagegen behauptet E.A. Poe: „Meine Absicht ist, eindeutig festzustellen, dass sich keine Einzelheit des Gedichts (The Raven) aus Zufall oder Intuition ergeben hat: Es enstand vielmehr Schritt für Schritt bis zum Abschluss mit der Präzision und ungebrochenen Folgerichtigkeit einer mathematischen Berechnung“ (E.A. Poe zit. n. W. Höllerer (Hrsg.), a. a. O., S. 13). Hier hört man deutlich den Atem des Aristoteles, dem sich im 20. Jahrhundert auch Autoren wie Thomas Mann, Robert Musil, Broch, Gottfried Benn, Heißenbüttel und die ganze Philologie zugeordnet haben (vgl. H. Schlaffer, a. a. O., Teil III).

Auf dem Boden der Widersprüche der Poetik arbeiten aber auch die Schreibwerkstätten. Die Grafik auf der folgenden Seite soll deshalb die Spannungen verdeutlichen, die auch die Produktionspoetik der Schreibwerkstätten kennzeichnet.

Schreibgruppen erleben die Spannung zwischen Gefühl und Ratio im Schreibprozess im besonderen Maße. Ihre Mitglieder sind nämlich Laien, die nicht wie die Profis zwischen Textproduktion und Rezeption den Markt, den Verlag und den kritischen Lektor geschaltet haben, sondern die direkt und unmittelbar in der Gruppe Poesie produzieren und konsumieren. Während der Profiautor gehalten ist, seine Gefühle bei Strafe der Abweisung seiner Werke am Markt zu zügeln, kann der Laienautor in der Schreibgruppe jeden Zwang über Bord werfen. Den Sinn der Poesie entweder ekstatisch zu entgrenzen oder kathartisch Mitleid und Angst zu entbinden, erleben und lernen die Mitglieder von Schreibgruppen in den Gruppen potenziert. Die eigene Emotion und rationales Textkalkül wird von den idealen Hörern in der Gruppe gespiegelt und verstärkt. Durch die lange Arbeitszeit der Schreibgruppen (über Stunden pro Sitzung oder über Monate pro Kurs) ist eine Steigerung von Mitleid und Angst sowie eine Forcierung der Erbauung, Belehrung und moralischen Ermutigung an der Tagesordnung. Viele Teilnehmer an Schreibgruppen haben Schreiben unter dem Leistungskuratel der Schule erlernt und erfahren

Grundtypen des Dichtens

	Poeta vates	Poeta doctus
1) Urform	Schamane	poetischer Philosoph
2) Spät-Form	Gaukler, Dichter	Berufsschriftsteller
3) Realität	Erfinden	Nachahmen
4) Geistiges Vermögen	Fantasie	Vernunft
5) Sprachstil	Eigenständig, Ich-Stil	Rhetorisch, Du- und Es-Stil
6) Dichtungsimpuls	Unbewusstes	Planung, Kalkül des Ichs
7) Wirkung	Entgrenzung, Emphase	Reinigung, Katharsis
8) Sozialer Status	Genie, alter deus	Kommunikator
9) Weltbild	naiv, sentimental, kindlich	reflektiert, distanziert, erwachsen

in Schreibgruppen nun sichtlich erregt und animiert die andere Seite der Poesie. Poeta-vates-Impulse werden also in Schreibgruppen häufig sein. Aus der Geschichte der Poetik ist für Anleiter von Schreibgruppen zu lernen, dass diese Impulse durch poeta-doctus-Impulse ausgeglichen werden müssen. Denn wie Aristoteles sagt: Wo Ekstase sich breit macht, hört Dichtung auf.

8. Säkularisierte Initiation im Kreativen Schreiben

8.1. Sehnsucht nach dem Ursprung

Der moderne Mensch betrachtet sein Leben oft als einen Zyklus von Krisen. Die Krise wird als wichtiger Durchgang zu einem neuen Entwicklungsniveau bewertet. Es ist ein verbreitetes Selbstverständnis, dass der einzelne erst zu sich selbst findet, nachdem er eine Reihe gefährlicher Situationen gemeistert und nachdem er verschiedene „Prüfungen“, „Tode“ und „Auferstehungen“ durchgemacht hat. Goethe sagte:

„*Wenn du dies nicht hast,*
dieses Stirb und Werde,
bist du nur ein trüber Gast
auf der dunklen Erde.“

Bei jedem modernen Menschen kann man den Wunsch antreffen „bestimmte gefährliche Situationen kennenzulernen, außergewöhnliche Prüfungen zu bestehen, sich in eine „andere Welt“ vorzuwagen“ (M. Eliade: Das Mysterium der Wiedergeburt. Versuch über einige Initiationstypen. Frankfurt 1988, S. 227). Dieser Wunsch ist besonders in den Tag- und Nachtträumen des modernen

Menschen vorhanden. Die heutige Verbreitung der Fantasyliteratur, des Science-Fiction, der Boom der Artus-Sage, der Märchen und Mythen lebt vom Stirb- und Werde-Motiv, das heute fast zum Klischee verkommt. Was heute zum „literarischen Motiv" säkularisiert worden ist, war früher rituelle Wirklichkeit.

Durch den Initiationsritus wurde das frühere Menschenleben in Phasen eingeteilt: Die Pubertätsinitiation ließ das Kind sterben, um den Erwachsenen zu gebären, beim rituellen Eintritt in die Männer- und Frauengeheimbünde starb der asexuelle Mensch und wurde als Geschlechtswesen wiedergeboren. Und bei religiösen Erneuerungen wurde der alte Adam ertränkt und der neue Adam angezogen. Folgende Initiationsthemen und -motive waren in den älteren Kulturen auf der ganzen Welt verbreitet:

„a) *Das einfachste Thema, das nur die Trennung des Neophyten von seiner Mutter und seine Einführung ins Heilige enthält;*
b) *Das dramatischere Thema, das Beschneidung, Prüfungen, Torturen enthält, d. h. einen symbolischen Tod mit nachfolgender Auferstehung;*
c) *Das Szenario, bei dem an die Stelle der Vorstellung des Todes die Vorstellung einer neuen Schwangerschaft tritt, gefolgt von einer neuen Geburt, und wo sich die Initiation eher in embryologischen und gynäkologischen Begriffen ausdrückt;*
d) *Das Schema, dessen wesentliches Element der individuelle Zurückzug in den Busch sowie die Suche nach einem Schutzgeist ist;*
e) *Das spezifische Szenarium der heroischen Initiation, bei dem der Akzent auf dem duch magische Mittel errungenen Sieg liegt (Verwandlung in ein wildes Tier, „Furor");*
f) *Das den Initiationen der Schamanen und anderer Spezialisten des Heiligen vorbehaltene Modell, das sowohl einen Abstieg in die Hölle wie einen Aufstieg in den Himmel enthält (Hauptthemen: Die Zerstückelung des Körpers und die Erneuerung der Eingeweide; die Besteigung von Himmelsbäumen);*
g) *Das Motiv, das man paradox nennen kann, weil es sich hauptsächlich um Prüfungen handelt, die auf der Ebene der menschlichen Erfahrung unfassbar sind."*
(M. Eliade: Das Mysterium der Wiedergeburt, a. a. O., S. 232 f.)

Zur Initiation gehörten immer folgende Vorgänge:

a) Der *regressus ad uterum*, der den einzelnen in seiner „leichen" Form wieder zum Kind werden lässt, das in den Bauch eines Ungeheuers kriecht, oder in seiner dramatischen Form, die „das Eindringen in den Uterus durch den Helden lebend und als erwachsenen Menschen vollzieht" (M. Eliade, a. a. O., S. 99). Letztere Form des *descensus ad inferos* wird dann als Höllenfahrt des Helden dargestellt, die in vielen „Mythen und Sagen des antiken Orients und der Mittelmeerwelt bezeugt ist" (M. Eliade, a. a. O., S. 113, vgl. auch L. Müller: Der Held. Zürich 1987, J. Cambell: Der Heros in tausend Gestalten. Frankfurt 1978).

b) Die Entwicklung und Überwindung von ekstatischen Größenfantasien im rituellen Tod. Diese Größenfantasien äußern sich im Berserkertum, Kannibalismus und in Orgien. „Sein Kannibalismus wie auch sein rasender „Wahnsinn" ist ein Beweis dafür, dass er Gott geworden ist" (M. Eliade, a.a.O., S. 127). In dieser Phase tritt meist der Verlust der Sprache ein. Das ist dann der Höhepunkt der Initiationskrankheit, der Ausdruck des Zustandes des „präkosmogonischen Chaos" (M. Eliade, a.a.O., S. 169).
c) Auferstehung zu einer neuen Seinsweise, in der der Initiant, eine neue Sprache lernt, von erfahrenen Meistern unterrichtet wird und die Mythen der Heroen und Ahnen erfährt, die in *illo tempore*, der früheren Traumzeit, das gleiche Schicksal des Stirb und Werde erlebt haben. „Die Offenbarungen in Bezug auf die geheimen Techniken der Medizinmänner erfolgen in der Trance, im Traum oder im Wachzustand, vor, während oder nach dem eigentlichen Initiationsritual" (M. Eliade, a.a.O., S. 185, vgl. M.P. Duerr: Traumzeit. Über die Grenze von Wildnis und Zivilisation. Frankfurt 1979, S. 139–150).

Zur Überlieferung des Initiationsthemas hat sicherlich auch beigetragen, dass viele Dichter sich in der magischen Tradition des Orpheus verstanden und ihre autobiographischen Initiationerfahrungen auch zum Inhalt ihrer Werke gemacht haben (vgl. W. Muschg: Tragische Literaturgeschichte. Bern 1957, S. 21–90). Das Initiationsthema ist heute unbewusster Teil des Alltagsbewusstseins und Alltagslebens. „Hinzuzufügen ist noch, dass der niederländische Gelehrte Jan de Vrees das Fortbestehen von Einweihungsthemen in den Heldensagen und sogar in manchem Kinderspiel bewiesen hat" (M. Eliade: Die Sehnsucht nach dem Ursprung. Frankfurt 1981, S. 166). Initiationssymbole und -szenarien hatten ihre Hochblüte in schriftlosen Gesellschaften. Sie wurden in Schriftgesellschaften mehr und mehr säkularisiert. Heute überleben die Szenarien in Tagträumen und imaginären Fantasien und in dem wachsenden Interesse der Wissenschaft. „Das Verlangen, Einweihungsszenarien in der Literatur, den Künsten und dem Kino zu entziffern, bezeugt nicht nur eine Neubewertung der Initiation als eines Prozesses der geistigen Regeneration und Verwandlung, sondern auch eine gewisse Sehnsucht nach einer entsprechenden Erfahrung" (M. Eliade: Die Sehnsucht nach dem Ursprung, a.a.O., S. 170).

Es ist deshalb nicht überraschend, dass auch im kreativen Schreiben als Ausdruck alltäglicher Tagträume der Initiationswunsch und das Initiationsthema auftaucht. Wie schreibt doch Hermann Broch in seinem Gedicht

Virgil in des Orpheus Nachfolge
Wer nur weiß, was er weiß, kann es nicht aussprechen;
Erst wenn Wissen über sich selbst hinaus reicht, wird es zum Wort,
Erst im Unaussprechbaren wird Sprache geboren, und es muss der Mensch, da ihm das Göttliche auferlegt ist,

stets aufs neu die Grenze überschreiten und hinabsteigen
zu dem Ort jenseits des Menschenhaften, ein Schatten
am Ort des wissenden Vergessens, aus dem Rückkehr schwer wird
und nur wenigen gelingt.
Aber die Gestaltung der Irdischkeit ist jenen aufgetragen,
die im Dunkel gewesen sind und dennoch sich losgerissen haben
orphisch zu schmerzlicher Rückkehr.
(H. Broch: Die Heimkehr. Frankfurt 1962, S. 174)

Viele der in Schreibgruppen und ihren Texten entworfenen Szenarien von Prüfungen und Abenteuern der Helden und Heldinnen lassen sich oft in Initiationsbegriffe übersetzen. Diese Initiationsszenarien sind „Ausdruck eines Psychodramas, das einem tieferen Bedürfnis des menschlichen Wesens entspricht" (M. Eliade: Das Mysterium der Wiedergeburt, a. a. O., S. 227). Dieses tiefe Bedürfnis ist der Wunsch, den übernatürlichen Wesen zu ähneln, die in *illo tempore* die Welt begründet haben. Mit Ernst Bloch lässt sich (in der Tradition von Feuerbach) dieses Initiations-Bedürfnis als Wunsch nach Heimat in der Zukunft interpretieren. Mit Bloch lässt sich auch der richtige Umgang mit den Initiationswünschen in Texten benennen:

1. Wahrnehmung
2. Berichtigung
3. Konkretisierung durch sprachliche Verdichtung
4. Umsetzung in ästhetische Aktion.

Für den Anleiter heißt das: wenn Stirb- und Werde-Wünsche in Texten auftauchen, dann ist das Initiationsthema herauszuarbeiten. Seine Ursprünge und sein fantastischer bzw. utopischer Charakter sind zu benennen, die Bedingungen der Verbesserung des Strebens nach Initiation und Utopie im Schreiben wie im Leben sind zu artikulieren. Als Schreibgruppe können gemeinsame Wege gesucht werden, wie die berichtigten Utopiewünsche in Literatur und Alltag praktiziert werden können.

8.2. Traumzeit und Traumfahrt

„Der Aussage der Surrealisten zufolge kann jeder Mensch Dichter werden, wenn er es nur versteht, sich dem „automatischen Schreiben" zu überlassen... Das sogenannte Unbewusste ist bei weitem dichterischer ... als das bewusste Leben. Man hat nicht immer die Kenntnis der Mythologie nötig, um die hohen Themen des „Mythischen" leben zu können" (M. Eliade: Ewige Bilder und Sinnbilder. Frankfurt 1988, S. 14). Diese Feststellung lässt sich in fast jeder Schreibgruppe bestätigen. Oft tauchen in den Texten nicht-alltägliche Symbole auf, die ihre Herkunft aus dem Unbewussten nicht verschleiern. Die mythischen Gestalten der Jenseitsfahrer (Orpheus, Odysseus, Belephoron usw.), der Weltretter (Herkules, Atlas, Prometheus usw.), das Weltzentrum als coincidentia oppositorum (in paradoxen symbolen wie „Sonne um Mitternacht"), das Paradies (als Naturidylle, als Utopie, als Wunsch, in den Uterus zurückzukehren) werden im kreativen Schreiben erlebt. Das hat seinen Grund in dem Fortdauern des frühen magisch-mythischen Denkens des Menschen trotz der Säkularisierung seines modernen Weltbildes. Die Säkularisierung hat „den Inhalt seines geistigen Lebens verändert, aber die Urgründe seiner Einbildungskraft hat sie nicht abgetötet, ein ganzer Müllhaufen von Mythologischem lebt in seinen unzureichend kontrollierten Seelenzonen fort" (M. Eliade, a. a. O., S. 20). Wenn das Mythologische sich in die Texte einschreibt, wird der Schreiber ein ganz klein wenig seinem Alltag entrückt. Er bekommt Fühlung mit der Stufe des magischen Denkens der frühen Menschen. Das geschieht umso leichter, weil jeder Mensch in der Kindheit diese Stufe des magischen Denkens schon einmal durchlaufen hat. Er gerät nun wieder in den Bann der **Traumzeit**. Die Traumzeit ist nun keine graue Vorzeit. Traumzeit ist „keine vergangene, keine gegenwärtige und keine künftige Zeit" (H.P. Duerr: Traumzeit. Frankfurt 1979, S. 145). Traumzeit ist die Zeitlosigkeit des Unbewussten. Auch der **Traumort** des magischen Denkens liegt an keiner bestimmten Stelle, „obgleich er natürlich, in der gewöhnlichen (der) Alltagsperspektive, an einer bestimmten Stelle liegt" (H.P. Duerr, a. a. O., S. 147). Die Verschiebung des Alltagsdenkens zum poetisch-magischen Denken ereignet sich auf der **Traumfahrt**. Die Traumfahrt vollzieht sich in unmerklicher Veränderung der Bewusstseinslage und deutet sich darin an, dass die Arbeitszeit in Schreibgruppen immer wie im Fluge vergeht. H.P. Duerr hat die Gefahren, die z. B. dem Ethnologen im Nachvollzug des magischen Denkens früher Völker (bei der Traumfahrt in die Traumzeit an den Traumort) drohen, als den Verlust der Sprache identifiziert. Der Traumfahrer wird immer ausgeschlossen bleiben „aus der selbstverständlichen Welt der redenden Tiere und aus der Welt der redenden Ethnologen" (H.P. Duerr, a. a. O., S. 161). In kreativen Schreibgruppen jedoch sorgt der Schutz der Gruppe, die Arbeit am Text, die Textdeutung, die Qualität des Stils und der Gestaltung, sowie das Bewusstsein von der gleichermaßen gegebenen Anwesenheit und Vergangenheit des Archaischen dafür, dass es dem kreativen Schreiber nicht die Sprache und Schreibe verschlägt.

9. Das Archaische im kreativen Schreiben

Beim kreativen Schreiben gibt es hin und wieder Erscheinungen tiefer Regression, die auf eine besondere Dynamik aus dem Umfeld des Mediums Schreiben und des Umgangs mit Dichtung hindeuten. Diese Regressionen haben oft narzisstische oder depressive oder ekstatische Komponenten, die auf ein archaisches Erbe des Dichtens und auf die Spuren des poeta vates überhaupt hindeuten. Es ist also angezeigt, sich im Felde archaischen Dichtens umzusehen, um dort die Ursprünge dichterischer Regression und Progression, also die Bewältigung der Regression zu erfahren. Als wichtigste Quelle für ein solches Vorhaben muss der Mythos gelten, besonders die Poesie-, Dichter- und Sängermythen, die besonders ausgearbeitet in der griechischen Mythologie vorliegen. Allerdings sprechen diese Mythen erst, wenn wir eine Theorie des archaischen Bewusstseins benutzen. Interessante Thesen zum archaischen Bewusstsein und zu seinem Umbruch ins antike Bewusstsein vermittelt Julian Jaynes: Der Ursprung des Bewusstseins durch den Zusammenbruch der bikameralen Psyche. Reinbek 1988.

Auf ihn werden wir uns stützen. Jaynes legt eine Evolutionstheorie des Bewusstseins auf der Basis moderner Hirnforschung vor. Er unterteilt die Bewusstseinsgeschichte als Gehirngeschichte in vier Phasen:

a) Von 2 000 000 Jahren bis rund 10 000 vor Chr. besaß der Urmensch ein rechtsdominantes Gehirn. Er lebte in Jäger- und Sammlergruppen von rund 30 Personen, verfügte über die visuellen und lautlichen Signale der Primaten. Eine linke Gehirnhälfte besaß er noch nicht. Erst mit der Entwicklung von Handzeug, dem festen Wohnen in Höhlen, entsteht ein Anwachsen des Kommunikationssystems, das zur Entstehung des Sprachzentrums und den Rudimenten der linken Gehirnhälfte führt. Um 25 000 vor Chr. kann der Urmensch erste Sätze sprechen. Um 10 000 vor Chr. entstehen die ersten Eigennamen, Halluzinationen treten auf und signalisieren die Entstehung des Doppelhirns.
b) Die bikamerale Psyche auf der Basis zweier entwickelter Gehirnhälften hatte Bestand von 10 000 bis etwa 2000 vor Chr. Während dieser Zeit entstand die Zivilisation. Mit sesshafter Landwirtschaft war die Grundlage der Entstehung von Dörfern und Städten gelegt. Die Reste des Sprechzentrums in der rechten Gehirnhälfte gerieten in Widerspruch mit den Sprachzentren in der linken Gehirnhälfte und machten sich in Form von verstärkten Halluzinationen bemerkbar. Diese Halluzinationen wurden herrschaftssoziologisch ausgebeutet durch Priesterschaft und Königstum, die aus den verstorbenen Königen die Götterfamilien schufen. Aus den Leichenmausoleen der Könige wurden die Tempel. Aus der Königsleiche wird die Götterstatue. Die frühen Gesellschaften entwickeln eine Oral-Poetry, eine Mythologie der Welt- und Menschenentwicklung, eine Genealogie der Göttergeschlechter und ihre Beziehung zum Menschen. Religiöser Kult und soziale Herrschaft fällt zusammen. Aus der Allianz von Häuptling und Schamane ist die Einheit von Thron und Altar geworden, die von den ersten Sängern befestigt wird. Die Entwicklung der Keilschrift macht die Dichtung zum Gottesdienst.
c) Diese bikamerale Psyche geht in den Kriegen, Katastrophen und Völkerwanderungen der Zeit von 2000 bis 600 vor Chr. unter und wird durch das moderne linksdominante Hirn ersetzt, eine biologisch-soziale Innovations-

leistung der Evolution von zentralem Ausmaß. Eine der Auswirkungen des Unterganges der bikameralen Psyche ist die Entstehung des modernen, individuellen Bewusstseins auf der Basis der Stadtkultur, die sich durch den Vormarsch der Schriftkultur den göttlichen Autoritäten entwindet. Militärstände schaffen soziale Ordnung durch direkte Gewalt. Die Götter ziehen in den Himmel. Omen, Orakel, Augurien mittels Priester, flankiert durch Halbgötter und Heroen, vermitteln eine fragile Verbindung zwischen Himmel und Erde. Mythensänger und Tragödiendichter schaffen eine kathartische Aufarbeitung der Verlassenheitsängste der ersten Individuen und erlangen dadurch in der Gestalt von Homer, Äschylus, Euripides eine überzeitliche Geltung.

d) Seit 500 vor Chr. gilt das linksdominante Hirn. Es dokumentiert seine individualisierenden, sprachlich komplexen Leistungen in der Entwicklung komplexer Dichtungen und Gesellschaften. In Griechenland gibt es den Individualisierungschub von der Ilias zur Odyssee, in China von Konfuzius zu Laotse, in Israel von den Büchern Mosis zum Prediger Salomonis.

Allerdings ist die Herrschaft der linksdominanten Psyche immer wieder in Stresssituationen durch die Rückkehr halluzinatorischer Impulse der bikameralen Psyche und der rechten Gehirnhälfte bedroht. Wenn der Brückenschlag „zwischen Wernicke-Zentrum rechts und Broca-Zentrum links“ (J. Jaynes, S. 434) passiert, dann ergibt sich eine psychische Reaktion in Form von Besessenheit, Prophetentum, religiösem Wahn. Die vielen neuen Religionsstiftungen im 19. Jahrhundert, die Guru-Bewegungen des Hinduismus im 20. Jahrhundert zeigen, dass die Einbruche der rechten Gehirnhälfte, ganz zu schweigen von politischen Psychosen des Faschismus und Nationalismus, immer noch möglich sind. Besonders die modernen Dichter erleben oft die Auswirkungen der Regression auf die Abkömmlinge des Wernicke-Zentrums. Dann schreiben sich Texte wie von selbst, Kreativität geschieht im Schlaf, im Traum. Die psychoanalytische Dichtungstheorie (O. Rank, H. Sachs, S. Freud usw.) spricht dann von der Versprachlichung latenter, infantiler Impulse. C.G. Jung spricht vom Einbruch autonomer Archetypen, die begleitet werden vom Manna-Bewusstsein. Soweit der Blick auf Julian Jaynes, der den Hintergrund für eine Darstellung der Dichtergenesis in den griechischen Mythen geben kann. Die griechischen Mythen bergen reichhaltiges Material für die Entwicklung archaischen Dichtens aus der Zeit der Herrschaft der bikameralen Psyche und der Zeit des Unterganges der bikameralen Psyche, also Phase 2 und 3 der menschlichen Bewusstseinsentwicklung, also für die Zeit von 10 000 bis 600 vor Chr. Sehen wir uns diese Entwicklung genauer an, weil in extremen Fällen der Regression in Schreibgruppen die Abkömmlinge der rechten Gehirnhälfte spürbar werden können und der Mythos psychische Erfahrungen erklären kann, die die Arbeit am poetischen Text unter Stress begleiten können. D.h. aber auch, dass viele Teilnehmer in Schreibgruppen von diesen Zusammenhängen nichts mitbekommen. Die Einwirkung der bikameralen Psyche (oder des archaischen Unbewussten in tiefenpsychologischer Sprache) auf das Bewusstsein des kreativen Schreibers soll hier nur als Extremfall der Regression in Schreibgruppen vorgestellt werden, geeignet für die Qualifikation des Gruppenleiters.

9.1. Archaisches Dichten zur Zeit der Herrschaft der bikameralen Psyche oder zur Bedeutung der Musen

Die ersten archaischen Dichter waren die Götter selbst. Die dichtenden Götter waren die Musen. Die Musen haben in der griechischen Mythologie Zeus zum Vater und Mnemosyne zur Mutter. Sie wohnen auf dem Olymp und werden allein wie Zeus die „Olympischen" genannt. Singen und Sagen entringt den Musen und gehört „zur ewigen Ordnung des Seins der Welt, das erst in ihm sich vollendet" (W.F . Otto: Die Musen. Darmstadt 1954, S. 27). Die Musen werden von Zeus in dem Augenblick geschaffen, als die Welt geordnet war und nur noch eines fehlte: „Eine Stimme, die großen Werke und seine ganze Schöpfung in Worten und Tönen zu preisen" (W.F. Otto, S. 28). Dichtung ist also „ein göttliches Geschäft, ursprünglich und eigentlich nur von einer Gottheit zu vollbringen" (W.F. Otto, S. 28). Die Musen erscheinen deshalb mit gutem Grund mit dem Wasser verbunden. An vielen Orten Griechenlands gibt es Musenquellen. Das Wasser ist ein auflösendes, unendliches Element. Für die Musen „bedeutet Sturz in die Wassertiefe nicht den Tod, sondern eher die befreiende, erlösende Heimkehr ins wohlvertraute Urelement" (W. Danckert: Wesen und Ursprung der Tonwelt im Mythos. In: Archiv für Musikwissenschaft, 12. Jg. 1955, S. 102). Die Musen sind unsichtbar und sprechen nur durch den Mund der von ihnen erwählten Sänger und Dichter. Ohne ihren Beistand kann der archaische Dichter nichts schaffen. Er bleibt wie der Schamane auf die Eingebungen der göttlichen Wesen angewiesen (vgl. M. Eliade: Schamanismus als archaische Ekstasetechnik. Frankfurt 1974). Noch bei Dichtern aus späteren Zeiten gehört die Anrufung der Muse zur Vorbereitung des Dichtens. So sagt Pindar: „Wahrsage, Muse, und ich will dein Prophet sein" oder „O Herrin Muse, meine Mutter" (zit. bei W.F. Otto, S. 31). Homer beginnt die Ilias mit den Worten: „Singe, Göttin, den Zorn des Peleussohn Achilleus". Hesiod schließt seine Theogonie: „Dieses saget mir, Musen, die ihr den Olympos bewohnet" (zit. bei W.F. Otto, S. 33). Wo in archaischer Zeit gedichtet wird, spricht die Muse selber, der Dichter ist nur der Hörende und danach erst der Sprechende. Der Dichter darf den „Wagen der Musen" besteigen und sich mit ihrer Hilfe ins Unendliche erheben oder in die unendliche Wasserflut hinabtauchen. Er wird durch die Musen zum Dichter geweiht. Hesiod weidete die Schafe, als er den Gesang der Musen hörte. Es sah sie nicht, aber er hörte sie. „Und sie ließen mich einen Stab brechen vom mächtigen Lorbeerbaum, den Zweig, den ansehnlichen, und sie hauchten mir göttliche Stimme ein, dass ich künden möge, was sein wird und einst war, und sie hießen mich preisen der Seligen Geschlecht, der ewig Lebenden, sie selbst aber als Erstes und Letztes immerdar zu besingen" (zit. bei W.F. Otto, S. 33). Jaynes fasst zusammen: „Die Anfänge der Poesie liegen in der Göttersprache der bikameralen Psyche" J. Jaynes, S. 455). Wenn die Musen verstummen, dann versteinert ihre Rede zum Mythos. Diese Göttersprache befahl und mahnte, sie erweckte aber auch „Wohlbefinden" (J. Jaynes, S. 441) und war damit Heilkraft und Therapie. Die archaischen Dichter sangen, unterstützt durch eine Lyra. Singen ist eine Funktion der rechten Gehirnhälfte. Sprechen ist eine Funktion der linken Gehirnhälfte. Die archaischen Dichter bewegten sich noch ganz natürlich im Bereich der Musen. Sie entwickelten keine Raserei oder Ekstase wie die späteren Dichter, die den Zugang zur rechten Hemisphäre nur noch mit Technik und Mühe erkämpfen können. Gesang gelingt auch heute noch Personen, die ihre linke Gehirnhälfte operativ eingeschränkt bekommen haben (vgl. J. Jaynes, S. 444). Gesang ist die archaische Dichtungsform. Mit der Einführung der Schrift wird dieser Zugang „nach rechts" schwieriger: *„Aus dem mündlichen Vortrag wird die eigenhändige Niederschrift, ausgeführt, wie wir nicht vergessen sollten, mit der rechten, von der linken Hemisphäre gelenkten Hand des Dichters"* (J. Jaynes, S. 455).

Es wird einleuchten, dass modernen Menschen mit linker Gehirndominanz ein großer Schrecken widerfährt, wenn sie in dichterischer Regression den „Musen" begegnen. „Der Mensch, dessen Persönlichkeitskern nicht stark genug ist, um stabil mit sich identisch zu sein, läuft Gefahr, in die Tiefen des Unbewussten gerissen, vom Unbewussten überschwemmt, aufgelöst, womöglich psychotisch zu werden," sagt die Tiefenpsychologie über Regressionen unter der Dominanz des Es (T. Timmermann: Die Musen der Musik. Zürich 1989, S. 61). Besonders in Gruppen kann sich die Regressionslust vertiefen und zur Verschmelzungslust mit anderen, deren Texte die eigene Seele zutiefst berühren, steigern. Die Muse scheint das Ich einzuschmelzen und zugleich die Angst zu befördern, nicht mehr zu sich zurückzufinden.

Die regressive Erfahrung der Muse in kreativen Schreibgruppen belebt die Sehnsucht nach dem Sein vor der Individuation, in der innigen Symbiose mit der Mutter, im Wasser des Uterus, und macht Angst vor den Individuations- und Vereinzelungsschmerzen des linkshirnigen Gegenwartsmenschen. Meist wird in Schreibgruppen dieser numinose Anhauch der Muse nicht erfahren. Die archaische Dichterzeit bleibt außen vor. Aber die Erfahrungen der Musensöhne aus der Zeit des Unterganges der bikameralen Psyche sind vielleicht etwas häufiger und sollen deshalb im nächsten Abschnitt gewürdigt werden.

9.2. Probleme des Dichtens in der Phase des Unterganges der bikameralen Psyche oder der Kampf der Poesieheroen

Mit der Verlagerung der Gehirntätigkeit auf die linke Hemisphäre verstummt die Göttersprache und die natürliche Kommunikation der Dichter mit dem Numinosen. Als Mittler zum Reich der Musen treten nun Halbgötter und Heroen auf, die das Verhältnis zum poetischen Jenseits in seinen Problemen verdeutlichen. Der ambivalente Charakter des Dichtens und Singens kommt nun darin zum Ausdruck, dass viele Musensöhne ein tragisches Schicksal hatten. Der Kampf zwischen den Göttern und dem singenden Dichter hat verschiedene Gestalten im Mythos hervorgebracht: Da ist Marsyas, eine Bocksgestalt aus Phrygien, der die von der Göttin Athena verworfene Schalmei sich aneignete und auch zum Meister des Flötenspiels wurde. Auf dem Höhepunkt seiner Kunst forderte er den Leierspieler Apollon heraus. „Nach dem Schiedsspruch der Musen, die dazu angerufen wurden, siegte Apollon, und eine vorherige Übereinkunft gab den Unterlegenen in die völlige Gewalt des Siegers“ (M. Wegner: Das Musikleben der Griechen. Berlin 1949, S. 19). Apollon ließ Marsyas das Fell abziehen und dokumentierte damit den Sieg des süßtönenden Saitenspiels über die schrillen Laute der Blasinstrumente. Linos war der Sohn von Oiagros und der Muse Urania. Er gilt als erster Heroe, der die Gabe des Gesanges empfangen hat und auch als junger Mensch schon als Lehrer des Singens und Dichtens in Erscheinung treten konnte. Sein Ende hat verschiedene Versionen gefunden. In Theben wird berichtet, er sei von Herkules erschlagen worden, als er ihn wegen Misstönen tadelte. Am Helikon hören wir, „dass Linos, dessen Ruhm in der Musenkunst alle Sänger übertroffen habe, von Apollon getötet worden sei, weil er sich im Übermut dem Gotte gleichstellte“ (W.F. Otto, S. 41). Dieses Motiv des Kampfes mit den Göttern zieht sich durch die Geschichten der Poesieheroen. Die Auseinandersetzung zwischen der musischen rechten Gehirnhälfte und der rationalen linken Gehirnhälfte oder mythologisch zwischen Dionysos und Apoll findet ihre heroischen Opfer. Besonders deutlich spiegelt sich dieser Konflikt in der Geschichte von Thamyris. Sein Vater war Philammon, ein Sohn Apolls und zugleich ein berühmter Sänger und Leierspieler. Er führte in Delphi zuerst Chöre auf. Er stiftete das Demeterheiligtum in Lerna. Er besaß einen genauen Begriff von den Wohltaten des Gesanges und der Poesie. So nahm er mit Orpheus an der Argonautenfahrt teil. Sein Sohn Thamyris, mit der Nymphe Argiopt gezeugt, eiferte dem Vater nach. Er wurde ein bekannter Sänger und geriet in den unvermeidlichen Streit mit den Musen, die die Poesie als ihr Eigentum betrachteten. Homer schreibt in der Ilias:

„... in Dorion, wo die Musen dem thrakischen Sänger Thamyris die heilige Gabe des Liedes entrissen, da er von Oichalia kam, Eurytos verlassend. Denn er hatte prahlend verheißen, im Liede zu siegen, wenn auch gegen ihn sängen die Musen, die Töchter Kronions. Drob erzürnten die göttlichen Jungfrauen, gaben ihm Blindheit, nahmen die Gabe des Liedes, mit ihr die Gabe der Harfe“ (Homer: Ilias. Frankfurt 1961, II, 575–585). Jaynes kommentiert dieses Schicksal des Thamyris: „Zum Aussterben verurteilte Götter in der Übergangsperiode zum Bewusstsein sind, wie schon öfter erwähnt, eifernde Götter. Und die heiligen Neun (die Musen) bildeten davon keine Ausnahme. Sie schäumten angesichts von Thamyris schönem Ehrgeiz. So machten sie ihn zum Krüppel (wahrscheinlich durch Paralysierung der linken Körperhälfte) und beraubten ihn für immer sowohl der Gabe des dichterischen Ausdrucks als auch der Kunst des Saitenspiels“ (J. Jaynes, S. 459). Schöpferische Tätigkeit überschreitet den Kreis der linken Gehirnhälfte und belädt mit Angst und Schuld. Auch Homer galt körperlich gezeichnet, als blind. So erging es auch Bellophorontes. Er hatte das Dichterross Pegasus gefangen und wollte in die Götterversammlung auf den Olymp fliegen. „Der göttliche Hengst warf den verwegenen Reiter ab. Und er fiel … auf die Ebene Aleion, die Ebene des ‚Umherirrens‘, wo er fern in Kleinasien die Menschen mied. Hinkend trauerte er da über das Los der Sterblichen, während Pegasus … aufgenommen wurde auf den Olympos, zu den uralten Krippen der Götterrosse“ (K. Kerenyi: Die Mythologie der Griechen. München 1988. Bd. 2, S. 73). Wie Ikarus erhebt sich der Dichter auf den Flügeln der Imagination und steht in der Gefahr, sich von den Menschen abzusondern, der Vernunft verlustig zu werden und in der Einsamkeit zu enden, als verkanntes Genie.

Alle Dichterprobleme der Frühzeit dokumentieren sich im Schicksal von Orpheus, dem Urtyp des poeta vates. „Seine Heimat ist das Musenland Pierien am Olymp, seine Mutter die Muse Kalliope, die Hesiod die vorzüglichste der Musen nennt. Als Vater wird auch bei ihm Apollon genannt, oder, wie zuerst bei Pindar zu lesen, Oiagros“ (W.F. Otto, S. 45). Seine Geschichte durchläuft folgende Stationen: Als junger Mensch, von Apoll selbst in der Kunst des Leierspiels unterrichtet, sang er so schön in einer ergreifenden Klage, dass die Bäume und wilden Tiere angerührt wurden und sich vom Gesang verzaubern ließen. Die Heilkraft der Poesie tritt hier voll in Erscheinung. Sie hebt die Entfremdung von Mensch und Natur auf, tröstet über den Verlust der Mutter-Kind-Symbiose, dem Fall in die Sterblichkeit und gibt Fühlung mit den ewigen Sphärentönen des Kosmos. Orpheus überwindet damit die Sprachlosigkeit vor dem Todesgrauen, die Angst vor dem Tod. Orpheus unternahm zwei Jenseitsfahrten, die auf schamanistische Spuren deuten (vgl. E.R. Dodds: Die Griechen und das Irrationale. Darmstadt 1970, S. 82 ff.). Einmal fuhr er mit den Argonauten ans Ende der Diesseitswelt, um das Goldene Vlies zu erbeuten. Sein Gesang beruhigte die Helden und ließ die „Argo“ den Weg nach Kolchis nehmen. Poesie wird zur Stifterin von Gemeinschaft auf dem Weg zum Sinn des menschlichen Lebens. Zum anderen ging er in die Unterwelt des Todes, auf der Suche nach seiner Frau Eurydike. Sein Gesang bezwang den Zerberus, den Höllenhund, motivierte Charon zur Überfahrt und erweichte den Unterweltgott, der alle Folter der Verstorbenen einstellte (K. Kerenyi, Bd. 2, S. 222). Unter der Bedingung, sich nicht nach Eurydike umzusehen, durfte sie ihm aus der Unterwelt ins Licht folgen. Aber er drehte sich um, verlor sie auf immer. Da zeigt sich die eherne Grenze für die Poesie. Sie kann erweichen, die Götter zum Weinen bringen, aber die Gesetze des Todes nicht aufheben. Nach seinem Scheitern als Schamane, als Retter ins Jenseits verschleppter Seelen, weiht er sich ganz dem Apoll. Er stiftet Heiligtümer. Auf hohen Bergen gab er kultische Feste. Er soll gelehrt haben, dass der Körper ein Gefängnis der Seele sei, die Seele durch die Körper wanderte, dass die vegetarische Lebensweise die beste sei, Askese und das Meiden der Frauen die Seele reinigte und dass unter den Menschen Frieden herrschen sollte: keine Menschenopfer mehr (vgl. E.R. Dodds, S. 84). Die Begegnung mit dem Tod in der Unterwelt drängt ihn ganz in den Dienst des Lichtgottes Apoll. Aber damit beginnt sein zweites Scheitern, das Scheitern an Dionysos. Er soll nur noch Männer geliebt haben, und das erzürnte die Mänaden, die ekstatischen Begleiterinnen des Dionysos, die den Tanzkult nach Musik ausübten und in der hysterischen Ekstase „das Zerreißen und Verzehren des Gottes in der Gestalt eines Menschen" pflegten (E.R. Dodds, S. 149). Mit der Aufgabe des Gesanges nach der Hadesfahrt hatte sich Orpheus mit der dionysischen Kraft zerstritten. Er wird von dieser Kraft eingeholt und zerstört. Orpheus hat alle Stationen des Heros: Auszug, wunderbare Erfahrungen, Rückkehr und Bericht für die Poesie durchlitten (vgl. J. Campell: Der Heros in tausend Gestalten. Frankfurt 1978, S. 36 ff.). Er scheitert und scheitert doch nicht. Denn nach seinem Tod treibt sein abgerissener Kopf nach Lesbos und wurde dort zum Kultzentrum. Der abgetrennte Kopf sang wieder und weissagte, bis Apoll ihn mit Erde zuwarf. Aber: „Wo immer Orpheus begraben lag, da sangen die Nachtigallen, die auf seinem Grab nisteten, süßer und mächtiger als sie sonst singen" (K. Kerenyi, Bd. 2, S. 225). Und Hirten, die auf seinem Grab zur Mittagszeit einschlafen, singen im Traum des Orpheus unsterbliche Gesänge. Orpheus als Initiator der poetischen Seelenwanderung, als Anstifter der Fortführung der Poesie in seinem Sinne, Orpheus wird damit unsterblich unter den Menschen, womit er bei den Göttern keinen Frieden fand. Das Scheitern der Poesie und ihren kleinen, bleibenden Sieg, das erzählen auch die Geschichten von Amphion und Odysseus. Amphion dokumentiert die progressive, aufbauende Seite der Poesie, die den poeta doctus ausmacht. „Wenn er die Saiten rührt, so bewegen sich Felsblöcke und Steine und fügen sich zum Aufbau Thebens und der Burg Kadmea zusammen" (W. Danckert, S. 115). Poesie heilt die sozialen Spannungen in der Stadt und in der einzelnen Seele, denn Burg, das meint die Einzelseele, Stadt ist ein altes Symbol für die Menschengemeinschaft. Es blieb Odysseus überlassen, die regressive Kraft der Poesie, die auch ins Wasser, in die Auflösung ziehen kann, zu überwinden. Homer schreibt:

„Erst befiehlt uns die Göttin, der zauberischen Sirenen
süße Stimme zu meiden und ihre blumigen Wiesen.
Mir erlaubt sie allein, den Gesang zu hören, doch bindet
Ihr mich fest, dass ich kein Glied zu regen vermöge,
aufrecht stehend am Maste, mit festumschlungenen Seilen,
fleh ich Euch aber an und befehle die Seile zu lösen,
eilend fesselt mich dann mit mehreren Banden noch stärker.“
(Homer: Odyssee. München 1964, 12, S. 158 ff)

Denn:

Welcher mit törichtem Herz hinanfährt und der Sirenen Stimme lauscht,
dem wird zu Hause nimmer die Gattin
und unmündige Kinder mit freudigem Gruße begegnen.“
(Homer, 12, S. 41 ff)

Bei Plato war der Dichter von göttlich inspiriertem Wahnsinn besessen. Er musste sich die rechte Hemisphäre unter Ausschaltung der linken Dominanz erobern und dabei die Gefahren der Poesie meistern. Denn am Ende der Übergangszeit (von Doppelhirnära zur Ära der linken Dominanz) war aus der Dichtung als Göttergeschenk der Musen der menschliche Text von der „Sehnsucht nach dem Absoluten geworden“ (J. Jaynes, S. 456). Die bloße Inspiration der Musen musste der Mensch in textliche Form und Gestalt bringen. Die kurze Phase der Inspiration wurde von einer langen Phase der Textbearbeitung gefolgt. Poesie wurde lehrbar. Schon Homer löst sich bei näherem Anschauen in eine Dichterschule über Generationen auf. Die Tragödiendichter richteten sich nach den rationalen Dichtungsgesetzen der Aristotelischen Poetik: Aber der Mythos hat das Andenken der Verwandlung von inspirierter Oral-Poetry in bearbeitete Schriftpoesie, die zur Disziplin des Lesens und Rezitierens anhält, festgehalten. Sie berichtet von dem „wachsenden Mencheinsatz in das poetische Geheimnis“ (E. Bloch) bis Odysseus, der Urtyp des poeta doctus, die Macht der poetischen Regression bricht und heimkehrt nach Ithaka, in die menschliche Rede und den geretteten Text, nach der Phase orgiastischer Verzückung.

Kreative Schreibgruppen werden die Verwandlung von narzisstisch blähender Inspiration in lesbare, gestaltete Texte anleiten müssen. Der Anleiter wird wie Odysseus sich am Mast festbinden, wenn die klagenden und weinenden, ungestalteten Texte kathartisch um Zustimmung und Verschmelzung werben. Er wird kritische Distanz zur Urpoesie halten und auf ihrer Umschmelzung in verdichtetes Wort bestehen. Aber auch die Gruppenmitglieder sollten, um im Bild des Mythos zu bleiben, sich die Ohren mit Wachs verstopfen, damit sie sich nicht von ihren eigenen Texten und den Texten der anderen in den völligen Abgrund der bloßen Gefühle und des kindlichen Elends hinabziehen lassen. Der Mythos der Poesie der Übergangszeit rät zur Balance und Homöopathie. Apoll forderte: Erkenne Dich selbst und halte Maß. Trotzdem ist den Dichtern der linksdominanten Hirnzeit die Auseinandersetzung mit Orpheus, dem poeta vates, und den Gefahren der Poesie nicht erlassen worden: die rechte Hemisphäre behält ihre Impulse. Davon im nächsten Abschnitt.

9.3. Dichterprobleme in der Zeit der Dominanz der linken Hirnhemisphäre oder die Wiederkehr des Orpheus

Auch nach dem völligen Untergang der bikameralen Psyche bleiben ihre Spuren den Menschen mit linksdominanter Hirnstruktur zugänglich. Den linksdominanten Dichtern begegnet das personifizierte archaische Erbe in Gestalt des Poesieheroen Orpheus, der nun als Abkömmling der rechten Gehirnhälfte zum poetischen Animus-Archetyp wird. Denn die Szene hat sich völlig gewandelt: War zur Zeit der bikameralen Psyche der Dichter Sprachrohr der Götter oder in der Verfallszeit dichtender Halbgott, so wird er in der Moderne der entwickelten Warenproduktion und der Vereinzelung abhängiger oder freier Textproduzent ohne göttlichen Schutz und auf eigenes, meist schlecht bezahltes Risiko. Hinter der Ideologie vom dichterischen Originalgenie verborgen sich meist Migräne, leere Kassen, verärgerte Verleger und eine gestresste Ehefrau, die beileibe keine Muse mehr ist. (Auch eine dichtende Frau wird durch einen gestressten Ehemann wenig inspiriert werden.) Für diese artistische Dichterexistenz wird der archaische Poesieheros zum Prüfstein: denn modernes Dichten bewegt keine Natur, oft nur den Blätterwald der kritischen Rezensenten, oder meist auch gar nichts. Ein Programm, das Samuel Beckett ästhetisch verfolgt. Noch in der Antike ist Orpheus' Wiederkehr religiös. Die Orphiker des 5. Jahrhundert vor Chr. sehen in ihm eine Erlöserfigur, die den Weg ins Jenseits und in ein goldenes Zeitalter eröffnet. Davon spricht auch noch Empedokles (vgl. E. Hämmerling: Orpheus' Wiederkehr. Interlaken 1984, S. 257). Vergil und Horaz sind schon nüchterner: Orpheus ist ihnen das vorbildliche Dichterideal. Das Mittelalter färbt Orpheus ein: er wird zum großen, liebenden Minnesänger. Die Renaissance entdeckt in Orpheus die Heilkraft der Poesie, die „magische Wirkung des dichterischen Gesanges, der Wunden zu heilen und Krankheiten zu besiegen vermag" (zit. bei E. Hämmerling, S. 273). An der Schwelle zur modernen Industriegesellschaft gewinnt Orpheus neue Macht. Er bleibt als Abkömmling der rechten Gehirnhälfte das ständige Idealbild des Dichters, das sich immer schwerer auf dem Markt realisieren ließ. Hamann, Herder, Goethe (Urworte orphische, 1820) sehen in Orpheus das Wesen des Dichters verkörpert. Im Ausgang des 19. Jahrhunderts mitten in den großen Industriestädten, beim Beginn von Radio und Film, erscheint den Dichtern Orpheus als Ideal, das zwischen Dionysos und Apoll steht. Bei Gerard de Nerval oder Stéphane Mallarmé kann Orpheus durch die

Macht des Gesanges Leben und Geist versöhnen, wobei er zugleich den Konflikt zwischen künstlerischer Individualität und normierter Massengesellschaft in der nivellierenden Industrie erleidet. Orpheus, der schon bei Novalis romantisch als Hadesfahrer und Todesengel erscheint, soll im 20. Jahrhundert einerseits die Gefährdung des Dichters durch die Mänaden symbolisieren, andererseits aber Repräsentant der Ordnung und Heilung durch das gestaltete Wort sein (G. Benn, R.M. Rilke). Orpheus, die Erbschaft des Dichtens aus der Zeit der bikameralen Übergangszeit der poeta vates, lässt die schreibende Zunft nicht los. Das rechte Gehirn bietet dem linken Paroli.

Was aber die Profis berührt, kann auch die Laien anrühren. In kreativen Schreibgruppen kommt vielleicht auch der eine oder andere in seinem Initiationsdrang mit Orpheus in Berührung, wenn er sich dem Schwung des freien Schreibens unter den Einfluss der rechte Hemisphäre hingibt. (Vielleicht auch angeleitet durch G.L. Ricos Technik der Clusterbildung.) Er erlebt dann die Stufe magischen Denkens, wo Worte noch augenblicklich die Dinge und die Natur bewegen. Er fühlt dann, wie im Rausch des Schreibens der Wunsch nach der Aufhebung der bürgerlichen Lebensordnung sich zum Schreibstimuli ernennt und der Wunsch, in die Zukunft zu springen, wo es schon besser ist, sich einschreibt in seine Texte. Er spürt etwas von der gemeinschaftsstiftenden Macht des Dichtens , die Orpheus ja beherrschte und begründete. Für diese Erfahrungen ist es wichtig, von Orpheus und der frühen Geschichte der magischen Fantasie zu wissen, die wir alle in der Kindheit durchlaufen. Einige Aspekte dichterischen Narzissmus, der auch in Schreibgruppen auftauchen kann, (Animosität gegen Kritik, Benutzung der Texte zur Verschmelzung mit anderen, Andeutung eines Elitedenkens, Stimulierung des Glaubens an das eigene verkannte Schreibgenie usw.) sind der Herkunft der Poesie aus dem Zusammenburch der bikameralen Psyche geschuldet, die uns in der Orpheus-Gestalt noch greifbar erfahrbar wird. Damit ist aber auch ein Weg der Auseinandersetzung und Bewältigung der psychischen Affizierung durch das archaische Erbe angetippt: Amplifikation zum Orpheus-Syndrom, dem Ursprung des poeta vates, ist nötig. Im Alltag sind wir alle kleine Schreibfanatiker, aber Orpheus ist ein Archetyp aus einer Zeit einer anderen Gehirnstruktur.

10. Amerikanische Schreibbewegung

In den 20er Jahren begannen die Pioniere des kreativen Schreibens in den USA die Organisierung erster Schreibkurse an der Universität von Iowa. Der 1911 gegründete National Council of Teachers of English (NCTE) setzte dann 1949 mit der Gründung der „Conference of College Composition and Communication“ die Etablierung von Schreibcurricula an den amerikanischen Universitäten durch. Heute studieren 7000 Studenten in 320 Studiengängen an 279 Universitäten Amerikas kreatives Schreiben (G. Divers: Anstelle eines letzten Wortes. Über kreatives Schreiben an amerikanischen

Colleges und Universitäten. In: H.A. Rauch (Hrsg.): Kreatives Schreiben an Hochschulen. Tübingen 1988. S. 114, vgl. außerdem C. Hein: Kreatives Schreiben in den USA. In: Projekt kreatives Schreiben. Aachen (Hrsg.): Kreatives Schreiben zwischen Literatur und Lebenshilfe. Aachen 1989. S. 45–48, D. Nolte: Kann man Schriftstellern lernen? Creative Writing Studiengänge in den USA. In: Der Tagesspiegel, Sonntag 7. Januar 1990, S. II). Die amerikanische Schreibbewegung repräsentiert die Probleme der Verwissenschaftlichung des kreativen Schreibens in ihrer entwickeltsten Form. Während die englische Schreibbewegung, die in 60 Stadtteilprojekten in Arbeiterstadtteilen der Industriestädte arbeitet, die französische Schreibbewegung von 30 Berufsschriftstellern, die in Ulipo (Ouvrier de Literature potentielle) organisiert sind und die Schreibbewegung der DDR kaum wissenschaftliche Forschung im Bereich des kreativen Schreibens entwickelten, sondern ihre Praxis pragmatisch vorantrieben, entfaltete die amerikanische Schreibbewegung einen breiten Diskurs über das kreative Schreiben: Heute repräsentiert sich dieser Diskurs in 16 wissenschaftlichen Zeitschriften. Allein 4 Zeitschriften werden von der NCTE-Gruppe herausgegeben: **College English, College Composition And Communication, Research In The Teaching Of English, English Education**. Wichtig sind außerdem Schreibzeitschriften, die der Organisation von Curricula und Schreibzentren gewidmet sind wie: **Writing Programme Administration, Writing Center Journal**. Von Schreiblehrern werden Zeitschriften herausgegeben mit Titeln wie: **Teaching Writing, The Teaching Instructor, Journal Of Teaching Writing**. (Zu allen Schreibzeitschriften vgl. R.J. Conners: Journals Of Composition Studies. In: College English, 46, 1984, 4, S. 348 ff.).

In den letzten 30 Jahren sind viele Lehr- und Handbücher zum kreativen Schreiben in den USA erschienen. Sie dokumentieren den Diskurskonflikt der Verwissenschaftlichung des kreativen Schreibens in besonders deutlicher Form. Eine Untersuchung von W.F. Woods arbeitet diesen Konflikt als Konflikt zwischen kreativem Schreiben als Selbsterfahrung und kreativem Schreiben als Stilentwicklung heraus. Woods resümiert: „Diese kurze Geschichte zeigt einmal, dass die generelle Haltung der Lehre vom kreativen Schreiben hin- und herschwingt zwischen dem Studenten und dem, was ich den disziplinorientierten Ansatz nennen will, sie zeigt zum anderen, dass diese beiden Haltungen durchgängig in verschiedenen Varianten seit dem 19. Jahrhundert miteinander im Konflikt lagen“ (W.F. Woods: Composition Textbooks And Paedagogical Theorie 1960–1980. In: College English 43, 1981, 4, S. 395). Der studentenorientierte Ansatz im kreativen Schreiben zielte auf das individuelle Wachstum des Studenten durch die Entwicklung seiner Sprache und seines schriftlichen Ausdrucks. Der Schwerpunkt des kreativen Schreibens lag hier „auf den Studenten selber und ihrem Schreibverhalten“ (W.F. Woods, a. a. O., S. 395). Der disziplinorientierte Ansatz zielte auf die Aneignung von Stilistik und Rhetorik. Besonders klar zeigte sich die Spaltung der amerikanischen Schreibbewegung in den 70er Jahren. Innerhalb von 10 Jahren erschienen 10 Lehrbücher, die Schreiben als studentische Selbsterfahrung und Selbsterkenntnis propagierten. Diese Lehrbücher entwickelten das kreative Schreiben als „**free writing**". Zu diesen Lehrbüchern gehören: Ken Macrories: „Telling Writing" 1970, John Browns: „Free Writing. A Group Approach" 1977, William Coles: „The Plural I: The Teaching of Writing" 1978, William Coles: „Composing: Writing As a Self-Creating Process" 1974, Donald Stewart: „The Authentic Voice: A Prewriting-Approach to Student Writing" 1972, James Miller, Stephen Judy's: „Writing in Reality" 1978, James Miller: „Word, Self, Reality" 1972 und Ken Macrories: „Searching Writing" 1980. Diese Bücher versuchen, den Studenten Schreiben als Selbsterfahrung zu vermitteln. Sie präsentierten zahllose Schreibmethoden und Schreiblernmethoden und stellten Buchkapitel mit Titeln vor wie: „Die Schöpfung des Selbst", „Versionen des Selbst", „Wie tief dürfen wir beim Schreiben gehen". Sie untersuchten aber auch das Problem der Schreibblöcke wie Peter Elbows: „Writing Without Teachers" 1973 oder James Adams: „Conceptual Block Busting" 1979. Ken Macrories letztes Buch präsentiert die Einsicht, dass Schreiben als Selbsterfahrung weniger Selbstanalyse ist als der Spiegel dessen, was der Schreiber beim Schreiben wirklich gelernt hat.

Gegen diese Position stand der disziplinorientierte Ansatz des kreativen Schreibens. In rund 20 Lehrbüchern wurde in den 70er Jahren dargelegt, dass Schreiben einmal der Aneignung der **Sprache** dient. Diese Position vertraten Bücher wie: Glenn Leggett: „The Prentice-Hall Handbook For Writers". 1978, H. Guth's: „Words and Ideas: A Handbook For College Writing" 1975, Winston Weather, Otis Winchester: „The New Strategie of Style" 1978, Clarence Schneider: „Style and Syntax" 1974, Laurie Kirszener, Steven Mandell: „Basic College Writing" 1978 usw. Das Hauptziel dieser Bücher war es, beim Schreiben zur Benutzung einer korrekten Syntax anzuleiten. Ihnen ging es nicht darum, die Schreiber einen eigenen Stil entwickeln zu lassen. Das Übergewicht gegenüber den Syntaxlehrbüchern hatten aber im disziplinorientierten Ansatz die **Rhetoriklehrbücher**. Sie bildeten „den Hauptstrom der Lehre des kreativen Schreibens" (W.F. Woods, a. a. O., S. 404). Jedes der vielen Rhetorikschreiblehrbücher vermittelte die rhetorischen Arbeitsschritte: Sammlung von Ideen, Konzeptentwicklung und Textproduktion unter Berücksichtigung des Stils und der Wirkung des Geschriebenen auf den Leser. Hier dominieren Bücher wie: Harry Brown: „How To Write" 1978, Edward Corbett: „Classical Rhetoric For The Modern Student" 1971, Richard Joung u. a.: „Rhetoric: Discovery And Change" 1970 usw.

Erst in den 80er Jahren entspannte sich der Konflikt der Positionen in der amerikanischen Schreibbewegung. Es entstanden Bücher, die einen **integrativen Schreibansatz** vertraten, die sowohl Schreiben als Selbsterfahrung als auch Schreiben als Entwicklung von Stil- und Syntaxkompetenz entwickelten (vgl. D. Kirby: „Two and Two Make More Than Four". In: College English

46, 1984, 3, S. 248 ff.) So versucht Alberta Turner in ihrem Buch „To Make A Poem“ 1982 die Technik der freien Assoziation, der Textüberarbeitung und Stilentwicklung bis zur Entstehung eines Gedichts vorzustellen. Robert Wallace „Writing Poems“ 1982 und Jeanette Burroway: „Writing Fiction“ 1982 bauen die integrative Position weiter aus. Das NCTE hat eine Bibliographie zum kreativen Schreiben herausgegeben (Robert Day, Gail C. Weaver: „Creative Writing In The Classroom. An Anotated Bibliographie“. Urbana 1978). In dieser Bibliographie sind die Konflikte im kreativen Schreiben der USA genauer dokumentiert.

Die deutsche Schreibbewegung, die alle Ansätze der englischen, französischen, der DDR- und der US-Schreibbewegung im Keim enthält, ist also gut orientiert, wenn sie die **Vorteile des integrativen Ansatzes**, zu der sich die älteste Schreibbewegung nach langem Kampf durchgerungen hat, erkennt. Die notwendige Verwissenschaftlichung des kreativen Schreibens in Deutschland könnte sich mit einem integrativen Ansatz von vornherein eine europäische Pionierrolle im kreativen Schreiben sichern.

„Die Dichtkunst ist mehr Sache des Talents als des Enthusiasmus. Denn das Talent lässt sich bilden. Der Enthusiasmus führt zur Ekstase. Den überlieferten Stoff sowohl als das, was der Dichter selbst erfindet, muss dieser nun zunächst zu einem Entwurf ausarbeiten und dann erst ihn durch eingeflochtene Episoden erweitern."

(Aristoteles: Poetik. In: ders.: Hauptwerke. Stuttgart 1953, S. 362)

B. Techniken und Methoden des kreativen Schreibens

Das kreative Schreiben hat viele Techniken hervorgebracht, die die Entwicklung des Schreibprozesses in Gruppen wirkungsvoll unterstützen können. Diese Techniken sollen im Folgenden in sechs Abteilungen vorgestellt werden: Methoden der Themenfindung, Schreibstimuli, Schreibtechniken, Techniken der Textarbeit, Deutungstechniken, Textumsetzungen. Wenn wir uns die vier Arbeitsschritte in einer Schreibgruppensitzung vor Augen führen: 1. Textanregung, 2. Schreiben, 3. Textarbeit, 4. Textdeutung, so ist deutlich, dass die Methoden der Themenfindung und die Schreibstimuli in Arbeitsphase 1 Einsatz finden können. Die Schreibtechniken sind für die Arbeitsphase 2, die Textarbeitstechniken für die Arbeitsphase 3 und die Deutungstechniken und Textumsetzungen für die Arbeitsphase 4 geeignet. Allerdings sollen diese Techniken in jeder Sitzung vorsichtig eingesetzt werden, um die Selbsttätigkeit der Gruppe nicht abzuwürgen. Andererseits sind mit den Techniken, den Spiel- und Schreibprojekten, die in weiteren Kapiteln vorgestellt werden sollen, eine Vielzahl von Kombinations-, Kompositions- und Gestaltungsmöglichkeiten gegeben, die der Schreibgruppenleiter voll ausschöpfen kann. Eine Grafik erhellt diese Kombinationsmöglichkeiten:

Techniken	**Spiele**	**Projekte**
Methoden der Themenfindung Schreibstimuli Schreibtechniken Techniken der Textarbeit Deutungstechniken Textumsetzungen	Literarische Spiele im Bereich Lyrik, Prosa und Szene Romantische Texte Therapeutische Spiele, angefangen von den Anwärmspielen bis zu den Fantasiespielen	Alltagstexte Autobiographie, Lyrik allgemein Romantisches Schreiben Märchen, Science-Fiction, Krimi, Schreibreisen, philosophische Texte usw.

Je nach Bedarf und Nachfrage können Projekte mit Spielen angereichert werden, Spiele werden mit Techniken unterstützt, Schwierigkeiten beim Schreiben und Deuten können mit entsprechenden Methoden erfolgreich stimuliert werden. Oft genügt schon der Einsatz einer Technik, um den Schreibimpuls hervorzulocken.

1. Methoden der Themenfindung

Auslosung: Jeder Gruppenteilnehmer erhält einen Zettel, schreibt das gewünschte Thema darauf. Der ausgeloste Zettel ist das Thema. Variante: mündliche Voten, an der Flip-Chart zu notieren. Abstimmung über das Thema, das die meisten Stimmen erhält.

Meditation: Alle Teilnehmer schließen die Augen und achten auf das erste Wort, das erste Bild, das sie benennen können. Das erste Wort wird an der Flip-Chart notiert. Die am häufigsten genannten Themen werden zum Gruppenthema ernannt.

Kleingruppen: Die Teilnehmer teilen sich auf Untergruppen auf (2–3 Personen), die über ihr Thema beraten. Sie einigen sich und entscheiden dann im Plenum aller Untergruppen über das für alle verbindliche Thema.

Buchstechen: Mit einem Bleistift wird bei geschlossenen Augen in ein mitgebrachtes Buch auf einer zufällig aufgeschlagenen Seite, von einem ausgewählten Teilnehmer ein Wort unterstrichen. Dieses Wort ist das Thema.

Beobachtung: Die Teilnehmer haben Zeit, 3 Minuten eine Straße, eine Szene in der Umwelt zu beobachten und aus ihrer Beobachtung ein Thema zu formulieren, über das sie in der Gruppe schreiben.

Entlang einer Autobiographie: Jeder Teilnehmer überlegt sich, welche zentralen Ereignisse seine Autobiographie bestimmt haben. Jeder findet 10 Worte zu den 10 wichtigsten biographischen Ereignissen und wählt das ihm wichtigste Wort zum Thema aus. Variante (Paul Schuster): Jeder gibt eine Liste mit 10 Schlüsselworten zu seiner Autobiographie in die Schreibgruppe und lässt sich das gewünschte Wort ankreuzen. Das Wort mit den meisten Voten ist dann sein Thema.

Entlang der Themen der großen literarischen Strömungen: Die moderne Literatur hat bedeutende literarische Strömungen hervorgebracht (z. B. Sturm und Drang, Klassik, Romantik, Expressionismus, Surrealismus, Banalismus, neue Innerlichkeit usw.). Jede dieser Strömungen hat Lieblingsthemen entwickelt. Der Expressionismus z. B. das Leichenschauhaus, die Großstadt, Entfremdung, Aufbruch usw. Die Romantik kennt Lieblingsthemen wie das zerfallene Kloster, die vergebliche Liebe, den Doppelgänger usw.. Die Gruppe einigt sich also zuerst auf eine literarische Strömung, legt dann den Katalog der Lieblingsthemen dieser Strömungen fest und wählt aus diesem Katalog dann das passende Thema aus.

Wörterbuch literarischer Themen und Motive: Es gibt eine moderne Erforschung literarischer Themen und Motive (z. B. Dämmrich, I. und U.: Themen und Motive in der Literatur. München 1988, H. Frenzel: Motive der Literatur. Stuttgart 1988). Die Lexika werden (beginnend mit A) mit dem Namen ihrer Stichworte vorgelesen, und das Thema, das die meiste Zustimmung auf dem Weg von A–Z erhält, gilt dann als gewählt.

Textsorten: Jede Literaturgattung hat Lieblingstextsorten hervorgebracht. Die Lyrik erkennt z. B. das Naturgedicht, das Liebesgedicht usw. Die Volksliteratur kennt Märchen, Mythos, Sagen. Die Erzählung kennt die Novelle, die Kriminalerzählung, die utopische Erzählung, die Science-Fiction-Erzählung. Das Hörspiel erklingt als O-Ton-Spiel, als poetisches Hörspiel, als Dokumentarspiel usw. Die Lieblingstextsorten der Literaturgattung werden vorgestellt, und die Gruppe wählt ihre Textsorte aus. Diese Wahl ist aber immer nur ein Anfang. Erste Schreibversuche werden hier einen erweiterten Informationsbedarf über die Charakteristik der gewählten Textsorten hervorrufen. Erst wenn dieser Informationsbedarf befriedigt ist, kann die Textarbeit fortgesetzt werden.

Symbollexika: Die Symbolforschung hat gute Lexika hervorgebracht. Die einzelnen Lexikonartikel können als Themen gelten. Dabei eignet sich z. B. sehr gut: M. Lurker: Lexikon der Symbole, Stuttgart 1987. Der Gruppenleiter stellt in Kurzfassung einige Symbole vor. Das gewählte Symbol kann zum Schreibthema genommen werden.

Zeitungsanregung: In jeder Zeitungsausgabe dokumentieren sich die Geschichten, die das Leben gerade schreibt: Tragödie, Krimi, Liebesgeschichte, Märchen usw. Jeder studiert eine mitgebrachte Zeitung, bis er auf eine Information stößt, die ihn zu einem kleinen Text animiert.

Lieblingstext: Jeder Teilnehmer kennt einen oder mehrere Texte, die ihm besonders wichtig sind. Er versucht, den ihm wichtigsten Text zu identifizieren und auf Basis eigener Erfahrung neu zu schreiben.

Lieblingsfigur: Jeder Teilnehmer hat eine oder mehrere literarische Lieblingsfiguren. Er stellt sich diese Figur bei geschlossenen Augen vor und kann, wenn er merkt, wie diese Figur sich zu bewegen beginnt, ein Thema mit dieser Lieblingsfigur als Protagonisten nennen. Die Teilnehmer können individuell schreiben oder sich nach Nennung aller Lieblingsfiguren auf eine Figur einigen, ihre Handlung imaginieren und so zu einem gewünschten Thema kommen.

Lieblingsland: Jeder Teilnehmer kennt eine Landschaft, die ihn besonders anspricht. Wieder schließt er die Augen, lässt die Landschaft erscheinen und nennt, wenn Personen auftauchen, das Thema eines Textes.

Lieblingstier: Bei geschlossenen Augen stellt sich jeder sein Lieblingstier vor. In der Gruppe wird dann das Tier kurz vorgestellt. Das Tier, das am meisten Anklang findet, wird mit seiner Geschichte Thema des Schreibens.

Lieblingswort/Lieblingsschimpfwort: Von Zeit zu Zeit produziert der Zeitgeist besondere Lieblings- und Lieblingsschimpfworte. So gab es in den 60er Jahren z. B. die Worte Establishment, Proletarier, politisch, kapitalistisch, Gesellschaft. In den 70er Jahren herrschten die Worte geil, ätzend, scharf, schräg usw. vor. In den 80er Jahren hört man oft die Worte Wende, Reform, Deutschland, Wiedervereinigung, Neofaschismus, Übersiedler, Wohnungsmangel, Öffnung der Mauer usw. Die Gruppe stimmt ab, welches Zeitgeistwort zum Thema des Textes genommen werden soll.

Der Satz hinter dem eigenen Namen: Wenn man zu jedem Buchstaben des eigenen Vor- und Zunamens ein Wort findet, so kommt man zu einem interessanten Satz, der als Thema einer Geschichte dienen soll.

Tabuthemen: Jedes Alter, jede Zeit, jedes politische System, jeder einzelne hat Tabuthemen. Jeder Teilnehmer nennt sein Tabuthema oder das Tabuthema der Gesellschaft usw. und leitet damit die Themenfindung in der Gruppe ein.

Radioanregung: Die Gruppe schaltet das Radio an. Sie überwählt die Musik. Wenn ein/e Sprecher/in zu hören ist, merkt sie auf die ersten Worte. Sie sind Thema der Schreibrunde.

Geräusche: Die Gruppe schweigt. Die natürlichen Geräusche der Umwelt werden nun hörbar. In der Stadt: Autos, Stimmen, Flugzeuge usw. Auf dem Lande: Naturgeräusche, Vogelstimmen usw. Das am meisten gewählte Geräusch ist dann das Thema.

2. Schreibstimuli

Alltägliches Spielmaterial: 10 Worte der Umgangssprache, die einem spontan einfallen, sollen schnell aufgeschrieben werden. Dann einen Text schreiben, in dem diese Worte vorkommen.

Widersprüche personifizieren: Jeder Teilnehmer lebt in Widersprüchen zwischen Gefühl und Vernunft, Liebe und Hass, Nähe und Ferne, Glück und Unglück usw. Jeder Teilnehmer wählt das ihn bestimmende Widerspruchspaar aus, personifiziert es in Tieren, Menschen, Pflanzen, Landschaften usw. und lässt diese antagonistischen Worte eine Geschichte erleben. Goethe benutzte seine Freizeit, um widersprüchliche Personen ihre Konflikte vor seinem geistigen Auge austragen zu lassen. Was dabei geschah, legte er dann in seinen Texten nieder.

Kollektives Schreiben: Jeder Teilnehmer schreibt ein Wort auf einen Zettel, der so umgeknifft wird, dass der nächste Schreiber das Wort seines Vorgängers nicht kennt. Bei 10 Teilnehmern ergibt sich eine Kette von 10 Worten. Aus dieser Kette kann jeder die Worte wählen, die ihn zu einem Text reizen.

Schreiben und warten: Jeder Teilnehmer schreibt einen Satz, schließt die Augen und wartet so lange, bis sich der nächste Satz einfindet, schließt dann wieder die Augen, um auf den nächsten Satz zu warten. Gottfried Benn arbeitete oft mit dem „wartenden Satz“. Er schrieb eine Zeile und ließ sie liegen, nach gewisser Zeit stellte sich dann der weitere Text ein.

Schreibverbot: Die Gruppe trifft sich zur stillen Besinnung. Es herrscht Schreibverbot. Aber irgendeiner wird das Verbot der Stille durchbrechen und irgendetwas schreiben, und das wird alle anderen auch zum Schreiben animieren und motivieren. Ein Extremfall dieser Stimulimethode ist Rainer Maria Rilke. Rilke erteilte sich für 10 Jahre Schreibverbot und erntete dann die Fülle der poetischen Gedichte in den „Duineser Elegien“ und in den „Sonetten an Orpheus“.

In der Öffentlichkeit schreiben: Die Teilnehmer gehen einzeln oder zu mehreren in ein Café, setzen sich mit Papier und Bleistift an verschiedene Tische und warten auf einen Schreibeinfall. Der Ort kann gewechselt werden: Die U-Bahn, der Bus, die Haltestelle, der Marktplatz, die Eckkneipe, der Park, der Zoo usw. Überall, auch auf dem Lande, gibt es Orte, deren Geist einem zum Schreiben anregen kann. Überall sind Menschen zu beobachten, denen eine Geschichte untergeschoben werden kann. Liebespaare sind für eine Liebesgeschichte gut. Zwei alte Damen für eine Geschichte um ein Geheimnis. Ein einzelner Herr könnte eine kleine „Steppenwolferzählung“ abgeben. Besonders auf Reisen lässt sich vieles sammeln, was zum Schreiben anregt. Auch hier sind die Reisetagebücher von Johann Wolfgang von Goethe bis zu Ernst Jünger ein lebendiges Beispiel. Warum sollte auch die Schreibgruppe nicht mal eine Schreibreise machen?

Bilder, Musik, Gerüche: Jeder Teilnehmer sollte sich eine Sammlung von visuellen, akustischen oder sinnlichen Schreibstimuli schaffen, in der er zusammenstellt, was ihn zum Wort drängt. Illustrierte Bilder sind z. B. eine Fundgrube von Schreibstimuli. Auch die eigene Plattensammlung bietet viele Schreibanregungen. Wie ist es mit Parfum, dem Geruch von Laub, faulen Äpfeln (Schiller), auch sie stimulieren zu einem Text.

Körperschreibsignale: Viele Autoren brauchen die lösende Kraft des Kaffees, des Alkohols, des Rauschgifts, um in Schreiblaune zu kommen. Das ist bekannt von Fallada, Baudelaire, de Quincy, Gottfried Benn usw. Das alles wird nicht empfohlen. Aber der Körper gibt Signale, wenn er das Schreiben zulassen will. Besonders angeregt ist der Körper zum Schreiben, wenn er ganz müde oder wenn er ganz frisch erwacht ist. Der Körper sendet auch Schreibsignale, wenn er ganz traurig, unruhig und einsam ist. In der Schreibgruppe kann jeder auf seinen Körper hören, ob dieser ihm ein Schreibsignal sendet.

Erzählen und schreiben: Jeder Teilnehmer hat seine Lieblingserzählung, die er immer auf Lager hat. Diese Geschichten sollten einfach mal schriftlich niedergelegt werden und damit der Sprung von einer Oral-Poetry zur Schriftkultur versucht werden.

Schreibstimuli von Dichtern sammeln und ausprobieren: Alle Profis verraten irgendwann in ihren Texten, besonders in Essays, Briefen, Tagebüchern, was sie zum Schreiben motiviert hat. Z. B. brauchte Alfred Döblin das Durcheinanderlesen von 10 verschiedenen Büchern, ehe seine eigene Schreibidee kam. Die frühen Expressionisten gingen nach durchzechter Nacht, wenn der Morgen graute, durch Berlin und fanden so Anregungen zu Großstadtgeschichten. Stefan Zweig studierte z. B. die Stimuli seiner Kollegen, um Schreibideen zu finden (vgl. S. Zweig: Das Geheimnis des künstlerischen Schaffens. Frankfurt 1988). Das kann jeder in der Schreibgruppe auch tun und die Gruppe zur praktischen Erprobung seiner gefundenen Dichterstimuli benutzen.

Anleitung zum Schreiben studieren: In den USA gibt es 100 Bücher zum Thema: „Wie schreibe ich eine Kurzgeschichte?“ In der Bundesrepublik gibt es Bücher wie Otto Schumann: Grundlagen und Technik der Schreibkunst. Wilhelmshaven 1983, Broder Christiansen: Eine Prosaschule. Stuttgart 1966, Ludwig Reiners: Stilfibel. München 1985. Manchmal ist es so, dass auch diese Bücher zum eigenen Schreiben anregen. Man muss es in der Gruppe einmal ausprobieren.

Den Kreativitätsboom nutzen: Heute gibt es auf dem Büchermarkt einen Boom an Kreativmethodenbücher mit Titeln wie : „Kraftwerk Unterbewusstsein“, „Spontan Leben“, „Handbuch der Kreativmethoden“. Jeder Teilnehmer sollte einmal in solche Bücher schauen und sehen, ob sich dort Methoden verbergen, die auch ihn zum Schreiben anregen.

Stimuli der Dichterkreise: Besonders gut sind oft die Schreibstimuli der Dichterkreise oder Dichterschule dokumentiert, z. B. die Technik des kollektiven Schreibens in der Berliner Romantik oder die Schreibspiele der Surrealisten um André Breton, aber auch neuere Beispiele: Das Schreibkritikspiel der Gruppe 47, der Gruppe 61 oder der „Werkkreise der Literatur der Arbeitswelt". Auch die neue Schreibbewegung in der Bundesrepublik hat viele Schreibstimuli erarbeitet, die in Büchern wie G. Schalke, B. Rolfes: Schreiben befreit. Bonn 1986, G. Mattenklott: Literarisches Improvisieren. Berlin 1988, niedergelegt sind. Die Gruppe kann hier aus dem Vollen schöpfen. Dann gibt es auch die Stimuli der Schreiber von Nonsens-Texten (vgl. H. Liede: Literatur als Spiel. Berlin 1963) und die Schreibstimuli der Kinderkultur (D. Rühmkorff: Über das Volksvermögen. Reinbek 1964).

Stimulierung durch Auftrag: Die Gruppe verteilt Aufträge für Texte wie eine Zeitschriftenredaktion. Dabei sollten auch Interviews, Beobachtungen, Textrecherchen als Schreibstimuli zum Zuge kommen.
Zeichnen und schreiben: Die Teilnehmer sollten erst einmal 10 Minuten Kritzelzeichnungen anfertigen (in dösiger Stimmung) und dann einen Text zu ihren Kritzeleien schreiben.

Zettelkasten: Den Zettelkasten benutzen bekannterweise Autoren wie Arno Schmidt, Walter Kempowski, Uwe Johnson usw. Jeder Teilnehmer sollte einen Zettelkasten besitzen, wo wichtige Worte, Sätze, Texte von Kollegen ebenso Platz finden wie Zahlen, Daten, Statistiken oder Bilder von Figuren, Personen und Gestalten. Diese Zettelkästen könnten sich als Fundgrube erweisen. Thomas Mann hatte z. B. eine Mappe von Bildern verschiedener Sanatorien vor sich, als er die entsprechenden Szenen des „Zauberbergs" schrieb. Bei den „Buddenbrooks" lagen ihm auch autobiographische Texte von Familienmitgliedern vor, was ja für einen Familienroman unverzichtbar sein sollte. W. Kempowski lässt sich von Autobiographien anregen.

Häufig auf Einfälle achten: Nietzsche bekam die besten Einfälle bei Spaziergängen, Hans Erich Nossack unter der Dusche, Henry Miller nach dem Orgasmus, Knut Hamsun nach dem Aufstehen. Die Teilnehmer sollten selbst mal für eine Woche ihre Schreibimpulse dokumentieren und in der Gruppe austauschen.

Wallraffspielen: Die Teilnehmer können mal in fremde Rollen schlüpfen, z. B. einen Tag als Bettler, als Türke leben, ganz unten als Stadtstreicher, ganz oben als Sekretär in der Chefetage, als Rechter bei den Republikanern usw. Dann können sie die Erlebnisse ihres Rollenspiels in einem Text darstellen. Sie können z. B. wie H. Bornemann (vgl. ders. Bornemanns lachende Erben. Frankfurt 1985) sich mit einem Briefkopf eine Funktion zulegen und bei Prominenten Antwortbriefe erschreiben, die für Dokumentationstexte viel Stoff abgeben.

Kreative Techniken aus dem Bereich Wissenschaft, Therapie und Kunst nutzen: Viele neuere Sozial- und Humanwissenschaften haben Techniken entwickelt, die die Schreibgruppe als Stimuli benutzen kann: Aus der Ethnologie die beteiligte Beobachtung, aus der Soziometrie Gruppendiagramme, aus der Philosophie das Transzendieren, aus der Logik können Deduktion- und Induktionsoperationen in Texten abgebildet werden. Die neueren Künste vermitteln die Stimuli der Montage, der Verfremdung, der Dokumentation von Originaltönen, auch das kann als Stimuli von Texten zum Zuge kommen. Die Porträtkunst der Fotografie, die Schnittechnik der Filme, das Leitmotiv aus der Musik, die Katharsis beim Drama können zum Schreiben anregen, weil sie Erfahrung versprechen, die man meist als Alleinbesitz privilegierter Außenseiter betrachtet hat, die die Schreibgruppe nun in ihrer Arbeit zur lebendigen Erfahrung werden lassen kann. Auch die Psychotherapie birgt eine Fülle von Techniken, die als Schreibstimuli taugen, Traumdeutung in der Psychoanalyse, Stegreifspiele im Psychodrama, Mandalazeichnen bei C.G. Jung, Fantasiereisen im Katathymen Bilderleben, das geführte Zeichen in der initiatischen Therapie, die Gongtöne in der Gongtherapie bei Hilarion Petzold.

Die Schreibgruppe als Stimulus: Eine der besten Stimuli ist die Schreibgruppe und ihr Plan, ihre Produkte öffentlich vorzustellen. Ihre Entwicklung kann über lange Zeit das Schreibinteresse wachhalten, das sich ohne sie überhaupt nicht rühren würde.

3. Schreibtechniken

Da die kreativen Schreibtechniken von unterschiedlichen Berufsgruppen entwickelt worden sind, die sich ihre Schreibarbeit methodisch erleichtern müssen, wollen wir diese Techniken auch geordnet nach Berufsfeldern berücksichtigen: Therapeuten, Dichter, Deutschdidaktiker, Journalisten, Manager, Wissenschaftler und Philosophen.

3.1. Therapeutische Schreibtechniken

Die Hauptschreibtechnik der Therapeuten, die zum ersten Mal gründlich von E.P. Farrow dargestellt worden ist, (vgl. ders.: Bericht einer Selbstanalyse. Stuttgart 1984) heißt **freie Assoziation.** Die freie Assoziation beginnt immer in der Gegenwart, an der Oberfläche des Bewusstseins. Ihre Grundregel lautet: Schreiben Sie alles auf, was Ihnen jetzt in den Sinn kommt. Zensieren Sie nicht. Überlassen Sie sich dem Fluss der Einfälle. Schreiben Sie so rasch, wie Sie mit Ihren Einfällen Schritt halten können. Bei täglicher Anwendung der Methode für eine halbe Stunde werden Sie bald auch auf Erinnerungen stoßen, die tiefere Gefühle verbergen. Bei weiterem Schreiben über Monate und Jahre werden Sie die Etappen des Lebenslaufs bis zur Geburt hin freischreiben und die Traumerfahrungen, die Ihre gegenwärtigen Probleme noch bestimmen. Die freie Assoziation wird die Verdrängung lockern und das Trauma der Geburt, die Kastrationserfahrung, den Kampf mit Vater und Mutter und das nervöse Machtstreben aufdecken. Allerdings besteht bei dieser Methode die Gefahr, von depressiven und narzisstischen Gefühlen überschwemmt zu werden. Deshalb muss freie Assoziation mit der rationalen Durcharbeitung des geförderten Materials verbunden werden. Assoziieren Sie nur so viel und so lang, wie Sie mit der Aufarbeitung der freigelegten infantilen, peinlichen, unanständigen, unheimlichen, grausigen Funde zu Rande kommen. Legen Sie eine Pause ein. Aktivieren Sie Glückserfahrungen, und sorgen Sie für eine bessere Wunscherfüllung in der Gegenwart. Damit lassen sich die negativen Folgeerscheinungen dieser Methode in Grenzen halten. Die Auseinandersetzung mit dem Unterbewussten ist besser zu steuern mit der **Schreibmethode** der **gelenkten Assoziation**. Diese Methode verdankt die Therapieszene G.L. Rico und ihrem Buch „Garantiert schreiben lernen". Reinbek 1984. Die Clustermethode G.L. Ricos geht von einem Kernwort aus. Das Kernwort, auf die Mitte eines Blattes Papier geschrieben, löst bei geschlossenen Augen Assoziationsketten aus, bis sich plötzlich eine Schreibidee einstellt, und der erste Satz entsteht. Dieser Satz kann zum Text ausgebaut werden, indem Assoziationsketten im Cluster nach Belieben ausgebeutet werden. Die Schreibregel heißt: „Schreiben Sie acht Minuten lang, höchstens eine Seite. Schreiben Sie einen völlig offenen Text, ohne Anlehnung an traditionelle Textsorten." Diese Schreibmethode, die als Verbindung von linker rationaler und rechter emotionaler Gehirnhälfte verstanden wird, ist die verbreitetste kreative Schreibmethode der Gegenwart. Sie hat in allen Bereichen des Schreibens Eingang gefunden. Die Clustermethode wurde von Rico selber noch um das **Widerspruchscluster** erweitert. Dieses Cluster hat ein antagonistisches Doppelkernwort, also z. B. hell und dunkel, Liebe und Hass usw. Es eignet sich besonders für die Gestaltung von Texten, die die Widersprüche der menschlichen Existenz ausdrücken können. Die Clustermethode lässt sich besonders gut zur Gestaltung erzählender Texte in therapeutischer Absicht ausbauen. Es lassen sich als Schreibhilfe aber auch Märchencluster, Krimicluster, Kurzgeschichtencluster usw. bilden. Das **Märchencluster** geht davon aus, dass jedes Märchen drei Stationen durchlaufen muss: Die elende Anfangssituation des Helden – der Heldin (A = Anfang), die Suche, die Situation zu lösen (S = Suche) und die endliche Lösung der Probleme (L = Lösung). Als Kernwort besitzt das Märchencluster den Namen des Märchenhelden, die drei Stationen seiner Reise werden in drei Unterclustern mit den Kernworten A, S und L abgebildet, die die Assoziationsketten, die die Reisestationen betreffen, auf sich ziehen. Das Märchencluster produziert drei Schreibimpulse, je einen Schreibimpuls pro Untercluster. Es sollte nur angewandt werden bei strikter Orientierung auf ein glückliches Ende der Geschichte. Das **Krimicluster** geht auf das Grundgesetz der Kriminalerzählung zurück: Am Anfang jedes Krimis steht ein Mord, dann die Suche nach dem Mörder als Vorgeschichte des Mordes, und am Schluss steht die Entlarvung des Mörders. Das Krimicluster hat auch drei Untercluster. Als Kernwort gilt der Name des Detektivs, als Untercluster gibt es ein Cluster mit T = Toter, ein zweites Untercluster S = Suche und ein drittes Untercluster L = Lösung. Therapeutisch gesehen lassen sich mit dem Märchencluster gut aktuelle Krisensituationen auf eine Lösung hin bearbeiten. Das Krimicluster eignet sich als Ventil für die Durcharbeitung von aggressiven und selbstzerstörerischen Fantasien.

Dann gibt es therapeutische Schreibspiele, die in Encountergruppen und Therapieverfahren entstanden sind. Sie sollen intrinsisch motivieren, Entscheidungslust und Experimentierfreude fördern und Selbsterfahrung anbahnen durch geregeltes Aussteigen aus den traditionellen Schreibrollen. Sie umfassen ein reiches Spektrum, das sich folgendermaßen systematisch unterscheiden lässt: „1. Anwärmspiele für erste Gruppentreffen, 2. Spiele zur Sensibilisierung der Wahrnehmung, 3. Schreibspiele zum Selbstkennenlernen, 4. Schreibspiele zur Entwicklung von Vertrauen und Offenheit, 5. Feedbackspiele, 6. schriftliche Metakommunikation, 7. Schreibspiele zur Rollenreflexion, 8. Konfliktspiele, 9. Fantasieschreibspiele" (vgl. die Systematik der Interaktionsspiele bei H. Gudjons: Interaktionsspiele in der Schule und Jugendarbeit. In: K.J. Kreuzer: Handbuch der Spielpädagogik, Düsseldorf 1983, Bd. 3, S. 48 ff.).

3.2. Dichterische Schreibtechniken

Bei den Dichtern lassen sich spontane und gelenkte Schreibtechniken unterscheiden. Zu den spontanen Schreibtechniken gehört das imaginative, das automatische und das träumerische Schreiben. Beim **imaginativen Schreiben** wird die Zensur ausgeschaltet, und Tagträume beginnen frei zu laufen. Dem Fluss der Tagträume folgt das Schreiben in Trance. Die kreative Trance kann der Dichter durch längeres professionelles Training oft in Sekunden vollziehen. Schon Goethe berichtet von seiner Fähigkeit, bei geschlossenen Augen die Figuren seiner Texte vor dem geistigen Auge sich bewegen zu sehen und ihre Entwicklung aus dem inneren Bewusstseinsstrom heraus beschreiben zu können. Stefan Andres schildert seine imaginative Technik des Versenkens und des Schreibens in leicht unbewusstem Zustand. Kafka beschrieb den Schreibzustand als Arbeiten im Keller, in tiefster Nacht und Einsamkeit (vgl. Die Selbstzeugnisse zur imaginativen Schreibmethode bei O. Kankeleit: Das Unbewusste als Keimstätte des Schöpferischen. München 1959). Das **automatische** Schreiben hat seine Vorläufe in Schillers „Lob des freien Einfalls" und Ludwig Börnes Programm: „Nehmt einige Bogen Papier und schreibt drei Tage hintereinander ohne falsche Heuchelei alles nieder, was euch durch den Kopf geht" (zit. bei L. v. Werder: …triffst Du nur das Zauberwort. München 1986, S. 8). Die Surrealisten propagierten das **automatische Schreiben** als einzige Schreibmethode: „*Versetzen Sie sich in den passivsten oder den rezeptivsten Zustand, dessen Sie fähig sind… Schreiben Sie schnell, ohne vorgefasstes Thema, um nichts zu behalten oder um nicht versucht zu sein, zu überlegen. Der erste Satz wird von ganz alleine kommen, denn es stimmt wirklich, dass in jedem Augenblick unseres Unbewusstseins ein unbekannter Satz existiert, der nur darauf wartet, ausgesprochen zu werden*" (A. Breton: Die Manifeste des Surrealismus.

Reinbek 1986, S. 29 ff.). Knut Hamsun, Henry Miller und viele andere Dichter haben so geschrieben und wie Miller geklagt: „Jemand diktiert mir unaufhörlich, ohne Rücksicht auf meine Gesundheit" (H. Miller, Schwarzer Frühling. Reinbek 1979, S. 49f.). Das **träumerische Schreiben** leitet zu den gelenkten Schreibtechniken der Dichter über. Es basiert auf der strengen Führung eines Traumtagebuchs, wie es z. B. von G. Keller, Rainer Maria Rilke, Jack Kerouac, Ingeborg Bachmann usw. überliefert worden ist. Zu den Träumen werden weitere Einfälle gesammelt. Träume und Einfälle gehen in ausgearbeitete Texte ein, die dann oft die zentrale Rolle in größeren epischen Arbeiten spielen, z. B. die Mutterträume des „grünen Heinrich" in Gottfried Kellers gleichnamigem Roman oder die Traumszenen in Ingeborg Bachmanns Roman „Malina". Zum Kernbestand gelenkter dichterischer Schreibtechniken gehören auch die **Collagetechniken**, die **Zitattechnik**, die Technik des **Textumbaus**. Die Collagetechnik, die von vorgefundenen Textbeständen lebt und diese auszubeuten versucht, wurde besonders vom Dadaismus propagiert. Sie kennt verschiedene Unterformen: Einmal das Zerlegen von gedruckten Texten in einzelne Sätze, die neu geordnet werden, zum anderen das Sammeln und Montieren von Sprachmaterial aus verschiedenen Quellen, z. B. Wörterbüchern, Inschriften auf Hauswänden, Aufrufen, Erlassen, Reden, Nachrichten, Reportagen, Philosophentexten, Straßennamen, Reklamesprüchen in der Presse, Wortfetzen auf der Straße usw. Hans Arp schreibt: „Wörter, Schlagworte, Sätze, die ich aus Tageszeitungen und besonders aus den Inseraten auswählte, bildeten 1917 die Fundamente meiner Gedichte" (zit. bei K. Riha: Cross-Reading und Cross-Talking als politische und satirische Technik. Stuttgart 1981, S. 56 f.). Oder: Bedruckte Papierfetzen „werden auf einer Fläche fallengelassen und genau in der Position aufgeklebt, in der sie der Fall, also der Zufall gebracht hat" (F. Mon, zit. n. v. Hage (Hrsg.): Literarische Collagen. Stuttgart 1981, S. 261). Die Zitattechnik versucht eigene Aussagen durch das Montieren von Texten anderer Autoren zu realisieren. Das bedeutendste Beispiel für diese Technik ist Walter Benjamins „Passagenwerk", Frankfurt 1986. Die Technik des Textumbaus illustriert am besten Hans Magnus Enzensberger in seinem Buch „Das Wasserzeichen der Poesie" (unter dem Pseudonym Andreas Thalmayr, Nördlingen 1985). Als Unterform des Textumbaus nennt Enzensberger folgende Methoden: Die Verwandlung eines fremden Prosatextes in ein eigenes Gedicht, die Verwandlung eines fremden Gedichtes in einen eigenen Prosatext, die Verwandlung eines Zeitungstextes in ein Gedicht, die Verwandlung eines Gedichtes in einen wissenschaftlichen Text, den Einbau von Fehlleistung und Versprechung in ein fremdes Gedicht, den Umbau eines fremden lobenden Gedichts in ein schimpfendes eigenes Gedicht usw. usw.

3.3. Schreibtechniken der Deutschdidaktiker

Die Deutschdidaktiker pflegen häufig die imitative Schreibtechnik, auch „analoges Gestalten" genannt. „In einem ersten Arbeitsschritt wird die Begegnung mit dem Text des Dichters vollzogen. Nach dessen Behandlung versuchen die Schüler, einen thematisch und meist auch formal ähnlichen Text zu schreiben“ (H. Gatti: Schüler machen Gedichte. Freiburg 1979, S. 66). Eine Variante des analogen Gestaltens ist nicht der Ausgang von Dichtertexten, sondern von normativen Bauformen dichterischen Gestaltens, die die Germanistik erforscht hat. So stellt z. B. G. Waldmann alle Bauformen der lyrischen Sprache vor: Versformen, Klangformen, Wortformen, Bildformen, Satzformen und Strophenformen. Lyrische Texte sind dann analog dieser Bauformen zu schreiben (vgl. G. Waldmann: Produktiver Umgang mit Lyrik. Baldmannsweiler 1988). Diese imitative Schreibtechnik ist meist auch die Grundlage der verbreiteten Einführungen in die Kunst des Schreibens, die meist von Menschen, die mit Schule zu tun haben, geschrieben worden sind (vgl. z. B. Otto Schumann: Grundlagen und Techniken der Schreibkunst. Wilhelmshaven 1983 oder K. Steinhaußen: Handbuch für schreibende Arbeit. Berlin 1969). Als Gegenentwurf zur imitativen Schreibmethode gibt es in der Schule auch das Schreibspiel oder die Methode der freien Textgestaltung (vgl. H. Gatti: Schüler machen Gedichte, a. a. O., S. 115 ff.). Das Schreibspiel hat mehrere Charakteristika. Es bindet sich an die Regel der Literatur und setzt sie zugleich außer Kraft. Es geht von der Literatursprache aus und verändert sie durch Umordnung, Kombinieren, Variieren, Kritik von Klischees. Es zielt auf Unterhaltung, Spass und Witz und auf den Ausbau des latenten Wortschatzes. Es imitiert Wettkampf und Rausch (vgl. B. Seidel: Schüler spielen mit Sprache. Stuttgart 1983, S. 35).

3.4. Schreibtechniken der Journalisten

Die Grundtechnik journalistischen Schreibens ist die authentische Beobachtung und Recherchierung aktueller oder kultureller Tagesereignisse. Dieses Schreiben zerfällt in zwei Schritte: Die Recherchierung der Realität und die Umsetzung des Recherchierten in einen Reportagetext. Beim Recherchieren geht der Autor von der wahrgenommenen Wirklichkeit aus. Über diese Wirklichkeit werden Geschehens- und Verhaltenstatsachen gesammelt. Es wird Typisches gesucht, das der Autor selbst erlebt hat. Beim Abfassen der Reportage achtet der Reporter auf folgende Schreibmaximen: Das Geschehen wird bildhaft gestaltet, nicht in abstrahierender Form. Die Auswahl des Konkreten dient dem journalistischen Ziel der Aufklärung und Kritik. Dieses Ziel wird dadurch erreicht, dass in den Text auch Gedanken und Verallgemeinerungen des Autors einfließen.

3.5. Schreibtechniken der Wissenschaftler

Die wissenschaftliche Sprache hat sich seit etwa 200 Jahren streng von der poetischen Sprache getrennt (vgl. W. Gössmann: Theorie und Praxis des Schreibens. Düsseldorf 1987, S. 115 ff.). Wissenschaftliches Schreiben benutzt deshalb meist eine Fachsprache mit Fachbegriffen, die streng definiert worden sind. Jeder wissenschaftliche Text steht in einer wissenschaftlichen Arbeitstradition, auf die er sich reflektierend bezieht und von der er sich zugleich kritisch abgrenzt. Der wissenschaftliche Text entsteht als Resultat eines logischen Arbeitsprozesses, der unter dem Prinzip des Fortschritts des Erkennens steht. Jeder wissenschaftliche Text erhebt den Anspruch der Darstellung von etwas Neuem. Wissenschaftliches Schreiben verfolgt die Methode des kritischen Schreibens. Dieser Anspruch wird durch die Einhaltung folgender Prinzipien eingelöst:

1. Rezeption und Aneignung des wissenschaftlichen Forschungsstandes zum Thema.
2. Kritische Auseinandersetzung mit dem Forschungsstand.
3. Gewinnung von neuen Einsichten auf dem Hintergrund vorliegender Forschung.
4. Darstellung der Ergebnisse der wissenschaftlichen Arbeit in folgenden methodischen Schritten: Gliederung in Einleitung, Hauptteil und Schluss, Formulierung des Textes in einer Logik der Einzelsätze und Absätze unter der Perspektive der Entwicklung eines sich ergebenden logischen Abschlusses.

Eine Hilfe beim kritischen wissenschaftlichen Schreiben bietet neben Brainstorming die Methode des **Mind-Mapping** (vgl. M. Kirckhoff: Mind-Mapping. Die Synthese von sprachlichem und bildhaftem Denken. Berlin 1989, ebenso T. Buzan: Kopftraining. München 1984, S. 124 ff.). Diese Methode kann bei der Gliederungsarbeit ebenso angewandt werden wie als Hilfe beim Ausformulieren von Texten. Wie bei der Clustermethode beginnt das Mind-Mapping, das auch auf der Theorie der Kooperation der beiden Gehirnhälften aufbaut (T. Buzan, a. a. O., S. 130 ff.), mit einem leeren Bogen Papier. Im Mittelpunkt des Papiers steht das Thema, das eingekreist wird. „Von diesem Kreis gehen Verzweigungen aus, die das Thema in seine einzelnen Bereiche gliedern und auffächern" (M. Kirkhoff, a. a. O., S. 12). Jeder Zweig besteht aus Hauptästen und Zweigen von Schlüsselworten, die zum Thema gehören. Während die Hauptäste die Hauptstichworte auf relativ abstrakter Ebene umfassen, sollen die Nebenäste die Konkretionen zu den Hauptstichworten sammeln. Der Aufbau des Themas wird dadurch sichergestellt, dass um das Thema die Hauptäste der Stichworte im Uhrzeigersinn angeordnet werden. Das Mind-Mapping umfasst nur Substantive in großen Blockbuchstaben. Ehe ein Mind-Map entsteht, gibt es Vorstufen: „Mind-Map-Notizen sind in ihrer endgültigen Form gewöhnlich klar und übersichtlich" (T. Buzan a. a. O., S. 126). Die kreative Hilfe der Mind-Maps stellt Toni Buzan beim wissenschaftlichen Schreiben mit folgenden Argumenten vor:

„*1. Die Zentral- oder Hauptidee wird deutlicher herausgestellt.*
2. Die relative Deutung jeder Idee tritt sinnfälliger in Erscheinung. Wichtigere Ideen befinden sich in der Nähe des Zentrums, weniger wichtige in den Randzonen.

3. *Die Verknüpfungen zwischen den Schlüsselbegriffen werden durch ihre Linienverbindungen leicht erkennbar.*
4. *Als Ergebnis werden Erinnerungsprozess und Wiederholungstechnik effektiver und schneller.*
5. *Die Art der Struktur erlaubt es, neue Informationen leicht und ohne die Übersichtlichkeit störende Streichungen und eingezwängte Nachträge unterzubringen.*
6. *Jedes Kartenbild ist von jedem anderen nach Form und Inhalt deutlich unterschieden. Das ist für die Erinnerung hilfreich.*
7. *Im kreativen Bereich des Aufzeichnens, etwa bei der Vorbereitung von Aufsätzen und Reden, erleichtert es das nach allen Seiten offene Kartenschema, neue Ideenverknüpfungen herzustellen*" (T. Buzan, a. a. O., S. 129).

3.6. Schreibtechniken der Manager

Die Schreibtechniken der Manager, die im modernen Managertraining Anwendung finden, gehen primär von dem rationalen Modell des Schreibaktes aus. Sie stützen sich auf John Dewey's Analyse eines vollständigen Denkaktes (1910) (in: C.F. Graumann (Hrsg.) Denken. Köln 1965, S. 116 ff.). Dewey unterscheidet dort fünf Stufen der geistigen Arbeit im Denk- und Schreibprozess:

1. Begegnung mit einer Schwierigkeit,
2. Abgrenzung, Lokalisierung und Präzisierung dieser Schwierigkeit,
3. Entstehen möglicher Lösungen und der Schreibidee,
4. logisches Durcharbeiten der Idee und Verfassen eines Textes,
5. Überarbeitung und Evaluation des Textes.

Die folgenden Techniken entwickeln den Text nach dem Leitfaden eines kognitiven Stufenschemas, das, ausgehend von einzelnen Worten oder Sätzen, kleine Texte oder Erzählideen bzw. Erzählplots in rationaler Weise zu produzieren ermöglicht.

1. Forced Relationship d. h. ungewohnte Verknüpfung: Jeder Mitspieler stellt wahllos eine Reihe von zehn Worten zusammen, die aus einem Wörterbuch, in dem man wahllos blättert, gewonnen werden, und verbindet sie in einem Text. Altes Beispiel: Zehnmal Bibelstechen (vgl. C.S. Whiting: Creative Thinking. New York 1958).

2. Brainstorming d. h. Ideensturm: Jede Sitzung besteht aus zwei Phasen. In der ersten Phase werden Worte und Sätze gesammelt unter folgenden Regeln: Jede Kritik verboten, jedes Wort, jeder Satz ist willkommen. Soviel Worte und Sätze wie möglich sollen produziert werden. Die Weiterentwicklung der Worte und Sätze ist erwünscht. In der zweiten Phase jeder Sitzung werden die

Worte verbessert und weitere Worte hinzugefügt. Dabei können folgende Regeln benutzt werden: Worte und Sätze sind zu kombinieren, Worte und Sätze können umgekehrt werden, Worte und Sätze können verkleinert und vergrößert werden, Worte und Sätze sind zu verändern. Beide Phasen werden schriftlich praktiziert, entweder allein auf dem privaten Papier oder für die ganze Gruppe am Flippchart. Am Ende schreibt jeder, aus dem Wortpool schöpfend, einen Text, in dem möglichst viele Worte, die entwickelt worden sind, vorkommen (A.F. Osborn: Applied Imagination. New York 1963, J.A. Anderson: Kognitive Psychologie. Heidelberg 1988, S. 365 ff.).

Varianten des Brainstorming:

Team-Collaborations-Technique: Wechsel zwischen Einzel- und Gruppenarbeit oder zwischen Gruppen- und Einzelarbeit.

Stop-and-go-Technique: Nach einer konstruktiven Assoziationsphase wird eine Kritikphase bei der Wort- und Satzwahl eingeschaltet. Die Worte werden verändert, und mit den neuen Worten wird kreativ weitergearbeitet.

Methode 635: Die Einzelarbeit geschieht hier schriftlich. Dann erhalten sechs Teilnehmer die Texte der anderen und ergänzen in diesen Texten drei Worte in fünf Minuten.

Wort-Delphi: Die individuell notierten Worte und Sätze werden zusammengestellt, dann allen reihum zugeleitet und von diesen jeweils ergänzt.

Brainwriting-Pool: Eine Liste von Worten und Sätzen wird bereits vorgegeben. Der einzelne fügt dann neue hinzu. Er legt die Liste in den Pool und nimmt dann jeweils eine neue. Schließlich wählt er eine erweiterte Liste aus dem anwachsenden Brainwriting-Pool und schreibt nach dieser einen Text.

Collective Notebook: Jeder Teilnehmer erhält ein Heft mit einem Reizwort und soll über eine bestimmte Zeit, z. B. über einen Monat, alle Einfälle eintragen, die ihm zum Reizwort einfallen. Dann wird ein Text geschrieben.

B-B-B-Methode: Den Teilnehmern werden Bildmotive vorgelegt, die zur Wortfindung anregen sollen.

3. Laterales Denken d. h. spielerisches Denken: Edward de Bono geht von folgenden Einsichten aus: Jede Anschauung ist nur eine von vielen möglichen. Jede Anschauung gerinnt zum Klischee. Dabei wird die Richtigkeit der Anschauung viel zu wenig überprüft. Hinter jeder Anschauung steht eine Leitidee. Wird diese Leitidee verändert, verändert sich auch die Anschauung. Diese Überlegungen lassen sich auch auf die Arbeit mit zufällig ausgewählten Texten (etwa 5 Zeilen Lyrik oder Prosa) folgendermaßen anwenden:

Entwickeln Sie zu dem vorgelegten Text einen alternativen Text, erschließen Sie die Leitidee des Textes, verändern Sie und formulieren dann einen neuen Text. Kehren Sie den Text völlig um. Schreiben Sie den Text durch Wahl von Analogien und Metaphern völlig neu (vgl. Edward de Bono: Das spielerische Denken. Reinbek 1971).

4. Morphologisches Denken: Morphologisches Denken bedeutet Denken in Gestalten, gemäß der Struktur des Problems. Es basiert auf der Entwicklung eines morphologischen Schemas, „in dem alle möglichen Lösungen des vorgegebenen Problems ohne Vorurteile eingeordnet werden" (F. Zwicky: Jeder ein Genie. Frankfurt 1971 zit. n. J. Sikora: Handbuch der Kreativmethoden. Heidelberg 1976, S. 52).

Das morphologische Denken kommt zu einem erzählenden Text in fünf Schritten:

1. Schritt: *Genaue Umschreibung der Erzählidee.*
2. Schritt: *Genaue Bestimmung aller Umstände, die zur Lösung der Erzählidee beitragen können.*
3. Schritt: *Aufstellung eines morphologischen Schemas, in dem alle möglichen Lösungen der gegebenen Erzählidee eingeordnet werden.*
4. Schritt: *Erweitertes Durchspielen aller Erzähllösungen im morphologischen Schema.*
5. Schritt: *Wahl der optimalen Lösung und Umsetzung in einen narrativen Text.*

5. Synectics d. h. Zusammenfügung scheinbar unzusammenhängender Elemente: Synectics versucht, durch metaphorische Verfremdung von Vertrautem und durch Vertrautmachen mit dem Fremden die Lösung von Problemen in Texten zu erreichen. Dabei werden Analogien aus dem Bereich der Wissenschaft, des persönlichen Lebens, der Symbolik und der Fantastik benutzt (vgl. W.J.J. Gordon: Synectics Development of Creative Capacity. London 1961). Dieser Prozess verläuft in drei Schritten:

1. Schritt: *Die Erzählidee wird vom Plenum, von Untergruppen und /oder von Einzelnen gewählt und diskutiert. Dadurch wird die Erzählidee angereichert und vertieft.*
2. Schritt: *Die Erzählidee wird analog in andere Wissensbereiche übertragen und metaphorisch umschrieben. Sie wird in persönliche Analogien übersetzt, in symbolischer Metaphorik ausgedrückt und schließlich in Bildern entsprechender Symbole oder der Fantasieliteratur umgesetzt.*
3. Schritt: *Auswahl der besten Erzählmetaphorik und Abfassung eines Textes.*

3.7. Philosophische Schreibtechniken

Transzendieren: Philosophieren heißt überschreiten, d.h. transzendieren. Der Kern des Philosophierens ist das Überschreiten der sinnlichen Dingwelt auf das übersinnliche Sein, das Überschreiten der Welt des Vielen auf das eine Sein hin (vgl. M. Eckert: Transzendieren und immanente Transzendenz. Freiburg 1981, bes. S.10 ff.). Dabei gibt es das innerweltliche Transzendieren und das außerweltliche Transzendieren. Das innerweltliche Transzendieren zielt auf das Ziel der Seinsgeschichte als innerweltliche Transzendenz in der Zukunft (Beispiel: Hegel, Schelling, Bloch). Das außerweltliche Transzendieren zielt auf das unbewegte welttranszendente Sein (Beispiel: Parmenides). Dieser Denkrichtung der Philosophie entspricht auch die Grundtechnik philosophischen Schreibens: als Technik innerweltlichen Transzendierens oder außerweltlichen Transzendierens. Die Grundoperation ist bei beiden Techniken dialektisch: Es werden These gegen Antithese gesetzt und dann zur Synthese transzendiert. Beim innerweltlichen Transzendieren werden Thesen aus dem Bereich der Natur und Antithesen aus dem Bereich des Menschen gewonnen und auf die Synthese der Einheit von Mensch und Natur transzendiert. Beim außerweltlichen Transzendieren kann die These aus dem Bereich des Seienden und die Antithese aus dem Bereich des Nichtseienden gewonnen werden, und es wird transzendiert auf das Sein, das ist und nicht nicht ist.

Dieser Denkprozess lässt sich als Schreibprozess im philosophischen Doppelcluster technisch gut umsetzen. Die Technik des Schreibens im Doppelcluster stammt von G.L. Rico (Garantiert Schreiben lernen. a.a.O., S. 231 ff.). Diese Methode basiert auf dem doppelten Kernwort im Clusterverfahren. Rico schreibt: „Schon bald werden Sie die Reibung spüren, die aus den Ihren Wortpaaren innewohnenden Widersprüchen erwächst, und mit plötzlich aufleuchtender Einsicht erkennen, wie Sie diese aufheben können“ (G.L. Rico a. a. O., S. 233). Im Schreiben kann der Widerspruch der Kernworte (aus dem Bereich von These und Antithese, innerweltlich oder außerweltlich) sich aufheben und die Chiffren der Transzendenz (vgl. K. Jaspers) im Schreibprozess ihren Niederschlag finden. „Der Aufhebung polarer Gegensätze haben sich im Lauf der Geschichte die verschiedensten philosophischen und religiösen Schulen verschrieben“ (G.L. Rico a. a. O., S. 242). Aus den dialektischen Welt-Konzeptionen der Welt dieser philosophischen und religiösen Schulen lassen sich die konkreten Thesen und Antithesen des philosophischen Doppelclusters finden, die sich schreibend auf eine Synthese zu bewegen. Die Synthese erscheint immer in Gestalt von Symbolen, Metaphern und transzendenten Figuren.

Meditieren: Beim meditativen Schreiben ist die aktive von der passiven Variante zu unterscheiden. Die aktive Variante versucht (vielleicht mit Hilfe des autogenen Trainings) sich in einen abgesenkten Bewusstseinszustand zu versetzen. In diesem Zustand wird ein philosophischer Wert (z. B. Frieden, Uto-

Überblick über die kreativen Schreibtechniken

Thera-peutische	Dichte-rische	Deutsch-didaktische	Journalis-tische	Wissen-schaftliche	Manager-mäßige	Philoso-phische
Freie Asso-ziation Gelenkte Assoziation Märchen-cluster Krimi-cluster Thera-peutische Schreib-spiele	Imagina-tion Automati-sches Schreiben Träume Collage Zitat Textumbau	Imitation – von Tex-ten – von lite-rarischen Normen Literarische Schreib-spiele	Recherche und Darstellung	Kritisches Schreiben Mind-Mapping	Forced Re-lationship Brainstor-ming Literales Denken Morpholo-gisches Debken Synectics	Transzen-dieren und Meditieren

pie, Glück etc.) meditiert. Sobald sich in der Meditation ein Satz einstellt, wird er aufgeschrieben und als Satz häufiger in der folgenden Zeit betrachtet, um die Sätze hinter dem Satz auch noch zu erfahren. Die passive Variante versucht, aus philosophischen Werken wichtige Sätze in Schönschrift aufzuschreiben und an hervorragender Stelle im eigenen Wohnbereich zu platzieren (z. B. ein Fragment Vorsokratiker oder ein Satz aus Lichtenbergs Sudelbüchern). Schon das Aufschreiben, aber auch der häufige Bezug auf diesen philosophischen Satz vermittelt oft eine tiefgreifende Konzentrierung (vgl. K. Thomas: Meditation. Stuttgart 1973, S. 257 ff.).

Alle Schreibtechniken sind in der obigen Übersicht noch einmal zusammengefasst.

4. Überarbeitungstechniken

Kreatives Schreiben wird von vielen Teilnehmern als Erlernen eines guten Schreibstils verstanden. Hier spiegelt sich das Erbe des Aufsatzschreibens in der Schule am deutlichsten. Textarbeit wird mit kritischer Kontrolle, Abwertung und Enttäuschung assoziiert. Textüberarbeitung zielt auf die Verbesserung des sprachlichen Ausdrucks der Texte, überprüft Satzbau und Aufbau der Texte und umfasst auch die Bewertung des Schreibstils. Es lassen sich hier spielerische und systematische Techniken unterscheiden, die aber im kreativen Schreiben im Gegensatz zur Schule alle sehr vorsichtig einzusetzen sind, weil im kreativen Schreiben nicht die Note, sondern die Entwicklung und Entfaltung der Kreativität das entscheidende Ziel ist.

4.1. Spielerische Techniken der Textarbeit

Gruppe 47: Ein Gruppenteilnehmer liest seinen Text vor. Danach werden Urteile über den Text abgegeben. Der Autor sagt am Schluss seine Meinung über die gehörten Kommentare. (Das ist die Grundregel der Textüberarbeitung des Segeberger Kreises).

Kurzrezension: Nachdem ein Teilnehmer seinen Text vorgelesen und die Zuhörer sich jeweils wichtige Teilsätze und Schlüsselworte notiert haben, verfassen die Teilnehmer Kurzrezensionen des gehörten Textes und lesen sie dann dem Autor vor, der am Schluss eine Gegenantwort offen hat.

Lektorspiel: Ein Gruppenteilnehmer wird zum Lektor gewählt. Er nimmt die Texte bis zur nächsten Sitzung mit, schreibt seinen Kommentar unter die Texte. Alle Kommentare werden vorgelesen und von den Teilnehmern kommentiert.

Fachleute: Es werden aus der Gruppe je ein Spezialist für die Wortwahl, für die Grammatik, für die Rechtschreibung gewählt, die die Texte durcharbeiten und dann ein gemeinsames Gutachten anfertigen. Dieses Gutachten wird in der Gruppe vorgestellt. Die Fachrollen sollten in der Gruppe, nach dem rotierenden Prinzip, jedem einmal zu spielen möglich sein.

Disputation: Es wird ein Richter, ein Kritiker und ein Verteidiger eines Textes aus der Gruppe gewählt. Dann trägt der Kritiker seine Argumente gegen und der Verteidiger seine Argumente für den Text vor. Dabei kommt es auch zur entsprechenden Reaktion des Publikums und schließlich zu der entsprechenden abschließenden Bewertung des Textes durch den Richter.

Anwalt: Ein Teilnehmer übernimmt einen fremden Text als eigenen und stellt sich der Kritik der Teilnehmer als Anwalt des fremden Textes.

Averbales Feedback: Es werden Teilnehmer ausgewählt, die ihr Urteil über einen vorgelesenen Text nach ihrer Wahl durch Pantomime, Tanz, durch Pfeifen oder Gesang, durch Zeichnungen oder Collagen ausdrücken. Dabei können auch Kleingruppen Formen pantomimischen Rollenspiels als Reaktion auf den Text entwickeln.

Sofort-Bild-Kamera: In der Gruppe werden Sofort-Bild-Kameras (Marke Polaroid) verteilt. Nach der Textlesung hat jeder die Möglichkeit, ein Sofortbild zu schießen, das seine Meinung über den vorgelesenen Text am besten wiedergeben kann.

Vergleichstext: Aus der Poesiegeschichte wird ein Text herausgesucht, der dem vorgelesenen im Thema ähnelt. Beide Texte werden dann verglichen.

Lexikon: Aus einem Lexikon der literarischen Motive und Themen (vgl. I. Frenzel: Motive der Literatur. Stuttgart 1988, H. und I. Dämmrich: Motive und Themen der Literatur. Stuttgart 1986) werden Stichworte herausgesucht, die zu den vorgelesenen Texten thematisch passen. Dann wird der vorgelesene Text auf dem Hintergrund der Kenntnisse der Thementradition in der Literatur kommentiert.

Video: Aus dem weiten Feld literarischer Videos wird ein Videoclip herausgesucht, der den vorgelesenen Text beleuchten kann. Nach der Vorführung des Videos wird der Text kommentiert.

Kette: Der vorgelesene Text wird mit jeweils einem Satz je Teilnehmer kommentiert, wobei gleiche Urteile verboten sind. Jeder Satz in der Antwortkette muss verschieden sein.

4.2. Systematische Techniken der Textarbeit

Hier werden Techniken vorgestellt, die meist eine intensive Einzelarbeit erfordern und außerhalb der Gruppenarbeit allein, meist zu Hause, durchzuführen sind. Allerdings muss jetzt zwischen der Textarbeit an literarischen Texten und der Textarbeit an wissenschaftlichen Texten unterschieden werden. Bei beiden Formen der Textarbeit geht es auch um Fragen der Stilistik. Die beste Einführung in den guten Stil bildet der Kurs von Ludwig Reiners in seiner Stilfibel (München 1985). Er entwickelt das Normsystem des guten Stils auf der Basis von zwanzig Stilverboten, zwanzig Stilregeln und zwanzig Stilratschlägen. Reiners kleine Stilverbote erscheinen heute ziemlich überholt, seine Stilregeln und Ratschläge sind aber heute noch überlegenswert. Bei den Stilregeln notiert er folgende Maxime:

a) *Die richtige Wortwahl: Wählen Sie den besonderen Ausdruck, nicht den allgemein üblichen. Meiden Sie Modewörter. Geben Sie Handlung in Verben wieder. Meiden Sie ein Übermaß an Hauptwörtern. Meiden Sie die Streckverben. Bilden Sie keine Wortketten.*
b) *Der richtige Satzbau: Wenn Sie in Ihrem Text ein Hauptwort mit -ung finden, das eine Handlung bezeichnet, so prüfen Sie, ob Sie es nicht durch einen Satz ersetzen können. Bauen Sie keine kurzen Sätze. Entwickeln Sie keinen Stopstil. Seien Sie sparsam mit Partizipien.*
c) *Die richtige Tonart: Wählen Sie die richtige Stilschicht. Benutzen Sie kein Papierdeutsch. Pflegen Sie keinen ausgesprochenen Schreibstil. Vermeiden Sie Phrasen. Häufen Sie nicht Eigenschaftswörter.*
d) *Der richtige Gebrauch des Fremdworts: Fremdwörter sind zu vermeiden.*

Die zwanzig Stilratschläge umfassen Forderungen wie: Beherrsche die Sache, über die du schreibst. Schreibe, wie du sprichst. Schreibe anschaulich. Schreibe knapp. Schildere genaue Einzelheiten. Denke erst nach, und schreibe dann nieder.

Nach den Reinerschen Regeln können Sie also Ihre Texte überprüfen und dann aus dieser Textkritik eine bearbeitete Fassung Ihres Textes herstellen.

Textüberarbeitung an literarischen Texten

Das beste Modell der Textarbeit an literarischen Texten hat G.L. Rico in ihrem Buch „Garantiert Schreiben lernen", Reinbek 1984, S. 250–276, entwickelt. Unter gutem Stil versteht sie: klare Schwerpunktsetzung, Wiederaufnahme von gebrauchten Elementen, Wahl prägnanter Bilder, Verwendung einer rhythmischen Sprache, die starke emotionale Spannung auslöst, und die gezielte Nutzung von Spannung (vgl G.L. Rico a. a. O., S. 250). Um diese Stilmaxime zu erreichen, sollten die Texte nicht nur mehrmals gelesen werden, sondern es sollten mehrere Textfassungen mit Hilfe des „Wiederholungsclusters" hergestellt werden. „Ein Wiederholungscluster gibt Ihnen Gelegenheit, den Schwerpunkt noch klarer zu fassen, und setzt darüberhinaus weiteres Bild- und Assoziationsmaterial frei" (G.L. Rico a. a. O., S. 255). Den Text aus dem Wiederholungscluster sollte man als Verdichtungs- und Kürzungshilfe in einen Reduktionskreis schreiben. Der Reduktionskreis setzt nicht nur Grenzen hinsichtlich der Länge Ihrer Miniatur, „sondern er wird sich auch auf die Gestaltung der Zeilen und die Anordnung der Wörter auswirken" (G.L. Rico a . a. O., S. 259). Bei der mehrfachen Durcharbeitung des Kreistextes regt Rico an, die explanatorische durch die evokatorische Sprache zu ersetzen. D.h. Sätze, die bloße Information bringen, sollten durch Sätze, die Gefühle auslösen, ersetzt werden (G.L. Rico a. a. O., S. 263). Deshalb: „Streichen Sie zunächst soviele explanatorische Elemente wie möglich. Verstärken Sie die evokatorische Kraft Ihrer Sprache wie das Wiederaufnehmen von Motiven durch Bilder, Metaphern und Sprachrhythmen" (G.L. Rico a. a. O., S. 269). Der evokatorische Stil der Gefühle erfordert: Straffung, Stutzung, mehrfache Überarbeitung. Nur das bedeutsame Wort sollte überleben. Aus z. B. „17 Zeilen mit 117 Wörtern können durchaus 13 Zeilen mit 72 Wörtern werden" (G.L. Rico a. a. O., S. 274). Erst zum Schluss wird der gekürzte Text mit Hilfe des begrifflichen Denkens auf „Orthographie, Grammatik, Zeichensetzung und Tippfehler hin durchgearbeitet" (G.L. Rico a. a. O., S. 263).

Textarbeit an wissenschaftlichen Texten

Der wissenschaftliche Text ist eher an explanatorischen Idealen orientiert. Er zielt auf richtige Sprachverwendung, auf Klarheit, Angemessenheit und schließlich Schönheit (vgl. L. Fouck: Wissenschaftliches Arbeiten. Innsbruck 1926, S. 250 ff.). Daraus ergeben sich folgende Regeln:

„– *Ihr Text muss grammatikalisch einwandfrei sein. Wenn Sie nicht sicher sind, verwenden Sie eine einfachere Konstruktion. Ihre Sätze sollten nicht zu lang sein, schon gar nicht verschachtelt.*

– *Bringen Sie Wichtiges im Hauptsatz unter, weniger Wichtiges in den Nebensätzen; Unwichtiges sollten Sie überhaupt nicht schreiben.*

- *Der Artikel und das Substantiv gehören zusammen – Würmer von Wörtern dazwischen sollten Sie weglassen.*
- *Eigenschaftswörter sollen einen Begriff näher erläutern; wenn Ihnen kein treffendes einfällt, nehmen Sie keines.*
- *Handlungen werden am besten durch Zeitwörter beschrieben. „Sein" und „Haben" sind Allerweltszeitwörter – in den meisten Fällen gibt es treffendere.*
- *Endlose Aufzählungen im Text ermüden den Leser: Erstellen Sie lieber eine Tabelle.*
- *Innerhalb von drei Zeilen sollte jedes Wort möglichst nur einmal vorkommen.*
- *Modewörter und Phrasen machen einen Text nicht interessanter.*
- *Für die meisten Fremdwörter gibt es ein deutsches Wort, das genauso exakt, verständlicher und nicht weniger wissenschaftlich ausdrückt, was Sie sagen wollen.*
- *Bedenken Sie, dass es verschiedene Stilebenen gibt: Verwenden Sie nur Ausdrücke, die zur übrigen Arbeit passen.*
- *Lesen Sie Ihre Arbeit mehrmals durch, und verbessern Sie Ihre Stilfehler. Wenn Ihnen kein Schlusswort einfällt, denken Sie daran: besser kein Schluss als ein an der Haaren herbeigezogener."*

(J. Herrmann: Richtig studieren. München 1982, S. 181)

Ein wichtiges Hilfsmittel bei der Umformung der Rohfassung in die Endfassung des wissenschaftlichen Textes ist der Einsatz der Mind-Maps (vgl. T. Buzan: Kopf-Training. München 1984, S. 126 ff.). Versuchen Sie also, den Text der Rohfassung auf ein Mind-Map zu übertragen. Gliedern Sie die Hauptgedanken Ihres Textes im Uhrzeigersinn um den Themenkern, bilden Sie Nebenäste mit den weiteren Konkretionen Ihrer Argumentation. Aus dem vollendeten Mind-Map schreiben Sie dann die zweite Textfassung. Sie wird besser sein als die erste.

5. Techniken der Textdeutung

Bei der Textdeutung geht es um den Text hinter dem Text, um die Erarbeitung des tieferen Sinns des jeweiligen Textes. Auch hier gibt es spielerische und systematische Techniken.

5.1. Spielerische Textdeutung

Freie Assoziation: Alles, was einem zu einem Text einfällt, wird benannt. Dabei ist genau auf die Gefühlsreaktion zu achten, die ein Text beim Hören in einem auslöst. Alle Assoziationen der Gruppe werden am Schluss zu einem zweiten Text hinter dem Text zusammengetragen.

Amplifikation: Es wird das wichtigste Symbol des Textes oder des Symbolsystems des Textes genommen und versucht, es in Analogie zur Symbolik der Religionen, Mythen, Sagen und Märchen zu setzen. „Diese Anreicherung der

Symbolik führt allmählich oder plötzlich zu einer Sinnerhellung, die ihrerseits wieder spontan in das Bewusstsein übergehen kann und damit einen Wandlungsvorgang hervorruft" (H. Dieckmann: Methoden der analytischen Psychologie. Olten 1979, S. 185). Diese Anreicherung sollte sich nicht vom Verständnis des Autoren zu weit entfernen, um ihn nicht mit zu vielem kollektiven Bildmaterial zu überschütten. Wenn die Gruppe ihre spontanen Symbolamplifikationen produziert hat, kann ein zweiter Schritt der Amplifikation eingeschlagen werden. Dieser Schritt besteht darin, dass man aus einem Lexikon der Symbolforschung (z. B.: M. Lurker: Wörterbuch der Symbolik. Stuttgart 1985) das fragliche Symbol mit den Informationen des jeweiligen Lexikonartikels anreichert.

4-Spalten-Methode: Auf einem großen Blatt Papier werden vier Spalten eingerichtet. In der Spalte eins wird der Text in seinen Hauptsequenzen niedergeschrieben. In Spalte zwei wird aufgeschrieben, was einem zu einem Text alles einfällt. In Spalte drei entstehen aus diesen Einfällen neue kleine Texte. In Spalte vier werden die Differenzen zwischen Spalte eins bis drei notiert: die historischen und symbolischen Verschiebungen und die jeweiligen Erkenntnisse über die jeweiligen Veränderungen (vgl. J. v. Scheidt: Kreatives Schreiben. Frankfurt 1989, S. 171 ff.).

Variante: 2-Spalten-Methode: In der ersten Spalte wird der Text in seinen Sequenzen niedergelegt, in der zweiten Spalte die Einfälle zum Text. Diese Einfälle werden systematisch ausformuliert und als Interpretationsergebnis präsentiert.

Kritikerrollenspiel: Es werden vier Gruppen von Kritikern eines Textes gebildet. Eine Gruppe sind die Lektoren eines Verlages, eine Gruppe sind Germanisten, eine Gruppe sind Leiter von Schreibwerkstätten und eine Gruppe besteht aus Poesietherapeuten. Jede Gruppe erarbeitet nach ihrer Funktion auf einer Wandzeitung eine Beurteilung des vorgelesenen Textes und stellt ihre Urteile in der Gruppe zur Diskussion.

Eric Berne/Landkarte: Der Text wird auf seine biographischen Anteile hin untersucht, dazu wird das Strukturmodell von Eric Berne herangezogen. Wir suchen also im Text die Anteile des Eltern-Ichs, des Erwachsenen-Ichs und des Kinder-Ichs. Wir nehmen nach einem ersten Eindruck des zu deutenden Textes ein weißes Blatt Papier und zeichnen die drei Anteile des Ichs in ihrer Größe und in einem Bezug zueinander so auf, wie sie auch nach unserer Meinung im Text auffindbar sind. Also erscheint ein großer Eltern-Ich Anteil mit einem großen Kreis, ein kleines Kinder-Ich in einem kleinen Kreis und ein mittleres Erwachsenen-Ich in einem mittleren Kreis. Übergänge werden durch Überlappungen, Abtrennungen durch Distanzierung der Kreise voneinander sichtbar gemacht. In diese Kreise können noch die konkreten Textzitate, die sich auf die drei Ich-Formen beziehen, eingetragen werden. Auf der Basis dieser Landkarte ist dann ein kleiner Interpretations- und Deutungstext des vorgelegten Textes zu schreiben.

Symbolanalyse: Alle Symbole im vorgelegten Text werden links auf einem Blatt der Reihe nach aufgelistet. Dann wird im Lexikon von M. Lurker (Lexikon der Symbole. Stuttgart 1988) nachgeschlagen, was für eine Bedeutung jedes Symbol hat und welche historischen Bedeutungsschichten in jedem der vorgelegten Symbole sich finden lassen. Wenn alle Symbole einzeln gedeutet sind, wird der Versuch gemacht, die Symbolschichten des Textes, die vorchristliche, die christliche und die moderne Symbolik zusammenzufassen und in ein Verhältnis zu setzen.

Gesellschaftliche Textanalyse: Der Text wird auf sein Thema untersucht. Wenn das Thema feststeht, wird versucht, den Einfluss des Zeitgeistes auf das Thema festzustellen. Z. B. gehört der Text in den Bereich der neuen Sensibilität, der Frauen-, der Männer-Minoritätentexte, der Coolheit, des New Age, der Söhne- und Töchtertexte, der Kindertexte, der Texte der Friedens-, Öko- und Alternativbewegung. Vielleicht lässt sich das Thema auch mit Hilfe eines Motiv- und Themenlexikons in die Sozialgeschichte der Motive und Themen einordnen (vgl. I. und H. Dämmrich: Themen und Motive der Literatur. Stuttgart 1988).

Nur ein Satz: Jeder notiert sich zu einem vorgelegten Text seine Einfälle und fasst sein Urteil in nur einem Satz zusammen, der reihum auf ein jeweils geknifftes Blatt Papier geschrieben wird, so dass keiner den Satz seines Vorgängers lesen kann. Nach einer Runde werden die Einzelsätze der Textdeutung dann vorgelesen.

Den Fluss zurückschwimmen: Der Text durchläuft während seines Entstehens folgende Stationen: Textanlass, Urtext, überarbeiteter Text. Bei allen Stationen wirken unbewusste Faktoren auf den Text ein, die aber an der Textoberfläche weitgehend durch die Zensur wegretuschiert worden sind. Dabei sind bei den einzelnen Stationen folgende unbewusste Faktoren zu berücksichtigen: Bei der Überarbeitung der Einfluss des literarischen Über-Ichs und des literarischen Gruppen-Über-Ichs, beim Urtext das Ich-Ideal von Seiten des Über-Ichs und von Seiten des Es die Archetypen, die narzisstische Libido, die Faktoren der Fantasiearbeit: Verschiebung, Stilisierung, Dramatisierung. Beim Textanlass fließen die kognitive Schreibstrategie, die Tagesreste und die gerade dominanten Tagträume in den Text ein. Da die Deutung der latenten Tiefenstruktur des Textes den kreativen Fluss aufwärts schwimmen muss (vom fertigen Text zu den Textkeimen), sind folgende Spuren im fertigen Text in folgender Reihenfolge bei der Erschließung der Tiefenstruktur des Textes zu analysieren:

a) das literarische Gruppen-Über-Ich,
b) das individuelle literarische Über-Ich,
c) Spuren der Fantasiearbeit durch Zensur des Urtextes,
d) narzisstische Libido des schreibenden Ichs,
e) archetypische Spuren,
f) Textanlass, das Startmaterial, die kognitive Schreibstrategie.

Mit der Sieben-Spalten-Methode lässt sich diese Texttiefenstruktur dechiffrieren. Es werden dazu folgende Spalten gebildet:
1. Spalte: Überarbeiteter Text
2. Spalte: Das literarische Gruppen-Über-Ich
3. Spalte: Individuelles literarisches Über-Ich
4. Spalte: Fantasiearbeit
5. Spalte: Narzisstische Libido
6. Spalte: Archetypen und Symbole
7. Spalte: Textanlass, Startmaterial und Schreibstrategie.

Alle Spalten werden mit Textbeobachtungen ausgefüllt. Am Schluss werden die wichtigsten Resultate der Spalten am Spaltenende in den sieben Abteilungen zusammengetragen. Von diesen wird dann die quantitative Quersumme als Endresultat der Deutung gezogen.

Linke und rechte Gehirnhälfte: G.L. Rico hat gezeigt, dass im kreativen Schreiben die linke und rechte Gehirnhälfte zusammenarbeiten. Die linke Gehirnhälfte steuert die Kognition: die Begriffe, die logischen Strukturen, die Argumente und Fakten, die rechte Gehirnhälfte ergänzt die Gefühle, Symbole und Metaphern. Sammeln Sie in zwei Spalten (eine Spalte linke Gehirnhälfte, zweite Spalte rechte Gehirnhälfte) die Spuren beider Gehirnhälften im Text, und gewichten Sie die Quantität beider Hemisphären im Text. Sehen Sie dann zu, wie das Gleichgewicht zwischen beiden Hälften in Ihrem Text verbessert werden kann: Wie steht es mit der Entwicklung von Metaphern, und wie steht es mit der Entwicklung von Logik und Kognition in ihrem Text?

5.2. Systematische Textdeutung

Die systematische Textdeutung umfasst die vier großen literaturwissenschaftlichen Textdeutungsmethoden (vgl. J.W. Goette: Methoden der Literaturanalyse im 20. Jahrhundert. Stuttgart 1979). Ihre Anwendung in der Schreibgruppe kann immer nur sehr schematisch praktiziert werden, weil sie eigentlich das Ergebnis längerer und einsamer wissenschaftlicher Arbeit sein können. In verkürzter praxisbezogener Form lassen sich die vier Methoden unter Berücksichtigung des Dreischritts der hermeneutischen Methode, Vorverständnis, Analyse und Synthese folgendermaßen darstellen:

Deutung vom Text aus:

1. Schritt: Klärung des Vorverständnisses des Textes durch Zusammenstellung aller spontanen Einfälle zum Text.
2. Schritt: Klärung des Zusammenhangs von Inhalt und Ausdruck des Textes.
3. Schritt: Zusammenfassung der Erkenntnisse aus dem ersten und zweiten Schritt in Form der Abfassung von Thesen. Jeder Gruppenteilnehmer sollte eine These zu dem gemeinsam gedeuteten Text einbringen können (vgl. W. Dehn (Hrsg.): Werkstatt Sprache. Frankfurt 1984, S. 141 ff, W. Kayser: Das sprachliche Kunstwerk. Bern 1959).

Deutung vom Autor aus:

1. Schritt: Wahrnehmung des Textes: Figuren, Szenen, Motive, Metaphern.
2. Schritt: Biographischer Hintergrund des Autoren des Textes. Hinweise auf das Familiensystem des Autors sind im Text zu suchen. Der Zusammenhang des Textes mit der aktuellen psychischen Lage des Autors ist zu klären.
3. Schritt: Texterkenntnisse der Biographie des Autoren zuordnen. Diese drei Schritte können mit der Methode des freien Einfalls durchgeführt werden, bei der die ganze Gruppe mitarbeitet. Allerdings ist zur Sicherung der Gruppenergebnisse die Einsetzung eines Protokollführers nötig, der auch das Ergebnis der drei Schritte zusammenfasst und als Resultat der Gruppe präsentiert (vgl. L. v. Werder: Schreiben als Therapie. München 1988, S.202 ff.).

Deutung von der Gesellschaft aus:

1. Schritt: Wahrnehmung des Textes: Gesellschaftsbezug, historische Zeit, soziale Rolle des Protagonisten.
2. Schritt: Schichtlage, Milieu, Rollenkonflikte, Identitätsproblem des Protagonisten und soziale Orientierungsmuster von Protagonist und Antagonist feststellen. In lyrischen Texten ist hier die Analyse der sozialen Lage des „lyrischen Ichs“ nötig.
3. Schritt: Klärung des soziokulturellen Bezugssystems des Autoren als gesellschaftskonformer, gesellschaftskonträrer oder gesellschaftsabgewandter Schreibertyp. Auch hier ist bei der Gruppenarbeit die Mitarbeit eines Protokollanten nötig (vgl. H.N. Fügen: Die Hauptrichtungen der Literatursoziologie und ihre Methoden. Bonn 1974, S. 121 ff.).

Deutung vom Hörer aus:

1. Schritt: Wahrnehmung der spontanen Hörerreaktionen auf den vorgelesenen Text.
2. Schritt: Untersuchung der verschiedenen Ebenen der Hörerreaktionen: Wie kommt der Gefühlsinhalt des Textes an? Welche Sachinformationen bietet der Text dem Hörer? Welche ästhetische Lust bereitet der Text? Welcher Gebrauchswert wird dem Text von den Hörern zuerkannt?

3. Schritt: Ermittlung von Rezeptionstypen des Textes: Welche emotionellen, rationalen, literarischen oder pragmatischen Leser findet der Text in der Schreibgruppe (vgl. O. Schuber: Text und Leser. Stuttgart 1979, S. 117 ff.).

Methoden-Pluralismus:

Bei jedem Text kann man mal probieren, welche Methoden für die Texte der Schreibgruppe etwas bringen. Jede Methode hat ihre Vorteile und besonderen Schwerpunkte. Auch die Anwendung aller vier Methoden bei einem Text hat ihren Reiz (vgl. J. Hermand: Synthetisches Interpretieren. München 1968, S. 161 ff.).

6. Techniken der Textumsetzung

Wenn Texte geschrieben, überarbeitet und gedeutet sind, dann sind sie noch lange nicht ausgeschöpft. Schreiben eröffnet immer den Weg in andere Kulturpraxen. Texte eröffnen den Weg in andere Medien. Mit Texten können wir in andere Texte, in Bilder, in Spiele, in technische Medien, in Musik und in Meditation übergehen (vgl. W. Hövel u. a.: Warum nicht? Literatur handlungsorientiert. Mühlheim 1987.). Für die Techniken der Textumsetzung in andere Medien nun einige Beispiele:

6.1. Text und Text

Vorbild: Nimm einen besonders gelungenen Text, und schreibe nach dem gleichen Muster (Anzahl der Zeilen oder Anzahl der Wörter oder die gleiche äußere Form) einen völlig neuen Text.

Veränderte Zeiten: Jeder Text lässt eine bestimmte Zeit anklingen. Verändere die Zeit, ersetze einen ausgesuchten Text ins Mittelalter, in die Antike oder ins Jahr 2100.

Verwandlung: Suche aus einem deiner Texte einen Satz heraus, zu dem du alle Worte aufschreibst, die dir zu ihm einfallen. Aus diesen Worten kannst du dann einen neuen Text schreiben.

Ersetzen: Streiche aus deinem Text alle Worte, die dir nicht gefallen, und ersetze sie durch bessere. Streiche weiter erst die Hauptwörter, dann die Zeitwörter und schließlich die Attribute. Lies dann den neuen Text vor.

Gattungsänderung: Mache aus deinem Text einen Dialog, einen Bericht, ein Gedicht, eine Satire oder ein Gebet.

Antilogik: Schreibe zu jedem Satz deines Textes den Gegensatz, und es wird ein völlig neuer Text entstehen.

Frage: Forme jeden Satz deines Textes in eine Frage um.

Personalaustausch: Wechsle alle Protagonisten deines Textes nach Geschlecht, Alter, Identität und Epoche aus.

Übersetzen: Versuche deinen Text einmal zu übersetzen, z. B. in die Sprache der Jugendkultur (ins Punk- oder Popperdeutsch), ins Englische, in eine bekannte Mundart.

Montieren: Nimm mehrere Texte von dir und mische sie so, dass ein neuer Text entsteht. Mische Abschnitte, Zeilen oder Sätze. Diese Technik heißt bei Borroughs Cut-Off-Methode.

6.2. Text und Bild

Bebildern: Zu euren Texten könnt ihr Collagen, Fotos, Strichzeichnungen, Tusche- oder Klecksbilder machen. Ihr könnt auch die Bilder der Kunstgeschichte mit euren Texten kombinieren.

Verobjektivieren: Eure Texte werden Bestandteile von Objekten. Ihr schreibt eure Texte als Spruchband, als Plakat oder als Wandspruch auf Glasscheiben, auf Seide, in Schönschrift (mit allen Möglichkeiten der Freinetdruckerei). Ihr baut ein Environment (eine Umgebung), in die euer Text passt. Ihr macht einen Kalender aus euren Texten, beklebt Schachteln, Flaschen mit euren Texten als kleine Geschenke.

Bildgeschichte: Du kannst aus deinem Text einen Comic, eine Bildgeschichte machen.

6.3. Text und Sprache

Vortrag: Deinen Text kannst du verschieden vortragen: flüstern, schreien, falsch betonen, falsche Pausen, dich verstecken und vortragen, in komischer Haltung vortragen oder geschminkt sprachlich darstellen.

6.4. Text und Spiel

Schattenspiel: Strahle ein weißes Tuch mit Licht an und inszeniere deinen Text davor als Schattenspiel.

Rollenspiel: Wenn in euren Texten Personen auftreten, dann lassen sich diese Personen auch spielen (vgl. H. Eggert, M. Rutschky (Hrsg.): Literarisches Rollenspiel in der Schule. Heidelberg 1978).

Pantomime: Trage deinen Text ohne Worte vor, nur durch die Bewegung deines Körpers, durch Mimik und Gestik. Schminke dein Gesicht weiß und ziehe Handschuhe an, damit deine Darstellung eindrücklicher wird.

Tanz: Tanze deinen Text, benutze dabei Tanzschritte der Standardtänze, des modernen Rock and Roll, des freien Ausdruckstanzes.

Puppenspiel: Bastle Puppen, die deine Texte spielen können.

Theater: Schreib deinen Text in eine Szene um, die du mit anderen als Theater vorstellen kannst.

Vorspiel: Spiel doch mal das Erlebnis, das dich zum Schreiben deines Textes bewogen hat.

6.5. Texte und technische Medien

Fotostory: Nimm einen Fotoapparat und knipse ein paar Bilder, die deinen Text illustrieren oder darstellen. Du kannst auch deine vorhandenen Dias benutzen.

Video: Nehmt eure Texte zur Anregung, um mit der Videokamera einen Videoclip aus euren Texten zu machen. Benutzt dabei Bilder, Fotos, bezieh Schattenspiele ein, Collagen, kleine Szenen und mitgefilmte Beobachtungen aus dem Alltag (vgl. auch die Anregungen für die Entstehung von Videofilmen in: I. Heilveil: Video in der Psychotherapie. Ein Handbuch für die Praxis. München 1984, besonders S. 32 ff.).

Hörspiel: Unterlegt eure Texte mit „O-Tönen" (Geräusche der Straße, der Eisenbahn, der Polizeiwagen), mischt Musik mit euren Texten. Verwandelt geeignete Texte in Hörszenen.

Drucken: Gestaltet einen Text als Linolschnitt, als Holzschnitt, als Gipsdruck, als Pappdruck, als Spirit-Carbondurck, als Laser-Druck.

6.6. Text und Musik

Töne finden: Mischt am Klavier Töne für eure Texte und mischt dann eure Texte mit diesen Tönen.

Melodie: Nehmt eine Melodie aus dem Schatz der Volkslieder oder Schlager, die zu eurem Text, passt und kombiniert euren Text mit dieser Melodie.

Vorlesen mit Musik: Lest Eure Texte vor, und lasst Euch von einem Musiker (improvisierend) begleiten.

6.7. Text und Meditation

Progressive Muskelentspannung: Entspannt euch durch Anspannen und Entspannen aller Muskeln (n. E. Jacobson) und lasst euch im entspannten Zustand leise euren Text vorlesen.

Autogenes Training: Versetzt euch mit der Schwere-, Wärme- und Ruheübung des autogenen Trainings in einen entspannten Zustand. Stellt euch dann ein Bild vor, das einem Satz aus eurem Text entnommen ist, und lasst das Bild etwas laufen, nehmt euch dann zurück, und berichtet über die Verwandlung eures Textes in eurem inneren Kino (vgl. E. Müller: Du spürst unter Deinen Füßen das Gras. Autogenes Training in Phantasie- und Märchenreisen. Frankfurt 1983).

Textmeditation: Schreib wichtige kurze Texte in Schönschrift, hänge sie in dein Arbeitszimmer und denke mehrmals in der Woche über diesen Text nach (vgl. K. Thomas: Meditation. Stuttgart 1973).

Ausflüge im Lotussitz: Präge dir zuerst Deinen Text ein, dann versetze dich in einen entspannten Zustand. In diesem entspannten Zustand achtest du darauf, welche Einfälle dir kommen in Bezug auf die Lösung des Problems, was du mit deinem Text alles noch machen kannst. Wenn dir ein guter Einfall zur Umsetzung deines Textes kommt, nimmst du dich wieder zurück und wachst aus der Meditation auf (vgl. K. Vopel: Ausflüge im Lotussitz. Hamburg 1989, S. 62 ff.).

„Es genügt nicht, dass Dichtungen schön sind. Sie seien gewinnend, sollen den Sinn des Hörers lenken, wohin sie nur wollen. Mit den Lachenden lacht, mit den Weinenden weint das Antlitz des Menschen. Willst Du, dass ich weine, so traure erst einmal selbst, dann wird dein Unglück mich treffen... Entledigst du dich nur eines unpassenden Auftrags, so schlafe ich ein oder muss lachen."
(Horaz: Ars poetica. Stuttgart 1984, S. 11)

C. Szenarien des kreativen Schreibens

1. Die Spiele des kreativen Schreibens

Wir wollen einen Überblick über die wichtigsten Schreibspiele vermitteln. Zuerst sollen die wichtigsten literarischen Schreibspiele vorgestellt werden, dann kommen die therapeutischen Schreibspiele. Die literarischen Schreibspiele beziehen sich auf den Bereich allgemeine Alltagstexte, Lyrik und Prosa. Diese Spiele entstammen vielen unterschiedlichen Quellen. Hier seien nur die wichtigsten genannt: G. Mattenklott: Literarische Improvisationen. Berlin 1987, G. Schalk, B. Rolfes: Schreiben befreit. Bonn 1986, H. Gatti: Schüler schreiben Gedichte. Freiburg 1979, I. Meckling: Kreativitätsübungen im Literaturunterricht der Oberstufe. München 1972, G. Waldmann: Produktiver Umgang mit Lyrik. Baldmannsweiler 1987. H. Birner: Kreative Gestaltungsübungen im Deutschunterricht. München 1978, K.H: Brokerhoff: Kreativität im Deutschunterricht. Kastellaun 1976, A. Thalmayr: Das Wasserzeichen der Poesie. Nördlingen 1985, P. Röhrig: Röhrigs Handbuch für Gelegenheitsdichter. München 1981, O. Steinhaußen: Handbuch für schreibende Arbeiter. Berlin 1969, R. Weller (Hrsg.): Sprachspiele. Stuttgart 1979, S. Tretjakov: Die Arbeit des Schriftstellers. Reinbek 1972, F. Fühmann: Die dampfenden Hälse der Pferde im Turm von Babel. Darmstadt 1988, G. Grümmer: Spielformen der Poesie. Leipzig 1988, Literaturbüro Nordrhein-Westfalen: Materialsammlung Schreibspiele. Gladbeck 1989, H. Böseke, U. Land: Worte im Aufwind. Remscheid 1989.

1.1. Literarische Schreibspiele

1.1.1. Alltagstexte zum Vorstellen und Kennenlernen

Schweigeminute: Jeder schweigt, achtet auf die Informationen aller Sinne, und schreibt dann ein paar Sätze über Geräusche, Gerüche, Farben und Gefühle.

Tageslauf: Zwei Spalten werden auf dem Papier angelegt. Links kommen alle Zeitdaten des Laufes des letzten Tages, rechts, alles was zu diesen Daten einem an Gefühlen und Fantasien einfällt. Dann wird eine kleine Geschichte des Tageslaufes geschrieben.

Familiengeschichte: Zuerst sollte jeder einen Stammbaum zeichnen, entweder über die eigene Geschichte oder über seine geistigen Ahnen, seine Freunde und Freundinnen oder einen fiktiven Stammbaum. Zu jeder Person des Stammbaums werden dann ein paar Sätze verfasst.

Der Satz hinter dem Namen: Der eigene Vor- und Zuname wird auf der linken Blattseite senkrecht aufgeschrieben. Jeder Buchstabe wird zum Anfangsbuchstaben eines neuen Wortes gemacht. Besonders witzig ist es, wenn am Leitfaden des eigenen Namens ein oder zwei richtige Sätze herauskommen.

Der Griff in die eigene Tasche: Beim Griff in die eigene Tasche werden Dinge zu Tage gefördert, deren Geschichte aufgeschrieben werden soll (S. Tretjakov).

Schreiberfahrungen: In zwei Spalten werden die eigenen positiven und negativen Schreiberfahrungen aufgeschrieben und zu einem Text verarbeitet.

Alphabet der Vorlieben und Abneigungen: Das Alphabet wird senkrecht links auf einem Blatt Papier geschrieben von A bis Z. In zwei Spalten wird dann zu jedem Buchstaben notiert, was der einzelne mag und was er nicht mag (H. Gatti).

Fragewürfel: Auf einen gebastelten Würfel werden Fragen geschrieben, deren Antworten etwas zur Vorstellung aller Teilnehmer aussagen können. Dieser Würfel wird jedem einmal zugeworfen. Der Fänger muss die Frage beantworten, auf die er nach dem Fangen des Würfels zuerst blickt (F. Winterling).

Die Geschichte des eigenen Namens: Zu jedem Vornamen gibt es eine umfangreiche Wortgeschichte. Lehne dich bei deinem Vornamen an die wirkliche Namensgeschichte an oder erfinde eine eigene Geschichte zu deinem Vornamen.

1.1.2. Wortspiele

Neue Worte erfinden: Schreibe Worte auf, die dich interessieren, und erfinde dann neue Worte für sie.

Worte einer Fantasiesprache: Bilde Worte und Sätze einer Sprache, die es noch nicht gibt, und lass die Teilnehmer raten, was deine Fantasieworte und Sätze auf Deutsch heißen könnten (G. Schalk/B. Rolfes).

Vokaltexte und Konsonantentexte: Ernst Jandels „Ottos Mops“ ist ein Beispiel für einen O-Text. Erfinde neu a-, e-, i- und u-Texte. Ebenso lassen sich Texte bilden, deren Worte allein mit B, D, F, G, H, usw. anfangen.

Lustige Alphabete: Links steht senkrecht das Alphabet. Zu seinen Buchstaben können nun verschiedene ABC-Texte geschrieben werden: Z. B. ein Schimpfwörter-ABC (Angeber, Biest, Comicfigur, Dreikäsehoch usw.) (H.Gatti), ein Alphabet der Blumennamen, der Dichter, der Politiker, der Berge, Flüsse, Städte, der erfundenen Worte (vgl. F. Dornseiff: Das Alphabet in Mystik und Magie. Berlin 1925).

Sprichwortsalat: Schreibe alle Sprichworte auf, die du kennst und bilde eine Ordnung der Sprichworte, die dir liegt.

Gefüllte Worte: Ein beliebiges Wort wird links senkrecht auf das Papier geschrieben. Zu den einzelnen Buchstaben werden Worte gefunden, die einen Satz bilden. Dann wird der Gegensatz gebildet, indem das gleiche Wort rückwärts senkrecht auf das Papier geschrieben wird und auch zu einem Satz aufgefüllt wird (R. Roussel).

Bildgedichte: Zuerst werden einige Worte in Bilderschrift dargestellt. Dabei können einzelne Buchstaben oder das ganze Wort in Bilder übersetzt werden. Später sind es dann ganze Sätze oder ein längerer Text, der in ein Bild umgewandelt wird, z. B. ein Regentext in Form von fallenden Regentropfen, ein Liebesgedicht in Herzform usw.

Unsinnworttexte: Zusammengesetzte Worte werden umgekehrt, z. B. aus Waschmittel wird Mittelwasch, aus Herzbube wird Bubenherz usw. Worte werden neu zusammengesetzt: aus Ohr und Dampf wird Ohrendampf. Schließlich werden Worte gebildet, die keinen Sinn ergeben. Alle drei Wortformen werden bei einem zu schreibenden Unsinnstext benutzt (H. Gatti).

Fremdwörterplage: Es werden Texte mit möglichst vielen Fremdworten gebildet. Zuerst also Fremdworte sammeln, dann einen Text erfinden.

Farbworte: Versuche einen Gegenstand, einen Menschen, eine Situation nur mit Farben zu beschreiben.

Aus Worte werden Texte: Zu zweit schreibt jeder ein Wort auf und lässt sich vom Partner einen Satz daraus fertigen. Im Wechselspiel entsteht eine Seite Text beider Partner.

Bildhafte Worte: In Alltagsredensarten wird die Realität oft in bildhaften Worten ausgedrückt, z. B. jemand **abblitzen** lassen, sich einen **Ast** lachen. Sammle so viel bildhafte Redewendungen wie möglich, und verfasse Texte, in denen diese bildhaften Redewendungen ausgeführt werden (P. Schuster).

Bildhafte Worte neu: Verändern Sie alte Metaphern durch Umstellung, z. B. „Sie ließ ihre Blicke durch den Raum rennen" usw. Entwerfen Sie einen Text, in dem Sie eine Metapher zum Überdruss wiederholen. Bauen Sie einen Satz aus möglichst vielen Metaphern, z. B. „Der Zahn der Zeit, der schon manche Träne getrocknet hat, wird auch über diese Runde Gras wachsen lassen" (I. Meckling).

Metaphern erklären: Erklären Sie Metaphern, z. B. „Das geht auf keine Kuhhaut", „Ins Fettnäpfchen treten", „Für einen die Hand ins Feuer legen" usw. Erfinden Sie andere bildhafte Worte und erklären Sie sie realistisch oder fantastisch (I. Meckling).

1.1.3. Viele Möglichkeiten, ein Gedicht zu machen in der Art von Hans Magnus Enzensberger alias Andreas Thalmayr (Wasserzeichen der Poesie. Nördlingen 1985)

Poetisierung: Machen Sie aus einem Prosatext von 1–2 Seiten, der Ihnen bei einem Dichter besonders gut gefällt, ein Gedicht. Bedenken Sie dabei: Ein Gedicht ist Flattersatz: links bündig, rechts offen. Es hat Absätze. Die Sprache muss verdichtet sein.

Prosaisierung: Machen Sie aus einem Gedicht, das Ihnen besonders gefällt, einen Prosatext. Der ist rechts und links bündig. Die Sprache erzählt.

Rezept: Suchen Sie einen interessanten Text aus der Tageszeitung (Anzeige, Nachrichten, Vermischtes) und machen Sie ein Gedicht daraus.

Hörensagen: In jeder Familie gibt es Mythen, die seit Generationen erzählt werden (wie der Großvater die Großmutter nahm; der Vater im Krieg; das erste Auto; der erste Lottogewinn usw.). Machen Sie aus einer dieser Mythen ein Gedicht.

Profanierung: Sehr tiefgründige Dichter geben ein gutes Muster ab, um sie in alltägliche Verhältnisse zu übertragen und dabei eine gute Parodie aus ihnen zu gewinnen. Z. B. hat Ringelnatz eine interessante Parodie von Goethes bekanntem Gedicht „Über allen Wipfeln ist Ruh" geschrieben. Folgen Sie diesem Beispiel.

Schwulst: Schreiben Sie ein bombastisches, vielwortiges, larmoyantes Gedicht und reduzieren Sie dann z. B. zwanzig Zeilen dieses Gedichts auf vier knappe, kurze und zackige Verse.

Abschwächung: Nehmen Sie ein besonders expressives Gedicht, und schreiben Sie einen Bericht über seinen Inhalt und was der Autor wohl in diesem Gedicht gemeint haben mag.

Jargon: Suchen Sie ein interessantes Gedicht und übersetzen Sie es in Alltagsjargon, in Dialekt, in die Sprache einer Szene, einer Jugendsekte oder in die Rede von Alf.

Zitat: Sammeln Sie Lesefrüchte, Fundstücke zu einem Thema, und basteln Sie daraus einen lyrischen Text.

Verklausulierungen: In der Kürze liegt eigentlich die Würze. Erproben Sie ein Thema in äußerster Weitschweifigkeit mit vielen Füllworten und barocken Wendungen.

Dichterwettbewerb: Zwei Dialogiker werfen sich jeweils einen Satz zu, den der andere fortzuführen hat. Es entsteht eine Kette von sich ergänzenden Sätzen.

Verwissenschaftlichung: Nehmen Sie ein Gedicht, und übersetzen Sie es in einen wissenschaftlichen Text, der die poetischen Aspekte in wissenschaftlicher Sprache und in wissenschaftlichem Jargon ausdrückt. Z. B. übersetzen Sie mal ein Gedicht in die Soziologie der Frankfurter Schule von Adorno und Horkheimer.

Zweideutigkeit: Nehmen Sie z. B. einen Vorgang (z. B. den Liebesakt), schreiben Sie so darüber, dass er auch als „Gottesminne", als „politischer Konflikt" oder als „Begegnung zweier Tiere" verstanden werden kann.

Fehler: Nehmen Sie ein Gedicht, und verwandeln Sie die geeigneten Stellen in Versprecher, in Freudsche Fehlleistungen, in witzige Umbiegungen. Die Parodie gewinnt an Qualität.

Lexikon: Sammeln Sie so viele Wörter, wie Ihnen spontan einfallen, und machen Sie aus diesen Wörtern ein Gedicht.

Schnitzeljagd: Lassen Sie sich fünf Worte einfallen. Aus diesen fünf Worten, in lyrische Sätze übersetzt, entsteht Ihr Gedicht.

Paradoxon: In jedem lyrischen Satz sind Widersprüche. Machen Sie lyrische Sätze, die von Widersprüchen wimmeln.

Negation: Nehmen Sie ein Gedicht, das lobt, und verwandeln Sie dieses Loben in Schmähungen. Nehmen Sie ein Gedicht, das Negatives beschwört, und verwandeln Sie es in das Positive.

Anklänge: Wählen Sie ein Wort, und sammeln Sie alle Wörter, die so ähnlich sind wie das Wahlwort (z. B. zu lachen sammeln Sie Lacher, Lacherei, Lache, Lächerlich, Lachmacher, Gelächter usw.). Alle diese Worte fügen Sie in einem Gedicht zusammen.

Widersprüche: Poetische Metaphern kennzeichnen sich durch Widersprüche (z. B. beredtes Schweigen, süße Bitternis usw.). Sammeln Sie viele solcher widersprüchlichen Metaphern, und bauen Sie sie in einen lyrischen Text.

Metaphorik: Poetische Worte sind schöne Bilder. Sammeln Sie zwanzig dieser Bilder. Schreiben Sie ein Gedicht mit zehn von Ihnen ausgewählten Metaphern, und wechseln Sie dann diese zehn durch die restlichen zehn Metaphern aus.

Metaphernwiederholung: Poetisch wird ein Wort, wenn es wiederholt wird, ebenso werden ganze Sätze poetischer durch rhythmische Wiederholungen. Schreiben Sie einen wichtigen Satz auf, und wiederholen Sie diesen Satz mehrmals in einem Gedicht.

Wichtigkeit des Schlusses: Auch wiederholte Schlussworte gewinnen an Gewicht. Nehmen Sie ein Wort, das häufig am Schluss von lyrischen Sätzen auftaucht, und schreiben Sie um dieses Wort ein Gedicht herum.

Vertauschung der Personalnamen: Jeder Personalname gewinnt im Gedicht magisches Gewicht. Überzeugen Sie sich von dieser Gewalt, indem Sie ein Personalgedicht dadurch verwandeln, dass Sie die Personennamen austauschen. Da wird z. B. Theodor. W. Adorno durch Don Fabricio Cabrera Fürst Salina ausgewechselt. Welch ein Effekt.

Kurzzeitlyrik: Aus Presseüberschriften ist die Kunst der Verkürzung zu lernen. Schreiben Sie ein Gedicht, dessen Zeilen nur aus Presseüberschriften bestehen.

Umschreibung: Beschreiben Sie das Wichtigste an einem Thema, und schreiben dann ein Gedicht, in dem dieses Thema nur in Umschreibungen auftauchen darf.

Hypothese: Die sokratische Ironie bringt alles ins Schweben. Es wird alles unscharf, unklar, ungewiss. Der Text wird konjunktivistisch. Schreiben Sie erst einen Text in Thesen, und wandeln Sie ihn dann in Hypothesen um.

Rhetorische Frage: Jede lyrische These lässt sich in eine Frage verwandeln. Verwandeln Sie ein Thesengedicht in ein Fragegedicht.

Wortwechsel: Schreiben Sie mit einem Partner ein Gedicht als Wortwechsel. Jeder Streitende bekommt eine Zeile.

Einschübe: Nehmen Sie ein Gedicht, und unterbrechen Sie die Zeilen mit Einwürfen oder Kraftausdrücken, wie sie im Parlament oder in Debatten üblich sind.

Verdoppelung: Ein Gedichttext gewinnt, wenn er die Aussage verdoppelt und mächtig übertreibt. Übertreiben Sie ein einfaches Gedicht durch Verdoppelung und Wiederholungen.

Indirekte Rede: Das lyrische Ich wird in einem Gedicht durch das lyrische Er ersetzt, und jede Aussage wird in den Konjunktiv gestellt. Aus „Ich sehe Bilder“ wird dann „Er sehe Bilder“.

Wandlung des Geschlechts: Die Personen in Gedichten werden einer Geschlechtsumwandlung unterzogen. Das weibliche lyrische Ich wird zum männlichen, das männliche lyrische Ich zum weiblichen.

Tempuswandel: Verwandeln Sie die Vergangenheit der Rede eines Gedichts (Perfekt) in die Zukunftsform (Futurum).

Einschübe: Gedichttexte können einfach mit Einfällen erweitert werden. Handeln wie ein mittelalterlicher Kopist, der eigene Einfälle in fremde Texte einschmuggelt.

Interpunktion 1: Um ein Gedicht interessanter zu machen, lassen Sie Lücken, und füllen Sie die fehlenden Worte mit Pünktchen.

Interpunktion 2: Schreiben Sie ein Gedicht nur als Sammlung von Satzzeichen.

Nur Hauptsätze: Ein Gedicht ohne Nebensätze: immer nur Subjekt, Prädikat, Objekt.

Ohne Regel: Versuchen Sie, ein Gedicht ohne jede Grammatik, ohne jede Regel zu schreiben.

Äußerste Vereinfachung: Skelettiere Sie ein vorliegendes Gedicht bis auf die Kernworte ab, und prüfen Sie dann die Wirkung.

Umstellung: Wechseln Sie die Wortstellung eines Gedichtes systematisch aus und es entsteht ein neuer Text.

Krebsgang: Stellen Sie die Zeilen eines Gedichtes um. Wälzen Sie die Zeilen von vorne nach hinten.

Flussdiagramm: Zeichnen Sie ein Gedicht wie ein Diagramm.

Anagramm: Benutzen Sie einige vorgegebene Worte, und bauen Sie aus ihnen einen Text möglicher Worte. Z. B. Aus „Tausend Zaubereien“ wird „Taue an Eisabenden Azur“.

Variationen: Ein kleines Wortrepertoire lässt sich vielfältig variieren. Sie brauchen nur die Satzstellung zu verändern. Z. B. „Das ist die schwere Zeit der Not“. „Das ist die Not der schweren Zeit.“ „Das ist die schwere Not der Zeit.“ „Das ist die Zeit der schweren Not.“

Montagen: Machen Sie aus verschiedenen thematisch ähnlichen Gedichten eins, in dem Sie kürzen, montieren und zusammenstellen.

1.1.4. Nachahmungen von lyrischen Mustern

Bei der Arbeit am poetischen Muster ist die Benutzung eines poetischen Handwörterbuchs von Nutzen, z. B. O.F. Best: Handbuch literarischer Fachbegriffe. Frankfurt 1987 oder O. Knörrich (Hrsg.): Formen der Literatur. Stuttgart 1981. Bei poetischen Nachahmungen ist es nötig, etwas literaturwissenschaftliche Theorie zur Grundlage des Schreibens heranzuziehen.

Reimgedichte: Die einfachste Reimstrophe ist das Volkslied. Es reimt **ab ab**. Bilden Sie zuerst die vier Endreime für einen Vers in der Reihenfolge **ab ab** z. B. auf der rechten Seite eines Blattes, und führen Sie dann die gesamte Zeile aus. Hier ein Beispiel:

… mag
… gefunden
… Tag
… Stunden

oder

… kaum
… Baum
… wär
… der

Nehmen Sie ein einfaches Naturthema, z. B. das Thema „über den Mond" oder „über die Nacht". Erfinden Sie zu diesem Thema entsprechende Endreime, und füllen Sie dann die Zeilen auf. Schreiben Sie zur weiteren Übung Reimgedichte immer von hinten, von den Reimpaaren her.

Schüttelreim: Beruht auf dem durcheinander schüttelnden Reimspiel, das vom Austausch der Anlautkonsonanten zweier reimender Silben oder Wörter lebt.

Beispiel: *Ich freu mich auf* **morgen sehr**
da hab ich keine **Sorgen mehr**
oder *den Narren packt die* **Reisewut**
indes im Bett der **Weise ruht**

Vervollständigen Sie zuerst folgende Schüttelreimzweizeiler:

Ich kaufe euch ein Seidenkleid,
weil ihr so hübsch …
Es klapperten die Klapperschlangen
bis ihre Klappern …

Danach verfassen Sie nach dem Maß der Schüttelreimverse Vierzeiler, Sechszeiler und Achtzeiler. Dabei gilt: Schreiben Sie die Schüttelreimzeilen von hinten. Also erst den ersten Endreim bilden (z. B. Teller schnappt), dann den zweiten Endreim (schneller schwappt) und dann die Zeile:

„So oft er sich den Teller schnappt,
die Brühe immer schneller schwappt"

Lautgedichte: Lautgedichte wurden zuerst von den Dadaisten entwickelt, von Christian Morgenstern und Ernst Jandel praktiziert. Versuchen Sie, zuerst ein Gedicht mit einer Häufung von Vokalen auszudrücken, z. B. zum Thema Ärger und Freude. Vorgegeben ist der sinnlose Satz: „Langsam badet blau die Aster". Ergänzen Sie diesen Satz in ein Lautgedicht mit vielen Einsätzen von A.

Sonette: Das Sonett entstand im 16. Jahrhundert in Italien, es hatte im Barock, in der frühen Romantik und im 20. Jahrhundert im Expressionismus seine wichtigsten Höhepunkte. Es besteht aus vierzehn Zeilen, aus zwei Strophen mit vier Zeilen und zwei Strophen mit je drei Zeilen. Die beiden Quartette sollen dabei als Antithese zu den beiden Terzetten entwickelt werden. Das Sonett kommt mit vier Reimen aus, die nach folgendem Schema geordnet werden: **abba, abba, cdc, dcd.**

Zuerst sollte der Schreiber eine antithetische Metapher z. B. schwarze Sonne, bittere Hoffnung finden, der eine Zweigliedrigkeit der Komposition naheliegt. Dann werden nach dem Reimschema die Endreime rechts auf das Blatt geschrieben.

Z. B.:

… geschenkt (a)
… wiegen (b)
… fliegen (b)
… bedrängt (a)

… Schrift (a)
… Wissen (b)
… vermissen (b)
… trifft (a)

… haben (c)
… Lust (d)
… laben (c)

… Brust (d)
… Gaben (c)
… Frust (d)

Einfacher ist es, die Findung des Themas der Endreime und das Ausfüllen der Zeilen in Untergruppen zu machen, da hier Schwierigkeiten mit Wettbewerb und viel Spass gelöst werden können (vgl. G. Mattenlott: Literarische Improvisation. Berlin 1987, S. 40–47).

Visuelle Poesie: Visuelle Poesie versucht eine Vermittlung von Grafik und Text. Manche dieser Texte der visuellen Poesie sind eher Bild als Text. Besonders in den 60er und 70er Jahren wird die visuelle Poesie verbreitet, die allerdings auf Vorbilder bis zum Barock zurückblicken kann (vgl. A. Liede: Dichtung als Spiel. Berlin 1963, Band 2). Suchen Sie zuerst ein Wort, das sich gleich mit einem Bild in Verbindung bringen lässt (z. B. Berg, Welle, leer, voll) und stellen Sie es graphisch dar. Dann nehmen Sie Begriffe wie Chaos, Ruhe, Lust, Apfel, Baum und Sonne und füllen Sie mit den Buchstaben des gewählten Wortes ein ganzes Blatt in visuell anschaulicher und das Wort abbildender Gestalt (vgl. G. Schalke, B. Rolfes: Schreiben befreit. Bonn 1986, S. 135, 138 und G. Grümmer: Spielformen der Poesie. Leipzig 1988, S. 160–167).

Collagen: Die Collage und Montage stammt aus der Malerei und bedeutet das Zusammenkleben mehrerer Elemente, so dass sich aus den Teilen (auch Textteilen) etwas Neues bildet. Die Collage wurde in der Literatur von den Dadaisten, aber auch im Roman von Döblin (Berlin Alexanderplatz), Peter Weiß (Vietnamdiskurs) und Alexander Kluge (Schlachtbeschreibung) verwendet. Als Schreibspiel kann man sein „Selbstportrait“ collagieren. Aus Zeitungen und Zeitschriften werden Bildteile und Texte so montiert, dass daraus ein Bild der eigenen Person entsteht. Oder: Aus Heiratsanzeigen wird ein Text erstellt, der den ersten Abend eines Traumpaares schildert (I. Meckling: Kreativitätsübungen im Literaturunterricht der Oberstufe. München 1972, S. 92). Bei der Textcollage zerschneidet man Gedichte oder Texte und klebt sie nach dem Zufallsprinzip oder nach einer Textidee in einer neuen Ordnung zusammen.

Lyrik-Stile: R. Queneau hat in seinen „Stilübungen“ (Frankfurt 1961) gezeigt, wie sich aus einem ganz banalen Alltagstext viele Stilvarianten entwickeln lassen. Wir geben folgenden Alltagstext vor, der aus der Zeitung stammen könnte:

„An der Berliner Mauer wurden von zwei Jugendlichen Steine herausgebrochen. Sie verkauften sie am Brandenburger Tor. Ein westdeutsches Ehepaar lobte sie. Sie verabredeten den Verkauf vieler Mauersteine für ein Geschäft in Westdeutschland.“

Aus diesem Alltagstext können nun unter Berücksichtigung folgender Stilmerkmale romantische, expressionistische oder surrealistische Lyrikversuche entstehen. Dabei erfordert der romantische Stil folgende Stilkriterien: Vereinfachung der Sprache, volkstümlicher Ton, Harmonisierung der Realität durch die Öffnung zur Unendlichkeit, Poetisierung der Figuren (Sehnsucht, Traum, Heimweh), Romantisierung und Verseelung der Landschaft, Musikalisierung der Texte, Ironisierung und Symbolisierung des goldenen Zeitalters.

Der Expressionismus hat folgende Stilbesonderheit: Substantivierung, Heterogenisierung der Realität, Reduzierung der Figuren auf Details, Personifizierung der Landschaft, Emotionalisierung der Sprache, Utopisierung der Realität auf eine ideale Gemeinschaft hin.

Der Surrealismus drückt sich in folgenden Stilmerkmalen aus: Exaltierung der Sprache, Beschwörung der Surrealität, Auflösung der Figuren, surreale Überhöhung der Landschaft, Entwicklung einer Metasprache, Anwesenheit einer neuen Realität in der alten.

1.1.5. Prosa-Schreibspiele

Skizzen: In der Skizze soll nicht über Dinge und Menschen und Gefühle weitläufig geredet werden. Diese Aspekte sollen in der Skizze in knappster Form dargestellt werden. Die Konzentration auf das Detail ist nötig: „Die Skizzenschreiber reduzieren Dinge und Vorgänge und Charaktere auf ihren naiv gesehenen elementaren Kern, das ist es" (K.H. Brokerhoff: Kreativität im Deutschunterricht. Kastellaun 1976, S. 23). Das Thema der Skizze stammt entweder aus dem Alltag der Schreiber, oder es gibt Bildlotterien oder Wortlotterien, mit denen das Kernwort der Skizze erspielt werden kann. Es werden Postkarten aus Natur, Landschaft, Personen, Männer- oder Frauenbilder zum Auslosen bereitgestellt. Tarotkarten werden gezogen. Oder ein Objekt (Stein, Wurzel, Rinde, Maske, Licht usw.) wird in den Raum gestellt und gibt den Skizzenimpuls. Mit einem Würfel können auch Worte erwürfelt werden. Das Würfelauge eins gilt dann für ein Wort beliebiger Länge. Die Würfelaugen zwei bis sechs erfordern die Nennung eines Wortes mit zwei bis sechs Buchstaben, aus denen dann eine Skizze erarbeitet werden soll. Oder man arbeitet mit Wortketten: Jeder schreibt auf ein Blatt Papier zwei Worte, knickt das Papier so um, dass das letzte Wort vom nächsten gelesen werden kann. Dieser schreibt wieder zwei Worte und knickt das letzte Wort weg und gibt den Zettel weiter. Wenn alle ihre Worte geschrieben haben, wird die Wortkette vorgelesen. Jeder schreibt dann eine Skizze, in der die vorgegebenen Worte vorkommen.

Kurzgeschichten: Jede Kurzgeschichte hat einen Protagonisten, der eine radikale Bedrohung erlebt und diese Bedrohung überraschend und verblüffend besteht. Die Kurzgeschichte besteht ganz aus Handlung. Alle Charaktere besitzen einen Charakterzug. Die Kurzgeschichte wird von einem Motiv beherrscht. Die Handlung entwickelt sich rasch und mit absoluter Logik. Die Einheit von Zeitgeschehen und Ort ist geboten. Der erste Satz entscheidet über den Verlauf der Geschichte (vgl. O. Schumann: Grundlagen und Technik der Schreibkunst. Wilhelmshaven 1983, S. 44–65). Es gibt viele Spiele, die eine solche Kurzgeschichte erzeugen helfen. Es wird ein Satz Fotografien von verschiedenen Personen vorgelegt. Jeder wählt ein Foto aus und schreibt über diesen Protagonisten eine Kurzgeschichte. Jeder schildert in drei Sätzen eine radikale Bedrohung, bricht dann ab und lässt den nächsten Gruppenteilnehmer die Geschichte vollenden. Legen Sie drei Spalten mit den Kategorien: Person – Ereignisse – Ort und Zeit an, und tragen Sie in jede Spalte so schnell wie möglich zehn Personen, zehn Ereignisse und zehn Orte und Zeitangaben ein. Aus diesen Elementen wählen wir dann unsere Kurzgeschichte aus: Der Protagonist, das Ereignis, den Ort und die Zeit. Dieses Spiel lässt sich variieren. Es werden drei Töpfe vorgestellt. Einer nimmt die Personen auf, der zweite Schicksalsschläge, der dritte Orte. Jeder wirft in jeden Topf seinen Vorschlag und zieht dann die drei Elemente seiner Geschichte. Oder: Die Spieler wählen metaphorische Wendungen, z. B. „In die Pfanne gehauen werden", und schreiben die Kurzgeschichte dazu. Wir bilden ein Kurzgeschichtencluster mit den Unterclustern: Situation – Bedrohung – Lösung, die sich um das Kernwort (den Namen des Helden) als Assoziationszentrum entwickeln, assoziieren in den drei Unterclustern (S-B-L) solange, bis sich der Schreibimpuls einstellt. Kurzgeschichten kann man aber auch nach Tarotkarten schreiben. Die erste Karte, die gezogen wird, ist der Protagonist, die zweite Karte die Ausgangssituation, die dritte Karte ist die Krise, die vierte Karte stellt die Lösung dar (G. Mattenklott: Spielregeln der Literatur. In: Diskussion Deutsch, 84, 1985, S. 426 ff.). Weitere Möglichkeiten lauten: Personen werden von einzelnen oder von kleinen Gruppen auf einem Zettel genau beschrieben. Die Zettel werden in der Gruppe verlost. Jeder Teilnehmer muss dann die geloste Person in einer Kurzgeschichte vorstellen.

Oder: Geschichtenanfänge werden weitergeschrieben. Es gibt einen ersten Satz zu einer Geschichte, die eine Alltagssituation beschreibt, die sich plötzlich ändert, oder einen ersten Satz in einer Geschichte, in der ein Mensch feststellt, dass er plötzlich blind ist oder sein Geschlecht gewechselt hat oder zum Tode verurteilt worden ist oder in eine Naturkatastrophe, in einen Krieg, eine Krankheit, eine Trennung, ein Liebesabenteuer usw. verwickelt wird.

Oder: Geschichtenanfänge von großen Bedrohungen, merkwürdigen Begegnungen, werden in der Gruppe von einzelnen erzählt. Alle Mitglieder müssen dann die Geschichte zu Ende schreiben.

Oder: Der Anfangs- und Schlusssatz einer Geschichte wird vorgegeben oder von der Gruppe erfunden. Jeder Teilnehmer muss dann den Zwischenraum ausfüllen.

Oder: Es bilden sich Untergruppen mit zwei Personen bilden. Sie schreiben die Kurzgeschichte zweier Personen, die sich nähern und treffen. Dabei schreibt jeder Schreiber einen Satz, den er dem Mitschreiber zuschiebt, der ihn um einen zweiten Satz ergänzt und zurückgibt, bis die Geschichte fertig ist. Wenn die Gruppe mehrere Personen umfasst, lässt sich auch das Reißverschlussverfahren anwenden. Das geht so: Der erste Schreiber schreibt einen ersten Satz, denkt sich einen zweiten Satz, lässt ihn aus und schreibt einen dritten Satz. Der zweite Schreiber schreibt den ausgelassenen zweiten Satz, denkt sich einen vierten Satz, lässt den aus und schreibt den fünften Satz. Der dritte Schreiber schreibt den vierten Satz, denkt sich einen sechsten Satz, lässt ihn aus und schreibt noch einen siebten Satz. Das Ende des Spiels wird dann angesagt (vgl. J. Fritzsche: Geschichten, Schreibaufgaben, Übungen und Spiele. Lüneburg 1987, S. 42).

Die Erzählung: Erzählungen bestehen aus einer Reihung von tatsächlichen oder erfundenen Geschehnissen. Erzählungen sind eine epische Kurzform, die im allgemeinen weniger kunstvoll gebaut ist als eine Novelle oder eine Kurzgeschichte. Um zu einer Erzählung zu kommen, gibt es folgende Schreibspiele:

Wochenlaufgeschichte: Jedes Gruppenmitglied macht sich zu jedem Tag einer Woche Notizen. Es kann auch Material sammeln, das jeden Wochentag charakterisiert. Nach einer Woche kann es eine Wochenlaufgeschichte schreiben, vielleicht indem es in ihr ein Ich oder einen Er-Erzähler oder eine fiktive Person durch die Woche agieren lässt.

Kollektivgeschichten: Die Gruppe wählt gemeinsam einen Ort, eine Zeit, zwei Personen und eine Situation, dic für beide bedeutsam ist. Jeder schreibt nun vier Sätze und faltet das Blatt so, bevor er es zum nächsten gibt, dass nur der letzte Satz zu lesen ist. Der nächste schreibt nun seinerseits vier Sätze und gibt nur seinen letzten Satz für den nächsten frei. Der Letzte in der Runde schreibt dann den Schluss (vgl. G. Mattenklott: Literarische Improvisationen. Berlin 1986, S. 53 ff.).

Oder: Jeder Teilnehmer nennt ein Wort. Alle schreiben die genannten Wörter mit. Aus den genannten Wörtern schreibt jeder eine Geschichte (vgl. G. P. Harsdörfer: Frauenzimmer. Gesprächsspiele. Nürnberg 1645 (Tübingen 1968)).

Verloste Geschichten: Es werden so viele Briefumschläge mit dem Namen eines Helden, einer Situation und einer Lösung erstellt, wie die Gruppe Mitglieder hat. Jeder kann dann einen Briefumschlag erlosen und die Geschichte schreiben.

Oder: Es werden Listen mit Namen von Personen, Situationen und Lösungen angelegt. Es wird abgestimmt, welche Person, Situation und Lösung die meiste Zustimmung erhält. Diese Wahl wird dann zum Erzählstoff der ganzen Gruppe.

Geschichten mit kreativen Medien: Vorgegeben ist ein Erzähltyp, z. B. Liebesgeschichte, Abenteuergeschichte usw. Diese Geschichte wird in Personen, Situationen und Lösungen mit Hilfe des Einsatzes verschiedener Schreibtechniken (automatisches Schreiben, Imagination, freie Assoziation, Brainstorming usw.) von allen Teilnehmern einzeln verfasst.

Comic-Geschichte: Kurzsequenzen von Comicstrips werden verteilt. Die Sprechblasen werden neu beschriftet und in einer Erzählung weitergeführt.

Portrait-Schreiben: Zwei Schreiber erfinden eine Figur. Der eine beschreibt sie in einer Situation von außen. Der andere beschreibt sie in dieser Situation mit den Mitteln des inneren Monologs von innen.

Oder die Gruppe entwirft im Brainstorming soviele Protagonisten, wie es Gruppenmitglieder gibt. Jedes Mitglied lost sich dann einen Protagonisten oder beschreibt ihn von außen, dann wird erneut gelost, und der dann geloste Protagonist wird von innen beschrieben.

Oder: Jeder denkt sich eine Situation aus, in der sich A und B begegnen. Dann wird das Blatt weitergegeben. Der erste beschreibt, was A denkt, und der nächste beschreibt, was B denkt (K.H. Spinner: Phantasieren Personen beschreiben. In: Praxis Deutsch 74, 1985, S. 38 ff.).

Zusammengesetzte Erzählung: Die notwendigen Elemente einer Erzählung werden in Form von kurzen Skizzen von einzelnen Mitgliedern in der Gruppe erarbeitet. Aus folgender Reihenfolge sucht sich jeder eine Aufgabe heraus: Skizze des Handlungsablaufs, Beschreibung der Charaktere, der Hauptpersonen und des Gegenspielers weiterer Personen, ein Dialog zwischen Protagonist und Antagonist, Stimmungsbild und Ortsbeschreibung, die die Erzählung bestimmt. Dann wird der Skizzenzyklus, nachdem er in der Gruppe vorgelesen worden ist und jeder sich dazu Notizen gemacht hat, von jedem einzelnen in seiner Version zu einer Erzählung zusammengefasst (vgl. G. Schalk, B. Rolfes: Schreiben befreit. Bonn 1986, S. 153–158).

Briefroman: Jeder Teilnehmer schreibt auf eine Karte eine Person, ihr Alter, ihren Beruf, ihr Geschlecht und ihre Probleme. Dann werden die Karten gemischt. Jeder zieht eine Karte. Jeder Teilnehmer schlüpft nun in die Rolle der zugelosten Person und schreibt an andere verloste Personen in der Runde Briefe. Die Briefe werden ausgehändigt, verlesen und beantwortet. In kurzer Zeit ist die ganze Gruppe in einem interessanten Romannetzwerk verstrickt. Anstelle von frei erfundenen Namen können auch Personen der Zeitgeschichte, Literaten oder Helden aus Büchern benutzt werden (K.H. Spinner: Produktionsaufgaben zu Kurz- und Kürzestgeschichten. In: Praxis Deutsch 75, 1986, S. 13).

Sofort-Bild-Kamera: Die Schreibgruppe fotografiert zehn Bilder mit der Polaroid im Stadtteil. Jeder schreibt dann seinen Fotoroman zu diesen Bildern.

1.1.6. Schreibspiele für Szenen

Die Szene schöpfen wir aus dem Alltag. Wir orientieren uns dabei an folgendem Schema:

Themenraster	***Anregungen***
Personen	*Aus dem Alltag, der Literatur, der Politik, sozialen Schichten, Außenseiter*
Situationen	*Geburt, Tod, Liebe, Karriere, soziale Deklassierung, Alter, Entfremdung, Krankheit, Wahnsinn, Tick*
Emotionen	*Liebe, Freude, Angst, Hass, Eifersucht, Ohnmacht, Lähmung, Aufbruch*
Probleme	*Eltern-Kinder, Lehrer-Schüler, Polizei-Bürger, Umwelt, Rüstung, Arbeitslosigkeit, Drogen, Großstadt, Sex*
Fantasien	*Allmacht, ein Star zu sein, Weltveränderung, Reisen, Neue Gesellschaft, Vernichtung, Weltuntergang, reich sein, schön sein, geliebt sein*

(vgl. M. Batz, H. Schroth: Theater zwischen Tür und Angel. Reinbek 1983, S. 136)

Aus diesem Raster suchen wir zuerst eine Person und ihre Probleme, ihre Fantasien und Emotionen. Wir schreiben einen Monolog, ein Selbstgespräch, ein Streitgespräch mit sich selbst, als Darstellung des inneren Gedankenstroms. Damit der Monolog besser simuliert wird, kann er als „Sekunden im Gehirn" alles fassen, was der Person so durch den Kopf schießt. Mit der Technik des automatischen Schreibens ist das kein Problem. Man kann sich auch in eine andere Person hineinversetzen und ihre Gedanken imitieren. Oder man stellt sich vor, die gewählte Person fährt mit der Eisenbahn, macht einen Stadtbummel oder steht im Kaufhaus, und nun schildern wir ihr Selbstgespräch.

Reportage: Auf dem Weg zum Dialog liegt die Reportage. Wir wählen aus unserer nächsten Umwelt eine interessante Figur, ein Thema, ein Raster von Fragen, und durch das Tonband legitimiert, machen wir ein Fremdinterview.

Dialog: Die Wechselrede zwischen zwei und mehreren Personen entfaltet Handlung und Charakterstrukturen. Dafür gibt es folgende Spiele: Je zwei Personen aus der Schreibgruppe interviewen sich gegenseitig zu einem ausgewählten Thema und fixieren das Gespräch später. Jeder nennt eine Figur, die er gern sein möchte. Je zwei wählen sich und führen einen Dialog von der Position ihrer gewählten Figuren. Jeder sucht sich selbst zwei Figuren (Vertreter/Käufer, Gut/Böse, Herr/Knecht, Über-Ich/Ich, Ich/Es usw.), setzt den Widerspruchscluster ein und schreibt einen Dialog.

Oder: Eine vorgelegte Geschichte wird in Dialogform umgeschrieben. Um Dialogtypen zu üben, werden folgende Dialogmöglichkeiten vorgestellt:

Synthese:	*A und B streiten sich und einigen sich.*
Sieger:	*A siegt über B, B über A.*
Distanz:	*A überzeugt B, B überzeugt A von der Richtigkeit seiner Meinung.*
Dilemma:	*A und B einigen sich nicht.*
Freier Dialog:	*Er kann alle Typen variieren.*

Jeder kann nun einen Dialogtyp sich auswählen und mit zwei Figuren die Dialogführung erproben (K.H. Brokerhoff: Kreativität im Deutschunterricht. Kastellaun 1976, S. 79 ff.).

Die Szenenfolge mit A und B lässt sich aber noch weiter ausspielen: A spielt auf einer Pressekonferenz einen Filmstar und wird von B interviewt. A und B telefonieren miteinander. A wird von B verdächtigt. A muss B Rede und Antwort stehen, ohne zu lachen und ohne Fremdwörter zu benutzen. A darf kein Ja oder kein Nein beim Antworten benutzen. A lügt B in allen Punkten an (M. Batz, H. Schroth: Theater zwischen Tür und Angel. Reinbek 1983, S. 266 ff.).

Improvisation: Zu spielbaren Texten für Hörspiel, Video oder Rollenspiel kommt man über das Medium Improvisation. Sucht euch aus dem Themenraster ein Thema, zwei oder mehrere Figuren, und fangt an zu spielen. Ein Protokollant muss die entstehenden Texte, die gesprochen werden, festhalten. Sie werden vorgelesen und überarbeitet. Bei der Überarbeitung sind in Ansätzen die Phasen des Dramas zu berücksichtigen: Eröffnung, Weiterführung, Steigerung, katastrophale Zuspitzung und Schluss (vgl. H. Birner: Kreative Gestaltungsübungen im Deutschunterricht. München 1978, S. 56 ff.). Die Figuren können nach den Schemafiguren der „Commedia dell' Arte" stilisiert werden: Die Alte, die Diener, die Liebenden, die Schwadronöre. Um Text und mediale Realisierung zu verbessern, sollte ein Wechselspiel zwischen improvisieren, Text schreiben, verbessern, neu spielen, mitschneiden mit Video oder Tonband entwickelt werden. Schließlich entsteht ein Videoclip oder ein Kurzhörspiel (vgl. K.H. Brokerhoff: a. a. O., S. 64 ff, 80 ff.). Verschiedene Szenen durch technische Medien vermittelt, greifen nun ineinander und schaffen Texte und mediale Produkte. Der Motor von allem ist die Improvisation (vgl. V. Spolin: Improvisationstechniken für Pädagogen, Therapie und Theater. Paderborn 1985, A. Boal: Theater der Unterdrückten. Frankfurt 1987, A. Artaud: Das Theater und sein Double. Frankfurt 1969, Paul Pörtner: Spontanes Theater. Köln 1972).

1.1.7. Witzige Schreibspiele

Da das kreative Schreiben oft tiefe Gefühle und Ängste freisetzt, ist der Einsatz von witzigen Schreibspielen, die durch Verfremdung eine Distanz zu den Gefühlen hervorrufen und dem Ich Luft verschaffen, geboten. Die Literatur bietet im Bereich Humor, Parodie, Satire und Nonsens ein breites Spektrum von Schreibspielen für Einzelne wie für Gruppen. Der Einsatz dieser Spiele soll wohldosiert sein, weil sonst der Witz in Albernheit und Ekel umschlägt. Der Wechsel von tiefem Ernst und entlastenden Witz gibt die richtige Mischung. Diese paradoxe Intervention war schon in der Antike gute Praxis: „In der klassischen Zeit hat das Satyrspiel geradezu die Aufgabe, mit seiner Komik, die durch die Aufführung der drei Tragödien erschütterten Zuschauer abzulenken, zu erheitern und in froher Stimmung nach Hause zu entlassen" (O. Werner: Griechische Satyrspiele. Stuttgart 1970, S. 66). Der Satire geht es um Bloßstellung, Übertreibung und Herabsetzung, um Entwertung und Entlastung. Der Satiriker will Widersprüche aufzeigen. „Er erreicht dies, indem er Gegensätzliches zusammenbringt, Unvereinbares verbindet, die Erwartung des Lesers in eine bestimmte Richtung drängt und dann plötzlich umbiegt" (N. Feinäugle: Satirische Texte. Stuttgart 1976, S. 138). Satirische Texte verfremden. Sie produzieren ihre Abweichung vom Erwarteten, von der Norm und dem Alltagsverständnis durch:

- Gegenüberstellung (mittels Montage, Antithese, Auslassung)
- Vertauschung (mittels Scheinlogik, Wortspiel)
- Verzerrung (der Quantität und Qualität der karikierten Probleme) und durch
- Ersetzung (durch entsprechende Metaphern, Umschreibungen, Anspielungen, Doppel- und Hintersinnigkeiten) (vgl. N. Feinäugle, a. a. O., S. 138)

Satire ist dem schwarzen Humor verwandt, der „mit unseren verdrängten und unterdrückten Ängsten auf eine ganz bestimmte Art und Weise umgeht, nämlich spielerisch" (P. Nusser: Schwarzer Humor. Stuttgart 1987, S. 9). Der schwarze Humor stellt sich den im kreativen Schreiben auch reaktivierten unbewussten Gefühlen der Angst vor Krankheit, Triebdurchbrüchen, Liebesverlust, Trennungsschmerz und Tod. Er vermittelt diese aufgebrochene Realität aber in einer gewissen ironischen oder satirischen Distanz. „Schwarzer Humor zeigt den provokant angstfreien, also den unnormalen Umgang mit eben dieser Angst in seinen verschiedensten Spielarten" (G. Nusser, a. a. O., S. 11). Er vermittelt die Kraft des respektlosen Umgangs mit der Angst, wobei er zugleich deutlich macht, dass das Spiel mit Angst an Grenzen stößt. Der schwarze Humor, wie die gute Satire, vermittelt die Erleichterung, dass das Entsetzliche uns makaber erscheint und auf Distanz gebracht werden kann. Deshalb ist es für das kreative Schreiben so wichtig wie es für die Tragödie das Satyrspiel war.

Witzige Prosa

Übertreibungen: Stilmittel der Satire ist Übertreibung. Viele Übertreibungen lösen ein schallendes Gelächter aus. Beschreibe also einmal einen Menschen, dessen Aussehen und dessen Gefühle überproportional sind, also einen drei Meter großen Menschen, der so traurig ist, dass er immer weint, eine große Frau, die sich immer nach Liebe sehnt und deren Liebesvorstellungen alle Maße durchbrechen. Wichtig ist, solch übertriebenen Personen witzige Namen zu geben und sie eine zu ihrem Dasein kontrasttierende Umwelt zu versetzen. Überlege dir gefühlsbeladene Situationen: in der Schule, in der Liebe, auf der Polizei, mit dem Chef, zwischen Groß und Klein, zwischen Therapeut und Klient usw., und beschreibe die Krisensituation in grellen Farben.

Reklame: Die Sprache der Werbung ist meist schon eine ständige Übertreibung. Stelle Werbesprüche zusammen, wechsle die Produkte aus, steigere die Produktpreisung durch die weitere Übertreibung.

Familiengeschichte: Um den Spielraum der Übertreibung zu vergrößern, kann auf die Darstellung mehrerer Generationen zurückgegriffen werden. Erfinde eine 5-Generationenfamilie, die im Laufe der Generationen immer klüger, dümmer, gefühlvoller, verschlagener usw. wird.

Bedeutende Personen: Viele bedeutende Personen reizen zur Parodie: Dichter, Politiker, Wissenschaftler. Die Parodie kann von Originaltexten der entsprechenden Personen ausgehen oder in der Unterstellung komischer Ausführungen dieser Personen bestehen.

Komische Helden: Die Literatur wimmelt von Eigenbrötlern und komischen Gestalten: Don Quichote, Krull oder Schwejk. Wählen Sie sich ihre komische Lieblingsgestalt, versetzen Sie sie in die Gegenwart, und lassen Sie sie ihre paradoxen Taten vollbringen.

Überforderung: Oft entzündet sich der Witz aus dem Widerspruch zwischen Anforderung und Realität. Beschreiben Sie typisch komische Personen; den vertrottelten Professor, den korrupten Polizisten, den sexuell lüsternen Moralapostel usw.

Verfremdung: Ein anderes Stilmittel der Satire ist die Überraschung. Eine Fundgrube überraschender Wendungen ergeben Sprichworte, deren Sinn ins Gegenteil verkehrt wird. Z. B. aus: „Morgenstund hat Gold im Mund“ wird „Morgenstund hat Holz im Mund“. Sammle alle möglichen Sprichwörter und kehre sie um. Schreibe dann eine Geschichte, die die verkehrten Sprichwörter darstellen.

Verbotenes: Eros und Destruktion werden oft tabuisiert. Über sie kann in entsprechender metaphorischer Vorstellung ohne Widerstand gesprochen werden. Drücken Sie ihre Liebesgefühle z. B. einmal in einem Text „Ich habe Dich zum Fressen gern" aus, der aber nun alle Übertreibungen wörtlich nimmt.

Ersatz-Protagonisten: Anstelle von Menschen treten Tiere, Dinge, erfundene Wesen auf. Lass einfach mal Stühle erzählen oder die Autobahn berichten, so wie der „Papalagi" über die Europäer seine Wahrheit komisch servierte, so kann ein Tisch oder ein Hund die Wahrheit komisch verpackt darstellen. Bei Morgenstern gibt es Trichtergedichte in Trichterform oder „Südküsten" mit Identitätsproblemen. Auch die „Galgenlieder" von Christian Morgenstern wären fortzuschreiben.

Zeitungsmeldung: Suchen Sie sich aus der Zeitung eine Meldung, die Sie verzerren und glossieren können. Das können überbewertete politische Ereignisse sein oder Nachrichten von glorifizierten Stars, die Sie in ihrem neuen Text nun entwerten und prosaisch verfremdet wieder auf den Boden holen.

Witzige Lyrik

Dadaismus und Surrealismus: Beide Stilformen haben satirische Schreibweisen für Einzelne und für Gruppen entwickelt: Textcollagen, cadavre exquis, Lautgedichte, visuelle Texte, die die Widersprüche der Realität witzig abbilden können.

Nonsensverse: Der Limerick ist die Königsform der Nonsensdichtung. Der Limerick umfasst fünf Zeilen. Er reimt **aa bba**. Die erste Zeile enthält eine Person und Ortsangabe, die Zeile zwei bis vier entwickelt eine witzige Situation. Die fünfte Zeile bringt die Schlusspointe.

Meist reicht die Vorgabe einer Anfangszeile schon, um die Limerickdichtung in Gang zu setzen, z. B. „Ein armer Poet aus Zossen" oder Sie geben die Endreime vor:

… Zossen
… begossen.
… laufen
… kaufen
… genossen.

Kreisgedicht: Beim Kreisgedicht kann nicht festgestellt werden, wo der Text beginnt und wo er endet. Man zeichnet auf ein Blatt Papier einen großen und in ihm einen kleineren Kreis. Den ganzen entstandenen Ring teilt man in so viele Abteilungen auf, wie Personen in der Schreibgruppe sind. Der Kreis macht die Runde, jeder trägt ein Wort oder Satzteil in die Abteilung ein, so dass der Wortkreis in einem oder zwei Sätzen einen Sinn ergibt, der in sich selber kreist (vgl. G. Grümmer: Spielformen der Poesie. Leipzig 1988, S. 198).

Reimspiele: Beginnen kann man die Reimspiele mit vierzeiligen Paarreimen (aa, bb). Leicht wird ein Paarreim mit der Zeile begonnen:

„Es war einmal … (Dichter, Frau, Mann, Maus)
Der, die, das hatte einen …
Der, die, das … war ihm zu …
… …“

Der englische Dichter Edmund Clerihew Bentley (1875–1956) entwickelte den vierzeiligen Doppelreim (aa bb). Er nahm diese Versform, die er nun „Clerihew“ nannte, um bekannte historische Persönlichkeiten auf komisch-groteske und witzige Weise zu charakterisieren (vgl. G. Grümmer: Spielformen der Poesie. Leipzig 1988, S. 205). Jeder Clerihew enthält witzige biographische Details, die berühmte Leute sowie auch wichtige politische Ereignisse in einem ungewohneten Licht erscheinen lassen, z. B.:

„Auch Edward der Bekenner
war lange ein finsterer Penner.
Doch wurde er später adrett -
dann schlief er fast immer im Bett.“

Der Einstieg in einen Clerihew besteht in der Wahl einer historischen Person und der Identifizierung eines witzigen historischen Details, z. B. Adenauer und der Papst:

„Kennt Ihr noch den Adenauer,
man, der war ja oft so sauer.
Wollte doch den Papst bekehren,
doch der Papst, der konnt sich wehren.“

Die bekanntesten witzigen Reimspiele sind die **Schüttelreime**. Der Schüttelreim ist ein Doppelreim, der zwei selbständig reimende Wortpaare miteinander verbindet. Schüttelreime sind also Vierzeiler, die aa bb reimen mit doppelten Reimen in jeder Zeile, z. B.:

„Es klapperten die Klapperschlangen,
bis ihre Klappern schlapper klangen.
Die Tiere waren sattgefressen
und mochten nun kein Blatt mehr essen.“

„Viersilbige Wörter wie die **K**lapp-per-schlan-gen, die auf der ersten und der dritten Silbe betont werden, eignen sich für Schüttelreime besonders gut. Daher gibt es bekannte Reime dieser Art auf Liegewagen, Hängematte, Ottomane, Schattenrisse und ähnliche Beispiele" (G. Grümmer: a. a. O., S. 86). Suche also viersilbige Worte, die den Doppelreimeffekt anleiten können. Sehr witzig sind auch **Haufenreime** oder Ein-reime. Diese Gedichte bestehen aus der Wiederholung des gleichen Endreims (aaaa usw.). Mit den Endreimen können ganz skurrile Wirkungen erzielt werden. Die Benutzung eines Reim-Lexikons (z. B. Steputat: Reim-Lexikon. Stuttgart 1984) ist hilfreich.

1.1.8. Schreibspielkarteien

Viele Anleiter sind dazu übergegangen, sich ihre eigenen Schreibspielkarteien zu entwickeln. Der „Verlag an der Ruhr – Die Schulpraxis", Delle 47, 4330 Mühlheim, Tel.: 0208/34078, hat damit begonnen, solche Schreibspielkarteien zu veröffentlichen. Sie sollen im Folgenden vorgestellt und besprochen werden.

Die Karteien

a) Erzähl (und) Mal Band I

40 Bildanregungen zum Weitermalen, Geschichten schreiben und erzählen. Für die freie Arbeit in der Klasse, für Gruppenarbeit in der Erwachsenenbildung usw. Vielleicht entsteht dabei auch ein illustriertes Geschichtenbuch?

b) Erzähl (und) Mal Band II

41 noch schönere Ideen zum Bildermalen und Geschichtenschreiben.

c) Kreatives Schreiben

50 Initialzündungen und Provokationen. Vergessen Sie die Quälereien mit den Aufsatzthemen: Hier finden Sie über 50 lebendige „Anmacher" für eine kreative sprachliche Kommunikation. Über 50 witzige Zeichnungen, Einfälle, fantastische Ideen, wird die „Initialzündung für das Schreiben" garantiert, auch der letzte aus der Reserve gelockt. Originelle „Schreibe" gegen die Einheitskultur von Computer und Massenmedien.

d) Schreib los!

Bild-Impulse für freie Schüler- und Erwachsenentexte. Über 200 großformatige Bildblätter mit „Impulssätzen" bieten ein breites Reservoir an, Themen für ein fantasieorientiertes, „literarisches" Schreiben. In 12 Themenbereiche, Lebensprobleme und Fantasien ist diese Kartei gegliedert.

e) Techniken für freie Texte

Die Kartei soll schnelle Anregungen liefern, wie freie Texte gemacht werden können. Auf jeder Karte befindet sich ein Beispiel und eine präzise Anleitung. Vorgegeben werden dabei keine Inhalte, sondern Textformen, die Schüler/Erwachsene selbst ausfüllen können. Eine Ideenkiste zum Nachgucken für jeden Anleiter.

f) Otto mopst

Sprach- und Schreibspiele. Wenn Otto mopst, wer trotzt dann? Spiel soll Spass machen, Sprechen und Schreiben auch, was liegt da also näher, als mit Sprach- und Schreibspielen Spass zu haben? Dass dabei noch so ganz nebenher die „kommunikativen Fähigkeiten" gefördert werden, der Wortschatz erweitert wird, der kreative Umgang mit Sprache einen ungeahnten Aufschwung nimmt, soll uns und Ihnen nur Recht sein. Über 100 Spiele und Anregungen, einfach und ohne viel Aufwand in die Praxis umzusetzen.

g) Warum nicht Literatur?

Handelnder Umgang mit literarischen Texten. Keine traditionelle Anleiterbezogene Interpretation: Aus dieser Kartei können sich die Teilnehmer Texte aussuchen, die ihnen etwas sagen. Teilnehmer interpretieren mit ihren Mitteln, indem sie mit den Texten handeln dürfen, z. B. durch Umschreiben, Spielen, Basteln, Verfremden, Ergänzen, Vortragsform, usw. Die Kartei bietet eine große Auswahl teilnehmererprobter Texte und 50 verschiedene Methoden der handlungsorientierten Interpretation.

Visuelle Stimuli und praktische Interpretation

Eine wesentliche Neuerung in diesen Karteien, die besonders auf Zielgruppen mit großen Schreibwiderständen ausgerichtet sind (Schüler, Jugendliche, Alte, Ausländer, Personen ohne Hauptschulabschluss), ist der extensive Einsatz visueller Stimuli und praktischer Textinterpretationsmethoden. Da gibt es einmal Bilder mit einer großen Projektionsleerfläche, die zum Bildergänzen einladen und damit zugleich die sprachliche Fantasie anregen (Erzähl- und Malkartei). Geschickte Fotomontagen mit kurzen Schreibimpulssätzen (Kreatives Schreiben, Schreib los) haben den gleichen Effekt. Die Fotomontagen gliedern sich zu folgenden Themenbereichen: Familie, Freizeit, Schule, soziale Probleme, Emanzipation im Alltag, Widerstand leisten, Überraschung im Alltag, Macht, Abenteuer, Ohnmacht, Innerlichkeit, Tiergeschichten. Diese Fotomontagen könnten Schreibgruppen auch zur Entwicklung eigner Schreibstimuli anregen. Schließlich werden 50 Methoden illustriert angeboten, mit denen Texte spielerisch interpretiert werden können. Z. B. verwandle Deinen Text in Comics, versuche Deinen Text in ein Bild umzusetzen, übersetze Deinen Text in die Sprache einer Jugendsekte, mache einen Videoclip aus Deinem Text, ein Hörstück auf Tonband, ein Environment, ein Rollenspiel, eine Wandmalerei, Du kannst Interviews zu Deinen Texten einholen, Deinen Text als Pantomime darstellen, ihn tanzen, ihn als Stimulus für einen Gruppentext benutzen, ihr könnt eure Text kürzen, ihr könnt ihn schön drucken, ihn als Puppen- oder Schattenspiel vorführen, ihr könnt einen Text in Entspannung (Jakobson. Progressive Muskelentspannung) hören, aus eurem Text einen Fotoroman machen, eine Collage, ein Musikstück, ihr könnt den Text mit Dias koppeln usw.

1.2. Therapeutische Schreibspiele

Bei der Anwendung der therapeutischen Schreibspiele ist es notwendig, die Beratung eines Therapeuten zu gewinnen. Diese Spiele produzieren ungewollt so tiefe Fantasieregressionen, dass eine gute Integration von kreativen und therapeutischen Elementen oft die Supervision durch einen Profi erfordert. Es gibt viele Quellen, aus denen die therapeutischen Schreibspiele stammen: Hier haben sich verschiedene Therapieschulen um das Schreibspiel bemüht. An erster Stelle steht die „Selbsterfahrungstherapie“ von Klaus W. Vopel, der viele Sammlungen zu Selbsterfahrungspielen erarbeitet hat, von denen einige direkt auf das kreative Schreiben Bezug nehmen wie z. B. K.W. Vopel: Wege des Staunens. Übungen für die rechte Hemisphäre. Band 1 Kreatives Schreiben. Hamburg 1985, Band 2 Malen und Formen. Hamburg 1985, Band 3 Fantasiereisen. Hamburg 1987. Vopel legte auch Schreibspiele in Selbsterfahrungskonzepten für die Kinder- und Jugendarbeit vor. Vergleiche z. B. die alten Bände von K. W. Vopel: Interaktionsspiele. Hamburg 1974. Band 1–4, ders. Interaktionsspiele für Kinder. Hamburg 1980. Band 1–4, ders. Interaktionsspiele für Jugendliche Hamburg 1981. Band 1–4 und die neuen Sammlungen von K.W. Vopel: Lehre mich nicht, lass mich lernen. Band 1–4 Hamburg 1987, ders. Dialog mit der Zukunft. Experimente für Kinder und Jugendliche. Hamburg 1985, Schreibspiele für die Bearbeitung von Störungen in Gruppen findet sich bei Vopel in ders. Störungen – Blockaden – Krisen. Hamburg 1984. Aus der Vopelschule stammt auch der Selbsterfahrungsspielband für kreative Arbeit in der zweiten Lebenshälfte von Mark Woisin: Integrität und Erinnerung. Hamburg 1986. Band 1–2. Wesentlich abhängig von Vopel sind die Schreibspiele, die sich in den Büchern von Herbert Gudjons: Spielbuch Interaktionserziehung. Bad Heilbrunn 1983, H. Gudjons u. a.: Auf meinen Spuren. Reinbek 1987, und Jürgen Fritz: Methoden des sozialen Lernens, München 1977, finden lassen. Diese ganze Gruppe von Autoren stellt Schreibspiele in einem eklektizistischen Therapieansatz vor, in dem die Interaktionsspiele „der freien Tradition von Gruppentrainig, Selbsterfahrungskursen, Encountergruppen, von Laboratorien, Kommunikationsseminaren und Therapieverfahren entstammen“ (H. Gudjons: Interaktionsspiel in Schule und Jugendarbeit. In: K.J. Kreuzer (Hrsg): Handbuch der Spielpädagogik. Düsseldorf 1983, Band 3, S. 48). J. Fritz gibt seine eklektizistischen Quellen für Schreibspiele folgendermaßen an: Kinderspiel, Interaktionstraining, gruppendynamisches Training, Psychoanalyse, Rollenspiel (vgl. J. Fritz: Interaktionspädagogik. Methoden und Modelle. München 1975, S. 17–38). Neben Vopel hat die Themenzentrierte Interaktion (TZI) Schreibspiele entwickelt (vgl. J. vom Scheidt: Kreatives Schreiben. Frankfurt 1989) und die Transaktionsanalyse (TA) (vgl. M. James, D. Jongeward: Spontan leben. Übungen zur Selbstverwirklichung. Reinbek 1986), die ganzheitliche Psychologie (M. Zdenek: Die Entdeckung des rechten Gehirns. Berlin 1988), und die Poesie und

Schreibtherapie (vgl. L. v. Werder: ... triffst Du nur das Zauberwort. München 1986, ders.: Schreiben als Therapie. München 1988, H. Petzold, I. Orth (Hrsg.): Poesie und Therapie. Paderborn 1985).

Über eine Ordnung der therapeutischen Schreibspiele wird noch lange gestritten werden. Wir wollen die therapeutischen Schreibspiele in ihren sachlichen Bezügen gegliedert vorstellen. Wir wählen also drei Abteilungen:

1. Fantasieschreibspiele
2. Biographie und Selbstbild
3. Zukunftsvisionen.

1.2.1. Fantasieschreibspiele

Diese Schreibspiele dienen der Entfaltung der Wahrnehmung unbekannter Welten und Gefühle, die auch mit den Hintergründen der eigenen Fantasie bekannt machen sollen. Diese Schreibspiele eröffnen fremde Länder, fremde Denkweisen und die fremde Welt der eigenen Träume.

Um in fremde Länder zu kommen und über sie Texte zu verfassen, gibt es folgende Übungen:

Expedition: Stell Dir eine Expedition in ein fremdes Land vor, und male über Deine Reise eine Landkarte und schreibe einen Expeditionsbericht.

Fremde Tiere: Stell Dir fremde Tiere vor, zeichne und schreibe über sie eine Geschichte.

Neue Perspektive: Stell Dir vor, Du bist noch ganz klein. Beschreibe aus dieser Perspektive Deine Welt.

Zaubergarten: Denk an einen Zaubergarten, und beschreibe ihn.

Familiensage: Denk Dir einen Stammbaum aus, und beschreibe das Leben eines Vorfahren vor fünfhundert Jahren.

Tiereltern: Denk Dir Eltern in Tierbildern, und beschreibe den Alltag einer Tierfamilie.

Frühere Existenz: Stell Dir vor, Du hast früher schon einmal gelebt. Beschreibe Dein früheres Leben.

Glück und Schmerz: Stell Dir Himmel und Hölle vor, und beschreibe, was man dort erlebt.

Das Wahrnehmen früherer Denkformen, der Abstieg in das magische Denken der Kindheit, wird mit folgenden Schreibspielen angeleitet:

Magischer Ring: Steck Dir einen Zauberring an den Finger, und überlege Dir, was Du Dir wünscht, und schreibe das auf.

Schlüssel: Du hast einen Schlüssel in der Hand, öffne damit eine geheime Tür. Schreibe auf, was Du hinter dieser Tür findest.

Liebestrank: Du bist ein Liebestrank. Beschreibe, wie er wirkt, wenn Du einer Person gegeben wirst.

Geheimschrift: Du kannst eine Geheimschrift. Schreibe in ihr eine verschlüsselte Botschaft.

Unsichtbar: Du kannst Dich unsichtbar machen. Beschreibe, was Du dann tust.

Verwandlung: Verwandle Dich in ein Tier, und beschreibe seine Abenteuer.

Die Begegnung und die Arbeit mit eigenen Träumen ist durch folgende Schreibspiele möglich:

Bauch: Erfinde einen Traum, wie ihn der Bauch träumen könnte. Variante: Erfinde den Traum eines Gegenstandes, eines Tieres, einer berühmten Person.

Eigener Traum: Schreibe die Träume der letzten Woche auf, und formuliere sie dann von der Ich-Form in die Er-Form um.

Traumschluss: Nimm einen eigenen Traum mit offenem Ende, und versuche, einen angemessenen Traumschluss zu schreiben.

Angsttraum: Nimm einen Angsttraum, und erfinde ein glückliches Ende.

Falltraum: Steige in einen erinnerten Falltraum ein und erfinde eine glückliche Landung.

Seelenreise: Stell Dir vor, Deine Seele verlässt nachts Deinen Körper. Was für eine Reise macht sie da?

Zukunftstraum: Träume von Deiner Zukunft, und schreibe darüber einen Text.

Traumfigur: Beschreibe Deine wichtigste Traumfigur, und führe mit ihr einen schriftlichen Dialog.

Träumetausch: Jeder schreibt die Hälfte eines Traums und gibt sie dem Nachbarn weiter, der den Traum vollendet. Die gemeinsamen Träume werden dann vorgelesen.

1.2.2. Biographische Schreibspiele

Diese Schreibspiele helfen bei der Rekonstruktion der eigenen Lebensgeschichte. Sie wollen die wichtigsten Lebensphasen, Erfahrungen und Gefühlserlebnisse dem Bewusstsein wieder bekannt machen. Die Aneignung des unbewussten Lebenslaufs der Gefühle und verdrängten Erfahrungen und Erkenntnisse steht im Zentrum dieser Schreibspiele (vgl. L. v. Werder: … triffst Du nur das Zauberwort. München 1986). Die Hauptquelle für biographische Schreibspiele, wie sie besonders bei H. Gudjons u. a.: Auf meiner Spur. Reinbek 1988, vorgelegt werden, ist M. James, D. Jongeward: Spontan leben. Reinbek 1986. James und Jongeward sind Transaktionsanalytiker. Sie gliedern ihre Übungen, die das Medium Schreiben leicht integrieren können, in die drei Abschnitte Eltern-Ich, Kindheits-Ich und Erwachsenen-Ich. Sie eröffnen damit einen schreibenden Querschnitt durch die Psyche und einen Längsschnitt durch die Geschichte des eigenen Ichs.

a) Eltern-Ich-Schreibspiele

Elternkino: Stellen Sie sich vor, Sie säßen vor dem Heimvideogerät und zeigten sich selbst die wichtigsten privaten Videos über Ihre Familie. Legen Sie dabei folgende Videos ein: Geld, Besitz, Krisen, Vergnügen, Geschlechtsrolle, Mahlzeiten, äußere Erscheinung, Ausbildung, Arbeit, Werte, Sprachmuster, Zuhören, Rollen, Praktiken. Nach jedem der gesehenen Videos schreiben Sie einen kleinen Text.

Elternreaktion: Stellen Sie sich Situationen vor, in denen die Alltagsroutine der Familie durchbrochen wird, wie z. B. ein krankes Kind in der Nacht schreit, ein Kind etwas zerbricht, ein Kind sexuell belästigt wird, ein Mädchen schwanger wird, ein Bettler vor der Tür steht, ein Autounfall passierte, sich ein Fall von Geisteskrankheit ereignete. Wie haben Ihre Eltern reagiert: Schreiben Sie das auf.

Elternkopien: Schreiben Sie auf, wie Sie sich ein perfektes Kind vorstellen, und vergleichen Sie es mit den Idealvorstellungen Ihrer Eltern von Kindern. Stellen Sie sich eine Auseinandersetzung mit einem abweichenden Kind vor, und vergleichen Sie das mit dem Verhalten der Eltern in der gleichen Situation (mit Ihnen als Abweichler).

Innerer Dialog mit den Eltern: Stellen Sie sich verschiedene emotionell belastende Situationen vor und hören Sie auf den inneren Dialog, der diese Situation begleitet, z. B. eine Abschlussprüfung, eine Versammlung, vor der Sie eine Rede halten, bei einer öffentlichen Belobigung Ihrer Arbeit. Nach der Imagination schreiben Sie bitte den inneren Dialog mit Ihren Eltern auf.

Elternworte: Was sind die wichtigsten Sätze, die Ihre Eltern gesprochen haben, und wie heißen Ihre eigenen entscheidenden Lebensmaximen? Verfassen Sie eine Collage Ihrer und der elterlichen Maxime.

b) Kindheits-Ich-Schreibspiele

Die Wohnung der Kindheit: Stellen Sie sich vor, Sie sind in der Wohnung Ihrer Kindheit. Was erscheint an Räumen, Möbeln, Menschen? Welches Familiendrama wird gerade gespielt, und welche Rollen spielen Sie dabei: Opfer, Retter, Verfolger? Schreiben Sie einen Text.

Begegnung mit dem Kind (I): Nehmen Sie ein Familienalbum oder eigene Kinderfotos zur Hand. Betrachten Sie diese Fotos, und machen Sie dann ein kleines Selbstportrait.

Begegnung mit dem Kind (II): Stellen Sie sich heutige Stresssituationen vor (Krankheit, Mutlosigkeit, Unterdrückung, sexuelle Verweigerung, Verwirrung usw.), konkretisieren Sie dabei Ihre Verhaltensweisen, und vergleichen Sie sie mit Ihrem Verhalten in der Kindheit in ähnlichen Situationen.

Wunschträume: Achten Sie auf Ihre Tagträume, besonders auf Ihre Rollenvisionen vom Supermann oder der Superfrau. Schreiben Sie einen kleinen Text, der mit dem Halbsatz beginnt: „Es wäre schön, wenn …“ Schauen Sie dann nach, ob Sie in dem Text Größenfantasien Ihrer Kindheit wiederentdecken.

Soziale Orientierung: Erinnern Sie sich an erzieherische Gespräche in der Kindheit. Stellen Sie sich vor, Ihre Mutter und Ihr Vater sitzen Ihnen gegenüber auf einem Stuhl und reden mit Ihnen über ein Vergehen. Schreiben Sie einen Dialog mit der imaginären Mutter oder dem Vater. Stellen Sie fest, ob Sie sich fügten, ob Sie flohen, ob Sie innerlich abschalteten. Schreiben Sie dann einen Text über Ihr heutiges Verhältnis zur Gesellschaft.

Abwesenheit der Eltern: Stellen Sie sich die Abwesenheit von Vater und Mutter vor, und beschreiben Sie die Stimmung in der Familie.

Der kleine Professor: Prüfen Sie Ihre Kreativität durch einen Blick auf die letzte Woche. Haben Sie in der Woche etwas Neues gemacht? Legen Sie sich über das Neue eine Liste an. Machen Sie Ihre magischen Gedanken sichtbar. Wie steht es mit einem Talismann mit dem Blick ins Horoskop, mit der Hoffnung auf eine Million Lottogewinn, mit der Hoffnung auf „eine Liebe auf den ersten Blick“? Beschreiben Sie Ihr magisches Kabinett.

Kindheitswünsche: Erlauben Sie sich ein Vergnügen aus der Kindheit (faul in der Sonne liegen, auf Bäume klettern, Drachenfliegen, Lutscher lecken usw.). Beschreiben Sie danach Ihr Erlebnis.

c) Erwachsenen-Ich-Schreibspiele

Lebensbilanz: Konzentrieren Sie sich auf die Geschichte Ihres Lebens, und ziehen Sie Bilanz in zwei Spalten: das Positive und das Negative. Notieren Sie die Bilanz, und erwägen Sie, was Sie noch Positives in der Zukunft tun können.

Durch die Wand: Stellen Sie sich vor: Sie stehen vor einer Wand, und müssten hindurch, oder Sie sind in einem Gefängnis und wollen hinaus. Schreiben Sie eine Geschichte, wie Sie durch die Wand gekommen sind.

Rollenfixierung: Beschreiben Sie einen Tageslauf in Ihrem heutigen Alltag und wählen Sie dabei die Rolle des Kindheits-Ichs, des Erwachsenen-Ichs oder des Eltern-Ichs. Welcher Tageslauf kommt Ihrem realen Tageslauf am nächsten?

Portrait der Ich-Zustände: Benutzen Sie das Schema der drei Ich-Zustände von Eric Berne,, und zeichnen Sie Ihre Personen so, dass die Ich-Zustände durch ihre Kreisgröße die ihnen entsprechende Macht in Ihrer Person abbilden. Schreiben Sie dann ein Selbstportrait.

Aufhebung der Trübung des Erwachsenen-Ichs: Schreiben Sie zwei Texte. Der erste Text beginnt: „Männer sind …" oder „Frauen sind …". Der zweite Text beginnt „Ich bin so hilflos, dass …" Beim ersten Text lernen Sie etwas über die Möglichkeit eigener Urteile, beim zweiten Text lernen Sie etwas über Ihren Weg aus der kindlichen Ohnmacht.

Projektion: Beschreiben Sie zwei Personen, von denen Sie die eine besonders hassen und die andere besonders bewundern. Betrachten Sie Ihr Verhalten in der letzten Woche daraufhin, ob Sie mit diesen Personen in der Realität Kontakt hatten.

Probleme lösen: Schreiben Sie Ihr größtes Problem auf und dann zu diesem Problem die Meinung Ihres Eltern-Ichs und Kindheit-Ichs. Entwerfen Sie dann die Lösungsmöglichkeit, die Ihrem Erwachsenen-Ich entspricht. Vielleicht ergibt sich hier die Möglichkeit, eine Kurzgeschichte mit drei Personen zu schreiben: Elternprotagonist, Kindheitsprotagonist und Erwachsenenprotagonist.

1.2.3. Schreibspiele um Zukunft

Die Zukunftsschreibspiele relativieren die Vergangenheit und eröffnen einen Blick in die Kategorie Möglichkeit (E. Bloch), dass die Welt, das eigene

Leben, noch nicht am Ende ist. Es gibt verschiedene Zukünfte, die zwischen der technischen Großmaschine, der Superdiktatur oder der ökologischen Demokratie angesiedelt sind. Bei diesen Schreibspielen kommt es darauf an, die unbewussten Zukunftspläne und Gesellschaftsvisionen zu erhellen (vgl. K.W. Vopel: Dialog mit der Zukunft. Hamburg 1985, vgl. auch L. v. Werder: Schreiben als Therapie. München 1988).

Das zukünftige Leben: Schreibt Euren zukünftigen Lebenslauf auf, mit allen wichtigen Orten, Menschen und Ereignissen.

Veränderungen: Nehmt Euch eine Spanne von drei Jahren, und entwerft in zwei Spalten die persönlichen Veränderungen und die Veränderungen der Umwelt in diesem Zeitraum. Stellt Thesen auf, was Euch in den nächsten drei Jahren beeinflussen wird.

Brief aus der Zukunft: Stell Dir das Jahr 2010 vor. Von diesem Zeitort schreibst Du einen Brief an die Mitglieder der heutigen Schreibgruppe.

Gestern-Heute-Morgen-Gedicht: Es sollen Gedichte mit dreizeiligen Strophen geschrieben werden, von denen jede erste Zeile mit „Gestern“, jede zweite mit „Heute“ und jede dritte mit „Morgen“ beginnt.

Ich-werde-Gedicht: Schreibe ein Gedicht in offener Form, das nur aus Zeilen besteht, die mit „Ich werde ...“ beginnen.

Dialog: Schreibt einen Dialog zwischen einem verzagten, gegenwärtigem Kind und einem zukünftigen optimistischen Erwachsenen.

Das Jahr 2000: Schreibe deinen Tageslauf vom 3. Januar 2000.

Utopische Städte: Entwerft einen kleinen Text zur Stadt der Zukunft mit supertechnologischer oder superökologischer Struktur.

Supertechnik: In Kleingruppen werden durch Brainstorming neue Techniken entworfen, in der Gruppe vorgestellt und ihre ökologischen Folgen beschrieben.

Computergedicht: Stellt Euch vor, ein Computer hat Zeit und schreibt für sich ein Gedicht. Wie könnte es lauten?

Computerdialog: Drei Computer der ersten, zweiten und dritten Welt unterhalten sich. Schreibt diesen Dialog zu dritt.

Neue Medizin: In Zukunft wird ein neues Superheilmittel entwickelt. Beschreibt seine Wirkung.

Der neue Mensch: Entwerft im Brainstorming den Umriss eines neuen Menschen. Jeder benutzt die Brainstormingworte, um einen Text zu schreiben.

Naturgedicht: Das Gedicht soll vierzeilige Strophen haben. In den ersten beiden Zeilen klagt die Natur den Menschen an mit dem Satzanfang: „Ihr habt…" In den folgenden Zeilen antwortet der Mensch „und trotzdem…"

Zukunft der Familie: Beschreibt die Wohnung Eurer Urenkel und wie sich die Familienmitglieder in der Zukunft fühlen.

Botschaft aus dem All: Im Jahr 2100 erhält die Erde die erste Nachricht von außerirdischer Intelligenz. Wie könnte sie lauten?

Reisebericht aus dem Jahr 2100: Ein Urenkel schreibt an Euch einen Bericht von einer spannenden Reise durch die Welt im Jahre 2100.

Science Fiction: Beginnt eine Zukunftsgeschichte mit dem Satz: „Es war an einem Montagmorgen im Jahr 2010 …"Jeder schreibt in der Runde einen Satz, knickt das Papier um und gibt den Text weiter. Der letzte der Gruppe schreibt den Schlusssatz.

Bedrohte Tiere: Versetzt Euch in ein bedrohtes Tier, und schreibt einen inneren Monolog dieses Tieres.

Alltagsveränderung: Sammelt alle Alltagsveränderungen seit 1900, und entwickelt eine Liste von Alltagsveränderungen von 2000 bis 2100.

Überraschender Wandel: Stellt euch vor, alle Verhältnisse werden in der Zukunft besser und schreiben Sie darüber eine bombastische Lobeshymne.

2. Projekte als Szenarien des kreativen Schreibens

Neben die Schreibspiele treten die Schreibprojekte. Sie schaffen nicht einzelne kreative Situationen, sondern längere Praxisphasen, die folgende Merkmale aufweisen: zielgerichtete Projektplanung, Produktorientierung, Einbeziehung vieler Medien, soziales Lernen, literarisches Lernen, interdisziplinäres Experimentieren bei gleichzeitiger Berücksichtigung der Interessen der Beteiligten und Eröffnung von Möglichkeiten der Selbsttätigkeit und literarischen Selbstverantwortlichkeit (vgl. H. Gudjons: Handlungsorientiert lehren und lernen. Bad Heilbrunn 1986, S. 57 ff.).

Überblick

Folgende Bereiche in Form von Projekten sind für das kreative Schreiben schon erschlossen worden: Autobiographie, Selbstanalyse in der Poesie, Lyrik, Erzählung, Drama, neue Medien usw. Verschaffen wir uns über die Kursmaterialien in diesen Bereichen einen Überblick:

– **Autobiographisches Schreiben:** Hier geht es um „biographische Selbstreflektion". Entlang der Phasen im Lebenslauf (vgl. E.H. Erikson, 1988) werden folgende aufbauende Schreibübungen entwickelt: Bei H. Gudjons, M. Piper, B. Wagener: Auf meinen Spuren. Reinbek 1986: Einführung, Familie, Schule, Kindsein, Ausbildung, Beruf, zeitgeschichtilicher Kontext, Selbstbild, Körper, Frausein/Mannsein, Lebensgeschichte im Überblick. Bei v. Werder: ... triffst Du nur das Zauberwort, München 1986: Ich, Kindheit, Eltern, Jugend, Kampf der Geschlechter, Maschine der Macht, Träume, Jenseits der Gegensätze, neuer Entwurf einer Lebensgeschichte. In G. Mattenklotts Projekt „Selbstdarstellung" in: dies.: Literarische Geselligkeit. Stuttgart 1979, wird mit dem Selbstportrait begonnen, dann „meine Zimmer, Längsschnitt durch meinen Kopf, Reportage über mich selbst, Tageslauf, Selbstgespräch" (1979, S. 229).

Mit diesen Kursaufbauten lassen sich eine Fülle von Kenntnissen in der Arbeit an selbstverfassten, autobiographischen Texten vermitteln. Neben die Psychologie und Soziologie des Lebenslaufes treten Einsichten in die psychoanalytische Deutung autobiographischer Erinnerung. Daneben werden die Probleme der Schichten der Erinnerung, des Verhältnisses von Dichtung und Wahrheit, die Konflikte von Ich und Welt, die Stilisierung der Lebensform aufzugreifen sein.

– **Poetische Selbstanalyse:** Dieser Kurs soll die poetischen Gestaltungsmittel bei der Aufdeckung unbewusster Seiten des Charakters vorstellen und einüben. Er schöpft aus den vielen unentdeckten Erkenntnissen, die die Poeten bei ihrer Selbstanalyse benutzt haben. Bei L. v. Werder: Schreiben als Therapie. München 1988, hat dieser Kurs folgenden Aufbau: Zur Logik des Schreibprozesses bei Poeten, selbstanalytische Methoden der Poesie (Tagtraum, freie Assoziation, automatisches Schreiben, träumerisches Schreiben), selbstanalytische Medien (Selbstportrait, Tageslauf, Tagebuch, lyrisches Ich), Modelle poetischer Selbstanalyse bei T. Moser, F. Kafka, G. Benn. Dieser Kurs macht mit dem Beitrag der Poeten zur tiefenpsychologischen Selbsterkenntnis vertraut, zeigt ihre Chancen und Grenzen und stellt einen Kontakt mit einer Leistung der Poesie her, die seit Etablierung der wissenschaftlichen Tiefenpsychologie stark in den Hintergrund getreten ist.

Bei G.L. Rico: Garantiert Schreiben lernen. Reinbek 1984, werden besonders die stilistischen Gestaltungsmittel der poetischen Selbstanalyse vorgestellt: Sprachrythmen, Metaphern, Spannung im Satzbau, aber auch die Clustermethode als Stimulus und Konzept der Überarbeitung.

– **Lyrisches Schreiben:** Hier ist der Arbeit von G. Waldmann: Produktiver Umgang mit Lyrik. Baltmannsweiler 1988, der große Durchbruch zu verdanken. Er stellt einen Kurs vor, der die Differenz zwischen Alltagssprache und Lyrik produktiv nachvollziehen lässt. Klänge, Worte, Bilder, Sätze und Strophen in der Praxis moderner Lyriker werden in vielen Schreibübungen eingeführt und eröffnen einen Blick in die Geheimnisse der modernen lyrischen Verdichtungskunst. Viele Eigenarten der Dunkelheit der Lyrik werden durch diesen Kurs erstmalig entschlüsselt und als Handwerkszeug des kreativen Schreibers greifbar. Waldmann ergänzt damit auf das Beste die Spielsammlungen lyrischen Schreibens, die von Queneau: Stilübungen, Frankfurt 1961 und Andreas Thalmayr: Wasserzeichen der Poesie. Nördlingen 1985 vorgelegt wurden.

In eine bestimmte Epoche, nämlich die des expressionistischen Schreibens, führt ein Kurs von v. Werder: Schreiben als Therapie. München 1988, ein. Er stellt die zentralen Themen expressionistischer Lyrik vor: Nachtcafe, Idiot, Aufbruch, Ekstasen oder Zärtlichkeit, Seelenlandschaften, Apokalypse und Utopie, der neue Dichter. Die besonderen Stilmittel des Expressionismus werden nicht losgelöst vom Kontext der Verstädterung, des ersten Weltkrieges, der Verbreitung der Neurosen als Massenerscheinung schreibend angeeignet.

– **Erzählendes Schreiben:** Hier gibt es mehrere Kurse zur produktiven Auseinandersetzung mit einfachen Erzählformen. L. v. Werder stellt das **Märchenschreiben** in: G. Koch: Kultursozialarbeit. Frankfurt 1989, vor. Dieser Kurs entwickelt die Clustermethode von G.L. Rico zum Märchencluster weiter, leitet zur Bearbeitung von Alltagsproblemen durch Märchenschreiben an, gibt Vorschläge zum Umdichten von Grimms Märchen und präsentiert das Modell eines kollektiven Märchenkurzromans nach den Motiven von Eichendorffs Taugenichts.

G. Waldmann: Literatur zur Unterhaltung. Reinbek 1980 Bd. 1, hat verschiedene Kurse zur Schemaliteratur veröffenlicht, bei denen besonders der Kurs zum **Kriminalroman** und der Kurs **Science Fiction** hervorstechen. Aufbaugesetze, Personal, Milieu, Spannungstechniken, Psychologie des Reizes dieser Schreibform wird bei Waldmann, gespickt mit vielen Übungen, kulinarisch aneigbar.

– **Dramatisches Schreiben:** Dieser Bereich beginnt sich erst zu entfalten. Systematische Übungen zur Entfaltung von Dialogen, Gesprächstypen und szenischen Handlungskonflikten gibt K.H. Brokerhoff: Kreativität im Deutschunterricht. Kastellaun 1976. Die Umrisse der Entwicklung von Hörspielen vermittelt H. Birner: Kreative Gestaltungsübungen im Deutschunterricht, München 1978.

– **Neue Medien:** Das Medium modernen Reisens wird in Kursform für das kreative Schreiben entdeckt. L. v. Werder legt (im folgenden Abschnitt) einen Kurs der Reise zu den Quellen des europäischen Mythos vor: „Reisen und Schreiben im mythischen Cornwall“. In acht Tagen an den historischen Orten des Artusmythos werden die wichtigsten Konflikte dieses Mythos: Inzest,

Vater/Sohn, Ehebruch, Aufbruch und Fall des Helden, Krise des Staates zum Thema kreativen Schreibens. Das Verhältnis von Landschaft und Mythos, Literatur und Mythos, werden damit thematisiert.

Das kreative Schreiben greift aber als Methode und systematisches Scenario über auf den Bereich des wissenschaftlichen Schreibens, der Soziologie und der Philosophie.

– **Wissenschaftliches Schreiben:** L. v. Werder (im folgenden Abschnitt) hat den Prozess der Entwicklung wissenschaftlichen Schreibens in vier Übungsabschnitte aufgeteilt: Entwicklung eines groben Schreibkonzepts, Schaffung weiterer Schreibstimuli durch Forschung und Studium von Quellen, Beobachtungen, Einfällen und Literatur, Entwicklung eines differenzierten Schreibkonzepts, Schreibpraxis: Rohentwurf und Überarbeitung. Dieser Kurs betont und übt die kognitiven Leistungen beim Schreiben. Er vertieft die Ableitung von Begriffen, das Entdecken von Strukturen und die Erfassung von logischen Entwicklungen.

– **Soziologisches Schreiben:** Auf der Basis der Ideen Erich Fromms vom Sozialcharakter und gesellschaftlichen Unbewussten hat v. Werder (Hrsg.): Alltägliche Selbstanalyse. Weinheim 1990, einen Kurs entwickelt, der Anleitungen zur Beschreibung des sozialen Ortes des Einzelnen, der eigenen Werthierarchie, des Verhältnisses zur Gesellschaft, der gesellschaftlichen Orientierung in der Herkunftsfamilie, der Haltung zum Faschismus, der eigenen politischen Biographie, des eigenen Sozialcharakters, der eigenen produktiven Charakteranteile enthält. Dieser Kurs stimluliert die soziologische Fantasie und den soziologischen Blick für die Fakten des Sozialsystems und ihren Einfluss auf die eigene Person. Es ist also eine kleine, praktische Einführung in eine subjektbewusste Soziologie.

– **Philosopisches Schreiben:** Die Erfahrung des summum bonum ist ein bleibendes Problem der Philosophie. L. v. Werder hat in: Schreiben als Therapie, München 1988, einen Kurs auf der Basis der Philosophie Ernst Blochs vorgelegt, der die Suche nach der identitätsstiftenden höchsten Werterfahrung als schreibende Erfahrung privater und kollektiver Wunschbilder organisiert. Auf der Basis des katathymen Bilderlebens (H. Leuner, 1985) werden die primären Wunschbilder: Wiese im Frühling, der Süden, das Abenteuer, die ideale Bezugperson, der Held/in, die Insel Cythera, der gotische Dom, Utopia, Buddha-Statue, Heimat aus Blochs Hauptwerk „Das Prinzip Hoffnung" erschrieben. Schreibend eröffnet sich ein Zugang zum Noch-Nicht-Bewussten.

– **Meditatives Schreiben:** Aus der asiatischen Zen-Tradition stammt die poetische Form der Haiku-Dichtung, die die Erfahrung des summum bonum in drei Zeilen Texte, jeweils fünf Silben in der ersten und dritten Zeile und sieben Silben in der zweiten Zeile umfassend, spürbar werden lässt. L. v. Werder hat im Folgenden einen Kurs entwickelt, der auf meditativen Naturerfahrungen aufgebaut. Mit den stilistischen Mitten chinesischer Kurzlyrik und japanischer Haiku-Dreizeiler werden, ausgehend von existentiellen Grenzerfahrungen (Verlust der Mutter, Tod eines Freundes, Tod eines Kindes, Angst vor dem Todesdunkel), die Bilder der Stille der Natur entfaltet.

Diese Kurse umfassen auch die Einbeziehung von Bildern, Musik, Malen und Körperarbeiten. Sie greifen auf Schreibstimuli vor Ort, in der Natur oder in städtischen Szenen zurück, soweit es das jeweilige Thema erlaubt. Außerdem wird die Recherche, die Beobachtung, die Befragung, das Selbstexperiment berücksichtigt. Jeder Schreibkurs verfügt über eine Handbibliothek, die Nachschlagewerke, Reimlexika, Symbol-und-Motiv-Handbücher, Literaturgeschichten, Orginalausgaben von Dichtern umfasst. Diese Bibliothek soll bei der Schreibarbeit so oft wie möglich konsultiert werden. Auch die Einbeziehung von Zettelkästen (A. Schmidt) oder Notizbüchern mit Listen toller Worte und Satzwendungen ist in den Kursen üblich, die sich möglichst konkret der Lebens- und Arbeitswelt von Schriftstellern annähern, zugleich aber alle Seiten der kollektiven Textarbeit und Textdeutung umfassen.

Ausgewählte Schreibprojekte

Exemplarisch werden hier zwanzig Schreibprojekte vorgestellt, die größere Schreibszenarien für eine längere Kursarbeit aufbereiten.

2.1. Projekt: Moderne Lyrik

Der integrative Absatz beim kreativen Schreiben versucht Sprachkreation und Selbsterkenntnis zusammenzubringen. Die Regeln und Techniken des kreativen Schreibens werden in den Dienst der Bearbeitung und Bewältigung der abgespaltenen Gefühle der eigenen Seele gestellt. Texte sollen nicht nur ausgekotzt werden. Sie sollen Gestalt, das Chaos soll Form gewinnen. Das heilende Zauberwort ist sicher kein alltägliches, keine bloße Redensart, kein Klischee. Aneignung der Grundregeln des lyrischen Schreibens in der Moderne/Postmoderne wird so lyrische Qualifikationen ebenso anbahnen wie psychologische Potenzen.

Die Sprache der modernen Lyrik wollen wir systematisch von kleinen zu größeren Einheiten fortschreitend erarbeiten (vgl. G. Waldmann: Produktiver Umgang mit Lyrik. Eine systematische Einführung in die Lyrik, ihre produktive Erfahrung und ihr Schreiben. Baltmannsweiler 1988. Dieses Buch und G.L. Rico: Garantiert Schreiben lernen. Reinbek 1984, gehört zur Basisliteratur des Kurses und sollte von jedem Teilnehmer gelesen werden!).

Der Kurs beginnt mit einer prinzipiellen Unterscheidung von lyrischer und Alltagssprache. Er erarbeitet dann den lyrischen Klang, das Wort, das Bild, den Satz, die Strophe. Wir schreiben uns von äußeren Aspekten des lyrischen Textes über das Aufbrechen von Sprachklischees bis zur Produktion von Sonetten vor, die die artifiziellste Form des lyrischen Schreibens auch heute ist. Wer durch diesen Kurs zu einer lyrischen Umarbeitung, Verdichtung, Poetisierung seiner Ursprungstexte kommen kann, wird selbst erleben, wie der Schmerz in der schönen Gestalt verschwindet:

„*Wir tragen gar im Herzen manche Pfeile,*
und blutet in dem stillen Schoß der Nacht,
so wird vom Schmerz dies Lied hervorgebracht,
so reihet wunderbar sich Zeil' an Zeile."
(Adalbert v. Chamisso: Dichters Unmut.)
„*So wuchs dies Lied aus einer bittren Stunde.*
Aus einer Träne war dies Lied erschafft.
Und ich vergaß der kaum empfangenen Wunde."
(Georg Heym: Die Muschel.)
....
Und Blütendolden stäuben in sein Haar...
Die Stimme aber sang und ruhte nicht,
Bis jeder Gramgedanke Traum nur war,
und jeder Schmerz ein ewiges Gedicht..."
(Stefan Zweig: Silberne Saiten.)

Sehen wir uns den Aufbau des Kurses in der folgenden Grafik an:

Lyrisches Schreiben als Integration von literarischen und psychologischen Potenzen

Textaspekt	**Literarische Potenzen**	**Psychologische Potenzen**
1. LYRIK	Durchbrechung der Alltagssprache, Erschließung neuer Ausdrucksmöglichkeiten, Klänge, Worte, Bilder, Sätze, Strophen in neuer Differenzerfahrung	Lyrik gibt dem Ich besseren Ausdruck, entwickelt Sprache am Rande der Sprache, bahnt dem Ich einen Weg zum poetischen Wir.

Textaspekt	Literarische Potenzen	Psychologische Potenzen
2. SPRACH-KLÄNGE	Zerlegung der Sprache in Teilatome der Musik, Abbildung der Welt der Laute vor der Syntax	Magische Bannung des Gefühlschaos durch Worttonfolgen, Lautordnung der Gefühle
3. WORTE	Organisierung und Strukturierung von Texten	Ausdruck der Leitmotive des Lyrischen Ichs, Ausdruck der Worte des Kern-Ichs
4. BILDER	Darstellung sonst sprachloser Inhalte, die sonst irrational bleiben	Verbildung der Gefühle, Erweiterung der Symbolsprache des Ichs, Umkreisen des poetischen Selbst/Wir
5. SATZFORMEN	Auflösung der Alltagssyntax, Entfaltung neuer Satzarten	Darstellung des Ausgesperrten, der Lebensbrüche, Sprachwege im Verschweigen
6. STROPHEN	Einheit von Form und Inhalt	Arbeit an der individuellen Annäherung von Gefühl und Ratio, Versuch des Aufstieges vom Gefühl zur Klarheit, Stützung produktiver Regression und Progression beim Umkreisen des poetischen Selbst

2.1.1. Der Unterschied von Alltagssprache und Lyrik

Lyrik beginnt mit einer spezifischen Ordnung der Textzeilen. Jede Verszeile ist eine Sinneinheit und drückt ein bestimmtes Sinnverständnis aus. Die Ordnung der Zeilen ist nie nur etwas Optisches, sondern als Sprachordnung zugleich Sinnordnung.

„*Eine jahrhundertalte Lesegewohnheit lässt uns einen Text, der so gedruckt ist, dass an seinen beiden Seiten mehr oder weniger leerer Raum ist und die rechte Seite nicht bindend abschließt, für Verse halten*“ (G. Waldmann: Produktiver Umgang mit Lyrik. Baltmannsweiler 1988, S. 19).

Lyrik erkennt man also daran, dass:
DER ZEILENANFANG GROSS GESCHRIEBEN WIRD
ZEILEN EINGERÜCKT WERDEN
DER TEXT IN KURZE UND LANGE ZEILEN GETRENNT WIRD
ZEILEN GRUPPIERT WERDEN
ZEILEN IN STROPHEN EINGETEILT WERDEN

Lyrik besteht aber nicht nur aus Zeilen, sondern aus Worten, die aber in einen besonderen Sinnzusammenhang gebracht werden, der nicht völlig in der Logik der Alltagssprache aufgeht.
DIE LOGIK DER WORTE IN DER LYRIK STEUERT EIN ANDERER SINN ALS DER SINN DER ALLTAGSSPRACHE!
LYRIK IST ÜBERDETERMINIERT!

Überprüfe nun die Differenz von Alltagssprache und Lyrik an Beispielen der Surrealisten.

Aufgabe 1: Schreibe wie die Surrealisten.

Le cadavre exquis: Jeder schreibt einen Satz, knickt ihn um, so dass der nächste Schreiber ihn nicht lesen kann. Der nächste Teilnehmer schreibt dann einen neuen Satz usw.

Automatisches Schreiben: Jeder schreibt, was ihm durch den Kopf geht, unter Ausschaltung der Zensur. Der Text wird durch den Text des nächsten ergänzt. Der Einstieg kann hier auch ein Reizwort sein.

Dialog: Die Schreiber arbeiten paarweise. Der eine schreibt eine Frage auf, der andere gibt, ohne die Frage zu kennen, eine Antwort, oder es werden zwei Gegenstände ausgelost, die sich unterhalten sollen.

Frottagen, Klecksographien und Lyrik: Bei der Frottage wird Material in Farbe getaucht und mehrmals auf ein Blatt Papier gedrückt. Die Klecksographie entsteht durch mehrfaches Falten eines eingefärbten Papiers. Zu den Bildern werden dann automatische Texte geschrieben. Mit diesen Methoden arbeiteten Max Ernst und André Breton.

In die Länge ziehen: Nimm einen Zeitungstext, und trenne alle Sätze durch jeweils einen neuen Satz.

Klatschen: Auf das Klatschen hin schreibt jeder einen Satz. 10 x klatschen des Anleiters ergibt ein Gedicht von 10 Sätzen.

Aufgabe 2: Erweitere deinen surrealistischen Stil.

Stadtplan: Jeder verlässt den Schreibraum und geht auf die Straße. Nach einer Minute stoppt er und beschreibt das, was er in sich fühlt und das, was er um sich sieht, möglichst in automatischer Manier.

Neue Worte: Ein kurzer Zeitungstext wird in seinen Substantiven umgebaut. Die neuen Substantive gewinnt man durch Buchstechen (d.h. durch die spontane Identifizierung eines Buchstabens durch einen Bleistift, der ganz automatisch sich auf einen Buchstaben einer gedruckten Seite senkt).

Überblendung: Der erste Teilnehmer schreibt einen Satz und setzt hinter jeder Person, Ort oder Gegenstand jeweils ein „wie" mit Platz zur Ergänzung. Der nächste Schreiber ergänzt das „wie" mit banalen Metaphern. Der Übernächste schreibt den nächsten Satz mit „wie", den dann der vierte metaphorisch ergänzt.

Wortlawine: Als Gruppentext schreibt der erste einen Satz mit einem Wort, der zweite einen Satz mit zwei Worten usw., bis der letzte wieder einen Satz mit einem Wort schreibt und den Text beschließt.

Metaphernmontage: Jeder bringt seinen Lieblingsschriftsteller mit und sucht sich aus dem mitgebrachten Text die besten Metaphern heraus. Diese Metaphern werden dann in einem neuen Text montiert.

1. Resultat: Literarische Potenzen der Lyrik
Die Alltagssprache vereinfacht, routinisiert, trivalisiert und erreicht die Schaffung eines allgemeinen Äquivalents, das alle verbindet.
Lyrik kompliziert, wählt das Ungewohnte, die Verdichtung, die Poetisierung, stört die Sprachroutine. Sie ist dunkel, ist überstrukturiert und überdeterminiert. Sie geht nicht schnell von Mund zu Mund. Über sie ist der Leser meist gebeugt, der Hörer meist nachdenkend und nachfühlend.

Psychologische Potenzen der Lyrik
Die Alltagssprache gewinnt oft eine unerträgliche Leichtigkeit. Durch die lyrische Kunstsprache wird das Leben wieder dichter, poetischer wahrgenommen. Es wird authentischer ausgedrückt. In Lyrik kann sich das Störende, Verstörende, das Neurotische präzise artikulieren, aber auch der utopisch-heilende Vorschein, wenn Worte unsere Identität berühren, zu der wir noch unterwegs sind. Lyrik wird zum Vorgriff auf Heimat, in der noch keiner war, die aber allen mal in die Kindheit (auch) geschienen hat.

DIE SPRACHE DER MODERNEN LYRIK WOLLEN WIR NUN SCHRITTWEISE NACH

KLANG
WORT
BILD
SATZ
STROPHEN

erschließen.

2.1.2. Klangpotenzen lyrischer Texte

Der DADISMUS ist neben dem Expressionismus (vgl. Kurs in L. v. Werder: Schreiben als Therapie. München 1988) eine wichtige Quelle der modernen Lyrik. Er entwickelt Techniken zur Entfaltung der Klangpotenzen der lyrischen Sprache.

Die Textcollage

Die Dadisten gingen von Alltagstexten aus (z. B. der Tageszeitung, Wortbüchern, Romanen etc.), zerlegten sie willkürlich in Sinnteile, kombinierten die Teile neu und schufen damit die Textcollage. Es gibt Vorläufer:

Georg Christoph Lichtenberg weilte 1775 in London und eignete sich dort das englische cross-reading an. Diese einfache Montage-Technik benutzte er zur Produktion frappierender Korrespondenzen, die im 20. Jahrhundert zu einer ausgebauten Schreibtechnik wurde. Damit entsteht eine Schreibtechnik, die die freie Assoziation primär am Textmaterial entwickelt, nicht aus dem eigenen Unbewussten. Lichtenberg beschreibt die Technik mit folgenden Worten:

„Man muss sich vorstellen, das Lesen geschehe in einem öffentlichen Blatte, worin sowohl politische als gelehrte Neuigkeiten, Avertissments von allerlei Art usw. anzutreffen sind: der Druck jeder Seite sei in zwei oder mehrere Columnen geteilt, und man lese die Seite quer durch, aus einer Columne in die andere“ (zit. n. K. Riha: Cross-Reading und Cross-Talking als poetische und satirische Technik. Stuttgart 1901, S. 7).

Lichtenberg legte folgende Produkte seiner Technik vor:

„Eine Jungfer vom guten Herkommen wünscht als Kammermädchen anzukommen – Hinten steht die Jahreszahl 1719“. „Ein junger starker Kerl, der schon als Reitknecht gedient – Vertreibt Vapeurs und Mutterzufälle in kurzer Zeit“ oder *„Dem 12. starb ein Mann in seinem 104. Jahre – Und bekam in der Taufe den Namen Friderica Sophia“* (zit. n. K. Riha, a. a. O., S. 7).

Aufgabe 3: Nehmen Sie eine Zeitung, und kombinieren Sie die Satzteile zweier Kolumnen.

1962 gibt Franz Mon ein Stück Theorie der literarischen Collage, die nun eine wichtige „Schreibtechnik" geworden ist:

„Das Sprachmaterial, hält Mon fest, das für Textcollagen verwendet werde, stamme immer aus gesellschaftlichem Gemeinbesitz und sei im Umlauf gewesen; es könne sich dabei um wörtliche Zitate aus Reden, Zeitungen, Büchern, Verordnungen usw. handeln; es könnten Redensarten, Sprichwörter, aber auch Einzelwörter mit bezeichnendem Inhalt benutzt werden; schließlich gebe es eine Vielzahl von Kompositionsformen." Und weiter heißt es: „Die Grundstruktur von Collage ist in unserer zivilisatorischen Realität selbst angelegt, nämlich im unvermittelten Nebeneinander des Nichtzusammengehörigen, im harten Schnitt zwischen dem Benachbarten und umgekehrt in der engen Beziehung zwischen Entferntem. Eines ihrer typischen Modelle ist die Tageszeitung. Nicht nur das Heterogene, auch das Widersprüchliche steht auf dem Blatt beisammen, nur durch das formale gemeinsame Datum zusammengehalten. Eine Zeitung wird natürlich nicht als Collage konzipiert, im Gegenteil, die Redaktion bemüht sich, durch Auswahl der Nachrichten und die eigene Formulierungszugabe tendenziell eine wie auch immer geartete Schlüssigkeit des Ganzen, ein einleuchtendes Weltbild durchschimmern zu lassen. Die Collage tendiert in die entgegengesetzte Richtung: statt eines fixen Weltbildes das Unerwartete, Unvorstellbare aufscheinen zu lassen. Während die Zeitung im Grunde darauf aus ist, das schöne Bekannte bestätigt zu bekommen und das Innovationsbedürfnis der Leser durch die pure Sensation zu sättigen, zerstört die Collage von vornherein jedes vorformulierte Programm und gibt die Zwischenräume frei. Mit den Fragmenten der bekannten Realität bringt sie eine neue, unvernutzte, vielleicht nur momentan, vielleicht nur in diesem künstlerisch-künstlichen Medium erreichbare Wirklichkeit hervor" (K. Riha, S. 56 ff.).

Der Dadaismus (E. Philipp: Dadaismus. München 1980) entwickelt aus der Collage-Technik eine Textrevolution. Über die entwickelte Technik schreibt Hans Arp:

„Wörter, Schlagworte, Sätze, die ich aus Tageszeitungen und besonders aus ihren Inseraten wählte, bildeten 1917 die Fundamente meiner Gedichte. Öfters bestimmte ich auch mit geschlossenen Augen Wörter und Sätze in Zeitungen, indem ich sie mit Bleistift anstrich. Ich nannte diese Gedichte Arpaden. Es war die schöne ‚Dadazeit', in der wir das Ziselieren der Arbeit, die verwirrten Blicke der geistigen Ringkämpfer, die Titanen aus tiefstem Herzensgrund hassten und belachten. Ich schlang und flocht leicht improvisierend Wörter und Sätze um diese aus der Zeitung gewählten Wörter und Sätze" (K. Riha, S. 37).

Oder anders:

„Schlagzeilen der Tagespresse, Inserate, Illustrationen ... mit Witz zusammengeklebt, so dass etwas wie ein Querschnitt durch die gesellschaftliche Wirklichkeit entstand", notierte Herzfelde zu Grosz und Heartfield (K. Riha, S. 47).

Aufgabe 4: Montieren Sie 10 Sätze, die Sie nach dem Zufallsprinzip aus einer Zeitungsseite entnommen haben.

Tristan Tzara rät:

„Nehmen Sie eine Zeitung, nehmen Sie eine Schere. Wählen Sie in der Zeitung einen Artikel aus, der die Länge hat, die Sie Ihrem Gedicht geben wollen. Schneiden Sie den Artikel aus. Schneiden Sie darauf jedes Wort dieses Artikels aus und stecken Sie die Worte in eine Tüte. Schütteln Sie sie sachte. Ziehen Sie darauf einen nach dem anderen heraus, und ordnen Sie sie nach der Reihenfolge. Kopieren sie gewissenhaft. Das Gedicht wird ihnen gleichen. Und Sie stehen als Schriftsteller von unüberteffbarer Orginalität und bezaubernder Sensibilität da, wenn auch vom großen Publikum unverstanden" (K. Riha, S. 39).

Aufgabe 5: Hören Sie auf die Ratschläge Tzaras, und tun Sie es.

Diese Ratschläge griff die Wiener Gruppe (H.C. Hartmann, K. Bayer, G. Rühm, F. Achleitner, O. Wiener) auf, in den späten 50ziger Jahren. Text-Collage als Gruppenspiel wurde auf neue Medien jenseits der Zeitung ausgedehnt:

„Wiener und ich erklärten alles mögliche für Literatur. Schrieben Witze ohne Pointen (da doch jede Aussage, ja der Entschluss dazu, eine Pointe ist), Wiener bediente sich des Formularstils, sammelte Aufzählungen, notierte Geschäftsbilder, ich legte meinen Gedichten das Vokabular von Kreuzworträtseln zugrunde, signierte schriftliche Anschläge, Partezettel, gebrauchte Löschpapiere usw., kombinierte ausgefallene Fotos aus illustrierten und (medizinischen) Büchern mit schrecklich passenden Texten ... Eifrig wurden Wörterbücher aufgeschlagen. Durch permutative Ordnung möglichst dissoziierter Begriffe zu interen Strukturen sollte absolute Künstlichkeit erreicht werden, Dichtung als Gebrauchsanweisung. Das sprachliche Material sollte, aus einem kausalen Begriffszusammenhang gelöst, in einen semantischen Schwebezustand geraten, auf ‚mechanischem' Wege überraschende Wortfolgen und Bilder erzeugen ..." (K. Riha, S. 63 ff.).

Die Wiener Gruppe verwendet als Montage-Stimuli Lexika, Fachbücher usw.:

„Die ersten Gemeinschaftsarbeiten, an denen die Mitglieder der Gruppe in wechselnden Konstellationen beteiligt sind, entstehen 1956. Die Inspiration entzündet sich dabei an einem Lehrbuch der böhmischen Sprache eines gewissen Terebelski aus dem Jahre 1853, das Hartmann oder Bayer aufgestöbert hatten: es enthält einfache

Sätze, die in ihrer zufälligen und willkürlichen Aneinanderreihung als poetische Verfremdung auffallen." „Hartmann und Bayer", berichtet Rühm, „begannen, die Reibung in diesem Sinne zu spezifizieren, wählten aus, gruppierten um – die erste ‚Montage' war fertig ... Die Entdeckerfreude feuerte uns zu weiteren Montagen an. Es lag nahe, andere Bücher und sonstige schriftliche Dokumente zu verwenden, auch verschiedene gleichzeitig. Schon die Auswahl des Materials war erregend und für das poetische Endprodukt natürlich von maßgeblicher Bedeutung. Auswahl und Ordnung, die Sensibilität, die sich in dem Spannungsverhältnis benachbarter Sätze erweist, machen die Qualität dieser Art von Dichtung aus. Jeder brachte geeignetes Material (...), wir spielten uns aufeinander ein, warfen uns die Sätze wie Bälle zu. Wenn daneben auch jeder für sich den erschlossenen Möglichkeiten weiter nachging, war gerade die Montage eine Technik, die die Gemeinschaftsarbeit besonders begünstigte. Da wir manchmal – auch voneinander unabhängig – dasselbe Material nochmals verwendeten, kann es vorkommen, dass in verschiedenen Texten gleiche Sätze auftauchen. Wir kamen schließlich zur ‚Montage über die Montage' (aus einem Fachbuch über Maschinenbau), die wir, als Monteure gekleidet, in einer Werkhalle verlesen wollten" (K. Riha, a.a.O., S. 65 ff.).

Aufgabe 6: Bilden Sie Untergruppen (3 Personen). Besorgen Sie sich auf dem Trödel interessante Fachbücher. Schreiten Sie dann zur Produktion einer Kollektiv-Collage, und überlegen Sie, wie Sie den Text als Inszenierung vortragen können.

Die Text-Collage gewann aber auch eine wichtige Stellung im Roman, besonders im Großstadt-Roman (John Dos Passos: Manhattan Transfer, Döblin: Berlin Alexanderplatz). Über Döblins Technik schreibt Riha und präsentiert zugleich das Döblinsche Resultat:

> *„Berlin der Zwanziger Jahre exakt zu schildern, die Großstadt selbst zum Helden zu erheben und reden zu lassen, aber auch um die traditionelle Form des Romans zu durchlöchern und den Leser ‚aus der angenehmen Fiktion auf die banale Realität zu stoßen', hat Döblin eine Unmasse von Materialien gesammelt und fast roh in seine Darstellung einfließen lassen. Über weitere Partien, meist über mehrere Druckseiten weg,* **werden Zeitungen und ihre Inserate zitiert, Aufrufe, Reklamesprüche wiedergegeben, Wetterberichte, öffentliche Reden und Erlasse, Straßennamen, Dialogfetzen, Parteiprogramme, datengespickte Reportagen usw.**, *immer wieder sucht die Erzählung den Absprung in solche Materialmontagen, die im übrigen denen von Kurt Schwitters sehr nahe kommen" (K. Riha, a.a.O., S. 83 ff.).*

Aufgabe 7: Wählen Sie einen Stadt-Platz, begehen Sie ihn, und sammeln Sie alle Texte, die der Platz hergibt: Straßennamen, Firmeninschriften, Grafitti, Werbetexte, Autonummernschilder, Hausinschriften etc., und entwickeln Sie daraus gemeinsam eine Collage. Prüfen Sie, ob Sie vor Ort auch vorzutragen ist.

Lautklangmalerei

Der DADAISMUS entfaltet die Klangpotenzen der Sprache auch durch die Entwicklung von Klangmalerei. Das sind Verse voller Klänge aber ohne alltägliche Worte. Jedoch kommt Lautmalerei auch in der ALLTAGSSPRACHE, besonders von Kindern (und von Comics), vor. So die lautmalenden Tiernamen: Muuuh, Kikeriki. IA, IA, usw. So kann man mit Konsonanten die äußere Welt abbilden, mit Vokalen die innere Welt aufklingen lassen. **Ein Beispiel:**

KARAWANE
jolifanto bambla ô falli bambla
grossiga m'pfa habla horem
égiga goramen
higo bloiko russula huju
hollaka hollala
anlogo bung
blago bung
blago bung
bosso fataka
ü üü ü
schampa wulla wussa ólobo
hej tatta gôrem
eschige zunbada
wulubu ssubudu uluw ssubudu
tumba ba- umf
kusagauma
ba - umf

Hugo Ball: *Karawane*"

Aufgabe 8: Schreiben Sie nach dem Beispiel von Ball ein lautmalerisches Gedicht über Themen wie: Klage, Wut oder Zärtlichkeit, Heiterkeit.

Wortgleichklänge

Die konkrete Poesie (Jandl, Mon etc. als Dada-Erben) will den Sprachklang bewusst machen. Sie arbeiten dabei mit Vokalen und Konsonanten, mit Gleichklängen von Worten und Wortteilen.

Aufgabe 9: Arbeiten Sie mal nach Vokal- und Konsonanten-Gleichklängen von Ernst Jandl und Franz Mon.

Ernst Jandl: ottos mops

ottos mops trotzt
otto: fort mops fort
ottos mops hopst fort
otto: soso

otto holt koks
otto holt obst
otto horcht
otto: mops mops
otto hofft

ottos mops klopft
otto: komm mops komm
ottos mops kommt
ottos mops kotzt
otto: ogottogott

Schreiben Sie nach diesem Muster ein eigenes Gedicht mit nur einem Vokal, über Edis Esel oder Claus' Haus etc.

Aufgabe 10:

Franz Mon: fallen

fallen
viele fallen
viele fühlen: fallen
viele fühlen fallende fallen
viele fühlen wie sie fallen
viele fühlen fallend die fallen
viele fielen und füllten die fallen
viele gefallene füllten die fallen
vielen gefallen die vollen fallen

Verfassen Sie frei nach seinem Muster ein eigenes Gedicht, bei dem die Silben bzw. die Stammsilben aller Wörter mit demselben Konsonanten beginnen (vgl. G. Waldmann, a. a. O., S. 72).

2. Resultat: Literarische Potenzen der Wortklänge
Sprache erscheint als Klang, als System von musikalischen Klängen. Sprache reicht klanghaft hinein in die Sprache der atonalen Musik. Sie kann die Laute der modernen Großstadtsinfonie abbilden. Sie kann die Ränder der Sprache abbilden.

Psychologische Potenzen und Wortklänge

Magische Bannung der Wortlosigkeit und Sprachverstockung durch Töne. Das Chaos von Gefühlen erhält eine minimale Form, eine minimale Kommunizierbarkeit. Töne und Tonfolgen reproduzieren etwas vom kindlichen Lallen, vom Stammeln des Verwirrten, vom orgiastischen Behagen des Glücklichen, des Begeisterten.

2.1.3. Wortpotenzen lyrischer Texte

Die moderne Lyrik arbeitet besonders gern mit leitmotivischen Worten, die häufig im Text wiederholt werden, um die Verse zu strukturieren und zu organisieren (vgl. Celan Todesfuge). Es gibt folgende Leitmotivtypen:

a. Leitmotiv aus reinen Wortwiederholungen
b. Leitmotiv aus Worten derselben Wortfamilie
c. Leitmotiv aus Worten eines Wortfeldes
d. Leitmotiv aus Worten, die semantisch, sachlich, vorstellungsmäßig zusammenhängen
e. Gegensätzliches Leitmotiv: Worte und Gegenworte, Thema und Gegenthema (Fuge) bestimmten den Text

Aufgabe 11: Leitmotiv-Clustering (vgl. G.L. Rico. a. a. O., S. 124 ff, S. 130 ff.).

Wählen Sie ein einfaches Wort als Kernwort eines Clusters und schreiben Sie alle anklingenden Assoziationen zu diesem Wort nieder, die dann den Text bestimmen, z. B. den Assoziationszyklus: Eigenname, eigentlich, zueignen, eigens, Eigentum, Eigenbau, Eigennutz usw.

3. Resultat: Literarische Potenzen des Leitmotivs
Der Text wird durch das Leitmotiv strukturiert und organisiert. Das gegensätzliche Leitmotiv gibt den Widersprüchen eine Gestalt.

Psychologische Potenzen des Leitmotivs

Ausdruck der Kernsätze und Worte des lyrischen Ichs wird möglich. Organisierung und Strukturierung der zentralen Gefühlsbilder.

2.1.4. Bildpotenzen der lyrischen Texte

Metaphern

In metaphorischen Bildern werden Gefühle ohne den Umweg über Begriff und Reflexion anschaulich. Die Metapher unterbricht die alltägliche Vorstellung und konfrontiert die Hörer mit einem Bild. Ein Metapher besteht üblicherweise aus zwei Teilen, die in der Realität so nicht vorkommen. Meist ist das Attribut der Bildspender, das Subjekt der Bildempfänger. Dazu die Übung:

Metaphern-Baukasten

Bildspender (Attribut)	Bildempfänger (Subjekt)
1. haftpflichtversichert	Mensch
2. pflegeleicht	Leben
3. leistungsorientiert	Liebe
4. schmutzabweisend	Hoffnung
5. stromlinienförmig	Sehnsucht
6. vollautomatisiert	Trauer

Aufgabe 12: Würfeln Sie zwei Wortpaare aus dem Metaphernbaukasten, den Sie auch auf 20 Wortpaare ergänzen können. Schreiben Sie einen kleinen Text mit den erwürfelten Metaphern (vgl. G. Waldmann, a. a. O., S. 134).

(In die Lehre von den Metaphern führt ein: P. Meckling: Metapher. Einführung in bildhaftes Schreiben. Frankfurt 1987, S. 22 ff. und G.L. Rico: Garantiert Schreiben lernen. Reinbek 1984, S. 196–220.)

Aufgabe 13: Schreiben Sie ein bildreiches Gedicht auf Clusterbasis: Kernwort Stadt. Ersetzen Sie dann alle Metaphern durch neue. (Ein schönes Beispiel gibt A. Thalmayr: Wasserzeichnen der Poesie, a. a. O., S. 18–19.)

Symbole

Symbole sprechen das Allgemeinere im Bild des Besonderen aus. Das literarische Symbol wirkt auf das Gefühl, ist eine gemütserregende Sinnerschließung durchs Bild. Es leistet: Gehaltsverdichtung Gemütsvertiefung, Rundung und Gliederung (vgl. H. Friedrich: Die Struktur der modernen Lyrik. Reinbek 1959, S. 120 ff.). Ein Teil steht für das Ganze: ein kaputter Stahlhelm für den Krieg, eine Taube für den Frieden, eine Ratte für den inneren Feind, lange Haare für den Chaoten usw. Symbole werden gerne in politischer Lyrik benutzt, die sich der direkten Kritik entziehen will und in Bildern spricht.

Aufgabe 14: Schreibe ein Gedicht (Cluster) über die BRD. Benutze dabei das Symbol des Staatschiffes.

4. Resultat: Literarische Potenzen der Metaphorik/Symbolik
Die Darstellung mystischer und irrationaler, sonst sprachloser Inhalte wird möglich.

Psychologische Potenzen der Metaphorik/Symbolik
Eine Verbilderung der Gefühle wird eröffnet, die dem Ich einen distanzierenden Umgang mit den bedrohlichen, bildlosen Gefühlsaspekten ermöglichen (vgl. den Gebrauch von Symbolen in der Sprache der Psychoanalyse, z. B. Freuds „Ödipussymbol").

2.1.5. Satzpotenzen lyrischer Texte

Alltagssätze ordnen sich oft nach Subjekt – Prädikat – Objekt. Die lyrische Sprache entwickelt neue Satzformen, die den Satzbau erschweren.

Enjambement (französisch: enjamber – hinübersteigen)

Bei dieser Satzform endet der Satz nicht mit dem Versschluss, sondern setzt sich in der nächsten Zeile fort. „Der Satzbau geht über die Verszeile hinaus und verletzt die Verszeilenordnung" (J. Waldmann, a. a. O., S. 176).

Ein Beispiel: Rolf Dieter Brinkmann:

Einer jener klassischen
schwarzen Tangos in Köln. Ende des
Monats August, da der Sommer schon

ganz verstaubt ist, kurz nach Laden
Schluss aus der offenen Tür einer

dunklen Wirtschaft, die einem
Griechen gehört, hören ist beinahe

ein Wunder: für einen Moment eine
Überraschung, für einen Moment

Aufatmen, für einen Moment
eine Pause auf dieser Straße,

die niemand liebt und atemlos
macht, beim Hindurchgehen. Ich …

Aufgabe 15: Nehmen Sie einen Zeitungstext, und verwandeln Sie ihn in freie Verse mit überschießenden Zeilen.

Inversion (lateinisch: invertere – umkehren)

Bei der Inversion wird die alltägliche Folge der Satzglieder verkehrt: statt Subjekt – Prädikat – Objekt erscheint nun Objekt – Prädikat – Subjekt oder Prädikat – Objekt – Subjekt. Bei langen Sätzen entstehen so äußerst schwierige Sätze. Der Satzbau droht, zerstört zu werden. Er zeigt eine bestimmte Stufe des Sprachverfalls hin zum Verstummen oder der Sprachumkehrung, um das Unsagbare zu sagen.

Ein Beispiel: Aus dem normalen Satz:

„ANGST MACHT DICH BLIND FÜR DIE NOT DEINER FREUNDE“

wird durch Inversion:

1. Blind macht dich die Angst für die Not deiner Freunde
2. Für die Not deiner Freunde macht Angst dich blind
3. Für deiner Freunde Not macht Angst dich blind
4. Blind die Not deiner Freunde für dich Angst
5. Angst macht für die Not deiner Freunde dich blind

Friedrich Hölderlin hat für die moderne Lyrik das Mittel der Inversion ausgiebig benutzt und entwickelt und zugleich mit dem Mittel des Enjambements erschwert. Ein Beispiel bei Hölderlin:

Friedrich Hölderlin: Lebenslauf
Hoch auf strebe mein Geist, aber die Liebe zog
Schön ihn nieder; das Leid beugt ihn gewaltiger;
so durchlauf ich des Lebens
Bogen und kehre, woher ich kam.

Aufgabe 16: Nehmen Sie einen Zeitungstext und machen Sie Lyrik daraus mit Inversion und Enjambement.

Aufgabe 17: Schreiben Sie einen Text über ein freies Thema, und formen Sie ihn dann mittels Enjambement und Inversion um.

5. Resultat: Lyrische Potenzen des Satzbaus
Auflösung der Alltagssyntax ermöglicht die Entwicklung von neuen Satzarten und Wortstellungen im Satz, bereichert die Satzvariationen und ermöglicht dem Schreiber eine beliebige Betonung und Verschleierung des Satzsinnes.

Psychologische Potenzen des Satzbaus
Damit gewinnt der Schreiber die Möglichkeit, seine vielfältig gebrochenen Lebenserfahrungen im Satzbau abzubilden, die Traumen als Satzbrüche zu visualisieren, die Unverarbeitbarkeit tiefster Kränkung im Satzbau festzuhalten und bewusst zu stellen.

2.1.6. Strophenpotenzen lyrischer Texte

Viele moderne Gedichte geben keine Einheit von Sinn und Strophe (vgl. Alogik, Dunkelheit, Absurdismus in der Lyrik des 20. Jahrhunderts. H. Friedrich: Die Struktur der modernen Lyrik. Reinbek 1959, bes. S. 107 ff.). Das moderne Gedicht erfordert deshalb „die Herstellung von Sinnzusammenhängen zwischen den Verszeilen über den Vollzug ihrer Sinninduktion" (J. Waldmann, S. 205). Der Leser muss den Sinn moderner Lyrik für sich produzieren. Das ist objektiv so gewollt und ergibt so viele Lyrik-Sinne wie Leser. Insoweit ist moderne Lyrik sehr anspruchsvoll. Sie erfordert die Mitarbeit des Lesers, d. h. für den Schreiber moderner Lyrik, er kann bewusst Lücken lassen, die Mitarbeit des Lesers in Rechnung stellen, mit verschiedenen Sinnmöglichkeiten experimentieren, mit der Zweideutigkeit.

Die beliebteste Strophenform der modernen Lyrik ist der freie Vers. Er hat sich aber in der jüngsten Zeit etwas erschöpft, so dass eine neue Phase gebundener Verse beginnt. Neben dem Reim (vierzeilige Volksliedstrophe mit paariger, kreuzender und umarmender Reimordnung) verbreitet sich heute wieder das Sonett (vgl. H.J. Schlütter: Sonett. Stuttgart W. Kayser: Kleine deutsche Versschule. München 1958, S. 61–64). Seit den späten 60 ziger Jahren kann von einer neuen Sonett-Wut gesprochen werden, die im 16., 18. Jahrhundert bestand, in der Goethe-Zeit und der Romantik blühte, einen Aufschwung in den 20 ziger Jahren erlebte (R.M. Rilke: Sonette an Orpheus).

Um zum Sonett hinzuführen, üben wir zuerst das „Elfchen". Elfchen sind kurze Gedichte. Sie bestehen aus fünf Zeilen. Die erste Zeile besteht aus einer die zweite Zeile aus zwei, die dritte Zeile aus drei, die vierte Zeile aus vier Wörtern. Die fünfte Zeile besteht wieder aus einem Wort. Ein Beispiel:

1. Zeile: Ein Wort: z. B. eine Farbe	*rot*
2. Zeile: Ein Gegenstand	*ein Rad*
3. Zeile: Drei Worte: wo/wie ist es	*oval und rostig*
4. Zeile: Vier Worte: Ergänzung	*ein Auto entfernt sich*
5. Zeile: Ein Wort: Abschluss	*Unfall*

Aufgabe 18: Schreiben Sie ein „Elfchen“ nach diesem Muster.

Nun zum Sonett

Formale Aspekte des Sonett:
Das Sonett hat 14 Verszeilen. Es bildet zwei vierzeilige Strophen (Quartette) und zwei dreizeilige Strophen (Terzette). Die Zeilen können reimen (üblich: abba, cde, cde) oder sind reimlos, was bei modernen Sonetten verbreitet ist.
Inhaltliche Aspekte des Sonetts:
Die Sonette sind inhaltlich so gegliedert, dass das erste Quartett einen Vorgang darstellt, das zweite Quartett seine Antithese liefert, das erste Terzett ihn reflektiert und das zweite Terzett ihn reflektierend zusammenfasst.

Aufgabe 19: Schreiben Sie ein Sonett.
Machen Sie erst einen Versuch mit dem literarischen Gesellschaftsspiel der „Bouts-rimés“ oder „aufgegebenen Reime“:

„Seit dem siebzehnten Jahrhundert ist (...) Frankreich eine Hochburg der Bouts-rimés. Um 1648 soll der Poet Dulot sich beklagt haben, es seien ihm dreihundert Sonette gestohlen worden, wobei sich herausstellte, dass er darunter die schon aufgeschriebenen Reimwörter verstand. Daraus sei die Mode der Bouts-rimés entstanden“ (Liede: Sprache als Spiel. Berlin 1963, Bd. 2, S. 173).

Um zu einem Sonett zu kommen, schreiben Sie nun nach dem Reimschema abba, abba, cde, cde zunächst nur die Endreime und ergänzen Sie sie dann zu vollständigen Verszeilen (G. Mattenklott: Literarische Improvisation. Berlin 1984, S. 40–47).

Oder schreiben Sie ein Sonett, indem Sie von der inneren Form des Sonetts ausgehen:

1. Quartett: Darstellung
2. Quartett: Erweiterung oder auch auch Kontrastierung der Darstellung
1. Terzett: Reflexion
2. Terzett: Allgemeine Fassung

(vgl. G. Waldmann, a. a. O., S. 221)

6. Resultat: Lyrische Potenzen der Strophen
Die Sonett-Form ergibt eine gute Möglichkeit, mit der Einheit von Form und Inhalt auf Gefühlsebene (1. u. 2. Quartett) und Reflexionsebene (1. u. 2. Terzett) mehrfach gebrochen umzugehen.

Psychologische Potenzen der Strophen

Das Sonett kann in besonders künstlerischer Weise die eigene Lernproblematik darstellen. Es kann auch den langen Widerstreit zwischen Es und Ich in ihrer Form dialektisch aufheben und so zum Bild des poetischen Selbst hindeuten, das immer den Weg des Dichtens aufweist, wo das Leben fast unmöglich wird.

2.1.7. Überarbeitung als notwendiger Aspekt lyrischen Schreibens

Aufgabe 20: Lesen Sie die drei Fassungen des Gedichtes von Günter Eich „Finnair", arbeiten Sie die Veränderungen heraus, und leiten Sie dann die wichtigsten Aufgaben bei der Überarbeitung ab (vgl. G.L. Rico, a. a. O., S. 250–276).

1. Fassung	**2. Fassung**	**3. Fassung**
Finnair Nasse Flugzeuge. Könnte man den Tragflächen Verzweiflung zuschreiben wie allenfalls den Kiefern, so leicht ginge alles auf: Die Stimme der Stewardess, die gelben Hände, mit denen die Sitze markiert werden, die Ungeduld der Wartenden, die Treppe, die weggerollt wird von nassen Flugzeugen.	Finnair Die Vermutung, dass im Holz eine Verzweif- lung sei, und nasse Flugzeuge und die Frage, wohin du willst Wie ungeduldig müssen sie warten. Eine Stewardess wird alle Verspätungen erklären. Mit gelben Händen hat sie die Pläne markiert.	NASSE FLUGZEUGE – man muss länger warten, als die Reise dauert, die Kinder schlafen auf Kof- fern ein. Nasse Flugzeuge. Belegte Plätze von gelben Papphänden markiert. Hand- Schuhen Vielleicht hätte der Unterschied etwas bedeutet. Nasse Flugzeuge Ach, lieber Nebel über den Ålands-Inseln, ach, liebe Stewardess, die uns freundlich das Zuel ansagt, dreißig Sekunden vorher.

(A. Thalmayr: Das Wasserzeichen der Poesie, a. a. O., S. 184–186)

Literatur zu Projekt 2.1.

G.L. Rico: Garantiert Schreiben lernen. Reinbek 1984.
G.Waldmann: Produktiver Umgang mit Lyrik. Baltmannsweiler 1988.
I. Meckling: Metapher. Einführung in bildhaftes Denken und Schreiben. Frankfurt 1987.
W. Kayser: Kleine deutsche Versschule. München 1958.
H. Friedrich: Die Struktur der modernen Lyrik: Reinbek 1959.
G. Mattenklott: Literarische Improvisation. Berlin 1984.
H.M. Enzensberger: (d.i. A. Thalmayer): Das Wasserzeichen der Poesie. Nördlingen 1985.
H.M. Enzensberger: Brentanos Poetik. München 1961.
H. Domin: Wozu Lyrik heute? München 1968.
H. Bender: Mein Gedicht ist mein Messer: Lyriker zu ihren Gedichten. München 1964.

V. Hage: *Literarische Collage. Stuttgart 1981.*
V. Hage: *Collagen in der deutschen Literatur. Frankfurt 1984.*
K. Riha: *Cross-Reading und Cross-Talking: Stuttgart 1971.*
H.J. Schlütter: *Sonett. Stuttgart 1979.*
K.H. Spinner: *Zur Struktur des lyrischen Ichs. Frankfurt 1975.*

2.2. Projekt: Kriminalgeschichten

Die Popularität des Kriminalromans zeigt, dass hier ein Texttyp vorliegt, der ein riesiges Publikum erreicht. Oft hört man auch den Wunsch, mal einen Kriminalroman schreiben zu wollen.

Die Prozesse, die beim Schreiben und Lesen von Texten, die in vielfältiger Weise Agression bearbeiten, sich vollziehen, zeigen zudem auch, dass diesem Texttyp eine hohe Qualität der Selbsterfahrung zukommt.

Diese Selbsterfahrung wird noch vertieft, wenn das kriminelle Schreiben sich als **Gruppenschreiben** vollzieht. Gerade um das Gruppenschreiben gehaltvoll zu gestalten, ist es nötig, sich der wissenschaftlichen Erkenntnisse über das kriminelle Schreiben zu versichern. Deshalb kann auf die Theorie des Kriminalromans, die literaturwissenschaftlichen Modelle des kriminellen Schreibens, die entwickelten Schreibregeln (Todorov, Dine, Heißenbüttel) und auf die Psychoanalyse des Mörders und der Mordtat nicht verzichtet werden.

Die lange herrschende Zuordnung des Krininalromans zur Trivialliteratur ist durch seine neue Entwicklung widerlegt. Deshalb kann unser kriminelles Gruppenschreiben durchaus alle Möglichkeiten literarischer Gestaltung zum Zuge kommen lassen und alle Techniken literarischen Schreibens einsetzen.

ÜBUNGEN ZUM KRIMINELLEN SCHREIBEN

Das Schreiben von Detektiv- und Kriminalgeschichten kann viele Funktionen erfüllen:

- Befriedigung agressiver Instinkte aus archaischer Vorzeit
- kathartische Ersatzhandlung durch Identifikation mit dem Täter
- Schuldtilgende Identifikation mit dem Detektiv, der die gestörte Ordnung wieder heilt und das Geheimnis des abweichenden Verhaltens lüftet.

Beim Schreiben in Gruppen kann mit Hilfe von Detektiv- und Kriminalgeschichten Schuld und Sühne in Gruppenfantasien abreagieren und in der Entwicklung des Detektivs können die Schreiber ihr rationales Ich im Gruppenwir stärken. Aus der vereinzelten Medienkonsumierung des Verbrechens wird im Gruppenschreiben eine gemeinsame Bewältigung und Durcharbeitung unserer Agressionen.

1. Die sechs Elemente der Detektiv-Geschichte

Das Verbrechen

- Schneide aus der Tageszeitung Berichte über Verbrechen aus. Montiere daraus ein Superverbrechen.
- Gib einen kurzen Bericht über ein Verbrechen, das dich besonders beeindruckt hat. Benutze dabei die Clustermethode von G.L. Rico (Kernwort-Assoziationen-Umschalten-Schreiben).
- Stell Dir vor, Du hast ein Verbrechen begangen. Wie würde Deine Verteidigungsrede vor dem Richter lauten? Welche biographischen und sozialen Fakten könnten Dich entlasten?

Das Geheimnis

- Erfinde einen Täter, und mache ihn unverdächtig. Erfinde einen Unbeteilgten, und mache ihn verdächtig. Benutze dabei die Clustermethode!
- Lies folgenden Bericht, und gib eine Erklärung:

> **Zwei Monate nach Hausexplosion in Spandau Leiche gefunden**
>
> Tsp. **Berlin**. Unter den Trümmern eines am 12. Januar explodierten Wohnhauses in Spandau ist gestern eine mänliche Leiche ohne Kopf gefunden worden. Möglicherweise handelt es sich bei dem Toten um den 35jährigen Hauseigentümer. Er stand bislang unter dem Verdacht, die Explosion herbeigeführt zu haben, um den Mord an seiner 43jährigen Frau zu vertuschen.

- Stell Dir vor, ein Mord ist in einem geschlossenen Raum passiert, in den kein Täter eindringen konnte. Versuche eine Erklärung für das „locked room mystery".

Der Täter, die Täterin

- Entwirf ein Verbrecher-Bild. Schildere dabei Aussehen, Auftreten, Charakter, Lebenslauf, Weltanschauung, Partnerbeziehung der Person.
- Schreibe in der Rolle eines Freundes oder einer Freundin einen Brief an den Verbrecher/die Verbrecherin ins Gefängnis.

Die Spuren

- Gehe in einen Raum, in dem ein Verbrechen passiert ist, und schildere deine Spurensuche und ihr Ergebnis.

Der Detektiv, die Detektivin

- Entwirf einen Detektiv. Schildere Aussehen, Auftreten, Charakter, Lebenslauf, Weltanschauung, Partnerbeziehung.

Wähle aus den folgenden vier Detektiv-Typen den aus, der Dir am besten gefällt. Die vier Typen heißen: Der Übermensch, der Harte, der Unscheinbare, der Anti-Detektiv. Schildere deinen Idealtypen unter Benutzung eines Clusters.

Zur Anregung: **Die Typik des Detektivs**

Häufige Merkmale und Tätigkeiten des Detektivs:	**Veränderungen des Detektivs bei Manzoni:**
1. trinkt Whisky	1. säuft entsetzlich
2. ist einfallsreich	2. hat sehr ungewöhnliche Einfälle: Geld unter gekochtem Schinken
3. ist mutig und entschlossen	3. ist außergewöhnlich brutal: abgerissenes Ohr
4. hat einen Begleiter und Helfer, Holmes z. B. Dr. Watson	4. hat als Sozius einen Hund
5. rettet sich aus schwierigen Situationen	5. rettet sich aus gefährlichen Situationen auf ganz unwahrscheinliche Weise: Finger im Revolverlauf
6. ist sehr scharfsinnig und löst den Fall durch seine Kombinationsfähigkeit	6. verhält sich übertrieben intelligent, zeigt wenig Scharfsinn und löst den Fall auch nicht durch seine Kombinationsfähigkeit
7. hat einen Auftrag zu erfüllen und erfüllt ihn, indem er den Fall löst	7. hat einen Auftrag zu erfüllen, weiß aber nicht mehr welchen, löst den Fall und erfüllt den Auftrag versehentlich dadurch, dass er herauszubekommen sucht, welchen Auftrag er eigentlich hat

Die Arbeit des Detektivs und das gute Ende des Falles

Früher hast Du ein Verbrechen geschildert. Rekonstruiere nun die Vorgeschichte dieses Verbrechens, und gib dabei genau an, wie Du die Informationen zu den einzelnen Gliedern der Vorgeschichte, die zur Tat führte, bekommen haben könntest.

Früher hast Du einen Verbrecher entworfen. Stell Dir vor, Du muss ihn verhören, um zu einem Geständnis des Täters zu kommen. Schreibe einen Verhördialog zwischen Dir und dem Täter. Wähle zwischen folgenden Dialogformen aus:

- Das Verhör hat Erfolg. Es führt zum Geständnis.
- Das Verhör scheitert. Der Täter verhärtet sich mehr und mehr.
- Das Verhör stiftet neue Verwirrung. Der Täter legt falsche Spuren.

2. Aufbau und Stil der Detektiv-Geschichte

Das Aufbauschema

Die Detektivgeschichte erzählt sich wie jede Erzählung in drei Schritten: Problem – Suche – Lösung. Allerdings ist in der Detektivgeschichte das Problem immer ein Mord. Die Suche zielt immer auf die Vorgeschichte des Mordes. Die Lösung ist die Überführung des Täters.

Im Schema:
1. Schritt: Mord
2. Schritt: Detektion der Vorgeschichte durch Suche, Verhöre, Beschaffung und Ordnung von Informationen
3. Schritt: Entlarvung des Täters

Die Detektivgeschichte ist von einer bestimmten Spannungsstruktur. Sie steigt langsam an und bricht abrupt und völlig überraschend mit der Identifikation des Täters durch den Detektiv ab. Der Thriller dagegen bewegt sich in Wellen. Einer Spannung folgt eine Entspannung. Der Held kommt von einer Gefahr in eine rettende Situation und kommt dann wieder in eine neue Gefahr.

Krimi-Cluster:

Diese Elemente können in einem Krimi-Cluster zusammengefasst werden: dem TSL-Schema (vgl. ASL-Schema beim Märchen!)

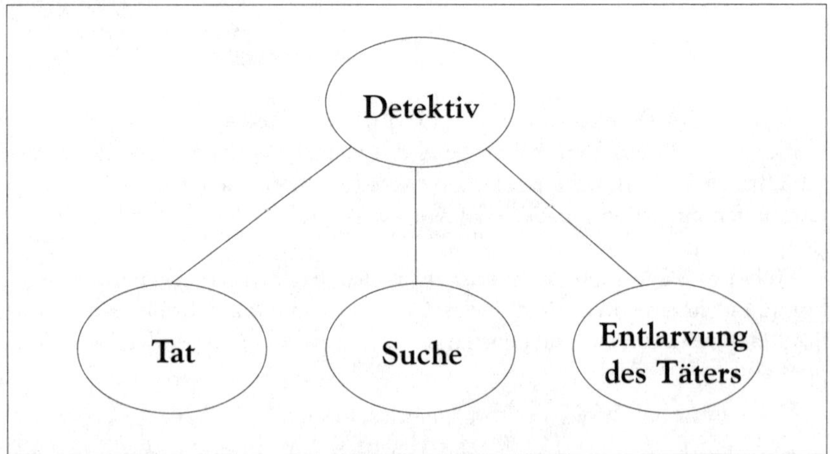

Schreibe unter Einsatz des Krimi-Clusters eine Krimi-Kurzgeschichte, und benutze dabei Deine Vorarbeiten aus früheren Aufgaben.

Herstellung von Spannung durch sprachliche und stilistische Mittel
Knapper Stil: Meist Hauptsätze. Expressive Substantive. Rätselhaftigkeit des Geschehens. Undarstellbarkeit signalisieren. Überarbeite Deine Geschichte nach diesen Stilkriterien.

Schnittechnik: Löse Deine Erzählung in zwei Handlungsketten auf, die jeweils auf dem Höhepunkt geschnitten werden.

Überprüfe Deine Geschichte, welche Schnitte in ihr möglich sind.

Verschiedene Erzählerperspektiven: Überprüfe, wer in deiner Erzählung als selbstständiger Erzähler auftreten könnte, und wieweit sich damit Deine Geschichte verändert (vgl. G. Waldmann: Literatur zur Unterhaltung. Reinbek 1980, Bd.1).

Literatur zu Projekt 2.2.

Fischer, H.: Gestörte Entwicklung und Sozialisation. Frankfurt 1985.
Goette, J.W. u. Kirchner, H. (Hrsg.): Der Kriminalroman. Frankfurt 1980.
Jahn, G.: Die Detektivgeschichte im Unterricht. Dortmund 1974.
Mannheim, H.: Vergleichende Kriminologie. Stuttgart 1975, Bd. 1.
Marsch, E: Die Kriminalerzählung. München 1983.
Miller, A.: Am Anfang war Erziehung. Frankfurt 1983.
Nusser, P.: Der Kriminalroman. Stuttgart 1981.
Praxis Deutsch 44, 1980 (Krimi-Unterrichtsmodell).
Rauchfleisch, U.: Dissozial. Göttingen 1981.
Reik, T.: Der unbekannte Mörder. Hamburg 1978.
Reik, T.: In Gedanken töten. München 1981.
Reiwald, P.: Die Gesellschaft und ihre Verbrecher. Frankfurt 1973.
Waldmann, G.: Literatur zur Unterhaltung. Reinbek 1980, Bd. 1 u. 2.

2.3. Projekt: Märchen schreiben

1. Technik

Bei verschiedenen Therapeuten, die mit Märchen arbeiten, wird das Schreiben von Märchen „ohne inhaltliche Vorgaben oder Anregungen“ bewerkstelligt (E. Franzke: Märchen und Märchenspiel in der Psychotherapie. Bern 1985, S. 44). Weil aber gerade beim spontanen Schreiben die heilende Kraft der Poesie und der poetischen Gestaltung zu kurz kommt, wollen wir auch beim Schreiben von Märchen Vorgaben und Anregungen für alle vier Phasen des kreativen Schreibens entwickeln.

1. Phase: Schreibanregungen
Zuerst wäre eine **Lieblingsmärchenfigur** zu finden. Augen schließen und darauf achten, welche Figur sich einstellt. Zu dieser Figur wären dann Gegner und Helfer zu bilden. Also:

Lieblingsfigur	Helfer	Gegner
Hänsel/Gretel	Vögel	Hexe

Dann ist der **Handlungsort** zu notieren: z. B. Wald, Hütte.
Bei der Notierung der **Handlung** ist auf den Dreischritt der Märchenerzählung zu achten:

Anfangskonflikt	**Suche**	**Lösung**
Vetreibung aus der Familie	Verirren im Wald Kampf mit der Hexe	Heimkehr

Beim Schreiben der Geschichte ist folgendes Bild der Erzählstruktur (ASL-Schema) im Auge zu behalten:

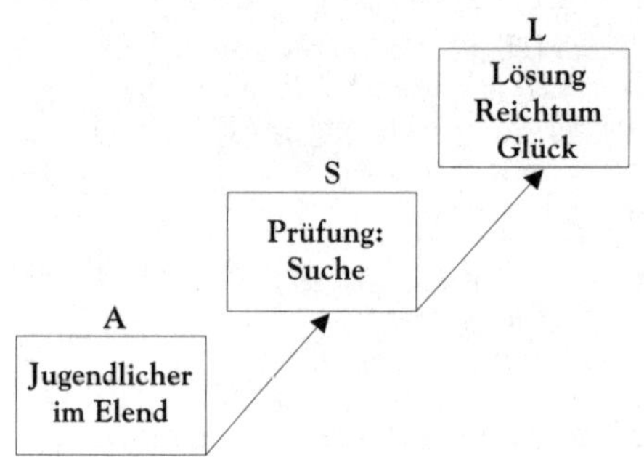

Vereinfacht können wir die Schreibanregungen zum Märchenschreiben in einem **Märchencluster** zusammenfassen:

Das Märchencluster besteht aus dem Kernwort (Name des Märchenhelden) und aus drei Assoziationssegmenten (**A**nfangskonflikt, **S**uche, **L**ösung). Für das Märchen Hänsel und Gretel würde das Märchencluster folgendermaßen aussehen:

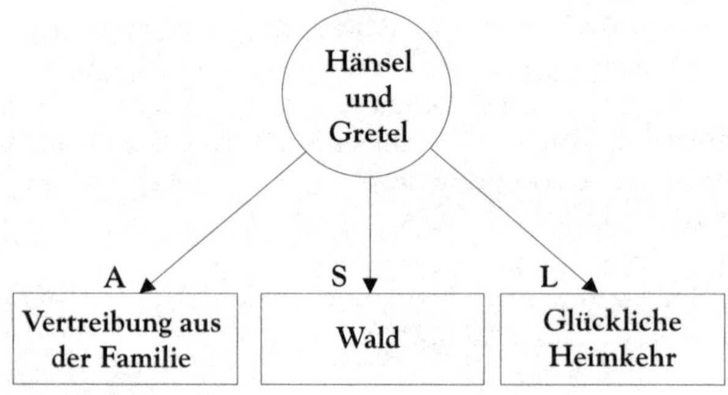

Die Schreibanregung wird als Arbeit am Cluster strukturiert: Der Name des Märchenhelden wird auf die Mitte eines Blattes geschrieben und eingekreist. Dann wird der Anfangskonflikt imaginiert und eingekreist, dann die Suche und schließlich die Lösung. Zu allen drei Assoziationssegmenten werden Einfälle gesammelt und den Segmenten zugeordnet. Wenn sich das Märchenbild verdichtet hat, kann losgeschrieben werden.

2. Phase: Schreibarbeit

Die Schreibarbeit verfolgt dann die aufsteigende Linie: vom bedrückenden Anfangskonflikt, über die Suche, die Proben, die Abenteuer, die den Helden schwer mitnehmen bis zum glücklichen Ende, das alle überstandenen Strapazen vergessen lässt. Beim Schreiben bleibt man/frau in Kontakt mit dem Märchencluster und versucht, alle Assoziationen im Text unterzubringen. Wenn das Cluster ausgeschrieben ist, beginnt die Textarbeit.

3. Phase: Textarbeit

Der nun gefertigte Text kann vielfältig durchgearbeitet werden. Diese Durcharbeitung hat nicht so sehr literaturkritischen Sinn, sondern dient der vertieften Symbolkonfrontation, der Verbesserung der poetischen Artikulation, der Erhöhung der asthetischen Qualität des geschriebenen Textes. Kreatives Schreiben wehrt, im Gegensatz zu anderen Märchentherapeuten, die Textarbeit am Märchen nicht ab (vgl. E. Franzke, a. a. O., S. 53). Es geht bei Textarbeit auch nicht um „Wortklaubereien und grammatikalische Tüfteleien" (E. Franzke, S. 53), sondern um:

a. Überprüfung der Märchenelemente: Ausreichender Gebrauch von **Märchenelementen** (Motiv der Wiederholung, der Zahlen, der eindrucksvolleren Zaubermittel, der verzauberten Tiere und Pflanzen, der magischen Orte = Brunnen, Wald, Schloss, Höhle). Antagonistische Typik der **Figuren**. Nötige Spannung des **Handlungs**dreischrittes.
b. Überprüfung der richtigen Spannung von Alltag und Märchenwelt, von konfliktreicher Gegenwart und harmonischer Zukunft. Klärung, wieweit das Fantastische gegenüber der Alltagsrealität schon genügend potenziert worden ist. Anwendung der Prinzipien des romantischen Schreibens und Märchenschreibens des Novalis (vgl. 4. Projekt).
c. Textvergleich: Da die meisten ersten Märchentexte häufig auf Vorbilder der Gebrüder Grimm zurückgreifen, sollte der Unterschied von Grimms Text und dem eigenen Text herausgefunden werden. Dabei kommt den Veränderungen des eigenen Textes gegenüber dem Grimm-Text ein großer Wert zu. Hier sind Spuren der eigenen unbewussten Textleseart und der Umdichtung von Märchen im Lebenslauf zu finden.

4. Phase: Märchentextdeutung
Anfangs sollte mit der Deutung sehr vorsichtig umgegangen werden. Einmal, weil jedes Märchen auch ohne Deutung zu uns spricht: „Auch ohne jede bewusste Deutung spricht das Märchen zu uns und es spricht bei jedem das jeweils akute Problem an" (H. Dieckmann: Gelebte Märchen. Hildesheim 1983, S. 50), zum anderen, weil am Anfang jeder Gruppenarbeit der Einzelne wie die Gruppe leicht durch Deutungen, die Konflikte forcieren, überfordert werden könnten (E. Franzke, a. a. O., S. 53, 61). Allerdings kann am Anfang jeder Schreiber schon Deutungseinfälle zu den eigenen Texten sammeln und notieren und für sich behalten.

2. Anfangsübungen in der Märchengruppe:

1. Übung: Die Gruppenarbeit beginnt am besten mit der Vorstellung der **Lieblingsmärchenfigur**. Jeder sollte aus dem Gedächnis das Märchen mit seiner Lieblingsfigur aufschreiben, und wer will, sollte seinen Text in der Gruppe auch vorlesen. Mit diesem ersten Text kann sich jeder gut als Gruppenteilnehmer vorstellen und den anderen bekannt machen. Anhand dieser Texte kann dann die Technik des Märchenschreibens geklärt werden und auf die Theorie der Romantiker (Novalis) zum Märchen eingegangen werden.

2. Übung: Neben dem Lieblingsmärchen hat jeder eine Fülle von **Märchenmotiven** im Gedächnis. Solche Märchensatzfetzen sollte jeder Teilnehmer aufschreiben als Satzhaufen. Aus diesem Haufen sollte er sich das wichtigste Motiv herausgreifen und mit Hilfe des Märchencluster in einen eigenen Märchentext verwandeln.

3. Übung: Wenn die Stimmung in der Gruppe es zulässt, kann versucht werden, ein **gemeinsames** Märchen zu schreiben. Dafür ist die Bildung von drei Untergruppen nötig. Eine Gruppe übernimmt den Ausgangskonflikt, die zweite die Phase der Prüfung, die dritte die Lösung. In jeder Untergruppe schreibt jeder Teilnehmer einen Satz auf das gemeinsame Papier, der sich an den Satz des Vorgängers anschließt, bis der Textteil sich abschließen lässt. Dann veranstaltet die Gruppe eine Lesung, in der die drei Textteile zu einem gemeinsamen Märchen montiert werden (vgl. E. Franzke, S. 53–61).

4. Übung: Die Märchentechnik ist auf die **Lösung eigener Probleme** anzuwenden. Damit hier am Anfang aber keine Kränkung passiert, soll die Lösung anonymisiert werden. Deshalb folgendes Vorgehen: Jeder schreibt auf einen Zettel sein größtes Problem, gibt diesen Zettel in ein Gefäß, aus dem dann jeder einen Zettel dann zieht. Er erhält damit sein Märchenthema, sucht sich eine Helden/din, der/die das Problem lösen soll und schreibt unter Beihilfe des Märchenclusters eine märchenhafte Problemlösungsgeschichte. Alle Geschichten werden in der Gruppe vorgelesen, und jeder erhält für sein Problem einen märchenhaften Lösungsvorschlag, der vielleicht Anregung enthält, das Problem von einer anderen Seite, mit anderen Augen, anzusehen und anzugehen.

5. Übung: Wenn die Gruppe durch Übung 4 eine gute Stimmung zur Weiterarbeit entwickelt hat, kann sie die Übungen mit dem Zyklus „Poetische Selbstanalyse im Märchen“ fortzusetzen. Die poetische Selbstanalyse im Märchen beginnt damit, den **eigenen, bisherigen Lebenslauf** als Märchen darzustellen. Die Kindheit wird zum Anfangskonflikt, Jugend und frühes Erwachsenenalter als Suche und Prüfung, und die Zukunft erscheint als Lösungsort. Die eigene Biographie wird in drei Abschnitten im Märchencluster untergebracht und als Märchen geschrieben. Das Lebensmärchen wird vorgelesen. Das Problem, das im Lebensmärchen unbefriedigt gelöst worden ist, ist das Thema des nächsten Märchens. Da jedes weiter im **Alltag auftauchende Problem** zum Märchenthema genommen und mit dem Märchencluster bearbeitet werden kann, so lässt sich diese Übung beliebig ausdehnen. Die Gruppe sollte das Märchen-Schreiben bestimmen, wie lange die aktuellen Probleme „romanisiert“ werden sollen.

Literatur zu Projekt 2.3.

1. Texte der Romantiker

Brentano, C.: Werke. Darmstadt 1964, 4 Bde.
Chamisso, A. v.: Werke. Berlin 1960.
Eichendorff, J. v.: Werke und Schriften. Stuttgart 1957.
Hoffmann, E.T.A.: Werke. München 1965.
Novalis: Schriften. Stuttgart 1960, 4 Bde.
Tiek, L.: Schriften. Berlin 1925, 6 Bde.

2. Literaturgeschichte der Romantik

Böttcher, K. und Kollektiv: Romantik. Erläuterungen zur deutschen Literatur. Berlin 1967.
Große, W., Grenzmann, L.: Klassik, Romantik. Stuttgart 1985.
Hoffmeister, G.: Deutsche und europäische Romantik. Stuttgart 1978.
Ribbbat, E. (Hrsg.): Romantik. Ein literaturwissenschaftliches Studienbuch. Königstein: 1978.
Steffen, R. (Hrsg.): Die Romantik. Göttingen 1978.

3. Romantik und Tiefenpsychologie

Beguin, A.: Romantik und Traumwelt. Stuttgart 1976.
Ellenberger, H.F.: Die Entdeckung des Unbewussten. Bern 1973 S. 89–256 bes. 232–250!
Ermann, W.: Der tierische Magnetismus in Preußen vor und nach den Freiheitskriegen. München 1925.
Kern, H.: Die Seelenkunde der Romantik. Berlin 1937.
Mesmer, F.A.: Mesmerismus oder System der Wechselwirkungen. Berlin 1814.
Ochsner, K.: E.T.A. Hoffmann als Dichter des Unbewussten. Leipzig 1936.
Rattner, J. (Hrsg.): Vorläufer der Tiefenpsychologie. Wien 1983.
Schubert, G.H.: Ansichten von der Nachtseite der Naturwissenschaft. Dresden 1809.
Schubert, G.H.: Die Symbolik des Traums. Bamberg 1814.
Uber, W.: E.T.A. Hoffmann und S. Freud. Berlin, Phil.Diss., FU 1974.
Voerster, J.: E.T.A. Hoffmanns psychologische und medizinische Quellen. Stuttgart 1967.

4. Volksmärchen und Kunstmärchen in der Romantik

Karlinger, F.: Grundzüge eines Geschichte des Märchen;s im deutschen Sprachraum. Darmstadt 1983.

Klotz, V.: Geschichte des europäischen Kunstmärchens. Stuttgart 1986.

Lüthi, M.: Märchen. Stuttgart 1974.

Schumacher, H.: Narziss an der Quelle, Das romantische Kunstmärchen. Wiesbaden 1977.

Tisma, J.: Das deutsche Kunstmärchen des 20. Jahrhunderts. Stuttgart 1981.

Tisma, J.: Kunstmärchen. Stuttgart 1983.

5. Tiefenpsychologische Märchendeutung und Märchentherapie

Bettelheim, B.: Kinder brauchen Märchen. München 1986 (Das beste tiefenpsychologische Buch über Märchen!!!)

Dieckmann, H.: Gelebte Märchen. Hildesheim 1983.

Franz, M.-L. v.: Psychologische Märcheninterprtation. München 1986, (Beste jungianische Einführung in die archetypische Struktur der Märchen und ihre Deutung durch Amplifikation.)

Franzke, E.: Märchen und Märchenspiele in der Psychotherapie. Bern 1985, (Hier über Märchenschreiben S. 44–60)

Hettmann, F.: Traumgesicht und Zauberspur. Märchenforschung, Märchenkunde, Märchendiskussion. Frankfurt 1982 bes. S. 43 ff.

Jaffe, A.: Bilder und Symbole aus E.T.A. Hoffmanns Märchen „Der goldene Topf". Einsiedeln 1986.

Kast, V.: Märchen als Therapie. Olten 1986.

Kast, V.: Wege aus Angst und Symbiose. München 1987.

Kast, V.: Wege zur Autonomie. Olten 1985.

Laiblin, W.(Hrsg.): Märchenforschung und Tiefenpsychologie. Darmstadt 1986 (Beiträge zur Geschichte tiefenpsychologischer Märchenforschung.).

Wittgenstein, O.Graf: Märchen, Träume, Schicksale, München 1981 (Märchen in der Analyse).

6. Märchenschreiben, Märchendeuten als Didaktik

Jaugey, G.. Stundenblätter, Kleider machen Leute. Taugenichts. Stuttgart 1982 (Didaktische Hinweise zur Bearbeitung von Eichendorffs „Taugenichts").

Nietsch, M.: Authentische Märchen. In: Diess. (Hrsg.): Wenn ich schreibe ... Empirische Untersuchungen zu Schreibgruppen. Berlin 1990. Kap. 3.

Stamer, B.: Stundenblätter. Märchen für das 5. – 7. Schuljahr. Stuttgart 1982 (Didaktische Hinweise zum Märchenschreiben S. 38–44).

Werner, R.: Stundenblätter. Psychoanalyse und Literatur. Exemplarische Analysen für die Sekundarstufe II. Stuttgart 1983 (Exemplarische psychoanalytische Textdeutung des Märchens von E.T.A.Hoffamnn „Der Sandmann" S. 66–79, des Gedichtes von J.v. Eichendorff „Frische Fahrt" S. 97–101.

2.4. Projekt: Romantisches Schreiben in der „Romantischen Galerie" Berlin

a) Prinzipien romantischen Schreibens nach Novalis

Im ersten Kapitel des „Heinrich v. Ofterdingen" von Novalis wird die Initiation des romantischen Dichters beschrieben als Reise durch drei Stufen somnambuler Versenkung: 1. Stufe: das unendlich bunte Alltagsleben, 2. Stufe: die Wunderwelt der Naturversenkung, 3. Stufe: die Begegnung mit dem Zentralmotiv des Unbewussten: die „blaue Blume". Auch bei E.T.A. Hoffmann heißt „Künstlerweihe" Überschreiten des Alltagsbewusstseins und somnambule Begegnung mit den unbewussten Seiten und Kräften der Poesie. Im somnambulen Schreibprozess, der den Gesetzen **automatischen** Schreibens folgt (H. Ellenberger, a. a. O., S. 136), kommt es zur Vermittlung von alltäglicher Bewusstheit und phantastischer Unbewusstheit. Diesem Vermittlungsprozess widmet Novalis neun Thesen:

Romantisieren 1. „Die Welt muss romantisiert werden. So findet man den ursprünglichen Sinn wieder" (H-J.Mähl (Hrsg.): Novalis. Passau 1976 S. 151. Dichter über ihre Dichtungen. Bd. 15). Kann heißen: Die Industrie zerstört jeden Sinn, führt zum Triumph der Profitratio. Die Natur wird stumm, auch die innere. Die Gefühle fliehen aus der Welt der Fabriken. Eine romantische, das Unbewusste einbeziehende Weltbetrachtung erweckt im Schreiben Mythos, Gefühl, Entwicklung, Geschichte und bringt sie wieder in die Welt.

Potenzieren 2. „Romantisieren ist nichts als eine **qualitative Potenzierung.**" Kann heißen: Gegen die quantifizierende Wirkung der Geldwirtschaft des Marktes und des Tausches setzt das romantische Schreiben die Steigerung qualitativer Gefühle, gefühlter Sinn-Qualitäten.

3. „Diese Operation ist noch ganz unbekannt." Heißt: Die Aufklärungsliteratur, die Klassik Goethes und Schillers hat keinen Begriff von der Methode romantischen Schreibens im somnambulen Zustand. Diese Methode wird:

Synthetisieren 4. „Dem Gemeinen einen hohen Sinn geben." Heißt: Selbst das Alltagtägliche hat große Bedeutung. Alltägliches Schlafen z. B. führt im Traum zur blauen Blume. Visionen erschließen Zusammenhänge, die kein wissenschaftliches Labor erkennen kann, z. B. die magnetischen Natur- und Triebkräfte.

Poetisieren 5. „Dem Gewöhnlichen ein geheimnisvolles Aussehen geben." Heißt: Der Alltagsmensch ist im Grund Teilhaber am mythopoetischen Unbewussten. Er kann im Märchen Fühlung mit Archetypen gewinnen.

6. „Dem Bekannten die Würde des Unbekannten geben." Heißt: Was die Wissenschaft für bekannt hält, für registriert, vermessen und die Industrie für verkaufbar und verwertet, hat vielleicht einen unbekannten Sinn und eine unsichtbare Würde.

7. „Dem Endlichen einen unendlichen Schein geben." Jede Epoche der Geschichte ist nicht nur Müll, abgelebt, verwertet, sondern Stufe zu einem Ende, in dem alles aufgehoben ist.

Ironisieren 8. „Umgekehrt… das Höhere, Unbekannte, Mystische, Unendliche… bekommt einen geläufigen Ausdruck." Heißt: Das machtvoll Etablierte wird in Alltäglichkeit aufs Erträgliche reduziert.

9. „Wechsel, Erhöhung und Erniedrigung." Heißt: Die fantastische Weltveränderung darf nicht als schon reale verdinglicht werden, sondern soll in **ironischer** Schwebe gehalten werden. Mit Ironie wird die Verbannung der Kreativität und der Fantasie aus der prosaischen Welt der Industrie erträglich und zugleich ein Stachel der Veränderung.

b) Aspekte der Textarbeit bei der Umformung des Urtextes in einen romantischen Text

Am deutlichsten werden die Prinzipien des romantischen Schreibens (um 1800), wenn man sie mit den Prinzipien des expressionistischen Schreibens (1910–1920) vergleicht. Die Romantik versucht eine Vereinfachung der Sprache und strebt einen volkstümlichen Ton an. Der Expressionismus setzt auf Substantivierung und abgehackte Sprache. Die Romantik versucht die Realität zu harmonisieren. Sie möchte das Endliche und das Unendliche, das Bewusste und das Unbewusste synthetisieren. Der Expressionismus strebt nach Heterogenisierung der Realität, die Zusammenbringung des Unvereinbaren. Die Romantik versucht eine Poetisierung der Figuren: Sie setzt auf Sehnsucht, Traum und Heimweh als echte Gefühle. Der Expressionismus reduziert die Figuren aufs Detail, will das Grelle und Skurile an den Figuren herausarbeiten. Die Romantik will die Landschaft romantisieren, d. h. verseelen und vertiefen. Der Expressionismus will die Landschaft mythisch zu personifizieren (G. Heym: Der Gott der Stadt). Die Romantik versucht, die Texte zu musikalisieren und die Klangqualität der Texte zu potenzieren. Der Expressionismus will dagegen die Texte emotionalisieren. Schließlich setzt die Romantik auf Ironie. Sie stellt die Unerreichbarkeit des goldenen Zeitalters durch ironische Symbole und Metaphern dar. Der Expressionismus setzt auf eine brutale Antithese von schlechtem Alltag und ferner Utopie.

Aspekte der Textarbeit

Expressionismus (1910–1920)	Romantik (um 1800)
1. Substantivierung	1. Vereinfachung der Sprache, volkstümlicher Ton
2. Heterogenisierung der Realität	2. Synthetisieren: Harmonisierung der Realität durch Öffnung zur Unendlichkeit/Unbewusstem

Expressionismus (1910–1920)	Romantik (um 1800)
3. Reduzierung der Figuren auf Details	3. Poetisieren der Figuren: Sehnsucht, Traum, Heimweh
4. Personifizierung der Landschaft	4. Romantisieren: Verseelung der Landschaft
5. Emotionalisierung der Sprache	5. Potenzieren: Musikalisierung der Texte (Lieder, Gedichte, Musik im Text)
6. Utopisierung: ideale Gemeinschaft	6. Ironisieren: Symbolisierung und Metaphorisierung des goldenen Zeitalters

(vgl. L. v. Werder: Schreiben als Therapie. München 1988, S. 200 ff., 222–225)

c) Aufgaben: Gestaltung romantischer Landschaftsseelenbilder

aa) Schreiben in der Galerie und in der Natur

In Berlin ist romantisches Schreiben, nach der Geschichte der Berliner Romantik um 1810, besonders gut im Schloss Charlottenburg aufgehoben. Dort befindet sich die romantische Galerie, und der Schlosspark birgt viele romantische Motive: Wald, einsame Parkwege, stille Häuser, das romantische Schloss, die Gruft einer Königin etc.

Damit die Motive in der Galerie und in der Natur sprechen, ist die Meditation der Bilder der Galerie und sinnlichen Erfahrungen nötig, also Konzentration vor Ort auf die Objekte. Die freien Assoziationen und Einfälle vor den Objekten sind frei zu notieren. Ein Urtext entsteht, der durch weiteres Material, z. B. aus Bildbesprechungen, vertieft werden kann. Dann folgt die Textüberarbeitung nach den sechs romantischen Textaspekten, und ein romantischer Text erscheint auf dem Papier. Deutung und Interpretation können folgen und die Kreation abrunden.

Schreiben in der Natur und in der Galerie sind gute Möglichkeiten, heute sich dem Geiste der Romantik zu nähern, wenigstens in Berlin. Das Reisen an romantische Orte ist ein weiterer Schritt (vgl. die Cornwall-Reise).

Hinweis für Westdeutsche: Der Besuch der Berliner Galerie kann ersetzt werden durch die Projektion romantischer Bilder über einen Dia-Projektor oder ein Epidiascop. Bildvorlagen liefern entsprechende Bildbände. Das Zimmer ist dabei abzudunkeln. Romantische Musik vom Band rundet die Stimmung ab.

bb) Romantische Landschaften als Stimuli

C.D. Friedrich: „Die Frau vor der aufgehenden Sonn“

Das Bild zeigt eine Frau in einer weiträumigen bergigen Landschaft, die mit ausgebreiteten Armen den anbrechenden Tag begrüßt. Sie ist als Rückenfigur in der Bildmitte dargestellt und verdeckt mit ihrer Körpermitte die heraufsteigende Sonne, deren Strahlen den rosenfarbenen Morgenhimmel und die nebligen Wiesen erleuchten. Friedrich hat die Frau so vor die Horizontlinie gerückt, dass die Sonnenstrahlen zumindest scheinbar auch von ihr ausgehen und in die umgebene Natur gesendet werden.

1. Aufgabe: Skizziere die Gedanken einer Frau vor der untergehenden Sonne. Ganz ähnlich ist sein Bild „Der Wanderer über dem Nebelmeer“, aus der gleichen Zeit, aufgebaut. Diesmal ist es ein Mann, der auf einem Felsen stehend in die Landschaft hineinblickt. Die von Nebel erfüllte Mittelgebirgslandschaft erscheint merkwürdig künstlich, wie aus mehreren Bildern zusammengesetzt, eine Mischung aus Elbsandsteingebirge und Riesengebirge in perspektivisch durchaus unsicheren Ansichten erfasst. **Der Mensch ist die Mitte der Landschaft – sie wird gleichsam erschaffen durch seine Gefühle und Empfindungen.**

2. Aufgabe: Beschreibe die Gedanken des Mannes im Nebelmeer. Beim Bild „Kreidefelsen auf Rügen“ (um 1818) blicken drei Städter, eine Frau und zwei Männer, von dem steil abfallenden Kreidefelsen hinab und hinaus aufs Meer. Sie befinden sich nur in mittlerer Höhe, denn die Felsen wachsen links und rechts von ihnen mächtig empor, umrahmen das durchschimmernde Meer in Gestalt eines großen W. Die See, deren Horizont sehr hoch liegt, erscheint in vollkommender Ruhe und Stille, hebt sich in zarten durchsichtigen Blau- und Rosatönen, die sanft in den durchlichteten Himmel übergehen, vom strahlenden Weiß der Kreidefelsen ab. Wie ein kostbares Gefäß sind die Farbtöne des fernen Meeres gefasst. Die drei Menschen halten sich nicht direkt im Fels auf, sondern im Bereich der Grasnarbe, gleichsam im Schutz der hoch aufragenden Bäume. Die Frau sitzt und schaut hinab, einer der Männer hat sich auf alle Viere gestützt und beugt sich vorsichtig und neugierig über den Abgrund, der andere Mann lehnt sich stehend an den Baum, verschränkt die Arme und blickt in die Ferne. **Im Gegensatz zu den beiden furchtsam Neugierigen, die nichts sehen können als den Abgrund, vermag er allein die volle Schönheit von Fels und Meer wahrzunehmen; ihm erschließt sich die Natur, die in vollkommenem Einklang mit seinen Empfindungen zu stehen scheint.**

3. Aufgabe: Skizziere das Zusammentreffen von drei Personen auf den Kreidefelsen bei Rügen. Schreibe dazu ein Fragment.

Ludwig Richter:

„Überfahrt über die Elbe am Schreckenstein" (1837)
Über das Bild schreibt Richter:
„Als ich nach Sonnenuntergang noch am Ufer der Elbe stand, dem Treiben der Schiffsleute zusehend, fiel mir besonders der alte Fährmann auf, welcher die Überfahrt zu besorgen hatte. Das Boot, mit Menschen und Tieren beladen, durchschnitt den ruhigen Strom, in welchem sich der goldene Abendhimmel spiegelte. So kam unter anderem auch einmal der mit Leuten bunt angefüllte Kahn herüber, in welchem ein alter Harfner saß, welcher statt des Überfahrtskreuzers während der Fahrt etwas auf der Harfe zum Besten gab. Aus diesen und anderen Eindrücken entstand nachher das Bild („Die Überfahrt am Schreckenstein"), der erste Versuch, in welchem ich die Figuren zur Hauptsache machte. Freilich fielen sie sehr mangelhaft in der Zeichnung aus, besonders da ich nur zu ein paar Figuren eine flüchtige Skizze nach der Natur machte. Doch gefiel das Bild auf der Ausstellung, und v. Quandt kaufte es sogleich für eine Sammlung".

4. Aufgabe: Schreiben Sie eine Geschichte von der Überquerung der Elbe in einem Boot, das ein alter Harfner mit seiner Musik begleitet.

Literatur zu Projekt 2.4. vgl. Projekt 2.3.

2.5. Projekt: Reisen und Schreiben im mythischen Cornwall (England)

a) Die Reise, das Schreiben:

Fahren Sie mit einer Schreibgruppe in das mythische Cornwall auf den Spuren der Sage von König Artus (473–537 n. Chr.), besuchen Sie Glastonbury (Artus' Grab), Cadbury (Schloss Camelot), St. Michael Mount (Artus' Jugend), Tintagel (Artus' Geburtsort) und Merlins Wohnung, und lassen Sie dort die Gestalten der Sage in ihren Texten neu erstehen. Da die Artussage von psychologischen Grundproblemen wimmelt: ödipaler Konflikt, Inzest, Mord, werden Sie mit Ihren Texten in der Lage sein, farbige Konstellationen der Seele im mythischen Gewand darzustellen. Als Einführung in die Artusreise empfiehlt es sich, den Bestseller von Marion Zimmer-Bradley „Die Nebel von Avalon. Frankfurt 1986, zu lesen und sich eventuell aus einer Videothek den Videostreifen „Excalibur" anzusehen. Eine gute Anreise nach Cornwall ergibt sich über die Autofähre von Hamburg nach England. Mit dem Auto ist die Schreibgruppe beweglicher, um die verschiedenen Orte der Artussage in Cornwall aufsuchen zu können.

Aufgabe 1: (Auf der Nordsee) Kurzfassung der Sage von König Artus.

Aufgabe 2: (Nähe Helgoland) Der Zauberer Merlin – ein Gedicht. Um der Merlinfigur Hintergrund zu geben, ist das Lesen des Theaterstücks von T. Dorst: „Merlin". Frankfurt 1985, sehr nützlich.

Aufgabe 3: (In Glastonbury) In der Abtei von Glastonbury, am Grab König Artus', könnte ein Nachruf auf Artus, am Chalice-Well eine Imagination zu Sir Lancelot, auf dem Tor ein Text über Avalon geschrieben werden.

Aufgabe 4: (In Cadbury) Bericht über einen Tag am Hofe König Artus'. Für Camelot wäre es sinnvoll, die neuesten archäologischen Forschungen von L. Alcock: Camelot. Die Festung des König Artus? Bergisch-Gladbach 1976, zur Kenntnis zu nehmen.

Aufgabe 5: (Tintagel) Hier könnte man eine Meditation über Merlin (in der Merlin-Höhle), eine Imagination zu Artus' Geburt auf den Klippen von Tintagel-Castle schreiben.

Aufgabe 6: (St. Michael Mount) Die Geschichte von Artus' Jugend wäre zu fabulieren.

Für derartige Schreibreisen gibt es weitergehende Perspektiven: Es bietet sich an, eine Schreibreise auf den Spuren des Odysseus von Troja nach Ithaka, auf dem Weg der Nibelungen, auf der Märchenstraße der Gebrüder Grimm zu organisieren.

b) Prinzipien des kreativen Schreibens in mythischer Landschaft

- Schreibe im Freien nach der Natur und Deinen mythischen Fantasien an den Orten der Artusgeschichte in Cornwall.
- Verarbeite die verschiedenen Sinnes- und Fantasieeindrücke, die Geschichte und die Gegenwart.
- Benutze die Motive und die Figuren des Artus-Mythos, um Dir die Grundlagen des keltischen Europa (zwischen dem antiken Rom und dem christlichen Mittelalter) zu erarbeiten.
- Die mythischen Motive und Figuren können zu jeder Zeit die Gegenwart im Vergangenen spiegeln.
- Das Schreiben im Freien bringt den Genius Loci und konkrete Handlungsbilder ins Assoziationsspiel und lockert die Zensur, stimuliert das literarische Über-Ich.
- Das Geschriebene kann in der Gruppe vor Ort gleich vorgelesen werden, bei Sonne, Wind, Gras und dem berauschenden Meer.

– Die mythischen Texte wären in ein Tagebuch der Reise einzutragen: Das eigene Leben und die Konfrontation mit dem Mythos träten in einen Zusammenhang.

Literatur zu Projekt 2.5.

G. Ash: *König Arthur. Düsseldorf 1986 (Taschenbuchausgabe 1988).*
G. Ash: *The Quest for Arthurs Britain. London 1987.*
P. u. S. Botheroyd: Schottland, Wales, Cornwall. Auf den Spuren des König Artus. München 1988.
L. Alcock: *Camelot. Die Festung des König Artus? Bergisch-Gladbach 1976.*
Das Avalon-Buch. München 1988.
T. Dorst: Merlin. Frankfurt 1985.
T.H. *White: Der König auf Camelot. Stuttgart 1976, Bd. 1–2,*
M. *Zimmer-Bradley: Die Nebel von Avalon. Frankfurt 1986.*

2.6. Projekt: Meditatives Schreiben

Der Kurs soll die höheren geistigen Schichten der Person ansprechen. Als Aufbaukurs setzt er die Absolvierung von biographischen Grundkursen voraus, da er mit Erfahrungen verbunden ist, die ohne Kenntnis der eigenen Biographie und des eigenen unbewussten Lebenslaufes leicht missverstanden werden könnten.

Ziel des Kurses ist es, die höheren unbewussten Seiten der Person bekannter zu machen und den Kontakt zur Geschichte der Ideen und Chiffren zu vertiefen.

Die **Methoden der meditativen Selbsterfahrung** entnehmen wir der Geschichte der Philosophie, die in ihren mystischen Abkömmlingen zur philosophischen Praxis, zur lebendigen Erfahrung wird. Praxis dieser Erfahrung ist transzendieren, versenken, Symbolwahrnehmung. Zur Anregung für das meditative Schreiben dienen uns die poetischen Texte der meist mystisch eingestellten Poesiephilosophen. Der Kurs gliedert sich in die Abschnitte:

1. Aus der Antike: Plato, Marc Aurel
2. Mittelalter: Han Shan, Omar Khajjam
3. Die Neuzeit: Haiku-Tradition

Als **Hilfsmittel** braucht jeder Teilnehmer: Ein dickes Schreibheft, in das er alle seine Texte einträgt.

Der Kurs organisiert sich als **Selbsthilfegruppe** unter Mithilfe von literarischen Animateuren. Die meditativen Texte werden zu Haus allein oder in der Gruppe verfasst. In der Gruppe werden die Texte vorgelesen und besprochen, soweit es jeder möchte. Bei diesen Besprechungen ist Toleranz selbstverständlich.

Als **Einstiegskontrolle** sollte jeder Teilnehmer einen kleinen Text schreiben: Thema „Meine Weltanschauung". Umfang fünf Zeilen. Auf diese Zeilen werden wir am Ende des Kurses wieder zurückkommen.

a) Aus der Antike:

aa) Plato: Vom Dunkel des Alltags ins Licht

Plato (428–347 v. Chr.) war Schüler des Philosophen Sokrates (geb. 469 v. Chr.), der 399 v. Chr. wegen Verführung der Jugend zum Denken zum Tode verurteilt und hingerichtet wurde. Das Erlebnis des Todes des Sokrates hat Plato sein Leben lang als Antrieb zum Philosophieren empfunden. Seine Philosophie ist Dichtung: Dialoge, Gedichte. Die Dialoge bilden die Art des Philosophierens in der Akademie nach, die Plato 387 v. Chr. in der Nähe Athens gegründet hatte, und die fast 1000 Jahre bis 529 n. Chr. bestand. Die Akademie befand sich in einem Garten, der in der schönsten Landschaft Attikas lag. Zur Zeit Platos lehrten dort etwa 20 Philosophen, die besten Wissenschaftler ihrer Zeit. Im Zentrum der Akademie stand die Erforschung der Ideen. Die Ideenlehre findet allerdings in den platonischen Dialogen nur eine teilweise Darstellung. Sie blieb Geheimwissen der Anhänger der Akademie. In seinem 7. Brief schreibt Plato 354: „Von mir selbst wenigstens gibt es keine Schrift über diese Gegenstände, noch dürfte eine erscheinen“ (zit. n. G. Martin: Plato. Reinbek 1985, S. 64). Man muss also eine nur mündliche vorgetragene von einer verschriftlichten Ideenlehre unterscheiden. Die Umrisse der verschriftlichten Ideenlehre lautet: Die Welt zerfällt in Werden und Sein. Das Werden ist das Viele, das Vergängliche, das Zufällige. Das Sein ist das Eine, das Ewige, das Notwendige. Das Denken kommt vom Werden zum Sein durch Abstraktion, durch das Bilden von Begriffen, durch das begriffliche Aufsteigen vom Vielen zum Einen. Von vielen Pferden kann man auf den Typ Pferd schließen, ohne den Typ-Begriff Pferd kann man kein konkretes Pferd erkennen. Aus vielen schönen Dingen kann man auf das Schöne schließen.

Das abstrahierende Transzendieren erschließt als Summe und System aller letztbegründeten Abstraktionen eine Spähre ewiger Urbilder, die das Sein berühren. Das Sein wird umfasst von den Ideen des Guten, Wahren und Schönen. Vom Sein ist eher in den Worten der Dichter zu hören als in den Worten der Philosophen. In der Sprache der Dichter lässt sich tatsächlich vom Einen sprechen, wo die Philosophen sich in Tautologien, Widersprüche oder Stammelei verlieren.

Platos Gedichte beschreiben die dichterische Entdeckung der Schönheit in einem geliebten Jüngling, dem Jüngling Aster:

„Zu den Sternen blickst Du, mein Stern,
Oh, wäre ich der Himmel, dass ich
mit vielen Augen auf Dich blicken könnte.“

Als der Jüngling Alster plötzlich starb, schrieb Plato:

„Früher strahlte er als Morgenstern
unter den Lebenden.

Nun leuchtet er als Abendstern
in der Nacht des Todes.“
(Zit. n. E. Hoffmann: Plato. Reinbek 1961, S. 16)

Als der Jüngling Dion ermordet wurde, mit dem Plato in Syrakus auf Sizilien einen idealen Staat errichten wollte, schrieb Plato:

„Tränen haben die Schicksalsschwestern
Hekabe und den Troerfrauen
zugesprochen
vor der Geburt.

Doch Du standest im Siegerkranze,
Dion, als das Geschick Dir aller
Hoffnung Früchte
plötzlich entriss.

Ruhest in heimischer Erde,
teuer deinem Volke.
Wie glühend hat Dich meine Seele,
Dion, geliebt.
(Zit. n. G. Martin, a. a. O., S. 38)

Erste Schreibübung: DIE SCHÖNHEIT DER LIEBE UND DER SCHMERZ IHRES VERLUSTES

- Stellen Sie sich alle Menschen vor, die Sie geliebt haben. Fassen Sie diese Menschen in einem zusammen, und stellen Sie sich vor, er verließe Sie.
- Fassen Sie diese Gedanken zu dieser Vorstellung in Stichworten zusammen. Oder entwickeln Sie ein Doppelcluster mit den Kernworten Liebe, Verlust.
- Schreiben Sie nun ein Gedicht.

Aber Plato lehrt den Aufstieg zu den ewigen Ideen. Er hat von diesem Aufstieg in einem Bild gesprochen: dem Gedicht vom Höhlengleichnis.

„Die Menschen leben in einer unterirdischen Höhle, festgebannt an Schenkeln und Hals, immer an der nämlichen Stelle, mit dem Blick vor sich hin, durch die Fesseln gehindert, ihren Kopf zurückzuwenden. In ihrem Rücken führt ein langer Gang nach aufwärts. Von dort leuchtet in die Höhle ein Feuerschein. Zwischen dem Feuer und den Gefesselten läuft oben ein Weg, längs dessen eine niedrige Mauer errichtet ist. Hinter der Mauer tragen Leute bald redend, bald schweigend allerlei Gerätschaften und Bildsäulen vorbei, die über die Mauer hinausragen. Die Gefesselten sehen vor allem diesen Dingen und von sich selbst die Schatten, die von dem Feuer auf die

ihnen gegenüberliegende Wand geworfen werden. Sie halten nichts anderes für wahr als die Schatten der künstlichen Gegenstände und fassen die gehörten Worte als Worte der vorübergehenden Schatten auf.

Nun geschieht etwas Wunderbares. Den Gefangenen werden die Fesseln gelöst. Wird dann einer genötigt, aufzustehen, den Hals zu umzuwenden, so geschieht das unter Schmerzen. Seine Augen sind geblendet von dem Glanze des Feuerscheins. Er ist nicht imstande, die Dinge zu erkennen, deren Schatten er vorher sah. Er glaubt, die vorher geschauten Schatten seien wirklicher und wahrer als das, was man ihn jetzt zeige. Er würde sie abwenden und den Dingen zustreben, deren Anblick ihm geläufig ist. Und diese würde er für tatsächlich gewisser halten.

Aber nun wird ihm keine Ruhe gelassen. Gewaltsam wird er durch den steilen Ausgang aus der Höhle geschleppt. Er gelangt an das Licht der Sonne. Aber er fühlt nur Schmerzen, sträubt sich, kann völlig geblendet im Glanz der Sonne gar nichts erkennen. Er muss sich langsam gewöhnen. Dann sieht er die Dinge oben in einer Stufenfolge: am leichtesten und zuerst die Schatten, dann die im Wasser gespiegelten Abbilder, dann die wirklichen Gegenstände selber, dann in der Nacht die Erscheinungen am Himmel, das Licht der Sterne und des Mondes, dann am Tage das Sonnenlicht und die Sonne selbst. Nun sieht er nicht bloß Abspiegelungen, sondern alles selbst in voller Wirklichkeit. Und dann schließt er durch Folgerungen: dass wir der Sonne die Jahreszeiten verdanken, dass sie über allem waltet, dass sie im gewissem Sinne auch die Urheberin jener Erscheinungen sei, die er vordem in der Höhle sah. Er gelangt in einen Zustand, in dem er sich glückselig preist bei Erinnerung an jene erste Wohnstätte. Dort gab es Ehren und Auszeichnungen für die, die die Schatten der vorübergetragenen Gegenstände am schärfsten wahrnehmen und am besten erinnern und auf Grund dessen am besten das künftig Eintretende erraten können. Jetzt aber will er lieber alles ertragen, als wieder im Banne jener Trugmeinungen zu stehen und ein Leben jener Art zu führen.

Nun kehrt er, um auch die anderen zu befreien, in die Höhle zurück. Seine Augen, dort eingetaucht in Finsternis, sehen zunächst nichts. Daher wird er lächerlich, wenn er in der Deutung der Schattenbilder mit den Gefesselten wetteifern wollte. Sie sagen: sein Aufstieg nach oben sei schuld daran, seine Augen seien verdorben, der Versuch solchen Aufstiegs sei verwerflich. Und wenn er versucht, sie zu entfesseln und hinaufzuführen, so würden sie ihn umbringen.“
(Plato: Staat, 7. Buch, zit. n. Jasper, K.: Drei Gründer des Philosophierens. München: 1964, S. 55–56)

Das Höhlengleichnis schildert den Einführungsritus in das Denken der Ideen, wie er sicher auch in der platonischen Akademie für ihre Mitglieder gepflegt wurde. Es deutet die Welt, die Stufen der Erkenntnis, die Möglichkeiten des Menschen in folgendem Schema:

a. Es gibt zwei Welten: Werden und Sein. Um zum Sein zu gelangen, muss man der Welt des Werdens entsagen und zur höheren Welt des Seins aufsteigen und die Fremdheit zwischen hier und dort ertragen.
b. Die Erkenntnis ist gestuft. Sie steigt vom sinnlich Wahrnehmbaren zum Begriff, vom Begriff zu den Ideen, von den Ideen zum Sein.
c. Der Mensch kann im Alltag bleiben. Hier plagt ihn die tägliche Sorge, wie ein Hamster im Laufrad der Routine. Der Mensch kann aber auch zum Ewigen aufsteigen und im Alltag eine größere Perspektive besitzen.

Zweite Schreibübung: DER AUFSTIEG VON DER NACHT ZUM LICHT

- Stellen Sie sich einen quälenden Zustand vor und wie er plötzlich von ihnen genommen wird.
- Entwerfen Sie einen Doppelcluster mit den Kernworten Nacht, Licht.
- Fixieren Sie ihre Reise von der Nacht zum Licht in einem Text.

Literatur zu Plato:

Friedländer, P.: Plato. Berlin 1954–1960, Bd 1–3, bes. Bd 2.
Herter, H.: Platos Akademie. Bonn 1952.
Hoffmann, E.: Plato. Reinbek 1961.
Martin, G.: Plato. Reinbek 1985.
Natrop, P.: Platons Ideenlehre. Darmstadt 1961.
Plato: Werke. Reinbek 1961, Bd 1–6.
Seel, O.: Die platonische Akademie. Stuttgart 1953.
Wilamowitz-Moellendorf, U. v.: Plato. Berlin 1959.

bb) Marc Aurel: Der unerschütterliche Mensch

Im Mittelpunkt der antiken Philosophenschulen (Stoa, Epikureer, Cyniker, Pythagoreer usw.) stand der unerschütterliche Mensch: tapfer, genügsam, einfach, friedlich, stark. Es gab viele Gemeinschaften im römischen Reich, die die Entwicklung dieses Menschenideals unter Anwendung der Methoden der Imagination zu ihrer Aufgabe machten. Das beste Bild des Lebens eines stoischen Menschen vermittelt der römische Kaiser Marc Aurel (121–180 n. Chr.), der die meiste Zeit seines Lebens in den Heerlagern seiner Legion verbringen musste, in seinen „Selbstbetrachtungen“, einer Sammlung poetischer Selbstreflexionen. Marc Aurels Texte beinhalten zugleich die umfassenste antike Sammlung therapeutischer Methoden, um den natürlichen, ängstlichen Menschen zur Unerschütterlichkeit zu führen. Denn Philosophie in der Antike war keine Kopfwissenschaft, die man durch das Lesen von Büchern erwarb. Sie war Therapie, die durch die methodische Beherrschung der Leidenschaften, der unbewussten Triebe, erlebt wurde. Jeder Anhänger einer antiken, therapeutischen Gemeinschaft musste durch die Auseinandersetzung mit der Endlichkeit des Lebens sich von seinen Alltagssorgen Macht, Geld, Karriere,

Ich-Vergottung, abkehren. Diese Umkehr wurde durch die Zerstörung der Aura der Absolutheit des alltäglichen Lebens eingeleitet. Das Alltagsleben zeigt erst seine Banalität, wenn seine Vergänglichkeit erscheint. Dazu beschreibt Marc Aurel zwei Imaginations-Übungen:

Bedenke es stets, wieviel Ärzte schon gestorben sind, die oft am Lager ihrer Kranken die Stirn in ernste Falten gelegt, und wieviele Astrologen, welche den Tod anderer mit großer Wichtigkeit vorausgesagt! Wieviele Philosophen, die über Tod und Unsterblichkeit ihre tausenderlei Gedanken ausgebrütet, wieviele Kriegshelden, die eine Menge Menschen getötet, wieviele Gewaltherrscher, die, gleich als wären sie selbst unsterblich, ihre Macht über fremdes Leben mit furchtbarem Übermute missbraucht haben! Durchgehe nun auch die Reihe nach alle deine Bekannnten! Der eine hat diesen, der andere jenen zu Grabe bestattet und ist sofort selbst hingesteckt worden, und das alles in so kurzer Zeit! – Siehe denn also im ganzen genommen das Menschliche jeder Zeit als etwas Flüchtiges und Geringhaltiges an! Was gestern noch lebenswarm war, ist morgen schon eine einbalsamierte Leiche oder ein Haufen Asche. Durchlebe demnach diesen Augenblick von Zeit und Natur gemäß, dann scheide heiter von hinnen, gleich der gereiften Olive! Sie fällt ab, ihre Erzeugerin preisend und voll Dankes gegen den Baum, welcher sie hervorgebracht hat.
(Marc Aurel: Selbstbetrachtungen. Leipzig 1928, S. 45)

Schreibübung eins: AUFDECKUNG DER VERGÄNGLICHKEIT

- Stellen Sie sich ein Ensemble wichtiger moderner Gegenstände vor (Eisschrank, Fernseher, Auto, Atombombe etc.), und lassen Sie dann Bilder auftauchen, wie sie zu Staub zerfallen.
- Entwickeln Sie ein Assoziationswortfeld zum Aufstieg und Fall der modernen Dinge, und schreiben Sie darüber einen lyrischen Text.

Der zweite Text von Marc Aurel beschwört die Kraft der Vorstellung des Totentanzes.

Stelle dir beständig die Gestorbenen aus allen Ständen, von allerlei Berufsarten und aus allen Völkern vor, und steige in dieser Reihe bis zu einem Philistion, einem Phöbus und Organion herunter! Dann gehe zu den anderen Klassen über! Auch wir müssen ja unsere Wohnung dorthin verlegen, wo so viele gewaltige Redner, so viele ehrenwürdige Philosophen, wie Heraklit, Phytagoras und Sokrates, ferner so viele Helden der Vorzeit, so viele Heerführer und Gewaltherrscher späterer Tage und außer diesen Eudorus, Hipparch, Archimedes und andere scharfsinnige, hochherzige, arbeitslustige, allgewandte, selbstgefällige Geister, ja, selbst jene spöttische Verächter des hinfälligen kurzdauernden Menschenlebens, wie ein Menippus und so viele andere feiner Art verweilen. Von diesen allen stelle dir vor, dass sie schon längst im Grabe liegen! Was liegt nun für sie Furchtbares darin? Was denn für sie, deren Na-

men überhaupt nicht mehr genannt werden? Da ist eines nur von hohem Werte, das nämlich, der Wahrheit und Gerechtigkeit getreu durchs ganze Leben gegen Lügner und Ungerechte Wohlwollen zu üben.
(Marc Aurel: Selbstbetrachtungen, a. a. O., S. 78, B6, 47)

Schreibübung zwei: DIE ZEITLICHKEIT MÄCHTIGER MENSCHEN

- Stellen Sie sich wichtige Leute der Gegenwart vor (Kohl, Busch, Mitterand usw.), und bedenken Sie, dass diese Leute bald abgerufen werden und all ihre Macht nur Asche ist.
- Bilden Sie ein Doppelcluster mit den Kernworten Macht, Asche, und schreiben Sie dann einen Text.

Nach der Zerstörung des Scheins der Ewigkeit und Absolutheit des Alltags wandten sich die Anhänger der stoischen Therapie der Vergewisserung des unerschütterlichen Menschen zu, der sich vor Vergänglichkeit, vor Einsamkeit, vor Ohnmacht nicht fürchtet. Ein solcher Mensch wendet sich ab von den äußeren Gütern (Macht, Ansehen, Geld), die stets äußerst wandelbar sind und orientiert sich an inneren Werten (Ruhe, Gelassenheit, Moral), die unveränderbare Bedeutung haben.

Marc Aurels Übung lautet:
Rufe dir immerfort diejenigen wieder ins Andenken zurück, die sich über irgendetwas gar zu sehr betrübt oder die durch Unglücksfälle, Feindschaften, durch die größten Ehrenstellen oder durch andere Glücksumstände großes Aufsehen erregt haben. Dann lege Deinem Nachdenken die Frage vor: „Wo ist jetzt das alles?“ Rauch ists und Asche, eine Märe oder auch nicht mal eine Märe. Daneben lässt du dir auch so vieles andere der Art einfallen, zum Beispiel, was Fabius Catullinus auf seinem Landgut, Lusius Lupus in seinen Gärten, Stertinius in Bajä, Tiberius auf Capri, Rufus in Belia getrieben haben und alle jenen, die auf Meinungen beruhendes Interesse für irgendetwas hatten. Bedenke, wie geringfügig jeder Gegenstand ihrer Bestrebungen gewesen sei und wieviel philosophischer es wäre, sich bei jeder dargebotenen Gelegenheit als gerecht, besonnen, den Göttern folgsam, ohne Gleißnerei zu zeigen. Denn der Hochmut, der sich mit Demut brüstet, ist der allerunerträglichste.
(Marc Aurel: Selbstbetrachtungen, a. a. O., S. 172, B12, 27)

Marc Aurel leitet weiter zur Betrachtung der Vergangenheit und der Zukunft:

Schön ist Platos Ausspruch: „Wer Menschen zum Gegenstand seiner Reden macht, der muss, wie von einem höheren Standpunkte aus, auch ihre irdischen Verhältnisse ins Auge fassen, ihre Versammlungen, Kriegszüge, Feldarbeiten, Heiraten, Friedensschlüsse, Geburten, Todesfälle, lärmenden Gerichtsverhandlungen, verödeten Ländereien, die mancherlei fremden Völkerschaften, ihre Feste, Totenklagen, Jahr-

märkte, diesen Mischmasch und diese Zusammensetzung aus den fremdartigen Bestandteilen."
(Marc Aurel: Selbstbetrachtungen, a. a. O., S. 91, B7, 48)

Betrachte die Vergangenheit, den so häufigen Wechsel der Herrschaft; daraus kannst du auch die Zukunft vorhersehen, denn sie wird durchaus gleichartig sein und kann unmöglich von der Regel der Gegenwart abweichen. Daher ist es auch einerlei, ob du das menschliche Leben vierzig oder zehntausend Jahre hindurch erforschest; was wirst du mehr sehen?
(Marc Aurel: Selbstbetrachtungen, a. a. O., S. 91, B7, 49)

Schreibübung drei: DIE ENTDECKUNG DER INNEREN WERTE

- Beschreiben Sie, was Sie heute für wichtig erachten an äußeren Werten. Notieren Sie sich die Stichworte zu Ihrem Streben nach Ruhm, Anerkennung, Liebe usw. Und bedenken Sie dann Werte, die Rost und Motten nicht fressen.
- Bilden Sie Doppelcluster mit den Kernworten Wert, Unwerte.
- Schreiben Sie eine kleine Sentenz wie Marc Aurel.
- Blicken Sie von ferne auf die Welt. Beschreiben Sie die Welt, als wenn Sie ein Astronaut wären, der aus seinem Raumschiff auf den blauen Planeten blickt. Stellen Sie sich vor, Sie landen auf einem anderen Stern und müssten den Fremden in fünf Sätzen die irdische Weltgeschichte erzählen. Schreiben Sie diese fünf Sätze.

Der unerschütterliche Mensch der Stoa braucht einen Rahmen der Orientierung und ein Objekt der Hingabe, um jenseits des Alltags Halt zu finden. Die Stoiker kannten das Weltgesetz, das Zeit und Ewigkeit regelte: ein Gesetz, das Einzelnen und Völkern ihr Schicksal bereitet. Die Stoiker streben nach der Übereinstimmung mit diesem Gesetz, nach der Liebe zum Schicksal (amor fati). Zum Weltgesetz gehörte die ständige Umwandlung der Grundstoffe der Welt. Also riet Marc Aurel zur Betrachtung der Wandlungen im Weltganzen:

Beobachte den Umlauf der Gestirne, als teiltest du denselben mit ihnen, und bedenke die wechselnden Übergänge der Grundstoffe ineinander. Denn solche Vorstellungen reinigen Dich vom Schmutz des Erdenlebens.
(Marc Aurel: Selbsbetrachtungen, a. a. O., S. 91, B7, 47)

Er ermunterte das Verhältnis von Teil und Ganzem zu bedenken:

Viele unnötige Anlässe zu deiner Beunruhigung, welche ganz und gar auf deinem Wahn beruhen, kannst du aus dem Wege schaffen und dir selbst unverzüglich einen weiten Spielraum eröffnen; umfasse nur mit deinem Geiste das ganze Weltall, be-

trachte die ewige Dauer und dann wieder die rasche Verwandlung jedes einzelnen Gegenstandes: *welch kurzer Zeitraum liegt zwischen seiner Entstehung und Auflösung; wie unermesslich ist die Zeit vor seiner Entstehung, wie unendlich gleicherweise die nach seiner Auflösung!*
(Marc Aurel: Selbstbetrachtungen, a. a. O., S. 127, B9, 32)

Und er riet zur Übung der Vorstellung von Zeit und Ewigkeit:

Stelle dir die ganze Ewigkeit und die ganze Weltmasse stets vor, sowie, dass jedes Einzelwesen, mit dem All verglichen, als ein Feigenkörnchen und, verglichen mit der unendlichen Zeit, als ein Augenblick erscheint, in dem man einen Bohrer umdreht.
(Marc Aurel: Selbstbetrachtungen, a. a. O., S. 140)

Schreibübung vier: EINIGUNG MIT DEM WELTGESETZ

- Stellen Sie sich den Sternenhimmel bei Nacht vor, denken Sie, wie Sie über die Milchstaße hinausstreben, kommen Sie dann auf die Erde zurück, und stellen Sie fest: der blaue Planet kreist sicher im Sonnensystem und im System der Galaxien.
- Schreiben Sie nun einen Text über die Sternenmilch und den blauen Planeten.

Aus der Erfahrung der Erhabenheit in den Alltag zurückgekehrt, ging es Marc Aurel darum, täglich das Festhalten an den moralischen Werten zu verstärken. Jeden Morgen bereitete er sich durch Selbstvergewisserung auf den Tag vor: Er bedachte alle kritischen Situationen des kommenden Tages und fasste konkrete Vorsätze der ruhigen Bewältigung von aufregenden Anlässen. Tagsüber sprach er wichtige Lebensregeln, wenn er sich unbeobachtet glaubte, laut vor sich hin. Er suchte im Selbst- und Gruppengespräch die Konzentration auf gute Gedanken, die die Unerschütterlichkeit festigten. Jeden Abend prüfte er die Ergebnisse des Tages. Er inszenierte ein abendliches Tribunal über sich selbst: Er war Ankläger, Richter und Verteidiger in einer Person. Hier der Katalog seiner abendlichen Selbstkritik:

Wie hast du Dich bisher gegen Götter, Eltern, Geschwister, Gattin, Kinder, Lehrer, Erzieher, Verwandte und Hausgenossen betragen? Gilt diesen allen gegenüber von dir bis jetzt das Wort: Niemand hat er durch Taten beleidigt, noch auch durch Worte? Erinnere dich aber auch daran, was alles du schon durchgemacht und was alles zu ertragen du Kraft gehabt hast, und dass die Geschichte deines Lebens bereits vollendet und dein Dienst vollbracht ist! Wieviel Schönes hast du schon wahrgenommen, wie viele Sinnenfreuden und Leiden verachtet, wie viele eitle Herrlichkeiten übersehen, gegen wie viele Lieblosdenkende dich liebreich erzeigt?
(Marc Aurel: Selbstbetrachtungen, a. a. O., S. 60, B5, 31)

Schreibübung fünf: BERICHT EINER SELBSTPRÜFUNG

- Lege Dir die Fragen Marc Aurels vor. Beantworte sie in Stichworten.
- Fertige aus diesen Stichworten ein kleines Gedicht.

Literatur über antike Philosophen-Schulen:

Epictet: Handbüchlein der Moral. Leipzig 1924.
Epikur: Philosophie der Lebensfreude. Leipzig 1923.
Leisegang, P.: Die Stoa. Göttingen 1953.
Marc Aurel: Selbstbetrachtungen. Leipzig 1928.
Misch, G.: Geschichte der Autobiographie. Frankfurt 1976, Bd. 1. (1. Kapitel über Marc Aurel).
Rabbow, P.: Antike Schriften über Seelenheilung. München 1956.
Rabbow, P.: Seelenführung. Methodik der Therapie in der Antike. München 1954.

b) Mittelalter:

aa) Han Shan: Die Natur

Der Dichter Han Shan (etwa 8. Jahrh. n. Chr.) lebte im China der Tang-Dynastie, die 754 sich in einem furchtbaren Bürgerkrieg, der 40 von 60 Millionen Chinesen das Leben kostete, auflöste. Er war ein Aussteiger, durch alle Examen gefallen, hatte seinen Hof und seine Familie verlassen und sich auf dem Gipfel des T'ien T'ai Gebirges, den man den „Kalten Berg" nannte, zurückgezogen. Er gehörte dem zen-Buddhismus an, der damals in China in der Blüte stand. Der zen-Buddismus verstand sich als Reform-Buddhismus, als Rückkehr zur reinen Lehre des Buddha. Deshalb stand in ihm nur die Nirvana-Erfahrung des Buddha unter dem Bodhi-Baum im Mittelpunkt. zen war reine Meditation. Im Gegensatz zum staatstragenden Konfuzianismus vertrat der zen-Buddhismus, unter dem Einfluss chinesisch-taoistischer Philosophen wie Lao-tse (6. Jahr. v. Chr.) und Chuang-tse (4. Jahr. v. Chr.), eine anarchistische und mystische Naturphilosophie. Mittelpunkt dieser meditativen Philosophie war die Vereinigung mit der Natur, mit dem Naturgesetz: dem tao. Das tao der Natur begriff man als das unergründliche Eine, das Eine ohne Gegensätze, die Urmutter, aus der alle Vielfalt entsprang (vgl. Chang Yua: tao, zen und schöpferische Kraft. Köln 1983, S. 32). Alle Gegensätze verschmelzen im tao in eins. Es ist die ständige Bewegung ohne Änderung. Wer das tao versteht, überwindet sein Ich, tritt aus dem Kreislauf von Leben, Tod und Wiedergeburt aus und geht ins Nirvana ein. Wer sein Ich überwunden hat, kann die Natur und sein Leben so sehen, wie es wirklich ist. Er hat keine Angst und keine falsche Hoffnung mehr. Er kann einfach leben. Er wird die Erfahrung seiner Selbstfindung in Gedichten, in Bildern niederlegen. Denn, da das tao sich dem Begriff entzieht, ist es anwesend im Gedicht. Die Erfahrung des tao geschiet plötzlich (Chung Yua: tao, zen und schöpferische Kraft, a. a. O., S. 76). Jeder kann das tao erfahren. Man braucht weder Mönch noch Gelehrter zu sein. Wer das tao versteht kann rückblickend sehen, dass er einen Weg mit vier Stufen durchschritten hat. Chuang-tse schreibt darüber:

„Da war Pu Liang I, der das Genie eines Weisen besaß, jedoch nicht das tao. Ich habe das tao, jedoch kein Genie. (So etwas kann sicher nur eine Frau gesagt haben.) Ich wollte ihn schulen, damit er wirklich ein Weiser würde. Das tao eines Weisen einem Manne beizubringen, der Genie hat, scheint eine ganz einfache Sache. Aber nein, ich lehrte ihn unentwegt. Nach drei Tagen begann er **alle weltlichen Dinge abzutun** (*d.* h. Sorgen um Rang oder Gewinn und Verlust). Als er alle weltlichen Dinge abgetan hatte, lehrte ich ihn immer noch. Nach sieben Tagen begann er, **alle äußerlichen Dinge abzutun** *(als getrennte Wesenheiten). Als er alle äußerlichen Dinge abgetan hatte, lehrte ich ihn immer noch;* **nach neun** *Tagen begann er,* **sein eigenes Sein** *(als Ego) abzutun. Als er sein eigenes Sein abgetan hatte, wurde er erleuchtet. Als er erleuchtet war, wurde er fähig,* **das All-Eine zu schauen**. *Als er dieses schaute, konnte er den Unterschied von Vergangenheit und Gegenwart übersteigen. Als er den Unterschied zwischen Vergangenheit und Gegenwart überstiegen hatte, konnte er das Reich betreten, wo Leben und Tod aufhören zu sein.* **Hierauf war die Vernichtung des Lebens für ihn nicht mehr der Tod, noch fügte die Verlängerung des Lebens der Dauer seines Seins etwas hinzu. Er folgte allem; er nahm alles an. Für ihn war alles Vergehen und Werden.** *Das heißt Ruhe in der Unruhe. Das Bewahren von Ruhe in der Unruhe ist Vollkommenheit*" (Chuang-tse zit. n. Watts,A.: Der Lauf des Wassers. Frankfurt:Suhrkamp 1983, S. 136).

Diesen Weg der Erfahrung des tao schildert auch Han Shan, der Aussteiger ohne Mönchsgelübde und höhere Bildung, in seinen Gedichten vom Kalten Berg, während die Tang-Gesellschaft sich zerstörte. Han Shan schrieb seine Gedichte auf Felswände. Er war auch häufig Gast in einem zen-Kloster am Kalten Berg. Besonders im Winter traf man ihn bei Shih Te, einem Gehilfen in der Klosterküche. Doch als Lü Ch'in Yin ins T'ien T'ai Gebirge kam, als neuer Chef der kommunalen Verwaltung, konnte er Han Shan nicht finden. Er konnte nur anordnen, dass seine Gedichte aufgeschrieben wurden. Er gab sie dann heraus mit einem Vorwort.

In Han Shans Gedichten finden sich auch die vier Stufen des Weges zum tao. Diese vier Stufen wollen wir beschreiten an der Hand von Han Shan, der nie Mönch war, nie Gelehrter.

1. Schritt: Leben ist Leiden, ist Verfall

Han Shan beschreibt das so, in acht Zeilen, ein Hinweis auf den achtfachen Pfad des Buddha zur Erleuchtung:

Es lebt der Mensch in Dunkelheit und Staub
So wie ein Käfer der im Krug gefangen
Krabbelt den ganzen Tag im Kreis im Kreis
Doch diesem Krug entflieht er nicht!
Nie kann den Unsterblichen er sich zugesellen

Denn seine Leidenschaften sind unendlich
Monate, Jahre verströmen wie ein Fluss
Ein Augenblick nur ist er ein alter Mann
(Han Shan: 150 Gedichte vom Kalten Berg. Köln 1974, S. 74)

Warum bin ich immer so verzweifelt?
Das Menschenleben gleicht dem Morgenpilz
Wer überdauert einige Dutzend Jahre
Jung oder alt, sie alle werden welk und fallen
Daran zu denken macht das Herz mir schwer
O dieser Schmerz! Ich kann ihn kaum ertragen
Was soll ich tun? Sagt doch, was soll ich tun?
Wirf ab den Körper – kehre heim auf verborgenen Gipfel!
(Han Shan: 150 Gedichte vom Kalten Berg, a. a. O., S. 65)

Erste Schreibübung: DAS LEIDEN
- Schreibe alles auf, was Dich am Leben ekelt, ganz spontan, nimm Dir Zeit dafür.
- Ordne Deine Vorwürfe und bringe sie in einen Text von acht Zeilen.

2. Schritt: Das Abtun der weltlichen und äußerlichen Dinge
Lösung von der Welt ist Rückzug, für Han Shan Rückzug zum Kalten Berg, dem er seinen Namen verdankt.

Vor dreißig Jahren kam ich auf die Welt
Immer auf Wanderschaft, tausend – zehntausend Meilen
Reiste von grasgesäumten Yangtsekiang
Bis in den roten Staub des Grenzlandes im Norden
Ich brauchte Elexiere, suchte vergebens nach Unsterblickeit
Studierte Schriften und rezitierte die Geschichtswerke
Heimgekehrt heute zum Han Shan
Bette den Kopf ich auf dem Strom und wasche meine Ohren
(Han Shan: 150 Gedichte vom Kalten Berg, a. a. O., S. 66)

Der äußere Rückzug wird durch den inneren Rückzug ergänzt. Für den selbsternannten Zen-Buddhisten Han Shan heißt das Meditation. Meditierendes Sitzen besteht in der Kontrolle des Atems und im Murmeln der heiligen Texte:

Mein Heim liegt unterhalb der grünen Klippe
Der Hof verwuchert, mag ihn auch nicht mähen
Und immer neue Ranken baumeln verschlungen herab
Uralte Felsen steilen senkrecht auf

Die Affen kommen wilde Beeren pflücken
Der Reiher schnappt sich Fische aus dem Teich
Mit ein paar Schriftrollen von den Unsterblichen
Sitze ich murmelnd unterm Baum
(Han Shan: 150 Gedichte vom Kalten Berg, a. a. O., S. 80)

Zweite Schreibübung: DER RÜCKZUG

- Stell Dir einen Rückzug in eine Einsiedelei vor, in eine Naturidylle.
- Hocke Dich auf den Boden einer Veranda, die einen Blick in Deine Ideallandschaft eröffnet.

Schließe Deine Augen für fünf Minuten. Und schreibe dann nieder in acht Zeilen, was Du in dieser Zeit gedacht hast.

3. Schritt: Die Überwindung des Egos

Der Fortgang der Meditation lässt die gesellschaftlichen Bedürfnisse schwächer werden. In der Einsamkeit bekommt man einen Blick für die kleinen Schönheiten der Natur, für den Zyklus der Jahreszeiten, den Wechsel von Tag und Nacht.

Seit ich mich auf den Han Shan zurückzog
Ernähr ich mich von wilden Früchten
Ein friedliches Leben, was braucht ich mich zu sorgen
In dieser Welt nimmt alles seinen vorbestimmten Lauf
Tage und Monde verströmen unaufhaltsam wie ein Fluss
Unsere Zeit – Funken von einem Feuerstein
Die Welt zu ändern überlass ich euch
Ich SITZE stillvergnügt zwischen den Klippen
(Han Shan: 150 Gedichte vom Kalten Berg, a. a. O., S. 84)

Dritte Schreibübung: Neue NATURERFAHRUNG

- Schließe die Augen für fünf Minuten. Stell Dir vor, wie der Wind weht, wie die Bäume rauschen, wie der Regen fällt.
- Mache dann einen Cluster mit drei Kernworten: Wind, Bäume, Regen.
- Schreibe dann einen Text von acht Zeilen.

4. Schritt: Das All-Eine

Da ist dann irgendwann das plötzliche Gefühl der pan-theistischen Fülle ohne ich. Inneres und Äußeres sind eins (vgl. Chang Chung Yuan: Tao, Zen und schöpferische Kraft, a. a. O., S. 150 ff.). Das ist ein fast traumhafter Bewusstseinszustand der Leere, die die Fülle ist. Ob wir in der folgenden Übung eine Ahnung davon bekommen, was damit gemeint sein kann?? Han Shan hielt die plötzliche Erleuchtung von jedermann/frau für möglich. Aber China ist weit. Erzwingen kann man nichts. Überlassen wir uns den Texten von Han Shan, die wir in Schönschrift an die Wand unseres Zimmers hängen und öfters am Tag meditieren können.

O ja! Nun wohne ich auf dem Han Shan
Schon seit unzählbar vielen Jahren
Meiner Bestimmung überlassen verbarg ich mich im Walde
Verbringe meine Tage in stiller Wesens-Schau
Zu dieser Klippe dringt keine Menschenseele vor
Von weißen Wolken bin ich stets umringt
Das weiche Gras gilt mir als Lagerstatt
Zur Decke nehme ich den blauen Himmel
Wohlig den Kopf auf einen Stein gebettet
Lass ich des Weltalls Wandlungen den Lauf.
(Han Shan: 150 Gedichte vom Kalten Berg, a. a. O., S. 122)

Einmal zum Han Shan gelangt
alle Geschäfte ruhn
Keine verwirrten Gedanken mehr
ohne Zweifel das Herz
In Seelenruhe
ein Gedicht an die Felswand schreiben
Die Dinge lassen
gehen
wie ein Boot ohne Leine
kommen
(Han Shan: 150 Gedichte vom Kalten Berg, a. a. O., S. 117)

Heute SASS ich vor der Felsklippe
Bis schließlich aller Nebel sich verzog
EIN gerader WEG, glitzernd der kalte Bach
Achttausend Fuß, die Gipfel jadefarben
Im milden Morgenlicht stehn weiße Wolken
Bei Nacht des hellen Mondes schwebender Glanz
Nun bin ich frei von jedem Makel
Welch Kummer könnte meinen Sinn noch trüben?
(Han Shan: 150 Gedichte vom Kalten Berg, a. a. O., S. 100)

Literatur über chinesiche Philosophie:

Bauer, W.: China und die Hoffnung auf Glück. München 1971.
Chang Chung Yuan: Tao, Zen und schöpferische Kraft. Köln 1975.
Forke, A.: Geschichte der alten, mittelalterlichen und neueren chinesichen Philosophie. Hamburg 1964. Bd. 1–3.
Han Shan: 150 Gedichte vom kalten Berg. Köln 1974.

Lao-tse: Tao te king. Zürich 1950.
Needham, J.: Wissenschaft und Zivilisation in China. Frankfurt 1985.
Tschuang Tse: Reden und Gleichnisse. Zürich 1951.
Watts, A.: Der Lauf des Wassers. Frankfurt 1983.
Watts, A.: Zen-Buddhismus. Reinbek 1963.
Weber-Schäfer, P. (Hrsg.): Zen. Aussprüche und Verse der Zen-Meister. Frankfurt 1982.

bb) Omar Khajjam: Wein und Staub

Im 10.–12. Jahrhundert entwickelte sich im arabischen Großreich eine Renaissance der griechischen Philosophie. Der Gipfel dieser arabischen Renaissance, der im 15. Jahrhundert die italienische Renaissance folgte, war der Philosoph Avicenna. Er übernahm die Lehre des Plotin von der Einheit von Gott und Welt. Die Welt entspringt nach Plotin der Liebe Gottes und kehrt in ihn zurück. In der Ekstase wird dieses Geheimnis erlebt. Dieser Erkenntnis folgte die mystische Schule der Sufis. Die Sufis entwickelten innerhalb des Islam, aber auf plotinischer Grundlage, ihre Schule des ekstatischen Tanzes. Sie lehnen die islamische Orthodoxie und ihre Rituale ab und setzen auf die Erfahrung der unio mystica.

Ohne Sufi zu sein, hängt Omar, der Zeltmacher, ihrem Geist an. Er wird 1050 n. Chr. in Nischapur im Nordosten Persiens geboren und stirbt dort 1123. Als Sohn eines Zeltmachers mittellos, studiert er mit Hilfe eines Gönners Mathematik, Astronomie, Medizin. Er verfasste Werke über Philosophie und Mathematik. Er schlug sich unabhängig durch, mied den Hof der Reichen, lebte lange in äußerster Armut, reiste einmal nach Mekka, um sich gegen den Vorwurf des Atheismus und Materialismus zu schützen. Er stritt mit Avicenna. In dem von ihm überlieferten Traktat über Metaphysik benennt er seine Weltanschauung mit folgenden Worten:

„Alles, was hier existiert, ist dem Menschen, wegen der Niedrigkeit seiner Natur, verborgen. Wenn aber die Schleier fallen und die Schranken verschwinden werden, dann wird das wahre Wesen der Dinge so wie sie sind, erkennbar werden … Den Denkern sage, dass den Liebenden und Trunkenen die Ekstase den Weg weist und nicht die Spekulation" (zit. n. Omar Khajjam: Die Sinnsprüche des Zeltmachers. Stuttgart 1909, S. 139 ff.). Neben seinen philosophischen Werken hat Omar seine mystische Philosophie in Rubais überliefert. Rubais sind vierzeilige Gedichte, die in ihrer ersten, zweiten und vierten Zeile miteinander reimen (a,a,b,a). Jedes Rubai drückt einen Gedanken aus, wobei die letzte Zeile oft eine unerwartete Wendung bringt. Die 93 Rubai's Omars sind in den überlieferten Sammlungen nicht thematisch, sondern alphabetisch geordnet. Es lässt sich in ihnen aber eine vierstufige Leiter philosophischen Transzendierens erkennen, die wir nun beschreiten wollen.

Omar beginnt mit der **Erfahrung der Vergänglichkeit**, dieser schmerzhaften und quälenden Erfahrung, ohne die man aber der Trivialität und dem Schein der Ewigkeit des Alltags nicht entkommt.

IV.
Geschlechter sind erglüht wie helle Funken,
Haben gelebt, geliebt, gehasst, getrunken;
Sie leerten hier ein Glas und sind verlöscht,
Sind in den Staub der Ewigkeit versunken.

(Alle Rubai's Omars werden nach der Aussage Friedrich Rosen: Die Sinnsprüche Omars des Zeltmachers. Stuttgart 1909, zitiert, hier S. 24.)

V.
Die goldnen Lichter, die am blauen Weltrad gehen,
Haben sich viel gedreht und werden viel sich drehen. –
Und wir, im ew'gen Kreislauf der Erscheinungen,
Kommen auf kurze Zeit, um wieder zu vergehen. (S. 25)

Dann erfährt Omar das **Scheitern der Wissenschaft** beim Versuch die Welträtsel zu entschlüsseln. Die Heiterkeit des antiken Sokrates und seine Lehre vom Nicht-Wissen wird bei Omar wieder entdeckt.

XXXIII.
Was diesen goldnen Dom in Umlauf einst gesetzt,
Und wie sein stolzer Bau ins Wanken kommt zuletzt,
Hat keines Weisen Stein zu finden vermocht
Und keine Waage noch, kein Maßstab abgeschätzt. (S. 41)

XL.
Das Rätsel dieser Welt löst weder du noch ich,
Jene geheime Schrift liest weder du noch ich. –
Wir wüssten beide gern, was jener Schleier birgt,
Doch wenn der Schleier fällt, bist weder du noch ich. (S. 45)

LX.
Warum nur den Wettlauf angeklagt?
Warum nur mit Grübeln das Herz zernagt?
Sei guter Dinge, denn man hat dich ja
Von allem Anfang nicht um Rat gefragt. (S. 58)

Omar **verwirft die Lehre der Religionen**, die Lehren des Islam, des Christentums, des Buddhismus.

LXIX.
In Kirchen und Moscheen und Synagogen
Wird man um seiner Seele Ruh' betrogen.

Doch dem, der der Natur Geheimnis ahnt,
Wird keine Angst vorm Jenseits vorgelogen. (S. 62)

LXX.
Kaaba und Götzenhaus bedeuten Knechtung,
Der Christen Glocken, hört, sie läuten Knechtung.
Kirche und heil'ge Schnur und Rosenkranz und Kreuz,
Wahrlich, sie alle bedeuten Knechtung. (S. 63)

Omar findet schließlich in der **unio mystica** der Sufis, in der Aufgabe seines gequälten Ich, sein Ziel. Der Genuss des Weines wird ihm zum Symbol der ekstatischen Erfahrung der Einheit von Individuum und pan-theistischer Welt.

XX.
O komm, Geliebte, komm, es sinkt die Nacht,
Verscheuche mir durch deiner Schönheit Pracht
Des Zweifels Dunkel! Nimm den Krug und trink,
Eh' man aus unserem Staube Krüge macht. (S. 32)

XCI.
Wenn ich einst sterbe, waschet mich mit Wein;
Ein lust'ges Trinklied soll mein Grablied sein!
Und wenn am Jüngsten Tag man nach mir fragt,
So sucht im Staub der Schenke mein Gebein. (S. 75)

Omar, das ist der heilige Trinker, der im Staub der Taverne den **Schatz findet**, nach dem alle Weisen suchen: die Fülle der Leere.

LXXII.
Der Tropfen weint: „Wie bin vom Meer ich weit!"
Das Weltmeer lacht: „Vergeblich ist dein Leid!
Sind wir doch alle Eins, sind alle Gott –
Uns trennt ja nur das winz'ge Pünktchen ‚Zeit' – „ (S. 64)

LXXI.
Der ganzen Schöpfung letzter Zweck sind wir,
Im Weltenauge sind die Sehkraft wir.
Die ganze Welt ist wie ein großer Ring,
Wir sind der Edelstein, des Ringes Zier. (S. 63)

Aufgabe: Versetz Dich in das Persien des Mittelalters. Versuch Dir die Figur des Omar Khajjam vorzustellen. Beschreib die Gestalt Omar Khajjam in einem Gedicht.

Schreib ein Märchen wie aus 1001 Nacht. Es kann in Persien spielen. Omar spielt mit. Er wird als Atheist verfolgt. Er verteidigt sich gegen die Mullahs und wird dann auf einer Reise nach Mekka plötzlich rehabilitiert.

Versuch ein Rubai (Vier Zeilen, a, a, b, a) über „Staub und Wein" zu schreiben. Beginn mit den Reimen.

Literatur zur sufischen Mystik

Feild, R.: Ich ging den Weg des Derwischs. Frankfurt 1979.
Meier, F.: Vom Wesen der islamischen Mystik. Basel 1943.
Schimmel, A.: Mystische Dimensione des Islam. Köln 1985.
Schimmel, A.: Rumi – ich bin Wind und du bist Feuer. Köln 1982.
Shah, I.: Die Sufis. Köln 1980.
Sommer, M.: Omar Chajjam und seine Rubaijat. Wiesbaden 1974.

cc) Haiku: Die Stille der Natur

Die einzige Massenbewegung meditativen Schreibens gibt es in Japan. Seit rund 1000 Jahren wird dort der dreizeilige Haiku gepflegt. Heute gibt es rund fünfzig Haiku-Zeitschriften in Japan, die im Jahr rund eine Million Haikus veröffentlichen. Es gibt viele Akademien, die die Kunst des Haiku-Schreibens lehren. In seiner tausendjährigen Geschichte ist das Haiku oft zum Wortspiel und zum Kalauer verkommen. Aber die großen Meister der Haiku-Dichtung, die vom Geist des Zen-Buddhismus inspiriert ist, haben das Haiku immer wieder neben dem Malen, der Tee-Meditation, der Gartenkunst zum authentischen Ausdruck der Einheitserfahrung gemacht (vgl. A. Watts: Zen-Buddhismus. Tradition und lebendige Gegenwart. Reinbek 1961, S. 214 ff, I.Y. Wendt: Zen, Japan und der Westen. München 1961, S. 85 ff.).

Der erste Großmeister des Haikus ist Matsuo Basho (1644–1694). Er geht in seinen Haikus immer von einer einzelnen, konkreten Naturerscheinung des Augenblicks aus, die, ohne subjektive Beimengung durch den Autor, etwas vom Wesen der ganzen Natur vermittelt. Basho benutzt nur Worte, die in einfachster Weise ein Stimmungsbild der Einheit der Natur erfassen. Der Kinderblick ist wichtig: um ein Haiku zu schreiben, werde ein drei Fuß großes Kind. Über die Arbeitsweise von Basho gibt es folgende Geschichte:

Buccho, ein belesener und erleuchteter Zen-Mönch, war Bashos Lehrer geworden. Als er 1686 nach Fukagawa ging, besuchte er bei der Gelegenheit mit Gohei zusammen den Dichter. Gohei, der die Klause des Dichters zum ersten Male sah, rief, als er dort eintrat, aus: „Wie gibt sich wohl in diesem stillen Garten und all seinen Gräsern und Bäumen das Wesen Buddhas?" Basho erwiderte ihm: „In großen Blättern als Grund zur Größe, in kleinen Blättern als Grund zur Kleinheit." Buccho, der hinter ihm eintrat, fragte: „Und vor kurzem, wie gab es sich da?" Da antwortete Basho: „Der Regen ist vorüber, und das grüne Moos ist gewachsen." Da fragte Buccho schließlich: „Wie aber gab sich das Wesen Buddhas in diesem grünen Moos, bevor es zu wachsen anfing?" In diesem Augenblick aber rief Basho, da man gerade einen

Frosch ins Wasser springen hörte: „Ein Frosch, der grad hineinspringt – des Wassers Platschen…"

Buccho war über diese Antwort voller Bewunderung, ersah er doch aus ihr, wie tief erleuchtet Basho war. Auch Sampu beglückwünschte Basho zu den gelungenen Versen, während Buccho anerkannte, dass Basho damit die Kunst noch den Glanz tiefer Frömmigkeit hinzugefügt habe. Ransetsu dagegen setzte hinzu: „Diese Verse vom Platschen des Wassers offenbare schon den ganzen Sinn des Haiku; es fehlt ihm nur der erste Vers." „Daran habe er auch schon gedacht", versetzte Basho, „aber ich möchte doch erst einmal eure Vorschläge dazu hören und dann mich selbst entscheiden." Nach einigem Überlegen schlug Sampu für den fehlenden Vers die folgenden fünf Silben vor: „Das Abenddämmern…", Ransetsu dagegen: „In der Einsamkeit…" und Kikaku schließlich: „Die Nesselblüten…" Nachdem Basho sich diese Verse angehört hatte, sagte er: „Ihr habt in euren Versen jeder eine Seite der Sache ganz gut zum Ausdruck gebracht und dabei recht ungewöhnliche Verse gemacht; besonders der Vers von Kikaku scheint mir stark und genial. Doch werde ich, wie immer, nicht der Mode folgen und darum heute abend die folgenden Silben hinzusetzen: „Der alte Weiher…", und so entstand das Haiku:

Der alte Weiher:
Ein Frosch, der grad hineinspringt –
Des Wassers Platschen…

(J. Ulenbrook (Hrsg.): Haiku, japanische Dreizeiler. München 1979, S. 171 ff.)

Nach zen-buddhistischem Verständnis fällt dem Haiku die Aufgabe zu, ein flüchtiges Naturerlebnis, wie hier der Sprung eines Frosches in einen Teich, so zu gestalten, dass etwas vom Geheimnis des Banalen deutlich wird. Basho wanderte jahrelang durch Japan, um dem Schweigen in der Natur auf die Spur zu kommen. Seine Kunst wurde durch folgenden Meister des Haikus fortgesetzt: Taniguchi Buso (1715–1783), Kobayashi Yatoro gen Issa (1763–1827), Masoaka Shiki (1867–1902).

Die vier großen Haiku-Dichter zeigen, wie bei ihnen Leben und meditatives Dichten zusammenfällt. Sie verfolgen in ihren Haikus den Jahreszeiten:

Frühling:	*So schlicht und einfach* *Fand sich der Frühling ein:* *Als Blau des Himmels!*	*(Issa)*
Sommer:	*Der Sommer kam doch* *So einzig zu den Blättern:* *In allen einzelnen …*	*(Basho)*

Herbst:

Auf kahles Astwerk
Hat sich die Krähe niedergesetzt,
Des Herbstes Abend … *(Basho)*

Winter:

Die Winterbäume
Von alten, alten Zeiten
Ein Widerhall sind … *(Issa)*

Sie reagieren auf Lebenskrisen, bewältigen Verluste im meditativen Schreiben.

Der Verlust der Mutter:

Ach, Mutter selig:
Ich blicke auf die See hin,
Doch so oft, so oft … *(Yataro)*

Nach dem Tod des Meisters:

Seit Basho hinschied,
Ist niemals mehr so richtig
Das Jahr verdämmert. *(Buson)*

Beim Tod der Tochter:

Die Welt aus Tau, ach,
Doch eine Welt aus Tau nur –
Und dennoch, dennoch … *(Buson)*

Sie widerstehen den Ängsten des Todes:

Vom Wandern schwer krank,
Ein Traum, der dürre Heide
im Kreis durchirrt *(Basho)*

Dies ist nun einmal
Der ungewollte Schlafplatz:
Ein Schnee, fünf Fuß hoch … *(Issa)*

In der amerikanischen Poetry-Therapy-Bewegung hat besonders der Psychotherapeut Vin Rosenthal die Prinzipien herausgearbeitet, deren Befolgung auch Nicht-Japanern die Arbeit mit Haikus möglich macht (vgl.: V. Rosenthal: Haiku as Psychotherapy. In: Voices Journal of the American Academy of Psychotherapists, 11 (1976) 4, 2–4, V. Rosenthal: Haiku: Guide for an Ailing Therapist. In: Voices, Journal oft the American Academy of Psychotherapists, 19 (1983) 1, 1–2, V. Rosenthal: Moments of Seeing, Moments of Being. The Tao of Haiku. The Way of a Psychotherapy. National Association of Poetry Therapy, Evasson Illinois 13. April 1985, maschinenschriftliches Manuskript).

Die Regeln des Haiku-Schreibens lauten:

1. **Das Wesen des Haikus beachten:** Das Haiku besteht aus drei Zeilen. Die erste und dritte Zeile bestehen aus fünf, die zweite aus sieben Silben. Diese drei Zeilen lassen immer etwas offen, was der Leser ergänzen muss. Während des Schreibens durchläuft der Schreiber vier Phasen des nicht-alltäglichen Bewusstseins: Selbstkonzentration. Die Dinge sehen, wie sie sind. Die Leere und das Schweigen der Natur spüren. Das Geheimnis des Lebens merken. Diese drei Zeilen drücken den illusionären und vergänglichen Charakter der alltäglichen Realitätserfahrung aus und spüren zu einer transzendenten Alleinheitserfahrung hin.
2. **Die richtige Technik anwenden:** Haikus werden angeregt, wenn man durch Erlebnisse in eine kognitive und emotionelle Dissonanz gerät, die einen ekstatischen Augenblick hervorruft, der im Haiku seine Synthese findet. Über die Art der Dissonanz, die oft unbewusst bleibt, belehrt einen eine längere stille Betrachtung der Natur. Bei dieser Betrachtung ist die Jahreszeit zu berücksichtigen, die sich in der Natur zeigt und jenseits der vergänglichen konkreten Natur der unvergängliche Kosmos.
3. **Dem Stil des Haikus entsprechen:** Jedes Haiku muss ein Wort enthalten, das auf die Jahreszeit hinweist, von der es seine Grundstimmung erhält (Frühlingsregen, Herbstabend, Winterruhe usw.). Das Jahreszeitenwort wird die Fülle der Naturerfahrungen im Leser hervorlocken, um eine lyrische Stimmung von einheitlicher Bildkraft zu erzeugen. Die Haiku-Bilder sollen sprechen ohne subjektive Einmischung des Dichters. Sie sollen wie ein Blitz wirken, so wie sie auch im Kopf des Meditierenden erscheinen. Im Blitz wird das Einssein des Dichters mit der Natur erfahren, und der Leser kann dieses Einssein nachvollziehen.
4. **Die therapeutischen Kräfte des Haiku-Schreibens ausschöpfen:** Beim Schreiben wird ein Prozess der Durcharbeitung emotioneller Dissonanzen erlebt. Die Fähigkeit, loszulassen, wird praktisch. Die Erfahrung der Unerkennbarkeit der Gründe für das eigene Dasein wird spürbar. Der Grund für die eigene Verstörung relativiert sich. Die Naturbetrachtung stimuliert die Aufmerksamkeit, die Aufmerksamkeit stimuliert das Schreiben, das Schreiben verdeutlicht die Situation des Schreibers, der Schreiber gibt seine Situation ans All-Eine zurück. Haiku-Schreiben fördert ein neues Sehen der Naturdinge. Vom einzelnen Ding geht der Blick zum Wesen der Dinge, vom Wesen der Dinge zur Einheit aller Dinge. Die schreibende Seele findet nach Haus.
5. **Haiku-Schreiben zur Selbsterfahrung nutzen:** Das fortlaufende Schreiben von Haikus im Jahreslauf eröffnet eine vertiefte Selbsterkenntnis. Die Folge der Haikus im Jahreslauf zeigt die Veränderungen der Situation des Schreibers und die Veränderungen seines Andenkens an das All-Eine. Damit wird für den Schreiber im Rückblick immer seine Bewegung zum Einen

deutlich wie auch sein Verfehlen und sein Rückfall in alltägliche Sorgen. Er kann so die Entwicklung seiner ekstatischen Aufschwünge und alltäglichen Korruptionen, die Bewegung seines Geistes und seiner Leidenschaften verfolgen und beginnen, sie zu korrigieren. So bleibt man dem wahren Selbst auf der Spur.

6. **Haikus in der Gruppe einsetzen:** Jede Gruppe kann durch gemeinsame Naturbetrachtung eine natürliche Meditation beginnen. Jedes Gruppenmitglied verarbeitet seine Naturmeditation in ein Haiku. Die Texte werden in der Gruppe verlesen. Die Gruppenkommunikation wird dann zu einem existentiellen Austausch über die Stille der Natur.

Schreibaufgabe:

1. Schreib drei Zeilen mit der 5–7–5 Silbenfolge.
2. Stell Dir einen Tag in der Natur vor (Frühling, Sommer, Herbst oder Winter). Konzentrier Dich auf Dinge, die Du siehst. Nenne ein Wort zur Jahreszeit. Halte das Stimmungsbild zur Jahreszeit fest, in dem Du die drei Zeilen zu den wichtigsten Dingen des Bildes schreibst. Beachte die 5–7–5 Silbenfolge!
3. Stell Dir einen Verlust vor: ein Mensch hat Dich verlassen. Stell Dir den Augenblick des Verlassens vor. Nenne ein Wort für diese Szene. Halte das Wort fest, und schreibe drei Zeilen über dieses Wort. Beachte die 5–7–5 Silbenfolge!

Schlussübung:

Schreiben Sie einen neuen Text in fünf Zeilen über Ihre Weltanschauung und vergleichen Sie diesen Text mit dem Text, den Sie zum gleichen Thema am Anfang dieses Kurses geschrieben haben. Was hat sich bei Ihnen verändert?

Literatur über Haikus

Chang, G, C.C.: Die Praxis des Zen. Freiburg 1981

Dörner, O.: „Haiku" im studentischen Schreibseminar. In: A.R. Rau (Hrsg.): Kreatives Schreiben an Hochschulen. Tübingen 1988, S. 44–58).

Dürckheim, H.G.: Zen und wir. München 1980.

Krusche, D.: Haiku. Bedingungen einer lyrischen Gattung. Tübingen, Basel 1970.

Rosenthal, V.: Seventeen Syllables: Haiku as Psychotherapy. In: Voices. Journal of the American Academy of Psychotherapists 11 (1976) 4, 2–4.

Steinfeld, L.: Der Weg zum Haiku. Schöpferische Freude und seelische Befreiung durch Dreizeiler-Gedichte. Düsseldorf 1981.

Suzuki, D.T.: Die große Befreiung. München 1978.

2.7. Projekt: Science Fiction

2.7.1. Übungen und Aufgaben zum utopischen Schreiben

a) Funktionen des utopischen Schreibens

Das Schreiben von progressiven Utopien und Science-Fiction-Geschichten kann folgende Funktionen erfüllen:

- Es kann positives Denken über die Zukunft unterstützen
- Eigene Zukunftsbilder klären, regressive infantile Wünsche, die in die Zukunft projiziert werden, bearbeiten, relativieren
- Den heutigen Zukunftsschock, den „Endzeitblock", verändern helfen
- Gegenwärtigen Druck relativieren helfen
- Zur Teilnahme am Kampf um die Zukunft aktivieren

Als kollektives Schreiben kann es darüberhinaus:

- Die Wir-Utopie stärken, utopische Archetypen individuieren helfen
- Individuelle Depressionen abschwächen

b) Die imaginative Schreibmethode

Das imaginative Schreiben gelingt, wenn der Einzelne die Augen schließt und sich entspannt. Dann stellt er ein Motiv ein, lässt es sich entwickeln. Die sich entwickelnde Geschichte wird dann aufgeschrieben. Die Methode der Imagination wird sehr gut dargestellt bei H. Leuner: Lehrbuch des katathymen Bilderlebens. Bern 1988.

Neben der Einzelimagination gibt es die Gruppenimagination. Gruppenimagination wird in Kleingruppen (max. 4 Personen) praktiziert. Technisch vollzieht sie sich ähnlich wie bei der Einzelimagination: also entspannen und Motiv einstellen. Einer von dreien beginnt sein Bild zu erzählen, der nächste ergänzt und wird dann vom dritten abgelöst. Der vierte macht den Sekretär und verschriftlicht das von den dreien gesagte, quasi als Protokollant. Sollte hier zuviel Angst aufkommen, kann das kollektive Imaginieren zu dritt mit Protokollant auch mit geöffneten Augen vollzogen werden (H. Lenner: Gruppenimagination. Bern 1989).

Allerdings braucht die kollektiv imaginierende Kleingruppe zur Erstellung von kleinen utopischen und SF-Geschichten Erzählstrukturvorgaben, die jetzt vorgestellt werden sollen.

c) Die Elemente der utopischen Geschichten

Drei Elemente kennzeichnen utopische und SF-Geschichten:

Zukunftspersonen (Homo futurus, alternative Intelligenz, lebende Roboter, Mutationen)

Neue Welten als Bühne (die veränderte Erde auf neuer, meist technischer Basis, Welten auf anderen Sternen, imaginierte Kunstwelten)

Spannende Handlung nach dem **Detektiv-Rätselaufbau**: Krise oder Weltkrise, Suche nach Lösung und Happy-End oder nach dem **Thriller-Aktion-Aufbau**: von einer Krise in die andere in schnellem Wechsel oder nach dem **Reisemodell:** aus einer schlechten Situation in eine gute.

d) Erzählhaltungen in utopischen und SF-Geschichten

Vier Erzählhaltungen sind typisch:

- Gegenwärtige Verhältnisse werden in die Zukunft verlängert, um ihre problematische Entwicklung zu kennzeichnen.
- Aus der Zukunft wird auf die Gegenwart geblickt und geschildert, welche positive oder negative Entwicklung die Erde genommen hat.
- Die Erde wird vom Standpunkt fremder Zivilisationen auf anderen Sternen betrachtet.
- Aus einer idealen, gelungenen Zukunft wird auf eine schwierige Vorgeschichte zurückgeblickt.

Zur Unterstützung der eigenen und der Gruppenimagination ist das Lesen moderner utopischer und SF-Texte hilfreich, z. B. G. Hauptmann: Die Insel der großen Mutter (1924), H. Hesse: Morgenlandfahrt (1932), Glasperlenspiel (1943), F. Werfel: Stern der Ungeborenen (1946), E. Jünger: Heliopolis (1949), F. Dürrenmatt: Das Unternehmen der Vega (1958), E. Callenbach: Ökotopia (1976), S. Lem: Solaris (1975) etc.

e) Schreibaufgaben

1. Aufgabe: Schildern Sie einen Geheimbund, der „eine Morgenlandfahrt" organisiert. Anregungen kann hier die gleichnamige Erzählung von H. Hesse (1932) geben.

Schritte zur Lösung der Aufgabe:

1. Gruppenimagination zum Geheimbund und seinen Mitgliedern und Zielen
2. Landschaften der neuen Morgenlandfahrt, kollektiv imaginiert
3. Gruppenimagination zum Verräter und seinem Schicksal
4. Gemeinsame Verfassung einer Geschichte mit den gefundenen Elementen nach dem Reisemodell.

2. Aufgabe: Aus dem folgenden Spielmodell (s. nächste Seite) wählt die Gruppe aus jeder Rubrik ein oder zwei Elemente aus und imaginiert in diesem Rahmen kollektiv eine Geschichte:

Das **Thema** dieser Geschichte könnte lauten: „In der neuen Welt".

Spielmodell

1. Annahme

a) Es gibt ein Gesetz, nach dem jeder Mensch nur noch zwei Stunden am Tag arbeiten muss (darf).
b) Es gibt eine Computer-Lernmethode, mit der man zehnmal soviel lernen kann wie nach altem Verfahren.
c) Es gibt einen Taschenroboter, der gegen jeden Gesprächspartner recht behält.
d) Es gibt eine Droge, die den, dem man sie eingibt, zwingt, die Wahrheit zu sagen.
e) Es gibt ein Verfahren, mit dem man die Gedanken anderer lesen kann, es lässt nur in dem Betroffenen heftige Aggressionen gegen einen entstehen.
f) Es gibt ein Mittel, durch das jeder jeden für einen Tag veranlassen kann, ihn zu lieben; nur entwickeln sich bei diesem danach starke Hassgefühle.
g) Es gibt eine Droge, die unangenehme Erinnerungen und Erfahrungen für immer auslöscht.
h) Es gibt eine Droge, die für einen Tag eine ungeheure Steigerung der körperlichen (und/oder geistigen) Kräfte bewirkt, das Leben aber jeweils um ein Jahr verkürzt.
i) Es gibt ein Verfahren, das eine genaue Voraussage darüber erlaubt, wie lange jemand gemäß seinem physischen Verschleiß und seiner chemischen Vergiftung noch leben wird.
j) Es gibt ein Medikament, durch das man nur noch halb so schnell altert; nur muss man, um es zu erhalten, jemanden benennen können, der doppelt so früh sterben will.
k) …

2. Handlung

a) Ich mache eine (Raum-, Zeit-)Reise; dort, wo ich hinkomme, gibt es …
b) Ich finde in dem alten, halbverfallenen Gebäude, das wohl einmal ein Forschungsinstitut (ein Tempel) war, …
c) Ich werde eines Verbrechens bezichtigt.
d) Ich habe mich verliebt.
e) Ich habe einen Verdacht.
f) Ich will hinter ein Geheimnis kommen.
g) Ich brauche dringend Geld.
h) Ich habe große Schwierigkeiten (in der Schule, im Beruf).
i) Ich habe ständig Depressionen.
j) Ich werde immer zurückgesetzt, und niemand mag mich.
k) …

3. Problem

a) Ich erleben einen großen Schrecken.
b) Ich gerate in eine sehr schwierige Lage.
c) Ich mache eine ganz neue Erfahrung.
d) Ich setze mich glänzend durch.
e) Ich erfahre eine große Enttäuschung.
f) Ich komme in einen Gewissenskonflikt.
g) Ich werde in meiner Einstellung verunsichert.
h) Ich erreiche unter großen Schwierigkeiten meine Absicht.
i) Ich scheitere und verzweifle.
j) Ich erfahre mich selbst.
k) …

(Aus: G. Waldmann: Literatur zur Unterhaltung. Reinbek 1981, Bd. 1, S. 332)

3. Aufgabe: Die Gruppe legt mit Hilfe des folgenden dreiteiligen Flussdiagramms eine Handlung mit positivem Ausgang fest und imaginiert (mit offenen Augen) eine Geschichte zum **Thema:** Die Krise

Science-Fiction Fluss-Diagramm:

Anfang:	– Die Erde wird von Außerirdischen besucht oder: – Wissenschaftler entdecken Insekten, Superwesen, undefinierbare Lebensformen
Hauptteil:	– Es kommt zum Kampf zwischen den Menschen und den Fremden – In diesen Kampf greifen verschiedene Helden ein: der ängstliche Polizist, der witzige Biologe, ein Liebespaar, eine neue Frau, ein merkwürdiges Kind – Die Menschen scheinen zu verlieren
Schluss:	– Aber die Feinde sterben plötzlich – Die Feinde verlieben sich – Die Feinde erkennen, dass sie von der Erde stammen – Also: positiver Schluss der Erzählung

4. Aufgabe: Die Kleingruppe befindet sich als Reporterteam in Ökotopia. Legen Sie Personen, Welt (weiche Technik, Veränderung des Sozialen etc.) und Handlung (Spionage und Flucht) fest, und imaginieren Sie die Geschichte kollektiv. **Thema:** Abenteuer in Ökotopia

Lesen Sie zuerst folgenden Text:

„*Westons nächster Auftrag: Ökotopia*

Die TIMES-POST sieht sich endlich in der Lage, anzukündigen, dass William Weston, unser Top-Reposrter für internationale Fragen, in der kommenden Woche eine sechswöchige Reise nach Ökotopia antreten wird. Dieses journalistische Vorhaben, das bisher einzigartig dasteht, wurde durch Vereinbarungen auf höchster diplomatischer Ebene ermöglicht. Es wird sich dabei um den ersten offiziellen Besuch eines Amerikaners seit der Unabhängigkeit Ökotopias im Jahre 1980 handeln, als der normale Reiseverkehr wie auch alle sonstigen Verbindungen abgebrochen wurden.

Die TIMES-POST schickt Weston in der Überzeugung auf diese ungewöhnliche und schwierige Erkundungsreise, dass eine unvoreingenommene Einschätzung Ökotopias an Ort und Stelle gerade heute, wo wir auf der Schwelle zum 21. Jahrhundert stehen, von entscheidender Bedeutung ist. Alte Gegensätze haben allzulange einer näheren Untersuchung der Entwicklungen in Ökotopia im Wege gestanden – einem Teil der Welt, der uns einmal so nahe, so teuer und so vertraut gewesen ist, der aber in den zwei Jahrzehnten seit der Unabhängigkeit ein verbotenes Land war und immer geheimnisvoller für uns wurde.

Das Problem besteht heute nicht so sehr darin, Ökotopia zu befehden, als darin, es zu verstehen – und damit einen Beitrag zur Verwirklichung guter internationaler Beziehungen zu leisten. Die TIMES-POST ist wie immer bereit, dieses Ziel zu unterstützen." (Aus: E. Callenbach: Ökotopia. Berlin 1980, S. 5)

5. Aufgabe: Thema: „Per Anhalter durch die Galaxis"
Lesen Sie die folgende Einleitung zu dem Buch von D. Adams „Per Anhalter durch die Galaxis", und schreiben Sie eine kleine Reisegeschichte durch den Kosmos gemeinsam. Adams' Buch beginnt mit folgender anregender Einleitung:

„Weit draußen in den unerforschten Einöden eines total aus der Mode gekommenen Ausläufers des westlichen Spiralarms der Galaxis leuchtet unbeachtet eine kleine gelbe Sonne. Um sie kreist in einer Entfernung von ungefähr achtundneunzig Millionen Meilen ein absolut unbedeutender, kleiner blaugrüner Planet, dessen vom Affen stammende Bioformen so erstaunlich primitiv sind, dass sie Digitaluhren noch immer für eine unwahrscheinlich tolle Erfindung halten.

Dieser Planet hat – oder besser gesagt, hatte – ein Problem: die meisten seiner Bewohner waren fast immer unglücklich. Zur Lösung dieses Problems wurden viele Vorschläge gemacht, aber die drehten sich meistens um das Hin und Her kleiner bedruckter Papierscheinchen, und das ist einfach drollig, weil es im großen und ganzen ja nicht die kleinen bedruckten Papierscheinchen waren, die sich unglücklich fühlten.

Und so blieb das Problem bestehen. Vielen Leuten ging es schlecht, den meisten sogar miserabel, selbst denen mit Digitaluhren.

Viele kamen allmählich zu der Überzeugung, einen großen Fehler gemacht zu haben, als sie von den Bäumen heruntergekommen waren. Und einige sagten, schon die Bäume seien ein Holzweg gewesen, die Ozeane hätte man niemals verlassen dürfen.

Und eines Donnerstags dann, fast zweitausend Jahre, nachdem ein Mann an einen Baumstamm genagelt worden war, weil er gesagt hatte, wie fantastisch er sich das vorstelle, wenn die Leute zur Abwechslung mal nett zueinander wären, kam ein Mädchen, das ganz allein in einem kleinen Cafe in Rickmansworth saß, plötzlich auf den Trichter, was die ganze Zeit so schiefgelaufen war, und die wusste endlich, wie die Welt gut und glücklich werden könnte. Diesmal hatte sie sich nicht getäuscht, es würde funktionieren, und niemand würde dafür an irgendwas genagelt werden.

Nur brach traurigerweise, ehe sie ans Telefon gehen und jemandem davon erzählen konnte, eine furchtbar dumme Katastrophe herein, und ihre Idee ging für immer verloren.

Das hier ist nicht die Geschichte dieses Mädchens.

Es ist die Geschichte dieser furchtbar dummen Katastrophe und einiger ihrer Folgen … Sie beginnt in einem Haus …" (D. Adams: Per Anhalter durch die Galaxis. Berlin 1988, S. 3 ff.). Mit dem Satz: „Unsere Geschichte beginnt in einem Haus“ sollten Sie Ihre Schreibimagination starten.

6. Aufgabe: „Wählen Sie aus der folgenden Liste ein Thema, das Sie kollektiv gestalten.

1. Das telepathische Überkind.
2. Der Roboter (oder schleimige Außerirdische), der ein Leben rettet.
3. Im tausendjährigen Krieg des pangalaktischen Reiches gegen die Vulv ist der Raumranger Jake gerade auf Routinepatrouille, als plötzlich …
4. Des Helden Zeitmaschine trägt ihn ins Jahr …
5. 1984, re-revisited.
6. Die stahlgrauen Augen des Helden sehen die Lösung eines technischen Problems, die das Mädchen, das Raumschiff oder gar die Erde retten wird.
7. Die Fremden herrschen grausam über die versklavten Erdlinge, bis der Held ihre geheimgehaltenene Verwundbarkeit entdeckt.
8. Einer von uns in der Raumstation ist in Wirklichkeit ein Androide und will uns alle vernichten.
9. Der große Zentalcomputer macht einen einzigen kleinen Fehler.
10. Der letzte Mensch der Erde.
11. Neuer Feudalismus nach dem Großen Atomkrieg.
12. Erwachen nach hundertjährigem Kälteschlaf, der Held wird dringend gebraucht.
13. Als er von der schwarzunifomierten Roboterpolizei gehetzt wird, gewährt ihm der Untergrund Zuflucht, ein Geheimbund von netten alten Männern und hübschen jungen Mädchen, jener Untergrund, den er in seiner Präsidentenzeit vergeblich zu zersprengen versucht hatte.“

(In: Koitus 80. Neue SF. Hrsg. von Frank Rainer Schreck 1980, S. 199 ff.)

7. Aufgabe: Im Jahre 2500 gelingt es, auf dem Mars eine ideale Gesellschaft aufzubauen. Schreiben Sie kollektiv eine Geschichte, wie es dazu kommen konnte. **Thema:** Ein Kapitel aus der Mars-Chronik. Stellen Sie sich vor, Sie sind der Chronist.

Literatur zu Projekt 2.7.

Psychologie

Gawein, S.: Stell Dir vor. Reinbek 1986.
Giambra, L.M.: Tagträume. In: Psychologie heute, Nov 1976.
Katzenberger, H.: Der Tagtraum. München 1969 (mit Bibliographie!).
Lazarus, A.: Innenbilder. München 1982.
Leuner, H.: Lehrbuch des katathymen Bilderlebens. Bern 1988.
Werder, L. v.: Schreiben als Therapie. München 1988.

Literatur

Biesterfeld, W.: Die literarische Utopie. Stuttgart 1982 (mit Bibliographie!).
Suvin, D.: Poetik der Science Fiction. Frankfurt 1979.
Suerbaum, U. u.a.: Science Fiction. *Stuttgart 1981.*
Hasselblatt, D.: Grüne Männchen vom Mars. SF für Leser und Macher. Düsseldorf 1974.
Ueding, G.: Literatur ist Utopie. Frankfurt 1978.

Voßkamp, W.(Hrsg.): Utopieforschung. Frankfurt 1985, Bd. 1–3.
Gnüng, H.(Hrsg.): Literarische Utopieentwürfe. Frankfurt 1982.
Waldmann, G.: Literatur zur Unterhaltung. Reinbek 1980, Bd. 1–2.

Soziologie
Bloch, E.: Das Prinzip Hoffnung. Frankfurt 1959.
Flechtheim, O.K.: Der Kampf um die Zukunft. Grundlagen der Futurologie. Bonn 1980.
Neusüss, A.: Utopie. Neuwied 1972.
Rühle, O.: Baupläne für eine neue Gesellschaft. Reinbek 1971.

2.8. Projekt: Utopisches Schreiben

Schon die Frankfurter Schule prägte die These vom Untergang des Individuums und der Subjektivität. Die strukuralistische Philosophie strich das Subjekt gleichsam durch. Also erscheint die Frage nach der Rettung des Subjekts obsolet, antiquiert und dem modernen Zynismus leicht abwegig. Aber die Verhältnisse machen den generalistischen Meisterdenkern einen Strich durch die glatte Rechung. Überall wird von Bewegungen und Gruppen Subjektivität, Selbsterfahrung und Identitätsfindung eingeklagt. Deshalb ist der Blick auf Ernst Bloch vielversprechend, nimmt er doch die Krise des Subjekts zum Ansatz seiner Theorie und Praxis und entwickelt Umrisse einer kulturell-therapeutischen Bildung, die die Liquidierung von Subjekthaftigkeit in bürokratisch-kapitalistischen Gesellschaften in Rechnung stellt. Sein Denken erscheint unzeitgemäß auf der Höhe der Zeit.

a) Grundlegung: Tagtraum als Raum der Antizipation des Subjekts

Die Individuen leben im Dunkel des „gelebten Augenblicks". Schon Freud kam an den Punkt, an dem er feststellte, dass seine Selbstanalyse isoliert nicht weiterging. Freud erkannte den Fortgang der Analyse im dialogischen Setting. Bloch sieht hier radikaler. Die Selbstanalyse muss ans Ende kommen, weil jedes Individuum noch gar nicht sich herausproduziert hat. Jedes Individuum liegt sich deshalb notwendig im „blinden Fleck der Selbsterkenntnis". Bloch erkennt: „Ich bin, aber ich habe mich noch nicht." Als Schock dieser Erkenntnis stellt sich dem Subjekt die Einsicht in die Heimatlosigkeit, das Unterwegssein ein. Das ist die eine Seite. Die andere Seite des Dunkels des gelebten Augenblicks ist die Lichtung von zukünftiger Subjektkonstitution im Tagtraum. Besonders in Tagträumen der gefundenen Identität, und davon wimmelt es, erleben wir erfüllte Augenblicke. „Darum werden wir erst" (Bloch). Woher wir kommen, darüber sprechen, seit Freud verstehbar, die Nachtträume, wohin sich unsere Identität entwerfen soll, darüber reden, recht verstanden, die Tagträume.

Allerdings: Tagträume führen im unbewussten Individuum nur ein Schattendasein. Tagträume müssen stimuliert werden. Und: nicht jeder Tagtraum meint schon das Richtige. Tagträume müssen nach Bloch korrigiert, konkretisiert, ja, sie müssen als solche verändert, als objektangemessene Phantasien produktiv umgesetzt, praktiziert werden.

Neben den kleinen Tagträumen stehen die großen. Sprechen die kleinen Tagträume oft nur von isolierter Ich-Erweiterung als Ausdruck des verbreiteten „narzisstischen Charakters" (E. Fromm), so sprechen die großen Tagträume von einer Erweiterung der gesellschaftlichen Entwicklungsmöglichkeiten, von Subjekthaftigkeit und Gemeinschaftlichkeit. Aber: „Jede Utopie hat paranoide Karikaturen" (E. Bloch: Das Prinzip Hoffnung. Frankfurt/M. 1959, S. 104. Im Folgenden zitiert als PH). Auch die großen Tagträume müssen antizipiert, korrigiert, konkretisiert und praktiziert werden, sonst verfallen sie der Ungleichzeitigkeit, regressiver Antiquiertheit.

Tagtraum als Schlüssel zum Noch-Nicht-Bewusstsein

Gegen Freuds Determination des Menschen durch ein Vergangenheit enthaltendes Unbewusstsein setzt Bloch die Determination des Menschen durch ein auf Zukunft bezogenes Noch-Nicht-Bewusstsein. Das Freudsche Unbewusste ist für Bloch ein Ort der Regression, das Noch-Nicht-Bewusste ist ein Ort der Progression. Freuds Unbewusstes „ist ein Unbewusstes nach rückwärts" (E. Bloch: PH, S. 70). Freud entwickelt deshalb am Nachttraum seinen Begriff des Unbewussten, Bloch setzt bei Erschließung des Noch-Nicht-Bewussten auf den Tagtraum (E. Bloch: Grundsätzliche Unterscheidung der Tagträume von den Nachtträumen. In: E. Bloch: Prinzip Hoffnung. Frankfurt/M. 1959, S. 86–128). Bloch umreißt das Noch-Nicht-Bewusstsein als entschieden höhere Sphäre des Unbewussten, die über das kindliche Unbewusste des Verdrängten in die Zukunft hinausgreift. Das Noch-Nicht-Bewusste ist Ausdruck des Selbsterweiterungstriebes des Menschen, es ist als „Vorbewusstes des Kommenden der psychische Geburtsort des Neuen" (Bloch, PH, S. 132). Das Noch-Nicht-Bewusste äußert sich tagträumerisch besonders in Jugend, Zeitwende und künstlerischer Produktivität. „Das Subjekt wittert hier keinen Kellergeruch, sondern Morgenluft" (Bloch: PH, S. 132). Das Noch-Nicht-Bewusste ist der psychische Ankunftsort kleiner und großer Tagträume. **Kleine Tagträume**, damit beginnt das „Prinzip Hoffnung" (S. 21–45), begleitet den Menschen, der in der bürgerlichen Gesellschaft alle Wünsche nach Identität offen hat, von der Wiege bis zur Bahre: In der Kindheit tagträumt jeder vom großen Fressen, in der Jugend vom Aufbruch, in der Mitte des Lebens von Geld, Wein, Weib und Gesang, im Alter vom gelungenen Lebensabend und von der Jugend. Erst wenn der illusionistische Charakter der Erfüllung der kleinen Tagträume in unserer Gesellschaft gespürt wird als Schock, Staunen sich breit macht über das Dunkel des gelebten Augenblicks, gehen die Widerstände gegen das Noch-Nicht-Bewusstsein zurück und die **großen Tagträume**, die utopischen Archetypen (im Gegensatz zu C.G. Jungs Archetypen nicht auf den Menschheitsanfang, sondern auf das Menschheitsziel bezogen!) machen sich spürbar in Tagträumen. Utopische Archetypen umfassen „Unausgebreitetes, relativ Unabgelaufenes, Unabgegoltenes“ (PH, S. 185). Utopische Archetypen finden sich „in allen großen Dichtungen, Mythen, Religionen, in der Philosophie“ (PH, S. 185). Einige Beispiele:

Mythologie: Schlaraffenland, Befreiung der Jungfrau, Ende der Drachenzeit;
Dichtung: Faust, Prometheus;
Religion: Auferstehung von den Toten, schwebende Buddhastatue;
Natur: Gewitter, Regenbogen, Frühling (PH, S. 181–188);
Philosophie: Staatsutopien von Thomas Morus bis Karl Marx.

Große Tagträume entstehen an den Grenzen der kleinen Tagträume. Tagträume sind für Bloch keine Vorstufe des nächtlichen Traums, sondern Fantasien nach vorwärts. Sie haben für ihn schon auf der Stufe kleiner Tagträume folgende Charakteristika:

1. Sie signalisieren freie Fahrt ohne Druck
2. In ihnen bleibt das Ich erhalten
3. Sie intendieren direkt oder indirekt, latent oder manifest, je nachdem, ob sie kleine oder große Tagträume sind: Weltverbesserung
4. Den Tagträumen ist der Wunsch nach Realisierung eigen: Fahrt ans Ende.

Blochs Impuls für die Tagtraumtherapie

Während die etablierten Tagtraumtherapien (C.G. Jung, I.H. Schultz, H. Leuner etc.) Heilung bei der Bearbeitung regressiver Tagträume sehen, setzt Bloch auf die Entwicklung progressiver Tagträume als Methode der Berichtigung und Konkretisierung des Bewusstseins des Einzelnen. Dabei denkt er durchaus an den Durchgang und die Überwindung bloßer regressiver Fantasien. So erzählt er in seinem Buch „Spuren“ (Frankfurt 1982) von Menschen, die vom rechten Weg abgekommen sind, sich im Wald verirren, dort Tiere finden und sich der tierischen Raserei anschließen, eine Metapher für das Verhalten der deutschen Arbeiter im Faschismus. Die Überwindung dieses regredierten und damit ungleichzeitigen Bewusstseins erwartet Bloch von der Entwicklung einer richtigen Perspektive auf gelungene Identität. „Was diese Menschen brauchen, sind nicht die Ärzte in ihrem Rücken, die sie zurückrufen wollen und die ihnen im Grunde gleichgültig sind, sondern den richtigen Anruf vom richtigen eigentlich angestrebten Ort her, denn in den tierischen Faxen und Faseleien lebten ja nicht diese selber, sondern nur das verfehlte Ziel“ (T. Franz: Revolutionäre Philosophien in Aktion. Ernst Blochs politischer Weg genauer besehen. Hamburg 1985, S. 119). Blochs Heilung falschen Zukunftsbewusstseins will an falschen Retter- und Reichsträumen ansetzen und sie durch Sichtbarmachung echter Utopie umfunktionieren. Das Medium der Heilung ist ihm die revolutionäre Propaganda im Kontext revolutionärer-subversiver Gegenöffentlichkeit (vgl. T. Franz, a. a. O., S. 146 ff., S. 196).

Aber nicht nur die revolutionäre Gegenöffenlichkeit ist verschwunden, flackerte 1968 kurz auf, auch mit Propaganda von oben und durch Eingeweihte ist keine emanzipatorische Lernbewegung und Lebensziel- und -planänderung möglich. Das Hoffenlernen auf gelingende Identität, den Zugang zum Noch-Nicht-Bewusstsein eröffnen, den Weg vom beschädigten Ich zum Subjekt im Wir beschreiten, das kann heute nur in **selbstorganisierten Gruppen** sich entwickeln. Mit einer Bloch-gewendeten Tagtraum-Therapie nach vorne lassen sich gewisse Gefahren der Regression bannen. Hoffen lernen nach Bloch heute, das ist Tagtraumarbeit an der Basis mit Hilfe der utopischen Momente der Poesie: Ubi Poesia, ibi Jerusalem (vgl. Blochs Theorie zum Vorscheincharakter der Kunst: P. Zudeick: Der Hintern des Teufels. Ernst Bloch – Leben und Werk. Baden-Baden 1985, S. 142 ff.).

b) Kulturell-therapeutische Schreib-Projekte nach Ernst Bloch

Aus Blochs Werk können verschiedene Praxisszenarien entwickelt werden: aus dem Aufbau des „Prinzips Hoffnung“ eine „Zukunftsschreibwerkstatt“, aus seinen literaturanalytischen Studien eine Lesewerkstatt von „Wunschbildern des erfüllten Augenblicks“, aus seinem Werk „Spuren“ ein Projekt „utopische Alltagsspuren“, aus seinem Werk „Materialismusprobleme“ ein Studio für „Wahrnehmung der energetischen Struktur der Materie“. Zu diesen Szenarien hier nur die wichtigsten Anmerkungen.

aa) Zukunftsschreibwerkstatt

Das Setting ist hier dem katathymen Bilderleben nach Hanscarl Leuner (Lehrbuch des katathymen Bilderlebens, Bern 1985) nachgebildet. Allerdings werden nicht die regressiven Themen von Leuner imaginiert und schriftlich festgelegt, sondern folgende Motive aus dem „Prinzip Hoffnung“ von E. Bloch:

Tagträume im Lebenslauf (Flucht aus der Schule, Abenteuerideen, Größenträume, Träume von Macht, Geld, Liebe), PH, T. 1

Wunschbilder im Spiegel (Märchen, Abenteuer, utopische Erzählung), T. 3

Grundrisse einer besseren Welt (Novalis’ Blaue Blume, Mörikes Orplid, Callenbachs Ökotopia), T. 4

Wunschbilder des erfüllten Augenblicks (Hoffnungsbilder gegen den Tod, Bilder vom höchsten Gut, Heimat in Chiffren), T. 5

(Näheres zur Zukunftsschreibwerkstatt in L. v. Werder: Schreiben als Therapie, München 1988, S. 90–152.)

bb) Lesewerkstatt

Die moderne Literatur produziert nicht mehr die kompletten Utopien und Zukunftsromane als seriöse Unternehmung, vielmehr ist die Spur der Utopie in das Licht der grandiosen Gipfelaugenblicke im Alltag eingekapselt worden. Die wichtigsten Fassungen der Gipfelaugenblicke in der modernen Romankultur werden in der Lesewerkstatt rezipiert und meditiert. Dazu gehören: Das Erleben der gefundenen Zeit. Die Combray Episode in M. Prousts „Auf der Suche nach der verlorenen Zeit", Bd. 1, 6. Die Epiphanie des Glücksaugenblicks in J. Joyce's „Portrait des Künstlers als jungen Menschen", Augenblicke des Seins bei V. Woolf in „Die Wellen", Chiffren der Identität bei J.D. Passos' „Manhattan Transfer", T. Wolfe „Von Zeit und Strom" und W. Faulkner „Licht im August".

cc. Utopisches Alltagsspuren-Projekt

Geschichtswerkstätten und die Oral-History-Forschung versuchen heute, Widerstandsspuren im Alltag zu finden. In diesem Projekt geht es um die utopischen Spuren, die Bloch in seinem Werk „Spuren" schon begonnen hat zu sichten und zu erzählen, aber die Suche ist fortzuführen. Es beginnt mit der Sichtung utopischer Splitter in **Anzeigen** (Idealisierungen bei Partnersuche, Tod und Angeboten aller Art). Im Stadtteil sind Orte des **Glücks im Winkel** auf Hinterhöfen, in Vorgärten, in Auslagen aufzuspüren und zu fotografieren. Die **utopischen Helden** des Kiezes sind ausfindig zu machen: der Bastler, der kleine Künstler, der Fantast, der Emanzipierte, die neue Frau. Siege von David gegen Goliath sind im Kiez zu suchen: gewonnene Prozesse der Kleinen gegen die Großen.

Das Projekt macht dann von den Spuren eine Ausstellung im Kiez, die von einer Zukunftswerkstatt nach Robert Jungk begleitet werden kann.

dd. Studio: Materie als erfahrene Energie

Blochs Grundthesen aus „Materialismusprobleme": Dass Materie Energie, gerichtete Energie ist, die sich im Bewusstsein als Chiffre sichtbar macht, wird mit den Methoden der Bioenergetik und der Entspannungstechniken (Autogenes Training, J.H. Schultz, zeigt die Umschaltung der Körperspannung, Muskelentspannung zeigt, E. Jacobsen, beide die Umpolung der Körperenergie) sinnlich erfahren. An jeweils eine Materienkonzeption aus Blochs Buch wird eine Körperübung gekoppelt, die die Lebensenergie, das Strömen der Energie im Körper, ebenso vermittelt, wie die Lebensenergie in der objektiven Welt der Natur und der scheinbar unbelebten Dinge.

c) Psychologische Faktoren des Lernens von Hoffnung

- Die Auseinandersetzung mit dem eigenen Noch-Nicht-Bewusstsein kann unbekannte Kräfte in der Seele aufspüren, die in ihrer Hoffnungs- und Wunschqualität die Auseinandersetzung mit depressiven Potentialen günstig beeinflussen.

- Wenn neben der Bearbeitung von kleinen Tagträumen auch große Tagträume erschlossen werden, kann das Antizipieren dem beschädigten Subjekt den Zugang zu Gattungskräften eröffnen.
- Die Visualisierung und Verbalisierung eigener Kräfte eröffnet die Konfrontation des geburtlichen Einzelnen mit seiner häufig abgesperrten und verleugneten Zukunftsperspektive, die ihn aber trotzdem bestimmt.
- Die Konfrontation mit dem Noch-Nicht-Bewussten eröffnet Micro-Katharsen. Uneingestandene Zukunftsängste können abgebaut werden. Entlastung entsteht, wenn sich verdunkelte Zukunftsbilder aufhellen durch Kontakt mit Hoffnungspotentialen in der Poesie und im Schreiben eigener positiver Imaginationen.
- Die utopischen Antizipationen haben eine positive Rückwirkung auf den gesamten psychischen Zustand des Subjekts. Die Befriedigung primärer progressiver Hoffnungsimpulse, die im Alltag oft genug unterdrückt werden, wird ermöglicht.
- Die kreative Ausgestaltung utopischer Motive eröffnet eine neue Dimension der Zukunftssensibilisierung. Die blinde Belastung mit den vorherrschenden negativen Zukunftsvisionen (Huxley, Orwell, etc.), die den Zugang zum Noch-Nicht-Bewusstsein aus Herrschaftsinteressen abblocken sollen, wird durchgearbeitet und entschärft.
- Während der Durcharbeitung negativer Zukunftsaspekte weist der Prozess der Veränderung von „Fixierten“ Bildern auf eine Verbesserung des produktiven Zugangs zum Noch-Nicht-Bewussten hin.
- Utopisches Antizipieren eröffnet dem Subjekt neue Weltregionen, die bisher kaum zugänglich waren. „Das ungeheure utopische Vorkommen in der Welt ist explitzit fast unerhellt“ (E. Bloch, PH 4). Ein Transfer der utopischen Imaginationen ins Alltagsverhalten des beschädigten Subjekts kann das politische und existentielle Engagement verstärken und die von herrschenden Kreisen gesteuerte Melancholie und Verzweiflung an der Wurzel bekämpfen. „Möchten die Tagträume also wirklich voller werden, das ist heller, unbeliebiger, bekannter, begriffener und mit dem Lauf der Dinge vermittelter. Damit der Weizen, der reifen will, befördert und abgeholt werden kann“ (E. Bloch, PH, 2). Das Lernen der Hoffnung kann für das Subjekt doch nur so praktisch werden, dass Gemeinschaftsgefühl an die Stelle des Narzissmus tritt und ungleichzeitige Ideologien, die in den Kulturpessimismus verliebt sind, durch kritische Offenheit ersetzt werden.

Bei der schwierigen Reise in die Heimat der Subjektkonstitution, in den Kern des Noch-Nicht-Bewusstseins, stützen wir uns auf die Materie. Sollten wir auf der Reise in Not geraten, so können wir uns an Blochs Erfahrungen halten. Er hat zehn Jahre nach Sigmund Freuds Entdeckung des Unbewussten 1907 mit 22 Jahren das Noch-Nicht-Bewusstsein entdeckt. Aus Freuds Analyse des Nachttraums machte Bloch seine Reise in die Tagträume. Später hat er diese umwerfende Entdeckung als „einzigen und ersten originalen Gedanken" gewürdigt.

„Es ging mir um das, was vor uns dämmert, um das, was erscheint in der Jugend, in Wendezeiten wie Renaissance, Sturm und Drang, in der Französischen Revolution, in der Frühromantik und in dem Pathos des Neuen, dem eigentümlichen Pathos des Kreativen im Menschen selber. ... Besonders in der schöpferischen Arbeit wird eine eindrucksvolle Grenze überschritten, die ich als die Übergangsstelle zum noch nicht Bewussten bezeichnete. **Mühe, Dunkel, krachendes Eis, Meeresstille und glückliche Fahrt liegen um das Land, wo noch niemand war, ja, das selber noch niemals war. Das den Menschen braucht, Wanderer, Kompass, Tiefe im Land zugleich.** ... Ein entscheidender Tenor war mit dieser damaligen Aufzeichnung notiert, **samt Begriff von Heimat, die sich erst bildet**" (P. Zudeick: Der Hintern des Teufels. Ernst Bloch – Leben und Werk. Baden-Baden 1985, S. 37). Das Subjekt ist also zu retten, mit praktischer Utopie.

Literatur zu Projekt 2.7. und 2.8.

Adler, A. : Traum und Tagtraum. In: ders.: Der Sinn des Lebens. Frankfurt/M. 1978.

Axt, P., Fuchs, H.: Die Wandlungskraft des positiven Denkens. Freiburg 1985.

Bloch, E.: Grundsätzliche Unterschiede der Tagträume von den Nachtträumen. In: ders.: Prinzip Hoffnung. Frankfurt/M. 1959, S. 86–128.

Frank, L.: Über Affektstörungen. Berlin 1913.

Franz, T.: Revolutionäre Philosophie in der Aktion. Ernst Blochs politischer Weg genauer besehen. Hamburg 1985.

Freud, S.: Der Dichter und das Phantasieren. GW VIII, S. 213–226.

Gawein, S.: Stell Dir vor. Kreativ visualisieren. Reinbek 1986.

Gekle, H.: Wunsch und Wirklichkeit. Blochs Philosophie des Noch-Nicht-Bewusstseins und Freuds Theorie des Unbewussten. Frankfurt/M. 1986.

Grünholz, G.: Psychodelische Erfahrung und Kunst durch Selbsthypnose. 1970 (Düsseldorfer Hefte, H. 13).

Happich, C.: Das Bildbewusstsein als Ansatzstelle psychischer Behandlung. In: Zentralblatt für Psychotherapie 5, 1932, S. 633.

Haug, F.: Tagträume. Dimensionen weiblichen Widerstands. In: Das Argument 26, 1984, S. 681–698.

Jaffe, D.T.: Kräfte der Selbstheilung. Stuttgart 1983.

Katzenberger, H.: Der Tagtraum. Ein phänomenologische und experimentelle Studie. In: Erziehung und Psychologie 52, 1969, S. 37 ff.

Kosbab, F.P.: Symbolismus, Selbsterfahrung und die didaktische Anwendung des katathymen Bilderlebens in der psychiatrischen Ausbildung. In: Zeitschrift für Psychotherapie und medizinische Psychologie 22, 1972, S. 210.

Leuner, H.: Katathymes Bilderleben. Grundstufe. Stuttgart 1983.

Leuner, H.: Lehrbuch des katathymen Bilderlebens. Bern 1985.

Leonhard, K.: Gesetze und Sinn des Träumens. Stuttgart 1951.

Münster, A.: Utopie, Messianismus und Apokalypse im Frühwerk von Ernst Bloch. Frankfurt/M. 1982.

Naumann, W.: Traum und Tradition in der deutschen Lyrik. Stuttgart 1966.

Schmidt, B. (Hrsg.): Seminar: Zur Philosopie Ernst Blochs. Frankfurt/M. 1983.

Schmidt, B. (Hrsg.): Materialien zu Ernst Blochs Prinzip Hoffnung. Frankfurt/M. 1978.
Silberer, H.: Symbolik des Erwachens und Schwellensymbolik überhaupt. In: Jahrbuch für psychoanalytische und psychotherapeutische Forschung 3, 1912, S. 621.
Silberer, H.: Bericht über die Methode, gewisse symbolische Halluzinationen hervorzurufen und zu beobachten. In: Jahrbuch für psychoanalytische und psychotherapeutische Forschung 1, 1909, S. 302.
Simenauer, E.: Der Traum bei R.M. Rilke. Bern 1976.
Thomas, K.: Selbstanalyse. Stuttgart 1976.
Thomas, K.: Träume selbst verstehen. Stuttgart 1983.
Werder, L. v.: Schreiben als Therapie. München 1988.
Zudeick, P.: Der Hintern des Teufels. Ernst Bloch – Leben und Werk. Baden-Baden 1985.

2.9. Projekt: Wissenschaftliches Schreiben

Wissenschaftliches Schreiben ist konzeptionelles Schreiben, das auf schriftliches Material, Beobachtungen und Einfälle angewiesen ist. Es ist als diskursives Schreiben dem Realitätsprinzip verpflichtet und kommt doch nicht ohne den Rekurs auf das Unbewusste, besonders in seiner kollektiven Form, aus.

Wissenschaftliches Schreiben ist ein organisierter Such-, Forschungs- und Darstellungsprozess, der am besten in Phasen gegliedert wird:

1. Phase: Entwicklung eines groben Schreibkonzepts
2. Phase: Schaffung von Schreibstimuli am Material
3. Phase: Entwicklung eines diffenzierten Schreibkonzepts
4. Phase: Schreibpraxis: Rohentwurf und Überarbeitung

Sehen wir uns diese Phasen genauer an:

1. Phase: Entwicklung eines groben Schreibkonzepts

Themenwahl

Auswahlkriterien für das Thema einer Facharbeit

- Kann ich das Thema mit meinen Fachkenntnissen bewältigen?
- Kann ich mit dem Professor oder einem anderen Wissenschaftler, der mich betreut, zusammenarbeiten? Haben wir eine ähnliche Einstellung zum Thema, oder ist zumindest ausreichende Toleranz vorhanden, um andere Ansichten anzuerkennen?
- Das Thema sollte nicht zu weit gefasst und konkret formuliert sein.
- Stehen mehrere Themen zur Auswahl, wählen Sie das, welches Sie am meisten interessiert oder eines, von dem Sie bereits bestimmte Vorstellungen haben, wie Sie es angehen können.
- Bevor Sie ein Thema endgültig auswählen können, schaffen Sie sich einen Überblick über die vorhandene Literatur (das ist natürlich nur möglich, wenn Sie sich bei der Themenauswahl einige Zeit lassen können).

- Bevor Sie ein Thema endgültig auswählen können, schaffen Sie sich einen Überblick über die vorhandene Literatur (das ist natürlich nur möglich, wenn Sie sich bei der Themenauswahl einige Zeit lassen können).
- Falls Sie eine Dissertation schreiben, ermitteln Sie in Dissertationskatalogen bzw. Dissertationszentralen, ob das Thema nicht bereits bearbeitet wurde.

1. Aufgabe: Formulieren Sie nun Ihr Thema.

Entwicklung eines Schreibkonzepts
Themen weisen meist Interpretationsspielräume auf. Themen sollten in Fragen umgeformt werden. Themen sollten in Thesen umgeformt werden.

2. Aufgabe: Formen Sie Ihr Thema in Fragen und Thesen um.

2. Phase: Schaffung von Schreibstimuli am Material

Zum Schreiben werden Sie dann durch das Beschaffen von Literatur zum Thema, durch Beobachten, Einfälle sammeln und schöpferisches Denken stimuliert.

Eignen Sie sich nun einen Begriff vom Beobachten, Einfälle sammeln und schöpferischen Denken an, indem Sie folgende Ausführungen studieren:

Beobachten:
„Schauen und Beobachten bieten aber nicht nur wertvolle Anregungen zu neuen Gedanken, sondern auch neue Belege für schon fertige oder halbfertige Überzeugungen; zudem für die Form und Darstellung eine Hilfe, nämlich Bilder und Gleichnisse, womit Sie Ihre Gedanken anderen fassbarer machen können und überzeugender“ (J. Kaufmann, U.J. Kruse: Der Kopfarbeiter. Buchenbach 1921, S. 65).

Einfälle sammeln:
„Schreiben Sie jede Beobachtung, jede Frage auf einen besonderen Zettel. Diese Zettel sammeln Sie in einer Mappe oder sonst in einem Behältnis, das wir den „Gedankenkasten“ taufen wollen. Von Zeit zu Zeit werden sie langsam durchgesehen. Dann werden Sie bemerken, dass seit der klaren Formulierung der Frage sich das Unterbewusstsein damit beschäftigt hat: denn obgleich „Sie“, d. h. Ihr Oberbewusstsein, seitdem gar nicht mehr an die Frage gedacht haben, werden Ihnen beim Durchlesen der Notizen gleich eine Menge von kritisierenden oder bestätigenden Ergänzungen einfallen“ (J. Kaufmann, K.J. Kruse, a. a. O., S. 67).

Schöpferisches Denken:
„Die eigentlich neuschaffende Tätigkeit beim schöpferischen Denken besteht zur Hauptsache nicht in der Produktion einzelner Gedanken, sondern darin, dass einige eigene, dazu viele fremde Gedanken, diese allerdings meist umgeschmolzen, verbunden werden zu einer höheren Einheit und so ein neues Ganzes geschaffen wird: eine Theorie, ein System, ein Plan, eine Erfindung. Die Konzentration, die Kristallisation, die Synthese großer Gedankenmassen: das ist das Entscheidende beim schöpferischen Denken. Aber bevor diese Synthese stattfinden kann, muss eben angesammelt sein ein Schatz von Gedanken, sei es in Form von Anschauungen oder Begriffen“ (J. Kaufmann, K.J. Kruse, a.a.O., S. 102 ff.).

Beim schöpferischen Denken ist es sinnvoll, sich auch der Methoden des „kreativen Denkens“ zu bedienen. Zu diesen Methoden gehören das Brain-storming, die Methode in Analogien zu denken usw. „Die gängigen Empfehlungen zur Ideenproduktion beim Schreiben laufen auf eine Variante dieses Modells hinaus, das erst Brain-storming, dann Bewerten empfielt … Alle Ideen, die produziert werden, sollten als Lösungen für explizite Ziele und Teilziele wieder aufgebaut werden, die sich bei der Textproduktion ergeben“ (J.R. Anderson: Kognitive Psychologie. Heidelberg 1989, S. 366 ff.).

3. Aufgabe: Schreiben Sie einen Bericht über Beobachtungen, das Sammeln von Einfällen und Ihre schöpferischen Synthesen sowie die Anwendung kreativer Denkmethoden bei der Arbeit an Ihrem Thema.

Um Ihre Erkenntnisse zu vertiefen, müssen Sie die gesammelte Literatur lesen und exzerpieren. Stellen Sie sich beim Lesen folgende Fragen:

- Was besagt die Textstelle?
- Was ist das wesentliche Ergebnis?
- Wie kommt der Verfasser zu diesem oder jenem Befund?
- Wie definiert er die Begriffe?
- Welchen Standort hat der Verfasser?
- Wie sind die Erkenntnisse des Verfassers in einem größeren theoretischen Rahmen zu werten?

(E. Buß, M. Schöps: Kompendium für das wissenschaftliche Arbeiten in der Soziologie. Heidelberg 1979, S. 52)

Exzerpieren Sie die zu Ihrem Thema gelesene Literatur durch die Entwicklung von Thesen:
„Thesenreihen, in denen man in freier Formulierung die wichtigsten Aussagen eines Werkes zusammenfasst, sind in gewissen Grenzen von Nutzen: Ihre Erstellung gewährleistet weitgehend ein gründlich-kontrollierendes Studium; außerdem sind knappe Thesen oft hilfreich bei der Vorbereitung auf Prüfungen oder beim Entwerfen

einer Gliederung für schriftliche Arbeiten" (G. *Hammer: Erfolgreich studieren. Freiburg 1977*, S. 59).

4. Aufgabe: Stellen Sie ein Buch aus dem eigenen Themenkreis auf der Basis Ihrer Exzerpte vor.

5. Aufgabe: Exzerpieren Sie einen weiteren Text aus dem eigenen Themenkreis.

6. Aufgabe: Machen Sie eine Grobgliederung Ihres Themas unter Benutzung der Technik des Mind-Mappings.

7. Aufgabe: Wählen Sie Zitate zu Ihrem Thema aus, legen Sie eine vorläufige Bibliographie zu Ihrem Thema an.

3. Phase: Entwicklung eines differenzierten Schreibkonzepts

Der Übergang zum Schreibprozess läuft über die Erstellung einer Feingliederung, die möglichst alle Hypothesen, alle Belege und Zitate des Forschungsprozesses in einen roten Faden einbindet (vgl. Grafik auf der nächsten Seite). Dieser rote Faden sollte in Form einer Skizze der ganzen Arbeit (5 Seiten) zusammengefasst werden (vgl. Grafik auf der übernächsten Seite).

8. Aufgabe: Jeder Teilnehmer stellt seinen „roten Faden" vor.

4. Phase: Die Schreibpraxis: Rohentwurf und Überarbeitung

Viele gute Gedanken erscheinen erst beim Schreiben:

„Zur Aufweckung des in jedem Menschen schlafenden Systems ist das Schreiben vortrefflich, und jeder, der je geschrieben hat, wird gefunden haben, dass Schreiben immer etwas erweckt, was man vorher nicht deutlich erkannte, obgleich es in uns lag.

Erkenntnisprozess und Schreibprozess sind dieser Überzeugung nach nicht nacheinander geordnet, sondern derart, dass sich die Verfertigung der Gedanken beim Reden und Schreiben selber vollzieht, um den Titel eines Aufsatzes von Kleist zu variieren, der noch ganz von rhetorischem Geist zeugt. Dennoch ist damit eine Fähigkeit beschrieben, die keiner von vorneherein besitzt, so dass man sich etwa, das Thema vor Augen, an den Schreibtisch setzen und drauflosschreiben könnte, in dem Vertrauen, die Argumente und Beweise würden sich dabei schließlich schon von selber und auch noch in der richtigen Reihenfolge einstellen. Die didaktische Trennung der Bereiche (Finden von Sachen und rednerischer Ausdruck) ist in jedem Fall für die Übung notwendig, und noch der erfahrene Redner oder Schriftsteller wird nicht ganz auf eine vorherige Reflexion des Stoffes und einen Ordnungsentwurf verzichten

Die Gliederung des Feinkonzepts sollte folgende Aspekte aufweisen:

Gliederungstyp	**geisteswissenschaftlich**	**naturwissenschaftlich-technisch**	**praxisorientiert**
A. Einleitung	Problemdarstellung und -abgrenzung, Themenbegründung, Schwerpunkte	Aufgabenbeschreibung Aufstellung von Hypothesen	Herstellung des gemeinsamen Erfahrungshintergrundes Problematisierung
B. Hauptteil	angewandte Methode Begriffserläuterungen aktueller Forschungsstand (Diskussionsstand) thematische Schwerpunkte mögliche Problemlösungen Problementscheidungen und Begründungen	Versuchsbeschreibung (Aufbau, Ablauf, Ergebnisse) Ausdeutung und Besprechung der Versuchsideen evtl. Ableitung von Gesetzen oder Bestätigung von Hypothesen	Darstellung des Ist-Zustandes (Problemlage, Schwierigkeiten, voraussichtliche Konsequenzen) Darstellung des Soll-Zustandes (Zielbestimmung, Alternativen) Darstellung der Problemlösungsstrategien Prüfung der Strategie bezüglich ihrer Vor- und Nachteile Bewertung der Strategie Entscheidung Maßnahmen Kontrollmöglichkeiten
C. Schluss	Ergebniszusammenfassung Anregung und Ausblick	kurze Zusammenfassung Aufzeigen ungelöster Probleme Anregungen und Folgerungen	Ergebnisse Perspektiven Zusammenfassung

Die fertige Arbeit hat diese Gliederung:

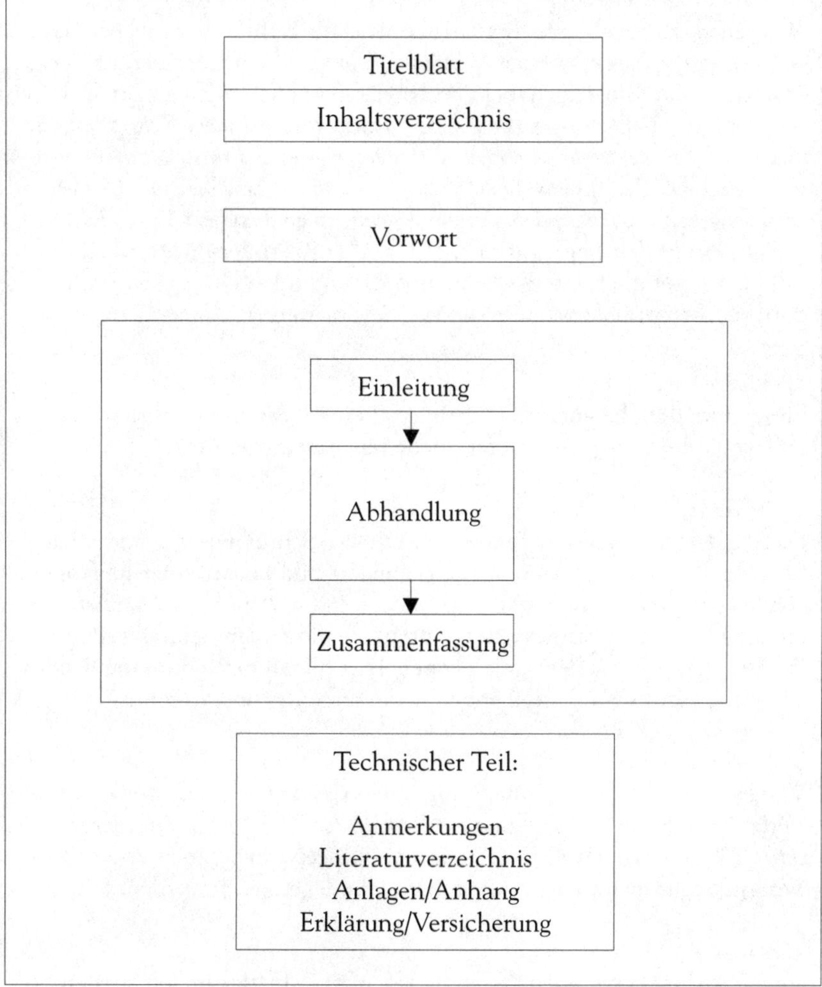

können; das um so weniger, je umfangreicher das Vorhaben ist, welches er verfolgen möchte" .
(G. Ueding: Rhetorik des Schreibens. Königstein: 1985, S. 60 ff.)

Der Prozess des Textaufbaus ist zwangsläufig mit der Ideenproduktion verknüpt. Allerdings ergeben sich hier wichtige praktische Konsequenzen: „*Beim Schreiben sollte man nicht am Stil und Syntax herumfeilen, solange man den ersten Entwurf erstellt. Zu Beginn ist die entscheidende Aufgabe, Einfälle aufs Papier zu bringen. Der Inhalt sollte beim Erstentwurf im Zentrum stehen. Über den Stil kann man sich dann bei der Überarbeitung Gedanken machen*" (J.R. Anderson: Kognitive Psychologie. Heidelberg 1989, S. 368).

Die erste durchgehende Textfassung wird als Rohmanuskript bezeichnet. Diese weist alle Merkmale des Vorläufigen auf und enthält noch Fehler und Lücken. Das darf Sie jedoch nicht ärgern, Rom ist auch nicht an einem Tag erbaut worden. „*Natürlich wird die Überarbeitung um so mehr Zeit erfordern, je schlechter der Erstentwurf geschrieben ist. Die meisten Schriftsteller verwenden in der Tat viel mehr Zeit für eine Überarbeitung als für die Erstellung der Erstfassung. Nur wenige haben die beneidenswerte Fähigkeit, einen Text beim ersten Mal in der Qualität einer Endfassung herunterzuschreiben*" (J.R. Anderson a. a. O., S. 468).

Bei der Überarbeitung des Rohentwurfs sind folgende Aspekte zu beücksichtigen, die normalerweise besondere Schwachpunkte darstellen:

„1. Ideen
Einige Einfälle, die anfangs wichtig erscheinen, erweisen sich letztlich als schwach oder stehen zu anderen Ideen im Widerspruch …

2. Struktur
Da sich der Aufbau eines Textes während des Schreibens verändern kann, ist die erste Fassung oft nicht gut gegliedert und bedarf einer umfangreichen Neustrukturierung. Oft wird es notwendig, Abschnitte umzustellen, um eine kohärente Struktur zu erhalten, die die Zusammenhänge deutlich macht. Hier hilft es, den vorliegenden Text hierarchisch durchzugliedern. Das ermöglicht dem Schreibenden, den Aufbau zu überprüfen …

3. Zusammenhalt
Wie sich die Einfälle in einem Text aufeinander beziehen, weiß zwar der Verfasser, aber nicht unbedingt der Leser. Manchmal ist es erforderlich, in spätere Fassungen Sätze oder Phrasen einzufügen (etwa „andererseits"), um Verbindungen zwischen den einzelnen Überlegungen zu verdeutlichen.

4. Stil
Viele Probleme entstehen dadurch, dass man in Erstfassungen auf den Stil achtet. Bei wissenschaftlichen Texten sind die ersten Entwürfe gewöhnlich zu weitschweifig. Sätze sind übermäßig lang, zu viele abstrakte Hauptwörter treten auf, wo anschauliche Verben hinreichen und ähnliches mehr.

5. Grammatik und Rechtschreibung
Solche Fehler treten in vielen Erstfassungen ziemlich häufig auf. Derartige Fehler sind für einen Autor nicht besonders werbewirksam, außerdem lenken sie die Aufmerksamkeit des Lesers vom Inhalt des Textes ab" (J.R. Anderson, a. a. O., S. 369).

Das Hauptproblem bei der Überarbeitung Ihres Textes besteht darin, dass sich die narzisstische Libido zu leicht an den Text heftet und Sie von Ihren Ideen und Ihrem Stil zu stark beeindruckt sind. Die Kunst der Überarbeitung besteht darin, einer egozentrischen Perspektive zu entkommen und das „Geschriebene so wahrzunehmen, wie es ein fremder Leser tun würde" (J.R. Anderson, a.a.O., S. 370). Für diese Überarbeitung gibt es einige wichtige Tips:

1. Die Übung macht den Meister. Eine besonders nützliche Übungsmethode besteht darin, Texte zu überarbeiten, die man nicht selbst geschrieben hat. Dann fällt es leichter, objektives und kritisches Lesen einzuüben, problematische Stellen zu erkennen und zu beheben.
2. Die erste Fassung eines Textes sollte man vor der Überarbeitung möglichst eine Zeitlang liegen lassen. Die zeitliche Distanz verhilft dazu, all den kleinen Fehleinschätzungen kritisch gegenüberzustehen. Wenn zwischen Erstfassung und Überarbeitung genügend Zeit liegt, wird man den eigenen Text mit einer ähnlichen Distanz überarbeiten können, wie einen fremden Text (vgl. J.R. Anderson a.a.O., S. 370).
3. Jeder Schreiber tut gut daran, jemandem Fremdem seine Arbeit zum Lesen zu geben. Es ist immer wieder überraschend, wie schnell ein glänzend empfundener Text zerbröckelt, wenn man erkennt, wie ein anderer Mühe hat, darin einen Sinn zu erkennen.
4. Grundregeln des Stils, der Grammatik und des Textaufbaus muss man auswendig wissen.
5. Um den Übergang vom Sprechen zum Schreiben über komplexe Themen zu verbessern, ist es naheliegend, häufig über komplexe Themen zu sprechen. Durch häufige längere Diskussionsbeiträge kann man seine sprachlichen Fähigkeiten soweit ausbauen, dass sie auch im Hinblick auf das Schreiben von komplizierten Texten die nötige Qualifikation haben.
6. Lesen gilt allgemein als eine gute Übung für das Schreiben. Insoweit ist jedes gelesene Buch ein guter Baustein für eine gute Überarbeitung Ihrer Texte.
7. Grundfertigkeiten des Schreibens sollten solange geübt werden, bis sie automatisch ablaufen. Erst wenn eine gewisse Automatik des wissenschaftlichen Schreibens erreicht ist, ist die Erstellung befriedigender Konzepte möglich.
8. Das größte Problem beim wissenschaftlichen Schreiben ist das Problem der Konzentration. Es besteht immer die Gefahr, dass die Ebene Rechtschreibung und Grammatik sich gegen die Ebene Ideenproduktion und Aufbau durchsetzt. Durch Konzentration auf den Inhalt setzen Sie sich in die Lage, auch in einem Überarbeitungsprozess der Form gerecht zu werden.

9. Aufgabe: Jeder Teilnehmer bringt Rohtexte seiner Arbeit mit, und gemeinsam werden sie überarbeitet.

10. Aufgabe: Lesen Sie am Schluss einen fertigen Abschnitt Ihrer Arbeit in der Schreibgruppe vor und überlegen Sie noch einmal, welche kreativen Schreibmethoden wie Brain-storming, Mind-mapping, Clustering, Widerspruchscluster, imaginatives Schreiben usw. Ihnen bei der Verfassung Ihres Textes geholfen haben.

Literatur

Anderson, J.R.: Kognitive Psychologie. Heidelberg 1989.
Auras, S. (Hrsg.): Grundlagen der geistigen Arbeit. Berlin (Ost) 1974.
Baer, H.: Bibliographie und bibliographische Arbeitstechnik. Frauenfeld 1964.
Beelich, K.H., Schwede, H.H.: Lern- und Arbeitstechnik. Würzburg 1979.
Böttcher, W., Zielinski, J.: Wissenschaftliches Arbeiten, Arbeitsanleitung für Studium und Selbststudium. Düsseldorf 1973.
Greschat, M., u.a.: Studium und wissenschaftliches Arbeiten. Gütersloh 1970.
Hansen, G., Nyssen, E., Rützel, J.: Einführung in wissenschaftliches Arbeiten. Grundlagen – Techniken – Verfahren. München 1978.
Heyde, J.E.: Technik des wissenschaftlichen Arbeitens. Berlin 1970.
Jesse, A.: Informationen systematisch gewinnen. Leitfaden für Studenten aller Fachrichtungen. Reinbek 1975.
Poenike, K.: Das wissenschaftliche Manuskript. München 1964.
Rückriem, G., Stary, J., Franck, N.: Die Technik wissenschaftlichen Arbeitens. München 1980.
Seidenspinner, G.: Wissenschaftliches Arbeiten. Techniken, Methoden und Hilfsmittel. Aichach 1982.
Seiffert H.: Einführung in das wissenschaftliche Arbeiten. Bibliographie – Dokumentation – Manuskript. Braunschweig 1976.
Spandl, O.P.: Methodik und Praxis der geistigen Arbeit. München 1973.
Sikora, H.: Handbuch der Kreativ-Methoden. Heidelberg 1976.

2.10. / 2.11. Projekte: Soziologisches Schreiben

Im kreativen Schreiben lassen sich regressive Gefühle mit progressiver Ratio verbinden. Diese Verbindung schließt nicht aus, dass oft tiefere Phasen der Regression durchschrieben werden müssen. Innerhalb der Evolutionsgeschichte haben die Menschen verschiedene Mittel gegen Regression entwickelt: Gegen den regressiven Sog der Tragödie setzten sie das Satirspiel, gegen den Sog der Mythen die Klarheit der Philosophie, gegen seelisches Leiden wissenschaftliche Therapie und gegen den poeta vates (Seher) den poeta doctus (Berufsschriftsteller). In der Menschheitsgeschichte ist so der Konflikt von Regression und Progression immer wieder zu Gunsten von Progression gelöst worden (vgl. die Regressionsanalyse bei Erich Fromm: Die Seele des Menschen. In: ders.: Gesamtausgabe. Bd. II, und die Progressionsanalyse bei: Erich Fromm: Die Kunst des Liebens. In: ders.: Gesamtausgabe. Bd. IX). Im Schreibprozess könnte der Zyklus von Regression und Progression fünf regressive und fünf progressive Schreibstufen umfassen, die die folgende Grafik aufzeigt:

Regressive Schreibstufen	Progressive Schreibstufen
1. Alltagssprache	10. Poetische Erweiterung der Alltagssprache
2. Klischees	9. Eigener Stil
3. Biographische Deckerinnerungen	8. Autobiographisches und experimentelles Schreiben
4. Archetypische Mythen und magisches Denken	7. Identitätskonflikt: Poeta vates versus Poeta doctus
5. Narzisstische Sprachverstörung: Nirvana-Prinzip (Freud) Mana-Bewusstsein (Jung)	6. Sprachrekonstruktion: Liebe zum Leben, zur Gesellschaft und zu sich selbst

Eine gute Möglichkeit, regressive Ich-Zustände, die durch kreatives Schreiben hervorgerufen worden sind, zu überwinden, hat in der Moderne das soziologische Denken entwickelt. Soziologisches Denken gewinnt seit August Comtes die Aufgabe der Kritik magischen und religiösen Denkens und der Etablierung wissenschaftlichen Denkens. Eine Einführung in soziologisches Schreiben kann etwas von der Kraft der Soziologie gegen regressive vorwissenschaftliche Denkformen vermitteln. Wir wollen deshalb im Rückgriff auf N. Elias und E. Fromm zwei Möglichkeiten des soziologischen Schreibens gegen Regression vorstellen. Das soziologische Schreiben gewinnt seine progressive Kraft aus der Vermittlung sozialer Geschichten und sozialer Bilder der menschlichen Existenz. Die Erfindung ergreifender sozialer Bilder und Geschichten, die die diffuse soziale Angst und Zerstörungsgefühle des Ichs bannen, ist die Hauptaufgabe soziologischen Schreibens. Das deckt sich mit H.S. Beckers Einsicht, wenn er schreibt: „Ich wurde mehr und mehr von der Bedeutung von Geschichten … bei der Darstellung von Theorien überzeugt … Später entschloss ich mich, dass für mich gerade die Geschichten fast wichtiger sind als die Theorie“ (H.S. Becker: Writing for Soceial Scientists. Chicago 1986, S. 105).

2.10. Projekt: Der Homo clausus

Das zivilisierte bürgerliche Ich begreift sich als „Homo clausus“. Durch den hohen Grad der Verinnerlichung von Selbstkontrollen, durch den Ausbau des Über-Ichs und durch die Verdrängung der natürlichen Basis des Ichs (das Animalische) erscheint sich das bürgerliche Ich „oft als Wesen, deren Inneres von dieser äußeren Welt (der Gesellschaft) völlig abgetrennt ist“ (N. Elias: Über die Einsamkeit der Sterbenden. Frankfurt 1982, S. 86). Die anderen Menschen erscheinen dem bürgerlichen Ich, das seine Effekte gegeneinander unter hoher sozialer Kontrolle halten muss, „wie eine tatsächlich existierende Mauer“ (N. Elias, a. a. O., S. 86). Diese Mauer ist umso stärker, da jedes Individuum seine auf andere Menschen gerichteten Triebe und Affekte einsperren muss und die Auswirkung der Affekte auf andere unterdrückt werden müssen. Das bürgerliche Ich ist eine hoch individualisierte Einzelperson, die alle starken Triebe und Affekte verdrängt und sich deshalb generell tief vereinsamt und von der Welt isoliert erlebt. Eine Folge dieser Einsamkeit ist es, dass der Tod als Gipfel der Einsamkeitserfahrung generell verdrängt wird. In der üblichen Selbstreflexion verdunstet das Wissen „von der eigenen Vergesellschaftung sehr leicht“ (N. Elias, a. a. O., S. 85). Mit Elias kann man feststellen, dass auch die traditionelle Art des Schreibens allzuoft „die Einbeziehung dessen blockiert, was auf der Praxisebene unmittelbar einsichtig ist, die Zugehörigkeit eines Menschen zu Menschen und Objekten“ (N. Elias, a. a. O., S. 85). Als Gegenwehr gegen die narzisstische Angst des Homo clausus, der sich im Zuge seiner Vereinsamung in tiefer Minderwerigkeit und Überkompensation wie im Kreise dreht, wäre das soziologische Schreiben möglich, dass auf die Erhellung der Vergesellschaftung des Einzelnen angelegt ist. Nach dem Modell von N. Elias in „Über den Prozess der Zivilisation“ (Frankfurt 1976, Bd. I + II) lässt sich der generelle Prozess erarbeiten, der zur Herausbildung des Homo clausus geführt hat. Soziologischem Schreiben geht es um die Aufdeckung der eigenen Ich-Strukturen als Resultat des Zivilisationsprozesses. Dabei wird sich der Bewusstseinszustand der Einzelpersonalität als Wechselspiel von Sozio-und Psychogenese aufweisen lassen. Die verschiedenen Stufen der fortschreitenden Selbstkontrolle, die einhergeht mit der wachsenden Unterdrückung von Gefühlen und Affekten, wird damit zugleich als Prozess der Vereinsamung und Isolation der Individuen sichtbar. Trotz aller Isolation entwickelt der Zivilisationsprozess aber auch immer wieder Möglichkeiten der Entwicklung des Wir-Gefühls, das Löcher in die sonst geschlossene Gefühlsmauer brechen kann.

Soziologisches Schreiben verschafft sich diese Erkenntnisse durch den Vergleich von literarischen Quellen verschiedener Zivilisationsstufen. Durch das Werk von Norbert Elias ist es möglich, die eigenen literarischen Bestandsaufnahmen der Gegenwart mit seinen Quellenuntersuchungen in der Vergangenheit zu konfrontieren und darin zugleich die Zivilisationsschübe bis in die Gegenwart hinein zu dechiffrieren. Jede Schreibübung zu N. Elias zerfällt damit in vier Schritte.

1. Schritt: Beschreibung eines heutigen Aspekts des Homo clausus.
2. Schritt: Lesen des Kontrasttextes aus der Vergangenheit, wie er von N. Elias dargestellt wird.
3. Schritt: Diskussion der Differenz zwischen der heutigen und der früheren Situation des Homo clausus.
4. Schritt: Diskussion der N. Eliasschen Erkenntnisse über den Zivilisationsprozess, wie er sich in dem von den Schreibern selbst geschaffenen Quellen darstellt.

1. Übung: Über das Verhalten beim Essen
a. Beschreibung einer heutigen Tischgesellschaft: Essen, Trinken und der Umgang mit Messer, Gabel und Teller
b. Lesung über das Verhalten einer Tischgesellschaft um 1500 (N. Elias: Über den Prozess der Zivilisation. Frankfurt 1976, Bd. 1, S. 115 ff.)
c. Vergleichen Sie nun Ihren modernen Text mit den Essritualen und Essregeln des 15. Jahrhundert
d. Diskussion der Resultate von N. Elias (ders.: Über den Prozess der Zivilisation, a. a. O., S. 42)

2. Übung: Über die Bewältigung der Notdurft
a. Beschreibung eines Versuchs, in einer fremden Stadt zu urinieren, auf der Basis eigener Erfahrung
b. Lesung: Sitten des Urinierens im Mittelalter (N. Elias, a. a. O., Bd. 1, S. 176)
c. Vergleich der Sittenentwicklung betreffs des Urinierens von damals und heute
d. Diskussion der Resultate von N. Elias über die Entwicklung des Urinierens in der Öffentlichkeit (N. Elias, a. a. O., Bd. 1, S. 185 ff.)

3. Übung: Über das Putzen der Nase und das Spucken
a. Beschreibung eines Versuchs, sich ohne Taschentuch in einer Tischgesellschaft die Nase zu putzen
b. Lesung: Schneuzen und Spucken um 1500 (N. Elias, a. a. O., Bd. 1, S. 194 und 213)
c. Vergleich über das Schneuzen damals und heute
d. Diskussion der Einsichten in den Zivilisationsprozess des Naseputzens bei N. Elias , a. a. O., S. 215

4. Übung: Über das Verhalten im Schlafzimmer
a. Moderne Beschreibung zum Thema: Ich gehe ins Bett
b. Lesung: Schlafen um 1500 (N. Elias, a. a. O., S. 222 ff.)
c. Vergleich über das Schlafen damals und heute

5. Übung: Wandlung in den Beziehungen von Mann und Frau
a. Beschreibung: Eine moderne Party redet über moderne sexuelle Beziehungen
b. Lesung: Sexualität um 1500 (N. Elias, a. a. O., S. 243)
c. Vergleich sexuelle Beziehungen damals und heute

6. Übung: Vom Umgang mit Aggressionen
a. Skizze: Ein Akt von Aggression auf der Straße einer modernen Großstadt
b. Lesung Aggression um 1500 (n. Elias, a. a. O., S. 267 ff. und 274 ff.)

c. Vergleich: Aggression damals und heute unter Einbeziehung von N. Elias, a.a.O., S. 276 ff.

7. Übung: Die Herausbildung des Homo clausus
a. Beschreibung: Ein heutiger Tageslauf
b. Lesung: N. Elias: Die Parabel von den denkenden Statuen (N. Elias: Die Gesellschaft der Individuen. Frankfurt 1987, S. 157 und N. Elias: Die Wir-Dominanz des Urmenschen und die Ich-Dominanz des modernen Menschen. In: N. Elias: Die Gesellschaft der Individuen, a. a. O., S. 227–230 und 262–269)
c. Vergleich: Die Entwicklung der Ich-Wir-Balance in Vergangenheit und Gegenwart

8. Übung: Das Sterben
a. Schreiben Sie eine Kurzgeschichte zum Thema: „Ein Verwandter stirbt"
b. Lesung: Sterben um 1500 (N. Elias: Über die Einsamkeit der Sterbenden. Frankfurt 1982, S. 30–32)
c. Vergleich: Sterben damals und heute unter Einbeziehung von N. Elias: Über die Einsamkeit der Sterbenden, a. a. O., S. 71–80

2.11. Projekt: Der eigene Sozialcharakter

Das Projekt der schreibenden Erforschung des eigenen Sozialcharakters basiert auf der Theorie des Sozialcharakters von Erich Fromm (vgl. E. Fromm: Gesamtausgabe. Stuttgart 1981, Bd. II, II, IX). Das Projekt umfasst drei Abschnitte:

1. Als Annäherung an den eigenen sozialen Ort und die eigene soziale Identität sollen neue Sozialstrukturanalysen die eigne Stellung im System der Ungleichheit verdeutlichen.
2. Dann geht es um die Analyse der politischen Biographie: Dabei muss der Zusammenhang zwischen kindlichen politischen Grunderfahrungen und Grundorientierungen und dem späteren Lebenslauf deutlich werden.
3. Abschließend kann ein erster Versuch gemacht werden, den eigenen Sozial- und Gesellschaftscharakter und das eigene gesellschaftliche Unbewusste zu erhellen.

I. Abschnitt: Der eigene soziale Ort in der deutschen Gesellschaft

Die Identifizierung des eigenen sozialen Ortes in einer Gesellschaft wird traditionellerweise mit Hilfe der Ordnungsmaßstäbe einer Sozialstrukturanalyse sozialer Ungleichheit vorgenommen. Für die Bundesrepublik liegen in der

Vergangenheit zur Charakterisierung ihrer Sozialstruktur folgende Modelle vor: Nivellierte Mittelstandsgesellschaft (H. Schelsky, Mitte der 50er Jahre), schichtspezifische Gesellschaft (Bolte, Kappe, Neidhardt, 1966), klassenspezifische Gesellschaft (Tjaden-Steinhauer, 1978, Projekt Klassenanalyse, 1973/74). Diese Modelle gingen entweder von einer Nivellierung, Verschiebung oder Verschärfung der sozialen Ungleichheit aus.

Das Durchschlagen von Strukturwandlungen zur nachindustriellen Gesellschaft in Deutschland: Rückgang der Arbeiter, Erweiterung der Angestellten, Verstärkung von natürlichen Diskriminierungsmerkmalen (Geschlecht, Alter, Nationalität, Rasse, Generationszugehörigkeit), wachsende Medienkultur mit Training des Werte- und Lebensstilwandels, hat heute in Deutschland eher zu einer *Differenzierung* sozialer Lebenslagen geführt.

Neue Sozialstrukturuntersuchungen in der BRD gehen von der Vervielfältigung von spezifischen Milieus innerhalb gewisser Schichtdifferenzierungen aus, die durch die Intensivierung der neuen Frauenforschung, Randgruppenforschung und qualitativen Handlungsforschung im Alltag stärker sichtbar gworden sind (vgl. S. Hradil: Sozialstrukturanalyse in einer fortgeschrittenen Gesellschaft. Opladen 1987).

Es werden bei neuen Strukturanalysen Deutschlands folgende acht Milieus unterschieden:

Die deutsche **Oberschicht** gliedert sich in: ein konservatives Milieu (9%) technokratisch liberales Milieu (10%) und ein alternatives Milieu (3%). Die deutsche **Mittelschicht** zerfällt in: ein kleinbürgerliches Milieu (26%) ein aufstiegsorientiertes Milieu (24%) und ein hedonistisches Milieu (5%). Die deutsche **Unterschicht** umfasst das traditionelle Arbeitermilieu (9%), das traditionslose Arbeitermilieu (10%) und eine hedonistische Subkultur von rund (5%) (vgl. S. Hradil, a. a. O. 1987, S. 131).

1. Aufgabe: Versuchen Sie, sich einem der Milieus zuzuordnen. Beschreiben Sie Ihr Lebensmilieu nach Wertorientierung, Alltagsbewusstsein, sozialem Status.

2. Aufgabe: Fertigen Sie ein Bild Ihrer eigenen Wertorientierung, Ihres eigenen Alltagsbewusstseins und Ihres sozialen Status, und orientieren Sie sich dabei an folgenden Kriterien:

1.) Wertorientierungen:
- Lebensziele
- materielle Werte
- postmaterielle Werte
- Vorstellungen von Glück

2.) Alltagsbewusstsein:
  - Arbeits- und Freizeitmotive
  - Einstellungen zu Familie und Partnerschaft
  - Zukunftsvorstellungen
  - Lebensstile
3.) Sozialer Status:
  - Schulbildung
  - Beruf
  - Einkommen

(vgl. S. Hradil, a. a. O. 1987, S. 128)

Hinweis: Beim Schreiben können freie Assoziationen und Clusterbildung von Nutzen sein!

II. Abschnitt: Die politische Grundprägung in der Kindheit und der politische Lebenslauf

Die politische Sozialisationsforschung hat herausgefunden, dass politische Einstellungen sich im Alter von drei bis zwölf Jahren herausbilden und danach relativ stabil bleiben (F. Nyssen, P. Ackermann, 1974, S. 72 ff.). Dieses frühe politische Lernen wirkt als Filter für alle späteren politischen Einstellungen. Erich Fromm hat nun in seinem ersten Buch „Die Furcht vor der Freiheit" (1941), Frankfurt/Main 1966 (GA Bd. I), die drei wichtigsten Formen kindlicher Protopolitik herausgearbeitet: Ausgehend von der Grunderfahrung des Kindes gegenüber den Erwachsenen, das sich ohnmächtig und minderwertig fühlt (die soziale Grunderfahrung des Lebens), hat er drei Kompensationsstrategien der Kinder identifiziert, mit denen sie diese Erfahrung zu bewältigen streben: autoritäre Tendenzen, Selbstzerstörung und Anpassung.

Die *autoritäre Reaktion* auf die kindliche Minderwertigkeit umfasst sadistische Impulse und Haltungen gegenüber Schwächeren sowie masochistische Haltungen gegenüber Stärkeren. „Er bewundert die Autorität und strebt danach, sich ihr zu unterwerfen, gleichzeitig will er selbst aber Autorität sein und andere sich gefügig machen" (Erich Fromm, 1966, S. 163). Für den Autoritären zerfällt die Gesellschaft in Mächtige und Machtlose. Den ersten begegnet er freundlich, den anderen aggressiv.

Die *aggressiv-zerstörerische Reaktion* versucht, die kindliche Minderwertigkeit durch Zerstörung des bedrohenden Objektes zu beseitigen. Macht kaputt, was euch kaputt macht. „Die Zerstörung der Welt ist der letzte Verzweiflungsversuch, sich vor der Zermalmung zu retten" (Erich Fromm, 1966, S. 178).

Die *automatisch-angepasste Reaktion* gibt ein eigenständiges Selbst auf und entwickelt ein überangepasstes Pseudo-Selbst, das nur auf äußere Zwänge, wie ein Chamäleon, reagiert.

Diese protopolitischen Reaktionsmuster auf Gesellschaft lassen sich als Spuren in jeder Kindheit finden. Sehen wir also näher:

3. Aufgabe: Imaginieren Sie sich nach der KB-Methode (nach H. Leuner: Katathymes Bilderleben. Bern 1982) erst Ihre Großmutter, dann ihren Großvater. Achten Sie darauf, welche sozialen Grundorientierungen Sie an den Tag gelegt haben: autoritär, aggressiv, automatisch? Auch auf die Mischungen achten. Schreiben Sie dann einen kleinen Text über Ihre Großeltern und deren soziale Grundorientierung.

4. Aufgabe: Erinnern Sie sich an Kindheitserinnerungen mit Ihren Eltern (bei geschlossenen Augen!) und sehen Sie zu, ob Sie Merkmale des autoritären Charakters an Ihren Eltern entdecken können. Anlass zu einem kleinen Text!

5. Aufgabe für Kriegskinder (1935 bis 1944 geboren): Assoziieren Sie frei eine Seite zu Adolf Hitler. Schreiben Sie dann einen Text über Hitlers Aufstieg und Untergang, in dem Sie alle Ihre Assoziationen verwenden. Analysieren Sie dann Ihre Haltung gegenüber Hitler. Wenn Zeit ist, können Sie diese Haltung mit der Erich Fromms gegenüber Hitler in seiner großen Hitler-Analyse in: E. Fromm: Anatomie der menschlichen Destruktivität, Stuttgart 1974, bes. S. 368 ff., vergleichen. Was erfahren Sie dabei über Ihre kindliche Vatervergötterung und Ihren Vaterhass?

6. Aufgabe für Konsumkinder (1955 bis 1965 geboren): Versetzen Sie sich in die Comicwelt Ihrer Kindheit zurück (bei geschlossenen Augen!). Stellen Sie sich den Superhelden Ihrer Kindheit vor, als Sie begannen, Heftchen anzusehen. Schreiben Sie einen Text über den Superhelden.

7. Aufgabe: Schreiben Sie eine kurze politische Biographie, in der Sie chronologisch alle Formen Ihres politischen Engagements berühren, Schülerpolitik, jugendliche Aktionen, Mitgliedschaften in Gewerkschaften, Parteien, Politisierungsprozesse, Entpolitisierungsprozesse, Höhepunkte und Niederlagen, politische Zukunftsvorstellungen. Beschreiben Sie dann in einem zweiten Text: Meine Techniken im Umgang mit der elterlichen Macht und meiner Ohnmacht in meiner Familie. Hier sollten alle Ihre Reaktionen auf die väterliche und mütterliche Macht zur Sprache kommen.

Vergleichen Sie dann die beiden Texte, und sehen Sie zu, wie sich Kindheitserfahrungen mit den Mächtigen und den Starken in durchgängigen Reaktionsmustern in Ihrer politischen Biographie reproduzieren, auch durch die Entwicklung gegensätzlicher Verhaltensweisen im Generationskonflikt.

Mit dieser Aufgabe sind nun die Voraussetzungen erfüllt, um in den Kern des soziologischen Schreibens nach Erich Fromm, in die Analyse des eigenen

Gesellschaftscharakters und des eigenen gesellschaftlichen Unbewussten einzutreten.

III. Abschnitt: Der eigene Gesellschaftscharakter und das eigene gesellschaftliche Unbewusste

Fromm hat im Laufe seiner Arbeit eine vielfältige Revue von Sozialcharakteren entwickelt, die immer differenzierte Aspekte abdeckten. So unterscheidet er in einem Spätwerk folgende Charaktere: den hortenden Charakter, den sadomasochistischen Charakter, den destruktiven Charakter, den Marketing- und den nekrophilen Charakter (vgl. R. Funk, 1978, S. 55 ff.). Diese Charaktere entwickeln sich mit der bürgerlichen Gesellschaft. Im Frühkapitalismus herrschte bei den Kapitalisten der hortende Charakter vor. Im Hochkapitalismus dominierte der sadomachistische Charakter des Kleinbürgertums. Im Spätkapitalismus existieren hauptsächlich drei Gesellschaftscharaktere.

Der *sadomasochistische Charakter*: Er wird gekennzeichnet durch:
- Minderwertigkeitsgefühl, Ohnmachtserfahrung; Gefühl, übermächtigen Gewalten ausgeliefert zu sein, Hang der Aggression gegenüber sich selbst, Streben nach Macht, Wunsch nach Quälen von anderen, Versuch, andere zu instrumentalisieren, zu zerstören.

Der *nekrophile Charakter*: Er zeichnet sich aus durch:
- Zerstörung um der Zerstörung willen, Vergötterung der Technik, mechanisch-bürokratisches Verhalten,
- Selbstvergottung, Unfähigkeit zu leiden, Gleichgültigkeit gegen alle anderen, fehlendes Gemeinschaftsgefühl.

Der *Marketing- und kybernetische Charakter*: Er hat folgende Eigenarten:
- Aufgabe des eigenen Selbst, Konformismus, Anpassung an die Wechselfälle des Marktes und des Tauschprinzips,
- Selbstzufriedenheit, Aufbau eines Pseudoselbst, Fassaden-Ichs (vgl. E. Fromm, Psychoanalyse und Ethik. In: ders.: GA. Bd II).

Das Beschreiben des Sozialcharakters ist eine langwierige Aufgabe. Wir können aber einen ersten Schritt tun, indem wir die Ausprägungen unserer sozialen Orientierung in unserem sozialen Milieu untersuchen.

Da die tiefsten Emotionen eines Erwachsenen bei *Dreiecksgeschichten* (Konkurrenz zweier Männer um eine Frau oder zwei Frauen um einen Mann) zum Ausdruck kommen, sollte nun

8. Aufgabe: Eine erlebte Dreiecksgeschichte aufgeschrieben werden, eine Eifersuchtsgeschichte, in der die eigenen Gefühle besonders Gestaltung erfahren. Danach sollte die kindliche Dreiecksgeschichte (Konkurrenz des Sohnes mit dem Vater um die Mutter, die Tochter und die Mutter um den Vater) gezeichnet (Kritzelzeichnung) werden. Aus dem Verhältnis der beiden Dreiecke ergeben sie dann erste Hinweise zum eigenen Sozialcharakter: sado-masochistische, nekrophil/narzisstische oder Marketing- und kybernetische Aspekte.

Die Erfassung des eigenen gesellschaftlichen Unbewussten, der dynamischen Proportionen von **Biophilie** und **Necrophilie** kann aus dem unbeabsichtigten Verhalten, aus Träumen, Witzen, Fantasien, aus dem Verhalten zum Menschen und zur Zukunft der Menschheit, aus Ergebnissen von projektiven Tests abgeleitet werden (E. Fromm: Anatomie der menschlichen Destruktivität. In: GA. Bd VII und ders.: Die Seele des Menschen. GA. Bd III). Wir wollen einen ersten Versuch der Selbsterfahrung machen, indem wir ganz spontan

9. Aufgabe: In symbolischer Form das Männliche und das Weibliche im Verhältnis zueinander zeichnen (Kritzelzeichnung mit geschlossenen Augen). Aus Größe, Form, Verhältnis, Gewichtigkeit und Dynamik beider Formen kann man, wenn man ganz spontan, fast im Trance, zeichnet, die eher biophil weiblichen und eher necrophil männlichen Anteile und ihre Gewichtung zueinander deuten und so Aufschlüsse und erste Annäherungen an das eigene gesellschaftliche Unbewusste erhalten.

Da jeder Mensch im Laufe seines Lebens Augenblicke der biophilen Identität, der Ansätze zu einem produktiven Charakter, eines wirklich politischen Charakters erlebt hat, zielt die **Aufgabe 10** darauf, alle biophilen, politischen Augenblicke im Lebenslauf von der Kindheit bis zur Gegenwart aufzulisten (gelungene Widerstände gegen die Eltern und repressive Geschwister, solidarisches Verhalten in der Schule, Engagement im sozialen Fortschritt, Augenblicke echter Liebe, Augenblicke der Kreativität, der eigenen Sinngebung, des guten Identitätsgefühls usw.). Diesen wegweisenden Spuren im eigenen Charakter ist nachzuspüren (vgl. E. Fromm: Haben oder Sein. In: ders.: GA Bd. II): Wie waren diese möglich, wie können sie fortentwickelt werden, welche Aufgaben haben mein Schreiben und mein soziales Engagement, damit sich diese biophilen Augenblicke vertiefen? Denn jeder hat schon mal das Gefühl vom richtigen Weg gehabt. An diese Gefühle sollte sich das soziologische Schreiben binden.

Literatur zum Projekt 2.10.

Elias, N.: Über den Prozess der Zivilisation. Frankfurt 1969, Bd. 1+2.
Elias, N.: Was ist Soziologie. München 1970.
Elias, N.: Gesellschaft der Individuen. Frankfurt 1987.
Elias, N.: Über die Einsamkeit der Sterbenden. Frankfurt 1982.
H. Korte: Über Norbert Elias. Frankfurt 1988.
H.S. Becker: Writing for Social Scientists. Chicago/London 1986.

Literatur zum Projekt 2.11.

Adorno, Th. W.: Studien zum autoritären Charakter. Frankfurt/Main 1973.
Daniel, C.: Theorien der Subjektivität. Frankfurt/Main 1981, S. 73 ff., 155 ff.
Fromm, E.: Gesamtausgabe. Zehn Bände, Stuttgart 1981.
Fromm, E.: Vom Haben zum Sein. Weinheim 1990. (Schriften aus dem Nachlass Bd. 1)
Funk, R.: Mut zum Menschen. Stuttgart 1978.
Hradil, S.: Sozialsstrukturanalyse in einer fortgeschrittenen Gesellschaft. Opladen 1987.
Lessing, H. (Hrsg.) Kriegskinder. Frankfurt/Main 1984.
Mitscherlich, A. u. M.: Die Unfähigkeit zu trauern. München 1967.
Nyssen, F.: Kinder und Politik. In: P. Ackermann: Politische Sozialisation. Opladen 1974.
Preuss-Lausitz, u. a. (Hrsg.): Konsumkinder, Krisenkinder. Weinheim 1983.
Schmidbauer, W.: Die Ohnmacht des Helden. Reinbek 1981.
Werder, L. v. (Hrsg.): Alltägliche Selbstanalyse. Weinheim 1990.

2.12. Projekt: Revue der klassischen Schreibspiele

Dieses Projekt will die klassischen Schreibspiele üben, die heute in jeder Schreibwerkstatt praktiziert werden (vgl. K.H. Spinner: Programm einer Schreibwerkstatt. In: K. Ermert, T. Bütow: Was bewegt die Schreibbewegung? Rehberg-Loccum 1990, S. 171–177). Die Schreibspiele stammen einmal aus dem Bereich der Lyrik, zum anderen aus dem Bereich der Prosa. Jedes Schreibspiel hat eine lange Geschichte, über die z. B. G. Grümmer: Spielformen der Poesie, Leipzig 1988, A. Liede: Dichtung als Spiel. Berlin 1963, Bd. 1–2 informieren.

a) Die klassischen lyrischen Schreibspiele

aa) Buchstabenspiele

1. Sitzung

Anagramm: Ein kurzer Satz, ein längeres Wort, der eigene oder ein fremder Name werden in ihre Buchstaben zerlegt, auf kleine Zettel gemalt, gemischt und zu einem neuen lyrischen Text zusammengestellt. Dabei gibt der Ausgangstext das Thema an. Es gibt zwei Spielformen: das geschlossene und das offene Anagramm. Beim geschlossenen Anagramm müssen alle Buchstaben des vorgegebenen Wortmaterials verwendet werden. Beim offenen Anagramm können einige Buchstaben übrig bleiben oder mehrmals verwendet werden. Das Anagramm leitet zur Intensivierung des Sprachgefühls an. Es eröffnet auch Einblicke in unbewusste Strukturen. „Wer täglich ein Anagramm in seinen Kalender schreiben wollte, besäße am Jahresende einen genauen poetischen Wetterbericht seines Ichs“ (U. Zürn: Das Weisse mit dem roten Punkt. Frankfurt 1988, S. 223. Zum Anagramm vgl. auch: G. Grümmer, a. a. O., S. 11–12, A. Thalmayr: Das Wasserzeichen der Poesie. Nördlingen 1985, S. 154 ff., Literaturbüro NRW: Schreibspiele. Gladbeck 1989.).
Zeitbedarf: Schreiben 15 Min., vorlesen und besprechen je Teilnehmer 3 Min.

ABeCedarium: Gedichte, die in ihren Anfangszeilen den Buchstaben des Alphabets von A-Z folgen, werden ABeCedarium genannt. Bekannt sind diese Spiele als Kinderreime: „ABC, die Katze lief im Schnee…", als Fluch- und Scheltalphabet: „Abgefeimte, bübische…", oder als religiöser Text. Gerade die Verwendung als religiöser Text liegt nahe. „Es erscheint einem unbedingt alles gesagt, eben von A-Z" (F. Dornseiff: Das Alphabet in Mystik und Magie. Leipzig 1925, S. 12, G. Grümmer, a. a. O., S. 21–27).
Zeitbedarf: Schreiben 15 Min., besprechen je Teilnehmer je 3 Min.

2. Sitzung

Lipogramm: Beim Lipogramm handelt es sich um einen Prosatext oder ein Gedicht, bei dem ein bestimmter Buchstabe des Alphabets bewusst weggelassen wird. Das Lipogramm ist umso schwerer, je häufiger der ausgelassene Buchstabe in der jeweiligen Sprache benutzt wird. So erzählte z. B. Georg Philipp Harsdörffer (1607–1658) Geschichten, in denen kein l oder kein m vorkam. George Perec schrieb 1982 den Roman: „Anton Yoyls Fortgang". Frankfurt 1986, der ohne den Buchstaben e auskommt. Für das Lipogramm gibt es verschiedene Varianten: Entweder verzichtet man auf bestimmte Vokale oder auf bestimmte Konsonanten. Man kann z. B. im ersten Vers das a weglassen, im zweiten Vers das b, im dritten Vers das c usw. (vgl. Oulipo: Atlas de Literature potentielle. Paris 1988, G. Grümmer, a. a. O., S. 27–30).
Zeitbedarf: Schreiben 20 Min., vorlesen und besprechen 5 Min. je Text.

Akrostichon: Bei Akrostichon (Griech. Akron = Spitze, stichos = Vers) bilden die Anfangsbuchstaben aufeinanderfolgender Verse aneinandergereiht ein Wort, ein Name oder einen Satz. Friedrich von Logau (1604–1655) schrieb z. B. mitten im Dreißigjährigen Krieg ein Gedicht, dessen Anfangsbuchstaben die ersten fünf Zeilen das Wort Krieg (KRIEG) ergibt. Eine einfache Spielform des Akrostichons ist z. B. der Satz hinter dem eigenen Namen. Auf der linken Blattseite wird der eigene Name von oben nach unten in der Folge der Buchstaben geschrieben. Jeder Buchstabe des Namens wird der Anfangsbuchstabe eines Wortes. Alle Worte des eigenen Namens ergeben dann einen oder zwei Sätze (vgl. G. Grümmer, a. a. O., S. 41–45).
Zeitbedarf: Schreiben 15 Min., Vorlesung und Besprechung 5 Min.

bb) Reimspiele

3. Sitzung

Reimwörter: Man gibt ein Reimschema vor (z. B. Volkslied, ab ab, aa bb cc usw.). Zu diesem Reimschema müssen die entsprechenden Reimwörter gefunden werden, die dann zu Verszeilen erweitert werden. Am besten wird dieses Spiel als Reihumgedicht gespielt. Ein Blatt geht herum, und jeder schreibt erst

ein Reimwort, dann eine Reimzeile nach vorgegebenem Schema (Literaturbüro NRW, a. a. O.).
Zeitbedarf: Schreiben 10 Min., vorlesen und besprechen 2 Min. je Teilnehmer.

Schüttelreime: Der Schüttelreim ist ein Doppelreim, der unter Tausch der Konsonanten entsteht, mit denen die reimenden Wörter oder Sätze beginnen.

Beispiel: „*Es klapperten die Klapperschlangen,*
bis ihre Klappern schlapper klangen.“

Viersilbige Worte (wie z. B. Liegewagen, Hängematte, Schattenrisse) eignen sich für Schüttelreime besonders gut. Auch dieses Spiel kann kollektiv gespielt werden, so dass erst viersilbige Wörter gebildet werden, die dann, mit den Reimworten der nächsten Zeile versehen, schließlich zu Verszeilen sich entwickeln (G. Grümmer, a. a. O., S. 84–87).
Zeitbedarf: Schreiben 15 Minuten, vorlesen und besprechen 2 Min. je Teilnehmer.

cc. Wortspiele

4. Sitzung

Aufzählungen und Inventare: Es wird ein Thema gewählt (z. B. der Schreibraum, die Schreibgruppe, der Blick aus dem Fenster) und alles genau aufgezählt, was man am gewählten Gegenstand entdeckt. Dabei stellt sich bald eine Ordnungsidee ein, die die Aufzählung strukturiert (vgl. Oulipo, a. a. O.)
Zeitbedarf: Schreiben 15 Min., Vorlesung und Besprechung 3 Min. je Teilnehmer.

S + 7: Man sucht ein Gedicht aus einer Gedichtsammlung (z. B. W. Reiners: Ewiger Brunnen. München 1982) und wechselt alle Substantive aus, evtl. mit Hilfe eines Wörterbuchs. Hier gilt die Regel: Schlagen Sie im Wörterbuch das gegebene Substantiv nach, und ersetzen Sie es durch das Substantiv, das in diesem Wörterbuch 7 Stellen später steht. Z. B. Haube durch Haus. Es entsteht ein neues Gedicht mit altem Reimschema (vgl. Oulipo, a. a. O., S. 166 ff.).
Zeitbedarf: Schreiben 20 Min., besprechen je Teilnehmer 3 Min.

5. Sitzung

Schneeball: Es handelt sich um ein Gedicht, dessen erster Vers aus einem Wort besteht, der zweite aus zwei Worten, der dritte aus drei Worten usw. bis zur Zeile 7, wo es dann 7 Worte gibt. Das ist der anwachsende Schneeball. Wer

ihn abschmelzen möchte, schreibt dann Zeilen, die in der 8. Zeile 6 Worte, in der 9. Zeile 5 Worte und in der 13. Zeile wieder ein Wort umfasst. Dann hat man ein Gedicht in Rautenform (vgl. Oulipo, a. a. O., S. 194 ff.).
Zeitbedarf: Schreiben 10 Min., vorlesen und besprechen 1 bis 2 Min. je Teilnehmer.

Das Elfchen: Das Elfchen ist ein kurzes Gedicht aus elf Wörtern, verteilt auf fünf Zeilen. 1. Zeile = 1 Wort = eine Farbe, 2. Zeile = 2 Wörter = ein Gegenstand mit dieser Farbe, 3. Zeile = 3 Wörter = der Gegenstand mit genauer Bestimmung, 4. Zeile = 4 Wörter = einen Satz mit ich beginnen, 5. Zeile = 1 Wort = Abschluss (vgl. J. Fritzsche: Schreibwerkstatt. Stuttgart 1989, S. 101).
Zeitbedarf: 10 Min., vorlesen und besprechen 1–2 Min. je Teilnehmer.

b) Die klassischen Schreibspiele in Prosa

aa) Die Erzeugung von Prosatexten

6. Sitzung

Anfang und Ende: Anfangs- und Schlusssätze von Erzählungen oder Romanen sind vorgegeben, aber so, dass der Anfangssatz aus einem anderen Text stammt als der Schlusssatz. Z. B. können die Anfangszeilen aus dem Heinrich v. Ofterdingen von Novalis gegeben werden: „*Die Eltern lagen schon und schliefen, die Wanduhr schlug ihren einförmigen Takt, vor den klappernden Fenstern sauste der Wind, abwechselnd wurde die Stube hell von dem Schimmer des Mondes. Der Jüngling lag unruhig auf seinem Lager und gedachte des Fremden und seiner Erzählungen.*" Der Schlusssatz aus „Sturmhöhe" von E. Brontè lautet: „*Ich verweilte ein wenig unter diesem sanften Himmel, sah die Nachtfalter zwischen Heidekraut und Glockenblumen umherfliegen, lauschte, wie der Wind leicht durch das Gras strich und wunderte mich darüber, dass jemand sich einbilden konnte, es gebe etwas in der Welt, was den letzten Schlummer der Schläfer dieser stillen Erde stören könnte.*" Der Text zwischen Anfangs – und Schlusszeile wird als Reihumtext geschrieben. Die Hälfte der Teilnehmer schreibt jeweils zwei bis drei Sätze zum Anfangstext, dann wird der Schlusstext verteilt, und die restlichen Teilnehmer schreiben zwei bis drei Sätze so, dass der vorgegebene Schlusssatz in den ganzen Text eingepasst erscheint. Ist die Gruppe größer als sechs Teilnehmer, sollten Untergruppen gebildet werden, dazu sind dann aber für jede Untergruppe besondere Anfangs- und Schlusssätze bereitzustellen (vgl. Otto Schumann: Grundlagen und Techniken der Schreibkunst. Wilhelmshaven 1983, S. 125–139).
Zeitbedarf: 30 Min., vorlesen und besprechen 5 Min. je Text.

10 Worte: Jeder Teilnehmer schreibt auf einen Zettel 10 Worte. Sie werden in die Schreibgruppe gegeben. 5 Worte können die anderen Teilnehmer ankreuzen. Dann erhält der 10-Wortverfasser sein Blatt zurück und muss einen Text schreiben, in denen die angekreuzten Worte vorkommen.
Zeitbedarf: Schreiben 10 Min., vorlesen und besprechen 2 Min. je Text.

7. Sitzung

Schreiben nach Tarotkarten: Eine Tarotkarte wird gezogen und auf den Tisch gelegt. Sie steht für die Situation der folgenden Geschichte. Dann werden noch zwei Karten gezogen, die die Personen darstellen, die in der Geschichte handeln sollen. Jeder schreibt nach diesen drei Karten dann eine Geschichte (Oulipo, a. a. O., S. 381 ff, Einführung in die Tarotlehre: R. Tegtmeier: Tarot. Geschichte eines Schicksalspiels. Bonn 1988).
Zeitbedarf: Schreiben 15 Min., vorlesen 2 Min. je Erzählung.

8. Sitzung

Märchenlotterie: Die Namen bekannter Märchenhelden werden verlost. Jeder schreibt ein eigenes Märchen mit dem gezogenen Märchenhelden, das mit einer schlimmen Situation anfängt, mit der Suche nach einer Lösung fortfährt und am Schluss gut ausgeht. Die drei Elemente: Anfangssituation eines Helden, Suche, gute Lösung können auch auf verschiedene Zettel geschrieben und in der Gruppe verlost werden (vgl. M. Nietsch (Hrsg.): Wenn ich schreibe. Berlin 1990, G. Koch (Hrsg.): Kultursozialarbeit. Frankfurt 1989, Kap. 2).
Zeitbedarf: Schreiben 45 Min., vorlesen der Texte 5 Min. je Text.

9. Sitzung

Inhaltsverzeichnis: Jeder Teilnehmer macht auf fünf Zetteln fünf Angaben. Er nennt:

1. Ein Geschehen
2. Einen Held
3. Eine Ausgangssituation
4. Eine Bedrohung
5. Einen Sieg.

Die Zettel werden in der Gruppe gesammelt. Jeder muss dann aus den fünf gebildeten Haufen einen Zettel ziehen und die Kurzgeschichte nach den fünf gezogenen Elementen schreiben (O. Schumann, a. a. O., S. 44–65).
Zeitbedarf: Schreiben 20 Min., vorlesen und besprechen 3 Min je Text.

Figurengeschichte: Zwei bis drei Untergruppen entwerfen zusammen eine Figur, die in einer Geschichte vorkommen soll. Sie entwerfen ihre äußere und innere Biographie. Die Gruppen präsentieren ihre Figuren in der Gesamtgruppe. Diese Figuren werden am Flip-chart festgehalten. Jeder Teilnehmer schreibt dann eine Geschichte, in der alle vorgestellten Figuren vorkommen sollen (J. Fritzsche, a. a. O., S. 7–10).
Zeitbedarf: Gruppenarbeit 15 Min., Geschichten schreiben 30 Min., vorlesen und besprechen pro Teilnehmer 5 Min.

Rückwärtsgeschichte: Von einer Kurzgeschichte ist nur der Schluss erhalten geblieben. Jeder schreibt diesen Schluss (Sieg). Dann werden die Schlüsse verlost. Jeder schreibt zu diesem Schluss den Mittelteil (Bedrohung). Dann erneute Verlosung, jeder schreibt die Ausgangssituation der erlosten Teilgeschichte. Der Schreiber des Schlussteils erhält die Geschichte zurück und wählt eine abschließende Überschrift (vgl. J. Fritzsche, a. a. O., S. 63–65).
Zeitbedarf: Schreiben jedes Teils 5–10 Min., zusammen also 30 Min., vorlesen der Gesamtgeschichte je 5 Min.

c) Die inneren Feinheiten von Prosatexten

11. Sitzung

Erzählperspektive: Schreiben Sie eine kurze Geschichte mit einem Ich-Erzähler. Geben Sie diese Geschichte dem Nachbarn. Der Nachbar soll dann diese Geschichte umwandeln. Aus dem Ich-Erzähler soll ein Er-Erzähler werden. Dieses Spiel erweitert die autobiographische Ich-Erzählhaltung um die mehr distanzierte Erzählhaltung des auktorialen Erzählers (J. Fritzsche, a. a. O., S. 68–75).
Zeitbedarf: Schreiben 30 Min., vorlesen 5 Min. je Text.

12. Sitzung

Innen und außen: Jeder erfindet eine Person in einer Situation. Dann geht der Text reihum, und jeder schreibt, was die jeweilige Person, die ihn erreicht, in der gegebenen Situation gerade denkt. Dann werden Situationen beschrieben, in der sich zwei Personen begegnen. Nun schreibt jeder im Reihumverfahren, was beide Personen denken. G. Späth hat dieses Verfahren bei der Portraitierung von Ehepaaren in seinem Buch „Commedia“ Frankfurt 1987, angewandt (vgl. K.H. Spinner: Phantasierend Personen beschreiben. In: Praxis Deutsch, 74, 1985, S. 38 ff.).
Zeitbedarf: Schreiben 45 Min., vorlesen 3 Min. je Text

13. Sitzung

Charaktere: Es werden zwei Charaktertypen vorgestellt: zunächst ein progressiver Charakter. Er entwickelt sich aus einer Ich-Zentrierung, überwindet Widerstände, nimmt teil an der Welt und widmet sich schließlich sozialen Aufgaben. Dieser Typ ist z. B. verkörpert in vielen Protagonisten von Entwicklungsromanen, z. B. im „Wilhelm Meister" von Goethe oder im „Grünen Heinrich" von Gottfried Keller. Dann der regressive Charakter: Diese Person wird enttäuscht, zieht sich zurück, verbittert und endet in völliger Einsamkeit. Viele Figuren des Frühwerks von Samuel Beckett verkörpern eine derartige Person. Jeder Teilnehmer wählt nun einen dieser beiden Charaktere und schreibt eine Geschichte, in der der andere Charakter als Gegenspieler auftaucht. Hermann Hesses „Narziss und Goldmund" gewinnt aus dieser antithetischen Erzählstruktur seine Spannung (vgl. O. Schumann, a. a. O., S. 94–100).
Zeitbedarf: Schreiben 45 Min., vorlesen 5 Min.

14. Sitzung

Zeitschnitte: Es werden Geschichtenanfänge verlost. Die Geschichten werden fertig geschrieben. Dann werden sie erneut verlost und die literarische Schnittechnik angewandt, d. h. in den vorliegenden Texten werden an geeigneten Orten Rückblenden eingebaut. Der Protagonist erinnert sich an frühere Zeiten und gibt damit Hinweise auf sich und seine zukünftigen Handlungen, die aber vor der Geschichte liegen, die gerade erzählt wird. Fast alle Filme arbeiten mit solchen Rück- und Zwischenblenden (vgl. O. Schumann, a. a. O., S. 105–111).
Zeitbedarf: Schreiben 45 Min., vorlesen und besprechen 10 Min.

15. Sitzung

Nur Rückblende: Die in der 14. Sitzung erarbeitete Geschichte wird nun nur in der Rückblende erzählt. Es muss also ein Erzähler erfunden werden, der die Geschichte komplett als Rückblende darstellt und dabei zwischen verschiedenen Zeiten und Orten durchaus sich hin- und herbewegen kann (vgl. O. Schumann, a. a. O., S. 109 ff.).
Zeitbedarf: 45 Min., vorlesen und besprechen je Text 10 Min.

Literatur zu Projekt 2.12.

Grümmer, G.: Spielformen der Poesie. Leipzig 1988.
Lide, A.: Dichtung als Spiel. Berlin 1963.
Dornseiff, F.: Das Alphabet in Mystik und Magie. Leipzig 1925.
Oulipo: Atlas de Literature potentielle. Paris 1988.
Fritsche, I.: Schreibwerksatt. Stuttgart 1989.
Schumann, O.: Grundlagen und Techniken der Schreibkunst. Wilhelmshaven 1983.

2.13. Projekt: Philosophisches ABC

Das kreative Schreiben ist die ständig neue Synthese von Ratio und Gefühl. Wohin es sich auch wendet, um in der Imagination der Sprache neue Bereiche zu erschließen, ein wichtiger Reiseort ist die Vorsokratik. Die Philosophen vor Sokrates haben das rationale Denken über den Ursprung auf den Weg gebracht. Sie haben das Denken von den mythischen Ursprüngen abgelöst und die ersten Grundformen der rationalen Weltsicht begründet. Mit der Vorsokratik, die mit Thales (624–546 v. Chr.) beginnt und bis Demokrit (460–370 v. Chr.) reicht, kann das kreative Schreiben den wichtigsten frühen Philosophen begegnen. Es kann in eine Zeit eintauchen, die mit der Entstehung großer Handelstädte, des Geldes und der Kaufleute und mit dem beginnenden Verfall der bäurischen Ordnung und des Mythos im Mittelmeerraum beginnt (vgl. G. Thomson: Die ersten Philosophen. Berlin 1974, S. 143–206). Die Vorsokratik entwickelt sich in den Seestädten: Milet, Ephesos, Agrigent, Athen und Abdera. Ihr Geist entspricht dem Geist der Sonne des Mittelmeeres und dem Geist der frühen Schmiede und Alchemisten (M. Eliade: Schmiede und Alchemisten. Stuttgart 1980).

Wir werden antike Schreibspiele im Kontext der Ideen der Vorsokratiker über den Ursprung schreibend ausprobieren, um etwas von dem sokratischen Wettkampf der Geister zu erleben. Kreativ schreibend nähern wir uns dem großen geistigen Aufbruch in der Antike. Das ist ein möglicher Zugang zu dieser Zeit, denn die Entstehung der Vorsokratik verdankt sich besonders der Verbreitung der Schrift: „Für die Griechen war eins der wichtigsten Ergebnisse des Handels und des Piratentums …, dass sie Schreiben lernten dabei führten sie als wichtige Neuerung die Vokale ein, während es zuvor nur Konsonanten gegeben hatte. Zweifellos hat die Einführung dieser bequemeren Schreibweise das Entstehen der griechischen Kultur stark beschleunigt“ (B. Russell: Philosophie des Abendlandes. Wien 1988, S. 31). Der rationale Charakter der Schrift beschleunigte die Ausdehnung der Ratio selbst.

a) Thales, Milet (624–546 v. Chr.)

Thales war, soviel wir wissen, Reisender und Naturforscher. Er hat mathematische Problem gelöst, die Nilüberschwemmung geklärt, eine Kosmologie aufgestellt und auf die Frage nach dem Ursprung vor allem das **Wasser** genannt.

„Die Behauptung, alles sei aus Wasser entstanden, muss als wissenschaftliche Hypothese durchaus ernst genommen werden. Vor 20 Jahren galt die Ansicht, alles habe sich aus Wasserstoff entwickelt, der zwei Drittel des Wassers ausmacht“ (B. Russell, a. a. O., S. 47). Thales' Ursprungshypothese ist Metaphysik. Sie betont den Gedanken der Einheit in der Vielheit der Dinge, den Gedanken, dass Werden in der Veränderung einer beharrlichen Substanz (Materie) aufzufassen ist, den Gedanken der Differenz von Wesen und Erscheinung, den Gedanken eines ersten Grundes von allem (vgl. W. Röd: Die Philosophie der Antike. München 1976, Bd. 1, S. 35 ff.).

1. Aufgabe: ABC des Wassers
Um uns das Wesen des Wassers zu verdeutlichen, werden wir ein Wasser-ABC schreiben. Texte, die spielerisch die Buchstaben des Alphabets von A-Z benutzen, nennt man ABeCedarien. ABeCedarien sind schon seit der Antike bekannt und galten als Zeichen der Beherrschung der Schrift, wie als Versuch alles von A-Z zu sagen (vgl. F. Dornseiff: Das Alphabet in Mystik und Magie. Leipzig 1925, S. 146). ABeCedarien werden auf Vasen, Steine, Ziegel und als Graffiti geschrieben. Die Macht des Alphabets reichte weit, noch das Tarot hat 22 große Arkanen, genausoviel wie das hebräische Alphabet (ohne die 5 Vokale) Buchstaben hat (vgl. F. Dornseiff, a. a. O., S. 155, bei Dornseiff vgl. auch eine Sammlung aller antiken ABeCedarien auf Seite 158–168) Alles, was uns zum Wasser einfällt, vom Buchstaben A bis zum Buchstaben Z wollen wir nun auflisten. Vielleicht können wir dann im Rauschen der Wasser-Alphabete etwas von der ersten metaphysischen Idee und ihrer Kraft verspüren.

b) Anaximander, Milet (611–546 v. Chr.)

Anaximander entwarf die erste Landkarte, die eine ethnozentrische Sicht der Welt rund um die Ägais umfasst haben mag. Bei Anaximander verdankt sich die Welt keiner mythischen Schöpfung, sondern der Naturevolution. Die Lebewesen entsteigen dem Wasser, wenn es verdunstet. Der Mensch stammt, wie jedes Tier, von den Fischen ab. Anaximanders Hauptsatz lautet: „Anfang und Ursprung der seienden Dinge ist das Apeiron (das grenzenlos Unbestimmbare)“ (H. Diels: Die Fragmente der Vorsokratiker. Reinbek 1957, S. 14). Um zu sehen, was für uns in diesem Satz steckt, bilden wir aus ihm ein Anagramm.

2. Aufgabe: Anagramm aus dem Apeiron-Fragment
Aus diesem Satz des Anaximander können wir ein Anagramm bilden, in dem wir die Buchstaben aus seinem Satz zu einer neuen sinnvollen Lautfolge kombinieren. Zu diesem Zweck kann jeder Buchstabe des Fragments auf kleine Zettel gemalt und dann nach Belieben versetzt werden, damit sich neue Worte bilden. Die gebildeten Worte ergeben dann den neuen Text (vgl. G. Grümmer: Spielformen der Poesie. Leipzig 1988, S. 12).

c) Anaximenes, Milet (585–525 v. Chr.)

Anaximenes ließ den Urgrund nicht unbestimmt, sondern erkannte als Urstoff die Luft. Das Entstehen der seienden Dinge erklärte er durch die Verdichtung und Verdünnung der Luft. Die Erde ist bei ihm flach wie eine Platte und wird von der Luft getragen.

3. Aufgabe: Alliterationen zum Begriff Luft
Die Alliteration spielt mit mehreren Worten, die gleiche Anfangsbuchstaben haben, z. B. mit Kind und Kegel, Haus und Hof, Geld und Gut. In dem Stabreim, der so entsteht, erfährt der sich wiederholende Buchstabe eine besondere Betonung. So entsteht eine wirksame, lebhafte Eindrücklichkeit, die die Suggestivkraft der Alliteration ausnutzt (F. Dornseiff, a. a. O., S. 32). Also bilden wir einen kleinen Text der, mit möglichst vielen Worten, die auf L beginnen, das Thema Luft behandelt.

d) Pythagoras, Samos (570–500 v. Chr.)

Mit Pythagoras gewinnt das alte Wissen der Schamanen in der Philosophie Einfluss. Pythagoras lebte lange in Süditalien. Er reformierte die Orphische Erlösungsbewegung, die ihrerseits eine Reformbewegung des antiken Dionysos-Kultes war, den wir beim Ursprung der Tragödie schon wirksam gefunden hatten (vgl. B. Russel, a. a. O., S. 53). Pythagoras tradierte das alte Schamanenwissen von der Möglichkeit der Trennung der Seele vom Körper in der Ekstase. Die Seele wandert durch viele Wiedergeburten, ehe sie, vom Körper gereinigt in die Allseele zurückkehrt. Ein wichtiger Schritt der Reinigung ist die Vision, „in der sich der Myste mit dem leidenden, sterbenden und wiederauferstehenden Gott identisch erlebt“ (W. Röd: Die Philosophie der Antike. München 1976, S. 57). Im Pythagorismus lassen sich die Spuren mehrerer archaischer Denktraditionen finden. Einmal spürt man den Initiationsritus der archaischen Geheimgesellschaften (vgl. M. Eliade: Das Mysterium der Wiedergeburt. Frankfurt 1988). Bei Pythagoras klingt aber auch noch der dionysische Kult der Tragödie an, der kathartische und initiatorische Kräfte für breitere Schichten der Antike bereitstellte. Pythagoras soll gesagt haben: „Die Seele des Menschen ist unsterblich, wenn aber der Leib verwest, dann geht sie in ein anderes Lebewesen ein, das dann allemal geboren wird. Wenn sie aber alle Wesen des Landes und des Meeres und der Lüfte durchwandert hat, dann geht sie wieder in den Leib eines Menschen ein. Diese Rundwanderung der Seele erfolgt im Laufe von 3000 Jahren“ (zit. n. W. Capelle: Die Vorsokratiker. Stuttgart 1968, S. 101).

4. Aufgabe: Notarikon zur „Seelenwanderung“
„Beim Notarikon (notarius = Schnellschreiber) wird ein Begriff in seine einzelnen Buchstaben aufgelöst, die als Anfangsbuchstaben bestimmter Wörter innerhalb eines Gedichtes oder Textes wiederkehren. Meist ist es eine Aufzählung oder Wortfolge, die den Schlüsselbegriff ergibt“ (G. Grümmer, a. a. O., S. 46). Das Notarikon, das bei den Juden des römischen Reiches beliebt war, fand in der Moderne im Abkürzungsfimmel seine vulgäre Fortsetzung: z. B. BEDAG = Berliner Elektrische Droschken Aktiengesellschaft oder VEB = Volkseigener Betrieb (vgl. F. Dornseiff, a. a. O., S. 137–139). Wir behandeln nun den Begriff „Seelenwanderung“ als Notarikon und bilden einen

Text, in dem die 15 Buchstaben dieses Begriffs als Anfangsbuchstaben bestimmter Wörter wieder auftauchen. Dabei bilden wir erst die 15 Worte zu den 15 Buchstaben und bauen dann aus diesen Worten einen Text, oder noch besser, eine Wortfolge innerhalb eines Textes über Seelenwanderung.

e) Heraklit, Ephesus (etwa 530–480 v. Chr.)

Heraklit, der Dunkle, sieht das Sein als Werden in Widersprüchen. „In dieselben Flüsse steigen wir und steigen wir nicht, wir sind, wir sind nicht" (H. Diels, a. a. O., S. 26). Platon sagte von Heraklit, dass sich bei ihm alles wandle und nichts stehenbleibe, und Aristoteles referierte, bei Heraklit ändere sich nicht nur etwas, sondern alles, „obwohl wir die Veränderung unter Umständen nicht beobachten können" (W. Röd, a. a. O., S. 95). In diesem Werden herrscht als Urspung das Feuer, das alles ständig verwandelt. „Diese Weltordnung, diesselbige für alle Wesen, schuf weder einer der Götter noch der Menschen, sie war immerdar und ist und wird sein ewig lebendiges Feuer, erglimmend nach Maßen und erlöschend nach Maßen" (H. Diels, a. a. O., S. 25).

5. Aufgabe: Akrostichon zum Begriff „Fluss der Dinge"
Das Akrostichon war schon in orphisch-pythagoräisch Kreisen verbreitet (F. Dornseiff, a.a.O., S. 147). Es entstand als Namensakrostichon und entwickelte sich dann zum Alphabetsakrostichon. Beim Akrostichon bilden die Anfangsbuchstaben aufeinanderfolgender Verse aneinandergereiht ein Wort, einen Namen oder einen Satz. Wir schreiben also das Wort „Fluss der Dinge" links von oben bis unten auf die Seite und versuchen dann, jeden Buchstaben als Beginn des Anfangswortes einer neuen Zeile zu benutzen. Unser Thema heißt „Fluss der Dinge".

f) Parmenides Ela (515–455 v. Chr.)

„Parmenides nennt den Ursprung mit dem schlichtesten Namen, der zugleich der erfüllteste und angemessenste ist: Das Sein" (H. Diels, a. a. O., S. 41). Zur Erkenntnis des Seins kommt Parmenides durch Entrückung. Mit Hilfe schamanistischer Ekstasetechniken unternimmt er eine Reise auf dem Sonnenwagen zur Göttin Dike (Gerechtigkeit) im Haus der Nach. (vgl. M. Eliade: Schamanismus und archaische Ekstasetechnik. Frankfurt 1982, S. 369 ff.). Er erfährt dort von der Göttin die Attribute des Seins:

1. Sein ist, nichts ist nicht.
2. Das Sein ist ungeboren, deshalb unvergänglich.
3. Das Sein ist ganz, unerschütterlich und ziellos.
4. Das Sein ist im ewigen Jetzt vorhanden als Ganzes.
5. Das Sein ist unteilbar, weil es gleichartig ist.

6. Das Sein ist unbeweglich. Unveränderlich liegt es in den Grenzen gewaltiger Bande, ohne Ursprung und ohne Aufhören.
7. Aber da eine letzte Grenze vorhanden ist, so ist es vollendet von allen und nach allen Seiten, einer wohlgerundeten Kugelmasse vergleichbar, von der Mitte her überall gleichgewichtig. (H. Diels, a. a. O., S. 45 ff.)

Dieses Sein ist der sinnlichen Erfahrung, die alles in Gegensätze aufteilt (hell/dunkel, groß/klein usw.) entzogen. Bei Parmenides trennt sich so Empirie und metaphysische Erkenntnis.

6. Aufgabe: Kreisgedicht über die Kugelchiffre des Seins
Parmenides' Kugelchiffre hat sich in der Philosophie tradiert. Noch Thomas v. Aquin definiert: „Die Ewigkeit gleicht dem Mittelpunkt des Kreises, obwohl einfach und unteilbar, enthält sie den ganzen Lauf der Zeit, und jeder Teil der Zeit ist für sie auf gleiche Weise gegenwärtig" (zit. n. G. Poulet: Metamorphosen des Kreises in der Dichtung. Berlin 1985, S. 14). Der Kreis wird auch in der Literatur zur gewichtigen poetischen Metapher (G. Poulet, a. a. O.) Schon in der Antike gab es runde Figuren- und Kreisgedichte. „In der griechischen und römischen Antike wurde das Figurengedicht bereits im 3. Jahrhundert vor unserer Zeitrechnung als Kunstform entwickelt (Überliefert sind die Formen einer Syrinx, eines Eies, eines Erosflügels)" (G. Grümmer, a. a. O., S. 164). Beim Kreisgedicht ist „prinzipiell nicht zu entscheiden, wo der Text beginnt" (G. Grümmer, a. a. O., S. 160 ff., 198). In einem Kreis werden in acht Abschnitten Textteile geschrieben, die alle untereinander gleichberechtigt sind, so dass ein Anfang und ein Ende des Textes nicht vorstellbar ist. Thema ist die Kugel, und die Textgestalt ist ein Kugelgedicht. Sprache und Bild, bildende Kunst und Poesie können sich so berühren.

g) Empedokles, Agrigent (483–423 v. Chr.)

Empedokles durchwandert, mit magischen Kräften versehen, als Arzt, Wundertäter und Philosoph hochgeehrt, die griechischen Städte Unteritaliens. Er soll mit Erfolg das ungesunde Klima seiner Heimatstadt bekämpft und Selinunt von der Malaria befreit haben. Empedokles versucht die Klärung der Verbindung von Sein und Werden, Wesen und Erscheinung. Am Anfang war Sphairos, die Kugel, „in der ganz und gar die Harmonie der 4 Urelemente: Feuer, Wasser, Erde und Luft herrschte. Aber dann entsteht in Sphairos der Streit: Liebe und Hass, Eintracht und Zwietracht. Die Urstoffe trennen sich und die Evolution: Erde, Meer, Gestirne, Urwesen, der Mensch entsteht" (W. Diels, a. a. O., S. 62 ff.).

7. Aufgabe: Figurengedicht „Vier Elemente im Sphairos"
Wir wollen das antike runde Figurengedicht erweitern. Die antiken Dichter „waren stolz auf die hübsche Figur, die sie durch ihre Geschicklichkeit fertig-

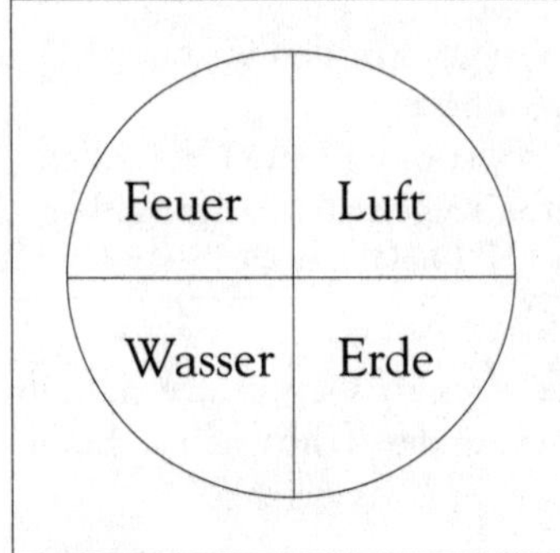

bekamen, zumal sie damit noch etwas besonders Altertümliches zu tun glaubten. Sie ahmten nämlich archaische Bilder in Schriften nach … Sie gingen soweit dass sie z. B. ein Gebet an das göttliche Ei auf ein wirkliches Ei schrieben“ (F. Dornseiff, a. a. O., S. 66). Die zu schreibende Manda-la-Figur ist ein Kreis mit den vier Abteilungen, des Feuers, des Wassers, der Erde und der Luft.

Jeder Text über die vier Elemente ist so zu gestalten, dass er in den Platz eines Viertelkreises mit seiner Zeilenlänge passt. Die Zeilenlänge kann sich deshalb in der oberen Hälfte (Feuer, Luft) wie ein halber „anwachsender Schneeball“ von fünf Zeilen entwickeln. Erste Zeile = ein Wort, zweite Zeile = zwei Worte usw. In der unteren Hälfte (Wasser, Erde) entwickelt sich der Text wie ein „abschmelzender Schneeball“. Erste Zeile = fünf Worte, zweite Zeile = vier Worte bis fünfte Zeile = ein Wort.

h) Anaxagoras, Klazomenai (499–429 v. Chr.)

Anaxagoras entkam der Anklage wegen Gotteslästerei im konservativen Athen nur durch die Flucht. Sein Freund Perikles half ihm 433 v. Chr. dabei. Anaxagoras’ Urgrund ist eine unbegrenzte Vielheit. „Beisammen waren alle Dinge, grenzenlos nach Menge wie nach Kleinheit: Denn das Kleine war grenzenlos, und solange alle beisammen waren, war nichts deutlich erkennbar infolge der Kleinheit“ (H. Diels, a. a. O., S. 86). Aus dem Urzustand der Vermischung von allem treibt nun der Geist die Evolution hervor. „Und als der Geist die Bewegung begann, sonderte er sich ab von allem, was da in Bewegung gesetzt wurde“ (H. Diels, a. a. O., S. 88). „Geist ist aber etwas nicht durch Grenzen bestimmtes und Selbstherrliches und ist vermischt mit keinem Ding, sondern ist allein, selbstständig, für sich“ (H. Diels, a. a. O., S. 87). Damit gewinnt der Idealismus eine erste philosophische Gestalt.

8. Aufgabe: Lipogramm ohne G und M
Ein Lipogramm ist ein Text, bei dem ein bestimmter Buchstabe des Alphabets weggelassen wird. „Schon im 6. Jahrhundert v. Chr. wurden im alten Griechenland Gedichte ohne den Buchstaben Sigma geschrieben“ (G. Grümmer, a. a. O., S. 27). „Nachdichtungen der Ilias und Odyssee entstanden, bei dem Gesang für Gesang ein anderer Buchstabe ausgelassen wurde“ (G. Grümmer, a . a. O., S. 28). Wir wollen zwei Lipogramme zu Anaxagoras schreiben. Ein Lipogramm ohne G, weil hier der Geist als unbewegter Beweger fehlen soll, und ein Lipogramm ohne M, weil hier die Materie fehlen soll.

i) Demokrit, Abdera (460–370 v. Chr.)

Demokrit kannte durch Studienreisen die Wissenschaft Ägyptens und des Orients. Er schuf mit seiner Atomlehre, die das Wissen der antiken Schmiede und Alchemisten aufnimmt, den antiken Materialismus (vgl. M. Eliade: Schmiede und Alchemisten. Stuttgart 1980). Die Sinne täuschen. „Der gebräuchlichen Redeweise nach gibt es Farbe, Süßes, Bitteres, in Wahrheit aber nur Atome und Leere" (H. Diels, a. a. O., S. 106). Weder Zufall noch Götter lenken die Realität, sondern das Gesetz „von Ursache und Wirkung". Demokrit sagte deshalb: „Er wolle lieber eine einzige ursächliche Erklärung finden, als dass ihm das Perserreich zu eigen werde" (H. Diels, a. a. O., S. 106). Der Philosoph W. Weischädel schrieb einen gereimten Sechszeiler über Demokrit:

„*Demokrit*
Indes das frühe Denken dunkel kreist,
ist klar und nüchtern Demokrit von Geist.
Er machte sich zum ersten Axiome:
Der Dinge Urbestand sind die Atome.
Sie trennen sich, und sie verbinden sich
im leeren Raum, draus wird die Welt, das Ich."
(W. Weischädel: Auch eine Philosophiegeschichte. Darmstadt 1974, S. 11)

9. Aufgabe: Streitgedicht Materie oder Geist
Dichterwettstreite sind schon in der Antike bezeugt. Besonders berühmt war der Wettkampf zwischen Homer und Hesiod um den besten Hexameter (G. Grümmer, a. a. O., S. 183). Wir wollen ein Streitgedicht in einfachen Reimen zwischen einem Idealisten und einem Materialisten schreiben. Es finden sich deshalb immer zwei Teilnehmer zusammen, die unter sich die idealistische oder die materialistische Position ausmachen. Der Idealist beginnt und schreibt eine Zeile und teilt nur den Endreim seiner Zeile dem Materialisten mit, der schreibt seine Zeile und teilt dem Idealisten nur seinen Endreim mit. Am Schluss wird der Text zusammen gelesen als gereimtes Streitgedicht über die Grundfrage der Vorsokratik: Entspringt die Welt aus Materie oder aus Geist?

Literatur zum Projekt 2.13.

Diels, H: Fragmente der Vorsokratiker. Reinbek 1957.
Dornseiff, F.: Das Alphabet in Mystik und Magie. Leipzig 1925.
Capelle, W.: Die Vorsokratiker. Stuttgart 1968.
Crescenzo, L. de: Geschichte der griechischen Philosophie. Die Vorsokratiker. Zürich 1987.
Grümmer, G.: Spielfomen der Poesie. Leipzig 1988.
Jürss, F.: Von Tales zu Demokrit. Köln 1977.
Poulet, G.: Metamorphosen des Kreises in der Dichtung. Berlin 1985.
Röd, W.: Die Philosophie der Antike. München 1976, Bd. 1.
Russel, B.: Philosophie des Abendlandes. Wien 1988.

Schadewaldt, W.: Die Anfänge der Philosophie bei den Griechen. Frankfurt 1979.
Thomson, G.: Die ersten Philosophen. Berlin 1974.
Weischädel, W.: Die philosophische Hintertreppe. München 1980.
Weischädel, W.: Auch eine Philosophiegeschichte. Darmstadt 1974.

2.14. Projekt: Galerie der schönsten Schreibbilder

Kreative Schreibgruppenleiter haben verschiedene visuelle Schreibstimuli entwickelt, die in diesem Projekt vorgestellt werden sollen. Die gebotenen Schreibstimuli dienen der Arbeit an folgenden Themen:

1) Autobiographie
2) Tagträume
3) kleine literarische Formen.

Die Bildstimuli geben Imaginationsanstöße, regen zur Konkretisierung der inneren Bilder an und geben der Schreibplanung wichtige Impulse. Mit Hilfe der Bilder gibt es keinen Mangel an eigenen Einfällen. Diese Art der Schreibanregung eignet sich besonders für Zielgruppen, die über tiefere Schreibwiderstände klagen (z. B. Alte, Schreibungewohnte, Jugendliche und Kinder). Es gibt verschiedene Möglichkeiten der Anwendung dieser Bildstimuli. Sie können vervielfältigt, von den Teilnehmern einzeln ausgewählt oder in Kleingruppen nach Gruppenwahl gemeinsam bearbeitet oder schließlich als Stimulus für die ganze Schreibgrupe vorgeschlagen werden.

a) Autobiographische Schreibbilder

Diese Bilder laden zu Kritzelzeichnungen, Zeichnungen mit Filzstiften ein. Sie bieten eine große Projektionsfläche für spontane Bildergänzungsideen. Von diesem ergänzten Bild stammt dann auch der Schreibimpuls. Unsere sieben Bilder werfen einige Schlaglichter auf den eigenen Lebenslauf, auf Wünsche, Lebenshaltung und Erwartungen. Diese Bilder können am Anfang längerer autobiographischer Schreibarbeiten stehen oder auch für die Anwärmung von Teilnehmern bei Beginn der Gruppenarbeit nützlich sein.

Geschafft: Ihr erstes Buch steht im Schaufenster Ihrer Buchhandlung!

- Erinnern und erzählen Sie seine Entstehungsgeschichte.
- Schreiben Sie jetzt den Titel Ihres Buches und Ihren eigenen Namen auf den Buchdeckel.
- Nehmen Sie nun in Gedanken Ihr Buch zur Hand, schlagen Sie es auf und schreiben Sie eine kurze Inhaltsangabe.

Jemand ist auf den versteckten Eingang einer Höhle gestoßen. Behutsam tastet er sich vorwärts. Als sich seine Augen an das Dunkel gewöhnt haben …

Mit all meiner Kraft stemme ich mich jetzt gegen …

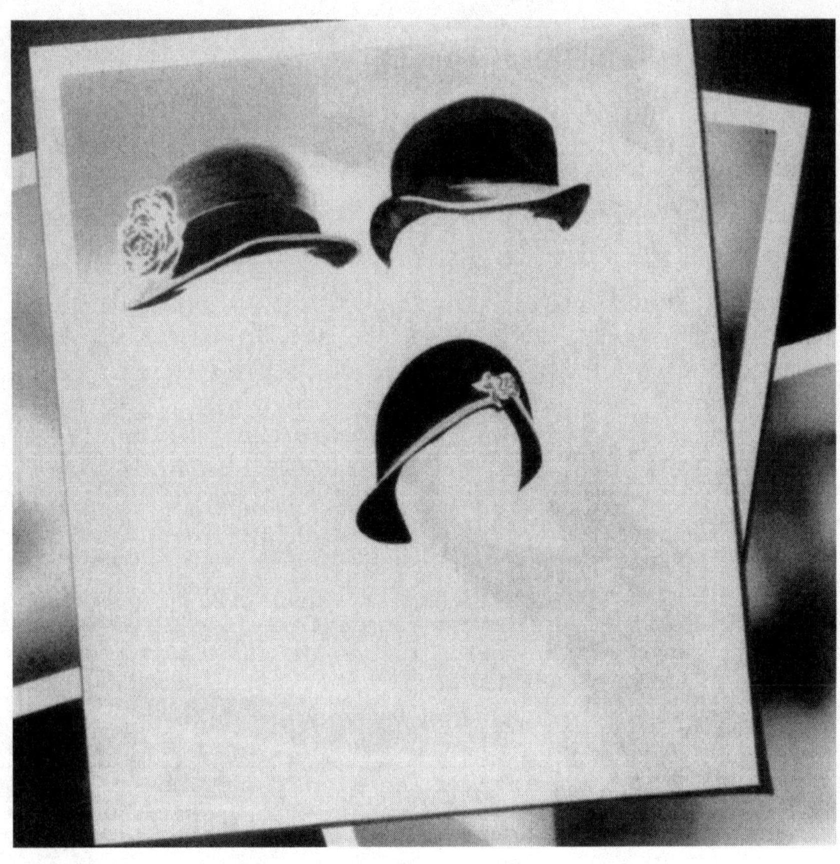

Ahnengalerie: Eine Familie zu Beginn dieses Jahrhunderts – Ihre Vorfahren! Was waren das für Leute? Wo waren sie zu Hause? Wie sah ihr Leben aus? Was hätten Sie sie gerne gefragt?

Ich kann es noch kaum glauben ... aber ich täusche mich wohl nicht ... komm und sieh selber ... immer deutlicher zeigt sich ...

Es fing damit an, dass frühmorgens die Eieruhr stehenblieb. Als ich dann missmutig mein Frühstücksei kaute …

Endlich fühlte ich mich unbeobachtet und getraute mich den Deckel der seltsamen Truhe noch zu heben. Als ich hineinschaute …

b) Schreibbilder zu Tagträumen

S. Freud hat das Tagträumen als Grundlage des Schreibens erkannt. Später wurden die kognitiven Leistungen des Ichs bei der Schreibplanung entdeckt und auch die Bedeutung des poetischen Selbst bei der Einheit von Fantasie und Ratio im Schreibprozess enthüllt. In der Geschichte der Psychoanalyse entwickelte sich nämlich (wie man bei R. Kuhns: Psychoanalytische Theorie der Kunst. Frankfurt 1986, A. und H. Stein: Kreativität. Psychoanalytische und philosophische Aspekte. Fellbach 1987, J. Chasseguet-Smirgel: Kunst und schöpferische Persönlichkeit. München 1988 oder W.G. Niederland: Trauma und Kreativität. Frankfurt 1989 nachlesen kann) langsam die Schlussfolgerung, dass „Kreativität sich bewussten und unbewussten Kräften verdankt, intellektuellen wie affektiven Fähigkeiten“ (H. Platta: Kunstwerke sind keine Geschenkartikel. Zu neueren psychoanalytischen Büchern über den kreativen Prozess. In: Psychosozial, 13. Jg. (1990) Heft 1, S. 104). Die folgenden sieben Schreibbilder stellen Traumbilder dar und regen die Fantasie an. Sie stoßen aber auch die Herausbildung der kognitiven Schreibidee an, die als „dunkle Totalidee“ (F. Schiller) die Entwicklung des Textes begleitet. Die Entwicklung des kognitiven Schreibplanes blitzt als Umschalteffekt bei der Betrachtung der Bilder oder bei ersten Schreibversuchen auf und wird von einem Evidenzgefühl begleitet. Unsere Schreibbilder leiten von Tagträumen zu Motiven der Fantasy- und Science-Fiction-Literatur über. Sie können auch in Science-Fiction-Projekten Anwendung finden. (Zur weiteren Bildanregung vgl. A. Manguil, G. Guadalupi: Von Atlantis bis Utopia. Ein Führer zu den imaginären Schauplätzen der Weltliteratur. München 1981.)

Als ich morgens aus dem Haus trat, hatte sich der Garten in beunruhigender Weise verändert …

Ich bin in einem kleinen Haus in den Dünen. Unter einem reetgedeckten Dach liegt mein Arbeitsraum. Von meinem Schreibtisch aus höre ich das Meer rauschen …

Die schwarzen Reiter hatten sich mit ihren Drachen auf den Weg ins Ungewisse begeben …

Nach der Landung des Raumschiffes begab sich der Astronaut zu ersten Erkundungen nach draußen. Plötzlich …

Beinahe hatte ich den Gipfel des Mount Dream erklommen. Hinter mir lag ein gefährlicher Aufstieg. Da …

Oh diese schreckliche Hitze! Nur einen Moment ausruhen, dann weiter. War da nicht eben ein Geräusch?

Die letzten schweren Wolken hatten sich verzogen. Erschreckend hell leuchtete der Vollmond es an: Schloss Drachenfels lag vor uns!

c) Bilder für kleine literarische Formen

Besonders wichtig bei der Gestaltung von Fantasie ist die literarische Form. Oft erscheint sie völlig zu Unrecht als Hemmschuh. Das Gegenteil stimmt: Je genauer die Schreibregel, um so freier der Ausdruck. Unsere neun Schreibbilder (s. folgende Seiten) versuchen eine Einheit von Regel und Bild herzustellen, um die Widerstände gegen Schreibregeln insgesamt zu senken. Sie sind ideale Arbeitspapiere für Schreibgruppen, die mit möglichst wenig Theorie eine qualifizierte Schreibpraxis entwickeln wollen. Diese Bilder können die Produktion von Arbeitspapieren in Schreibgruppen beispielhaft anregen.

SILBEN-ELFCHEN
Zeile 1 - 1 Silbe
Zeile 2 - 2 Silben
Zeile 3 - 3 Silben
Zeile 4 - 4 Silben
Zeile 5 - 1 Silbe
Wir
gehen
einen Weg
viele Stunden
Stop!
Drachengedicht
Silben-Schneeball erstellen wobei die Zeile „n" die Mittellinie des „Drachen" ausmacht. Dann das Gedicht fortführen mit pro Zeile um eins abnehmender Silbenanzahl. Die letzte Zeile enthält wieder eine Silbe
Zwei
Tage
Ausspannen
in der Laube
Waldluft grün Flüstern
lassen uns bald
vergessen
Stadtlärm
und?
Geräuschgedicht: Schilderung von Gegenständen und Situationen mit Hilfe von Wörtern, die bereits durch ihren Klang den Textinhalt plastisch erscheinen lassen. Günstig: Einsatz von Stabreimen und von Wörtern mit gleicher oder ähnlicher Folge von Konsonanten oder Vokalen.
Es raucht
und rußt
es faucht
und zischt
es rattert
und knattert
die alte
gewaltige
schwere
behäbige
Dampflok
heran!

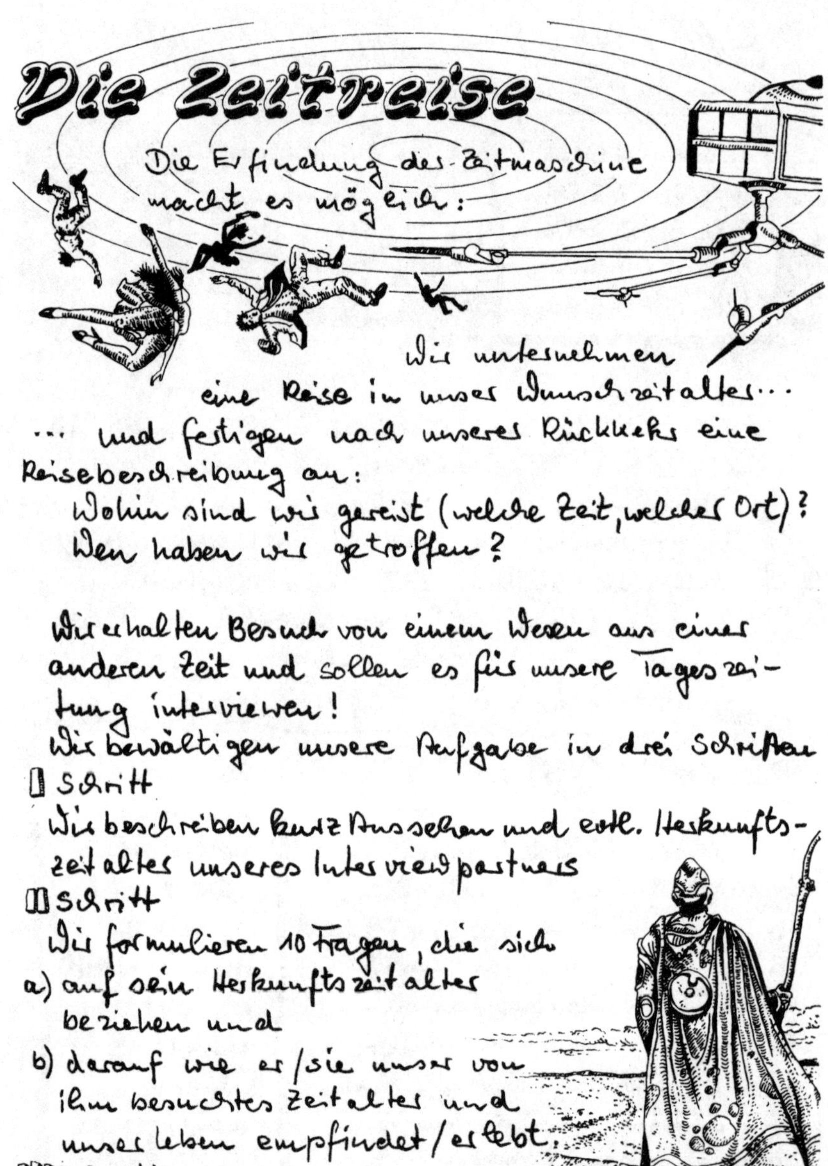

Die Zeitreise

Die Erfindung der Zeitmaschine
macht es möglich:

Wir unternehmen
eine Reise in unser Wunschzeitalter...
... und fertigen nach unserer Rückkehr eine
Reisebeschreibung an:
Wohin sind wir gereist (welche Zeit, welcher Ort)?
Wen haben wir getroffen?

Wir erhalten Besuch von einem Wesen aus einer
anderen Zeit und sollen es für unsere Tageszeitung interviewen!
Wir bewältigen unsere Aufgabe in drei Schritten
I Schritt
Wir beschreiben kurz Aussehen und evtl. Herkunftszeitalter unseres Interviewpartners
II Schritt
Wir formulieren 10 Fragen, die sich
a) auf sein Herkunftszeitalter
beziehen und
b) darauf wie er/sie unser von
ihm besuchtes Zeitalter und
unser Leben empfindet/erlebt.
III Schritt
Die überraschenden Antworten des fremden Wesens.

GEDICHT MIT 8 ZEILEN

Einen alltäglichen Gegenstand, eine Gewohnheit oder auch einen Menschen, dem wir bislang nicht allzuviel Beachtung schenkten, in einem Acht-Zeiler beschreiben und dabei eine neue, farbigere Sichtweise vermitteln:

eine Farbe
eine Jahreszeit
ein Ort
eine Wetterlage
ein Kleidungsstück
eine Fernseh- oder Radiosendung
ein Lebensmittel

werden in je ein bis zwei
Gedichtszeilen als Bild
für den zu schildernden
Gegenstand verwandt.

Beispiel: Die Mauer
Die Mauer ist grau
Die Mauer, das ist ein Tag im Spätherbst am Ende der Welt
verregnet neblig-trüb,
ein klamm gewordener Schal.
Die Mauer erinnert an den wackeligen Ohrensessel auf dem Speicher,
an die ausgelutschte Fernsehsendung im Vorabendprogramm
und an den eingetrockneten Kaugummi vor dem Wegwerfen.

GESCHICHTEN-LOTTERIE

1. Schritt:
Wir schreiben Lose:
An alle Mitspieler werden 4 Zettel verteilt, auf die jedes einen Ort (z.B. Großstadtkneipe, verlassener Strand, Ruine) bzw. eine Zeit (wie Spätherbst, ungeplanter Urlaubstag, Vollmondnacht)

bzw. Charaktere (z.B. pingeliger Beamter, abgetakelte Sängerin, entlaufener Sträfling etc.)
Die zusammengefalteten Lose kommen je nach Inhalt in drei verschiedene Los-Eimer (o. -Schüsseln) etc.

2. Schritt:
Entstehen der Geschichte:
Jedes zieht ein Ort-, ein Zeit- und zwei Personenlose und denkt sich zu diesen Vorgaben eine kleine Geschichte.

Die Geschichten werden in der Gruppe vorgestellt, evtl. gemeinsam weitergesponnen und aufgeschrieben.

Gedicht mit Tiefsinn

Gefühle schildern: Jedes Gefühl – auch eines, das wir normalerweise lieber für uns behalten, wie z. B. Neid oder Wut – oder eines, für das uns ganz einfach die Worte zu fehlen scheinen – wird sinnlich erfaßbar und damit kommunizierbar, wenn wir es auf folgende Weise beschreiben.

Farbe
Geschmack
Geruch
Aussehen, Form
Ton, Klang
Erlebnisqualität

des jeweiligen Gefühls werden in jeweils eine Zeile durch uns allen geläufigen Bildern dargestellt, die wir dem Alltagsleben entlehnen.
Überraschende Entdeckungen sind garantiert.

Beispiel Wut:

Wut ist Farbenblitzen
Wut schmeckt wie Chilipulver pur
Wut kitzelt in der Nase
Wut sieht aus wie die überquellende Lava
Wut hört sich an wie Donnergrollen
Wut steckt voller Leben und
bedeutet manchmal Tod.

WENDE-GEDICHT

In vier Zeilen dieses Fünfzeilers werden Eigenschaften einer gedachten Person, eines Tieres oder eines Gegenstandes beschrieben. In der fünften Zeile folgt dann der überraschende Schluß:
ein unumgänglich notwendiges Charakteristikum des beschriebenen Objektes fehlt!

Wissenschaftler

Riesenprojekt
ambitioniert
viel recherchiert
Thesen geprüft
keine bestätigt!

Maler

Bilder im Kopf
edles Papier
Zeit bis um vier
Pinsel gereinigt
Farben vertrocknet!

Ideen im Kopf
ein Heft voll Notizen
Ruhe im Haus
die Feder zur Hand
keine Tinte!

CHARAKTERBILDER

Wir schlüpfen in die Rolle einer der unten aufgeführten Personen/Charaktere:

- wir wählen eine Person, die uns interessiert und uns möglichst sympathisch ist
- wir überlegen und formulieren Eigenschaften, Gewohnheiten, Vorlieben und Pläne dieser Person

wir führen für die Person Tagebuch, (1 Woche) so, wie wir uns vorstellen daß sie selbst schreibt

Wir setzen uns mit einer der unten aufgeführten Personen auseinander und wählen dazu die Briefform.
Welche Person soll unser Briefpartner sein?
Was wollen wir ihm/ihr schreiben?
Einen Bittbrief, eine Beschwerde, eine Mahnung, Glückwünsche eine Auftragserteilung?

...reicher	Wissenschaftler	Künstler	Schauspieler
...achter	Einwanderer	Rentner	Zimmermann
...mann		Fischer	Seemann
...tor		Autor	Hypnotiseur
...et		Träumer	Bergsteiger
...ge		Sportler	Weltenbummler
...ann		Artistin	Stewardess
...nzler		Filmstar	Schriftstellerin
...tellte		Ärztin	Naturforscher
...haber		Hellseher	Balettänzerin
...dchen		Tänzerin	Regisseurin
...leiter		Politiker	Abenteurer

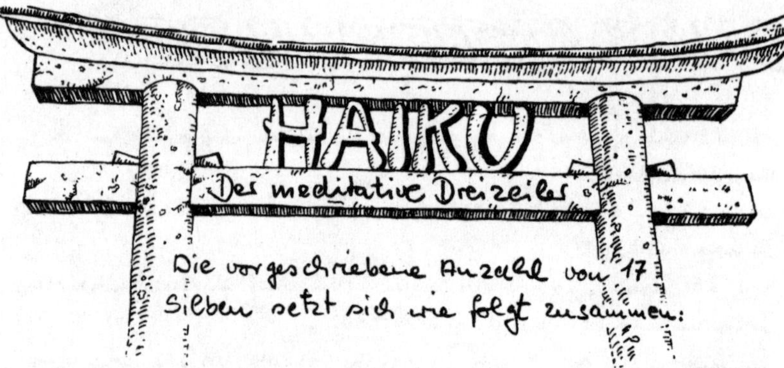

Die vorgeschriebene Anzahl von 17 Silben setzt sich wie folgt zusammen:

1. Zeile: 5 Silben	alternativ:	1. Zeile: 5 Silben
2. Zeile: 7 Silben		2. Zeile: 5 Silben
3. Zeile: 5 Silben		3. Zeile: 7 Silben

Beispiel:

Nicht Welt verändern
werden wir durch Schreiben doch
vielleicht den Alltag

SILBEN-SCHNEEBALL

Zeile 1 umfaßt nur ein einsilbiges Wort
Zeile 2 enthält zwei Silben (ein o. zwei Wörter)
Zeile 3 enthält drei Silben
usw. je nach gerade abrufbarem
Kreativitätspotential bis zur
Zeile n mit n Silben

Literatur zu Projekt 2.14.
Manguil, A., Guadalupi, G.: Von Atlantis bis Utopia. München 1981.
Hövel, W. u. a.: Warum nicht? Literatur handlungsorientiert. Mühlheim 1987.
Syme, C.: Kreatives Schreiben. Mühlheim 1990.
Kasper, J.: Schreib los! Bildimpulse für freie Schülertexte. Mülheim 1989.
Schütte, T., Nüchter, W.: Erzähl und mal. Mühlheim 1987, Bd. 1+2.

2.15. Projekt: Die durchgespielte Autobiographie

Mit seiner Biographie kann man unterschiedlich umgehen. Man kann sie in der Beichte ausbreiten, in der Anamnese dem Arzt nahebringen, autobiographisch in Memoiren oder Tagebuch, in Briefen oder Akten, in Nachrufen und Laudationes sich auf sie beziehen (vgl. W. Fuchs: Biographische Forschung. Opladen 1984, S. 32 ff). Man kann aber auch seine Biographie durchspielen. Das wollen wir im Folgenden tun. Diesem Projekt liegt die Überlegung zugrunde, dass nicht nur die Katharsis (das Weinen) heilt, sondern besonders auch das Lachen. „Ich lache, also bin ich", so könnte das Leitmotiv dieses Projekts lauten. Freud lobte den Witz, weil er wichtige Entlastungsfunktionen für das Ertragen der Last der Verdrängungen besitzt. „Ein vorbewusster Gedanke", schrieb er über die Leistung des Witzes", wird für einen Moment der unbewussten Bearbeitung überlassen, und deren Ergebnis alsbald von der bewussten Wahrnehmung erfasst." (S. Freud: Der Witz und seine Beziehung zum Unbewussten. In: ders.: GW. VI, S. 189) Der spielerische Umgang mit der Autobiographie wird uns durch die „Spielformen der Poesie" (G. Grümmer: Spielformen der Poesie. Leipzig 1988) ermöglicht. Wir wollen also die wichtigsten Ereignisse aus unserem Leben in spielerische Textformen übersetzen und damit dem Schmunzeln, dem Lachen, der Heiterkeit einen Weg eröffnen. Nicht nur Streit, auch Freude verbindet, wenn man sie in einer gleichgesinnten Gruppe erlebt. Nach jeder Übung werden die Texte in der Gruppe vorgelesen und diskutiert. Am Anfang unserer Arbeit steht eine Kurzbestandsaufnahme unseres Lebens.

1. Aufgabe: Bestandsaufnahme
Ein Blick auf die Entwicklungspsychologie zeigt uns, dass das moderne Leben in Phasen und Zyklen gegliedert ist. D. Ulich hat in seinem Buch „Krise und Entwicklung" (München 1987, S. 78) diese Lebensphasen und ihre spezifischen Lebensaufgaben in einer Grafik folgendermaßen zusammengefasst:

Krise und Entwicklung nach D. Ulich (1987)

Entwicklungsperiode	Entwicklungsaufgaben
Frühe Kindheit (0–2 Jahre)	1. Anhänglichkeit (social attachement) 2. Objektpermanenz 3. Sensomotorische Intelligenz und schlichte Kausalität 4. Motorische Funktionen
Kindheit (2–4 Jahre)	1. Selbstkontrolle (vor allem motorisch) 2. Sprachentwicklung 3. Fantasie und Spiel 4. Spiel in Gruppen
Schulübergang und frühes Schulalter (5–7 Jahre)	1. Geschlechtsrollenidentifikation 2. Einfache moralische Unterscheidungen treffen 3. Konkrete Operationen 4. Spiel in Gruppen
Mittleres Schulalter (6–12 Jahre)	1. Soziale Kooperation 2. Selbstbewußtsein (fleißig, tüchtig) 3. Erwerb der Kulturtechniken (lesen, schreiben etc.) 4. Spielen und arbeiten im Team
Adoleszens (13–17 Jahre)	1. Körperliche Reifung 2. Formale Operationen 3. Gemeinschaft mit Gleichaltrigen 4. Heterosexuelle Beziehungen
Jugend (18–22 Jahre)	1. Autonomie von den Eltern 2. Identität in der Geschlechtsrolle 3. Internalisiertes moralisches Bewusstsein 4. Berufswahl
Frühes Erwachsenenalter (23–30 Jahre)	1. Heim/Haushalt führen 2. Geburt von Kindern 3. Arbeit/Beruf 4. Lebensstil finden
Mittleres Erwachsenenalter (31–50 Jahre)	1. Heim/Haushalt führen 2. Kinder aufziehen 3. berufliche Karriere
Spätes Erwachsenenalter (51 und älter)	1. Energien auf neue Rollen lenken 2. Akzeptieren des eigenen Lebens 3. Eine Haltung zum Sterben entwickeln

In diesem Lebenslauf sind Krisen und Initiationssequenzen an der Tagesordnung. Naomi Golan zeigt in der folgenden Grafik, welche belastenden Lebensereignisse der Mensch kennt und wie die Hierarchie dieser Belastungen aussieht:

Bewertung lebensverändernder Ereignisse nach N. Golan (1983)

	Lebensereignis	mittlerer Wert
1	Tod des Ehepartners	100
2	Scheidung	73
3	Trennung vom Ehepartner	65
4	Gefängnisstrafe	63
5	Tod eines nahen Angehörigen	63
6	Eigene Verletzung oder Krankheit	53
7	Eheschließung	50
8	Verlust des Arbeitsplatzes	47
9	Versöhnung mit dem Ehepartner	45
10	Rückzug aus dem Arbeitsleben	45
11	Verschlechterung des Gesundheitszustandes eines Angehörigen	44
12	Schwangerschaft	40
13	Sexuelle Schwierigkeiten	39
14	Hinzukommen eines neuen Familienmitgliedes	39
15	Geschäftliche Veränderungen	39
16	Änderung der finanziellen Verhältnisse	38
17	Tod eines guten Freundes	37
18	Wechsel der Branche	36
19	Häufigkeit der Auseinandersetzung mit dem Ehepartner nimmt zu	35
20	Hypothek über 10.000 Dollar	31
21	Verfallserklärung Hypothek/Darlehen	29
22	Andere Aufgaben am Arbeitsplatz	29
23	Sohn oder Tochter verlässt das Haus	29
24	Schwierigkeiten mit der Schwiegerfamilie	29
25	Herausragende eigene Leistung	28
26	Ehefrau nimmt Arbeit auf/gibt Arbeit auf	26
27	Schulbeginn oder -abschluss	26
28	Änderung der Lebensverhältnisse	25
29	Änderung der persönlichen Gewohnheiten	24
30	Ärger mit dem Vorgesetzten	23
31	Geänderte Arbeitszeiten oder -bedingungen	20
32	Wohnungswechsel	20
33	Schulwechsel	20
34	Neue Freizeitgewohnheiten	19
35	Vermehrte/verminderte Beteiligung am kirchlichen Leben	19
36	Veränderungen in den sozialen Aktivitäten	18
37	Hypothek oder Darlehen von weniger als 10000 Dollar	17
38	Änderung der Schlafgewohnheiten	16
39	Änderung in der Häufigkeit der Familienzusammenkünfte	15
40	Änderung der Essgewohnheiten	15
41	Urlaub	13
42	Weihnachten	12
43	Geringfügige Gesetzesübertretungen	11

(Aus: N. Golan: Krisenintervention. Heidelberg 1983, S. 68)

Der Blick auf diese Ereignisse nach **Golan** kann uns anregen, ganz schnell 18 Worte aufzuschreiben, die einem zum eigenen Leben einfallen. Wenn diese Worte auf dem Papier stehen, sollten sie historisch nach dem Modell von **Uhlig** geordnet werden, d. h. die Worte, die sich auf die frühe Kindheit (0–2 Jahre) beziehen, kommen an die erste Stelle, die Worte zur Kindheit (2–4 Jahre) an die zweite Stelle, an dritter Stelle stehen Worte zum Schulübergang (5–7 Jahre), an vierter Stelle die Worte zum mittleren Schulalltag (6–12 Jahre), dann die Worte zur Adoleszens (13–17 Jahre), zur Jugend (18–22 Jahre), zum frühen Erwachsenenalter (23–30 Jahre), zum mittleren Erwachsenenalter (31–50 Jahre) und zum späten Erwachsenenalter (51 und älter).

2. Aufgabe: Abecedarium zum ersten Wort der frühen Kindheit (0–2 Jahre)
Ein Abecedarium ist ein Gedicht, das in jeder Anfangszeile dem Buchstaben des Alphabets gewidmet ist. Wenn das erste Wort zur frühen Kindheit also „Geburt" heißt, so sollten nun von A-Z Worte untereinander geschrieben werden, die sich auf Geburt beziehen lassen. Also: **A**nkunft, **B**ekanntwerden, **C**hequen, **D**arstellen, **E**ntsetzen, **F**reuen, **G**ieren, **H**elfen usw. Wer Schwierigkeiten hat, kann sich von anderen helfen lassen. Jeder hat die Freiheit, seine Einfallsbarrieren durch Gruppenhilfe zu beseitigen.

3. Aufgabe: Akrostichon zum zweiten Wort der frühen Kindheit (0–2 Jahre)
Beim Akrostichon bilden die Anfangsbuchstaben aufeinanderfolgender Verszeilen ein Wort. Wer also z. B. als zweites Wort „Abend" geschrieben hat, soll jetzt einen Text schreiben, dessen Anfangszeilen zuerst mit A, dann mit B, dann mit E, dann mit N und schließlich mit D beginnen. Also:

„**A***ber, sprach die Hebamme,*
b*ei meinem Einkommen,*
e*rkenne ich,*
n*icht*
d*en Sinn dieser Sturzgeburt.*"

4. Aufgabe: Anagramm zum ersten Wort aus der Kindheit (2–4 Jahre)
Ein Anagramm entsteht durch das Versetzen von Buchstaben aus einem Wort zu einer neuen sinnvollen Wortfolge. Wenn also das entsprechende Wort „Geschwister" hieß, so wird aus diesem Wort, indem man die Buchstaben auf einen kleinen Zettel malt und damit variabel neu zusammenfügen kann, folgendes Anagramm:

„*Geist ist erster*"

5. Aufgabe: Lipogramm zum zweiten Wort aus der Kindheit (2–4 Jahre)
Als Lipogramm bezeichnet man Texte, bei denen ein bestimmter Buchstabe des Alphabets bewusst weggelassen wird. Wir schreiben also über unser Kernwort, z. B. „Alleinsein", einen Text, ohne z. B. den Buchstaben „M" zu benutzen.

6. Aufgabe: Vokalhäufung zum ersten Wort aus der Zeit des Schulübergangs (5–7 Jahre)
Vokalhäufung stellt die Häufung eines Vokals in einem Text dar, der damit eine bestimmte Klangfarbe gewinnt. Wir schreiben also über unser Kernwort, einen Text mit möglichst vielen a's oder e's oder i's oder o's oder u's.

7. Aufgabe: Vokalfarbenleiter zum zweiten Wort aus der Zeit des Schulübergangs (5–7 Jahre)
Eine Vokalfarbenleiter setzt alle fünf Vokale ein, um Stimmungen auszudrücken. Wir schreiben also zu unserem zweiten Kernwort, z. B. „Lehrer", einen Text, der reimt:

„aaa, der Lehrer ist schon da.
eee, er hat erfrorene Zeh.
iii, er fuhr zu lange Ski.
ooo, dass macht die Schüler froh.
uuu, macht schnell die Schule zu."

8. Aufgabe: Notarikon zum ersten Wort aus dem mittleren Schulalter (6–12 Jahre)
Beim Notarikon wird ein Begriff in seine einzelnen Buchstaben aufgelöst, die als Anfangsbuchstaben bestimmter Wörter innerhalb eines Textes dann wiederkehren. Wenn unser Wort hier „Keile" hieß, so schreiben wir einen Text, in dem K wie Kunst, E wie Eule, I wie Inder, L wie Luft, E wie Eifer vorkommen müssen. Z. B.:

„Die **E***ule der* **I***nder*
gleitet mit **E***ifer*
durch die **L***uft.*
Wer anerkennt diese **K***unst."*

9. Aufgabe: Schachtelwörtertext zum zweiten Wort aus dem mittleren Schulalter (6–12 Jahre)
Schachtelwörter sind Wortkombinationen. Wir bilden also zwei Spalten: links unser Kernwort und viele Worte, die diesem Wort ähnlich sind. Rechts schreiben wir alle möglichen anderen Worte auf, die uns spontan einfallen. Dann verbinden wir so viele Worte der linken und der rechten Spalte wie möglich. Aus diesen neuen Schachtelworten schreiben wir dann einen Text über unser Schlüsselwort.

10. Aufgabe: Haufenreim zum ersten Wort aus der Adoleszens
Ein Haufenreim kommt mit nur einem Reim aus. Wenn unser Kernwort hier „Liebe“ heißt, so entsteht ein Text, der reimt: Liebe, Triebe, Hiebe, Siede usw.

11. Aufgabe: Schüttelreim zum zweiten Wort aus der Adoleszens
Der Schüttelreim ist ein Doppelreim, der unter Tausch der Konsonanten entsteht, mit dem die reimenden Wörter oder Silben beginnen. Wir sollten unser Kernwort auf ein viersilbiges Wort erweitern. Aus Liege wird dann z. B. Liegewagen, und es entsteht der Schüttelreim:

„Ich fuhr in einem Liegewagen
und ging der Ziege an den Kragen“

12. Aufgabe: Priamel zum ersten Wort aus der Jugend (18–22 Jahre)
Unter Priamel versteht man eine Aufreihung von Beispielen mit einer Schlusspointe. Wenn unser Kernwort „Geschlecht“ heißt, so könnte die Priamel heißen:

„Liebe, die sich ewig bindet,
Liebe, die sich auch mal findet,
Liebe, die sich legt zur Ruh,
macht dann beide Augen zu,
keinem macht sie es so recht,
das ist die Last mit dem Geschlecht.“

13. Aufgabe: Anapher zum zweiten Wort aus der Jugend (18–22 Jahre)
Als Anapher bezeichnet man die Wiederkehr eines Wortes am Beginn mehrerer aufeinanderfolgender Zeilen. Wenn unser Kernwort z. B. „Eifersucht“ heißt, dann kann folgender Text entstehen:

„Eifersucht, die Hölle spricht,
Eifersucht, die kennst Du nicht.
Eifersucht, wie bist Du schwer,
Eifersucht, ich kann nicht mehr.“

14. Aufgabe: Spiele mit Zahlwörtern zum ersten Wort aus dem frühen Erwachsenenalter (23–30 Jahre)
Hier muss ein Text entstehen, der in jeder Zeile eine Zahl enthält, möglichst von 1 bis n. Wenn unser Kernwort „Heirat“ hieß, dann könnte der Zahlwörtertext lauten:

„Der erste heiratet gesund,
der zweite wie ein bunter Hund,

der dritte klagt nun immer mehr,
der vierte will ein Bett aus Teer."
etc. bis zur Zahl n."

15. Aufgabe: Figurengedicht zum zweiten Wort aus dem frühen Erwachsenenalter (2–30 Jahre)
Hier soll aus dem Kernwort ein Bildgedicht entstehen. Wenn das Kernwort „arbeitslos" heißt, dann könnte folgender Bildtext entstehen.

„Arbeit
Arbeit Arbeit
Arbeit Arbeit Arbeit
Arbeit Arbeit Arbeit Arbeit
Arbeits- – – – – – – – – – los."

16. Aufgabe: Streitgedicht zum ersten Wort aus dem mittleren Lebensalter (31–50 Jahre)
Das Streitgedicht ist eine Partnerübung. Der eine stellt eine Frage, der andere muss sie beantworten. Beispiel:

A: Wieviel arbeitest du im Haushalt?
B: Ich versuche, abzuwaschen.
A: Wie wäschst du Töpfe ab?
B: …

17. Aufgabe: Klapphornvers zum zweiten Wort aus dem mittleren Lebensalter (31–50 Jahre)
Klapphornverse sind skurrile Vierzeiler, die nach dem einfachen Reimschema **aabb** gebaut sind. Beispiel:

„Zwei Knaben gingen durch das Korn,
Der eine hinten, der andere vorn.
Doch es ging keiner in der Mitte.
Man sieht hieraus, es fehlt der Dritte."

Zum eigenen Kernwort kann man nun (möglicherweise in Partnerarbeit) einen Klapphornvers entwickeln. Wenn unser Kernwort hier „Kinder" geheißen hat, so entstünde vielleicht folgender Klapphornvers:

„Zwei Kinder rieten kreuz und quer
Wo kommen die Klapphornverse her?
Da sprach der andere: Horch!
Die bringt der Klapphornstorch."

18. und 19. Aufgabe: Zwei Limericks zum ersten und zweiten Wort aus dem späten Erwachsenenalter (51 Jahre und später)
Limericks sind fünfzeilige, **abbab** reimende skurrile Nonsensgedichte. Typische Limericks beziehen sich in der Eingangszeile auf einen Ort oder eine Landschaft. Dann wird eine komische Situation geschildert. Und am Schluss bezieht man sich wieder auf den Ort der ersten Zeile und gibt dem Ganzen eine unsinnig- sinnige Wende. Auf das Kernwort „Alter“ lässt sich folgender Limerick bilden:

„Ein alter Mann aus Berlin
wollte ins Altenheim ziehn.
Doch die hatten zu hohe Preise,
da machte er eine Reise
und tafelt nur noch in Wien.“

Damit ist die ganze Biographie durchgespielt. Manches Belastende wird sich nun in Gelächter aufgelöst haben und Freuds Diktum bestätigen, dass der Witz für einen Augenblick die Last des Unbewussten anzupft, um es in die Sonne der Heiterkeit zu halten.

Literatur zu Projekt 2.15

Fuchs, W.: Biographische Forschung. Opladen 1984.
Ulich, D.: Krise und Entwicklung. München 1987.
Golau, N.: Kriseninterventionen. Heidelberg 1983.
Freud, S.: Der Witz und seine Beziehung zum Unbewussten. In ders.: GW. VI.
Werder, L. v.: ... triffst Du nur das Zauberwort. Eine Einführung in die Schreib- und Poesietherapie. München 1986.

2.16. Projekt: Schreiben gegen Schreibstörungen

Schreibstörungen sind heute weit verbreitet. Immer wieder stockt der Schreibfluss. Texte werden nicht vollendet, weil keine passende Formulierung zur Hand ist. Oder Texte laufen weg, ufern aus, weil die Textstruktur verloren gegangen ist. An verschiedenen Orten ist bisher versucht worden, mit Schreibübungen die Schreibstörungen und Schreibblöcke zu beheben (vgl. J. vom Scheidt: Kreatives Schreiben. Frankfurt 1989, S. 94, S. 205, M. Nietsch (Hrsg.): Wenn ich schreibe. Empirische Studien. Berlin 1990, G. Keseling: Kreative Schreibseminare als Mittel zur Analyse und Bearbeitung von Schreibstörungen. In: H.A. Rau (Hrsg.): Kreatives Schreiben an Hochschulen. Tübingen 1988, S. 59 ff.). Diesen Versuchen lag die Idee zugrunde, schreibend den eigenen Störungen auf die Spur zu kommen. Für die Typen von Störungen, die den Phasen des Schreibprozesses folgen, sind spezielle Schreibübungen entwickelt worden, die wir im vorliegenden Projekt vorstellen wollen.

a) Übungen bei Störungen des Schreibbeginns

Beim Schreibstart liegt oft ein Übergewicht an Schreibplanung und ein Defizit an Schreibpraxis vor. Um erstmal den freien Schreibfluss zu erleben, ist es sinnvoll, **Übung 1** zu praktizieren: Schreiben Sie einfach 5 Minuten lang automatisch alles auf, was Ihnen einfällt. Bei dieser Übung werden Sie erleben, dass dem Schreibprozess eine gewisse spontane, in bestimmten Punkten unkontrollierbare Qualität eignet.

Um die Vermittlung der Phase Schreibplanung mit der Phase Schreibpraxis zu verbessern, sollte einmal der Schreibfluss verlangsamt werden. **Übung 2** leistet eine Verlangsamung des Schreibprozesses: Schreiben Sie doch mal einen Text mit der linken Hand. Wenn Sie mit der linken Hand schreiben, werden Sie an die Anfänge Ihres Schreibenlernens erinnert und an die Zögerlichkeit, mit der sich Ihnen die Welt der Schrift erschloss.

Der Schreibprozess vermittelt Schreibidee und Schreibinhalte. Oft sind aber die Schreibideen nicht klar begriffen und die Schreibinhalte verselbständigen sich. Deshalb **Übung 3**: Suchen Sie doch mal in Ihren spontan geschriebenen Texten (Ergebnisse von Übung 1 und 2) die Schreibidee und ihre Umsetzung.

Im Schreibfluss ergeben sich oft emotionelle Durchbrüche, die den weiteren Schreibprozess ablenken. **Übung 4**: Schreiben Sie Ihren Text in zwei Spalten. In der ersten Spalte schreiben Sie den Text, und in der zweiten Spalte notieren Sie die Gedanken, die Ihnen kommen, wenn Sie auf eine Textblockade oder einen Gefühlsdurchbruch stoßen. Sie erhalten damit erste Umrisse der Ursachen Ihrer Schreibblöcke.

b) Übungen zur Überwindung der Blockaden bei der Umsetzung von Schreibkonzepten

Viele Schreiber unterschätzen die Zeitdauer der Vorbereitung, Durchführung und Überarbeitung von Texten. Viele Schreiber scheitern schon bei der Vorbereitung des Schreibens. In die Vorbereitungszeit gehört das Sammeln und Sichten von Einfällen zum Thema, die Ordnung der Einfälle in eine Gliederung, die Konkretisierung der Gliederung in einer Feingliederung und die Umsetzung der Feingliederung in einen Schreibfluss. Steht in dem ersten Abschnitt das Kognitive im Vordergrund, so im letzten Abschnitt das Gefühl. Gerade beim Übergang von der Ratio zum Gefühl entstehen oft Schreibblöcke. **Übung 5**: Sammeln Sie zu einem Thema erst einmal Einfälle, gliedern Sie die Einfälle, und schaffen Sie sich eine Feingliederung. Gerade das Ordnen der Einfälle bereitet oft Schwierigkeiten . Diese Schwierigkeiten werden bei dieser Übung nochmal genauer nachvollziehbar. **Übung 6**: Benutzen Sie die Methode des Mind-Mapping, um Ihre Gedanken um das Thema, im Urzeigersinn vom Abstrakten zum Konkreten fortschreitend, zu ordnen. Die Methode des Mind-Mapping gibt Ihnen eine Visualisierungshilfe bei der Gedankenordnung, die oft wegen ihrer Abstraktheit im Kopf Schwierigkeiten bereitet. Um ein Gefühl für die Struktur eines fertigen Textes zu bekommen, eignet sich **Übung 7**: Analysieren Sie einmal den Aufbau eines Ihrer Texte, und versuchen Sie, den Weg von der Schreibplanung bis zum fertig vorliegenden Text zu rekonstruieren. Überlegen Sie, welche Zeit Sie für die Verfertigung der einzelnen Schreibabschnitte von der Planung bis zum vorliegenden Text gebraucht haben.

c) Arbeit am inneren Kritiker

Bei vielen Schreibstörungen macht sich ein innerer Kritiker bemerkbar, der meist das Selbstwertgefühl des Schreibenden massiv untergräbt. Deshalb **Übung 8**: Achten Sie bei Schreibstörungen auf den inneren Kritiker, und führen Sie mit ihm einen Dialog, schreiben Sie diesen Dialog auf, und charakterisieren Sie den Typ ihres Kritikers.

Der innere Kritiker kann sich auch melden, weil der Schreibende sich zuviel auf einmal vornimmt. Hier eignet sich die **Übung 9**: Legen Sie Pausen im Schreibprozess ein, ordnen Sie erst einmal die Schreibinhalte, bevor Sie weiterschreiben. Versuchen Sie damit, die überhöhten Alles-oder-Nichts-Ansprüche des Kritikers zu unterlaufen.

d) Störungen bei der Textüberarbeitung

Oft ergeben sich beim Abschluss des Rohentwurfs Widerstände, den eigenen Text noch einmal zu überarbeiten. Der Schreiber kann seinen Text nicht mehr sehen. Das Thema kotzt ihn nun an usw. Hier ergibt sich die **10. Übung**: Teilen Sie sich die Textüberarbeitung. Sie überarbeiten den Text von A, und A überarbeitet dafür Ihren Text, dann tauschen Sie Ihre Erfahrungen mit den Texten des anderen untereinander aus. Oder probieren Sie **Übung 11**: Lesen Sie Ihren Text in der Gruppe vor, und hören Sie sich einmal die Kritik der anderen an. Vielleicht ist es ja so, dass Ihre Textkritik viel schärfer ist als die Textkritik von unbeteiligten anderen.

Oft kommt der Ekel vorm Text deshalb auf, weil der Widerspruch zwischen Textidee und Textrealität zu groß erscheint. Deshalb **Übung 12**: Schreiben Sie einmal auf, was in Ihrem Text alles nicht steht, warum es in diesem Text nicht steht, und entwerfen Sie einen Plan für einen späteren Text, in dem die bemerkten Defizite ausgeführt werden könnten. Beherzigen Sie die Grundeinsicht des Schreibens: Jeder Text ist vorläufig. Es gibt bisher keinen perfekten Text. Sogar schon die Idee eines perfekten Satzes ist weitgehend gute Utopie.

Literatur zu Projekt 2.16

Scheidt, J. vom: Kreatives Schreiben. Frankfurt 1989.

Nietsch, M. (Hrsg.): Wenn ich schreibe. Empirische Studien. Berlin 1990.

Keseling, G.: Kreative Schreibseminare als Mittel zur Analyse und Bearbeitung von Schreibstörungen. In: H.A. Rau (Hrsg.): Kreatives Schreiben an Hochschulen. Tübingen 1988, S. 59 ff.

2.17. Projekt: Schreibaktionen

In der Literaturgeschichte gibt es viele Beispiele für Schreibaktionen. Der chinesische Zen-Freak Han-Shan aus dem 8. Jahrhundert schrieb seine Gedichte an die Wände des Kalten Berges, im Regen. Der Marquis de Sade ließ im Irrenhaus Texte schreiben, die er später mit seinen Mitpatienten aufführte. Goethe entwarf einen Werther-Anzug und reiste mit ihm nach Frankfurt. Die Berliner Romantiker schrieben einen kollektiven Roman und lasen ihn in ihrer Stammkneipe vor. Die Dadaisten machten Lesungen von eigenen und fremden Texten mitten im Verkehrsgewühl Berlins. Die Surrealisten versuchten, die kommunistische Partei Frankreichs in ein „Büro für surrealistische Angelegenheiten" umzufunktionieren. Die Wiener Gruppe um Ossi Wiener zelebrierte eine Ode auf die Maschinen in einer Maschinenhalle im Overall der Maschinenschlosser. Diese Beispiele sollten genügen, um uns für eine Stafette von Schreibaktionen zu motivieren. Diese Stafette wird erleichtert, wenn sie von einer Gruppe Gleichgesinnter unterstützt wird. Es folgen also 12 Aktionen für Schreibaktivisten.

1. Aktion: Literarischer Bauchladen

Jeder Teilnehmer bastelt sich, wie Frederike Frei, einen Bauchladen und füllt ihn mit eigenen Gedichten. So ausgestattet, macht er abends eine Tour durch die Kneipen, stellt sich tags bei Bilka oder Hertie in den Haupteingang und bietet seine Gedichte an. Ein Gedicht kostet 10 Pfennig. Auch auf Ausstellungen, auf Messen, lässt sich ein Platz zum Gedichte verkaufen und Gedichte vorlesen finden. Frederike Frei vom Literaturlabor Hamburg hat sich mit dieser Methode eine Lesetour durch Deutschland, über 1 Jahr, finanziert.

2. Aktion: Märchen-Reise

Im Hessischen gibt es die Märchenstraße der Gebrüder Grimm. Dort steht, die Sababurg von Aschenbrödel und der Ofen von Hänsel und Gretel. Diese Märchenorte werden per Rad von unserer Schreibgruppe aufgesucht. Vor Ort werden die jeweiligen Märchenfiguren in moderne Kunstmärchen, die die Gruppe kollektiv schreibt, umgesetzt. Wo sich eine Gelegenheit bietet, trägt die Radfahrergruppe ihre Märchen vor. Sie lädt die Zuhörer ein, sich der Gruppe anzuschließen, neue Märchen zu schreiben und den Spuren der Gebrüder Grimm postmodern zu folgen.

3. Aktion: Poetische Kiez-Karte

Überall haben Dichter gewohnt, auch in Deinem Kiez. Sie müssen es nur herausfinden. Ein Beispiel: In Berlin Schöneberg wohnten Nelly Sachy, Rudolf Steiner, Gottfried Benn usw. Wenn Sie Ihre poetischen Kiezbewohner durch Recherchen herausgefunden haben, schauen Sie sich Ihre Werke an, Ihre Schreibthemen und Techniken. Zu Ihrem Geburtstag machen Sie dann auf der Straße vor ihrem ehemaligen Wohnhaus eine öffentliche Lesung aus ihren Werken, und dazu lesen Sie dann auch noch Texte, die im Sinne der Gefeierten verfasst haben, als Antworttexte, Einspruchstexte und Umdichtungen. (Hilfreiche Literatur: H. Voß: Literaturstadt Berlin. Berlin 1980, W. Liersch: Dichters Ort. Ein literarischer Reiseführer. Rudolfstadt 1985.)

4. Aktion: Poesieplakate
Malen Sie Gedichte auf selbstgestaltete Plakate und kleben Sie sie im Stadtteil an geeignete Plätze. Achten Sie dann auf die Leser Ihrer Texte und interviewn Sie sie inkognito. Sie erfahren dann, wie das Volk auf Ihre Aktionen reagiert.

5. Aktion: Rathaus-Verdichtung
Die soziale Lage der Dichter ist mies, sagte Heinrich Böll 1967. Die Literaturförderung ist ein Teil kultureller Manipulation. Warum nicht einmal als Schreibgruppe das Rathaus besetzen. Bringen Sie literarische Texte zur Lage der Dichter heute mit, und befestigen Sie sie an allen Orten des Rathauses, die sich lohnen. Warteen Sie die Reaktionen ab, und diskutieren dann mit den Kommunalpolitikern über die Möglichkeiten dezentraler Literaturförderung in Ihrer Stadt. Die Forderung, ein Literaturbüro einzurichten, wie es in vielen Städten der Bundesrepublik schon geschehen ist, wäre nicht unbillig.

6. Aktion: Laien helfen Profis
Ermitteln Sie mal alle in Ihrer Stadt lebenden Dichter, entwerfen Sie einen biographischen Fragebogen, besuchen und befragen Sie die Dichter. Aus dem Interviewmaterial lassen sich interessante Kurzbiographien machen, die Sie an einem Abend in der Stadtbücherei vortragen können. Die Bibliothekare werden sicherlich gerne noch eine kleine Buchausstellung mit den Werken der ortsansässigen Dichter veranstalten. Meist schaffen sie aus diesem Anlass die Werke ihrer Heimatautoren erstmalig an oder lassen sich anregen, die Dichter gegen 300.- DM Bezahlung auch mal selbst lesen zu lassen.

7. Aktion: Schreibwettbewerb
Auf einem Stadtteilfest bauen Sie einen Stand auf, legen Sie Papier aus, installieren Schreibmaschinen, quer über die Straße spannen Sie eine Wäscheleine. Ein Transparent verkündet: „Schreibwettbewerb". Die Festteilnehmer werden aufgefordert, einen Text zu verfassen. Als erster Preis winkt 100.- DM und der Vortrag der Texte über Mikrofon. Die Gewinner werden in Ihre Schreibgruppe aufgenommen. Meist findet man echte Naturtalente.

8. Aktion: Soziale Brennpunkte
G. Wallraf hat es vorgemacht. Wir machen es nach. Wir informieren uns über die sozialen Brennpunkte und Problemgruppen in unserer Stadt: Ausländer,

Umsiedler, Bettler, Zuhälter, Trinker, Wohnungslose, Arme usw. Wir verkleiden uns. Wir leben ein paar Tage mit ihnen. Wir schreiben unsere Erfahrungen auf. Die Texte versuchen wir in der Stadtzeitung zu veröffentlichen, oder wir machen in der Volkshochschule über „Soziale Brennpunkte in unserem Alltag" eine Veranstaltung mit authentischen Texten unserer eigenen Erlebnisse.

9. Aktion: Reise in die Urzeit
Wenn es in Ihrer Nähe ein Naturkunde-Museum gibt mit Sammlungen von Fossilien, Steinen und ausgestopften Tieren, dann müssen Sie sich dort einfinden für eine Reise in die Vergangenheit. Die Reise beginnt in der Urzeit, geht über das Erdaltertum, über das Erdmittelalter, in die Erdneuzeit, wo auch der Mensch entsteht. Anhand der vorhandenen Ausstellungsstücke entstehen Texte zu allen Erdphasen in fantastischer Manier. Die Texte werden im Vorraum des Museums vorgelesen. Es eignet sich dafür besonders der 12. Februar oder der 19. April, der Geburts- bzw. Todestag von Charles Darwin, dem Erforscher der Evolutionsgeschichte.

10. Aktion: U-Bahn-Linie 1
Volker Ludwigs Musical „Linie 1" zeigt, wie die Schreibaktion aussieht. Man benutzt einen Tag lang eine U- oder S-Bahn-Linie und notiert alle Worte und Sätze, die man um sich hört. Aus den Funden eines Tages bastelt man dann im Sinne der Dadaisten eine Wortsinfonie der besuchten U-Bahn- bzw. S-Bahn-Kultur. Diese Sinfonie wird vervielfältigt und tags darauf an alle Reisenden der Linie 1 verteilt.

11. Aktion: Nachtcafé
Viele Expressionisten haben im Nachtcafé geschrieben. Halten Sie sich eine Nacht in einem derartigen Cafe auf, und schreiben Sie alle Stunde ein expressionistisches Gedicht über diese Einrichtung nach Anregungen von Gottfried Benn oder Richard Hoelsenbeck usw. Die Gedichte können Sie auf Servietten schreiben und im Cafe der Dame und dem Herrn Ihrer Wahl übergeben. Mal sehen, was passiert.

12. Aktion: Ökoeinsatz
Die Natur stirbt lautlos. Leihen Sie der Natur Ihre Schreibe. Wird ein Baum gefällt, ein Fluss vergiftet, eine Deponie eröffnet, ein Nahrungsmittel verbleit, das Trinkwasser verfärbt, schreiben Sie ein kleines Gedicht in der Sprache der Bäume, der Flüsse, der Nahrungsmittel, der Deponie und des Trinkwassers. Bringen Sie das Gedicht unter die Leute: verschicken Sie es, kleben Sie es an, lesen Sie es vor. Oder machen Sie aus Ihrem Gedicht eine kleine Szene für ein Straßentheater.

(Weitere Schreibaktionen in: H. Bösecke, U. Land: Worte im Aufwind. Remscheid 1989, L. v. Werder: „Soll ich Ihnen einmal was sagen". Erfahrungen aus der stadtteilbezogenen Erzählarbeit. In: J. Merkel, M. Nagel (Hrsg.): Erzählen. Die Wiederentdeckung einer vergessenen Kunst. Reinbek 1982, S. 2 ff.)

Literatur zu Projekt 17.

Voß, H.: Literaturstadt Berlin. Berlin 1980.

Liersch, W.: Dichters Ort. Ein literarischer Reiseführer. Rudolfstadt 1985.

Merkel, I.; Nagel, H. (Hrsg.): Erzählen. Die Wiederentdeckung einer vergessenen Kunst. Reinbek 1982.

Steffens, W.: Spiele mit Sprache. Frankfurt 1981.

Warneken, B., Lenzen, K.: Populare Schreibkultur. Tübingen 1987.

2.18. Projekt: Zielgruppenprojekte: Jugendliche und Senioren

Schreibprojekte können von den Schreibinhalten her entwickelt werden oder von den Interessen der Zielgruppen. Unsere bisherigen Schreibprojekte wurden primär von den Inhalten her entwickelt. Jetzt wollen wir zwei Projekte vorstellen, die von den Interessen der Zielgruppen her entwickelt worden sind. Grundlage der Planung von Zielgruppenschreibprojekten sind die Ergebnisse der Lebenslaufforschung und der den Lebensphasen entsprechenden Identitätskrisen. Für die Zielgruppe Jugendliche ergibt sich für diese Alterstufe in der Lebenslaufforschung bei E.H. Erikson folgendes Bild.

Identitätskrise im Jugendalter: Der Jugendliche lebt in der Pubertät stark im Kontext von jugendlichen Bezugsgruppen. Die eigene Gruppe und die „anderen" sind seine Hauptorientierung nach dem Heraustreten aus der Familie. Er sucht geistige Orientierung, Einsichten in die Gesellschaft und Klarheit über seine sexuelle Identität. Sein Identitätskonflikt schwankt zwischen Identitätssuche und Identitätsdiffusion (vgl. E.H. Erikson: Identität und Lebenszyklus. Frankfurt 1979, ders.: Jugend und Krise. Berlin 1981, ders.: Kindheit und Gesellschaft. Stuttgart 1971, besonders S. 273–414). Aus diesem Identitätsprofil lassen sich folgende subjektive Bedürfnisse der Jugend ableiten:

- Identifikation und Abgrenzung in der eigenen Altersgruppe
- Aneignung der erweiterten Lebens- und Wohnumwelt
- Auseinandersetzung mit der Schule
- Entwicklung eines angemessenen Gesellschaftsbildes
- Kampf um die sexuelle Identität

Jugendschreibprojekt: Diese Interessen sollen nacheinander im folgenden Projektentwurf aufgegriffen werden.

Der Identitfikation und Abgrenzung in der Peergroup dient:

Übung 1: Stellt Euch Eure wichtigsten Freund/Freundin vor, und versucht sie, mit Worten zu beschreiben. Beginnt Euren Text mit dem Satz: „Meine Freundin/mein Freund ist …"

Übung 2: Stellt Euch eine Fete Eurer Clique vor, macht auf einem Stück Papier ein Bild, auf dem deutlich wird, wo sich die einzelnen Cliquenmitglieder im Fetenraum befinden, und beschreibt dann die Fetenstimmung.

Eure erweiterte Lebensumwelt kann mit folgender Übung sichtbar gemacht werden:

Übung 3: Malt mal einen Plan Eurer Nachbarschaft im Rahmen Eurer Stadt, Eures Landes, Eures Erdteils und der Welt. Dann beschreibt Ihr die Plätze in der Nachbarschaft, die Ihr besondesr liebt.

Übung 4: Legt eine Sammlung von wichtigen Personen Eurer Nachbarschaft an, beschreibt die für Euch wichtigste Person.

Jeder Jugendliche reibt sich an der Schule. Die folgenden Übungen sollen die Bearbeitung der Schulbeziehungen fördern.

Übung 5: Entwerft eine ideale Schule im Bild, und beschreibt dann den idealen Lehrer in dieser Schule.

Übung 6: Es wird ein neues Klassenbuch eingerichtet. Ein leeres Heft geht in der Gruppe herum, und jeder kann in dieses Heft Eintragungen machen, die die eigene Klasse betreffen: Zensuren, Tadel, Lobe, Unterrichtsbeobachtungen, Beurteilungen der Lehrer.

Der Kern der bürgerlichen Gesellschaft ist das Geld. Durch Geldgeschichten lässt sich ein Stück der bürgerlichen Zirkulationssphäre vorstellen.

Übung 7: Jeder nimmt ein Geldstück in die Hand, und überlegt, was ihm zu diesem Geldstück einfällt. Die Einfälle schreibt er auf.

Übung 8: Ein Zehnmarkschein wird in der Gruppe herumgegeben. Dann schreibt jeder eine Geschichte, die mit dem Satz beginnt: „Ich, der Zehnmarkschein …" Diese Geschichte soll erzählen, was so ein Schein erlebt, wenn er von Hand zu Hand wandert, wofür er ausgegeben wird, und wer ihn besessen hat.

Ganz zentral ist für die Jugend die Auseinandersetzung mit der Sexualität. Deshalb:

Übung 9: Jeder Junge schreibt auf ein Blatt den zu ergänzenden Satz: „Mädchen sind …“ Jedes Mädchen beginnt mit dem Satz: „Jungen sind …“

Die Identitätsbildung ist von Geheimnissen und Belastungen gekennzeichnet. Diese Geheimnisse sollen in **Übung 10** anonym veröffentlicht und diskutiert werden. Schreibt auf eine Karte Euer größtes Geheimnis. Die Karten werden eingesammelt und verlost. Jeder schreibt dann zu seiner erlosten Karte eine Geschichte, in der er das erlebte Geheimnis enthüllt und das Lebensproblem in diesem Geheimnis löst.

Literatur zum Jugendschreibprojekt:

Alex, S., Vopel, K.: Lehre mich nicht, lass mich lernen. Hamburg 1987, Teil 1–4.
Böseke, H., Land, U.: Worte im Aufwind. Remscheid 1989.
Bundesvereinigung kulturelle Jugendbildung (Hrsg.): Ich gebs dir schriftlich. Junge Leute schreiben. Remscheid 1986.

Über die Altersgruppe Senioren entwirft E.H. Erikson folgendes Bild der Identitätsentwicklung:

Identitätskrise im Seniorenalter: Im Seniorenalter hat sich der Lebenskreis einerseits erweitert: man begreift sich als Teil der Menschheit, andererseits hat er sich verengt: man sieht sich als Teil einer langsam verschwindenden Generation. Die geistige Orientierung zielt auf Lebensbilanz. Die Nähe des Todes erfordert die verstärkte Suche nach Weisheit und Trost. Der Körper fodert die Auseinandersetzung mit Schmerz und Verfall. Der Mensch schwankt im Alter zwischen Integrität und Verzweiflung (vgl. E.H. Erikson: Identität und Lebenszyklus, a. a. O., ders.: Der vollständige Lebenszyklus. Frankfurt 1988, S. 88 ff.). Dieses Identitätsprofil ergibt folgende subjektive Bedürfnisse:

- Vergewisserung der eigenen Generation
- Entwicklung einer Lebensbilanz
- Suche nach Sinn
- Auseinandersetzung mit dem Körper
- Bestätigung von Liebe

Seniorenschreibprojekt: Diese Senioreninteressen sollen im folgenden Schreibprojekt berücksichtgt werden. Der eigenen Generation kommt man näher, indem man in **Übung 1** die Kurzbiographie der eigenen Generation malt und schreibt. Diese Biographie umfasst die fünf Lebensalter (Kindheit, Jugend, frühes, mittleres und spätes Generationsalter). Diese Altersphasen werden auf der unteren Blattkante mit den entsprechenden Zeitangaben notiert, wobei jede Generationsphase zwanzig Jahre umfassen sollte. Auf der linken Blattkante wird eine Skala der Befindlichkeit von 1–10 entworfen. Dann wird die Gefühlslinie mit ihren Hochs und Tiefs für die eigene Generation eingezeichnet und in einem kleinen Text kommentiert. Die eigene Lebensbilanz soll in **Übung 2** durch einen Lebensbaum begonnen werden. Man zeichnet den Stamm als Symbol der Geburt und entwickelt die Äste des Baumes einmal als Hauptweg, den man selbst gegangen ist; als Nebenäste zeichnet man die Wege ein, die man nicht gegangen ist. Die einzelnen Äste mit ihren Verzweigungen werden dann beschriftet. Das Ergebnis ist eine Mischung von Schrift und Bild, die den eigenen Lebensweg visualisiert.

Das ganze Leben hat man nach Sinn gesucht. Oft hat man auch etwas gefunden. In **Übung 3** soll jeder in der Gruppe ein Heft herumreichen. In dieses Heft trägt jeder Teilnehmer spontan die Grundsätze, Sprichworte, philosophischen Gedanken ein, die er dem jeweils anderen Gruppenmitglied schenken möchte. So erhält jeder ein philosophisches Poesiealbum. Weitere Sinnfunde des eigenen Lebens stehen in Fotos, Briefen, Gedichten, Worten von Philosophen, Zitaten aus Romanen usw. **Übung 4** sieht vor, dass jeder einen Sinnschatz seines Lebens in die Gruppe mitbringt und erläutert.

Das ganze Leben hat man ein inniges Verhältnis zu verschiedenen Gestalten der Weisheit gehabt: zu Buddha, Laotse, Sokrates, Jesus usw. **Übung 5** besteht darin, eine Liste von Weisheitslehrern/lehrerinnen des eigenen Lebens anzulegen und mit eigenen Worten zu beschreiben, auf welche Weise der einzelne Lehrer einen angesprochen hat.

Im Alter ist der Körper meist eine Herausforderung. Wenden Sie sich mal der Geschichte Ihres Körpers zu.

Übung 6: Fertigen Sie eine Geschichte Ihres Körpers an, seine wichtigsten Entwicklungsschritte und seine überraschenden Selbstheilungskräfte.

Manche Menschen erreichen ein hohes Alter.

Übung 7: Stellen Sie sich vor, Sie wurden 100 Jahre alt. Beschreiben Sie nun Ihren 100jährigen Geburtstag.

Das wichtigste Gut im Alter ist die Liebe, ihr wollen wir uns zum Schluss zuwenden. In drei Übungen wollen wir uns der Liebe annähern.

Übung 8: Bitte erfinden Sie unter Benutzung eines Clusters eine Geschichte, wie die Liebe in die Welt kam.

Übung 9: Erfinden Sie ein Symbol für die Liebe. Zeichnen Sie das Symbol, und schreiben Sie einen Satz zu diesem Symbol, der mit den Worten beginnt: „Liebe ist …“

Übung 10: Viele haben Liebe in der Ehe erlebt. Jede Ehe hatte ihr Auf und Ab. Welche Regeln gelten für glückliche Ehen? Bitte schreiben Sie diese Regeln auf.

Hinweis: Alle Übungen in den beiden Zielgruppenprojekten dienen dazu, in jeweils intensive Diskussionen und Interpretationen der entwickelten Texte einzusteigen.

Literatur zum Seniorenschreibprojekt:

Gudjons, P. u. a.: Auf meinen Spuren. Reinbek 1986.
Mössner, M.: Theorie und Praxis kreativer Schreibgruppen mit älteren Menschen. Berlin 1989.
Woisin, M.: Integrität und Erinnerung. Kreative Arbeit in der zweiten Lebenshälfte. Hamburg 1986, Bd. 1 + 2.

2.19. Projekt: Die gereimte Familie

Schon Aristoteles war sich bewusst, dass Familientragödien: „wo der Bruder den Bruder oder der Sohn den Vater oder die Mutter den Sohn oder der Sohn die Mutter tötet oder töten soll“ tiefe Gefühle von Mitleid und Angst hervorrufen (Aristoteles: Poetik. In ders.: Hauptwerke. Stuttgart 1953, S. 358). Durch S. Freud wissen wir, dass jede Familiengeschichte mit solchen belastenden aggressiven Fantasien beginnt, die sich auch im späteren Leben meist indirekt bemerkbar machen. Über diesen Fantasien liegt ein Tabu. Ihre Erinnerung schmerzt. Um diesen Schmerz leichter erträglich zu machen, wollen wir uns der **Reimspiele** bedienen. „Der Reim besitzt eine geheimnisvolle Macht, die Sie beim Anhören von Versen spüren“ (B. Röhrig: Handbuch für Gelegenheitsdichter. Bindlach 1987, S. 55). Der Reim, erkannte Freud, „fügt Worte, ohne sich an Sinnbedingungen zu binden, zusammen“ (S. Freud: Der Witz und seine Beziehung zum Unbewussten. In: ders.: Gesammelte Werke VI, S. 140). Der Reim belohnt, sagt Freud, durch die Reimendungswiederholung mit der „Lust der Wiederfindung des Bekannten“ (S. Freud, a. a. O., S. 136). Diese geheimnisvolle Kraft des Reimes, das Widersinnige zu binden und es durch wiederholende Worte als bekannt erscheinen zu lassen, kann helfen, die Geheimnisse der unbewussten Familiengeschichte in Lust vermittelnde und Lustiges evozierende Familienreime zu verwandeln. Freud hat in seiner Traumdeutung (1900) (ders.: Gesammelte Werke II/III) sein Modell der Analyse seiner unbewussten Familiengeschichte aus der Kindheit vorgelegt. Diese Familiengeschichte enthält sechs Schwerpunkte:

1. Geburt
2. Rauhe Erziehung durch Kinderschwester
3. Konflikte mit dem Ersatzgeschwister: den um ein Jahr älteren Neffen John
4. Deckerinnerungen hinsichtlich seiner sexuellen Erinnerungen mit Vater und Mutter
5. Kindliche Angstträume
6. Seine Stellung in der Schule

(vgl. L. v. Werder: ... triffst Du nur das Zauberwort. München 1984, S. 27)

Diese sechs Schwerpunkte aus unserer eigenen Familiengeschichte wollen wir nun reimend gestalten. Bei den Reimspielen greifen wir auf die Reimspiele zurück, die G. Grümmer (a. a. O., S. 63–90) beschreibt.

1. Aufgabe: Einübung einfacher Reimformen.
Die einfachste Reimform ist der Endreim, d. h. der Gleichklang zweier Wörter vom letzten betonten Vokal an: Herz reimt sich auf Schmerz, Leid auf Neid, Liebe auf Diebe. Gleichklingende Endreime kann man als Paarreime durch die Buchstaben aa und bb usw. charakterisieren. Wir wollen jetzt ein vierzeiliges Reimgedicht, das aa bb reimt, verfassen. Zu diesem Zweck schreiben wir auf die rechte Blattseite erst die Reimfolge aa bb, und dann finden wir entsprechende Reimworte:

Haus (a)
Maus (a)
Kind (b)
Rind (b)

Wir füllen dann diese Zeilen auf. Etwa:

In diesem Haus
wohnt eine Maus.
Sie sucht das Kind
und flieht das Rind.

Im Partnerverfahren kann man sich nun gegenseitig die Reimworte vorschreiben und dann die geschenkten Endreime ausfüllen.

2. Aufgabe: Haufenreim zum Thema „Geburt“
Zum Thema unserer Geburt wollen wir ein Gedicht schreiben, das nur mit einem Reim auskommt. Der einzige Reim (aaa ...) wird in jeder Zeile wiederholt. Um das Material des Gedichtes „Geburt“ zu finden, konzentrieren wir uns auf unsere Geburt.

„Am besten bringen Sie das, was Sie selbst wissen, und alles, was Ihnen Familie und Freundeskreis liefern können, in Stichworten zu Papier" (B. Röhrig, a. a. O., S. 96). Aus diesem Assoziationsmaterial suchen wir uns die Schlüsselworte heraus und versuchen mit den wichtigsten Schlüsselworten die erste Zeile. Der so entstandene erste Endreim wird dann zur Leitlinie unseres Haufenreimes zum Thema Geburt. „Sie brauchen am Anfang einen Kristallisationspunkt. Wenn er mit dem ersten Vers gewonnen ist, wächst das Gedicht auf einmal wie von selbst" (B. Röhrig, a. a. O., S. 96). Wenn also die erste Zeile lautet:

Es war noch ganz zur Nacht.
Ich habe nicht gelacht.
Ich habe nicht gedacht.
Da hat es mich gebracht
...

So sind wir mitten im Haufenreim. Durch Benutzung des Steputat „Reimlexikon", Stuttgart 1982, können wir die Haufenreime nun noch erheblich erweitern.

3. Aufgabe: Binnenreim zum Thema „frühe weibliche Bezugsperson" (hier ist nicht die Mutter gemeint)

Der Binnenreim hat neben dem Reim am Versende noch einen Reim innerhalb der Verszeile. Beispiel:

Es **brauset** *und* **sauset** *der Tam***bourin**
Es **prasseln** *und* **rasseln** *die Schellen* **darin**
(C. Brentano)

Unsere Schlüsselworte zum Thema „Bezugsperson" finden wir nun durch freie Assoziation. Dann bauen wir die Schlüsselworte zu einem zweizeiligen Binnenreim um. Aus den Schlüsselwörtern, z. B. Liebe, Küsse, scherzen usw., wird nun der Binnenreim:

„Mit Liebe, Hiebe scherzen,
die Triebe, Fliege schmerzen."

4. Aufgabe: Mehrfachreim zum Thema: „kindlicher Rivale"
Mehrfachreime summieren einfach die Reimmöglichkeiten, bis fast jedes Wort einer Versfolge in einer Reimbindung steht.

Es **heilet** die **schädlich geschlagenen** Wunden
und **pfeilet** mit **schiedlich behagenden** Stunden.
(G.P. Harsdörffer)

Also zuerst die Schlüsselworte sammeln und dann einen zweizeiligen Mehrfachreim basteln. Aus: „Elend, stark, Terrorist", wird dann:

„Der elend starke Terrorist
war quälend Mark im Pferdemist."

5. Aufgabe: Erweiterte Reime zum Thema „Vater" oder „Mutter"
Erweiterte Reime beziehen mehr als zwei Silben und meist noch die vorletzten Takte in den Reimklang ein. Beispiel:

„Es war einmal ein **Zimmergesell**
Ein armer Gesell, ein **schlimmer Gesell**"
(E. Mühsam)

Zuerst also die Schlüsselworte zu Vater oder Mutter finden und dann einen zweizeiligen erweiterten Reim basteln. Aus den Schlüsselworten zu Vater: „Herrscher, Oberst, weit, Russland" wird folgender erweiterter Reim:

„Er war so weit im Russenland.
Ich war so breit im Kuss gebannt."

6. Aufgabe: Echoreim zum „kindlichen Angsttraum"
Beim Echoreim wird das letzte Wort eines als Frage formulierten Satzes ganz oder teilweise wiederholt, womit die Frage oft beantwortet oder der Inhalt der Frage kommentiert wird. Beispiel:

„Was verkürzt mir die Zeit?   Tätigkeit!"
(Goethe)

Einige Schlüsselworte zum kindlichen Angsttraum verwandeln wir nun in einen zweizeiligen Echoreim. Aus den Schlüsselworten fliegen, fallen, Kirche etc. wird dann der zweizeilige Echoreim:

„Wo kann ich fliegen?   Drüben!
Dort bei den Fallen?   Lallen!"

7. Aufgabe: Gebrochener Reim zum Thema „Schulen"
Beim gebrochenen Reim wird ein Wort durch das Versende getrennt. Dabei steht der erste Teil des Wortes im Reim, während der zweite Teil am Beginn der folgenden Verszeile erscheint. Das bekannteste Beispiel:

Hier liegt Hans Sachs
Er war ein **Schuh-**
macher und Poet **dazu**.

Unsere Schlüsselworte zum Thema Schule verwandeln wir nun in ein zweizeiligen gebrochenen Reim. Aus den Worten: „Lehrermantel, Hosenboden usw." wird dann der Echoreim:

„Der Lehrer kam im Man-
tel und tat mich in den Bann."

Die Beschränkung auf wenige Zeilen bei jeder Aufgabe der „gereimten Familie" kann bei fortgeschrittenen Schreibern aufgehoben werden.

Literatur zum Projekt 2.19.

Röhrig, B.: Handbuch für Gelegenheitsdichter. Bindlach 1987.
Grümmer, G.: Spielformen der Poesie. Leipzig 1988.
Freud, S.: Traumdeutung. ders.: Gesammelte Werke II/III.
Freud, S.: Der Witz und seine Beziehung zum Unbewussten. ders.: Gesammelte Werke VI.

2.20. Projekt: Kollektives Schreiben

Fast alle Dichter kennen nur das einsame Schreiben. Besonders extrem dachte Kafka daran, sich im Keller einzusperren, um in tiefster Nacht schreiben zu können. Die Schreibbewegung ersetzt dieses Szenario durch die Gruppensituation. Jeder schreibt allein in der Gruppe. Daneben gibt es aber auch das Setting: **gemeinsames Schreiben der ganzen Gruppe**. Das Setting des kollektiven Schreibens hat für die Bewältigung der Regression eine große Bedeutung. Vergleichen wir einmal die psychischen Dimensionen des individuellen und des kollektiven Schreibens. Das individuelle wird naturwüchsig zum Medium zur Befriedigung von Ehrgeiz, erotisch sexueller Wünsche, Machtgier und Abenteuerlust, aber auch von Erniedrigung, Krankheit, Schmerz und Schande. Das individuelle Schreiben kennt oft nur einen einzigen Helden, den Schreiber selbst. Der Schreiber macht sich zum Mittelpunkt seiner Texte. Um ihn als Schreiber dreht sich nun alles. Das individuelle Schreiben ist meist zögerlich in der ästhetischen Gestaltung der Texte: Meist kommt es zur Fixierung auf einige Szenen, die bis ins Unendliche wiederholt werden. Die individuell verfassten Texte bleiben meist Privatangelegenheit. Außerdem führt individuelles Schreiben den Schreiber einsam und isoliert ins Unbewusste. Er kann dabei in unbewusste Tiefen absinken, in den er sich narzisstisch auflädt und zum Sprachrohr des poeta vates wird. Mit dem Problem des Narzissmus kämpften schon die Urdichter, die mit ihren Mythen der Jenseitsreise die „ersten sozialen Bande der Gemeinschaft fester knüpften ... und mit recht als heilig und unheimlich zugleich galten" (H. Sachs: Kollektive Tagträume. Leipzig 1924, S. 29).

Das kollektive Schreiben bremst die Sterilität und Gefährlichkeit des individuell einsamen Schreibens. Es zwingt als kollektive Methode zur Abschwächung der egomanischen Wünsche. Es erzwingt die Erfindung **überpersönlicher Hel-**

den, mit denen sich alle identifizieren können. Das kollektive Schreiben führt zum Verzicht auf narzisstische Alleingänge. Dieser Verzicht kommt den Texten zugute. Die aufgegebene narzisstische Energie kann für die stilistische Gestaltung der Texte verwandt werden. „Der Wunsch, schön und mächtig zu sein, wird umgewandelt in den Wunsch, dem gemeinsamen Werk Schönheit und Macht über die Gemüter der Menschen zu geben" (H. Sachs: Gemeinsame Tagträume. Leipzig 1924, S. 32). Beim kollektiven Schreiben ist auch die Angst vor den unbewussten Phantasien kleiner. Die Schuldgefühle beim Auftreten der phantasierten Überschreitung aller Normen und Werte sind nun gemildert. Die Mitschreiber sind als Schutz und Hilfe anwesend. Schöpferische Regression um der Progression willen, fand G. Ammon heraus, ist darum besonders gut möglich, wenn das Individuum im Kontext einer Gruppe seine Ich-Synthese-Funktion kollektiv gestützt erfährt (G. Ammon: Kreativität und Ich-Entwicklung in der Gruppe. In: ders.: Gruppendynamik der Kreativität. München 1974, S. 33). Die Mitschreiber sind aber zugleich auch Mitschuldige, die die eigene Bestrafung durch das Gewissen sowohl in gleicher Weise erleiden wie auch gemeinsam abmildern können. Kollektives Schreiben liegt auf der Linie der Rückkehr vom „Urverbrechen" zur „Brüder- und Schwester-Gemeinde". Die gemeinsame Arbeit an den die Regession bewältigten Texten „werden als Besiegelung eines innigsten Verbundenseins verbunden" (H. Sachs, a. a. O., S. 8).

Der Einsatz kollektiven Schreibens, sei es als Spiel, sei es als Projekt, kann neben witzigen und rationalen Schreibpraxen die regressiven Gefahren des Schreibens erheblich abmildern. Unser Projekt stellt deshalb kleinere und größere Formen des kollektiven Schreibens zusammen.

a) Kleinere kollektive Schreibspiele

Die Gruppe beginnt am besten mit den Reihum-Schreibspielen:

Verdeckter Satz: Jeder schreibt einen Satz, knickt ihn um und fordert den nächsten zum Schreiben eines Satzes auf. Das kann auch mit der Methode des automatischen, imaginativen oder frei assoziierenden Schreibens gemacht werden.

Sprachwendung: Ein Sprachklischee wird vorgegeben, z. B. „Es regnet Bindfäden". Jeder schreibt dann in der Runde zwei Sätze zu diesem Klischee.

Geschichten: Jeder macht eine Überschrift, legt einen Ort, eine Zeit und zwei Personen für eine Geschichte fest. Jeder Teilnehmer in der Gruppe schreibt dann zu der jeweiligen Geschichte vier Zeilen und gibt seinen Text dann weiter.

Anfang und Ende: Ein Anfangs- und ein Endsatz eines Textes sind vorgegeben. Alle Teilnehmer dürfen nur einen Satz schreiben und müssen dabei die Geschichte ausfüllen, die mit dem Anfangs- und Endsatz vorgegeben ist.

Wortlawine: Der erste schreibt ein Wort, der zweite zwei Worte untereinander. Der letzte der Gruppe, z. B. der achte, schreibt dann den Schluss einen Satz mit acht Worten.

Reimlawine: Die erste Zeile des Gedichtes wird vorgegeben, z. B.: „Heute ist der Himmel blau". Dann muss jeder eine Zeile auf „Au" dazureimen.

Kettenreim: Eine Zeile wird vorgegeben. Dann muss jeder den Endreim treffen und sogleich seine Zeile mit dem Wort beginnen, mit dem sein Vorspieler aufgehört hat.

Die ganze Gruppe kann auch in **Untergruppen** aufgeteilt kollektiv arbeiten:

Fototexte: Aus vielen Fotos sucht jede Untergruppe fünf heraus. Zu diesen 5 Fotos schreiben alle Teilnehmer im Wechsel drei Sätze für eine Geschichte. Die Fotos können von der Untergruppe auch mit einer Polaroid selbst hergestellt werden.

Zerschnittene Texte: Ein Text wird für jede Untergruppe einmal kopiert. Die Untergruppe zerschneidet ihn und setzt ihn gemeinsam zu einem neuen Text zusammen.

Erfundene Figuren: Jede Untergruppe entwickelt soviele Figuren, wie sie Teilnehmer hat und schreibt dann eine gemeinsame Geschichte mit diesen Figuren.

Die ganze Gruppe kann sich aber auch in **Pärchen** auflösen. Das ergibt dann folgende Schreibmöglichkeiten:

Wenn-dann/Warum-weil: Ein Partner schreibt einen „Wenn-Satz", verdeckt ihn. Der andere schreibt einen „dann-Satz". Ein Partner schreibt einen „warum-Satz", verdeckt ihn, der Partner schreibt einen „weil-Satz".

Dialog: Jedes Pärchen interviewt sich und stellt sich dann gegenseitig im Plenum vor.

Wunschdialog: Jeder entwickelt eine Figur und wählt sich im Plenum zu seiner Figur eine passende andere. Beide Figuren schreiben dann einen Dialog.
Autobiographische Wende: Jeder nennt seinem Partner eine wichtige Lebenskrise. Der andere schreibt dafür eine Lösung und umgekehrt.

Gemeinsame Figur: Beide finden eine Figur. Der eine beschreibt sie von innen, der andere von außen.

Überraschende Situation: Beide einigen sich auf eine Situation. Jeder schreibt eine Geschichte, was in dieser Situation passiert.

b) Größere kollektive Schreibspiele

Das kollektive Romanschreiben, als großes kollektives Schreibspiel hat seinen Ursprung in der Romantik.

„*Man trifft sich regelmäßig im Café Manderlee. Hitzig, Contessa, Chamisso und manchmal auch Fouqué sind dabei. So schnell ist man miteinander vertraut, dass schon am 31.1.1815 der Plan gefasst wird, einen Roman »en quatreSympoesiee-greif*“*, von sechs jungen Leuten verfasst, die anonym bleiben wollen. In Dresden schart Carl Maria von Weber einen Kreis um sich zur gemeinschaftlichen Abfassung eines Romans: Jedem wird ein Stichwort zugelost. Die Mode nimmt so überhand, dass Tieck sie in einer seiner Straußfedergeschichten parodiert (1797). Noch ein Jahr zuvor hatte er selbst aber mit seiner Schwester und seinem Schwager einen gemeinschaftlichen satirischen Roman auf die grassierenden Rittergeschichten schreiben wollen. Der vielversprechende Titel „Kuno von Kyburg nahm die Silberlocke des Enthaupteten und ward Zerstörer des heiligen Fehmgerichts, eine Kunde der Väter“ stand schon fest, auch ein Verleger war gefunden; als der dann aber die parodistische Absicht merkte, platzte das Unternehmen.*

Chamisso und Fouqué hatten auch schon einmal, 1807, mit Neumann und Varnhagen von Ense einen gemeinschaftlichen Roman verfasst, „Die Versuche und Hindernisse Karls“, und damit sogar ein gewisses literarisches Aufsehen erregt. Es wird den Freunden nicht schwergefallen sein, Hoffmann, der die Spiele der Einbildungskraft zu schätzen wusste, für ein neuerliches gemeinschaftliches Romanprojekt zu gewinnen. Zunächst sind außer Hoffmann Contessa, Chamisso und Hitzig dabei. Der zuletzt Genannte springt aber ab und macht dem einfallsreicheren Fouqué Platz“ (R. Safranski: E.T.A. Hoffmann. Frankfurt 1987, S. 353).

Derartige kollektive Romane schreibt man vom ersten Kapitel an oder von ausgelosten Stichworten her oder durch das präzise Umschreiben von Romanvorbildern. Ein gewisser Plan muss in jedem Falle sein, sonst driftet die Schreibgruppe immer wieder auseinander.

aa) Fantastisches Romanprojekt

In der Gegenwart hat G. Mattenklott über ein kollektives Romanprojekt von sieben Personen berichtet, die an ihrem Werk über acht Monate arbeiteten (G. Mattenklott: Im Labyrinth der Begegnungen. In: Neue Sammlung 24, 1984, S. 262 ff.). Sie schreibt:

„*Wir haben das Schreiben erlebt als eine gesellige Abenteuerreise ins Ungewisse und zugleich als aufregende Entdeckungsreise aufeinander zu, und es mag (auch) daher kommen, dass nur geringe Ermüdungserscheinungen auftraten, dass, obgleich die Zeit von vier Monaten, die wir uns für die Fertigstellung des Romans gesetzt hatten, um vier weitere überschritten wurde, keiner meuterte oder gar davonlief*“ (G. Mattenklott, a. a. O., S. 269 ff.).

G. Mattenklott hat die Arbeit am Handlungsschema ihres Romanprojekts mit folgenden Reihum-Schreibspielen begonnen:

„Ich griff zurück auf Elemente eines Schreibspiels, das, in Gruppen von 6–20 Teilnehmern spielbar, eine Art Mini-Roman oder -Drama hervorbringt. Die Gruppe einigt sich auf einen Ort, eine Zeit und zwei Personennamen (entsprechend den klassischen Einheiten). Die Einheit der Handlung, einzig gesichert durch die Namen, stellt sich verlässlicher her, wenn man außerdem ein Thema oder Motiv der zu schreibenden Geschichte festlegt.

Der erste Spieler schreibt einige Sätze (deren Zahl man vorher festlegen kann) und faltet den Zettel dann so, dass der Nächste nur den letzten Satz lesen kann. Das Papier geht reihum, und jeder muss beim Schreiben einerseits an den ihn offenen Satz des Vor-Schreibers anknüpfen, andererseits die gewählten Einheiten und Namen im Kopf haben.

Die so entstandenen Geschichten sind gekennzeichnet durch absurde Handlungssprünge, weisen jedoch trotz alledem genügend Kohärenz auf, um nicht ganz sinnlos zu sein. Sie können bearbeitet werden, ihre einzelnen Teile können z. B. die Überschriften zu schreibender Kapitel oder Spielszenen abgeben" (G. Mattenklott, a. a. O., S. 268 ff.).

Für die Erfindung der Figuren bildeten sich jeweils drei Paare, die die gewählte Figur jeweils von innen oder außen entwickelten.

„Den „Außen-Autoren" gab ich folgende Themen, Stich- und Reizworte, an die sie sich halten konnten, aber nicht mussten:
Beschrieben kann werden: Stadt, Straße, Haus, Zimmer, Kleidung …
Mögliche Zeiten: Morgens, abends, nachts, mittags …
Mögliche Orte: Bett, Zimmer, Straße, Tür, Spiegel, Fenster …
Mögliche Situationen: Aufwachend. – Die Türklinke in der Hand. – Auf der Rolltreppe. – Am Fenster. – Blick in den Spiegel. – Nach Hause gekommen.
Mögliche Textsorten: Gemälde, Porträt, Schnappschuss/Foto, Filmsequenz."
(G. Mattenklott, a. a. O., S. 271 ff.)

Die Innen-Autoren wurden von G. Mattenklott so stimuliert:

„Die „Innen"-Autoren bekamen folgende Starthilfen (geeinigt hatten wir uns darüber, dass alle Personen in ihrem normalen Alltagsleben dargestellt werden sollten, aber bereits in der Nähe einer Krise, die sie dann zum Aufbruch treiben wird):
Zeiten und Orte: wie bei „Außen"
Mögliche Situationen: Etwas ist zu Ende. – Abschied. – Plötzliche Leere nach vorausgegangenen Anstrengungen (z. B. Prüfungen, Klausur …). – Unzufriedenheit ohne besonderen Grund. – Unruhe. – Eine bis jetzt hingenommene Situation erscheint plötzlich als unerträglich. – Für einen Augenblick sieht N. alles anders, genauer, deutlicher oder verschwommen, ferngerückt.
Mögliche Textsorten: Traumprotokoll, Tagbuchnotiz, Innerer Monolog."
(G. Mattenklott, a. a. O., S. 271)

Dann wurde die Handlungssituation für einen Abenteuerroman festgelegt:

„Die Gruppe einigte sich auf eine Reise durch die Elemente; von den anderen Vorschlägen tauchen hin und wieder Reflexe im Text auf (Reise durch die Jahreszeiten im 5. Kapitel, Gestirne und Tierkreiszeichen im 9.). Der Weg sollte zuerst in die Unterwelt, ins Erdinnere führen (ein Absterben des alten Menschen als Voraussetzung neuen, besseren Lebens), dann durch Wasser (Quelle, Fluss, Strom bis zum Meer), Feuer (Feuerberg) und Luft (Wolkenreise). Ein Wald, der epische Ort par excellence, jedem aus den Märchen vertraut als Raum der Geheimnisse, der Krisen und Wandlungen, durfte nicht fehlen. (Wären wir streng der alten Elementenlehre des Paracelsus gefolgt, hätten wir den Wald der Luft zuordnen können, sind doch die Sylphiden zugleich Wald- und Luftgeister.) Zwischen den elementaren Stationen aber planten wir noch eine Stadt ein, als den uns vertrauten realen Ort, gegen den alle die Wunsch- und Traumbilder einer ländlichen, natürlichen Lebenswelt gerichtet waren, und mit dem sich auseinanderzusetzen trotzdem (oder gerade deshalb) ein ständiges Bedürfnis blieb.“
(G. Mattenklott, a. a. O., S. 272 ff.)

Für den Schluss gab es folgende Überlegung:

„Ebenso wichtig und kaum weniger schwierig als der Anfang ist der Schluss eines Romans, wenn auch das einfache Abbrechen, vielleicht begründet mit der Ermüdung des Dichters oder dem Ende des Tages, durchaus seine ehrwürdige antike und mittelalterliche Tradition hat. Zu einem offenen Schluss hatte ich immer geraten, aber der Verzicht auf Happy-End, glatte Lösungen und fertige Schlusstableaus enthob uns ja noch nicht der Pflicht, das Ganze mit einer gewissen Würde abzuschließen und den Leser mit Denkanregungen und dem Blick auf neue, ferne Horizonte zu entlassen. Ich zählte den Autoren eine Reihe von Bildern des Glücks, des erfüllten Daseins auf aus dem „Vorratsmagazin“ der Topik:

den Liebesgarten; das Fest; den Augenblick der Erlösung, da die Starre von einem verwunschenen Haus oder Land abfällt; den Blick ins Fruchtland, auf der Schwelle zum gelobten Land; schließlich die „frohe Fahrt“, den morgendlich-frischen Aufbruch eines Schiffes in verlockende, verheißungsvolle Zukunftsräume.
(G. Mattenklott, a. a. O., S. 274 ff.)

Aufgabe: Schreibt nach G. Mattenklotts Anregungen einen neuen fantastischen Roman.

bb) Romantisches Romanprojekt

Die einfachste Methode, einen Kollektivroman zu schreiben, war schon in der Romantik das Schreiben nach einem Vorbild. Unser Vorbild soll Eichendorffs „Taugenichts“ sein, den alle Kursteilnehmer neben Hoffmanns „Goldenen Topf“ gelesen haben sollten. Der Taugenichts gibt wichtige Planungsgrundlagen für das kollektive Schreibprojekt:

Aufgabe: Wir sollten uns wie im „Taugenichts" an die drei Phasen der inneren und äußeren seelischen Entwicklung halten, 10 Kapitel ansteuern und die Handlung als Stationen- und Bewegungsablauf strukturieren, einen kreisförmigen Handlungsablauf anstreben: Ausgang von der Heimat, Rückkehr in die Heimat.

Der Held sollte dem romantischen Taugenichts ähneln: sich zwischen Befreiung und Gefahr bewegen, aktive Handlungen der Durcharbeitung seines Schicksals ergreifen, eine andere Gesellschaft suchend.

Schreibanregungen:

Aufbau des „neuen Taugenichts": Kapitelfolge

Beginn der Verwicklung:	1. Kap. Elende Lage des neuen Taugenichts 2. Kap. Seltsame Begegnung einer sich entziehenden Frau
Krise und Suche:	3. Kap. Das Mädchen im Supermarkt 4. Kap. Begegnung mit Stadtstreichern 5. Kap. Die Party 6. Kap. Verführung der falschen Geliebten 7. Kap. In der Wohngemeinschaft 8. Kap. Die Doppelgängerin
Lösung:	9. Kap. Rückkehr in die alte Wohnung 10. Kap. Liebe mit dem Mädchen nebenan

Personen des neuen Taugenichts:

Held/in Student, alternativ, lebensfroh, melancholisch ängstlich		**Gegenspieler** falsche Geliebte, Partymädchen, Verkäuferin träge, Sicherheit, Geld, Abwertung der Kunst
	Außenseiter Heimatlose Stadtstreicher,Ausländer	

Unser/e Held/in:

Er/sie erlebt die üblichen Konflikte der Pubertät in Berlin. Krach mit den Eltern, geht auf Trebe, sucht nach der/dem Geliebten, trifft verschiedene falsche Bezugspersonen, setzt sich mit seiner Identität auseinander, erlebt Selbstverlust und Selbstgewinnung (Stirb und Werde), kommt am Ende wieder zurück zu den Eltern, aber verwandelt

.

Darstellung der unbewussten Entwicklung des/der Helden/in:
Inneres wird durch Äußeres dargestellt: innere Stimmungen durch die Schilderung der Tagesstimmung, der Stimmung der Orte, wobei die fantastische Überhöhung zum Mittel der Darstellung unbewusster Aspekte wird, z. B. Personen verwandeln sich in Märchenpersonen, Tiere sprechen, Zaubermittel greifen ein.

Schreibprozess:
Jede Sitzung wird in Untergruppen zu drei Personen ein Kapitel bearbeitet. Aus den in der Gruppe vorgelesenen Kapiteln wird das beste ausgewählt, das am Ende zum 10-Kapitel-Roman der „neue Taugenichts" zusammengefügt wird.

Um Spannung zu erzeugen, sollte jedes Kapitel mit einem Rätsel beginnen, das sich steigert, um am Kapitelende teilenträtselt zu werden. Alle 10 Kapitel unterliegen dem Drei-Schritt: Beginn, Höhepunkt, Ende.

Jedes Kapitel sollte unter diesen Prämissen mit dem **Märchen-Cluster** bearbeitet werden.

Textarbeit: Bei der Bearbeitung des Textes kann der „Ur-Taugenichts" zum Vergleich herangezogen werden. Es sollten aber auch die Merkmale romantischen Schreibens im Text durchkontrolliert werden.

Textdeutung: Jedes Kapitel und die ganze Geschichte sollte gedeutet werden. Am Schluss hat jeder neben seiner Geschichte auch die Geschichte ihrer Deutungen. Die Gruppe selber hat sich aber im gemeinsamen Kollektivprodukt vergegenständlicht.

Literatur zu Projekt 2.20.

Sachs, H.: Gemeinsame Tagträume. Leipzig 1924.
Mattenklott, G.: Im Labyrinth der Begegnung. In: Neue Sammlung 24 1984, S. 262 ff.
Literaturbüro NW: Schreibspiele 1989.

D. Beispieltexte des kreativen Schreibens

Es folgt eine kleine Galerie von Texten. Sie soll durch den Textwald der Schreibwerkstätten führen. Es werden nur kleine literarische Formen präsentiert aus den Anfangsphasen der Schreibgruppen. Es gibt also

- autobiographische Texte
- Texte mit Buchstabenspielen
- Texte mit Stilvorgaben
- Texte nach Stimuli und
- kollektiv geschriebene Texte.

Sie sollen anregen und durch Beispiele helfen. Sie zeigen, wie das kreative Schreiben im Ausgang von der kleinen Form sich auch die große Poesie erarbeiten kann, die Schönheit eines Satzes. Sie zeigen aber weiter, wie der Fluss der Gefühle in Schreibwerkstätten fließt.

1. Autobiographische Texte

Merke: Alle autobiographischen Texte variieren das Motiv „beschädigtes Ich". Dieses Motiv eröffnet immer den Fluss der Gefühle.

I C H

Hallo, hier bin ich!

Keiner hört

Bin ich ich? bin ich?

Ich bin

eine gut genießbare Frucht ohne Spelzen.

Das Kerngehäuse ist mir weggezüchtet.

Aber ich hab mir 'ne dicke Schale zugelegt,
und Stacheln werden mir noch wachsen,

damit ich nicht so leicht g e f r e s s e n werde.
Und trotzdem: ich strahle, strahle…
Wen möchte ich verbrennen?
(Textbuch der Schreibgruppe bei Sekis. Okt.-Dez. 1986)

Kindheit
den sohn hast du aus dem
haus geprügelt, weil er stahl,
als hamstern und stehlen zum
überleben gehörte.
weil er sich deiner verlognen
moral widersetzte oder nur
einfach er selbst sein wollte.
aus dir wird nie was,
hast du ihm eingedroschen.
rate, was aus ihm wurde.
das war vorhersehbar
selbst dem kinderblick.
doch sehe ich dich auch
alt, mit gebeugtem rücken
mit den artigen kindern
„wechsle's bäumle" spielen.
du hüpftest von baum zu baum.
diese kinder wurden was.
(Textbuch der Schreibgruppe bei Sekis, a. a. O.)

Vater
an deiner hand vater
ewig wollte ich sie halten vater
geborgenheit und nähe
liebe und schutz
warum haben sich unsere hände so früh schon getrennt?
alleine gehen
alleine schauen
alleine entscheiden
alleine mir vertrauen
warum?
warum haben sie dich so verletzt?
warum hast du immer nur schmerzen?
warum lässt du sie nicht zu?
ich hätte dir mit meiner kleinen hand über den kopf
streichen können.
wenn ich es gewusst hätte, ich hätte es getan

so wurden deine schmerzen in dir alleine so groß,
dass wir dir alle zuviel wurden
und die härte und grausamkeit wuchs
und unsere trennung
(Textbuch der Schreibgruppe bei Sekis, a. a. O.)

Du

Du, mir fern und nah.
DIR nachdenken, wenn ich
mich suche. DU. in
allen farben male ich
zu DIR hin.

und mein sonntag im
warschauer ghetto, weil
DU SCHALOM grüßtest.

eine melodie hat sich
eingenistet. einsam
bin ich klein, aber
gemeinsam ist alles
licht unter DEINER
sonne, alles was lebt
und ich und DU.

irgendetwas
hält mich.
DU.

träume

an träume erinnere ich
mich selten, sie sind
mein tägliches brot.

nur einmal, träumte ich,
fiel ich fast von der
golden gate bridge,
ekliger schwindel, weil
einer es gut mit mir meinte,
mich aufscheuchte aus meinem
selbstversunkenen schauen ins meer

erst sehr viel später
ergab sich, dass ich in
san franzisco zu tun hatte.
intensivworkshop und einige tage
verbummeltes streunen im hafen.

ich fiel nicht ins meer,
dennoch aus allen wolken,
auf andere art.

da ist was dran, da bleibt was
hängen, fürchte dich nicht,
glasauge.

(Textbuch der Schreibgruppe bei Sekis a. a. O.)

Wendepunkte

Nach jedem meiner Männer habe ich den Beruf gewechselt.
Beim dritten Beruf angelangt, half diese Art der Lösung nicht mehr.
Danach folgten Studium, Depression, Psycho und Analyse.
(Soester Seminar 26.9–28.9.1989)

2. Texte mit Buchstabenspielen

Merke: Der Fluss der Gefühle wird nun ausgespielt.

Abecedarium – Kindheitsalphabet

A *bendgebet*
B *abypuppe*
C *hristbaum*
D *amenhaft*
E *klig*
F *aul*
G *enauigkeit*
H *ass*
I *rreangst*
J *ango*
K *laus*
L *üge*
M *ama*
N *ormal*
O *rdentlich*
P *lastikwelt*
Q *uark*
R *echthaberisch*
S *tinksauer*
T *unichtgut*
U *nmut*
V *erlogenheit*
W *enig Wahrheit*
XYZ*erreißprobe*

Offene, erweiterte Anagramme:

„Als Einstieg haben wir ein Namensspiel ausgewählt. Mit den Anfangsbuchstaben des eigenen Vornamens sollen Wörter gebildet werden, die dann in einem kleinen Text verarbeitet werden. Dabei bieten wir folgende stilistische Hilfe. Der Anfangssatz oder -gedanke soll am Ende wiederholt werden."

Am Anfang war Hoffnung.
Neugier durchdringt den Nebel.
Das Lachen der Elfen
wischt den Regen weg.
Offen für Freude und Eleganz.
Hoffnung
Hannelore

Eine Richtung brauchen.
Den Instinkten glauben.
Was wir tun
Ist.
Birgit

(H.M. 1990, S. 7)

Lautgedichte

„Anschließend haben wir jeweils eine Klangcollage zu Zärtlichkeit, Wut und Klage verfasst, bzw. evtl. noch ein eigenes Thema. Damit alle besser verstehen, was wir mit Klangcollage meinen, haben wir ein Beispiel vorgelesen.

Das Resultat war toll, die Texte wurden mit soviel Emotionen vorgelesen, dass es richtig lustig wurde. Eine Teilnehmerinn war der Meinung, dass sie es viel besser fände, wenn man sich nur noch durch Laute verständigen sollte, dies würde die Gefühle viel ehrlicher ausdrücken als unsere komplizierte Sprache. Diese Anregung fand spontan positive Zustimmung, niemand äußerte sich dagegen, wir waren alle noch ganz überrascht über die vielfältigen Ausdrucksmöglichkeiten mittels Lauten."

Wut
Haramba! Karabata, Haka, Haka
su ututu, Sack Sack!
rrrrr, Hff!
Musawulutamritibrisitikribiti
Hawatbaba!
Ha!

Klage
Ajammajama! Onono!
Ogotto! Dorami lami pami!
iih! Ebasülziti -iti!
alo-alo, malo-malo, o o o
hmpfiri. Mi mi ne ne nejede
o o o…

Zärtlichkeit
mmh, sasowami, ladadalada,
musiwusibusushusi, ladamama
salabami, jamisami,
lalamini mmh.
(E.R., J.T., M.B., 1990, S.18)

Geborgte Wörter
„Zur Einstimmung in den Schreibkurs verteilten wir einen kurzen Textausschnitt aus „Heinrich von Ofterdingen“ von Novalis und lasen ihn vor. Anschließend sollte jeder ein paar Wörter unterstreichen, die er selbst wählen konnte, und die unter keinem bestimmten Motto standen. Aus diesen Wörtern nun sollte ein neuer Text entstehen.“
Die blaue Blume
Der Fremde hatte eine Leidenschaft, das war das Reden. Er redete nur von sich. So etwas war mir noch nicht begegnet. Ich glaubte, er lebte in einer anderen Welt. Ich wurde ganz unruhig beim Zuhören, mir war nicht wohl zumute. Ich hatte keinen Schimmer, wie lange er noch reden würde. Am liebsten hätte ich geträumt und nicht mehr zugehört. Mir kam eine blaue Blume in den Sinn. Ich musste ständig an sie denken. Aber blaue Blumen sind unerreichbare Schätze. Es gibt sie nur im Traum.
(E.R., G.T., M.B. 1990, S. 38)

Akrostichon: Die Anfangsbuchstaben aufeinanderfolgender Verse bilden einen Namen

Texte zum eigenen Namen

Unsere
Liebe
lacht
alle

Gärten
rot -
Orte
helfen
suchen

Ob
Tanzen
tränt
oder

Gesang
edelt
oder
Regen
gießt

Wird
alles
Chrom
kalt

(Soester Seminar 26. 28.9.1989, S. 2)

3. Texte mit Stilvorgaben

Merke: Der Fluss der Gefühle wird Stil.

Das Elfchen: Ein Gedicht aus elf Worten in fünf Zeilen: 1. Zeile = 1 Wort, 2. Zeile = 2 Worte, 3. Zeile = 3 Worte, 4. Zeile „ 4 Worte, 5. Zeile = 1 Wort.

türkis
ein Edelstein
unter einem Berg
Türkise durchdringen die Dunkelheit
Kraft

blau
die Mohnblumen
auf einer Wiese
durchdringen kraftvoll die Dunkelheit
Lebendigkeit

Licht
ein Lichtstrahl
über dem Meer
leuchtet in goldschimmernden Wellen
Hoffnung
(H.M. 1989, S. 8)

Haikus: Ein Gedicht aus drei Zeilen, 1 Zeile = 5 Silben, 2. Zeile = 7 Silben, 3. Zeile = 5 Silben.

Der Wind
Sanft umweht er mich.
Ich spüre seinen Hauch wie
Atem auf der Haut.

Wind
Wühle auf das Grau!
Nimm fort Gedankenschwere!
Bewegung, Leben!

Blumen
Leuchtende Farben
blinken im Grün der Wiesen
und grüßen mich froh. *Uta*

Selbstmitleid
Ich leide, o ich,
Im Jammertal meines ichs
Wage keinen Schritt

Der Wind
Kühl weiterschwebend
Körper belebend
erweckte den Lebensgeist

Liebe
Sie fließt in Freiheit
So warm, so nah und so weit
Nur ungebunden

(E.R., J.T., M.B. 1990, S. 26)

Expressionistisches Schreiben

Nachtcafé
Glasiger Suchblick trifft
Knallschnauze mitten ins Knie.
- So allein?
Hämmerbässe stoßen sich am Waberrauch.
- Kommt noch was? –
- Drei Fuji, Pommes rot weiß! –
Die letzte U-Bahn steckt im Tunnel,
alles zu spät.
Wer eine Flappe zieht, wird nicht mehr geliebt.
Die Knallschnauze gibt sich der Schmalbrust
zurück.
Da! Der erste Spatzenschrei.
(Texte aus der expressionistischen Schreibwerkstatt 20.5–14.7.87, S. 10)

Textcollage, visuelle Poesie

zum Dritten Briefe

FREUD LÄSST GRÜSSEN!

Nachttisch

komme

ist das?

Unterbewußtsein aktivieren.

da hin?

Lernen wie im Schlaf

ich

Atembeschwerden

Wo

Ein starkes Stück

Grausame Art

Wie

die Nazis und Sohn

Einfach

Wolkenkratzer.

(C.D., 1988, S. 45)

4. Texte nach Stimuli

Merke: Der Fluss der Gefühle kommt in Schwung.

Text, der einen vorgegebenen Satz weiterschreibt. Hier: „Irgendetwas hält mich davon ab ...“

IRGENDETWAS HÄLT MICH DAVON AB ...

wirklich zu kreisen
ellipsengleich in Bewegung
ruhend bei Ruhe
bewegt, schwungvoll, wenn
Zeit zeitig ist

irgend etwas hält mich davon ab...

wirklich zu schauen
in blaue, grüne, gelbe Herzen
Goldflammen schlucken
Leuchtkraft für Dunkelheit, wenn
Raum eng scheint

irgendetwas hält mich ab...

wirklich zu lieben
auf runde, rote, reißende Art
an Stränden Bahias, bergaufwärts des
Kilimanjaro
flutend, blutend,
irgendetwas hält mich davon ab ...
(Autobiographisches Schreiben 8.11.89–31.9.90, S. 12)

Text, der den Satz „Es war einmal ein Elefant...“ weiterreimt.

Es war einmal ein Elefant,
der wohnte im Schlaraffenland.
Er fraß
viel zu viel Gras.
Und kommt nun nie mehr angerannt.
(M.Nietsch, 1988, S. 14)

Texte mit Hilfe der Clusterbildung
Klassisches Thema: „Loslassen“

Loslassen
Die Erde verlassen
sich von ihren Fesseln befreien
und nicht nicht mehr angebunden sein
dann kann man springen, lachen, schreien
weil man ist frei
kann fliegen in der Luft
und schweben im Raum
alle Ebenen erreichen
denn man ist frei
(T.P., G.R., J.R. 1988, Anhang)

Clustertext „Nichts“: Geclusterte Regression mit weicher Landung

Nichts Gutes und nichts Schlechtes
weniger als der Inhalt einer Christbaumkugel

Hohl wie eine Röhre – ein Tunnel
Senkrecht in die Erde ins Nichts

Da hineinstürzen, mit Angst
in die Dunkelangst, Ungewissheit
ich kann gar nicht sehen was da auf
mich zukommt

Angst, dass nichts kommt
Jahrelang am Mittelpunkt der Erde
verharren – NICHTS passiert

Das Leben wäre leer und sinnlos,
mindestens langweilig

Stillstand

Wie gut, wenn man nach so einem Sturz
ins kalte Wasser plumpst.
(T.R., J.R., I.R., 1988, Anhang)

Texte nach Widerspruchscluster (G.L. Rico)

Leben und Tod
Alle tanzen, nur ein Mädchen sitzt alleine und will nicht. Sie ist draußen, kann die anderen nicht verstehen, ihre Freude und ihren Spass nicht teilen. Sie ist verbittert und einsam. Es kommt jemand und fordert sie auf, aber sie will nicht. So ein affiges Rumgehopse. Die Musik gefällt ihr ja, aber tanzen – nein. Wie das aussieht! Außerdem tanze ich nicht mit jedem. Sie verschließt sich und ist traurig.
Leben heißt: dabei sein, mitmachen, mitfühlen.
Das Gras wächst, die Blumen wachsen, die Bäume und das Unkraut. Unkraut wird rausgerissen, damit der Vorgarten schöner aussieht. Hecken werden beschnitten und Bäume manchmal gefällt. Das tut mir weh. Ich beschneide mich auch, aber es ist viel schöner, wenn alles wächst, wie es will, wenn man das Wachsen zulassen kann.
(E.R., G.T., M.B., 1990, S. 24)

Texte nach Meditation

„Wir haben zunächst einmal den Tisch und die Stühle zur Seite geräumt und große Sitzkissen auf den Boden gelegt. Wir waren der Meinung, dass man sich auf dem Boden besser entspannen kann und die Atmosphäre wesentlich zur Lockerung beiträgt. Wir haben uns bequem hingesetzt oder hingelegt, die Schuhe ausgezogen, und das Musikstück auf uns wirken lassen. Es dauerte 9,5 Minuten. Wir haben dann erklärt, dass wir die Musik noch etwas in uns nachwirken lassen wollen, dann langsam in den Raum zurückfinden, die Augen öffnen und Blickkontakt zu den anderen aufnehmen können. Nachdem das geschehen war (insgesamt ca. 15 Minuten), ließen wir die Teilnehmer ent scheiden, ob sie lieber erst malen oder schreiben wollen. Die meisten entschieden sich spontan für die Farben (Wasserfarbe, Buntstifte) und schreiben dazu einen oder mehrere Texte. Währenddessen haben wir die Musik noch ein zweites und ein drittes Mal gehört – auf Wunsch der Teilnehmer."

Meditation I
Mich hingeben und wegfließen,
weit öffnen und mich in die Lüfte
erheben, ein weißer Vogel, der über
die Wolken gleitet,
dann ein Schiff auf dem Meer,
langsam segelt es dahin auf den
sich sanft kräuselnden Wellen.
Ich bin der Tropfen im Wasser und
bin eins mit dem Fluss.
(E.R., G.T., M.B., 1990, S. 20)

Schreiben nach katathymen Bilderleben (H. Leuner), hier Motiv: Wiese

„*Dann lichtet sich der Wald, es gibt ein paar zierliche Bäume und Büsche, und ich trete auf eine wunderschöne Blumenwiese. Ich weiß, ich bin angelangt, habe gefunden, wonach mir verlangte.*

Die Wiese zieht sich hangabwärts und läuft in seidenweichem feinkörnigem Sand aus. Ich muss mich der Schuhe entledigen, barfuß über Wiese und Sand an den kleinen Weiher treten, der anfangs von ein paar großen wohlgeformten Steinen verdeckt lag und nun in seiner ganzen Pracht und Friedlichkeit vor mir liegt.

Das Wasser ist klar bis zum Grund, umspielt mir die Füße und fordert mich auf, hineinzutreten, mein Spiegelbild zu betrachten und das kühlende Naß auf der Haut zu spüren. Es ist warm genug, so dass ich ohne Zögern meine Kleidung ablege und mit den Händen Wasser schöpfe, um es mir über das Gesicht rinnen zu lassen...“ (E.R., T.M., M.B., 1990, S. 51)

Texte zu Fantasiereisen

„*Nach einer kurzen Pause machten wir eine Fantasiereise, in der wir uns einen Augenblick vorstellen sollten, in dem wir besonders glücklich waren. Dannach ließen wir die Vorstellung aufschreiben und vorlesen.*“

Die Probefahrt oder 20 Minuten Hoffnung

„*Das leise, kraftvolle Summen des Motors unter mir ließ die Kraft der Maschine nur ahnen. Die Kupplung zog sich etwas schwer, doch das lag wahrscheinlich an meiner längeren Motorradabstinenz. Ich legt den ersten Gang ein, ließ die Kupplung etwas schleifen und gab Gas. Die Maschine zog kraftvoll durch. Ich gab mehr Gas, der Motor klang jetzt lauter, aggressiv, aber immer noch urgesund. Durch die Beschleunigung musste ich mich ziemlich kräftig am Lenker festhalten, ich bekam dieses schwer beschreibbare Gefühl im Magen. Die 100 PS enttäuschten mich nicht, ich fuhr immer noch im 1. Gang, die Tachonadel zeigte 90 km/h.*

Mir fiel meine unglückliche Liebe ein, aber in diesem Moment erfasste mich nicht die übliche Resignation und Trauer. Die unbändige Kraft der Maschine verlieh mir ein Gefühl von Stärke und damit Hoffnung – leider nur für 20 Minuten“ (E.R., G.T., M.B., 1990, S. 11f.).

Schreiben nach Musik

„Wir wählten den Bolero von Ravel.

Einige begannen sofort zu schreiben, andere ließen sich Zeit, ließen die Musik erst mal auf sich wirken. Mit dem Ende des Musikstückes waren auch alle Teilnehmer mit ihren Texten fertig.“

Es wacht auf und meldet sich.
Langsam beginnt es, ganz verhalten.
Unmerklich wächst es, wird immer stärker,
gewinnt an Kraft,
bricht durch – und zeigt sich
in voller Macht.
Triumphiert am Ende – das Leben.
(E.R., T.M., M.B., 1990, S. 42 ff.)

Schreiben nach Bildern

„Es standen zur Auswahl an Bildmaterial Postkarten, Kunstdrucke und Dias von Caspar David Freidrich. Wir einigten uns auf die Dias, von denen wir ein Dia auswählten und den Teilnehmern über einen Projektor zeigten (Caspar David Friedrich 1774–1840, Mann und Frau, den Mond betrachtend)."

Caspar David Friedrich

Seine Bilder gehören zur Romantik. Jedoch keiner, die der Jugend eigen sind. Frühlingshaftes wird man kaum finden. Die Lebensalter sind oft sein Motiv in der Verbindung mit der Natur, einem Blick in die Ferne, die unklar bleibt. Menschen, die einige Erfahrungen hinter sich haben und dennoch erkennen möchten, was das Leben ihnen noch bieten würde. Dürre Bäume, Steine deuten an, dass es ein Ende geben wird. Man wird nachdenklich, kann abwägen, was das Bisherige gebracht hat. Ein banges Fragezeichen taucht auf. Wird es der Rest noch lohnen zu leben? Nicht alle werden eine befriedigende Antwort finden. Trotz der oft düsteren Aussichten oder Ansichten im Bild bleibt eins:

In jedem Lebensalter ist es Menschen möglich, Schönes, Befriedigendes zu erleben und sei es, wie bei ihm selbst, diese Bilder zu malen. (E.R., T.M., M.B., 1990, S. 49)

Malen und Schreiben

„Das heutige Thema stand unter dem freien Äußern von Gefühlen und Stimmungen innerhalb eines Bildes und eines anschließenden Textes. Es wurden keine inhaltlichen Vorgaben gemacht, jeder konnte sich verschiedener Malmittel bedienen und innere Bilder sichtbar werden lassen. Im Hintergrund spielte eine Musik, die, wie die Tempobezeichnung schon sagte, beruhigend wirkte.

Anschließend hatte jeder einen oder mehrere Texte, Gedanken, Worte zum Bild, zur Musik oder unabhängig davon verfasst.

Wir hatten uns die Bilder angesehen, den Maler dazu erzählen lassen, selber Fragen gestellt und so versucht, das Dargestellte verstehen zu lernen."

Nun der Text zu dem Bild „Fluss“:

Lebensfluss
Wachsen, Werden,
Winden durch die Zeit –
sich auf den Weg machen –
im Fluss sein und nichts kann Einhalt gebieten,
nichts kann festgehalten werden,
nichts ist endlich.
(E.R., T.M., M.B., 1990, S. 58 ff.)

5. Kollektiv geschriebene Texte: Reihumtexte

Merke: Der Fluss der Gefühle wird kollektiv gebannt.

Ein Text zu zweit: Mann und Frau über Sex

Sex
Votze, geile Säfte entlock ich Dir — *sagt er*
liebe mich — *sagt sie*
jetzt ficken wir schon eine Stunde — *sagt er*
ich spüre Deine Haut auf meiner — *sagt sie*
bumsen ist doch das Schönste — *sagt er*
bleibe doch bei mir — *sagt sie*
jetzt bist Du schon auf einer kleinen Wolke — *sagt er*
und küsst sie zum erstenmal
zärtlich, ohne Begierde.
(M. Dörner u. a.: Von der Biographie zur Utopie. Berlin 1989, S. 35)

Reißverschlusstext
„Für den Reißverschlusstext schreibt jeder den Namen einer bekannten Persönlichkeit, eines Idol oder Ideals auf einen Zettel. Die Zettel werden gemischt, gezogen, dann wird geschrieben nach dem System: einen Satz schreiben, Zettel nach links geben, zu dem Vorgefundenen einen Satz, zurück nach rechts, wieder einen Satz, weiter nach rechts, dann wieder zweimal nach links usw., den letzten Satz schreibt der, der den Bogen angefangen hat.

Die Idole reichten von Obelix über Zarah Leander bis zu Gott. Die Texte waren alle recht witzig, zum Teil spürte man die „Kampfstimmung“ beim Schreiben, wenn die Nachbarn so ganz unterschiedliche Ideen hatten.

Einige Teilnehmer spürten Erleichterung darüber, nicht allein für den Text verantwortlich zu sein, andere hatten Probleme, ihre Sätze den Nachbarn zuzumuten. Einige wollten bestimmte Texte unbedingt haben, so dass wir zum nächsten Mal alle kopieren.“

Zarah Leander, rauhe Stimme, weiches Herz
Alle drei gehen unter die Haut.
Wenn das Logik ist, weiß ich, warum
ich Mathematik nie verstanden habe.
Zu Zarah Leander und zu Mathematik hatte ich bis jetzt überhaupt keinen Zugang, aber was nicht ist, kann ja noch werden.
Bevor's noch komplizierter wird, vielleicht sollte man noch mal neu ansetzen – evtl. beim Stichwort – weiches Herz.
Ja, denn kompliziert ist's schon genug
und weiches Herz find ich gut.
Wo soll das nur enden…
Fragen wir sie am besten selber.
Wo ist sie nur?
(H.M., 1990, S. 6)

Gruppenschreiben zum Thema „Altern"

Der folgende Reihumtext rotierte solange in der Gruppe, bis der erste Schreiber ihn abschloss.

1. Sonnengesänge um Mitternacht
2. wenn ich erwachsen bin, werde ich wie Großmama, bestimmt nicht, wie die anderen Erwachsenen
3. ich alterte, als ich mein Kind gebar
4. der Fluss der Zeit, fließt er auch rückwärts?
5. oder hält er an, verfängt sich in den Strudeln, fließt weiter und lässt mich am Ufer zurück?
6. ich bin alt und jung
7. das Alter im faltigen Gesicht des Säuglings
8. er kennt sein Alter nicht, er kann nur gewinnen
9. dann stirbt er langsam vor sich hin
10. den Schreck, mit dem ihm das Bewusstsein einsetzt
11. unmerklich reiht sich Tag an Tag
12. ewige Jugend, welcher Preis wäre zu zahlen?
13. er ist nie jung gewesen, immer alt und nörgelig
14. ich will alle Möglichkeiten ausschöpfen
15. ich will mich nicht so beeilen müssen
16. ich will mich nicht vom Alter überraschen lassen
17. nicht alles steht in meiner Macht, und dennoch!
18. die Vergangenheit holt mich ein
19. Bilanzen ziehen
20. welche Vergangenheit
21. Kommt sie als Freund oder Feind, was habe ich ihr zu sagen?

22. Ich will die Zeit anhalten
23. Ich will mich an ihr sattfühlen
24. Schau vorwärts, Engel
25. Der Sog der Zukunft
26. Die Sorge um mein Alter
27. Die Sorge um meine Kraft
28. wer liebt mich noch?
29. Les jeux sont fait, rien ne va plus
30. wirklich?
31. damit will ich mich nicht abfinden
32. rouge et noir
33. Der Mond ist aufgegangen
34. Sonnengesänge um Mitternacht

(M. Dörner u. a.: Von der Biographie zur Utopie. Berlin 1989, S. 5)

Bei einem **kollektiv geschrieben Märchen**, an dem vier Personen (E., A., C., S.) reihum gearbeitet haben, leistet sich S. dabei im Schutz der Gruppe eine ziemlich komplette narzisstische Regression. C. durchbricht den magischen Bann. Alle fangen S. auf. Hier sein Text:

„Nachdem ich eine Weile gegangen war, tauchte vor mir ein kleiner Lichtschatten auf. Immer, wenn ich glaubte, ihn bei der nächsten Kurve eingeholt zu haben, war er mir schon wieder vorausgeeilt. (E)

Mittlerweile war ich mitten im Tunnel und konnte die Bahnstation hinter mir nicht mehr erkennen. Ein welkes Blatt war vor Freude hoch aufgewirbelt, eilte mir hinterher, klammerte sich an meinen Haaren fest und flüsterte mir zu, wie ich das Licht einholen könnte. (A)

Ich rannte wie verrückt durch den Tunnel und sprang in einen großen See. Die Flut sog mich tiefer und tiefer. Auf dem Meeresgrund schien die Sonne hell. (S)

Als ich den Weg zu den Sonnenstrahlen nahm, wunderte ich mich über die unvermutete Kälte und lief ihnen weiter entgegen. Plötzlich begannen die Strahlen sich um meinen Körper zu schlingen. Ich bekam Angst, von der Kälte durchschnitten zu werden und war gezwungen, bewegungslos zu verharren. Auch um meinen Mund hatte sich ein Strahl gelegt. Ich tat das eizige, was mir einfiel: öffnete den Mund und biß kräftig zu. Damit war der Bann gebrochen, die Strahlen verloren ihre Spannkraft und fielen von mir ab. (C)

Endlich hatte ich die Welt für mich. Alles war mir untertan. Ich war Leben und Tod, Erfolg und Misserfolg, Tränen und Freude zugleich. Nun konnte ich endlich mein rotes Kleid anziehen. Es gab nichts mehr, wonach ich mich sehnte. (S)“ (R.H., 1989, S. 49 ff.)

6. Heilende Texte

Merke: Texte heilen durch Gefühlsausdruck, Bewusstseinerweiterung, Bearbeitung ungelöster Probleme, Gewinnung von Kraft.

Ausdruck der Gefühle:
„Ein Teilnehmer, der sich in einer depressiven Lebensphase befand, saß lange an seinem Text. Es war zu spüren, wie er mit sich und den Worten rang. Als er endlich den Text beendet hatte, lachte er laut auf und grinste sichtlich zufrieden. Sein Text lautete:

– *Licht gibt Hoffnung,*
– *Licht spendet Trost,*
– *Das Sonnenlicht wärmt die Seele,*
– *Hell strahlt der Glücksstern.*

Ich sage:
– *Die Finsternis spendet Trost und Geborgenheit,*
– *denn sie schützt vor dem kalten, grellen, unbarmherzigen Licht.*
– *Die Finsternis ist Ruhe und Schlaf.*
– *Ohne die Finsternis könnte der Glücksstern nicht strahlen!!"*

Dieser Teilnehmer hatte durch den Text seinen Konflikt zwar nicht gelöst, aber er hatte sich selbst, seine Situation, seine Gefühle klar und treffend zum Ausdruck gebracht. Danach ging es ihm sichtlich besser" (E. Reichenbach: Inspiration und Kreativität. Berlin FHSS. Dipl. Arb. 1990, S. 16).

Erweiterung des Bewusstseins:

„Eine Frau schleppte sich, von der Arbeit ermüdet, zu einer Schreibgruppe, an der sie einmal in der Woche teilnahm. Sie hatte schon überlegt, nicht zu kommen, entschied sich dann aber doch für das Schreiben. An diesem Tag betrachteten wir ein Bild aus der Romantik. Wir sammelten Begriffe, die uns spontan dazu einfielen, und jeder schrieb anschließend einen eigenen Text.

Der Text der besagten Teilnehmerin lautete:
„Warum stehen sie so ruhig da? Sie kommen aus der Dunkelheit des Waldes. Ein alter Baum weicht vor ihnen zurück, als ob sie ihn durch ein Zauberwort bewegt hätten, aber es war wohl unabsichtlich. Das Licht zieht sie an, eine Ahnung lässt sie stehenbleiben. Nachdenklich schauen sie ins Licht, aber sie sehen nichts. Die Leere ist in ihnen. Wonach sehnen sie sich? Sie sind einander vertraut, aber ist das alles? Ich möchte nicht allein sein, denkt die Frau."

Der Text ging dieser Frau leicht von der Hand, es floß. Dadurch und durch das Feedback der Gruppe wurde ihr ein grundlegendes Einsamkeitsgefühl und der Wunsch nach einer erfüllten Partnerschaft bewusst, aber auch, wie wichtig es ist, zu lernen, auf eigenen Beinen zu stehen, um nicht zusammen „leer" dazustehen und den Weg ins Licht nicht zu finden.

Sie hatte mehr Klarheit über sich selbst gewonnen, war mit neuer Kraft erfüllt, sie fühlte sich schwungvoller, lebendiger und selbstbewusster als zuvor. Die Schlappheit war neuem Mut und einem offenen, heiteren Bewusstsein gewichen. Am Ende der Kursstunde teilte sie der Gruppe mit, wie froh sie war, doch noch gekommen zu sein, und wie gut ihr das Schreiben heute tat." (E. Reichenbach, a. a. O., S. 28 ff.).

Bearbeitung ungelöster Probleme:

Eine Teilnehmerin schrieb über ihre Kindheit folgenden Text:

„Affenliebe

Mit dem Affen im Arm
bin ich Hand in Hand
durch die Kindheit gegangen

Er hat mich beschützt
und mir Trost gegeben
in den Stunden und Tagen
wo ich wieder mal alleingelassen wurde

Mit ihm konnte ich reden
– Du hattest Zeit

Und Ihr, die Erwachsenen
habt gar nichts verstanden
was Ihr gesagt habt, war so unüberlegt
und verletzend für ein Kind, das sich
noch nicht so gut
in der Lüge auskennt.

Gelogen habt Ihr, wenn es Euch gepasst hat
und mich nie gefragt
ob ich Euch die Geschichte abkaufe.

Wie oft musste ich mich der Liebe versichern
nach der ich mich so gesehnt habe
wie oft habe ich kämpfen müssen darum
und am Ende den Kampf doch verloren

Ich dachte immer, dass ich schwach bin
da Ihr mehr Macht hattet als ich.
Heute denke ich oft
dass Ihr die Schwachen gewesen seid."

Die Autorin selbst und auch die anderen Teilnehmer waren erstaunt, was da aus einem lieben Menschen, der eher schüchtern und zurückhaltend wirkte und sich oft auch nicht klar über sich und seine Situation war, hervorbrach, wie er abrechnete mit seiner Kindheit, wie er sie verarbeitete und trotz allem psychischen Elend, aller Einsamkeit, die er erfahren, sich nun aber auch bewusst gemacht hatte, nun klar sehen und zu sich stehen konnte, ja, geradezu gestärkt wirkte. Alle Erscheinungen und Folgen der Entgrenzung treffen hier zu: „(Selbst-)Erkenntnis" (nicht geliebt und belogen worden zu sein), „erweitertes Bewusstsein, Überblick und Klarheit (durch die Erkenntnis) und „Verständnis" („... dass Ihr die Schwachen gewesen seid")" (E. Reichenbach, a.a.O., S. 44 ff.)

Gewinnung von Kraft:

Eine Teilnehmerin erschrieb sich folgenden Krafttext:

„*Jetzt sitze ich hier und schreibe diesen Text.*
Draußen rauschen die Autos vorbei.
Die Neonlampe in der Ecke surrt.
Konzentrierte Stille.
Gläserklappern und vereinzelte Stimmen im Nebenraum.
Und ich sitze noch immer hier.
Ich lebe!
In mir ist Kraft!
Ich lass' mich nicht unterkriegen!"
(E. Reichenbach, a.a.O., S. 47)

Eine andere Teilnehmerin schrieb einen Text über Todesangst in der Kindheit. In einem Text, zwei Sitzungen später, schreibt sie:

„*Kam vor ein paar Tagen*
plötzlich dem Todesgefühl
aus der Kindheit
wieder nah
und
fürchtete mich nicht."
(E. Reichenbach, a.a.O., S. 57)

2. Teil

Die Praxis der Poesiepädagogik

Die Tragödie hat eine Handlung, „die durch Mitleid und furchterregende Vorgänge die Auslösung (Katharsis) dieser und ähnlicher Gemütsbewegungen bewirkt."
(Aristoteles: Poetik. In: ders: Hauptwerke. Stuttgart 1958, S. 345)

Die Handlung muss so komponiert sein, „dass man schon beim bloßen Hören dessen, was geschieht, in Folge der Vorgänge, Schauder und Mitleid empfindet."
(ders., a. a. O., S. 357)

Welcher Art sind die Schauder und Mitleid erregenden Vorgänge: „Der Dichter muss auf solche Fälle ausgehen, in denen leidschaffende Taten in befreundeten Kreisen vollbracht werden, wenn also z. B. der Bruder den Bruder oder der Sohn den Vater oder die Mutter den Sohn oder der Sohn die Mutter tötet oder töten soll."
(ders., a. a. O., S. 358)

„Die Dichtkunst erweitert das Gemüt, … stärkt das Gemüt … spielt mit dem Schein."
(I. Kant: Kritik der Urteilskraft. Darmstadt 1966, S. 429.)

A. Empirische Grundzüge der Poesiepädagogik

1. Poesiepädagogik als unstete kulturelle Bildungsarbeit

Poesiepädagogik geht es um die Verwandlung des sprechenden Ichs in das poetische Selbst. Poesiepädagogik geht davon aus, dass jeder Mensch ein poetisches Selbst besitzt, das aber meist schon in der Schule verschüttet wird und sich nur noch sporadisch, bzw. nach der Pubertät, kaum mehr zeigt. Aber es bleibt die Möglichkeit, in besonderen Augenblicken aus der Alltagssprache in die dichterische Sprache aufzusteigen. Diese Verwandlung ist für alle Schreiber immer nur punktuell und temporär möglich. Sowie im Lebenslauf der Dichter kreative Aufschwünge zu dichterischem Sprechen möglich sind und dann wieder lange Zeit des Verharrens in bloßer professioneller Schreibe erfolgt, so sind auch im Leben der Alltagsmenschen zeitlich beschränkte Aufschwünge zum poetischen Selbst gegeben. Zur traditionellen Kulturpädagogik, die funktional auf das Erreichen berufs- oder allgemeinbildender Ziele angelegt ist, kann die Poesiepädagogik nicht gehören. Auch mit einer Kulturpädagogik, die alles nur wachsen lässt, weil jeder Mensch sein Ziel in sich trägt, kann die Poesiepädagogik nichts anfangen. Von ihrem Blick auf das poetische Selbst, das weder gemacht werden kann noch von selbst entsteht, kann Poesiepädagogik nur eine Form der unsteten situativen und individuumsbezogenen kulturellen Bildung entwickeln. Poesiepädagogik ist Teil einer Auflockerung im pädagogischen Feld überhaupt, von der schon Otto Friedrich Bollnow sagte: „Es geht allgemein darum, die klassische Pädagogik der stetigen Erziehungsvorgänge durch eine entsprechende Pädgogik unstetiger Formen zu erweitern“ (O.F. Bollnow: Existenzphilosophie und Pädagogik. Stuttgart 1977, S. 20). Poesiepädagogik hat nur eine Chance, wenn sie die besondere Situation nutzt, in der jeder Mensch sich für kreative Aufschwünge motiviert sieht: in Krisen und Grenzsituationen. Die Entwicklungspsychologie, die Psychoanalyse, die Kreativitätstheorie, aber auch die Existenzphilosophie (Karl Jaspers, Martin Heidegger) gehen von lebenslänglichen Umbrüchen und Krisen im Lebenslauf aus. Mit diesen Krisen, die meist auch eine Krise der Sprache und des sprachlichen Selbstbewusstseins sind, ergibt sich der Handlungsspielraum der Poesiepädagogik in Schreibgruppen. Dazu kommt, dass das stimulierende Milieu der Schreibgruppen selbst die Auseinandersetzungsmöglichkeit mit alltäglichen Entwicklungsmöglichkeiten verbessert und für kreative Aufschwünge sensibilisiert. Da das kreative Schreiben notwendig den einzelnen in seiner Alltagssprache verunsichert und für neue Ausdrücke öffnet, wird der Teilnehmer am kreativen Schreiben in besonderem Maße von Ausdrucks- und Wahrnehmungskrisen berührt. In diesen Krisen hat Poesiepädagogik ihre Chancen. Wenn man den Verlauf von Krisen untersucht, gibt es in jeder Krise einen Bruch. Dieser Bruch tritt dann ein, wenn der Prozess der Auflösung und des Leidens plötzlich zu Ende ist und eine neue Einsicht auf höherem Niveau das Ende der Krise signalisiert. Dann tritt ein Aha-Erlebnis ein. Die Kreativitätstheorie spricht von Inspiration. Die Dichter artikulieren diese Umbruchserfahrung in der Krise antik als „Musenkuss", in moderner Form entwickeln sie verschiedene Konzepte der plötzlichen Inspirationserfahrung. Der Lyriker Gary Snyder sagt: „Im großen und ganzen ist die Muse nichts anderes als das, was mich berührt und bewegt. Das kann ein Berg sein, eine Gruppe Menschen, der Morgenstern oder ein Dieselmotor" (zit. n. C. Eykmann: Schreiben als Erfahrung. Bonn 1985, S. 155). Alan Ginsberg: „Inspiration meint, dass ein großer, geistiger Impuls den Menschen ergreift" (C. Eykmann a. a. O., S. 156). J. Fowls sagt: „Inspiration, die Erfahrung der Muse, ist wie Telepathie. Heutzutage hat der Mensch Angst, über solche Erfahrungen zu sprechen, weil er fürchtet, von Positivisten und Verhaltensforscher darüber ausgelacht zu werden" (C. Eykmann, a. a. O., S. 156). Vladimir Nabokov schreibt: „Inspiration begleitet mich häufig beim Schreiben, indem sie einmal auf dies, dann wieder auf das deutet und mir mein Wissen über das Material, das ich gesammelt habe, im Hinblick auf eine unbekannte Struktur wesentlich vertieft" (C. Eykmann, a. a. O., S. 157). E. Buckler hat mitgeteilt: „Inspiration ist nur das leise Klicken, das man fühlt, nachdem du dem Text alle Süße gegeben hast und dann versuchst, diese Süße wieder zu löschen. Inspiration geschieht dann, wenn du plötzlich denkst, bumm, ich habe es getroffen" (zit. n. C. Eykmann, a. a. O., S. 157). Geoffrey Hill: „Inspiration ist ein plötzlicher Umschalteffekt. Du hast Stunden, Tage und Wochen, in der völligen Abtötung deines Geistes in hundert Varianten um einen Ausdruck gerungen, und plötzlich ist das Wort oder der Satz in einem wunderbaren Blitz da, wie eine geschlossene Schachtel, von der W.B. Yeats in diesem Zusammenhange spricht" (zit. n. C. Eykmann, a. a. O., S. 157). Inspiration kann mit dem Auftauchen einer inneren Stimme einhergehen: „Eine Stimme spricht in mir, bewegt meine Hand, um Worte von irgendwoher aufzuschreiben" (D. Hall in C. Eykmann a. a. O., S. 158). Die Inspiration vermittelt die Erfahrung des poetischen Selbst: „Inspiration ist die Manifestation des Anderen im Menschen. Es ist nicht hinter uns … Es ist über uns. Es ist etwas, dass uns auffordert, wir selbst zu sein" (O. Paz in Eykmann, a. a. O., S. 158). Die innere Stimme der Inspiration präsentiert ein höheres oder tieferes Selbst. Der Aha-Effekt im Krisenumbruch ist nichts anderes als der „poetische Akt der Selbstfindung" (C. Eykmann, a. a. O., S. 159). Fritz Copei, der in seinem Buch „Der fruchtbare Moment im Bildungsprozess" (Heidelberg 1950) den kreativen Prozess vieler schöpferischer Menschen auf den Einbruch der Inspiration hin untersucht hat, spricht von der Inspiration als dem fruchtbaren Augenblick. Dieser Augenblick hat zwei Seiten. Er hat eine intellektuell progressive und eine emotionell regressive Qualität. „Wenn auch die Freude über das gewonnene Ergebnis diesen Vorgang im Rückblick als etwas Beglückendes und Befreiendes erscheinen lässt, so ist er doch im Hinblick des Erlebens mit all dem Schmerzhaften und Bedrückenden verbunden, das zum Wesen der Krise gehört ... Die Verzweiflung ist oft vollkommen, bis dann wie ein Blitz ganz unerwartet die neue Einsicht über den Kreativen hereinbricht und sich die Trümmer der unhaltbar gewordenen alten Anschauung beglückend zu einer neuen Einsicht zusammenfügen" (O.F. Bollnow: Existenzphilosophie und Pädagogik. Stuttgart 1977, S. 39). Copei betont die emotionelle Seite der Krise: „Der Augenblick, indem die Idee entsteht, ist ein Moment großer Erschütterung" (F. Copei, a. a. O., S. 76). Dieser fruchtbare Moment ist für Copei zugleich aber auch ein Moment intensiver kognitiver Veränderung: „Das Gebäude seiner so sicheren Meinung stürzt zusammen, die unbekümmerte Selbstsicherheit weicht der Verlegenheit, die Sehnsucht nach besserem Wissen wächst. Solches Wissen taucht schließlich im letzten Augenblick als eigene Erkenntnis im Bewusstsein auf. Diesen Moment nennen wir den „fruchtbaren" Augenblick" (F. Copei, a. a. O., S. 21).

Auf dieser Erkenntnis des kreativen Augenblicks baut auch die Poesiepädagogik auf. Sie zieht aus dem fruchtbaren Moment folgende Schlüsse:

1. Der fruchtbare Moment der Inspiration kann nicht erzwungen werden. Der Poesiepädagoge muss auf ihn warten.
2. Der fruchtbare Moment tritt bei jedem Schreiber unterschiedlich schnell ein. Die Planung der Schreibgruppe muss deshalb offen und flexibel, unstet und spontan bleiben. Die Poesiepädagogik organisiert Szenarien der Kreativität und interveniert unstet und spontan, wenn sich die fruchtbaren Augenblicke der Inspiration zeigen.
3. Den krisenhaften fruchtbaren Moment, der neue Kreativität freisetzt, kann man vielleicht nicht geradezu als Krise bezeichnen. Er ist aber der Krise analog. Es zeigt sich, „dass auch hier das wirklich Neue nur durch den Höllensturz der Verzweiflung hindurch erreichbar ist" (O.F. Bollnow, a. a. O., S. 41). Die Poesiepädagogik wird dann wesentlich und verhilft zur tiefen, existenziellen kreativen Erfahrung, wenn sie in plötzlichen Umbruchsitutionen den entscheidenden fruchtbaren Moment im Schreibprozess der einzelnen erkennen und begleiten kann. Sie muss deshalb ebenso über eine Phänomenologie der fruchtbaren Momente im Schreibprozess verfügen wie über sanfte Interventionsmethoden der Vertiefung und Sicherung der fruchtbaren Momente im Schreib- und Gruppenprozess. Denn hier in diesen Momenten werden die Aufschwünge zum poetischen Selbst sichtbar.

4. Die Poesiepädagogik kann keine Aussagen über die kulturelle Bildung des Jugendlichen und Erwachsenen im Ganzen machen. Sie kann sich nur konzentrieren auf den existentiellen, poetischen Kern jedes Menschen. Sie weiß, „dass im sonstigen Leben der Begriff der Bildsamkeit und alle aus ihm entwickelten Formen einer stetig aufbauenden Erziehung weiter ihr gutes Recht behalten" (O.F. Bollnow, a. a. O., S. 23).

Der fruchtbare Augenblick in poesiepädagogischen Szenarien

In der Evolution stand die Existenz der Menschheit mehrfach auf dem Spiel, so während der Eiszeit oder beim Untergang von Wirtschaftssystemen. Krisen kennzeichnen auch das einzelne menschliche Leben. Der moderne Lebenslauf ist von Umbrüchen im besonderen Maße gekennzeichnet. Vor der Erreichung des Erwachsenenlebens werden mit der ödipalen Phase und der Pubertät zwei besonders intensive Krisen durchlebt. Bei der Krise handelt es sich stets um eine Störung des normalen Lebenslaufs. Sie tritt plötzlich und intensiv als Störung des Identitätsgleichgewichtes auf. Sie stellt das Leben des einzelnen in Frage. Sie schließt im fruchtbaren Augenblick meist mit der Erreichung eines neuen Gleichgewichtszustandes der Identität ab (O.F. Bollnow, a. a. O., S. 27, G. Ulich: Krise und Entwicklung. München 1987).

Im Kontext der Schreibgruppen nimmt die Krisenerfahrung und das Aufleuchten des fruchtbaren Augenblicks eine besondere, durch das Medium des kreativen Schreibens geprägte Gestalt an. Der fruchtbare Augenblick hat zwei Seiten. Er erscheint einmal als Regression, Schreibblock und Katharsis:

Regression: Hier entstehen Texte, in denen massive unbewältigte Gefühle, die meist aus früheren Lebensstufen stammen, sich zu Wort melden. Krise bedeutet weiter **Schreibblock**. Das Schreiben kommt zum Erliegen.

Vorleseblock: Der Schreiber hat keine Lust, seine Texte in der Gruppe vorzustellen. Krise bedeutet schließlich **Katharsis, Reinigung**.

Der fruchtbare Augenblick hat aber auch eine zweite Seite. Der Teilnehmer muss sich entscheiden, ob er die Krise verdrängen will oder ob er sie annimmt und durch Arbeit an seinen Texten in Richtung Aufschwung zum poetischen Selbst bewältigen will. Der fruchtbare Augenblick eröffnet so auch die Bewältigung der Krise durch Erreichung eines neuen Gleichgewichtszustandes. Für die produktive Wendung des fruchtbaren Augenblicks bietet das kreative Schreiben besondere Hilfen an, die im Folgenden benannt werden sollen: Die Wiedergewinnung des **Vertrauens zur Schrift**, die Schrift wird nach Zweifel und Verzweiflung als Medium der Selbstklärung anerkannt, Einsicht in die **rationale Grundstruktur der Schrift**, die das Indivuelle im Allgemeinen verbinden kann, mit Begriffen die Welt von mythischen Gewalten befreit und Distanzierung und Erkenntnis eröffnet. Aneignung des Charakters von **Schrift als Spiel** mit Worten und Sätzen nach Regeln und durch die Aufhebung von Regeln wird nun möglich. Die Entwicklung eines eigenen **Schreibstils** beginnt, der der eigenen Person und ihrer besonderen Situation entspricht. Es erfolgt ein Durchbruch zur **Lust an schönen Sätzen**, an der Sprachgestaltung, der Utopie, des poetischen Selbst. Durch die **Aneignung der eigenen Lebensgeschichte** und der Entwicklung eines neuen Wir-Gefühls kann die Schreibgruppe intensive Gruppenerfahrung und gemeinsame kreative Aufbrüche vermitteln. Im Medium der **Veröffentlichung** gelingt dem einzelnen nun die Eroberung einer Teilöffentlichkeit durch eigene Texte und textliche Kommunikation. Der Krisenverlauf und die Bewältigung der Krise in fruchtbaren Augenblicken hängt nicht nur von den Teilnehmern und von der Hilfe durch das Medium Schrift allein ab, sondern auch von den Möglichkeiten der Schreibszenarien und der Anleiterinterventionen. Dazu wird noch viel zu sagen sein. Wir stellen uns in den folgenden Kapiteln erstmal zwei Aspekten der Poesiepädagogik:

1) der empirischen Gestalt des Schreibprozesses in seinen fruchtbaren Augenblicken (A.2)
2) den Krisen und teilnehmerorientierten Kriseninterventionen im Rahmen des Schreibprozesses (B)

Erst in späteren Kapiteln (C+D) werden wir auf den Gruppenprozess eingehen und dort die Krisen und Chancen der Entwicklung des poetischen Selbst untersuchen. Wenn in der Realität Schreib- und Gruppenprozess zusammengehören, so müssen in einem Lehrbuch des kreativen Schreibens aus analytischen Gesichtspunkten beide Prozesse getrennt dargestellt werden.

2. Empirische Untersuchungen zu den „fruchtbaren Augenblicken" im kreativen Schreiben

Über Schreibgruppen gibt es heute folgende empirische Quellen:

1. Hefte, die die geschriebenen Texte zusammenstellen,
2. Berichte über den Verlauf einer Schreibwerkstatt,
3. Aufsätze über das kreative Schreiben,
4. Anthologien mit Aufsätzen übers kreative Schreiben,
5. erste Monographien, die die Arbeit von Schreibgruppen thematisieren: einmal Diplomarbeiten, zum anderen selbstständige Monographien.

Sie alle enthalten empirische Aspekte der Schreibgruppenarbeit. Es fehlen aber weitgehend richtige empirische Untersuchungen. Im Folgenden sollen zwei erste empirische Untersuchungen, die die fruchtbaren Augenblicke im Schreibprozesses beleuchten, vorgestellt werden. Das empirische Sample ist in beiden Fällen noch sehr klein und nicht repräsentativ. Beide Unteruschungen haben den Charakter einer empirischen Prestudy. Aber sie beleuchten die entscheidenden Aspekte poesiepädagogischen Handelns. Jörg Reinhard hat in seiner Arbeit „Motivation, Verlaufsform und Wirkungen des kreativen Schreibens unter besonderer Berücksichtigung zweier Schreibgruppen" (Diplomarbeit an der FHSS Berlin 1988, veröffentlicht in M. Nietsch (Hrsg.): Wenn ich schreibe. Berlin 1990) die Erfahrung der Mitglieder zweier Schreibgruppen mit Hilfe eines Fragebogens untersucht und ist dabei zu folgenden Ergebnissen gekommen:

Motivation: Zum Schreiben motiviert der Gefühlsdruck oder wichtige sich anbahnende Erkenntnisse. Krisen und Konflikte sind schreibmotivierend, d. h. es wird nicht kontinuierlich geschrieben, sondern nur von Krisenfall zu Krisenfall. Tagesanlässe, Träume und die unmittelbare Vergangenheit schlagen sich in den Texten nieder.

Verlaufsform: Durch freie Assoziation entstehen Texte, die bislang unbewusste Seiten des Schreibens aufdecken. Die Gruppe unterstützt den Schreibfluss. Zuhause konnten die meisten Teilnehmer nur selten und nur unter innerem Druck schreiben. Die Teilnehmer konnten vom Assoziieren zum Schreiben umschalten, wenn ein sinnvoller Assoziationshorizont sich auftat, der ein Thema aufwies, das sich in einer Kernaussage verbalisieren ließ. Ist das Thema bekannt, fällt das Schreiben leichter, als wenn es unbekannt ist. Ist das Thema allerdings emotionell hochbelastet, entstehen oft Schreibblöcke. Das Deuten der Texte wird durch die Gruppenhilfe erleichtert. Der Rückbezug der Deutung auf die Biographie des Schreibers erschließt in fruchtbaren Augenblicken biographische Schlüsselerlebnisse.

Wirkungen: Nach dem Schreiben fühlt sich die Mehrheit der Teilnehmer karthatisch gereinigt, erleichtert und zufrieden.

Bedeutung der Gruppe: Die Gruppe wirkt für die meisten Teilnehmer als Schon- und Kreativierungsraum. Besonders Belastete erleben aber durch sie auch Blockierungen. Die Gruppe verstärkt also einmal Authentizität, zum anderenmal Zurückhaltung und Distanz. Die Zurückhaltung ist am Beginn der Gruppe stärker. Zum Ende kommt es zur Lockerung der Kontrolle. Die Texte werden qualitativ besser. Ohne Gruppen fallen die Teilnehmer wieder in ihr situatives Schreiben bei äußerem Druck zurück. Prävention und Nachsorge ist erst bei ständiger Gruppenteilnahme gewährleistet.

Schreiben als Selbsterfahrung: Meistens wird kreatives Schreiben nur zur Darstellung des Leidens und nicht zur Gestaltung und Umgestaltung des Leidens im poetischen Wort entwickelt. Kurzgruppen des kreativen Schreibens leisten biographische Vorklärung und karthatische Wirkungen, wenn das Gruppenklima stimmt und die Gruppenkreativität hoch ist. Erst das kreative Schreiben mit längerer Dauer kann, wissenschaftlich begleitet, grundsätzliche Heilungsprozesse anstoßen.

Die zweite empirische Untersuchung, die der Autor in den folgenden Kapiteln vorstellen wird, ist bedeutend größer. Diese Untersuchung wertet die Praxisberichte und Diplomarbeiten von über 80 Schreibgruppen mit etwa 600 Teilnehmern aus, die von 1985 bis 1990 im Rahmen des Berliner Projekts „Kreatives Schreiben" (an der FHSS Berlin) durchgeführt worden sind. Die Leiter dieser Schreibgruppen, die die auszuwertenden Praxisberichte verfasst haben, waren Teilnehmer eines viersemestrigen Projektstudiums, das im ersten Semester den theoretischen Vorlauf, im zweiten Semester die Praxis und im dritten und vierten Semester die wissenschaftliche Auswertung der Schreibgruppenpraxis umfasste. Die Ziel- und Teilnehmergruppen der achtzig Schreibgruppen waren weit gestreut. Sie umfassten Frauen, Behinderte, Alte, Personen in der Psychiatrienachsorge und im Knast, Mitglieder von Selbsthilfegruppen, Gruppen in Nachbarschaftsheimen und Gruppen von ehemaligen Drogenabhängigen. Die Themen der Schreibkurse umfassten: die Autobiographie, kreative Schreibspiele, expressionistisches und romantisches Schreiben, Schreiben im Kontext anderer kreativer Medien. Die Gruppen wurden immer von zwei Anleitern geleitet. Die fruchtbaren Augenblicke im kreativen Schreiben, dokumentiert auf der Basis von 80 Schreibgruppen, sollen im Folgenden nach Krisen und Chancen getrennt vorgestellt werden. (Hinweis: Der jeweilige Praxisbericht wird aus Datenschutzgründen mit dem Namen des oder der Autoren in Kürzeln, mit dem Jahr seiner Entstehung und der Seite des Zitats angegeben. Die Praxisberichte sind im PTI-Berlin archiviert.)

Kritische Situationen im kreativen Schreibprozess

Charakteristisch ist für den Schreibprozess, dass er oft sehr stark belastende Stimmungen erzeugt. Besonders bei Themen aus der Kindheit ist die Regression der Teilnehmer oft deutlich spürbar: „Bereits in der Schreibphase lag die Schwere des Themas fühlbar im Raum. Es entstanden sehr dichte, tiefe Texte aus verschiedenen Perspektiven: ein Text, der eine Mehrgenerationenperspektive bis hin zum Großvater entfaltet, die Wehmut um nicht gelungene Beziehungen quasi als Familienthema präsentiert. Sabine schrieb einen Text über den Vater als ersten Geliebten, der immer noch zwischen ihren Beziehungen zu Männern steht. Alfred machte sich von allem frei und verfasste „automatisch" einen Vatertext voller schwerer Symbole" (R. H., 1989, S. 21).

Regressive Stimmungen wecken auch Aggression und setzen gewalttätige Gefühle frei. Besonders, wenn das Thema Angst heißt, ist das Auftauchen von Alpträumen zu erwarten:

„Zwei Meetings möchte ich näher erläutern.

Das Thema „Ängste“ stellte sich als etwas schwierig dar. Zu dem Treffen waren nur zwei Teilnehmer gekommen, und wir plauderten erst eine ganze Weile, bis wir uns endlich an das Schreiben herantrauten. M. berichtete über ein Erlebnis mit Feuer und Ersticken, bei dem sie große Angst verspürte. Wir sprachen über Alpträume, die jeder von uns schon einmal hatte, über Flugangst, Angst vor Wasser und alle möglichen angstmachenden Lebensumstände. Wir befassten uns also verbal erst einmal mit dem Thema, bevor wir zum Schreiben übergingen. Die Texte spiegelten dann auch Teile unserer Gespräche wieder“ (A.N.-C., 1987, S. 13).

Aggressive Sexualfantasien drängen an die Oberfläche und spalten oft die Gruppe:

„Nachdem einer der Neuen und A. ihre Texte vorgelesen hatten, wollte L. dann noch seine Geschichte vorlesen. Wir stimmten in der Gruppe ab, und er las seinen Text. Die Geschichte war von einer brutalen Obszönität, die an dem positiven Frauenbild des Besuchers doch erheblich zweifeln ließ. Die Reaktion in der Gruppe war dementsprechend. Die anwesenden Frauen waren unsicher, ablehnend und still, während manche der Männer sich dem Niveau durch Zwischenbemerkungen und Lachen anpassten“ (A.N.-C., 1987, S. 14).

Die Reaktion der Kursleitung auf diese bedrängenden Erfahrungen ist ganz spontan die Entwicklung von Vorsicht, Geduld und einer längeren Perspektive der Arbeit:

„Die Motive, die in archaische Schichten hineinführen, würde ich erst einsetzen, wenn eine Gruppe schon länger besteht, sich gefestigt hat und mir die Struktur der einzelnen TeilneherInnen soweit bekannt ist, dass das Risiko solcher tiefen Reisen besser abzuschätzen ist.“ (R.H., 1989, S. 54).

Bei jeder Übung und jedem Thema muss sich die Kursleitung fragen, ob er oder die Teilnehmer für diese Übung schon reif sind:

„Dazu kommt, dass diese Übung (Lebenspanorama) sehr viel „kitzliges“ Material aus der Biographie aktiviert – oft zur großen Überraschung der Teilnehmer. Man muss als Kursleiter darauf vorbereitet sein, dass starke Gefühle entstehen und damit umgehen können“ (R.H., 1989, S. 8).

Besonders eindrucksvoll sind karthatische Reaktionen der Teilnehmer. Diese Reaktionen begleiten oft den kreativen Schreibprozess. Sie zeigen an, dass der Schreibprozess tiefere Gefühle und Wunden angesprochen hat und gefrorene und abgespaltene Gefühle dem Ich nahegehen. Durch Weinen, Klagen, Stöhnen, durch die Bearbeitung von Angst wird diese besondere Form der Regression im Dienste der Progression durchlebt. Fast in jeder Schreibgruppe gibt es karthatische Szenen:

„Beim fünften Treffen, es hatte das Thema „Vater", berichtete Edith (68 Jahre) über ein Erlebnis mit ihrem Vater, das sie sehr erschüttert hatte. Sie war damals fünfzehn oder sechzehn Jahre alt, und es wurde durch das Niederschreiben wieder so lebendig, dass ihr die Tränen kamen. Das Erlebnis lag über 50 Jahre zurück und war offensichtlich nie richtig verarbeitet worden. Durch das Schreiben und das sich bewusste und intensive Beschäftigen mit einem bestimmten Thema kann einiges in Bewegung gesetzt werden" (A. N.-C., 1987, S. 7).

Besonders die Thematisierung der Elternbeziehung ist oft der entscheidende kathartische Stimulus, der auch zur Scheu vor dem Vorlesen führen kann:

„Die Elternproblematik ging allen sehr nahe. Es fiel allen schwer, die entstandenen Texte vorzulesen" (S., 1988, S. 9).

Oder:

„Die Elternproblematik ist jedem sehr nahe gegangen. Dies zeigte sich daran, dass erst nach einigem Zögern die Bereitschaft vorhanden war, den Text allen vorzulesen" (S. J., 1985, S. 15).

Die Katharsis kann auch verzögert auftreten. Sie äußert sich dann in längeren Nacharbeiten über Tage hinweg:

„Einige Frauen berichten, dass sie noch Tage nach der Schreibwerkstatt an das Geschriebene, das Erlebte denken. Sie sind aufgewühlt, längst vergessene, verdrängte Erlebnisse kommen wieder zum Vorschein, dringen in ihr Bewusstsein" (A.K., 1985, S. 24).

Oder;

„Diesmal kamen die Frauen sehr pünktlich. Wir erfuhren, dass der ‚Ich'-Text die Frauen sehr berührt hat und diejenigen, die hernach nicht mit im „Apropos" (Kneipe) waren, zu Hause weitergeschrieben haben" (M. N., 1988, S. 8).

Besonders bei Frauen sind karthartische Reaktionen verbreitet. Männer haben eher Angst, ihre Gefühle in der Gruppe zu zeigen.

„Zwei der Frauen ging es während der Meditationsphase nicht gut, der Umbruch zwischen Tagesgeschehen und der sanften Musik (Deuter) kam zu plötzlich, eine fing an zu weinen. Wir konnten sie beruhigen, doch kamen wir überein, bei der Wahl unserer Musik und Entspannungsmethoden sehr vorsichtig zu sein (M. N., 1988, S. 10).

Die Katharsis belebt oft frühkindliche Erfahrungen:

„Beim Vorlesen der Textstelle „Weinend lief ich nach Hause und sagte meiner Mutter, dass ich keinen Vater mehr hätte" bricht sie in Tränen aus. Sie bittet mich, den Text zu Ende vorzulesen. Frau S. ist sehr ergriffen. Sie durchlebt noch einmal das ganze kindliche Leid" (M. M., 1988, S. 42).

Die Katharsis der letzten Sitzung wird oft in der folgenden Sitzung noch einmal aufgegriffen:

„Gleich zu Beginn der Sitzung bemerkte Frau S. , dass sie hoffe, nicht wieder in Tränen ausbrechen zu müssen. Die letzte Stunde hatte sie sehr mitgenommen, und sie berichtete, dass sie noch tagelang an das Geschriebene und Gesprochene gedacht hatte und dass sie noch einmal ihre Beziehung zu ihrem Vater bearbeitet hätte“ (M. M., 1988, S. 42).

Auch die nach einer Sitzung folgenden Träume können Spuren der Katharsis zeigen:

„Gleich zu Anfang der Sitzung berichtete F., dass er von seinem Vater geträumt habe. Er habe ihn im Traum erschlagen und fühle sich stark belastet“ (S. J., 1985, S. 14).

Die Intensität der Katharsis wird vom Beobachter unterschiedlich intensiv wahrgenommen. Wir dokumentieren im Folgenden einen ausgeprägten Fall von Katharsis. Zuerst bringen wir den distanzierten Bericht und dann den tiefergehenden.

„An das Thema Kindheit tasteten wir uns wieder mit einem Fragebogen heran, um an unsere frühesten Erinnerungen zu kommen. Außerdem hatten wir den Tisch mit Kinderspielzeug, Bilderbüchern, Puppen und Teddys dekoriert. Das führte dann allerdings zu einem Gefühlsausbruch eines Teilnehmers, der durch den Teddy an seine Kindheit erinnert wurde in unangenehmster Weise, da seine Mutter alle seine Kuscheltiere und Teddys verbrannte, als er zehn Jahre alt wurde. Nachdem wir den Teddy außer Sicht gebracht hatten, beruhigte sich der Teilnehmer sehr schnell wieder. Die Gruppe war allgemein erstaunt, wie weit die Erinnerungen doch zurückreichten und was alles wieder an die Oberfläche kam“ (U. H., 1988, S. 5).

Dieser Leiter erlebt die Katharsis nur oberflächlich. Der andere Leiter kann tiefer mitfühlen und erlebt die Reaktion auf die Vernichtung der Übergangsobjekte viel eindringlicher. Es wird hier auch der Ansatz einer Gruppenkatharsis beschrieben als Folge der Einzelkatharsis des Teilnehmers.

„An diesem Abend hatten wir den „Arbeitstisch“ vorbereitet, indem wir Kinderbücher, Kuscheltiere, Spiele etc. mitbrachten und dekorativ auslegten.

Während des Schreibvorganges fing ein Teilnehmer zu weinen an und packte den Teddybär unter den Tisch. Der Fortgang des Schreibens wurde kurz unterbrochen, um dem Weinenden die Möglichkeit zu geben, uns den Grund seiner Trauer mitzuteilen bzw. um herauszufinden, welches Gefühl bei der Gruppe entsteht und wie wir zu reagieren hätten.

Über diese Situation, mit der wir gerechnet hatten, sprachen wir schon bei den Vorbereitungstreffen und verhielten uns daher ruhig und tröstend.

Der Teilnehmer erzählte kurz, dass ihm seine Mutter mit etwa zehn Jahren alle seine Kuscheltiere verbrannte, weil er nun erwachsen werden müsse und kein Kind mehr sei. Für ihn aber bedeuteten diese Tiere Zuflucht in eine harmonische Welt, die er anscheinend zu Hause des öfteren vermisste.

Später las er seinen Text vor und bedankte sich für unser Verständnis und die herzliche Teilnahme an seinem Schicksal. Er war sichtlich erleichtert, endlich einmal darüber neu nachgedacht zu haben, als Folge der Schreibübung! **Auch die übrigen Teilnehmer/innen waren von ihren und den anderen Texten erstaunt, weil sie nicht mit der Fülle an Erinnerungen gerechnet hatten**“ (C. B., 1987, S. 6).

Spuren der Gruppenkatharsis als Reaktion auf eine Einzelkatharsis finden sich auch in anderen Berichten:

„Da sehr viele Frauen vorlesen wollten, einigten wir uns darauf, die restlichen Texte ohne anschließendes Gespräch zu hören. Das erwies sich als zu viel; die meisten Texte waren von einer solchen Melancholie und Schwere, dass alle es nicht ertragen konnten, sich nicht dazu zu äußern. Die Erschütterung war bei allen spürbar, und wir versprachen, ein solches Experiment nicht mehr zu machen“ (M. N., 1988, S. 8).

Oft wird bei einer Katharsis und besonders bei einer Gruppenkatharsis eine deutliche Abwehrreaktion sichtbar:

„Uns fiel auf, dass die Schutzmechanismen funkionierten, dass die Gruppenmitglieder deutlich abblockten oder auf eine allgemeine Ebene übergingen, sobald es ihnen zu nahe wurde (U. H., 1988, S. 16).

Es gibt aber auch die Reaktion, mit allgemeinen Deutungen die Katharsis abzuschwächen und abzufangen:

„Die Texte waren im allgemeinen sehr hart! Die Spannung, die diese Texte (Thema: Neurose als Massenerscheinung) auslösten, waren nicht immer einfach zu ertragen. Doch nützten wir in solchen Fällen die Möglichkeit, von **uns** ins **allgemeine** überzugehen, was die persönliche Betroffenheit abschwächte“ (C. B., 1988, S. 20).

Oft kommt aber die Katharsis auch nicht zum Vorschein. Es entstehen stattdessen Schreibblöcke. Da lassen sich Schreibblöcke von Einzelnen beobachten:

„Eine Teilnehmerin saß auch an diesem Abend aufmerksam beobachtend am Tisch, gab aber ihre einzelnen Worte nicht preis“ (C. B., 1988, S. 8).

Es gibt Rationalisierungen, wenn der Block von Einzelnen angesprochen wird:

„Eine Frau blieb im Kurs bis zum Schluss eher verschlossen und skeptisch. Sie kenne einen Schreibprozess eigentlich nur alleine zu Hause unter bestimmten Umständen, die sie nicht weiter erklären wollte, bemerkte sie“ (C. B., 1988, S. 13).

Die Gruppe spaltet sich. Ein Teil blockt das Schreiben ab, ein anderer Teil legt die Texte vor:

„Die Übung brachte unterschiedliche Ergebnisse; während einige die Anfangsschwierigkeiten beim Schreiben überwunden hatten, war bei anderen die Zensur immer noch recht stark, so dass sie nach dem Assoziieren stecken blieben“ (U. H., 1988, S. 6).

Bei Gruppenblöcken gibt es unterschiedliche Begründungen. Die Texte seien nun zu persönlich, sie seien stilistisch nicht gut, oder sie seien so gelungen, dass sich jede weitere Diskussion erübrigt:

„Unsere Halbzeitdiskussion ergab, dass die Texte im Laufe unserer Sitzungen immer persönlicher geworden waren, so dass die Frauen sie nicht mehr so gerne vortragen wollten. Andere glaubten, in Textvergleichen feststellen zu können, dass die ihrigen nicht so gut wären wie die anderen. (Reaktion: Man bemerkt die Fehler im eigenen Text viel stärker als die der Anderen.) Oft kommen auch keine Diskussionsbeiträge, weil der Text zu beeindruckend, klar und rund ist, er soll nicht zerredet werden“ (M. N., 1988, S. 13).

Manchmal wird auf belastende Texte einfach durch Gruppenschweigen reagiert:

„Einige Texte waren so eindrucksvoll, dass niemand etwas dazu sagen konnte und wollte“ (M. M., 1988, S. 44).

Diese Gruppenblöcke können sich aber auch langsam wieder auflösen. Sie setzen dann besonders fruchtbare Augenblicke des kreativen Schreibens frei:

„Nach dem Schreiben wollte keine so richtig vorlesen – großes Schweigen. Die Gruppensituation war bedrückend. Dann wurden doch noch Texte vorgelesen. Da diese sehr persönlich waren, haben sie viel bewegt bei den anderen Frauen. Die Stimmung war geprägt durch Bewegtheit, Unbehagen und Unsicherheit. Die Deutung der Texte war stark vom Gefühl bestimmt. Es entstanden Dialoge, Erfahrungsaustausch zwischen einzelnen Frauen. Die Besprechung der Texte führte schnell immer wieder weg vom Text der Autorin zu der eigenen Person“ (C. B,. 1988, S. 5).

Schreibblöcke reichen aber auch weiter zurück. Besonders die Schule wird als Produzent von Schreibblöcken erkannt:

„Viele Teilnehmer sind durch die Schreibübung auf das Thema Schule gestoßen. Wir sprechen über die Angst vor schlechten Noten, über den Leistungsdruck. Wir kommen zu dem Schluss, dass durch die weitverbreitete Schulangst deutlich wird, wie wenig Kreativität in der Schule gefördert und zugelassen wird.

Unser Kurs soll nicht zum verlängerten Arm der Schule werden, sondern ermöglichen, dass wir einen Zugang zum Unbewussten bekommen und unser kreatives, verschüttetes Potential fördern" (A. K., 1985, S. 21).

Produktive Situationen im kreativen Schreibprozess

Die Bewältigung der Regressionen im Schreibprozess eröffnet vielfältige Progressionen. Gerade die Progressionen, die das Ich stärken und seinen Zugang zum poetischen Selbst und Wir verbessern, sind das Fundament der Poesiepädagogik. Sie gelingen in den fruchtbaren Augenblicken, die immer eine dunkle und eine helle Seite haben. Progression hat immer etwas mit der Ratio zu tun. Ratio erscheint im kreativen Schreiben ganz deutlich in Prozessen der Textdeutung.

„Wehmütige Erinnerungen und Konflikte konnten durch das Aufschreiben, Vorlesen und gemeinsames Besprechen poetisch gebannt, verarbeitet werden" (M. M., 1988, S. 34).

Oft wird der Verzicht auf Textdeutung schnell rückgängig gemacht:

„Die Texte sollten jetzt nur vorgelesen werden, ohne sie danach zu besprechen. Besonders ein Text hat die Runde so betroffen gemacht, dass es nicht möglich war, für sich zu behalten, was man in dem Moment sagen mochte.

Wir verabreden nach diesem Abend, dass wir Texte nicht mehr unkommentiert lassen" (C. B., 1987, S. 7).

Manchmal ist aber auch die Unterlassung der Deutung richtig: Wenn sie z. B. zu persönlich, zu „wild" war.

„Bei der Besprechung der Texte, die am Abend zuvor zu analytisch verlief und teilweise Aggressionen weckte, sollte an diesem Abend die Persönlichkeit der/des Schreibenden **nicht gedeutet werden, damit auch zögernde Leute sich trauten, vorzulesen**" (C. B., 1987, S. 10).

Schon durch das Vorlesen kann sich eine heilsame rationale Distanz zu den Texten herstellen:

„Nach der Schreibübung lag erst eine unangenehme Stille im Raum, die durch das Vorlesen der Texte langsam verging. **Obwohl die Texte auch Ängste ausdrückten, war das Vorlesen eine Hilfe, mit den aus dem Unterbewusstsein auftauchenden Bildern zurecht zu kommen**" (C. B., 1987, S. 6).

Allerdings ist die Textdiskussion das beliebteste Mittel, mit den Gefühlen, die sich im kreativen Schreiben freisetzen, fertig zu werden. Textdiskussionen eröffnen aber auch fruchtbare Augenblicke, um sich in die Geheimnisse der Bewältigung der Gefühle durch Stil und gezieltes ästhetisches Feedback einführen zu lassen:

„Textdiskussionen veränderten die Ansicht der Frauen zu ihrem Text. Die Autorinnen werden im Laufe der Besprechung immer ruhiger, sicherer in der Interpretation ihrer Texte, erhalten neue Anregungen und lernen dadurch, ihre gewünschte Aussage mit Mitteln auszudrücken, von denen sie erfahren haben, dass der Inhalt mit ihnen transportiert wird (Stilmittel) oder erfahren, wie anders/falsch ihr Text verstanden werden kann (M. N., 1988, S. 20).

Das Moment des Spieles in vielfältigen Formen trägt weiter zur Bewältigung der Gefühle bei. Der Einsatz geeigneter Musik, schon als Schreibstimulus, wirkt belebend:

„Die Textarbeit wurde durch die vorausgegangene Klangarbeit als Stimulus aber positiv beeinflusst. Sie setzte eine Lebhaftigkeit in Gang, die sich in den Texten, der Arbeitsatmosphäre und der sich anschließenden Textbesprechung wiederspiegelte" (C. D., 1988, S. 20).

Die Verbindung von Malen und Schreiben gibt Anregung und Halt:

„Das Blitzlicht ergab, dass die Idee, von anderen Frauen gemalte Bilder als Schreibanregung zu verwenden, gut war. So wurden mehrere Personen an einem gemeinsamen kreativen Gestaltungsprozess beteiligt. Es wurde mit Spannung erwartet, was die Nachbarin zum eigenen Bild geschrieben hatte" (M. N., 1987, S. 11).

Besonders mit wechselnden Stimuli ist gute Textarbeit zu erzielen:

„Unsere Methode, aus den verschiedensten Dingen Schreibanregungen zu gewinnen, wurde als spannend empfunden, da so Geschichten entstehen, die sonst nie geschrieben worden wären (M. N., 1987, S. 16).

Kollektives Textverfassen bessert immer die Stimmung in der Schreibgruppe auf und kann nach vorherigen tiefen Regressionen die Kreativität wieder anfachen. Anstelle von selbstbetroffenen Texten entstehen dann oft wir-betroffene Texte, die für den Einzelnen sehr entlastend sind:

„Die Abfassung unseres gemeinsamen Textes dauerte lange, ist aber sehr fantasievoll und witzig, so dass wir genussvoll in den zweiten Teil übergehen können.

Am ‚Wir' wird ebenfalls lange geschrieben, und je mehr Texte vorgelesen werden, desto offensichtlicher wird es, dass dieses ‚Wir' nicht die Schreibgruppe ist, sondern dass viel allgemeiner über Beziehungen nachgedacht wurde" (M. N., 1987, S. 16).

Kollektives Schreiben nutzt den Einzelnen und der Gruppe:

„Mein Eindruck war, dass das gemeinsame Schreiben außerordentlich beflügelnd wirkte und ein gutes Mittel darstellt, um in einer gefestigten Gruppe ein gutes Klima zu erzeugen" (R. H., 1989, S. 36).

Viel zu wenig wird beim kreativen Schreiben die Bedeutung des Stils für die Nutzung der „fruchtbaren Augenblicke" gewürdigt. In fast all unseren Schreibgruppen wurde die Arbeit am Stil zum wichtigen Bestandteil der Nutzung der Chancen des kreativen Schreibens. Es wurden bei uns die verschiedensten Stil-Mittel eingesetzt und auf ihre Wirkung untersucht. Auch von Teilnehmern werden hier Entdeckungen gemacht: Sie entdecken z.B. den Wert der Verdichtung und der Veröffentlichung:

„Die Teilnehmerinnen haben einen anderen neuen Weg gefunden, sich auszudrücken. Die Gedichte sind kurz, jedoch sehr ausdrucksvoll. Irgend jemand kommt auf die Idee, die Gedichte für alle Teilnehmer abzudrucken, und niemand hält sich zurück (A. K., 1985, S. 26).

Auch der Wert der Wortwiederholung wird in unseren Schreibgruppen schnell erkannt:

„Zum anderen wollen wir einen neues Stilmittel einführen, das der Wortwiederholung.

Diesen Weg der Stilmittelverwendung und -analyse wollen wir weiter beschreiten, denn durch die Überlegung, warum an welchem Platz welches Stilmittel verwandt wird, kann man über den Textinhalt und den emotionalen Inhalt hinaus einen Weg zu den Autoren/innen finden" (M. N., 1987, S. 11).

Ein einfaches Stilmittel, das oft zum Umschalten auf Progression führt, ist der Einsatz von Reimen:

„Mit der Vorgabe „Über allen Wipfeln ist Ruh" schrieben dann alle noch einen kleinen Reim, der reihum vorgelesen wurde. Die sehr witzigen Reime haben uns zum Schluss nochmal gut zum Lachen gebracht" (C. B., 1987, S. 11).

Am Schluss der Schreibgruppe ein witziges Reimgedicht zu produzieren hilft dem Ich bei der Auflösung von Schreibblöcken und bei der Bewältigung und Gestaltung seiner aufgebrochenen Gefühle:

„Dennoch war nur eine Frau bereit, ihren Text vorzustellen, so dass wir nach dessen Besprechung spontan beschlossen, Gedichte verfassen zu lassen. Der erste Satz sollte lauten: „Es war einmal ein Elefant…", um die gedrückte Stimmung aufzulockern.

Jede der Frauen lass reihum ihr Gedicht vor, und es wurde sehr amüsant. Mit diesem guten Gefühl verabschiedeten wir uns" (M. N., 1988, S. 15).

Viele poetische Stilmittel sind erfunden worden, um das Unsagbare sagbar zu machen, um das Unheimliche fassbar, um die Angst in Worte und Geschichten zu bannen. Das Märchen ist eine hervorragende Stilform, um mit einer elenden Situation zu beginnen, durch die Nacht zu gehen und am Schluss zur Lösung des Problems zu finden. Märchenschreiben hatte in unseren Gruppen (bei striktem Festhalten am Happy-End) die besten Erfolge:

„Märchen schreiben zu lassen erwies sich als eine gute Lösung, die Gruppenmitglieder zum Vorlesen zu inspirieren.

Persönliche Probleme konnten so verschlüsselt dargestellt werden, da sie keine Hemmung mehr bildeten, die Texte vorzutragen“ (M. N., 1988, S. 14).

Auch der expressionistische Stil, der den Aufbruch der Generationen um 1910 begleitete und der versuchte, die Leistung der Psychoanalyse mit poetischen Mitteln zu erreichen (vgl. L. v. Werder: Schreiben als Therapie. München 1988, Kapitel 5), hat sich als hilfreich bei der Entfaltung der fruchtbaren Augenblicke erwiesen. Wenn die Verschlüsselung der Texte auch zunimmt, so ist doch die Gestaltungsqualität dieser expressiven Texte bedeutend höher:

„Im Gegensatz zu den biographischen Texten waren die expressionistischen Texte kürzer und präziser. Das Ich war mehr verschlüsselt, und wir mussten erst durch die Textdeutung einen Weg dazu finden“ (C. B., 1987, S. 22).

Die emotionellen Probleme werden in diesen Texten soweit verdichtet, dass sie in ihnen auch zugleich verschwinden:

„Es entstanden sehr interessante Texte, die sich von der Verdichtung her von den biographischen Texten deutlich unterschieden“ (C. B., 1987, S. 19).

Die Verbindung von Schreiben und Musik hilft bei der Nutzung der Schreibchancen. Die Musiktherapie kennt den Wert des aktiven Musizierens. In unseren Schreibgruppen wird deshalb versucht, die im Schreibprozess entwickelten Gefühle, unabhängig vom Text, in Laute und musikalische Tonbilder umzusetzen:

„Zum Schluss dachten wir uns noch etwas Auflockerndes aus. Alle aufgestauten, unangenehmen Gefühle, aber auch alle positiven Kindheitserinnerungen sollten klanglich umgesetzt werden, und es entstand tatsächlich ein kleines Musikstück“ (C. B., 1987, S. 7).

Am Ende jeder Schreibgruppe muss das Positive stehen. Positiv kann es auch sein, wenn das Wort „ja“ gesungen wird:

„Es gab im Anschluss an die gelesenen Texte eine lange Diskussion über die Passivität, die oft in Beziehungen vorherrscht, die lähmt und von der alle loskommen wollen. Der Abend endete mit einem musikalischen Apell! Das Stück hieß: „ja“. Dieses kleine Wort wurde auf verschiedene Weise gesprochen/gesungen und löste ein wenig die Knoten der Unschlüssigkeit“ (C. B., 1987, S. 9).

Der häufige Stilwechsel wirkt belebend und ermöglicht eine vielfältige Verdichtung der Gefühle. Die Krise verliert in unterschiedlicher Sprachgestalt etwas von ihrer sprachlosen Nähe und bedrückenden Gewalt:

„Es hat sich als von großer Wichtigkeit gezeigt, dass wir in unserer Gruppe nicht nur jedesmal ein neues Thema gestellt haben, sondern die Schreibmethoden ständig erweitert haben. So sind wir von der einfachen Assoziationskette zum ‚Cluster' übergegangen, haben Experimente mit verschiedensten Stilmitteln eingeführt, das ‚Widerspruchscluster' erprobt und mit automatischem Schreiben experimentiert.

Als ständig anregend/überraschend ergab sich das assoziative Reimen" (M. N., 1987, S. 19).

Stilentwicklung und Stilverwandlung deuten auf tiefere innere Entwicklungen der Schreiber hin. Die Entfaltung der Person drückt sich im Stil aus:

„Interessant zu beobachten war, wie sich der Schreibstil bei den einzelnen veränderte. Fingen die einen bei einer Art Aufsatzstil an und gelangten dann zu sehr bilder- und metaphernreichen Texten, so nahmen andere den Weg von sehr Verschlüsseltem hin bis zu ganz konkretem Ausdruck" (G. K., 1985, S. 11),

Die Veränderung des Schreibstils in der Gruppe geht mit wachsendem Selbstbewusstsein einher:

„Alle der Befragten gaben zu, dass sie sich anfangs mehr zurückgehalten hätten, da die Gruppe mehr oder weniger einschüchternd auf sie gewirkt hätte. Von Mal zu Mal wären sie dann lockerer und entspannter geworden. Das machte sich dahingehend bemerkbar, dass sie beim Schreiben sicherer und selbstbewusster geworden sind und ihre Texte eine qualitative Verbesserung aufzeigten. Eine der Teilnehmer gab an, dass sie zum Ende der Gruppe hin mehr „Tiefe" in ihren Texten wiederfand, wohl ein Hinweis darauf, dass sie sich beim Schreiben mehr „fallenlassen" und „öffnen" konnte" (J. R., 1989, S. 70).

Vielfältige mini-therapeutische Prozesse begleiten den Schreibprozess. Die Unentschiedenheit klärt sich. Die poetische Verdichtung macht die eigentlichen Probleme deutlicher greifbar und eröffnet Lösungsperspektiven:

„Schreiben hilft in Zeiten, in denen man sich von Gefühlen hin- und hergerissen fühlt und sich nicht in der Lage sieht, die eigene Situation zu konkretisieren und besser zu analysieren. Im Schreibprozess wird eine diffus scheinende Problemsituation verdichtet, was oftmals helfen kann, Konflikte zu bewältigen" (J. R., 1989, S. 68).

In unseren Schreibgruppen wurden verschiedene Aspekt der Selbst-und Fremdtherapie als Anteil des Schreibens entdeckt und benannt. Einmal stärkt der Schreibprozess in der Gruppe das Wir-Gefühl. Es entsteht Vertrauen, und Vertrauen stärkt das Selbstwertgefühl:

„Die Gruppenmitglieder erzählten, offen wie nicht zuvor, aus ihrer Kindheit, erzählten persönliche Dinge und wurden sich so untereinander wesentlich vertrauter" (C. D., 1988, S. 10).

Das Ausdrücken geheimer Gefühle, die einen als Einsamen schrecken, wirkt befreiend. Der Schutz der Gruppe, das Medium der Schrift unterstützten die seelische Erleichterung. Die Mehrheit der Teilnehmer berichteten, dass sie sich nach dem Schreiben erleichtert und zufrieden fühlten. Die folgenden Worte einer Befragten betonten diese kathartische Wirkung des Schreibens: „Ich kann mir alles von der Seele schreiben" (J. R., 1988, S. 67). Aber die Entlastung kann auch steckenbleiben. Eine der Befragten berichtete, dass das Schreiben sie „aufwühlt" und dieser Zustand „auch nach dem Schreiben noch anhält, so dass sie sich erschöpft und müde fühlt, was auf eine starke emotionale Beteiligung beim Schreiben deutet" (J. R., 1988, S. 67).

Nach der Abreaktion von Gefühlen wird auch der Bezug zum Partner verbessert:

„Die Frauen äußern, dass die Auseinandersetzung mit bestimmten Themen, z. B. der Kindheit und Jugend, ein befreiendes Gefühl in ihnen hervorruft, und einige sind auch in der Lage, mit ihrem Partner darüber zu sprechen" (A. K., 1985, S. 25).

In den Schreibgruppen zeigte es sich bald, „dass die Teilnehmerinnen über das Besprechen dieser sehr persönlichen Bereiche in einer Atmosphäre des Miteinander-vertraut-seins begannen, zusammenzuarbeiten" (M. M., 1988, S. 42).

Gerade die Arbeit an Kindheitserlebnissen kann in wohldosierter Weise zur Schaffung eines kräftigenden Wir-Gefühls beitragen:

„Die Gruppenmitglieder erzählten ausnahmslos über Bereiche ihrer Kindheit und lernten sich dabei untereinander viel besser kennen. In dieser Sitzung konnten Grundvoraussetzungen geschaffen werden, auch in weiteren Kurstreffen mit biographischen Themen zu arbeiten" (C. D., 1988, S. 59).

Die Entwicklung des Wir-Gefühls ist eine Angelegenheit, die Zeit und Emphatie der Anleitung braucht:

„Es waren auch spezielle Themen dabei, die die Teilnehmer sehr aufwühlten. Lange Verdecktes, Unterdrücktes kam plötzlich wieder hoch. An solchen Abenden war es dann nötig, jedem beim Lesen und Erzählen viel Zeit zu lassen und ausführlich und behutsam auf das Vorgetragene einzugehen" (C. K., 1985, S. 10).

Damit dort, wo Es war, Ich wird, müssen viele rationale Erkenntnisse in den fruchtbaren Augenblicken des Schreibens und der Deutung gewonnen werden. Die Erkenntnisse werden zum kognitiven Schatz der Gruppe wie des Einzelnen. Kognitive Erkenntnisse können übertragen werden und im Alltag außerhalb der Gruppe verwendet werden. Sie sind das wirkliche Ziel und der Kern des poetischen Selbst, in dem alle Gefühle die höchste rationale Läuterung finden. Jeder, der solche rationalen Kräfte erlebt hat, erlebt auch eine Veränderung seiner sozialen Wahrnehmung und seiner sozialen Umgangsformen. Selbst und Umweltveränderung fallen dann zusammen. Was ganz privat begann, kann so gesellschaftlich für konkrete Lebenswelten die Bedeutung der sozialen Veränderung gewinnen. So wird das kreative Schreiben ein Teil der neuen Kultur von unten, der Gesellschaftsveränderung von der Basis her. Kreatives Schreiben ist so Basislaientherapie in demokratischer Absicht:

„Die persönlichen Erkenntnisse, die der Kurs gebracht hat, erstrecken sich vor allem auf die eigene Kindheit, das Verhältnis zu den Eltern, aber auch auf die Selbsterkenntnis. Das Erlebnis, dass andere Kursteilnehmer ähnliche Probleme haben, ließ die Gruppe langsam zusammenwachsen, schaffte eine vertraute Atmosphäre.

Im Umgang mit anderen Personen sind die Kursteilnehmer wacher, sensibler geworden. Sie haben gelernt, aufmerksamer zuzuhören" (A. K., 1985, S. 30).

Die Texte der Schreibgruppen sind Dokumente von großer Dauer. Sie eröffnen auch den Rückgriff auf die eigenen Grundprobleme in späterer Zeit. Sie bringen Kontinuität und Struktur in den Fluss der eigenen Gefühle, Gedanken und inneren Bilder. Sie helfen bei der Sublimation von Aggression und Frustration in ästhetisch befriedigendes Gestalten. Sie sind damit ein Vorgriff auf die Utopie des gelungenen Diskurses:

„Meist existieren innere Bilder bereits, sind aber unintegriert oder unverständlich und bedrohlich und schwächen damit unter Umständen den Einzelnen statt ihn durch Verstehen der inneren Befindlichkeit zu stärken.

Die entstandenen Bilder und Texte konservieren Erfahrenes und zeigen zurückgelegte Wegstrecken.

Zusätzlich werden kreative Fähigkeiten freigesetzt, durch die Hoffnung und Zuversicht vermittelt werden kann. Der schöpferische Umgang kann destruktive Emotionen wie Aggression in Konstruktivität umleiten und relativiert sie damit.

Gefühle von Stolz über die eigene Arbeit werden gefördert. Das kreative Arbeiten kann helfen, unnötige Spannungen abzubauen, ehe sie selbst destruktiv den Erfahrungsprozess in der Gruppe behindern" (C. D., 1988, S. 84).

Die besondere Hilfe der Gruppe bei der schriftlichen Bearbeitung seelischer Belastungen ist für viele Teilnehmer das erstaunliche Resultat ihrer Gruppenzugehörigkeit. Nach dem Ende der Gruppe konnten allerdings viele allein zu Hause, angesichts von Zensur und Widerstand, nicht weiter schreiben.

„Bis auf eine Teilnehmerin, die angab, zu Hause besser schreiben zu können, weil sie dort mehr Ruhe findet und sich selbst aussuchen kann, worüber sie schreibt, empfanden es die anderen als sehr angenehm, in der Gruppe zu schreiben. Die meisten klagten darüber, seitdem weniger geschrieben zu haben, und eine der Befragten hatte festgestellt, dass sie zu Hause nur noch schwach oder gar nicht schreiben konnte. Ihr fehlte die Motivation von außen und der Wettbewerb in der Gruppe, den sie als sehr stimulierend empfand. Es wurde auch darauf hingewiesen, dass die Gruppe einen wichtigen Deutungs- und Auseinandersetzungspartner darstellt, der zu Hause fehlt. Betont wurde auch, dass zu Hause immer nur extreme Stimmungen zum Schreiben führen und es als sehr angenehm empfunden wurde, ohne solche Anlässe, sozusagen schon vorbeugend, zu schreiben. Schreiben in der Gruppe war als Möglichkeit zu nutzen, es erst gar nicht zu einem starken inneren Leidensdruck kommen zu lassen, sondern diesem durch kontinuierliches Schreiben vorzubeugen" (J. R., 1989, S. 70).

Die Rolle des Leiters im Schreibprozess

Auch die Rolle und die Konflikte der Anleitung im Schreibprozess werden in den Gruppenberichten vielfältig erhellt. Der Anleiter muss eine besondere Sensibilität beim Einsatz der Spiele und Projekte haben. Die Szenarien können zu früh oder zu spät oder auch rechtzeitig eingesetzt werden. Auch das Gefühl für Unter- und Überforderung, Über- und Unterladung der Sitzungen ist wichtig:

„Die Planung der Sitzung erscheint mir im nachhinein als relativ chaotisch; sie war zu überladen und vollgestopft. Brainstorming **und** poetische Texte gaben zuviel Anregungen, die neue Form der Textbearbeitung verwirrte zusätzlich" (R. H., 1989, S. 28).

Der Anleiter muss die fruchtbaren Augenblicke erkennen und nutzen um „die Teilnehmer/innen von einer distanzierten, objektiv deutenden, wertenden Redeweise **über** die Texte zu ihren eigenen Erlebnissen zu bringen" (R. H., 1989, S. 10).

Die Anleitung sollte für Kritik der Teilnehmer offen sein und einschätzen können, ob Kritik und Vertrauen gut ausbalanciert sind:

„Ich zog aus diesem Vorfall die Schlüsse: Offenbar war das Vertrauen der TeilnehmerInnen schon groß genug, um das Risiko einzugehen, mich als Anleiter zu kritisieren" (R. H., 1989, S. 18).

Die Teilnehmer reagieren auf Störung der kognitiv-emotionalen Balance oft sehr kritisch:

„Bei der Rückkopplung von Seiten der Gruppe wurde unser Anleiterverhalten und unsere Gesamtpersönlichkeit sehr unterschiedlich beurteilt. Manche spürten die Unsicherheit, ob wir uns vom Konzept, das ja Grundlage für den Kursplan war, wegbewegen sollten, um uns mehr an der Gruppe zu orientieren oder ob sich die Gruppe an unsere Vorgaben halten sollte“ (C. B., 1987, S. 13).

Die Anleitung gerät oft in die Gefahr sich zu überfordern. Die Gruppenkatharsen bringen den Anleiter in die Gefahr, von den Gefühlen der Gruppe und von seinen eigenen Gefühlen überschwemmt zu werden. Er muss sich oft auf eine gewisse Distanz zurückziehen, um weiter leiten zu können. Oft sind die Gruppen auch nur im Team zu leiten:

„In dieser Sitzung hätte ich mir eine Co-Leitung gewünscht. Ich spürte, wieviel mein eigener Text in mir aufwirbelte, hatte aber nicht das Vertrauen in die Kompetenz der Gruppe, um meine Rolle als Leiter aufzugeben. An diesem Konflikt wurde mir klar, wie wichtig es ist, bei alleine geleiteten Gruppen auf jeden Fall auf die Besprechung brisanter Texte des Leiters, evtl. sogar auf ihren Vortrag, zu verzichten. Das Gegenteil wäre nur möglich, wenn jemand da ist, der Unterstützung geben kann, was die Teilnehmer/innen der Gruppe in der Regel überfordern dürfte“ (R. H., 1989, S. 21).

Gerade die Doppelfunktion von Anleitung und Betroffenheit setzte vielen Anleitern zu:

„Für mich stellte sich immer wieder das Problem, wie ich die Gruppe lenken kann, wenn ich von einem Thema besonders betroffen war. Eine große Hilfe waren dann die anderen Kursleiter, weil ich mich bewusst aus der Diskussion herausziehen konnte oder neue Anregungen von den anderen bekam“ (S. S., 1985, S. 10).

Die Anleiter mussten zur Bewältigung der Doppelfunktion oft die eigene Betroffenheit zurückstellen:

„Meiner Meinung nach haben wir in jeder Sitzung auch eigene persönliche Dinge eingebracht. Wir haben natürlich darauf geachtet, dass hauptsächlich zuerst die Teilnehmerinnen zu Wort kommen“ (A. K., 1985, S. 31).

Allerdings ist die Entwicklung der Fähigkeit der selbstkritischen Aufmerksamkeit auf sich und auf die Gruppe nicht leicht zu lernen:

„Oft setzten wir uns selber unter Druck, fühlten uns für alles und jeden in der Gruppe verantwortlich, z. B. für längeres Schweigen, und wir bezogen den Grund dafür auf uns bzw. unsere Funktion als Anleiter“ (T. P. u. a., 1988, S. 20 ff.).

Es gibt jedoch richtige Naturbegabungen, die sich auch als Anleiter völlig in die Gruppe integrieren können:

„Nach anfänglichen Schwierigkeiten und Unsicherheiten konnte ich zwanglos in der Gruppe mitarbeiten. Durch die kleine Gruppe und deren Bereitschaft zum Schreiben verlor sich bald das Gefühl, einer der Kursleiter zu sein, d.h. verantwortlich zu sein für einen glatten Ablauf, es wurde für mich eine Selbsterfahrung (S. J., 1985, S. 17).

Das aber ist wohl eher selten. Der Konflikt zwischen Leitungsfunktion und Selbstbetroffenheit bleibt bestehen. Er erhält besondere Lösungsvorschläge. Der Wunsch, über therapeutische Qualifikation zu verfügen, macht sich häufig bemerkbar:

„Die Anleiterrolle hatte ihre Grenzen dort, wo wir in eigenen Texten etwas von uns gezeigt hatten und somit ins Gruppengeschehen einbezogen waren. Die typische Distanz zwischen Anleitern und Teilnehmern war verwischt, die Funktion eines „literarischen Animateurs" manchmal noch etwas unbestimmt. Durch die schreibende Auseinandersetzung mit der eigenen Biographie können starke Gefühle bei den Teilnehmern ausgelöst werden, die manchmal besser in einer therapeutischen Situation aufgearbeitet werden könnten" (A. R., 1987, S. 6).

Jedoch können die Probleme der Anleitung auch als Anfangsprobleme sich zu erkennen geben. Die Gruppe übernimmt selbsttätig die Leitung und entlastet damit die Anleiter. So schreibt eine Anleiterin:

„In der ersten Sitzung lernen sich die Frauen kennen und bringen in ihren Texten vornehmlich ihr Tages-/Wochengeschehen ein.

In der dritten Sitzung treten Probleme mit unserer Anleiter-Tätigkeit auf, es gibt Diskussionen um unsere Richtlinien und Vorgaben. Dann klärt sich die Situation (die Frauen standen für ihre Forderungen nicht ein), die Gruppenteilnehmerinnen machen sich die von ihnen als sinnvoll erkannten Vorgaben zu eigen und arbeiten aktiv daran, die Gruppe zu entwickeln. Dinge, die den Rahmen des Kurses sprengen würden, werden von ihnen selbst im Zaum gehalten.

Unsere Aufgabe besteht jetzt nur noch darin, Anregung zu geben und Informationen zu vermitteln" (M. N., 1988, S. 19).

Der Anleiter muss manchmal starke regressive Erfahrungen verkraften. Er macht manchmal in regressiven Schreibphasen Reisen in die Unterwelt des Unbewussten, wie die Urpoeten und die Schamanen. Hier ein Beispiel:

Eine kollektive Geschichte wird aktiv imaginierend von der Gruppe geschrieben (Modell: katathymes Bilderleben nach Hans Karl Leuner). Die kollektive Geschichte handelt von der Reise in eine Höhle, in der verschiedene Tiere auftreten werden, danach geht die Reise zu einem See, in den ein Gruppenmitglied hineinspringt: „Die Flut sog mich tiefer und tiefer. Auf dem Meeresgrund schien die Sonne hell" (R. H., 1989, S. 49). Das Mitglied verfällt nun in einen magischen Bann und kann sich nur durch ein „Zerbeißen" dieses Bannes retten. Aber der magische Größenwahn hält ihn noch gefangen. „Ich war Leben und Tod, Erfolg und Misserfolg, Tränen und Freude zugleich... Es gab nun nichts mehr, wonach ich mich sehnte" (R. H., 1989, S. 50). Dann erfolgt die Rückkehr, die mit Reue und Schuldgefühlen sowie nachträglicher Angst über die Reise einhergeht. Der Gruppenleiter hat nun Anmerkungen gemacht, wie er selber diese Reise erlebte. Hier sein Kommentar zu diesem Weg in die Höhle, zum See und zur gelungenen Rückkehr:

„Gucken wir mal runter und schauen uns die Tierwelt an... Ich traue mich, richtig runterzugehen und wage mich in den Tunnel. Jetzt sind wir mittendrin. Geheimnisvolle Helfer stehen uns bei. Ich weiß, wo es lang geht. Ich bin nicht nur mittendrin, ich bewege mich darinnen. Ich schmeiße mich so richtig rein... Ich werde gefesselt. Hilfe! Mund auf, biß und frei... Wieso bin ich Trottel nur mit euch gegangen? Jetzt aber zurück!... Ich gehe zurück... Ich weiß nicht mehr weiter. Der Versuch, sehr tief hineinzugehen, wird beendet. Irgendetwas wird zu heiß... Jetzt reichts. Solche Geschichten gefallen mir gar nicht. Ich will was anderes... Mehr Dämpfung! Ich will's weicher" (R. H., 1989, S. 48–51).

Die Regression der Gruppe und des Leiters entspricht in einigen Punkten der Jenseitsreise der Schamanen, dem Urbild der Therapeuten und Poeten, den Praktikern der Wortmagie. Diese Reisen haben in den höheren Übungen des katathymen Bilderlebens als Reise in den „Sumpf" oder in die „Höhle" ihre wissenschaftliche Entsprechung. Der Schamane geht auf der Reise ins Jenseits durch einen Tunnel, kommt auch zu einem See in einer entsprechenden Landschaft, dann kommt die Begegnung mit schützenden Krafttieren oder gefährlichen Bestien. Das Größenerlebnis des **poeta vates** tritt ein. Es kann nicht festgehalten werden. Der Rückweg wird erkämpft. Der Höhlenausgang wird wieder erreicht. Diese Reisestationen machen offensichtlich nicht nur die Schamanen, auch moderne Zeitgenossen auf dem schamanistischen Weg durchleben die gleichen Stationen (vgl. Die moderne Schamanenreise. In: M. Harner: Der Weg des Schamanen. Reinbek 1988, S. 60 ff, 115–126).

In der Literaturgeschichte ist die Jenseitsreise von alters her ein zentrales Motiv. Sie beginnt mit den Jenseitsreisen von Gilgamesch in die Unterwelt, von Orpheus in die Totenwelt, hat ihre Entsprechung in Dantes Weg in die Unterwelt in der „Divina comedia" und tritt in modernsten Dichtungen wie im „Tod des Vergil" von Hermann Broch oder R.M. Rilkes „Sonette an Orpheus" wieder auf. „Der märchenhafte Jenseitswanderer, dieser Held der Schamanenpoesie, ist nicht nur im homerischen Odysseus, sondern auch im Parzival Wolfram von Eschenbachs, in Shakespeares „Hamlet" und „Lear", in Goethes „Faust", in Grillparzers „Jason" und manch anderer Gestalt der neuzeitlichen Dichterfantasien wiederzuerkennen" (W. Muschg: Tragische Literaturgeschichte. Bern 1957, S. 33). Der Anleiter, der diesen Abstieg zur Quelle der magischen Poesie zum Urbild des **poeta vates** in Schreibgruppen anleitet oder erlebt, muss sich auf einen gründlichen Individuationsprozess gefasst machen, um sich vom Mana-Bewusstsein zu befreien und von der Kraft der Archetypen. Auch unser Anleiter der Jenseitsreise trat nach Abschluss der Reise in einen Prozess intensiver Durcharbeitung seines Erlebnisses ein. Er beurteilt sein Erlebnis nun skeptisch:

„Im katathymen Bilderleben wird das Motiv der Höhle erst in der sog. Oberstufe eingesetzt, weil es stark verdrängtes Material zutage fördern kann, das natürlich Angst auslöst. Deshalb führte ich auch nicht direkt **in** die Höhle, sondern beendete die Vorgabe vor der Höhle, um den Teilnehmern die Entscheidung zu überlassen, ob sie den Tiefenbereich aufsuchen wollten oder nicht. Die Dynamik der Gruppe sog sie aber dann doch immer tiefer „in die Flut", wie das Bild lautete. Nachträglich besehen halte ich ein langsames Herangehen an die Welt der inneren Bilder über die „harmloseren" Vorstufen der Wiese, Bach usw. für angemessener (R. H., 1989, S. 54).

Die Anleitung muss die Balance zwischen Widerstand und Freiheit bewältigen:

„Ich finde es immer wieder schwierig, die Balance zu halten zwischen dem legitimen Interesse von TeilnehmerInnen, über Probleme auch nicht zu reden und der Notwendigkeit, zu intervenieren, weil sie es in indirekter Form (Vermeidung, Widerstand, Projektionen etc.) doch tun" (R. H., 1989, S. 32).

Oft muss die Anleitung paradox intervenieren, hinter der Schwäche die Stärke aufzeigen, hinter der Verzweiflung die Hoffnung, hinter Regression die Progression:

„Christa wird als sehr schroff empfunden, weil sie lieber mit den „Affen" als den anderen TeilnehmerInnen zu tun hatte. Sie verfällt in eine sehr regressive Stimmung von Zerknirschung und Selbstanklage. Ich versuche eine Umdeutung: es zeige doch ihr Vertrauen, dass sie eine solche Abgrenzung zu formulieren wagt. Das erweist sich als sehr wirksam, Christa taucht wieder auf und meint, dies hätte die Dinge wieder gerade gerückt" (R. H., 1989, S. 36).

Die Vielfalt der „fruchtbaren Augenblicke" und die Komplexität der Anleitertätigkeit in den unsteten Bildungsprozessen des kreativen Schreibens wird in den empirischen Dokumenten aus den Schreibgruppen deutlich. Damit zeigt sich auch, dass die Poesiepädagogik nur als Einheit von Empirie und Theorie sich entwickeln kann. Umrisse der Theorie der Poesiepädagogik sollen im nächsten Kapitel vorgelegt werden.

„Bei der Poesie werden wir nicht zweifeln, dass auch sie die Absicht hat, die Ideen, die Stufen der Objektivität des Willens zu offenbaren und sie mit der Deutlichkeit und Lebendigkeit, in welcher das dichterische Gemüt sie auffasst, dem Hörer mitzuteilen."
(A. Schopenhauer: Die Welt als Wille und Vorstellung. Leipzig 1918, Bd. 1, S. 327.)

B. Theorie der Poesiepädagogik

1. Besonderheiten des Lernens im kreativen Schreibprozess

In kreativen Schreibgruppen gelten folgende literarische und soziale Lernziele, auf deren Erreichung der Leiter sein Handeln zu richten hat:

a. Veränderung der Sprach- und Ausdruckskompetenz
b. Entwicklung von Schreib- und Spielkompetenz
c. Verbesserung der interpersonellen Kommunikation
d. Ausbau der Selbsterfahrung, Selbstwahrnehmung und Selbstverantwortung

zu a) Die Veränderung der Sprach- und Ausdruckkompetenz erfordert die Aneignung des „latenten Wortschatzes" (P. Schuster), die Relativierung der Alltagssprache durch die Aneignung literarischer Sprachmuster, also die – wie G. Waldmann sagt – „produktive literarische Differenzerfahrung", die zur wissenschaftlichen und philosophischen Differenzerfahrung erweitert werden kann. Diese Differenzerfahrung lässt sich folgendermaßen beschreiben: Alltagssprache vereinfacht, verallgemeinert und schematisiert. Literarische poetische Sprache kompliziert, wählt das Detail, das Ungewohnte. Sie lässt aufhorchen und verunsichert die routinisierte Wahrnehmung, um einen neuen, erweiterten Blick auf das Leben zu gewinnen. Kreatives Schreiben eröffnet immer Eingriffe in den zu glatten Sprachverlauf.

zu b) Mit der Aneignung erweiterter Schreib- und Sprachspielkompetenz wird der Teilnehmer zum Mitbewohner der poetischen Sprachwelt, deren Existenz von den gesellschaftlichen Zwängen immer wieder in Frage gestellt wird. Da er durch sein Schreiben an dieser Sprachwelt mitarbeitet, kann er sie nun auch besser verstehen. Er kann damit seine Kommunikation mit den Vertretern der poetischen Sprache deutlich verbessern (vgl. G. Waldmann: Produktiver Umgang mit Lyrik. Baltmansweiler 1988, S. 222–232).

zu c) Zentraler Inhalt interpersonaler Kommunikation in Schreibgruppen ist der Austausch von Gefühlen, die im Alltag sonst nicht zum Ausdruck finden. Mit der Wahrnehmung der eigenen Gefühle und der Gefühle anderer werden wir erst aufmerksam auf das, was uns antreibt und motiviert. „Hier profitieren besonders die Teilnehmer, die auch ihre weniger starken Gefühle respektieren und die nicht unbedingt darauf aus sind, in einer Gruppe nur große und gewalttätige Gefühle zu erfahren. Teilnehmer mit einer solchen „big-bang-Orientierung" werden nämlich oft wenig lernen." (K.W. Vopel: Handbuch für Gruppenleiter. Hamburg 1984, S. 31). Der alleinige Ausdruck starker Gefühle zeigt eher eine Tendenz zur Routine oder führt zu völligen Blockaden. Kreatives Schreiben bleibt im Fluss, wenn die freigesetzten Gefühle in den Text eingehen und kommunizierbar bleiben. Ärger und Feindseligkeit treten in Schreibgruppen immer auf. Es ist aber zu erwarten, dass nach der regressiven Äußerung von Wut oder Zorn der Teilnehmer seine Gefühle in der Entwicklung seiner Texte reintegriert.

zu d) Der Ausbau der Selbsterfahrung über kreatives Schreiben bedarf immer der Erweiterung des kognitiven Bezugs- und Orientierungsrahmens. Nur durch die kognitive Verarbeitung und Integration der Gefühle in kommunikable Deutungsmuster, die emotionell verankert sind, können wirkliche Vertiefungen der Selbstwahrnehmung und Verantwortung sich entwickeln, die auch im Alltag Bestand haben.

Das Erreichen dieser vier Ziele, die wie jede Kreativitätsentwicklung einen tiefen Eingriff in das Leben der Teilnehmer darstellt, erfordert **poetische Homöopathie** als Grundorientierung. Die Grundsätze der medizinischen Homöopathie, die der Arzt C.F.S. Hahnemann 1790 entdeckte, sind auf den aktiven und passiven Umgang mit Poesie zu übertragen. Das erste Gesetz der Homöopathie lautet: „Durch das Ähnliche wird eine Krankheit erzeugt, und durch die Anwendung des Ähnlichen wird sie geheilt" (G. Wessel: Die sanfte Medizin. München 1988, S. 25). Für die Schreibgruppenarbeit heißt das: In der Alltagssprache verschüttete Gefühle führen zu seelischer Belastung, und die aktive oder passive Wahrnehmung verdrängter Gefühle im kreativen Schreiben führt dann wieder die Entlastung herbei.

Das zweite Gesetz der Homöopathie lautet: „Nicht die stärkste Dosierung ist die wirksamste, sondern die denkbar niedrigste" (G. Wessel, a. a. O., S. 71). Für die Schreibgruppenarbeit bedeutet das: Umsetzung von Gefühlen in gestaltete Sprache soll möglichst sanft, langsam und mit schwächsten Gefühlsinhalten vollzogen werden. Die schwächsten Gefühlsdosen lassen sich am besten kognitiv aufarbeiten, in den Alltag integrieren und damit bewältigen.

J.J. Leedy hat diese poetische Homöopathie im **„Iso-Prinzip"** zusammengefasst, das auf die Wiederherstellung der Ich-Balance durch Ausgleich und Bannung der Gefühle abzielt. Das Iso-Prinzip besagt, dass asoziale Gefühle der

Teilnehmer durch Ausdruck asozialer Gefühle in den Texten dann ausbalanciert werden, wenn den asozialen Gefühlen in den Texten der Weg zum Umschlag in die Sozialität nicht verwehrt wird (vgl. J.J. Leedy: Prinzipien der Poesietherapie. In: H. Petzold, I. Orth (Hrsg): Poesie und Therapie. Paderborn 1985, S. 243).

Die Hauptaufgabe des Gruppenleiters beim kreativen Schreiben besteht in der Ausbalancierung des kreativen Schreibprozesses im Dienste der Ich- und Wir-Entwicklung. Diese Ausbalancierung sollte gegen die Kräfte der Regression letztlich die Kräfte der Progression in kleinster Dosierung und mit sanftem Nachdruck zum Zuge kommen lassen. Gegen Trauer ist Trauer mit einem Silberstreif am Horizont zu setzen, gegen Wut ist Wut mit einem Hauch von Versöhnung zu setzen, gegen die Einsamkeit und Hoffnungslosigkeit ist Einsamkeit mit einem fernen Schein einer offenen Tür geboten. Diese Balance ist ebenso das Werk der Gruppe wie die Tat des Leiters. Ohne die intensive Mitarbeit der Gruppe wird sie nicht zur Selbstbalancierung finden. Von den unbewussten und autonomen Funktionen des poetischen Geistes, der in Schreibgruppen herrscht, ganz zu schweigen. Dem Poesiepädagogen stehen für die Balancearbeit sowohl im Bereich der Krisen als auch der Chancen verschiedene Interventionsmöglichkeiten zur Verfügung, die im Folgenden erstmal in einem graphischen Überblick vorgestellt werden sollen:

Poesiepädagogik

Handlungstyp 1	**Krisen im Schreibprozess**		
Handungsbereich	Regression	Schreibblock	Katharsis
Handlungsmittel	Wissenschaftliche Deutung	Beratung	Paradoxe Intervention

Handlungstyp 2	**Chancen im Schreibprozess**						
Handlungs-bereich	Schrift	Ratio	Spiel	Stil	Utopie	Therapie	Veröf-fentli-chung
Handlungsmit-tel	Ver-schriftli-chung	Praxis der Ver-nunft	Regeln	Stilmerk male	Schöne Sätze	Gefühls-arbeit	Stufen-plan

Handlungstyp 3	**Autonome Funktion im Schreibprozess**	
Handungsbereich	Sublimation	Kompensation
Handlungsmittel	Geduld	Begleitung

2. Krisen im Schreibprozess

Der kreative Schreibprozess verlässt die Ebene der Alltagssprache und entwickelt Formen poetischer Sprache. Dieser Wechsel der Sprachebenen ist zugleich auch ein Wechsel der Bewusstseinsebenen und der Ich-Zustände. Bei diesem Wechsel sind sowohl rationale wie emotionale Potenzen beteiligt. In der Initialphase des Schreibens leuchtet als rationaler Faktor die **„dunkle Totalidee"** auf. Über diese rationale Dimension des Schreibens sagen z. B. ältere und moderne Autoren: „Ich weiß, dass die wirkliche Arbeit erst beginnen wird, wenn die Überidee gefunden ist, die den banalen Stoff erzählbar und erzählenswert macht" (C. Wolf zit. n. C. Eykmann: Schreiben als Erfahrung. Bonn 1985, S. 127). Ein älterer Autor notiert: „Ohne eine solche dunkle, aber mächtige Totalidee, die allem Technischen vorhergeht, kann kein poetisches Werk entstehen" (F. Schiller zit. n. C. Eykmann, a. a. O., S. 125).

Dieter Wellershoff schreibt: „Der erste Ideenkeim zieht dann immer mehr Vorstellungen und Bilder an sich heran" (zit. n. C. Eykmann, a. a. O., S. 128). Den rationalen Keim des Schreibens, erkannte Eykmann, nennen die Autoren mit verschiedenen Begriffen wie: „zentrales Thema, zentrale Idee, living center, jewel center of interest, Kernpunkt, Kristallisationsprozess und Ideenkeim" (C. Eykmann, a. a. O., S. 128). Dieser rationale Kern wird im Schreibprozess in der Inkubations- und Illuminationsphase von emotionellen Aspekten überlagert, die allerdings in der Verifikationsphase der Textarbeit und Textdurchleuchtung wieder von rationellen Aspekten abgelöst wird. Der Schreibakt erscheint als Prozess der schrittweisen Annäherung des entstehenden Textes an die rationale Ausgangsidee. „Das Prinzip der Annäherung bedeutet, dass die dunkel vorschwebende Totalidee meist nur bis zu einem gewissen Grad sprachlich zu realisieren ist" (C. Eykmann, a. a. O., S. 153). Das Gedicht im Kopf sei immer perfekt, meint Christoph Meckel: „Die Widerstände setzen erst ein, wenn es um die sprachliche Realisierung geht" (zit. n. C. Eykmann, a. a. O., S. 154).

2.1 Regression

Der Schreibprozess wechselt also zwischen Sprachebenen und Bewusstseinszuständen, zwischen Ratio und Gefühl. Diesen Wechsel durchläuft auch jeder Teilnehmer in kreativen Schreibgruppen. Er durchlebt damit einen Prozess, der von den Psychologen als Regression beschrieben wird (vgl. R. Heinz: Über Regression. In: D. Eicke (Hrsg): Tiefenpsychologie. Weinheim 1982. Bd. 1, S. 487–491, W. Loch: Regression. In: ders. Über Begriffe und Methoden der Psychoanalyse. Bern 1975, S. 33–70, M. Balint: Regression. München 1988). Die Regression geht oft mit seelischer Unruhe, Angst, mit dem Auftauchen überwältigender Ideen und unbekannter Bilder einher. Die seelische Energie wird von den Objekten der Außenwelt abgezogen und auf die inneren Objekte konzentriert. Ein Zustand der geistigen Verunsicherung tritt ein, in dem das Ich seine alltäglichen Kompetenzen einbüßt. „Das diffuse Ich ist aber gerade das schöpferisch empfängliche" (C. Eykmann, a. a. O., S. 146). Damit der Teilnehmer an Schreibgruppen diese Regressionserfahrung produktiv durchlebt und seine Ich-Verunsicherung später durch eine Stärkung kompensieren kann, sollte der Gruppenleiter jede Gelegenheit in Schreibgruppen nutzen, um in allgemeiner Form oder anhand eines konkreten Falles über die mögliche **Deutbarkeit** des Regressionsphänomens in kreativen Gruppen zu informieren. Das ist auch deshalb wichtig, damit sich nicht bei den Teilnehmern die Vorstellung festsetzt, kreatives Schreiben sei bloße emotionelle Regression und bedürfe nicht der rationalen Durchdringung und Steuerung des Schreibprozesses. Das romantische Kreativitätsideal der totalen Schöpfung aus dem Unbewussten ohne rationale Dimension würde viele Schreibgruppen überfordern und sprengen. Schreibgruppen können nicht nur prozessorientiert sein, sie müssen sich auch wegen der Bewältigung der Regression am Textprodukt orientieren.

Bei Regression ist zwischen Tiefenregression ins kollektive Unbewusste und schwächeren Regressionen ins biographische Unbewusste zu unterscheiden. Regressionen ins kollektive Unbewusste wurden besonders von C.G. Jung erforscht. Regression auf die Stufen des biographischen Unbewussten erforschte Sigmund Freud.

Zur allgemeinen und situativen Deutung von Regressionen ins biographische und kollektive Unbewusste stehen heute dem Schreibgruppenleiter folgende Theorien zur Auswahl:

2.1.1. Theorien über Regressionen ins kollektive Unbewusste

a) Entwicklungspsychologie: Die Entwicklungspsycholgie begann mit dem biogenetischen Grundgesetz. Ernst Haeckel formulierte im Rückgriff auf Charles Darwin dieses Gesetz so, „dass die Keimentwicklung eine Rekapitulation der Stammesgeschichte sei, also die Phylogenese in der Ontogenese nachvollzogen werde." Stanley Hall erweiterte den engen biologischen Rahmen dieses Gesetzes. Er meinte, dass „die menschliche Individualentwicklung eine Wiederholung der kulturellen und biologischen Geschichte der Menschheit sei. Im Spiel, sagte Hall, wiederhole z. B. das Kind die kulturelle Evolution des Menschen" (R. Oerter, L. Montarda: Entwicklungspsychologie. München 1987, S. 14). Besonders J. Piaget hat in neuerer Zeit das biogenetische Grundgesetz empirisch erforscht. „Wie vor ihm schon Schelling und Hegel, war Piaget davon überzeugt, dass das Kind in kurzer Zeit die Jahrtausende der Menschheitsgeschichte nachvollziehe" (T. Kesselring: Jean Piaget. München 1988, S. 30). Piaget fand heraus, dass das Kind sein Leben als egozentrisches Wesen beginnt, dann die Phasen des Animismus und der Magie durchläuft, ehe es zum religiösen und schließlich zum wissenschaftlichen Weltbild findet. Piaget erkannte, dass diese Entwicklung auch in der Menschheitsgeschichte sich vollzogen hat, die Menschheit also vom Egozentrismus, über Animismus und Magie zur Religion und Wissenschaft sich entwickelt hat (vgl. J. Piaget:

Das Weltbild des Kindes. Stuttgart 1978). Auf dieser Grundlage erscheint das Phänomen der Regression als evolutionsgeschichtliches Erbe. Da der einzelne Mensch alle früheren Phasen der menschlichen Entwicklung durchlaufen hat, kann er auch auf diese früheren Phasen im Zuge von Entwicklungsstörungen regredieren. Er kann also zu egozentrischen, animistischen und magischen Denkformen zurückkehren. Besonders beim Verlassen der Alltagssprache ist die regressive Begegnung mit egozentrischen, animistischen und magischen Sprachformen möglich. Das kreative Schreiben lässt sich entwicklungspsychologisch auch als Methode der Archäologie früherer Sprach- und Denkformen verstehen. Jeder Dichter trägt seinen Teil zu dieser Archäologie bei.

b) Tiefenpsychologie: Schon Freud erkannte, dass im Traum, im Spiel, im Schreibakt des Dichters die Regression zur infantilen und archaischen Symbolsprache stattfindet. Für C.G. Jung bedeutete Regression das Zurückgehen zu den Wurzeln der menschlichen Existenz im Zustand der Introvertiertheit. Bei der Regression kommt es zur Reaktivierung entwicklungsgeschichtlich älterer und früherer Denkweisen. Diese Rückkehr zu früheren kindlichen Entwicklungsstufen sowie auf archaische seelische Zustände der frühen Menschheit kennzeichnet für die Tiefenpsychologie die Arbeit des Schriftstellers (vgl. H. Hark: Lexikon jungscher Grundbegriffe. Olten 1988, S. 141). Die Regression beim kreativen Schreiben kann deshalb im extremen Fall auch diese seelischen Tiefenschichten berühren.

c) Transpersonale Psychologie: Die Meditationsforschung hat schon früh die Realität außeralltäglicher Bewusstseinsstufen erkannt. Sie unterscheidet bei den außeralltäglichen Bewusstseinsstufen die Stufe des Ergriffenseins von der Stufe der starken Erregung oder der Stufe des Außer-Sich-Seins (vgl. K. Thomas: Meditation. Stuttgart 1973, S.25 ff.). Auch die Mystikforschung kennt nicht-alltägliche Bewusstseinsstufen. So gibt es bei E. Underhill die Bewusstseinsstufen: „Reinigung, Erleuchtung, Innenkehr, Ekstase, Nacht, Einigung“ (E. Underhill: Mystik. Biedigheim 1928, S. 223 ff.). In der transpersonalen Psychologie haben diese Bewusstseinsstufen ihre vertiefte Erforschung erhalten. Stanislav Grof hat z. B. in LSD-Experimenten erkannt, dass das Bewusstsein in pränatale Zustände regredieren kann (F. Capra u. a.: Psychologie in der Wende. München 1985, S. 109 ff.). C.H. Tart will Bewusstseinszustände der Erfahrung jenseits des Todes und außerhalb des Leibes wissenschaftlich erkannt haben (C.H. Tart: Transpersonale Psychologie. Olten 1978, S. 218 ff.). Das automatische Schreiben hypnotisierter Personen, die außeralltägliche Bewusstseinsform literarisch gestalteten, zeigt, dass auch der Schreibprozess bei Ich-Schwäche Fühlung mit tief regressiven Bewusstseinsschichten aufnehmen kann (vgl. die Beispiele bei M. Dessoir: Vom Jenseits der Seele. Stuttgart, S. 213 ff.). Tiefe Schreibregressionen können deshalb als Regressionen in transpersonale Bewusstseinsstufen verstanden werden.

d) Die moderne Gehirnforschung: Die moderne Erforschung der Genese der linken und rechten Gehirnhälfte hat folgende Ergebnisse erbracht:

1. Vom Anfang der Menschwerdung bis 10.000 v. Chr. besaß der Urmensch ein rechtsdominantes Gehirn.
2. Von 10.000 bis 2.000 v. Christi entwickelte sich mit der Verdoppelung des Gehirnvolumens die „bikamerale Psyche", in der linkes und rechtes Gehirn die Waage hielten und sprachlich miteinander kommunizierten. Die bikamerale Psyche wurde von „göttlichen Stimmen" heimgesucht.
3. Zwischen 2.000 und 600 v. Chr. verliert das bikamerale Gehirn seine Kraft, und das linksdominante Gehirn des modernen Menschen tritt jetzt in den Vordergrund. Allerdings macht sich bei Regression der linken Gehirnhälfte die frühere bikamerale Psyche wieder bemerkbar: Durch Prophetie, Besessenheit und Gemütskrankheiten. Aber auch der Schreibprozess eröffnet den Zugang zur „bikameralen Psyche". Der von der bikameralen Psyche ergriffene kann dann die magischen und mystischen Worte der „göttlichen Stimmen" der Frühzeit vernehmen oder schreiben (vgl. J. Jaynes: Der Ursprung des Bewusstseins durch den Zusammenbruch der bikameralen Psyche. Reinbek 1988, S. 439 ff.).

e) Literaturgeschichte: Die Erforschung der frühen Literatur hat gezeigt, dass die Urpoeten Magier, Seher oder mythische Sänger waren. Am Anfang der oralen Literatur standen der Magier Orpheus, die prophetischen Seher des Alten Testaments oder die mythischen Sänger wie Homer. Mit der Entwicklung der Schriftkultur wurde die Rolle der Urpoeten entwertet und umfunktioniert. Aus dem Magier wurde der Gaukler, aus dem Seher wurde der kirchliche Priester, und aus dem Sänger wurde der Berufspoet (vgl. W. Muschg: Tragische Literaturgeschichte. Bern 1957). Allerdings kann bei tiefer Regression die Begegnung mit den Urpoeten wieder geschehen. Die orphische Tradition in der Dichtung bezeugt die archetypische Kraft des Orpheus. Die Tradition der Verfassung „heiliger Texte", auch in der Moderne, zeugt für die Aktualität der prophetischen Dichterarchetypen. Die Aktualität mythischer Helden, z. B. in der Fantasieliteratur, zeugt von der Beerbung der mythischen Sänger. „Dichten heißt", schreibt W. Muschg, „die Mythen als Erzählform der Archaik umzugestalten" (W. Muschg: Das archaische Erbe der Dichtung. Imago 1933, S. 101). Auch am Stil kann man die Tradition der Archaik in der modernen Literatur wiedererkennen. Die Magier der Frühzeit, die Schamanen, dichteten im grandiosen Ich-Stil: „Der orphische Dichter lebt im Einklang mit der Natur und kennt das ekstatische Glück der Selbstvergottung, die das Ich zum Weltall erweitert. Er kennt aber auch die Verstoßung aus diesem Paradies" (W. Muschg: Die dichterische Fantasie. Bern 1969, S. 63). Die Propheten sprachen vom göttlichen „Du". „Die Sprache der Propheten spricht aus der Abwertung des Ichs und aus der Verabsolutierung des Du, das als Jenseits der Welt verstanden wird, dem sich das Ich unterwirft, um aus seinem individuellen Dasein erlöst zu werden" (W. Muschg, a.a.O., S. 82). Die mythischen Sänger besangen ihre heroischen Helden im Es-Stil. Der mythische Sänger ist in die Außenwelt verliebt. Die Dinge und die Heroen sind ihm alles. „Das Sichtbare ist ihm ewig, sinnvoll, glücklich, gut" (W. Muschg, a.a.O., S. 106). Über diesem Außen vergessen sie das Ich und das Du. In der alten Sängerepik „ist Es der große Mensch, der bewunderte und verherrlichte Heros" (W. Muschg, a.a.O., S. 107). Strebt der Magier im Wort nach der Allmacht des Gefühls, so der Prophet nach der Allmacht des göttlichen Wortes und der Sänger nach der Allwissenheit über Dinge und Menschen. In der modernen Selbsterfahrungsliteratur taucht der grandiose Ich-Stil wieder auf. In den modernen „heiligen Texten" ist das Besprechen des Du, in der Fantasieliteratur ist der Es-Stil üblich. Das Erbe der Archaik ist noch ungebrochen und wird regressiv auch in Schreibgruppen in Erscheinung treten.

f) Religionsgeschichte: In Werken zahlreicher Autoren des 20. Jahrhunderts lassen sich mystische Traditionen und Elemente feststellen. Die Religionsforschung hat für dieses erstaunliche Phänomen eine plausible Erklärung. Die frühesten Bücher (wie z. B. die Bibel) wurden schon einem göttlichen Autor zugeschrieben. Jede Schriftkultur wurde zudem von einer Religion hervorgebracht (A. Frutiger: Der Mensch und seine Zeichen. Wiesbaden 1989, S. 147). Viele Mystiker nützen Texte als Ausdruck ihrer primär averbalen mystischen Erlebnisse. Viele moderne Schriftsteller erlebten, nach der wissenschaftlichen Entwertung der Gottgläubigkeit ihr Schreiben immer noch als gottähnliche Inspiration. „Die „Unio mystica" wird zum Modell der künstlerischen Inspiration in einem Augenblick, in dem das autonom gewordene Subjekt seine Selbstbestätigung in der eigenen Leistung finden muss" (M. Wagner-Egelhaaf: Mystik der Moderne. Stuttgart 1989. S. 217). Das Schreiben wird für moderne Autoren ein mystisches Abenteuer, „weil dem geschriebenen Text die Aufgabe zukommt, das Selbst dessen, der ihn schreibt, zu schreiben, d. h. sein Selbstbewusstsein erst zu begründen" (M. Wagner-Egelhaaf, a.a.O., S. 221). Die moderne Literatur baut z. T. auf mystische Schreibtechniken auf, die auch mystische Regressivität zur Folge haben können: „Fantasien automatischen Schreibens, wie sie die Mystik und etwa auch der Surrealismus kennt, sind getragen vom Wunsch nach größtmöglicher Nähe zur wie auch immer zu verstehenden göttlichen Urschrift, die den Schreibprozess in die Hand nehmen möge" (M.Wagner-Egelhaaf, a.a.O., S. 223).

g) Mythologie: Die Mythologie, die die Erzählungen über die Dichtung der Götter, des Gottes der Urpoeten und der Dichter erforscht, zeigt, dass das Dichten im Spannungsfeld von Göttern und Menschen sich entwickelte. Die frühesten Dichter waren Götter. Von der Göttlichkeit der frühen Dichtung gibt es Spuren im Orpheus-Mythos, der in vielen Varianten in allen Kulturen zu finden ist. Orpheus, so sagen es viele Mythen vieler Völker, kann mit seinem Gesang Tiere und Pflanzen magisch rühren. Er kann die Götter der Unterwelt, auf der Suche nach Eurydike, zur Aufhebung des Todes motivieren. Er singt noch, nachdem ihn die Mänaden zerrissen haben (vgl. E.R. Dodds: Die Griechen und das Irrationale. Darmstadt 1970, S. 82 ff u. W. Danckert: Wesen und Ursprung der Tonwelt im Mythos. In: Archiv für Musikwissenschaft, 12. Jg. 1955, S. 102 ff.). Die Inspiration der archaischen Dichter erfolgte durch den göttlichen Musenkuss (W.F. Otto: Die Musen. Darmstadt 1954). Wer die Götter im Dichterwettbewerb herausforderte, musste mit seiner Ermordung rechen: So geschah es den Dichterheroen Marsyas, Linos und Thamyris. Bellophorontes stürzte vom Pegasus, dem Musenross, in den Wahnsinn, als er den Olymp erreichen wollte. Noch Platon sah im Dichter den vom wirklichen Wahnsinn inspirierten und wollte ihn aus seinem Staat verbannen. Erst der homerische Odyseus, der dem Gesang der Sirenen gefesselt widersteht, oder Aristoteles, der der Tragödie heilende kathartische Kräfte zuerkennt, zeigen, dass das Dichten aus der Macht der Götter in die Tätigkeit der Menschen übergehen kann. Aber die Aktualität des Mythos in der Regression zeigt auch, dass kreatives Schreiben, ohne Halt in der rationalen Idee, sich leicht in der Unterwelt archaischer Gefühle verirren kann.

h) Ethnologie: Die Ethnologie hat mit der Schamanenpoesie die früheste Stufe des Dichtens rekonstruiert, wo die Worte noch animistisch mit Macht über die Dinge ausgestattet erscheinen. Die Schamenen dichten ihre Urgesänge, die die Reise ins Jenseits zur Rettung eines Gestorbenen oder Kranken begleiten, in Trance. „Das schamanische Lied rührt aus einer tiefenpsychischen Reinigung und Entleerung her" (H. Kalweit: Die Welt der Schamanen. Frankfurt 1988, S. 157). Im Prozess des archaischen Dichtens gerät der Schamane in eine regressive Ekstase. „Als Begnadete lebten sie in der strömenden Fülle des Seins, thronten auf dem Gipfel der Schöpfung, waren überall und alles im gleichen Augenblick" (W. Muschg: Tragische Literaturgeschichte. Bern 1957, S. 24 ff.). Der Weg in diesen exaltierten Dichterzustand ist hart. Aus der Schamanenkrankheit gerät der Urpoet in eine Vision, und aus ihr entwickelt sich die Ekstase, die sich dann im Schamanengesang niederschlägt. Während seiner ekstatischen Reise erlebt der Schamane alle Stufen poetischer Regression. Sie singen sich in Trance, geraten visionär an den Eingang der Unterwelt, steigen in einen Tunnel hinab, umgehen alle dort „drohenden, gierigen Nichtsäugetiere, erreichen die Unterwelt, finden ein Krafttier und kehren an die Oberfläche der Erde zurück" (vgl. M. Harner: Der Weg des Schamanen. Reinbek 1988, S. 116–126). Während dieser poetischen Regression begegnet der Schamane den „poetischen Wandlungssymbolen des Bewusstseins": „Licht, Feuer, dem Weltenbaum, den Pforten der Unterwelt, den Mächten der Natur, dem Kristall, dem Lebensrhythmus" (H. Kalweit: Die Welt der Schamanen. Frankfurt 1988, S. 199 ff.). Beim Schamanen wird Es, wo Ich war (vgl. W. Schmidbauer: Schamanismus und Psychotherapie. In: Psychologische Rundschau, 1969, H. 20, S. 47). In der orphischen Dichtertradition lebt die schamanistische Regression fort: von Orpheus bis zur Neuen Romantik. Die Ethnologie des Schamanismus illustriert Regressionstiefen, die das kreative Schreiben nur in extremen Situationen berühren dürfte. Aber sie zeigt zugleich die absolute Grenzerfahrung kreativen Schreibens auf.

Bei der rationalen Bearbeitung der kollektiven regressiven Anteile im kreativen Schreibprozess stehen also dem Anleiter acht theoretische Aspekte zur Verfügung, mit denen er rationale Hilfestellung bei der Bewältigung möglicher Gefühlsdurchbrüche geben kann.

2.1.2. Regressionen ins biographische Unbewusste

Bei der Deutung und Bearbeitung biographischer Regressionen in frühe Erfahrungen, Träume und Bilder der Kindheit stehen dem Leiter von Schreibgruppen vier theoretische Konstrukte zur Verfügung.

a) Autobiographische Literatur: Von der Notiz über das Tagebuch, das autobiographische Gedicht, die Erzählung oder den Roman setzen sich viele Autoren mit ihrer frühen Kindheit auseinander. Sie schildern dabei zugleich die Gefahren und den Nutzen der Regression in frühe eigene Lebenswelten. Bedeutsam wurde hier besonders Marcel Prousts „Suche nach der verlorenen Zeit“. Dieser Großroman entwickelt in sieben Bänden die Auseinandersetzung mit den Erlebnissen der Kindheit, um am Ende des Romanwerks die Berufung des Autors zum Dichter zu rekonstruieren. Gerade in neuester Zeit ist die Abfassung von Kindheitsautobiographien groß in Mode (vgl. W. Brettschneider: Kindheitsmuster. Kindheit als Thema autobiographischer Dichtung. Berlin 1982). Aus all diesen dichterischen Regressionsversuchen ist zu lernen, wie verbreitet heute die biographische Regression ist und wie weit die Poesieentwicklung literarische Mittel zur Bewältigung dieser Erfahrung bereitstellt.

b) Selbstanalyse: Die großen Selbstanalytiker von Freud über Adler, Honey, E.P. Farrow, E. Fromm, K. Thomas (vgl. L. v. Werder (Hrsg.): Alltägliche Selbstanalyse. Weinheim 1990) zeigen die Erfahrungen des Abstiegs in die biographische Unterwelt. Sie illustrieren den Kampf mit den Deckerinnerungen, den unscheinbaren Symbolen der Frühzeit, den Traumen, an denen die Regression zum Halten kommt. Sie schildern aber auch die seelischen Belastungen, die mit der biographischen Regression einhergehen kann und die Befreiungen, wenn frühkindliches Trauma und erwachsenes Leiden als Ursache und Wirkung plausibel gemacht werden können.

c) Tiefenpsychologische biographische Forschung: Im Kontext der Erhebung von Krankengeschichten hat die Tiefenpsycholgie die Bearbeitung von Kindheitsgeschichten zum Zentrum ihrer Forschung gemacht (vgl. R. v. Quekelberghe: Anna. Eine Lebenslaufanalyse. Köln 1988). In umfangreichen „mikroskopischen Biographien" steht die Kindheitsgeschichte im Mittelpunkt der Untersuchungen, die nach A. Dührssen am besten folgende Gliederung haben sollte: Angaben über den allgemeinen Charakter des Schreibers, die Symptomatik, die auslösende Situation, die aktuellen Lebensumstände, die Kindheitsgeschichte, die Schul- und Berufsentwicklung, persönliche Bedingungen, Liebesbeziehungen, Sexualentwicklung, die gegenwärtigen Familienbeziehungen, Zusammenfassung (A. Dührssen: Die biographische Anamnese unter tiefenpsychologischem Aspekt. Göttingen 1981). Die wichtigsten Inhalte der Kindheitsgeschichte umreißt Dührssen mit folgenden Worten: „In bezug auf die Kindheitsgeschichte eines Patienten wird man sich darum bemühen, die Familiendynamik so umfangreich wie möglich darzustellen, die das Leben des Patienten in seinen jungen Jahren gekennzeichnet hat. Besonders sollte man feststellen, mit welchen erwachsenen Personen die Patientin oder der Patient groß geworden ist, wie wichtig diese Menschen waren und wie sie zueinander standen. In diesem Zusammenhang ist es auch von Bedeutung, wer den Patienten betreut und versorgt hat, wie seine Stellung in der Geschwisterreihe war und wie – soweit erinnerlich – die Wohnverhältnisse und die finanzielle Situation ausgesehen haben" (A. Dührssen, a. a. O., S. 138 ff.). Die Einbettung der Kindheitsgeschichte als Regressionsinhalt in den Kontext der gegenwärtigen Lebenssituation und in den vergangenen Lebenslauf zeigt dem Schreibgruppenleiter Schwerpunkte auf, in denen die Regressionsinhalte von Texten ihre rationale Aufklärung und damit Bewältigung finden können.

d) Psychoanalyse: Der Psychoanalyse kommt die Entdeckung der biographischen Regression zu (vgl. M. Balint: Regression. München 1987, S. 129–136). Sie erkannte ziemlich früh, dass „die Aufdeckung von Kindheitserinnerung in den meisten Fällen eine harmlose Angelegenheit ist und zumindestens anfangs nicht unbedingt mit irgendwelchen zutiefst bewegenden Erfahrungen verbunden ist" (E. Kris: Die Aufdeckung von Kindheitserinnerungen in der Psychoanalyse. In: Psyche 31, 1977, H. 8, S. 757). Im weiteren Verlauf kann die Konfrontation mit regressiven Inhalten Momente der Trauer und des Schmerzes und entsprechende Widerstände und Abwehrreaktionen auslösen. Der Kampf zwischen Ich und Es entbrennt. „Je mehr sich in diesem Prozess Angst mildert, Ich-Einengungen durch Abwehrarbeit erweitern, Über-Ich-Kontrollen ermäßigen, desto mehr tritt das Nichtzugelassene, die verborgene biographische Wirklichkeit hervor. Diese ist identisch mit den Wünschen, Trieben und Sehnsüchten der Kindheit, bevor Tagträume, Familienroman und Dichtung über die Urzeit sie überlagern wie geologische Schichten die frühen Wohnstätten der Menschheit. Sie weiß aber auch um die realen Verhältnisse, um die geschichtlichen Situationen, welche diese Verarbeitungsweisen bedingen" (J. Cremerius: Die Konstruktion der biographischen Wirklichkeit im analytischen Prozess. In: ders.: Vom Handwerk des Psychoanalytikers. Das Werkzeug der psychoanalytischen Technik. Stuttgart 1984. Bd. 2, S. 409).

Wichtig für die Hilfestellung des Schreibgruppenleiters bei der Bearbeitung biographischer Regression in der Schreibgruppe ist die Theorie der biographischen Regression, wie sie die Psychoanalyse erarbeitet hat. Dazu folgende Thesen:

1. Die allgemeinen Voraussetzungen der biographischen Regression liegen einmal in der Notwendigkeit des psychogenetischen Aufbaus der Psyche im Sozialisationsprozess und seiner hohen Verletzbarkeit und Störbarkeit durch Traumen.
2. Die Regression kann drei Schwerpunkte umfassen:
   - Rückkehr zu inzestiösen Objekten der frühen Kindheit
   - Rückkehr der Triebbedürfnisse auf frühere Stufen
   - Rückkehr zum primären Narzismus (vgl. W. Loch: Regression. In: ders.: Über Begriffe und Methoden der Psychoanalyse. Bern 1975, S. 38)
3. Die Regression ist keine bewusste Ich-Veranstaltung. Sie verläuft vielmehr unbewusst und stellt den Versuch des Ichs dar, auf einem früheren Entwicklungsniveau wieder ins seelische Gleichgewicht zu kommen.
4. Die Ursache der Regression liegt in der traumatischen Fixierung der Triebe in der frühen Kindheit. Der Anlass zur Regression besteht in einer aktuellen Stresssituation, die auch durch den Einsatz kreativer Schreibtechniken verstärkt werden kann.
5. Vorübergehende Regressionen ohne Krankheitsfolgen sind im Alltag weit verbreitet, vollziehen sich im Schlaf, bei Tag und Nacht im Traum, ohne schädigende Spuren zu hinterlassen. Sie stellen vielmehr ein Mittel der Reaktivierung der Kräfte des Ichs nach Erschöpfung dar.

Produktive Regression „im Dienste des Ichs" (E. Kris) oder „Regression um der Progression willen" (M. Balint: Angstlust und Regression. Stuttgart 1960) umfasst die Rückkehr zu einer Stufe vor dem Trauma und die Entdeckung eines neuen besseren Wegs der Entwicklung (M. Balint: Regression, a. a. O., S. 142). Jeder kreative Akt schöpft aus der Regression progressive Kreativität oder wie der Dichter sagt „aus meinen großen Leiden mache ich meine kleinen Gedichte" (vgl. L. Völker: Muse Melancholie – Therapeutikum Poesie. München 1978).

Die Arbeit mit biographischer und kollektiver unbewusster Regression ist eine große Herausforderung für den therapieunbeleckten Schreibgruppenleiter, die er nur sehr vorsichtig in Angriff nehmen kann. Wichtig wäre, bei jedem etwas schwierigeren Fall von Regression die Beratung durch einen Therapeuten in Anspruch zu nehmen. Allerdings kann auch fachärztliche Unterstützung und Ermutigung nicht jede belastende Regression verhindern. Bei einer Schreibgruppe im Knast mit Patienten der gefängnispsychiatrischen Abteilung ereignete sich folgender Vorfall: „Im Nachgespräch mit Herrn Dr. T. erfuhren wir, dass ein Teilnehmer, der an der heutigen Sitzung nicht teilnahm, nach unserer letzten Übung in starke Depression zurückfiel. Der Grund dieser starken Depression lag nach seinen Angaben weniger an seiner traurigen Kindheit, sondern an seiner miesen jetzigen Situation, die ihm negativer erscheint als seine Kindheit“ (E.R., C.E., 1990, S. 19).

2.2. Schreibblockaden

Richtige Schreibblockaden treten immer in einem Feld von Widerständen auf, die, wie die Regression, in jeder Schreibgruppe zu finden sind. Schreibblockaden beginnen mit dem Wegbleiben. Die Teilnehmer haben beim Schreiben Defizite erfahren und geben nun das Interesse am Kurs auf. Für das Abbrechen haben manche vielleicht gar keinen ausdrücklichen Grund. Andere haben echte Befürchtungen, wie z. B. ein Häftling in einem Schreibkurs im Knast. „Er glaubt, dass wir ihn zum Schreiben anregen wollen, um ihn auszuhorchen bzw. der anwesende Arzt das von ihm Geschreibene gegen ihn verwenden könnte, nicht um ihm zu helfen“ (E. R., C. E., 1990, S. 6). Deutlicher zeigen sich Widerstände in unangenehmen Gefühlen. „Am Schluss unserer Sitzung teilten uns einige Teilnehmer mit, dass die letzte Sitzung (Landkarte aus der Kindheit) den meisten Teilnehmern nicht gefallen hätte. Das Malen hätte zwar Spass gemacht, die anschließende Gesprächsrunde habe aber zu viele negative Erinnerungen wachgerufen, mit denen sie sich nicht befassen wollten“ (E. R., C. E., 1990, S. 19). Der Widerstand kann sich aber nicht nur an der Selbstbetroffenheit, sondern auch an bestimmten Stilen festmachen. Dazu einige Beispiele. So können Dada-Lautgedichte zu „kindisch“ erscheinen (E. R., E. E., 1990, S. 18). Die romantische Sprache könne „heute nicht mehr so gebraucht werden, da sie durch Werbung etc. z. T. zum Klischee verkommen sei“ (M. Dörner u.a: Von der Biographie zur Utopie. Berlin: 1989, S. 65). Auch an Schreibstimuli kann sich der Widerstand festmachen. Nach einer tiefen Meditationsübung „blieben viele jedoch noch eine ganze Weile liegen und hatten einen sichtlichen Widerstand, mit dem Schreiben zu beginnen“ (M. Dörner u.a, a. a. O., S. 28). Auch die zu genaue Vorstellung der Schreibübungen kann, z. B. bei Kreativprofis, leicht zur Herstellung einer Stimmung führen, die Schreibblöcke möglich macht. „Mehrere Teilnehmerinnen hatten sich allerdings durch die recht genaue Vorgabe in ihrer Fantasie und ihren Ausdrucksmöglichkeiten eher eingeengt und begrenzt als bereichert gefühlt. Von nicht ganz unähnlichen Beobachtungen berichtet u. a. auch H. Leuner von Kursteilnehmern, die in kreativen Berufen tätig waren.

Sie fühlten sich von Angeboten neuerer kreativer Arbeitstechniken eher eingeengt und irritiert, weil sie für sich selbst bereits eine effektive Arbeitsweise gefunden hatten" (M. Dörner u. a., a. a. O., S. 82). Wirkliche Schreibblöcke erscheinen in der Schreibgruppe in letzter Form als Widerstand gegen das Vorlesen des fertigen Textes, als Widerstand gegen das Ausformulieren eines Textes oder als Unfähigkeit, überhaupt mit dem Schreiben zu beginnen. Hier können wir die Ergebnisse einer ersten Untersuchung zitieren:

„Die Schreibwiderstände, die bei Teilnehmerinnen der Schreibselbsthilfegruppe aufgetaucht sind, haben ihre Ursachen in verschiedenen Bereichen. Um den Grund für die Blockade herauszubekommen, sollte von der Gruppenleitung zunächst versucht werden, mit der betreffenden Person zu sprechen, um den Grund zu spezifizieren. Ein solcher Fragenkomplex könnte z. B. sein:

- Wie geht es Dir damit, nicht schreiben zu können?
- Glaubst Du zu wissen, warum Du nicht schreiben kannst?
- Fällt es Dir sonst auch manchmal schwer, zu schreiben?

Diese Fragen ermöglichen ein langsames Herantasten an die momentane Situation des Schreibers. Wenn die Person keine Antwort auf die Fragen hat oder mit Aussagen antwortet wie: ich kann nicht schreiben, ich weiß nichts zu schreiben, mir fällt nichts ein, dann können die Fragen der Gruppenleitung konkreter werden, wie z. B.:

- Wie war die Anfangsphase heute für Dich?
- Wie kommst Du mit dem heutigen Thema zurecht?
- Gefällt Dir die Form oder der Stil, der heute berücksichtigt werden soll (z. B. Märchen, Reim, Kriminalgeschichten)?

Fragen dieser Art geben Hinweise auf die momentane Situation der Person und mögliche Gründe für die Schreibblockade. Wenn die Person zuviele Erinnerungen und Assoziationen hat, die belastend und bedrückend sind und sie aus diesem Grund nicht schreiben kann, könnte die erste Maßnahme ein Gespräch mit dem Teilnehmer sein, damit erst einmal etwas, rausgelassen werden kann von dem, was ihn bewegt. Der zweite Schritt bestünde darin, die Person dazu anzuregen, doch zu schreiben unter dem Aspekt, sich einen Bereich aus der Vielfalt der momentanen Gedanken und Gefühle auszusuchen und nur zu diesem Punkt zu schreiben. Weiterhin kann es wichtig sein, zu erwähnen, dass es der Person überlassen ist, in welchem Stil sie ihren Text verfasst, egal, in welcher Weise das von dem Gruppenziel abweicht. Grundsätzlich ist es wichtig, den Druck der Personen, die nicht schreiben können, zu reduzieren.

Viele Schreiber blockieren, weil sie sich selbst unter Druck setzen. Die Ansprüche bezüglich des Textes sind dann sehr hoch. Der Widerstand scheint auch die Angst zu zeigen, zu versagen, nicht gut genug zu sein. Anstatt kleine

Schritte zu machen, die notwendig sind bei der Entwicklung von Form und Stil, setzt der Block ein, der diese Erfahrung des Erlernens, Übens und Wiederholens unmöglich macht.

Ausgehend davon, dass ein Schreibblock Ängste und Unsicherheiten einer Person zeigt, sollte das Eingreifen bei Schreibwiderständen behutsam sein, um Ängste und Unsicherheiten nicht noch zu verstärken. Der Widerstand scheint eine Form des Überfordertseins mit einer Situation zu zeigen. Sei es die Flut der Gedanken und Gefühle, die eine Person belasten und in diesem Moment überfordern oder die Form und die Umgebung, womit sie Schwierigkeiten hat. Weiterhin gibt es Blockaden, die grundsätzlich vorhanden sind, die nicht nur im Schreibprozess zum Ausdruck kommen und deren Ursachen auch übergreifend sind, so dass das Eingreifen innerhalb einer Schreibgruppe erschwert sein kann.

Blockieren heißt aber auch, „das kann ich nicht", „das will ich nicht", „das will ich gar nicht wissen", „das ist mir alles zuviel". Hier wäre eine Eingriffmöglichkeit für die Gruppenleitung gegeben, indem z. B. gerade der Widerstand zum Schreibthema gemacht wird. (C. Böhme: Schreibwiderstände in Schreibgruppen und Methoden ihrer Überwindung. In: M. Nietsch (Hrsg.): Wenn ich schreibe. Berlin 1990, S. 139 ff.).

2.3. Katharsis

In jeder Schreibgruppe wird geweint. Oft kommt es zu ergreifenden, emphatischen Reaktionen der betroffenen und angerührten Teilnehmer. Dafür zwei Beispiele: „Dieser Ausflug in die Kindheit bringt Gefühle in Bewegung. Eine Teilnehmerin muss weinen, erinnert sich an versäumte Kindheitswünsche und wurde durch betont sachliche Gesprächsführung stabilisiert" (B. D., M. S., 1989, S. 8) oder: „Der Text eines Teilnehmers war so mit eigener Problematik behaftet, dass dieser Schwierigkeiten hatte, ihn vorzutragen, ohne in Tränen auszubrechen. Die Texte gehen doch sehr nahe und wühlen meist Verdrängtes wieder auf" (E. R., C. E., 1990, S. 21). Die Rührung kann längere Zeit anhalten und sich auch wiederholen. Der Schreibgruppenleiter hat es bei diesem Phänomen mit der „Katharsis" zu tun. Die Katharsis ist uralte Dichterpsychologie. Sie reicht in den Ritus des Urclans zurück, in die Heilkünste der Schamanen und stand bei der Entwicklung des Dionysos-Kultes und der aus ihm erwachsenen Tragödienfeste Pate.

Blicken wir etwas zurück: Die menschliche Urgesellschaft bestand aus einem Clan, der sich um ein Totemtier, das das Hauptnahrungsmittel des Clans ist, gebildet hatte. Zum Zwecke der Vermehrung des Totemtiers wurden jährlich von dem Clan Vermehrungsrituale durchgeführt. Auf einer späteren Entwicklungsstufe wird das Vermehrungsritual durch „magische Aufführungen" ersetzt, in denen die Mitglieder des Clans dadurch, „dass sie das erfolgreiche Unternehmen der Nahrungsbeschaffung mimisch vorwegnahmen, sich selbst die für die tatsächlichen Vorhaben erforderliche kollektive, geballte Tatkraft suggerierten" (G. Thomson: Aichylos und Athen. Berlin 1985, S. 13 ff.). Das totemistische Ritual, abgelöst von der Verehrung des Totemtiers, das ersetzt wird durch einen König, der zugleich Gott ist, wird, indem es sich in eine Vielzahl von Tätigkeiten auflöst (nämlich dichten, musizieren, tanzen) zum Kern der Entstehung aller Künste (vgl. G. Thomson, a. a. O., S. 18). Das totemistische Ritual verwandelt sich bei der Stadtbildung in das Ritual der Initiation des Geborenwerdens, Sterbens und Wiederauferstehens des Gottkönigs, der den Jahreslauf der Ernte vom Frühling über Sommer, Herbst und Winter und neuen Frühling symbolisiert (vgl. G. Frazer: Der goldene Zweig. Das Geheimnis von Glauben und Sitten der Völker. Reinbek 1989). Dieser Initiation wurden alle Kinder der frühen Bauerngesellschaften unterworfen. Aus dieser bäuerischen Initiation wird das „Sterben des Kindes als Kind und die Wiedergeburt als Mann oder Frau während der pubertären Initionsriten vieler Völker" (G. Thomson, a. a. O., S. 101). Der Initiationsritus umfasst drei Stufen: Abtötung und Reinigung, Unterweisung und Neuaufnahme in den Stamm. Das heißt dann im dionysischen Ritus „orgiastischer Auszug aufs Land, ein Sakrament, bei dem ein Opfer in Stücke gerissen und roh verzehrt wurde und eine triumphale Heimkehr" (G. Thomson, a. a. O., S. 206). Diese Initiation wird von einem magischen Geheimbund organisiert. Im antiken Griechenland symbolisiert Dionysos den Gott der Vermehrung des Lebens. Ihm wurden Mysterien geweiht, in denen das Sterben und Wiedergeborenwerden als Initiation vermittelt wurde. Diese Initiation war auf der Stufe der Reinigung von großen kathartischen seelischen Prozessen begleitet. Gewandelt durch die Orphik und die Entwicklung der städtischen Dionysos-Feste entsteht als höchste Form dieser kathartischen Feste die griechische Tragödie. Mit ihr wurde die Katharsis des Absterbens und Wiedergeborenwerdens zur seelischen Lenkung und Heilung in der Tradition des totemistischen Ritus auch auf der Stufe der antiken Stadtgesellschaft.

Im Begriff der Katharsis ist auch die Grundlage des antiken Krankheits- und Therapiebegriffes niedergelegt. Die ursprüngliche psychische Krankheitslehre über Hysterie und Epilepsie auf der Stufe bäuerischer Clanproduktion bestand in der Vorstellung, dass ein Gott oder Geist durch Wortmagie oder Verzauberung vom Körper Besitz ergriffen hat und ihn besessen macht. Die Gesundung musste deshalb in der Austreibung des Geistes bestehen. Am leichtesten konnte der Geist durch den Tod und die Wiedergeburt des Patienten ausgetrieben werden. „Der Patient wurde deshalb einem Initiationsritus unterworfen, in dessen Verlauf er sterben musste und wiedergeboren wurde. Der wesentliche Teil des Vorgangs war der Akt der Austreibung oder Reinigung, wodurch der Geist, der vom Patienten Besitz ergriffen hatte, zur Aktivität erweckt und dann ausgetrieben wurde" (G. Thomsen, a. a. O., S. 398).

Der Dionysoskult umfasst als Initiationsritus das hysterische Sterben durch die Identifikation mit dem sterbenden Dionysos und das heilende Wiedergeborenwerden der Patienten. Angesichts der geringen Individualisierung der antiken Menschen passierte die heilende Regression und Progression sehr leicht. Die Katharsis entwickelte sich vom totemistischen Ritual über die dionysische Orgie, die Erweiterung in den Mysterienkulten bis zur Tragödie. Dabei wurde allerdings die aktuelle Rolle des Patienten weitgehend zurückgedrängt und der Inhalt des Ritus durch vielfältige Mytheninszenierungen der Tragödie über das Thema Tod und Auferstehung des Dionysos sehr erweitert, also erheblich ästhetisiert. „In der dionysischen Orgie wurden alle Teilnehmer einem hysterischen Anfall unterworfen, der Automatismus, Paroxysmen und Unempfindlichkeit gegen Schmerz einschloss. Als die Orgie sich in ein Passionsspiel verwandelte, wurde die aktive Rolle auf die Schaupieler beschränkt, die selbst akute Symptome gezeigt haben mögen…, aber bei den Zuschauern nichts weiter als Schreckgefühle und Tränen erregte. In den Mysterien müssen die Eingeweihten noch an vielen Riten aktiv teilnehmen, deren Hauptteil jedoch ein mystisches Drama ist, das für sie von anderen aufgeführt wird. Bei den tragischen Festspielen ist die Rolle aller Anwesenden bis auf ganz wenige völlig passiv geworden und beschränkt sich auf den Ausdruck solcher Gefühlsbewegungen wie Mitleid und Furcht, die durch den Höhepunkt der Handlungen in ihm hervorgerufen werden.“ (G. Thomson a. a. O., S. 405) In der Tragödie geschah die passive Katharsis, geeignet für Personen, die keine heftigen Symptome mehr durchzuarbeiten brauchen. Aristoteles schätzt deshalb die Tragödie, weil sie „mit Hilfe von Furcht und Mitleid eine Reinigung von eben derartigen Affekten bewerkstellige“ (vgl. M. Fuhrmann: Einführung in die antike Dichtungstheorie. Darmstadt 1973, S. 94 ff.). Eben auf die heilende Wirkung von Gefühlen ist die Katharsis angelegt. Bei der Katharsis in Schreibgruppen spielt die Erinnerung und Nachahmung der dionysischen Initiation als Tragödie immer noch eine unbewusste Rolle. Das kathartische Reaktionsmuster wird Erbe der Dichter, vom Typ „poeta vates“.

Auch den Göttern wird z. B. in der germanischen Mythologie kathartisches Erleben nachgesagt. Odin, der oberste Gott, gilt als Schöpfer der Wahrheit, der Künste und der Runen (vgl. W. Golther: Handbuch der germanischen Mythologie. Kettwig 1987, S. 303 ff., S. 643 ff.). Odin selber berichtet in der Edda, wie er durch den Schmerz der Katharsis zum Dichter der Runenzaubersprüche wurde:

„Wohl weiß ich,
dass ich am Windbaum hing,
neun ganze Nächte,
speerverwundet
dem Odin geopfert,
ich selber mir selbst
an jenem Holz,
von dem niemand weiß,
aus welchen Wurzeln es aufwächst.

Sie reichten mir
weder ein Brot noch ein Trinkhorn;
da spähte ich nieder,
erraffte die Runen,
schreiend erraffte ich sie
und fiel dann vom Holze ab."
(A. Häny: Die Edda. Zürich 1987, S. 65)

Über die rasante, aktive und passive Katharsis der Schauspieler und Zuschauer der Tragödie berichtet der Homer-Rezitator Ion bei Plato: „Sooft ich von etwas Traurigem singe, da füllen sich tatsächlich meine Augen mit Tränen, ist mein Gegenstand aber ein furchtbares, ungeheures Schicksal, dann stehen mir vor Schreck die Haare zu Berge und mein Herz pocht." Und über die Zuschauer sagt er: „Ich sehe sie doch mit eigenen Augen jedesmal oben auf den Stufen heulen und entsetzt vor sich hin starren, alle meine Worte auf ihren Gesichtern gemalt" (zit. n. G. Thomson, a. a. O., S. 403). Aber nicht nur der Schauspieler und der Zuschauer, sondern auch der Dichter wird beim Schreiben von kathartischen Emotionen erfasst. Er versucht sie oft in seinem Werk zu gestalten. So schreibt A. v. Berger über die Katharsis in der Edda:

„Das urwüchsigste und schönste Beispiel, wie sehr Volk und volkstümliche Poesie zu allen Zeiten das Ausweinen als eine natürliche Notdurft verstanden, deren die schmerzerschütterte Seele bedarf, um gesund zu bleiben, enthält vielleicht die Edda im ersten Gudrunlied. Tränenlos saß Gudrun bei der verhüllten Leiche des ermordeten Sigurd, „schier zersprungen wär sie vor Schmerz". Vergebens bemühten sich die Frauen des Hofes, ihre Tränen zu entbinden durch Erzählung der schmerzlichen Schicksale, die sie selbst schon erduldet hatten. Endlich kam auch ihre Schwester. „Wenig wisst ihr, ob weise sonst, das Herz einer jungen Frau zu erheitern," sagte sie zu den Frauen, hob den Schleier von dem Toten und legte sein blutiges Haupt in Gudruns Schoß mit der Aufforderung, ihn zu küssen, wie einst den Lebenden. „Da sank aufs Kissen zurück die Königin, ihr Stirnband riss, rot war die Wange, ein Regenschauer rann in den Schoß... und hell aufschrien im Hof die Gänse" (A. v. Berger: Der Dichter hat sie für sich. In: Almanach der Psychoanalyse. Wien 1933, S. 288 ff.).

Der Dichter erlebt deshalb die Katharsis, weil sein Schreiben, wie im Initiationsritus, zum Wiedererleben von regressiven und infantilen Gefühlen führt. Großartig wird in der finnischen Edda, der „Kalevala", die Katharsis des finnischen Orpheus Vainomoinen und die **Gruppenkatharsis** seiner Zuhörer geschildert. Vainomoinen hat einen Hecht gefangen, macht aus dem Kieferknochen des Hechtes eine Kantele (Saiteninstrument), auf der der eine oder andere zu spielen versucht, ohne es zu können. Dann spielt Vainomoinen die Kantele und, wie beim griechischen Orpheus, ergreift sein Spiel alle lebenden Tiere in der Luft, auf der Erde und im Meere. Alle Tiere und auch alle Menschen eilen herbei. Sie verfallen in Gruppenkatharsis:

„*Vainomoinen, alt und weise,*
spielte einen Tag, den zweiten,
gab dort keinen von den Helden,
keinen von den kräftigen Männern,
keinen Mann und keins der Mädchen,
die er nicht zu Tränen rührte,
deren Herz er nicht bewegte.“
(Sampo und Kullervo: Aus dem Kalevala. Rostock 1985, S. 88 ff.)

Dann verfällt auch Vainomoinen der Katharsis:

„*Selbst dem alten Vainomoinen*
fielen aus den Augen Tränen,
Wassertropfen rannen nieder,
voller als des Sumpfes Beeren,
dicker als die Erbsenkörner,
strömten auf die Backenknochen,
glitten nieder auf die Wangen
von der schönen Wangenfläche
auf den Boden an den Füßen.
Rannen so die Wassertropfen
weg vom vom weisen Vainomoinen
zu dem Strand des blauen Meeres
in des klaren Wassers Tiefe
auf den Grund des schwarzen Schlammes.“
(Sampo und Kullervo, a. a. O., S. 89)

Vainomoinen erlebt die heilende kathartische Entlastung. Seine Tränen werden von der „blauen Ente“ vom Grund des Sees heraufgeholt. Sie haben sich nun in Perlen verwandelt.

„*Doch sie hatten sich verwandelt,*
waren wunderschön geworden,
schimmern nun als schöne Perlen,
schillern bläulich in der Muschel
zu dem Schmucke manchen Königs
zu der Mächtigen ew'ger Freude.“
(Sampo und Kullervo, a. a. O., S. 90)

Primär regressive Gefühle, die beim Schreiben nach dem alten Modell dionysischer Initiation wiedererinnert werden, sind Gefühle aus der Kindheit, Gefühle, die an Verlusten hängen, an Einsamkeit und Kränkung, an gescheiterter Liebe, versäumten Chancen der Lust, gescheiterten Rebellionen und Hoffnungen, Verlust des Paradieses der Mutter-Kind-Symbiose. Das Schreiben über diese Themen der Vergangenheit setzt, wie im Mythos, in Tragödie und bei vielen Dichtern (Typ: poeta vates) beschrieben, Weinen, Angst, Zorn oder Lachen frei (vgl. M.J. Scheff: Explosion der Gefühle. Weinheim 1979, S. 72). Dabei kann sich der Schreiber der kathartischen Ursachen völlig bewusst sein oder den kathartischen Effekt, der sich nun emphatisch löst, völlig vergessen haben (vgl. G. Klumbies: Psychotherapie in der Inneren und in der Allgemeinen Medizin. Leipzig 1988, S. 246).

Viele Therapien nutzen die Katharsis;, so schreibt z. B. der frühe Freud der Hysterietherapie: Die Katharsis „hebt die Wirksamkeit der ursprünglich nicht abreagierten Vorstellung dadurch auf, dass sie dem eingeklemmten Affekt derselben den Ablauf durch die Rede gestattet und bringt sie zur assoziativen Korrektur, indem sie dieselbe ins normale Bewusstsein zieht“ (S. Freud, J. Breuer: Studien über Hysterie. Frankfurt 1970, S. 18). Die Bioenergetik, Wilhelm Reich, Fritz Perls, die Primärtherapie Janovs, das Psychodrama, die Musiktherapie und Poesietherapie schlossen sich Freud in dieser Annahme an. Auch im kreativen Schreiben kann die Katharsis als Aspekt ästhetischer Erziehung zum Zuge kommen (vgl. K. Matthies: Schönheit, Nachahmung, Läuterung. Drei Grundkategorien für ästhetische Erziehung. Frankfurt 1988, S. 71–104).

Allerdings bedarf der Schreibgruppenleiter bestimmter Techniken, damit die Katharsis nicht **unterdistanziert** den Ergriffenen in Gefühlen untergehen lässt oder **überdistanziert** völlig kalt lässt. Der Schreibgruppenleiter muss die Katharsis des Ergriffenen balancieren. Kathartische Balance heißt Stärkung und Beistand des Ichs gegenüber dem Es.

Dieser Beistand lässt sich durch Unterstützung der Distanzierung, durch Spaltung des Ichs in eines, das betroffen ist und eines, das nicht betroffen ist, durch den Wechsel der Identifikation mit und der Distanzierung vom poetischen Ich, durch Gefühlsmischung von Schmerz mit Humor, durch Verfremdung der Texte, durch Verdichtung und Verschiebung der Symbole, durch Textarbeit und Textdeutung bewerkstelligen (vgl. M.J. Scheff, a. a. O., S. 100).

Entscheidend bei der Balance der Katharsis ist die Einsicht, dass Gegenwartserlebnisse, schnelles Erinnern und positive Gefühle zur Distanzierung beitragen, Vergangenheitserlebnisse, detailliertes Erleben und negative Gefühle die Regression aber verstärken. Bei der Katharsis ist ein intellektueller Aspekt von einem emotionellen Aspekt zu unterschieden. Der intellektuelle Aspekt, der in der Bewusstwerdung einer vergessenen Erinnerung besteht, kann zur Anknüpfung der Distanzierungsarbeit werden und den emotionellen Aspekt, die Abfuhr von Gefühlen in Tränen und umgekehrt, ausbalancieren (vgl. M.P. Nichols, M. Zax: Catharsis in Psychotherapy. New York 1977, Kap.1) Bei Männern ist in der Katharsis meist der kognitive, bei Frauen meist der emotionelle Aspekt der Reaktion überentwickelt und muss in der Balance mit den ästhetischen Mitteln der Textarbeit ausgeglichen werden.

Die Katharsis schöpft den emotionellen und kognitiven Aspekt des Schreibens in der entsprechenden homöopathischen Balance aus. Sie deutet Lernprozesse durch das Aufbrechen verfestigter Gefühlsstrukturen an. Sie signalisiert, dass Regression zur kreativen Progression freigesetzt wird. Kathartische Heilungen ergeben sich durch ästhetische Suggestion, durch bloße Wiederholung des Verdrängten, das sich durch die Wiederholung affektiv erschöpft oder durch die rationale Bewältigung des auslösenden Konfliktes. Oft greifen aber auch alle drei Heilaspekte ineinander (vgl. G. Klumbies: Psychotherapie in der Inneren und Allgemeinen Medizin. Leipzig 1988, S. 248).

In der Schreibgruppe gibt es mehrere Arten der Katharsis:

a. Die **Observationskatharsis**: Sie entspringt aus der Identifikation mit dem bewegenden Geschehen in den Texten anderer.
b. Die **Aktionskatharsis**: Sie resultiert aus dem Ergriffenwerden durch das Schreiben eigener Texte.
c. Die **Gruppenkatharsis**: Sie entsteht im Wechselspiel der Aktionkatharsis des Textgebers und der Observationskatharsis der Texthörer (vgl. G. Leutz: Psychodrama. Berlin 1986, S. 140–144).

Der Gruppenleiter muss bei seiner Balance bei der ergriffenen Person ansetzen, wenn er die Überreaktion der Gruppe verhindern will.

> Die Überreaktion der Gruppe kann im weiteren durch kollektiven Einsatz ästhetischer Distanzierungs- und Balancierungsmittel erfolgen: etwa Methodenwechsel, Themenwechsel, homöopathische Zufuhr von Humor, Zuversicht, intellektuelle Deutung, historische Herleitung, die Ermutigung und die Tröstung usw.

Allerdings sind kathartische Gruppensituationen eine besondere Belastung für den Leiter, weil in dieser Situation das Maß an Heils- und Heilungserwartungen und die entsprechenden Erwartungen und Idealisierungen seitens der Gruppe besonders groß sind. Dem Poesiepädagogen ist hier besonders eindringlich Abstinenz und innere Distanz geboten.

3. Chancen im Schreibprozess

Neben der Arbeit an Krisen stehen die produktiven Interventionen im Zentrum der Arbeit des Schreibgruppenleiters. Setzt die Arbeit an Störungen erhebliche natürliche Helferkompetenzen voraus, so sind die produktiven Interventionen leichter zu vollziehen. Allerdings ist das Schreibgruppenklima erst dann voll entwickelt, wenn der Leiter neben den Techniken der Stimulierung und Forcierung des Schreibprozesses auch die Interventionstechniken der Absicherung und Abschließung des Schreibprozesses in die Gruppenarbeit einbringen kann.

3.1. Verschriftlichung/Fortschreiben

Was die Menschheit beim Fortschritt von der schriftlosen zur schritlichen Kultur erlebte, erlebt der kreative Schreiber in der progressiven Phase des Schreibens. Er vollzieht noch einmal die Bedeutsamkeit nach, die den früheren Schreibern am Anfang der Geschichte zuteil wurde (vgl. R. Claiborne: Die Erfindung der Schrift. Reinbek 1978, S. 89 ff.). Er wird Mitglied der Schreiberaristokratie. Er verbreitert seine sozialen Chancen, weil er nun besser kommunizieren kann. Er erhöht sein soziales Ansehen. Er begreift mehr von der Welt in seinem Inneren, in anderen und in der äußeren Welt selbst. Am besten dokumentiert erscheint der Übergang von der schriftlosen zur schriftlichen Kultur im antiken Griechenland. Die mündlich tradierte Kultur zentrierte sich um den Mythos, um die erzählten Götterbiographien. Die schriftliche Kultur verfolgt „die bewusste Absicht, den Mythos durch etwas anderes zu ersetzen, das mit ihrer Idee des Logos – der allgemeinen und umfassenden Wahrheit, die offenkundige Widersprüche versöhnt – eher übereinstimmt“ (J. Goody, I. Watt u. a.: Entstehung und Folgen der Schriftkultur. Frankfurt 1986, S. 91). Mythos konnte nun mit Hilfe der Schrift durch Logos ersetzt werden. Während in nichtschriftlichen Gesellschaften die Geschichte ständig neu erfunden wurde, zwang die verschriftlichte Geschichte zur kritischen Auseinandersetzung mit den Widersprüchen der Geschichte. Aus mündlicher Historie wurde nun kritisches Geschichtsprozessbewusstsein. Das kulturelle Erbe wird in nichtschriftlichen Gesellschaften im persönlichen Gespräch und in der Initiation tradiert, dabei werden die Zusammenhänge zwischen Vergangenheit und Gegenwart leichter harmonisiert. Bei verschriftlichter Tradition werden Widersprüche weniger leicht geschlichtet und weniger leicht vergessen. Erinnerung wird durch schriftliche Fixierung zur Quelle immer neuer Auseinandersetzung mit den Widersprüchen der Tradition. „Schrift begünstigt das Bewusstwerden von Widersprüchen“ (J. Goody u. a., a. a. O., S. 95). Ein Begriff von Veränderung und Rückschritt kann erst durch die die Verhältnisse fixierende Schrift entstehen, ebenso die Einsicht in die Trennung von Entwicklungsfakten, die zuverlässig und intersubjektiv überprüfbar sind, und Entwicklungsmythen, die auf unüberprüfbaren Erzählungen beruhen. Schrift konstituiert eine demokratische Öffentlichkeit des Arguments, des Diskurses, des Wettkampfs der Ideen. Die religiöse Aura des Glaubens an die erzählten Mythen verringert sich in der Schriftkultur. Durch Schrift wird ein neues Niveau der Abstraktion erreicht. „Die Tätigkeit des Schreibens und Lesens ist unendlich viel abstrakter als die des Sprechens und Hörens“ (O. Spengler zit. n. J. Goody, a. a. O., S. 101). Durch Schrift lässt sich das logische Argumentieren verfeinern und vertiefen, weil die Schritte der

Argumente ständig erneut überprüft werden können, was der mündlichen Tradition schon schwerer fällt. Schriftlich werden Begriffe erst in ihrer eigentlichen Gestalt möglich. Mit Hilfe von Begriffen wird die Entstehung kognitiver Wissenschaftsdisziplinen eröffnet. Schrift erleichtert die politische Teilnahme des einzelnen an den öffentlichen Angelegenheiten des Staates. Durch die Kunst des Buchdrucks in der Moderne wird die Verschriftlichung der Tradierung von Kultur enorm erweitert, so dass der Einzelne immer nur einen Teil der kulturellen Totalität erfassen kann. Der Zwang, seine Teileinsichten zu vertiefen und zu verschriftlichen, nimmt damit zu. Durch die Alphabetisierungspflicht der Schule wird ein Widerspruch zwischen der öffentlichen Schrifttradition und der privaten mündlichen Familientradition gesetzt. Zwischen der Welt der Schriftspezialisten und der Alltagswelt klafft ein immer größerer Widerspruch. Die Flucht aus der „Literatenkultur" wird leichter als in der mündlichen Kultur, aber in der Moderne wird der Zwang zur Teilnahme an der Schriftkultur größer, wenn man sich überhaupt selbst verstehen will. Indem die Schrift „Worte vergegenständlicht und sie und ihre Bedeutung länger und gründlicherer Prüfung zugänglich macht als gesprochene Worte, fördert sie privates oder individuelles Denken" (J. Goody, a. a. O., S. 114). Die Schrift vermittelt also die Individualisierungsschübe der Moderne. Das Tagebuch z. B. ermöglicht es dem Individuum, seine eigenen Erfahrungen zu vergegenständlichen und gibt ihm eine gewisse Kontrolle über die Umbildungen des Gedächtnisses unter den Einflüssen späterer Ereignisse. Aneignung von Kultur wird in Schriftgesellschaften immer mehr Aufgabe des Einzelnen, der mit Hilfe seiner Schriftfähigkeit dazu auch einen immer größeren Spiel- und Freiraum erhält. Der kreative Schreiber, der sich, nach schulischer Alphabetisierung schreibend, bewusst zu seiner eigenen inneren Geschichte, zur allgemeinen äußeren Geschichte und zur Welt verhält, reproduziert also individuell, was die Gattung beim Übergang von der mündlichen zur schriftlichen Kultur schon vollzogen hat. Er vollzieht also folgende Rationalitätszuwächse:

1. Er kann durch Schrift Logos gegen Mythos setzen.
2. Mündliche Historie kann durch seine Schrift kritisches subjektives Geschichtsbewusstsein werden.
3. Gegen Harmonisierung gelingt ihm Abarbeitung an Widersprüchen.
4. Gegen Statik kann er nun schriftlich Fortschritt und Rückschritt, das Menschliche und das Nichtmenschliche unterscheiden.
5. Schreibend wird das Argument, die Kategorie, zum individuellen Werkzeug der Lebensbewältigung. Aus bloßer Kulturkonsumtion kann durch Schrift kulturelle Produktivität werden.
6. Die Teilnahme am öffentlichen Diskurs wird schreibend intensiver möglich.

7. Schreibend wird die Spur in der wachsenden Kulturtotalität, die sich im Erweitern von Lebenskrisen und Identitätsbrüchen niederschlägt, deutlicher und klarer zu bearbeiten sein.
8. Mit Hilfe des öffentlichen Schreibens kann die private Oral-Poetry der Familie und die eigene Verstrickung in sie besser bearbeitet und damit bewusst gemacht werden.
9. Wenn auch die Flucht aus der Kultur bei Schriftkulturen mit abnehmender direkter Kontrolle leichter wird, wird zugleich die Tiefe des Selbstverständnisses durch die Vermittlung von Allgemeinem und Privatem durch Schrift größer.
10. Schriftgesellschaften schaffen Freiräume privaten Schriftgebrauchs zur eigenen Selbstverständigung, z. B. Tagebuch, Brief und Roman. Sie vermitteln damit Textsorten verbesserten Lebensverständnisses.
11. Gegen die größere Belastung bei der Identitätsarbeit der einzelnen in der Schriftgesellschaft wird zugleich durch eigene Schrift ein geeignetes Hilfs- und Heilmittel geschaffen.

Der Schreibgruppenleiter sollte also folgende rationale Gewinne in den progressiven Phasen des kreativen Schreibens fördern helfen:

- Das verbesserte Verarbeiten, Verdichten, Speichern und Weitergeben von Informationen.
- Das dialektisch-begriffliche Integrieren von Widersprüchen.
- Die logische Arbeit an den Widersprüchen in der eigenen Entwicklung und den sie begleitenden Erinnerungen.
- Die Möglichkeit der Distanzierung vom Mythos und den ihm entsprechenden Gefühlen: Vom Mythos zum Logos fortschreiten!
- Die Möglichkeit, private mündliche Erinnerungen mit der öffentlich-schriftlichen Erinnerung in Beziehung zu setzen.
- Die eigene Kulturflucht und Überforderungstendenzen mit kultureller Selbsttätigkeit kompensieren.
- Die eigene Privatphilosophie und Lebenslogik in der heutigen Etappe „der neuen Unübersichlichkeit“ (J. Habermas) sichtbar zu machen.

Damit kann das kreative Schreiben seine Synthesefunktion, die Abwehrmechanismen des Ichs und die Selbststeuerung der Person verbessern helfen.

3.2. Rationales Schreibkalkül fördern

Obwohl viele Schreiber heute noch die romantische Inspirationsidee über die Schreibarbeit breiten, haben andere Autoren das Geheimnis der rationalen Kalkulierung des Schreibprozesses verraten. Am Anfang steht hier E.A. Poe, der die Entstehung seines Gedichts „Der Rabe“ in dem Essay „Die Methode der Komposition“ enthüllte. „Meine Absicht ist, deutlich zu machen, dass sich kein einziger Punkt in seiner Komposition auf Zufall oder Intuition zurückführen lässt, dass das Werk Schritt um Schritt mit der Präzision und strengen Folgerichtigkeit eines mathematischen Problems seiner Vollendung entgegenging" (E.A. Poe: Die Methode der Komposition. In: ders. Das gesamte Werk in zehn Bänden. Olten 1976, Bd. 10, S. 533 ff.). Poe verrät dann die Stufen seiner Dichtungskalkulation in drei Schritten:

a. Vorbereitung des Schreibaktes: Äußerer Umfang, Wahl des Effekts, der Tonart, künstlerischer Reiz durch Wahl des Leitmotivs, Einteilung des Gedichtes in Strophen, melancholisches Kernwort für Refrain „Nevermore", Wahl des Todes als Thema des Gedichtes, Assoziation des Todes einer schönen Frau und des lyrischen Ichs als verlassener Liebhaber.
b. Schreibakt: Ort, Zeit und Versstruktur des Gedichtes.
c. Überarbeitung: Verfassung der beiden Schlussstrophen.

Rimbaud steht in Poes Tradition und betrieb die wissenschaftliche Quantifizierung der Sprache: „Ich erfand die Farbe der Vokale, a schwarz, e weiß, i rot, o blau, ü grün – ich bestimmte Form und Bewegung jedes Konsonanten" (zit. n. W. Höllerer: Theorie der modernen Lyrik. Reinbek 1965, Bd. 1, S. 71). Paul Valery betonte die handwerkliche Rationalität der Vorbereitung des Schreibprozesses. „Der künstlerische Schaffungsprozess kommt dadurch zustande, dass eine willensmäßige Tätigkeit... und langwierige Arbeiten höchst abstrakte Beobachtungen, sehr präzise Kenntnisse, ...sich einem Zustand des inneren Daseins zuwenden" (P. Valery: Zur Theorie der Dichtkunst. Wiesbaden 1962, S. 215). Der Futurismus stellte einen Katalog von Textanforderungen auf, nach dem jeder neueste Poesie produzieren konnte, eine Vorform der Computerlyrik aus der Maschine: Beseitigung des Adjektivs, des Adverbs, Verdoppelung der Substantive, Aufhebung der Interpunktion usw. (vgl. F.T. Marinetti: Technisches Manifest der futuristischen Literatur. In: W. Höllerer, a. a. O., S. 134 ff.). Der Dadaismus reduzierte das Dichten auf das Collagieren ausgeschnittener und zerschnittener Texte, eine Tätigkeit, die jeder nachvollziehen kann (H. Arp: Wortträume und schwarzer Stern. Wiesbaden 1953 S. 5 ff.). W. Majakowskij betont die Vorarbeit für das Dichten, der Schreibakt ist bloß Ausführung. Bei der Vorarbeit geht er systematisch vor. Majakowskij arbeitet mit dem Notizbuch, schreibt sich alles Wichtige beim Beobachten auf, spricht die gefundenen Worte halblaut vor sich hin, kehrt zu einem Thema drei Monate Tag für Tag zurück, ohne eine Zeile zu schreiben, versucht dann zwölf Varianten des ersten Satzes „Unsere Tage geben uns an Frohsinn wenig her", prüft das Versmaß, den Aufbau, die Schlussstrophen und fasst dann zusammen:

„1. Dichten ist eine Produktion...
2. Das Studium der dichterischen Arbeit – besteht ... im Erlernen der Methoden dichterischer Arbeit überhaupt...

3. Die Arbeit des Dichters muss zur Steigerung der Meisterschaft und zur Sammlung dichterischer Vorfabrikate Tag für Tag fortgesetzt werden.
4. Ein gutes Notizbuch und die Fähigkeit, damit umzugehen, sind wichtiger als die Fähigkeit, fehlerlos in überlebten Versmaßen zu schreiben."

Er fordert ökonomische und historische Kenntnisse für den Dichter. Und er schließt: „Nur Wissen, nur Vervollkomnung, Anhäufung, Variierung der literarischen Techniken machen einen zum Berufsschriftsteller" (W. Majakowskij: Wie macht man Verse. Berlin 1960, S. 78). F.G. Lorca fasst das rationale Verständnis des Dichtens in zwei Sätze: „Ich glaube nicht, dass ein großer Künstler im fiebrigen Zustand arbeitet. Selbst der Mystiker arbeitet erst, wenn die unermüdliche Taube des Heiligen Geistes seine Zelle bereits verlässt und allmählich sich in den Wolken verliert" (F.G. Lorca: Das dichterische Bild bei Don Louis de Gongara. Düsseldorf 1954, S. 31). Bei einigen modernen Dichtern findet sich die Einsicht, Dichtung nähere sich der Wissenschaft an und ergänze diese, da das Ziel des Schreibens „die Erkenntnis von subjektiver und objektiver Wirklichkeit ist und zwar im Sinne eines stetigen grenzerweiternden Erkenntnisfortschrittes" (C. Eykmann: Schreiben als Erfahrung. Bonn 1985, S. 59). Die Trennung von Wissenschaft und Dichtung diagnostiziert W. Lepenies als spezifisch deutsche Ideologie gegen die schon Goethes Faust sagte: „Verachte nur Vernunft und Wissenschaft…" (W. Lepenies: Die drei Kulturen. München 1985, S. 245–264). Gerade wegen dieser deutschen Ideologie werden in der deutschen Poetik Symbole und Texte als Werkzeuge des Denkens unterschätzt (vgl. J.S. Brunner, D.R. Olson: Symbole und Texte als Werkzeuge des Denkens. In: G. Steiner: Entwicklungspsychologie. Weinheim 1984, Bd. 1, S. 306–320). Für den Schreibgruppenleiter ergibt sich die Aufgabe, das rationale Schreibkalkül durch folgende Mittel zu fördern:

a. Möglichst gründliche Einführung in die **Vorarbeiten** zum Schreibprozess und zur Arbeit mit dem Notizbuch.
b. Betonung der erlernbaren Schreibtechniken, Schreibstimuli und Deutungstechniken.
c. Vermittlung der Positionen der rationalen Poetik in der Tradition E.A. Poes.
d. Kritik der bloßen Produktionsorientierung im Schreibprozess und der ständigen Abwehr der Produktorientierung.
e. Vertiefung der Textüberarbeitung und Textdeutung, um eine größtmögliche Klarheit der Texte zu erreichen.
f. Genaue Kalkulation der Texteffekte, der Rezeptionswirkung der Texte auf den Hörer, um den Weg des Textes zu anderen zu verbessern.
g. Betrachtung der „Urschrei-Texte" als bloßes Anfängerprodukt, die im Zuge der Schreibqualifizierung überwunden werden können.

3.3. Mit Sprache und Schrift spielen

„Dichtung in ihrer ursprünglichen Funktion als Faktor früher Kultur wird im Spiel und als Spiel geboren“ sagt J. Huizinga in seinem epochalen Essay „Homo ludens“ (Reinbek 1987, S. 135). Die soziale Funktion des Dichtens konnte nur durch eine Spielsprache, durch eine Kunstsprache erfüllt werden. „Dichter ist, wer die Kunstsprache sprechen kann. Die dichterische Sprache unterscheidet sich von der gewöhnlichen dadurch, dass sie sich absichtlich in besonderen Bildern ausdrückt, die nicht jedermann versteht“ (J. Huizinga, a. a. O., S. 148). Die dichterische Spielsprache der Frühzeit besteht neben besonderen Regeln der Metrik und Prosodie in der Kunst der Verwendung von Hunderten von Metaphern. So gibt es im Altnordischen zehn Namen für Gold. Zunge wird dichterisch „Sprachdorn“, die Erde „Boden der Windhalle“, der Wind „Baumwolf“ genannt. Jeder Gott erscheint mit vielen Decknamen. „Der enge Zusammenhang zwischen Dichtkunst und Rätsel verrät sich immer wieder in recht vielen Spuren“ (J. Huizinga, a. a. O., S. 150). Das Dichten besitzt folgende Merkmale: Es ist eine freie Betätigung, eine vom Alltag abgetrennte Beschäftigung, eine ungewisse Betätigung, eine produktive Betätigung, eine geregelte Betätigung und eine fiktive Betätigung (vgl. R. Callois: Die Spiele und die Menschen. Berlin 1982, S. 16). Carlois teilt Spiele in vier Gruppen ein: Wettkampf, Zufall, Maskierung und Rausch. Alle diese Spielformen entsprechen auch den Formen der Spielsprache. Poesie dient dem Wettkampf, der Organisierung des Zufalls, dem Masken- und Rollenspiel und der Erzeugung von Rausch. Da gibt es den Dichterwettkampf, das Erwürfeln von Worten, das Spielen literarischer Rollen oder die völlige Auflösung der Sprache beim Mantramsprechen oder in der Non-sense-Poesie. Die Dichter haben die Tradition der Spielsprache immer bewahrt. So sagt Schiller über seinen Satz: „Der Mensch spielt nur, wo er in der vollen Bedeutung des Wortes Mensch ist, und er ist nur da ganz Mensch, wo er spielt“, dieser Satz „ist auch nur in der Wissenschaft unerwartet, längst schon lebte und wirkte er in der Kunst und in den Gefühlen der Griechen, ihrer vornehmsten Meister“ (F. Schiller: Über die ästhetische Erziehung des Menschen. Stuttgart 1977, S. 63). Novalis sieht den Dichter als Spieler: „Der Poet braucht die Dinge und Worte wie Tasten, und die ganze Poesie beruht auf tätiger Ideenassoziation – auf selbsttätiger, absichtlicher, idealischer Zufallsproduktion – zufällige – freie Catenation ... Spiel“ (Novalis: Schriften. Darmstadt 1968, Bd. 3, S. 451). Dichterisches Spielen experimentiert mit dem Zufall und verwandelt beständig das Sinnliche in Begriffe um und stellt das Geistige in Bildern dar. Das Produkt dieses dichterischen Spiels ist wiederum Poesie. Heinrich Heine fordert vom Dichter, dass er die Worte so gebraucht, dass ihr traditioneller Sinn und Bedeutungsgehalt relativiert wird. Der Dichter soll den Worten befehlen und metrischen Wortzauber erfinden statt sich ihrer suggestiven Macht zu überlassen (vgl. J. Kowatzki: Der Begriff des Spiels als ästhetisches Phänomen. Bern

1983, S. 107). G. Benn nähert das Spiel mit Worten der Arbeit im Labor an. Der Dichter schafft „in einem Laboratorium für Worte... Hier modelliert, fabriziert er Worte, öffnet sie, sprengt, zertrümmert sie, um sie mit Spannungen zu laden, deren Wesen dann durch einige Jahrzehnte geht... Silben werden psychoanalysiert, Diphtonge umgeschult, Konsonanten transplantiert" (G.Benn: Gesammelte Werke. Wiesbaden 1965, Bd. 1, S. 389 ff.). Ludwig Wittgenstein hat in seinen „Philosophischen Untersuchungen" (Frankfurt 1971) deutlich gemacht, dass Sprache ein Teil einer Lebensform ist, die das Leben in vielfältiger Weise regelt. Die Einsicht in das Widerspiel von Gesellschaft und Sprache wurde in der Modernen zum Impuls des „Experimentellen Schreibens". So meinte Oswald Wiener: „Das Alphabet kommt jedenfalls von der Obrigkeit." Schreiben wird damit primär spielerische Sprachdestruktion. „Das Experiment, die Prüfung, Sondierung, der methodische Umgang mit Sprache und ihren Möglichkeiten, die Trennung der festen Fügung, die Zerschlagung der Satzklischees, das Hervorlocken des Weichtiers Sprache aus seinen Verkrustungen, die Denunziation der bürgerlichen Botschaftssprache, die Verfremdung, Neuformung, Montage, die Kombinatorik der zerlegten Satz- und Wortteile ist ein bewusstes technisches Machen, der Dichter-Schriftsteller als literarischer Ingenieur" (K. Hohmann: Experimentelle Prosa. Paderborn 1974, S. 66).

Das Spiel mit der Sprache ist aber schon lange im Besitz der Kinder. Es wird in schulischer Sprachkultur konserviert und in der Erwachsenensprache in lustvoller Erinnerung an die eigene Sprachkindheit gepflegt. Sprachspiel unterläuft Schuldressur. Eine Untersuchung über Sprachspiele im Alltag kommt zu folgenden Ergebnissen:

„1. *Das Spiel mit der Sprache ist eine weitverbreitete, polyfunktionale, vorwiegend lustbetonte Erscheinung in der Alltagswelt der Erwachsenen.*
2. *In der modernen Literatur sind Spiel und Experiment mit der Sprache charakteristische Merkmale.*
3. *In Kinderreimen hat das Spiel mit der Sprache eine lange Tradition. In ihm werden die gewohnten Sprachordnungen zugunsten vielfältiger Abweichungen auf allen sprachlichen Ebenen vorübergehend aufgegeben.*
4. *Während der Spracherwerbsphase erfindet das Kind zahlreiche sprachliche Spielvariationen, die ihm Vergnügen bereiten. Auch das ältere Kind und der größere Schüler können Spass haben, Sprache als Spielmaterial zu benutzen und damit nach ihrem Belieben zu schalten.*
5. *In der Kinderliteratur findet das Spiel mit der Sprache heute weite Anwendung und Verbreitung.*"
(B. Seidel: Schüler spielen mit Sprache. Stuttgart 1983, S. 19)

Von der Praxis des Spiels mit Sprache wird, soweit das überhaupt im schulischen Unterricht möglich ist, das Erreichen folgender Ziele erwartet:

„1. *Spiele mit Sprache können vor allem Spontaneität und Eigeninitiative beim Gebrauch der Sprache und beim Umgang mit der Sprache wecken, können dazu ermutigen, sich sprachlich zu artikulieren und durchzusetzen.*
2. *Sie können besonders gut produktive Kräfte und expressives Sprachverhalten freisetzen und so Akte der Selbstbestätigung und Identitätsfindung fördern.*
3. *Sie sind, da sie Ausweitungen oder Überschreitungen von Grenzen darstellen, geeignet, die Normen der Sprache besser bewusst und die Grenzen des Kommunikationsverhaltens erfahrbar zu machen.*
4. *Spiele mit dem Material Sprache veranlassen den Schüler, Sprache zu objektivieren, und da der Spielende hierbei selbst verändernd und manipulierend tätig wird, motivieren sie besonders nachhaltig dazu, zur Sprache Distanz zu gewinnen.*
5. *Sie fördern letztlich die Sensibilität gegenüber Sprache dadurch, dass der Schüler nicht nur perzipierend und interpretierend tätig ist, sondern poetische und rhetorische Elemente der Sprache spielend selbst verwendet und so sich erfahrbar macht. Spiele mit Sprache haben also vor allem eine emanzipatorische und soziale Funktion. Der Schüler erhält durch sie Spielraum, seine Wahrnehmungs- und Vorstellungsfähigkeiten, die ja wesentlich durch Sprache begrenzt sind, zu sensibilisieren und zu erweitern, die Schranken seiner Sprachfähigkeit im Spiel zu überwinden und, insofern Sprachziele zugleich Kommunikations- und Rollenspiele darstellen, Verstehens- und Verständigungbarrieren abzubauen.*“
(W. Menzel: Kreative Sprachverwendung. In: C. Hannig (Hrsg.): Deutschunterricht in der Primarstufe. Neuwied 1978, S. 53)

Allerdings muss das Sprachspielen die Wechselwirkung von Spiel und Regel, von Freiheit und Ordnung beachten: „Alles sprachkreative Tun ist begrenzt durch Gesetze oder Regeln, innerhalb deren es sich allein entfalten kann. Kreativität wird dementsprechend nur möglich durch das Aufheben und Infragestellen sprachlicher Normen und Muster, um damit Freiheit zu gewinnen für sich selbst. Das ist nur eine Voraussetzung. Die andere ist zumindest ebenso wichtig, nämlich das Auswählen, Finden oder Verabreden neuer oder veränderter Regeln. Kreativität vollzieht sich also nicht in völliger Freiheit, sondern wird durch Festsetzen der Spielregeln bestimmt. **Ein Spielen** – auch ein Spielen mit der Sprache – **ohne festgelegte Determinanten des Spielverlaufs gibt es nicht**. Erst die Regel macht das Spiel zum Spiel, sie ist das Gesetz, das bei aller Freiheit waltet und dem sich der Spielende bewusst und freiwillig unterwirft. Mit welchem Ernst solche Spielregeln geachtet, mit welchen Strafen und Ausschlüssen Verstöße gegen die Ordnung geahndet werden, zeigt ein Blick auf Kinderspiele. Im Spiel mit der Sprache ist ihre Geltung nicht geringer“ (R. Sanner: Spiel und Spielregeln im kreativen Prozess. In: W. Pielow, R. Sanner (Hrsg.): Kreativität und Deutschunterricht. Stuttgart 1973, S. 31).

Viele psychologische Spieltheorien haben die Wirkung des Spiels (auch des Sprachspiels) auf den Menschen untersucht. Die älteren biologischen

Spieltheorien gingen davon aus, dass der Mensch im Spiel überschüssige Energie abbaut (Spencer), frühere soziale Umgangsformen rekapituliert (S. Hall), unvollständige erbliche Instinkte beherrschen lernt (Groos), sich erholt und entspannt (Lazarus). Die modernen soziologischen und psychologischen Spieltheorien arbeiten andere Wirkungen des Spiels heraus. Die **phänomenologischen** Theorien (Flittner, Jaspers, Langefeld u. a.) verweisen darauf, dass Spielen Ziele setzt, Situationen erzeugt und Beziehungen stiftet. Die **kognitiven** Spieltheorien (J. Piaget) untersuchen beim Spiel die Art der Aufnahme und Verarbeitung von Information und die Stimulierung des Denkens. Besonders Piaget zeigt, dass Spielen eine wichtige Form des Anpassens des Individuums an seine Umwelt zuwege bringt. Dabei sind für Piaget zwei Prozesse von besonderer Bedeutung. Bei Assimilation werden im Spiel die Informationen aus der Umwelt aufgenommen und verarbeitet. Bei Akkomodation passt sich der Organismus an die Art der Information an, die aus der Umwelt kommt. Für die Entwicklung des Kindes sind z. B. das sensomotorische Übungsspiel, das symbolische Spiel und das Rollenspiel wichtig, um kognitive Fähigkeiten zu entwickeln.

Die **psychoanalytische** Spieltheorie (z. B. Erikson, M. Klein, Winnicott) betont die Bedeutung des Spiels für die Bewältigung von Angst und Unlust durch Wiederholung und Abwehr. Bei der Wiederholung kann der Spieler die Verhältnisse umkehren, was ihm angetan wurde, wird im Spiel anderen angetan. Bei der Angstabwehr wird die ängstigende Energie durch die spielerische Aktion abgeführt. Im Spiel kann der Spieler die Belastungen der Familie und Arbeitswelt im Rahmen der von ihm mitgeschaffenen Spielwelt auflösen (vgl. R. v. d. Kooij: Die psychologischen Theorien des Spiels. In: K. J. Kreuzer (Hrsg.): Handbuch der Spielpädagogik. Düsseldorf 1983, Bd. 1, S. 297–335). Die im Spiel aktivierten Fantasien werden gestaltet und interpersonell mitteilbar. Das Spiel gewinnt damit für den Teilnehmer einen individuellen Beitrag für seine Selbstentwicklung, Selbstheilung, Selbsterweiterung (C. E. Schäfer: Das Selbst im Spiel. In: Zeitschrift für Pädagogik, 26, 1980, S. 13–27). Der Teilnehmer erhält im Spiel Raum für Selbstsymbolisierung, Selbstentwurf, Selbstgestaltung und Selbstentäußerung. Er kann mit abgespaltenen und verobjektivierten Seelenanteilen kommunizieren und sich mit der Realität konfrontieren (C.E. Schäfer, a. a. O., Bd.1, S. 337–355).

Der Schreibgruppenleiter besitzt in Schreibspielen ein weiteres wichtiges Mittel kreativen Schreibens. Er etabliert durch Schreibspiele einen anderen Ort außerhalb des Alltags, an dem eine andere Sprache und ein erweiterter metaphorischer Ausdruck herrscht. Hier werden schreibspielerisch Defizite artikuliert, Ängste abreagiert und kognitiv verarbeitet (vgl. W. Pielow: Über die literarische Kultur des Schreibkreises. In: K. Ermert, T. Bütow (Hrsg.): Was bewegt die Schreibbewegung? Rehberg-Loccum 1990, S. 30–47). Hier werden aber auch die Grundlagen sprachlicher Kultur nachvollzogen. Allerdings sollte der Anleiter den Transfer zwischen Spiel und Alltag mit den Teilnehmern herstellen, auch durch gelegentliche Verlagerung der Schreibspiele in den Alltag. Durch Spiel freigesetzte hedonistische Kindlichkeit ist aber ebenso Gegenstand der kritischen Aufarbeitung wie die Ausbeutung überschießender Gefühle durch interessierte Teilnehmer.

3.4. Beim Finden des eigenen Stils helfen

„Schreibwerkstätten zwischen Urschrei und Literatur: Aua, Weh, Herr Jemine – Blabla, Credos, Dada", so überschreibt Gerd Herholz vom Dortmunder Literaturbüro seine Abrechnung mit dem kreativen Schreiben: „Zu viele Schreibwerkstätten und ihre Leiter sind stolz darauf, immer wieder bei der ganz persönlichen Stunde Null anzufangen, und die liegt weit oft vor 1945" (G. Herholz: Schreibwerkstätten zwischen Urschrei und Literatur... In: Revier 12, 1989, H. 1, S. 38). Nach Herholz wimmelt es in den Schreibwerkstätten von „Lamettalyrikern und Lazarettpoeten", sein Hauptvorwurf gegen die Schreibwerkstätten lautet: Sie entwickeln keinen Schreibstil. Herholz: „Dass authentische Schmerztränen in der Originalabfüllung vielleicht der Weisheit letzter Schluss nicht sein können, kommt ihnen gar nicht in den Sinn" (G. Herholz, a. a. O., S. 30). Herholz und viele Kritiker der Schreibbewegung unterschlagen, dass kreatives Schreiben mit der Überwindung von Schreibwiderständen beginnen muss, dass das freie Schreiben eine Anwärmfunktion hat und dass die Arbeit am Text und die Entwicklung eines eigenen Stils schon immer ein nächster und notwendiger Schritt jeder Schreibarbeit war. Jeder Schreiber beginnt mit Alltagstrivialitäten, schlicht mit Kitsch. Das muss „aber wohl wie Gerümpel erst weggeräumt und d. h. weggeschrieben werden, ehe etwas wie die eigene Sprache darunter vorkommt oder sich bilden kann" (G. Mattenklott: Literarische Geselligkeit. Stuttgart 1979, S. 180). Jede Schreibgruppe muss Textarbeit umfassen. Jeder Leiter muss den Teilnehmern Hilfen bei der Findung des eigenen Stils geben. Für diesen Zweck muss er die Konzepte der Stilentwicklung im kreativen Schreiben kennen und anwenden. Stil bedeutet, dabei die je eigene Art zu finden, mit der die sprachlichen Darstellungs- und Ausdrucksformen im Schreiben verwendet werden. Wir wollen hier vier der wichtigsten Konzepte der Stilentwicklung vorstellen:

a) Stil wächst nicht von selbst: Die alte Stilschule

Damit so etwas wie ein eigener Stil entsteht, soll man nicht „einfach schreiben, was man denkt, sondern seine Worte sorgsam wählen" (O. Schuhmann: Grundlagen und Techniken der Schreibkunst. Wilhelmshaven 1983, S. 93). Das sorgsame Setzen der Worte hat seine Voraussetzungen. Diese Kunst erwirbt man sich durch die Ausbildung seines literarischen Über-Ichs, das etwa folgende Regeln verinnerlicht hat: „Studieren Sie aufmerksam den Stil bedeutender Schriftsteller", „Schreiben Sie nicht nur mit der Hand und dem Verstand, lassen Sie alle Sinne mitwirken" (O. Schumann, a. a. O., S. 21) „Suchen Sie vor allem Sichtbares und Hörbares, Duft und Geschmack und

Tastbares in Bewegung umzusetzen" (O. Schumann, a. a. O., S. 22). Primär wird der Schreibstil vom Schreibanlass und seiner Verarbeitung bestimmt. Verschaffen Sie sich eindrucksvolle Schreibanlässe, die Sie intensiv verarbeiten. Die Qualität des Stils hängt von der richtigen Wortwahl ab. Um Ihren Wortschatz zu erweitern, legen Sie sich eine Sammlung von interessanten Ausdrücken, Worten, Sätzen zu. „Wenn Sie das Ihnen auffallende Wort sehen oder hören, schreiben Sie es auf – und kosten Sie es eine Weile aus, schmecken Sie es ab auf Rohstoff und Zutat, also auf Sinngehalt und Klangfarbe" (O. Schumann, a. a. O., S. 32). Benutzen Sie die Welt der Alltagssprache als Jagdgebiet. „Aufmerksames Lauschen auf die Rede- und Ausdrucksweise des Volkes, das ja in beneidenswerter Weise bildhaft denkt und spricht und ständig neue Wörter erfindet, mag Sie anregen, selbst unter die Sprachschöpfer und Wortbildner zu gehen" (O. Schumann, a. a. O., S. 34.). Stil ist für Schumann eine lange harte Arbeit: „Der echte Stil entwickelt sich durch unablässiges Umwandeln, sorgfältig beobachtete Eindrücke, folgerichtiges Durchdenken, inneres Nacherleben und beherrschtes Vorstellungsvermögen in einem Ausdruck, der dem Beobachteten, Durchdachten, Nacherlebten und Vorgestellten aufsitzt wie die Haut dem Körper" (O. Schumann, a. a. O., S. 35). Die Arbeit am Stil beginnt mit einfachen Schreibübungen wie z. B.: „Wandeln Sie Sprichwörter in eine Geschichte um, studieren Sie täglich die Zeitung auf Schreibanlässe, ergänzen Sie die Zeitungsmeldungen so, dass die **sechs großen „W's"** der Prosa (Wer, was, wann, wo, wie, warum) in Ihren neuen Texten gestaltet werden (vgl. O. Schumann, a. a. O., S. 38 ff.).

b) Die richtigen Sprachmittel für die richtige Aussage: Stilistik in der DDR-Schreibbewegung

Zum guten Stil gehört die Kenntnis der Stilistik. Das heißt für die DDR-Schreibbewegung: „Die Stilistik lehrt den zweckmäßigen Einsatz der sprachlichen Mittel für die Aussage. Wer die Sprachmittel zweckentsprechend in den Zweck seiner Aussage stellt, schreibt einen guten Stil" (U. Steinhaußen u. a.: Handbuch für schreibende Arbeiter. Berlin 1969, S. 409). Bei der Textarbeit müssen alle sprachlichen Mittel auf ihre Angemessenheit hin untersucht werden, d. h. jedes Wort, jeder Satz, jeder Abschnitt unterliegt der nachgehenden Kontrolle. „Denn alle sprachlichen Mittel sind zugleich stilistische Mittel" (U. Steinhaußen u. a.,a. a. O., S. 409 ff.) Folgende Kontrollmethoden lehrt die DDR-Stilistik:

Wortwahl: Suchen Sie aus der Fülle der sich anbietenden Worte das am besten geeignete heraus. Das erste Wort, das einem beim Schreiben einfällt, ist nicht immer auch das beste. Prüfen Sie die Fachwörter, die Wörter spezifischer Schicht- und Mundarten, die Neuwörter, die veralteten Wörter, die Fremdwörter, ob sie angemessen benutzt werden.

Wortverbindungen und Redewendungen: Hier lauert das Klischee. Der Autor sollte Redewendungen nicht einfach übernehmen, sondern als Vorlage nehmen, die er seiner besonderen Aussageabsicht gemäß abwandeln sollte.

Satzbau: Der Satzbau ist auf Geschlossenheit oder Offenheit zu überprüfen. Einschübe, Wiederholungen müssen kontrolliert werden.

Syntaktische Figuren: Hier ist der Parallellismus, die Antithese, die Periode zu beachten.

Besondere stilistische Mittel: Beiwörter, bildlicher Vergleich, Metaphern, Personifizierung (Allegorie), Symbole und Umschreibungen sind zu kontrollieren.

In der DDR-Schreibbewegung repräsentierte sich ein hohes Maß an Textkontrolle. Ihre Stilistik zwingt zur kompletten Textanalyse. Jedes Wort, jeder Satz erfordert „die gebührende Aufmerksamkeit" (U. Steinhaußen, a. a. O., S. 406). Es ist zu prüfen, wie weit der 9. November 1989 auch in der Stilistik der DDR-Schreibbewegung eine Wende herbeigeführt hat.

c) Stil ist Rhetorik: Der lange Arm des Quintillian

Von Tübingen aus, geschult an der Redekunst von Walter Jens, propagiert Gerd Ueding die „Rhetorik des Schreibens". (Königstein 1985). Die Rhetorik geht auf die antike Lehre der Quintillian von der richtigen öffentlichen Rede zurück und sucht die Möglichkeiten der besten Wirkung. Die antike Rhetorik unterschied mit Cicero drei Stile:

Den schlichten Stil der einfachen sachlichen Ausdrücke vom mittleren Stil, der mäßig schmückt und unterhält, vom großartigen Stil, der erhebt und die Leidenschaft erregt (G. Ueding, a. a. O., S. 18 ff.). Eine Bewertung nach diesen Stiltypen ermöglicht die Überprüfung, ob der gewählte Stil der Sache, um die es geht, auch angemessen ist. Die antike Rhetorik hat auch ein Modell der Entwicklung der angemessenen Rede entwickelt, das fünf Phasen umfasst:

a. Die Ermittlung der Gedanken und ihrer Ordnung (Inventio)
b. Die Anordnung des Stoffes (Dispositio)
c. Niederschrift und Verfertigung der Gedanken beim Schreiben (Elocutio)
d. Aneignung der Rede durch das Gedächtnis (Memoria)
e. Halten der Rede (Actio)

Für den rhetorischen Schreibstil hält Ueding die Berücksichtigung der ersten drei Arbeitsphasen für wichtig: **Inventio – Dispositio – Elocutio.** In der ersten Phase sind Gedanken und Argumente für die im Text zu behandelnden Personen und Sachen zu suchen. In der zweiten Phase ist die Gliederung des zu schreibenden Textes zu entwerfen und zwischen zwei-, drei- und mehrgliedrigen Aufbauformen zu wählen. In der dritten Phase ist die Setzung von Wortfiguren (Metaphern, Wortvertauschung, Wortwiederholung) die Verwendung der Satz- und Gedankenfiguren (vgl. Allegorie, Beispiel, Personendarstellung, Steigerung, Ironie usw.) zu berücksichtigen. Als bloße traditionelle Stilkunst der Rede ist die Rhetorik überholt, aber sie besitzt Hilfen, wenn der Schreiber Rat sucht, „wie man sich öffentlich und zugleich demokratisch artikulieren kann" (W. Gössmann: Theorie und Praxis des Schreibens. Düsseldorf 1987, S. 51).

d) Evokatorischer Stil in der amerikanischen Schreibbewegung

Die amerikanische Schreibbewegung kennt zwei Stile, den **explanatorischen** Stil, der „ausschließlich die Funktion hat, Information zu vermitteln" und den **evokatorischen** Stil, „dessen Verwendung darauf abzielt, Gefühle auszulösen" (G.L. Rico: Garantiert Schreiben lernen. Reinbek 1984, S. 263). Der explanatorische Stil ist linear, logisch und eindeutig. Der evokatorische ist bildreich, rhythmisch, und wortmalerisch. Diesen zweiten Stil bevorzugt die amerikanische Schreibbewegung. Rico hat ein Modell entwickelt, wie der evokatorische Stil geübt werden kann. Jeder Text sollte in einem Kreis geschrieben werden. Dazu wird der Text unter der Maxime, Wort und Gedanken in Übereinstimmung zu bringen, drastisch gekürzt. Oder ein vorliegender Text wird in einer zweiten Fassung (im Kreis) geschrieben und dann auf das Verhältnis von Gedanken und Ausdruck hin überprüft. Der evokatorische Stil wird vertieft, wenn bei der Überarbeitung der Texte alle explanatorischen Elemente gestrichen und alle evokatorischen Elemente durch das „Wiederaufnehmen von Motiven durch Bild, Metapher und Sprachrhythmen verstärkt werden" (G.L. Rico, a. a. O., S. 269). Evokatorischer Stil entsteht durch Straffung, Wegfall alles Erklärenden, mehrfache Überarbeitung. Ziel dieser evokatorischen Überarbeitung soll es sein: „Jedes Wort muss eine große Bedeutung gewinnen" (vgl. G.L. Rico, a. a. O., S. 271).

Der Schreibgruppenleiter kann also unter vier verschiedenen Stillehren wählen. Er kann aber auch die Gruppe selbst entscheiden lassen, welcher Stilarbeit sie beim Überarbeiten von Texten folgen will. Deshalb folgender Vorschlag:

1. Der Schreibgruppenleiter stellt die vier Stillehren vor und lässt sie in der Textarbeit erproben.
2. Die Gruppe entwirft dann eine Scheckliste der Elemente, die sie für einen guten Stil unbedingt erforderlich hält (vgl. J. vom Scheidt: Kreatives Schreiben. Frankfurt 1989, S. 203, P. Schuster: Grundregeln, Empfehlungen, Übungen, Markierungen und Kürzel zur Textkritik, o.O., o.J., G. Angstmann: Schreiben hilft Leben. Freiburg 1989, S. 80).

3. Diese Scheckliste wird variabler gehalten und programmatisch der Entwicklung der Gruppe angepasst.

Hier ein Vorschlag für eine Liste von Fragen, mit der die Gruppe die Stilqualität ihrer Texte überprüfen kann. Die Liste ist so aufgebaut, dass die Stilanalyse vom Teil zum Ganzen (vom Wort über die Sätze zum Text) fortschreitet:

a. Werden Schlagworte, schiefe Worte, Wortwiederholungen oder Wortvertauschungen verwendet?
b. Werden bestimmte Wortverbindungen wie Redensarten, Klischees, Floskeln, triviale Vorstellungen benutzt?
c. Wie klingt der Satzrhythmus? Gibt es Schwachstellen oder Leerstellen zwischen den Sätzen?
d. Stimmen die benutzten Metaphern, Symbole, Vergleiche?
e. Drückt der Text seine ursprüngliche Intention aus?
f. Für Prosa: Werden die sechs „W's" (wer, was, wann, wo, wie, warum) beantwortet?
g. Welche explanatorischen Elemente lassen sich noch zugunsten der evokatorischen Elemente des Textes beseitigen?

Bei der Arbeit am Stil ist es wichtig, zu erkennen, dass mit seiner Hilfe die Durcharbeitung des latenten Textes, der tieferen Gefühle, verbessert wird. In der Stilarbeit kommt der Schreibgruppenteilnehmer der Arbeit des Dichters am nächsten. Er wird bei guter Stilarbeit vielleicht „ein Poeta minoris", produziert gute Gebrauchsliteratur für sich und andere und nimmt damit teil an der Entwicklung einer neuen Kulturszene aktiver Literaturaneignung. Die Alternative kann also nicht heißen: Urschrei oder Literatur, sondern es muss heißen: Vom Urschrei zur Literatur des „poeta minoris". Kreatives Schreiben mit Stil produziert neue Literatur nicht im Sinne der Hochliteratur, sondern im Sinne des aktiven Alltags und des bewussten Lebens.

3.5. Förderung der Gestaltung schöner Sätze

Kreativität hat ihren Preis. Sie führt zu inneren Spannungszuständen: zwischen dem Ich und dem Unbewussten. Sie setzt den Kreativen in einen Konflikt zur eigenen Rolle und zu gesellschaftlichen Normen. Als kreativer Schreiber wird man außerdem dem Spott der professionellen Autoren ausgesetzt, die um ihre Marktanteile oder Lektorenkontakte bangen. Kreatives Schreiben kommt nicht ohne Regression aus. Viele Dichter entwickeln ihre Texte auch aus Schmerz. „Nach antikem Glauben hing die Dichter- und Sehergabe mit bestimmten Arten heiligen Krankseins zusammen" (W. Muschg: Tragische Literaturgeschichte. Bern 1957, S. 412). Viele Dichter leiden an körperlichen und geistigen Defekten. Besonders die Epoche der Romantik „durchstieß die Scheidewand zur Nacht der Seele endgültig" (W. Muschg,

a. a. O., S. 414). Aber Dichter bleiben beim Schmerz nicht stehen. Sie gestalten ihn. Sie kompensieren ihn. Für viele Dichter gab es nur die Rettung durch Poesie: „Es figurieren in der Literaturgeschichte zahllose unersättliche Machtmenschen, verschlagene Intriganten und still resignierte Sonntagspoeten, die sich mit Versen über ihre Enttäuschung trösten. Sie verschaffen sich schreibend einen Macht- oder Lebensgenuss, die sie auf anderem Weg nie erlangt hätten, oder rächen sich aus dem Hinterhalt des Schreibzimmers für ihre Minderwertigkeit“ (W. Muschg, a. a. O., S. 424). Für die modernen Dichter wurde das Schreiben „das Elixier, mit dem sie sich vor der Verzweiflung retteten“ (W. Muschg, a. a. O., S. 437). Der Grund für die heilende Kraft der Dichtung liegt im Folgenden. Beim Dichten ist der Autor nicht identisch mit der Realität von Natur und Gesellschaft. Er tritt ihr kritisch gegenüber, denn kreatives Schreiben will Utopie. Sprache antizipiert immer die ideale Kommunikationsgemeinschaft der Zukunft. „Literatur ist Utopie, nicht weil sie irreal wäre, sondern weil sie ein Bild der Wirklichkeit mit sich führt, das allen Übereinkünften der bisherigen Geschichte und Gegenwart widerspricht“ (G. Ueding: Literatur ist Utopie. In: ders.: Literatur ist Utopie. Frankfurt 1978, S. 9). Schreiben ist Utopie, weil sie Traumarbeit ist und an der Hoffnung hängt, dass Wünschen irgendwann einmal hilft. Gegen die totale psychische Verelendung in der Fantasielosigkeit oder im vermeindlichen Glauben an die Apokalypse vermittelt kreatives Schreiben die besondere ästhetische Erfahrung „des Zustandes der spielerischen Harmonie mit sich selbst, den ihm die soziale Wirklichkeit noch vorenthält“ (G. Ueding, a. a. O., S. 12).

Die Erfahrung des Utopischen als ästhetischer Identität lässt sich im kreativen Schreiben nicht als Staatsroman oder utopischer Realitätsentwurf entwickeln. Diese Erfahrung erscheint in der literarischen Moderne nur als Fragment, als besonderer Augenblick (vgl. K.H. Bohrer: Der Lauf des Freitags. Die lädierte Utopie und die Dichter. München 1973). Marcel Proust beschreibt diesen Augenblick: **„In der Sekunde nun, als dieser mit dem Kuchengeschmack vermischte Tee meinen Gaumen berührte, zuckte ich zusammen und war wie gebannt durch etwas Ungewöhnliches, das sich in mir vollzog. Ein unerhörtes Glücksgefühl, das ganz für sich allein bestand, dessen Grund mir unbekannt blieb, hatte mich durchströmt“** (M. Proust: Auf der Suche nach der verlorenen Zeit. Frankfurt 1954, Bd. 1, S. 707). James Joyce beschreibt den Gipfelaugenblick der utopischen Schönheit mit folgenden Worten: „Sein Denken war ein Nebel aus Zweifeln und Misstrauen gegen sich selbst, der zeitweise blitzartig durch Intuition erleuchtet wurde und zwar so hell, dass in diesem Augenblick die Erde unter seinen Füßen versank, als hätte Feuer sie verschlungen“ (J. Joyce: Jugendbildnis. Zürich 1948, S. 243). Virginia Woolf kennt diese Augenblicke als „Augenblicke des Seins“, in dem sich „hinter der Watte verborgene Muster oder das wirkliche Ding zu erkennen gibt“ (zit. n. D. Wellershoff: Der Roman und die Erfahrbarkeit der Welt. Köln 1988, S. 225). Auch William Faulkner erlebt beim Schreiben „die Verdichtung der Erfahrung zum ekstatischen Augenblick." (D. Wellershoff, a.a.O., S. 347)

Das kreative Schreiben kann also den utopischen Augenblick der Schönheit herbeiführen. Der schöne Satz ereignet sich beim kreativen Schreiben sicherlich selten, aber dann mit umso größerer Eindringlichkeit. Schon in der Antike wurde die Erfahrung der Schönheit als „Fülle vitaler Existenz" (Homer), als „Fügung aus Gegensätzen" (Heraklit), als „Erfahrung des Richtungsgebenden" und „der bestrickenden Erotik" (Xenophon) gedeutet. Auch heute gilt: „Wer künstlerisch tätig ist, ästhetische Praxis betreibt, hat eine Vorstellung von Schönheit, hat Schönheit im Sinn" (K. Matthies: Schönheit, Nachahmung, Läuterung. Drei Grundkategorien für ästhetische Erziehung. Frankfurt 1988, S. 38). Allerdings muss der Schreibgruppenleiter bei seinem Bemühen, dass in seiner Gruppe in vielen Sprachklischees auch schöne Sätze erscheinen, sich des Preises dieses Tuns bewusst sein: „Die Freude und die Hoffnung, die wir an der Schönheit und dem Schönen haben, bezieht sich nicht auf eine Hülse, einen bloß äußeren Glanz, sie enthält im Kern die Ahnung ihrer Vergänglichkeit, den Anflug von Trauer, des möglichen Verlustes in jeder Sekunde. Auf Schönheit sich einlassen heißt auch, Vergänglichkeit als Thema anzunehmen und aushaltbar zu machen" (K. Matthies, a.a.O., S. 40). Um die Erfahrung von „schönen Sätzen" bei Laienschreibern zu ermöglichen, sollte sich der Schreibgruppenleiter am **Prinzip des Einfachen** orientieren. „Schöne Sätze" tauchen bei Laienschreibern beim Schreiben einfacher und ganzheitlicher Formen der Dichtung auf. Das sind zum Beispiel Haikus, Tankas, Märchen und Aphorismen. „Schöne Sätze" leben in einfachen Rhythmen von der spontanen Authenzität. Sie entstehen in Gestalten der Vitalität, des Körpers, der Lust am Leben, der unbewussten Hoffnung, der Utopie gelungener Identität (vgl. K. Matthies, a.a.O., S. 101).

3.6. Therapie und kreatives Schreiben verbinden

3.6.1. Die Arbeit im Widerspruch

Die Forderung, Therapie und kreatives Schreiben zu verbinden, wird auf Widerspruch stoßen. Zwischen Therapie und Schreiben besteht bei Adolf Muschg z.B. ein Abgrund (ders.: Literatur als Therapie? Frankfurt 1981). Muschg holt bei seinem Votum für die Trennung beider Gebiete weit aus: Er schildert erst zwei Schreibversuche in Gruppen, die nur peinliche Resultate zeitigen. Er weist dann auf den Charakter des dichterischen Schreibens hin. Für ihn ist dieses Schreiben nur neurotisches Verhalten. Es dient dem Agieren, der Flucht (A. Muschg, a.a.O., S. 58). Professionelles Schreiben ist ein zurückgezogenes Geschäft. Es lebt vom Verschweigen, nicht vom Aussprechen. Gerade Selbsterfahrungsliteratur wie Fritz Zorns „Mars" (Frankfurt 1978) ist für Muschg autistische Literatur. Muschg macht darauf aufmerksam, dass Dichter in ihrem Werk kein Heil gefunden haben. Kleists „Produktivität kann für ihn nichts Erlösendes gehabt haben" (A. Muschg, a. a. O., S. 82). Schreiben kann die Geister nicht vertreiben, die es hervorrufen. Muschg denkt, dass bedeutende Werke der Literatur geradezu von Monstern geschrieben werden. Er holt seine weiteren Argumente für eine Trennung von Therapie und Schreiben aus seinen eigenen Schreiberfahrungen. Sie lauten: „Das Schreiben hat mein Leben nicht entlastet" (A. Muschg, a. a. O., S. 104). Das eigene Schreiben war nur eine „Fortsetzung des kindlichen Alleinsein" (A. Muschg, a. a. O., S. 105). Das eigene Schreiben hat kein „Defizit" gedeckt. Schließlich weist Muschg darauf hin, dass auch die Therapie ihm nicht geholfen hat. Er erwies sich als „therapie-resistent" (A. Muschg, a. a. O., S. 121), „weil ich mit der Einbuße meines Leidens meinen Kunstgewinn zu verlieren fürchtete" (A. Muschg, a. a. O., S. 154). Schreiben führte ihn also ebensowenig zur Heilung wie die Therapie. Beide führten ihn zur einzigen Rettung, die es für ihn gibt, „einfach weiterzuschreiben".

Sein letztes Argument zieht er aus der Menschheitsgeschichte. Zwar war in der Archaik bei den Medizinmännern Therapie und Poesie in magischer Rede und im Zauber noch identisch, zwar hat die griechische Tragödie noch einen kathartischen Heilsanspruch. Aber so Muschg: „das sei lange her" und durch die „Arbeitsteilung" längst aufgelöst. Gemeinsam ist Kunst und Therapie heute nur noch, dass sie ein gemeinsames Ziel haben: „die Befähigung zum Leben" (A. Muschg, a. a. O., S. 203). „Aber sie haben nicht einen Weg" (A. Muschg, a. a. O.).

Muschgs Argumente zeugen vom Standesbewusstsein des Profiautoren. Seine gescheiterten Schreibgruppen überforderten ihn. Das eigene Schreiben erscheint ihm professionell autistisch. Er kennt auch nur Profiautoren, denen das Schreiben nicht geholfen hat. Natürlich zählt er sich zu ihnen. Weil die eigene Therapie gescheitert ist, ist Therapie und Schreiben unvereinbar. Und schließlich kann der heutige Mensch nicht verbinden, was nach Muschg die Menschheitsgeschichte sorgsam getrennt hat. Die Frankfurter Poetikvorlesungen Muschgs bestätigen die Arbeitsteilung von Therapie und Literatur, wie sie heute weitgehend faktisch vorliegt.

Allerdings lässt sich gegen Muschgs Position folgendes einwenden:

a. Es gibt seit langem mit Psychodrama, Mal-, Musik- und Schreibtherapie Therapien, die verbinden, was Muschg sorgsam trennen will.
b. Es gibt eine lange, bei Muschg unterschlagene Tradition von Autoren, die Schreiben als Mittel der Selbsterkenntnis, als Selbstheilung schätzen. Es ist hier nur zu erinnern an: Hilde Domin, Oktavio Paz, Ralf Thenior, J. Holms, Dieter Wellershoff und viele andere. Diese Gegenwartsautoren orientieren ihr Schreiben an einem breiten Zielspektrum, das „von der reinen Selbsterkenntnis bis zum Versuch der Autotherapie reicht" (C. Eykmann: Schreiben als Erfahrung. Bonn 1985, S. 56). Für die Gegenwartsliteratur scheint es

kennzeichnend zu sein, dass das „Schreiben als Suche nach dem unbekannten Selbst" verstanden wird (C. Eykmann, a. a. O., S. 58). Auch in der Vergangenheit gibt es unendlich viele Beispiele für die These: „Das Dichten erfüllt therapeutische Funktionen" (L. Völker: Muse Melancholie – Therapeutikum Poesie. München 1978, S. 28). Dabei sei nur an Autoren wie Goethe, Lenau, Trakl, Benn und andere erinnert. Wer über die heilende Kraft des Dichtens etwas näheres erfahren will, sei nur auf K.R. Eislers: Goethe. Eine psychoanalytische Studie. Frankfurt 1986, Bd. 1+2 verwiesen.

c. Muschg bewegt sich auf dem Niveau des Großschriftstellers. Als Großschriftsteller steht er der Alltagsliteratur, der Literatur als Lebenshilfe denkbar fern. Als Großschriftsteller würde er auch dann schreiben, wenn er „nichts zu sagen hat, und zwar über Dinge die mit wachsendem Ruhm aus wachsendem Erfahrungsmangel nur abseitiger, allgemeiner, metaphysischer werden: Fremde Länder, Geschichte, Gott, das Reich der blanken Fantasie, der gedanklichen Konstruktion, das sind plötzlich Themen, wenn sich die Realität von ihm zurückzieht." (H. P. Piwitt: Plädoyer für den Gelegenheitsschriftsteller. In: Literaturmagazin, Reinbek 1979, Nr. 11, S. 25 ff.) Für den Großschriftsteller kann sich die Welt der Therapieszene und der Literaturmarkt der Einzelkämpfer nicht vermischen. Er hat sich vom Alltag und der Welt der Alltagsmenschen längst getrennt, so dass er ihren Umgang mit Schreiben nicht mehr wahrnehmen kann (vgl. G. Angstmann: Schreiben hilft leben. Freiburg 1989).

d. Die mögliche Verbindung von Therapie und kreativem Schreiben, die die Schreibbewegung praktiziert, kennt Muschg aus seiner höheren Warte nicht, und wenn er sie kennen würde, würde er sie sicher als Handwerkelei ablehnen. Denn in dieser Schreibbewegung kursieren folgende Thesen: „Richtig eingesetzt kann das Aufschreiben, vor allem aber das anschließende Bearbeiten von Texten, heilsame Qualitäten entfalten... Wer nur allein schreibt, bleibt in der Einsamkeit und Isolation hängen, aus der er ursprünglich schreibend herauskommen wollte" (J. vom Scheidt: Kreatives Schreiben. Frankfurt 1989, S. 15). Der wichtigste Grund für die therapeutische Qualität des Schreibens lautet in der Schreibbewegung: „Der therapeutische Prozess ist sehr ähnlich dem kreativen Prozess in seiner archaischen Form" (J. vom Scheidt, a. a. O., S. 167). Die Schreibbewegung versucht Selbsttherapie und kreatives Schreiben zu verbinden: „Zwangloses Schreiben handelt literarisch und wirkt therapeutisch." (G. Angstmann: Schreiben hilft Leben. Freiburg 1989, S. 53) Muschg kann für die Schreibgruppenarbeit lediglich die Gefahren privatistischen Schreibens verdeutlichen, für das kreative Schreiben in Gruppen gibt aber sein Standpunkt nicht viel her.

Denn in diesen Gruppen überschneiden sich Therapie und kratives Schreiben in vier Aspekten:

a) Kreatives Schreiben hat mit der Therapie gemeinsame Themen: „Nämlich Existenzfragen menschlichen Daseins wie z. B. die Themen: Krankheit, Tod, Trauer, Fragen des Alters, …seelische Konflikte… Geschlechtsrollenproblematik." (G. Holzapfel: Kulturelle Bildung zwischen Therapie und kognitivem Lernen. In: Weiterbildungsreport 23, Juni 1989, S. 37).
b) Kreatives Schreiben und Therapie können im Bereich der Prävention und Nachsorge (im Felde der **Gruppen- oder Breitentherapie** also) Impulse entfalten, die eine nur auf individuelle Versorgung orientierte professionelle Psychotherapie oder das autistische Schreiben nicht leisten kann.
c) Kreatives Schreiben leistet therapeutische Zuarbeit dort, wo sie Katharsis, Stil, Spiel und die Erfahrung der Schönheit anregt. Kreatives Schreiben gehört in den näheren Kontext der Kunsttherapien, die die Verfahren künstlerischer Produktion für das Durcharbeiten von widersprüchlichen und belastenden Gefühlen durch Spiel und Gestaltung nutzen.
d) Kreatives Schreiben unterstützt, wie Therapie, die kognitive Bewältigung dann, wenn sie die Katharsen auch zur kognitiven Vertiefung des Bewusstseins nutzt. Therapie- und Schreibgruppen haben gewisse Ähnlichkeiten: „In beiden wird die Entwicklung der Persönlichkeit und die Entwicklung des kreativen Potentials betont… Sie rekrutieren gleiche Teilnehmer, die ähnliche Identitätsprobleme und oft ein ähnliches Gefühl persönlicher Inadäquatheit haben" (K. W. Vopel: Handbuch für Gruppenleiter. Hamburg 1984, S. 43). Auch die Lernmechanismen in beiden Gruppen: Betonung des Hier und Jetzt, Offenheit, Feedback, Analyse von Verhalten, sind gleich. Aber es gibt auch Unterschiede: Therapiegruppen dauern in der Regel länger als Schreibgruppen. Die Stellung des Therapeuten hat mehr Aura als die des Schreibgruppenleiters. Die Therapieteilnehmer versuchen zu überleben, die Schreibgruppenteilnehmer wollen Kompetenz erwerben.

Für die Schreibgruppenleiter ist also die vorsichtige Vermittlung von Therapie und kreativem Schreiben auf niedrigem Niveau wichtig, was zugleich auch die Verhinderung einer zu starken Annäherung einer Schreibgruppe an eine Therapiegruppe beinhaltet. Das Therapeutische in einer Schreibgruppe sollte sich beim Laienstatus der Anleiter auf folgende Aspekte beschränken:

Therapeutische Forschungsergebnisse über Katharsis und Regression sollten beim Verständnis des Schreibprozesses berücksichtigt werden. Diese Forschungen helfen auch beim Verständnis der Gruppendynamik und der Anleiterprobleme. Therapeutische Kenntnisse sind von Nutzen beim Einsatz therapeutischer Schreibspiele. Therapeutische Kenntnisse helfen bei der Deutung von Schreibblöcken und Texten.

Damit wird der Rezeption anwendbarer Therapiekenntnisse das Wort geredet, nicht der Etablierung von Schreibgruppenleitern als Möchte-gern-Therapeuten. Jeder Anleiter kann seine therapeutische Qualifikation durch Selbstanalyse, videounterstützte Instruktion (13 Video-Filme der Fernsehreihe: Wege zum Menschen) oder Teilnahme an einer therapeutischen Selbsthilfegruppe verbessern (vgl. L. v. Werder (Hrsg.): Alltägliche Selbstanalyse. Weinheim 1990). Die supervidierte Praxis der Schreibgruppen kann zeigen, dass sie tatsächlich gewisse therapeutische Effekte hervorbringen. „Der Arzt bestätigte uns, dass wir einen erstaunlichen Prozess eingeleitet hätten… Aus verschiedenen Krankengeschichten konnten wir dann entnehmen, dass kleinere Fortschritte in der Therapie bei einigen Teilnehmern unserer Schreibgruppe erzielt werden konnten“ (E.R., C.E. 1990, S. 24 ff.).

3.6.2. Möglichkeiten der Textdeutung

Eine gute Chance, therapeutische Kenntnisse mit dem kreativen Schreiben zu verbinden, eröffnet die Textdeutung. Im Abschnitt „Techniken und Methoden des kreativen Schreibens“ (vgl. 1. Teil, B. 5.) haben wir viele Methoden der Textdeutung vorgestellt. Im Folgenden wollen wir die Arbeit der Textdeutung exemplarisch für acht Deutungsmethoden konkret entwickeln. Die Methoden heißen: Doppelhirn, Eric-Berne-Methode, freie Assoziation, Amplifikation, autobiographisch, soziologisch, Stil, Antworttext. Diese Deutungsmethoden werden an Texten vorgestellt, die zum Thema **Vater** oder **Mutter** geschrieben wurden und aus verschiedenen Schreibgruppen stammen. Die Textarbeit zerfällt immer in drei Schritte: Text lesen, Deutungsmethode anwenden, Resultat zusammenfassen.

a) Doppelhirn: Nach G.L. Rico arbeitet bei der Textproduktion die linke mit der rechten Gehirnhälfte zusammen. Das rechte Hirn steuert die Emotionen bei, das linke Hirn die Kognition. Wir wollen das folgende Gedicht auf die beiden Anteile des Gehirns beim Schreibprozess hin untersuchen. Erst das Gedicht:

Vater, lieber Vater,
Wo bist du?
Sag es… schnell,
ich kann nicht ohne Deine Liebe
sein!

Tod
tot ist er noch lange nicht,
ich will ihn tiefer kennenlernen.

Tod
zu solchen Zeiten legt man sich hin und
weinte
tot.

Dunkel schmerzt der Tod
Sehnsucht aus,
dunkel haucht die Schwere
über meine Brust.

Ach Vater, lieber Vater,
wie soll ich das nur fassen
und mich nicht hassen
mit diesem dunklen Tod?

(Aus: Autobiographisches Schreiben 8.11.89–31.1.90. Berlin 1990, S. 7)

Wir fertigen nun zwei Spalten zu Gefühlen und Gedanken an und tragen Zeile für Zeile unsere Funde ein.

linkes Hirn (Ratio)	**rechtes Hirn (Gefühle)**
	1. Strophe: „Wo bist Du?“ = Verlust „ohne Deine Liebe sein“ = Einsamkeit 2. Strophe: „Tod“ = Einsamkeit 3. Strophe: 2. „Tod“ = Angst 4. Strophe: 3. „Tod“ = Verzweiflung
5. Strophe: „Wie soll ich das nur fassen?“ = Rückbesinnung auf sich selbst.	

Nun das Resultat: Das Gedicht ist fast ganz mit dem rechten Gehirn geschrieben. Es drückt die zentralen Erfahrungen des Verlusts des Vaters aus: Verlust, Einsamkeit, Angst, Verzweiflung. Erst in der letzten Strophe schaltet sich die linke Gehirnhälfte ein und signalisiert die Aufgabe der kognitiven Verarbeitung des Trennungstraumas, eine Aufgabe, die noch lange dauern wird, denn die Aussagen des rechten Gehirns sprechen von einer sehr tiefen Vater-Bindung, die offensichtlich noch gar nicht bearbeitet worden ist. Der Vater erscheint noch völlig übermächtig als zentraler Lebensmittelpunkt, der kaum zu ersetzen ist.

b) Eric-Berne-Methode: Eric Berne hat die Psyche in drei Instanzen aufgeteilt: Eltern-Ich, Erwachsenen-Ich, Kindheits-Ich. Das Gewicht dieser Instanzen charakterisiert Eric Berne durch drei Kreise, die im bestimmten Verhältnis zueinander stehen. Alle drei Instanzen des Schreibers drücken sich beim Schreiben in seinen Texten aus. Wir wollen also das folgende Gedicht in drei Kreise eintragen und sehen, wie die Gewichte der drei Kreise sich zueinander verhalten. Wir schreiben auf ein leeres Blatt erst die drei Instanzen auf die linke Blattseite, tragen dann auf der rechten Blattseite die Textfunde ein und zeichnen zum Schluss die Kreise im Verhältnis der Textgewichte zueinander. Nun das Gedicht:

meine mutter
meine alte mutter – allen
unkenrufen zum trotz –
versteht was von
blumenpflege.

ich ersäuf meine blumen
aus überfürsorglichkeit
mit zu viel wasser.

halt sie trocken,
sagt sie. aus überlebens-
angst treiben sie
dann blüten.

hat sie gesagt und
ich tats. sieh da,
sie gedeihen. aus angst
vorm nichtüberlebenkönnen
treiben sie blüten.

so auch ich
unter DEINEN
händen.

über die aufzucht von
kindern wusste sie wenig. das
allernotwendigste.

immerhin:
sie versteht was von
blumenpflege.

(Aus: F. Schubert, U. Hildebrand, C. Bossler (Hrsg.): Textbuch der Schreibgruppe bei Sekis. Okt-Dez. 1986. Berlin 1987, S. 45)

Nun unsere Eintragung:

Eltern-Ich	3. Strophe: „Halt sie trocken sagt sie" 4. Strophe: „hat sie gesagt und ich tats"
Erwachsenen-Ich	1. Strophe: „Meine alte Mutter versteht was von Blumenpflege…" 2. Strophe: „Ich ersäuf meine Blumen…" 6. Strophe: „Über die Aufzucht von Kindern…" 7. Strophe: „Immerhin: Sie versteht was von Blumenpflege."
Kindheits-Ich	5. Strophe: „So auch ich unter Deinen Händen"

Nun das Resultat: Das Gedicht zeigt ein Übergewicht des Erwachsenen-Ichs. Der Mutterkonflikt ist vom Autor hochgradig rationalisiert, symbolisiert und distanziert. Im Eltern-Ich-Bereich machen sich aber noch die alten Anweisungs- und Befehlsstrukturen bemerkbar. Im Kindheits-Ich signalisiert sich noch die Unterwerfungslust unter die pflegenden Hände der Mutter. An dem Verhältnis der Instanz zueinander zeigt sich: Der Konflikt wird ironisch balanciert. Seine Spuren sind aber tiefer, als der Text sich weismachen will. Nach dem Modell von Eric Berne ließen sich nun drei Kreise zeichnen, die sich (übereinander stehend) nicht berühren. So ließe sich die Gefühlspanzerung des lyrischen Ichs symbolisieren.

c) Freie Assoziation: Die Deutungsmethode von Sigmund Freud kann einfach in eine Zwei-Spaltenmethode umgewandelt werden. In Spalte 1 kommt der Text und in Spalte 2 alle Einfälle, die der Autor oder der Leser zu seinen einzelnen Textelementen hat.

Resultat: Schon der Stil zeigt die lakonische, sprachlose Haltung der Mutter zu ihrem Kind. Das Kind hat seine Kindheitswelt als in knappster Weise versorgte Welt, geprägt durch weibliche Versorgungsfunktionen erlebt. Sauberkeit, Ordnung, Lustfeindlichkeit prägten Mutter und Kind. Das Resultat: Anpassung bis zur Selbstzerstörung. Und am Schluss eine ungestillte Hoffnung auf: „Mutter"!

Textspalte	**Assoziationaspekte**
mutter	
kariert	Erziehungsort: Bettwäsche,
weiß lackiert	Kinderbett
mit knöpfen	
umgenäht	
verdreht	
angepasst	
aufgereiht	
links verstrickt	
grün verkachelt	
tapeziert	Kinderzimmer: steril,
gebohnert	ständiger Sauberkeitstik
aufgewischt	
umgeharkt	
aufgerissen	
eingeweicht	
abgesägt	

Textspalte		Assoziationaspekte
eingepflanzt		
	untergehoben	
angerührt		
	neu verputzt	
gestutzt		Erziehungsstil: dominant,
	gehegt	zerstörerisch
	gepflegt	
verleimt		
zerschnitten geklopft gekehrt gewunden		Erziehungsresultat:
aufgehängt bemalt abgewaschen abgezogen		völlige Überwältigung, „over-
eingeschmiert poliert		protected child"
……..		
mutter		Hilferuf

(Aus: F. Schubert, U. Hildebrand, C. Bossler (Hrsg.): Textbuch der Schreibgruppe bei Sekis. Okt.-Dez. Berlin 1987, S. 52)

d) Amplifikation: Die Symbole im Text werden auf ihre historischen und universell verbreiteten Sinngehalte hin untersucht. Man identifiziert im Text die wichtigsten Symbole und lässt sich durch ein Symbollexikon (z. B. M. Lurker: Wörterbuch der Symbolik. Stuttgart 1985) die Erkenntnisse der Symbolforschung mitteilen. Diese Erkenntnisse bilden dann die Grundlage für eine Tiefeninterpretation des Textes.

Muttermensch
Grüne Flüsse durchströmen die Gedanken
Ein weites Herz hat auch Wände
Zwei schlagen gemeinsam den Takt
wo vorher nur eins war
Manchmal mit dir — ohne dich
Eingesperrt in einen goldenen Käfig
mit einer angelehnten Tür
Der Vogel fliegt heraus
zurück bleibst Du

(Texte aus der expressionistischen Schreibwerkstatt. 20.05.-14.07.87. Berlin 1987, S. 6)

Wir identifizieren nun im Text folgende wichtigen Symbole: Herz, Gold, Vogel. Das Lexikon gibt zu diesen Symbolen folgende Hinweise:

Herz: Sitz der Seele. Herz ist antik Ausgang des Bluts wie des Samens. Die Mutter trägt das Kind unter dem Herzen. Herz ist Mitte des Menschen und der Welt. Der ägyptische Urgott Ptah hat das Weltall mit seinem Herzen erdacht. Seit dem Mittelalter ist das Herz immer mehr zum Symbol der Liebe geworden (M. Lurker: Herz. In: M. Lurker, a. a. O., S. 277 ff.).

Gold: Symbol des himmlichen Lichts. Die ewige Glückseligkeit wird durch die himmlische Stadt aus lauterem Gold versinnbildlicht. Gold ist ambivalent: Symbol für irdische Schätze, für Fluch und Verblendung und zugleich Ziel höchsten Strebens (M. Lurker: Gold. In: M. Lurker, a. a. O., S. 234).

Vogel: Symbol der Seele: Die Toten tragen ein Federkleid. Die Ägypter glaubten, dass die Seele als Vogel das Grab verlassen kann. Vögel sind Überbringer der Lebensspeise (M. Lurker: Vögel. In: M. Lurker, a. a. O., S. 736).

Resultat: Die Autorin besaß in der Symbiose mit der Mutter Fühlung mit dem Herz der Welt: „Gemeinsamer Takt". Die himmlische Stadt war aber ein Käfig mit „angelehnter Tür". Der Seelenvogel verlässt den Ort, der auch Gefangenschaft bedeutete. Das Herz der Welt bleibt, aber in Distanz. Das Gedicht bearbeitet die Ablösung von der Mutter. Es ist aber, nach dem Symbolgehalt des latenten Textes, noch nicht über die starke kindliche Mutterfixierung hinweg.

e) Autobiographische Deutung: Sigmund Freud ging davon aus, dass die Kindheit mit Deckerinnerungen verstellt ist und hinter den Deckerinnerungen die Urszenen stecken. Wir identifizieren also in dem folgenden Gedicht in zwei Spalten strophenweise erst die Deckerinnerung und schließen dann auf die Urszenen hinter diesen Erinnerungen.

mein vater

mein vater war
ein tyrann, nahm seine
frau, wann es ihm passte,
ohne zu fragen.

prügelte sie, wenn sein
jähzorn mit ihm durchging,
folgte ihren schritten mit
eifersucht. ehe = gefängnis.

machte seinen anvertrauten
vier kinder in erster und
sechs in zweiter ehe,

dies unterm motto: alle
weiber sind säue.

größeres wolltest auch du,
aber ach, deutsche seele, dein
hitler war nicht christus, wie du im wahn meintest.
großes wollen & im kleinen versagen.

(Aus: F. Schubert, U. Hildebrand, C. Bossler (Hrsg.): Textbuch der Schreibgruppe bei Sekis. Okt.-Dez. 1986. Berlin 1987, S. 47)

Deckerinnerungen	**Urszenen**
1. Strophe: Tyrannischer Koitus	Beobachtung des elterlichen Verkehrs
2. Strophe: Gewalt in der Familie	Kastrationsdrohung
3. Strophe: Angst vor den Frauen	Ekel vor der verschlingenden Frau
4. Strophe: Gescheiterte Hitler-Politik	Öffentliche Kastration des rebellischen Sohnes

Resultat: Die Deckerinnerungen sind sehr locker und geben in Strophe 1 und 2 schnell den Blick auf die Urszenen des elterlichen Koitus und seiner Gewaltfolgen in der Herkunftsfamilie frei. In Strophe 3 und 4 wird dann die väterliche Gewalt relativiert. Der Vater ekelt sich vor den verschlingenden Frauen und hasst sie dafür. Er scheitert mit seinem wahsinnigen Gott (Hitler = Christus). Seine Größenfantasien werden öffentlich widerlegt. Auch privat erweist sich der Vater (als Vater des Schreibers) durchaus als Versager. Nur die aggressive Triebsphäre des Vaters erweist sich als intakt, als politischer und erotischer Mensch ist der Vater abgewertet. D.h. der Autor empfindet nur noch eine gewisse Faszinosität für die väterliche Potenz und Gewaltfähigkeit.

f) Soziologische Deutung: Die Literatursoziologie hat drei Typen von Poeten herausgearbeitet:

1) der **gesellschaftkonforme Typ**, der in seinen Texten kein „der bestehenden gesellschaftlichen Struktur gegnerisch gesinntes Verhalten" darstellt (H.N. Fügen: Die Hauptrichtungen der Literatursoziologie und ihre Methoden. Bonn 1974, S. 22).
2) Der **gesellschaftskonträre Typ**, der sich gegen die alte Ordnung stellt und sich selbst als einsame, isolierte Original-Monade versteht (H.N. Fügen, a. a. O., S. 137).
3) Der **gesellschaftsabgewandte Typ**, der sich „in Geschichte, Sagen und Märchen einer vergangenen Wirklichkeit versenkt" (H.N. Fügen, a. a. O., S. 162).

Wir werden im folgenden Text in zwei Spalten das Verhältnis der beschriebenen Realität zur Gegenwart der postindustriellen Gesellschaft zu überprüfen haben, um die soziale Haltung des Textschreibers zu ermitteln. Zuerst der Text:

Mutter
Bunter See von tiefen Wassern,
birgst Träume versunkener Zeit,
am Moosgrün liegst du dunkelschwer
in Stille und Bescheidenheit.

Strahlenschön zum heiterhellen
Himmel, mächtig blau geformt,
springt die Fontäne, Quellen
fließen, sickern zu dir hin.

Im Auge des Orkans musst du verweilen –
verlässt du es,
werden Stürme dich zerteilen.

(Aus: Texte aus der expressionistischen Schreibwerkstatt vom 20.5.–14.7.87. Berlin 1987, S. 25)

Textrealität	**Heutige Realität**
1. Strophe: Sauberer Biotop	Zerstörung der Biotope
2. Strophe: Intaktes Grundwasser	Verschmutzung des Grundwassers
3. Strophe: Geborgenheit im Winkel	Ökologische Bedrohung

Resultat: Die Autorin negiert die heutige Situation der Natur. Sie widmet sich einem idealen romantischen Natursetting, dessen ökologische Struktur noch unzerstört ist. Sie plädiert dann für ein verborgenes Zentrum hinter den Dingen, die sie in ihrer heutigen realen Gestalt auf sich beruhen lässt. Der ganze Text ist symbolisch gemeint. So wie die Natur wird auch das Mutter- und Frauenbild des Textes romantisch verklärt. Die aktuelle Frauenemanzipation bleibt in diesem Text außen vor. Die Mutter als Lebensquell transportiert noch ein traditionelles Frauenbild von Heim und Herd. Der **gesellschaftsabgewandte**, aber zugleich kritische Impuls (mit der utopischen Perspektive der ganz dem Leben geöffneten Frau und Mutter) prägt diesen Text.

g) Stildeutung: Der Stil drückt sich im Inhalt, in der Wortwahl, in Satzbau, Gliederung und Grammatik und in der Rechtsschreibung aus. Um diese Schwerpunkte zu prüfen, werden vier Spezialisten für jeden Schwerpunkt eingesetzt, die dann zum folgenden Gedicht ihr Urteil abgeben.

Vater
Stählerndes Auge
sieht mit eisigem Blick
Verachtung
in das verkrampfte Herz
Blaue Sterne blitzen Erstaunen
Träume lebendig begraben
wiederauferstanden in der linken Hand
am rechten Fleck
Feuer schmilzt Eis

(Aus: Texte aus der expressionistischen Schreibwerkstatt vom 20.5.-14.7.87. Berlin 1987, S. 7)

Die Urteile der gewählten Fachleute lauten:

Der Fachmann für den Inhalt: Die Bilder sind etwas widersprüchlich. Ein stählernes Auge kann nicht erfrieren.

Der Fachmann für Wortwahl: Es gibt zu viele Klischees: eisiger Blick, rechter Fleck usw.

Der Fachmann für Satzbau: Vier Sätze in Subjekt-, Prädikat-, Objektfügung, die in ihrer Länge langsam sich verkürzen zum Dreiwortschlusssatz: „Feuer schmilzt Eis".

Der Fachmann für Rechtschreibung: Fehlende Satzzeichen sind bei Lyrik durchaus erlaubt.

Resultat: Das Gedicht hat sprachliche Schwächen. Es ist aber bemüht, die Spannung zwischen Vater und Autor auch stilistisch „abschmelzen" zu lassen durch das Feuer der Jugend, das durchaus glaubhaft ist.

h) Antworttext: Die Texthörer werden nun schriftlich aktiv. Sie schreiben einen Leserbrief oder machen zu dem gehörten Text einen kurzen Kommentar oder schreiben einen Antworttext. Spielen wir diese Möglichkeiten einmal durch. Zuerst der Text, um den es geht:

Meine Mutter
Meine Mutter hat es gut gemeint,
sie wollte immer stark sein,
die starke Mutter sein, trotzend
der Ohnmacht der Sorge.

Sie setzte große Hebel in Bewegung,
dabei wäre sie besser für
feine Zahnrädchen geeignet
gewesen.

Ihr inneres Wesen hat sie abgeschirmt,
das macht sie unnahbar.
Man hat sie zu sehr verletzt,
und dann so allein der starke
Mann sein.

Sie kann die Menschen um sich herum
wunderbar täuschen, – und nur wer
sie gut kennt, weiß, dass sie eigentlich
auf Händen getragen werden sollte.

Mit der Angst ihrer Kinder konnte
sie nicht umgehen, sie vergrößerte
sie nur. Und so verbarg man die Angst.
Sie war immer da, manchmal
floh sie in die Natur, um deren
Ereignisse aufzusaugen –
gestärkt kam sie zurück.

(Aus: Schreibgruppe vom 7.10.86–14.12–86. Eine Auswahl von Texten. Berlin 1987, S. 7)

Antwort-Typ Leserbrief:
„Du wirfst durch deinen Text bei mir verschiedene Fragen auf: Wohin ist deine Mutter gefahren? Welche Natur bevorzugte sie? War sie alleinerziehend? Hast du dich von ihr täuschen lassen? Erbitte Antwort auf diese Fragen."

Antwort-Typ Kommentar:
„Schreib doch mal ein Gedicht über „feine Zahnrädchen"!"

Antwort-Typ Text:
Der Antwort-Typ „Text" will die glatte Sprache des Gedichts unterlaufen. Er schreibt das Gedicht neu, indem er jede zweite Zeile des alten Textes einfach streicht. Der neue Text lautet dann:

Meine Mutter
Meine Mutter hat es gut gemeint,
die starke Mutter sein, trotzend.

Sie setzte große Hebel in Bewegung
feinen Zahnrädchen geeignet.

Ihr inneres Wesen hat sie abgeschirmt.
Man hat sie zu sehr verletzt.
Mann sein.

Sie kann die Menschen um sich herum.
Sie gut kennt, weiß, dass sie eigentlich.

Mit der Angst ihrer Kinder konnte
sie nur. Und so verbarg man die Angst.
Floh sie in die Natur, um deren…
Gestärkt kam sie zurück.

Der Anleiter kann zwischen mehr formalen und mehr inhaltlichen Methoden der Textdeutung **wählen**. Die formalen Methoden (soziologisch, Stil, Antworttext usw.) eignen sich für emotionalisierte Gruppensituationen, die eine Abkühlung brauchen. Die inhaltlichen Methoden (Doppelhirn, Eric Berne, freie Assoziation, Amplifikation, autobiographische Deutung) eignen sich für Gruppensituationen, die ihren Weg in die Texttiefe suchen wollen.

3.7. Beim Veröffentlichen unterstützen

Schriftstellern ist in der neuen Zeit eigentlich nur ein Nebenerwerb. Viele Autoren haben ihren bürgerlichen Beruf und dichten am Abend. So war Lessing Bibliothekar, Goethe Theaterdirektor, Gottfried Benn Arzt, Kafka Jurist, Hans H. Jahnn Orgelbauer. Deshalb sollte jeder Schreibgruppenleiter von der Realisierung des Traums vom freien Schriftsteller dringend abraten. Jeder Veröffentlichungwunsch, oft unbewusst als Beginn der Schriftstellerkarriere verstanden, sollte immer gut reflektiert werden, denn mit der Veröffentlichungsidee verbindet sich oft der Wunsch nach einer magischen Versorgung und einem Leben in völliger Freiheit. Mit Freud könnte man die Lage dessen, der veröffentlichen will, mit der Lage eines Kindes vergleichen, „welches auf dem Topf sitzt. Spielerisch und mit Allmachtsfantasien ausgestattet, verteilt der kleine Tyrann seine Geschenke. Doch wehe, wenn niemand hinschaut. Das ist die Lage des armen Poeten, der unentwegt literarische Schätze in die Welt setzt, seiner eigenen Versorgung aber hilflos gegenübersteht" (C. Behnke: Seinen Coca Cola. In: TAZ, 14/4/89, S. 13). Viele Autoren haben auch originelle Wege zur Sicherung ihres Veröffentlichungswunsches gewählt: Kafka war Teilhaber einer Asbestfabrik. Klopstock erhält folgendes Angebot: „Der Züricher Kaufmann Hartmut Rahn bietet dem nach wie vor nach finanzieller Unabhängigkeit strebenden Dichter eine fünfzigprozentige Beteiligung an einer Textilfirma an. Klopstock soll dabei die Rolle eines beratenden Mitarbeiters spielen – und er greift zu“ (K. Corino: Genie und Geld. Nördlingen 1987, S. 77). Schulden machen und fliehen ist oft die Lösung, die E.T.A. Hoffmann wählt. Betteln, um nicht zu verhungern, das tun viele: K.P. Moritz, Heinrich Heine und wieder E.T.A. Hoffmann. Männliche Mäzene fand Arno Schmidt, weibliche besonders R.M. Rilke. Betteln um Vorschuss beim Verleger konnten L. Tiek und Robert Musil. Aber bevor ein Verleger gefunden war, entwickelten Autoren verschiedene Wege zum Ziel: B. Brecht schrieb Werbelyrik für die Steyr-PKW-Fabrik, J.C. Günther schrieb Gedichte für Beerdigungen. Durch die Mitarbeit an Zeitungen, Zeitschriften, Anthologien eröffneten sich alle Autoren den Weg zum Buchmarkt, besonders Friedrich Hebbel, Robert Musil und Robert Walser. Auch mit dem Selbstverlag haben Autoren durchaus experimentiert: der Engländer A. Pope vertrieb seine Homerübersetzung selber und wurde dadurch Millionär. Klopstock verlegte sein Hauptwerk „Der Messias“ selbst mit gutem Gewinn. Else Lasker-Schüler wurde zur eigenen Verlegerin eines Buches gegen die Verleger. (Weiteres zur Elendökonomie der freien Autoren vgl. K. Corino: Genie und Geld. Nördlingen 1987.)

Allerdings fruchten Warnungen vor der Schriftstellerkarriere aufgrund ihrer unbewussten Disposition nicht viel. Besser ist es schon, wenn in Schreibgruppen die acht Stufen der „Schriftstellerkarriere“ genauer benannt werden:

1. Stufe: Eigene Schreibversuche allein in der Einsamkeit. Vorlesen der Produkte vor Freunden.
2. Stufe: Mitarbeit in einer Autorengruppe, in einer Schreibwerkstatt. Dort Vorlesen der Texte und Textarbeit.
3. Stufe: Organisation von Lesungen in Buchhandlungen, Büchereien, Volkshochschulen, bei Tagungen und Kongressen. Organisation einer eigenen Schreibwerkstatt gegen Bezahlung.
4. Stufe: Teilnahme an literarischen Tagungen, literarischen Märkten und dortige Lesung.
5. Stufe: Veröffentlichung in Literaturzeitschriften, Anthologien, Tages- und Wochenzeitschriften, im Rundfunk, im lokalen Fernsehen, durch lokale Lyriktelefone.
6. Stufe: Bemühung eines Verlages mit eigener Druckkostenbeteiligung.
7. Stufe: Selbstverlag und Selbstvertrieb auf eigene Rechnung und auf eigenen Lesungen.
8. Stufe: Fremdverlag: Erst ein kleiner, dann ein größerer.

Auch auf finanzielle Förderungsmöglichkeiten sollte in Schreibgruppen hingewiesen werden: Auf Zuschüsse aus öffentlichen Mitteln (über die zuständigen Kultusministerien), Teilnahme an Literaturwettbewerben um die 250 deutschen Literaturpreise (vgl. Handbuch der deutschen Literaturpreise. München 1987), Bewerbung um ein Stipendium als Stadtschreiber, als junger

Romanautor (werden von verschiedenen Städten ausgeschrieben), Anträge beim deutschen Literaturfonds (Adresse: Alexandraweg 23, 6100 Darmstadt). (Weiteres bei K. Allert-Wybranietz: Wie finde ich den richtigen Verlag. München 1988.)

Bei der Veröffentlichung unterhalb der Fremdverlagsebene ist folgendes zu beachten: Verlage mit Druckkostenzuschuss sind (im Bereich der Schönen Literatur) **meist** nicht seriös. Sie sind teuer, die Bücher werden nicht verkauft (vgl. H. Schwenger: Die Camorra schlägt zu – wie Zuschussverleger abkassieren. In: Die Feder, 2, 1989, S. 39 ff.). Der Autor schämt sich und flüchtet oft in die Attitüde des „Nichtverstandenen". Zwei Beispiele, die gut ausgingen, seien zur Illustration in längerer Form zitiert:

„*Amüsanter die unendliche Geschichte mit Herrn Ernst vom Soldi-Verlag. „Mit spätsommerlichen Grüßen aus dem Süden des Nordens" flirtete er: „Vielleicht wäre es möglich, einmal telefonisch zu kontakten, zumal wir dann die vom Verlag..." Die vom Autor zu erbringenden Leistungen sprach er schon mal an: „Den gesamten Produktionspreis, 2500,—DM, bei einer Auflage von 250 Exemplaren mit einem Umfang von 80 Seiten im Format DIN A6". Oktavhefte handgeschrieben? Frohnatur Ernst verriet etwas anderes: „Da ich in 14 Tagen sowieso in Ihre Umgebung fahre, würde ich Sie gern besuchen." Sogar ein Umzug des sich sperrenden Autors in buch- und kulturfreie Natur konnte den derweil in Jahn & Ernst Verlag umgetauften, so gerne kontaktfreudig in den Norden des Südens eilenden Soldi-Mann nicht bremsen: „...melde ich mich heute bei Ihnen, um Ihnen und Ihrer Arbeit noch einmal mein Interesse zu bekunden. Da ich am nächsten Wochenende sowieso in Ihre Umgebung..." Die Moorhühner, Wildschweine und Nattern wird's gefreut haben.*

Weniger freundlich und verspielt, wenn es um die Jagd nach Zechinen und Penunzen geht, sind die Haie und Kraken heutzutage. „Eine Seite für die Anthologie", rundherum ums runde Ding' macht eine Teilnahmegebühr von DM 160,- durch den Autor erforderlich", schwört Karl. F. Bleischwitz von der Aurora-Verlag-GmbH auf Zwirn und Zunder. Auf ein dreisilbiges „Nein danke!" des Autors weiß Bleischwitz einen ganzen Briefbogen ums runde Ding herumzuschwatzen: „Wir wollen Ihnen nicht etwas aufschwatzen...", sowie rundherum Gift auszuschwitzen: „... Ihren Standpunkt, der Ihnen allerdings so niemals zur Erfüllung Ihres offenkundigen Wunsches, ein Buch zu veröffentlichen, einen Weg weisen wird." Diesen Weg bekommt der Autor vom Verlag Schwarz GmbH gewiesen. Schwarz verspricht die Erfüllung schwärzester Alpträume: „Die Eigenbeteiligung eines Buches wäre: DM 10.000,- +14%MwSt." Da bleibt dem armen Buch doch glatt die Druckerschwärze weg" (U. Stryjewski: Ein Streifzug durch die Bücherwelt der Haie, Kraken und Quallen. In: Die Feder, 2, 1989, S.41).

Billiger als die Verlage mit Druckkostenzuschuss ist der Selbstverlag: „Nach entsprechender Begutachtung kann einer ja immer noch den Gang zum Drucker um die nächste Ecke antreten und sein Frühwerk im Selbstverlag produzieren. Das schneidet in der Kosten-Nutzen-Analyse garantiert nicht schlechter ab als der Auftrag an einen Druckkostenzuschussverlag" (K. Pemsel, U.

Rütten: Autoren werden zur Kasse gebeten. In: Literaturbulletin 1988, 12, S. 5).

Über die Probleme des Selbstverlages informiert H. Müller-Wieland: Verleg Dich doch selbst. Hamburg 1984. Er nennt die Bedingungen einer Firmengründung, die Satz, Druck-und Bindearbeiten als Kostenfaktor, das Geschäft des Kalkulierens, das Layout, den Umbruch, die Gestaltung und den Absatz. Beim Absatz geht er auf folgende Details ein: Direktwerbung, Anzeigenwerbung, Rezensionen, die Benutzung von Adressenverzeichnissen, Lieferformen, Lieferwege und Zahlungsformen.

Eine der seltenen Darstellungen, wie ein Autor eine Zeitschriftenpublikation zustande bringt, liefert H. Hochrain in „Die fünftausend-Mark-Story oder die Kunst, mit kleinen Geschichten das große Geld zu machen“ (Göbenzell 1988). Er gibt folgende Ratschläge: Stellen Sie ein Manuskript normgerecht her. Legen Sie ein Kundenbuch über Redaktionen, Verlage, Agenturen, Rundfunkstationen an. Schicken Sie dann das Manuskript auf den richtigen Redaktionstisch, d. h. an möglichst viele Adressen, denn keiner weiß, was ein Lektor so haben will. Wieviel Aussendungen von Manuskripten soll man im Monat machen? könnten wir Herrn Hochrain fragen. Seine Antwort: „Wenn Sie die große Publikumspresse, also Illustrierte, millionenschwere Frauenzeitschriften, die sogenannte Yellow-Press und ähnliche Blätter bedienen, werden Sie wahrscheinlich mit zehn oder zwanzig Versendungen im Monat auskommen… Suchen Sie Ihre Kunden aber bei der Tagespresse oder Wochenzeitungen und Zeitschriften, dann können es erheblich mehr werden“ (H. Hochrain, a. a. O., S. 88). Das Wichtigste an der Hochrain-Methode ist das exakte Führen einer **Kundenkartei**. „Unsere Kundenadressen sind unser Kapital, ein Schatz, den es nicht nur zu hegen, sondern den es auch zu pflegen gilt. Wir prüfen deshalb ständig die Vollständigkeit und Richtigkeit der Adressen und tragen jede uns bekannt gewordene Veränderung augenblicklich auf der Kundenkartei ein“ (H. Hochrain, a. a. O., S. 79). Hochrain kann zeigen, dass heute der öffentlich verlegende Autor sein eigener Werbechef und Produktmanager sein muss, eine Rolle, die vielen Interessenten am Veröffentlichen völlig fremd ist. Denn: Geschäfte mit und Selbstverwirklichung durch Schreiben ist und bleibt ein Widerspruch. Über diese Widersprüche und darüber, ob der Publikationswillige sie aushält, ist in der Schreibgruppe zu reden. Es sind insbesondere die **sechs W-Fragen zur Veröffentlichung** zu diskutieren:

a. Wer	b. Warum
c. Wann	d. Wo
e. Wie	f. Was passiert, wenn es nicht klappt?

4. Die autonome Funktion im Schreibprozess

Das poesiepädagogische Handeln kommt an eine Grenze. Kreativität ist über ein alltägliches Maß hinaus nicht vollständig zu beherrschen. Es beginnt das Reich der Spontaneität, der höheren Ordnung, der entwickelten geistigen Funktionen. Ihr besonderes Kennzeichen ist: Sie sind autonom und offenbar direkter Einflussnahme entzogen. Sie bilden höhere Ganzheiten, die Widersprüche zwischen Ich und Es übergreifen. Sie geben einen Rahmen der Orientierung und ein Objekt der Hingabe ab, sind also das Apriori jeder Subjektivität.

Dem Dichter ist diese seelische Funktion wohl bekannt. Sie wird als „dunkle Totalidee" beschrieben, die den Schreibprozess steuert. Dichter haben für diese Idee verschiedene Ausdrücke: „Zentrales Thema, zentrale Idee… Kernpunkt, Kristallisationsprozess und Ideenkeim. All diese Ausdrücke, ob sie nun organische Vorstellungen enthalten oder nicht, betonen die zentrierende Funktion der Idee. Diese Funktion betrifft das Verhältnis von Idee und textlich zu gestaltenden Material" (C. Eykmann: Schreiben als Erfahrung, a. a. O., S. 128). Die autonome Funktion im Schreibprozess hat eine zentrierende Funktion. Sie nimmt die angestrebte Ganzheit des Textes vorweg und „enthält oft den Gesamtumriss des zu schreibenden Textes" (C. Eykmann, a. a. O., S. 129). Friedrich Schiller betont die Bedeutsamkeit dieser Idee mit den Worten: „Ohne eine solche dunkle, aber mächtige **Totalidee**, die allem Technischen vorhergeht, kann kein poetisches Werk entstehen, und die Poesie, düngt mir, besteht eben darin, jenes Bewusstlose auszusprechen und mitteilen zu können, d. h. es in ein Objekt überzutragen" (F. Schiller in: Der Briefwechsel zwischen Schiller und Goethe. Hrsg. E. Staiger. Frankfurt 1966, S. 909). Diese Idee ist oft vor dem Schreiben da, entsteht beim Clusterschreiben im Umschalteffekt, überfällt den Autor oft ganz plötzlich. C. Simon sah die Konzeption seiner Romane beim Autofahren plötzlich total und simultan vor sich. Diese Idee ist nicht zu verwechseln mit dem Schreibimpuls. Sie reicht über den Schreibanfang weit hinaus. Der Bewusstseinsgrad dieser Idee ist nach Aussagen der Autoren meist sehr gering. Manchmal erhält die Idee optische Ausprägung. Arthur Miller spricht von der Vision hinter seinen Stücken. Manchmal erscheint sie als Metapher, in der Sätze und der ganze Text bereits keimhaft angelegt bzw. in komprimierter Form vorhanden sind (C. Eykmann, a. a. O., S. 130). Die Idee kann auch eine Mischung von visuellen und emotionellen Elementen enthalten. W. Schnurre drückt das so aus: „Ich bin mir allenfalls über das Grundgefühl klar, aus dem heraus ich schreibe. Ich meine, ich habe eine Landschaft vor mir, in der ich mich bewegen will. Auch Bilder sind manchmal schon da. Aber nichts von einem Konzept, kein Richtpfeil" (W. Schnurre: Schreibtisch unter freiem Himmel. Olten 1964, S. 107). Bei Lyrikern nimmt die Idee „zuweilen die – noch weniger greifbare – Gestalt musikalisch-rhythmischer Eingebung an" (C. Eykmann, a. a. O., S. 131). Die Idee kann sich auch während des Schreibprozesses allmählich herausbilden. Sie ist hier entweder unbewusst oder konstituiert sich erst durch den Schreibprozess. Kleist spricht ja vom „Verfertigen von Gedanken beim Schreiben". Die Idee verbirgt sich in der Sprache oder in dem, was hinter der Sprache liegt und Sprache erst möglich macht. In der modernen Dichtung wird meist betont, dass erst der Schreibprozess die Idee produziert. Wenn auch der Eindruck entsteht, ohne jede Idee automatisch loszuschreiben, so zeigt sich, dass sie in der Phase vor der Niederschrift noch unbewusst ist und sich erst durch den Schreibprozess bewusst macht. Hermann Burger hat diesen Prozess in seinen Frankfurter Poetikvorlesungen für die Entwicklung seines ganzen Werkes detailliert beschrieben (H. Burger: Die allmähliche Verfertigung der Idee beim Schreiben. Frankfurt 1986). Die autonome Funktion beim Schreibprozess zeigt sich auch darin, dass die Autoren diese Idee als Abkömmling des Unbewussten betrachten und sich selbst als passive Empfänger bezeichnen. Die Idee übergreift das dichtende Ich, das meist nur behutsam mit seinen Worten und Sätzen den Spuren der Ideen folgen kann. Der geschriebene Text weiß mehr als der schreibende Autor. „Wörter, Wortgruppen, Sätze", sagt H. Heissenbüttel „richten sich auf etwas, das mir begrifflich zunächst nicht einsichtig wird. Dennoch bedeuten diese Sprachteile so etwas wie Lichter, die meine grundsätzliche Blindheit durchbrechen" (H. Heissenbüttel: Über Literatur. München 1972, S. 212). Die autonome Funktion diktiert dem Autor. Einige Autoren vertreten deshalb die Meinung, „das erst noch zu schreibende Werk existiere im Grunde bereits fertig geschrieben im Unbewussten" (C. Eykmann, a. a. O., S. 150). Der Kontakt mit der autonomen Funktion vermittelt dem Autor ein gewisses Evidenzgefühl, das sich besonders dann bemerkbar macht, wenn es ausbleibt. Peter Handke musste erleben, dass er schreibend dieses Evidenzgefühl verloren hatte. Er habe „irgendwie bloß weitergeschrieben, und irgendwann kam irgendwie das Gefühl für das Ganze wieder" (C. Linder: Schreiben und Leben. Köln 1974, S. 127). Die Orientierung an der Evidenz der Schreibidee ist der Kontrolle des Bewusstseins entzogen. Das führt bei schwankender Evidenz dazu, dass der Autor mehrere Fassungen des Textes verfasst, um seine Fühlung zur Idee zu vertiefen. Oder Autoren schreiben einfach drauf los und merken, wie sich quasi im automatischen Schreiben die Evidenz der leitenden Idee selbsttätig einstellt. Der Schreibprozess wird zum Kampf mit der autonomen Funktion, die als Kontrollinstanz die schreibende Annäherung an die Textidee leitet. Dabei begleitet den Autor oft die Erfahrung, dass die „dunkel vorschwebende Totalidee meist nur bis zu einem gewissen Grade zu realisieren ist" (C. Eykmann, a. a. O., S. 153). Gelungene Annäherungen an die Totalidee können mit einem Gefühl der Euphorie einhergehen. Auf diese Euphorie stützen sich die antiken und archaischen Vorstellungen von der Inspiration durch die Musen oder die Götter. Diese Inspirationsmetaphysik lässt sich auch heute bei Autoren noch finden. Sie betont noch einmal anders die autonome ideale Funktion im kreativen Schreibprozess. Nicht der Autor schreibt, sondern Es schreibt in seinem Text. Die autonome Funktion wird schließlich als „Selbständige Stimme“ verstanden, die den Autor zum Schreiben ruft und im Schreiben weiterführt. Als Quellen der autonomen Funktion wird heute eine „tiefere Sensibilität“, ein zum Schreiben anspornender „sozialkritischer Impuls“, der „antike Musenkuss“ oder das „wahre Selbst“ des Schreibenden genannt. Die autonome Funktion leitet als wahres Selbst den poetischen Akt der Selbstfindung und poetischen Wir-Vermittlung.

Was die Autoren über die autonome Funktion berichten, ist auch beim Schreiben der Teilnehmer von Schreibgruppen zu beobachten. Gabriele L. Rico teilt das Arbeiten der autonomen Funktion in verschiedene Teile auf. Sie erkennt im Prozess der Clusterbildung die „erleuchtete Landschaft“ des Übergangs zum „Versuchsnetz“, in dem das Evidenzgefühl sich einstellt. Aus dem Versuchsnetz entwickelt sich der „**dominante Eindruck**“, aus dem dominanten Eindruck entwickelt sich bei Rico im Schreibprozess die „zentrale Aussage“. Dieser Prozess wird von der höheren Einheit beider Gehirnhälften gesteuert: „Wir werden Zeugen des Fortschreitens vom Clustern des bildlichen Denkens über eine ganzheitliche Vision hin zu der vom begrifflichen Denken gesteuerten bis ins einzelne genauen Ausführung der Vision“ (G.L. Rico: Garantiert Schreiben lernen. Reinbek 1984, S. 112). Die autonome Funktion erscheint bei Rico als Ganzheit beider Hirnhälften, die sicherstellen, dass am Leitfaden der Totalidee zwischen linker und rechter Hemisphäre, zwischen Ganzem und Teilen, Teilen und Ganzem des Textes hin und her gependelt wird. „Nur eine solche Vorstellung vom Ganzen, und sei sie noch so vage, liefert ihnen einen Schwerpunkt und dann eine lose verwobene Struktur, an dem sie sich beim Schreiben orientieren können“ (G. L. Rico, a. a. O., S. 115).

J. vom Scheidt beschreibt im Stile des New Age die autonome Funktion als „**inneren Schreiber**“. Für ihn ist der innere Schreiber eine Teilpersönlichkeit, „die alle jene Funktionen, die mit dem Schreiben zu tun haben, gewissermaßen bündelt und in sich zu einer eigenständigen psychischen Struktur koordiniert. Manchmal tritt einem diese Figur im Traum entgegen“ (J. vom Scheidt: Kreatives Schreiben. Frankfurt 1989, S. 101). Dieser innere Schreiber ist für J. vom Scheidt ein biographischer Niederschlag von Objektbeziehungen in der Schreibsozialisation oder als kollektiver Archetyp ein Abkömmling der Urdichter und letztlich der Götter, die die Schrift und das Alphabet geschaffen haben sollen. J. vom Scheidt weist diesem inneren Schreiber die Aufgabe zu, die in der Psychotherapie der Therapeut hat: „Ähnlich wie die des Therapeuten in der Psychotherapie ist es die wesentliche Aufgabe des inneren Schreibers, virulente Ängste, Schuldgefühle und Abwehrmechanismen zu mildern, die das Erinnern und damit das Ganz-werden verhindern“ (J. vom Scheidt, a.a.O., S. 105).

L. v. Werder hat in frühreren Texten die autonome Funktion im Rückgriff auf Molly Harrower: The Therapy of Poetry. Springfield 1972, „**poetisches Selbst**“

genannt und ihm eine integrative Funktion in der Entwicklung des Scheibens zuerkannt (L. v. Werder:...triffst Du nur das Zauberwort. München 1986, S. 83–86). Die Erfahrung des poetischen Selbst wurde bei v. Werder nur von der emotionellen Seite und nicht von der kognitiven Seite beschrieben und weitgehend transpersonal gedeutet. „Zwischen Ich und poetischem Selbst wird zwar eine Spannung stehen bleiben, aber wenn das poetische Selbst in Bildern und Metaphern spricht, wird die Angst des Ichs schweigen" (L. v. Werder, a. a. O., S. 112). Den anzipatorischen Aspekt des poetischen Selbst beim Auftauchen utopischer Archetypen hat v. Werder dann in dem Buch „Schreiben als Therapie", München 1988, S. 90 ff. hervorgehoben. Wenn wir im weiteren von der autonomen poetischen Funktion sprechen, so sind damit auch Aspekte gemeint, die bisher Ganzheit, innerer Schreiber oder poetisches Selbst genannt worden sind.

Der Schreibgruppenleiter hat gegenüber der autonomen Funktion gewichtige Aufgaben:

a) Einmal muss er die Teilnehmer auf das **Auftreten dieser Funktion** vorbereiten, indem er ihre von den Autoren geschilderte Erscheinungsform mitteilt.
b) Er sollte die **Entstehung dieser Funktion** im Rückgriff auf mehrere Theorien verdeutlichen und erklären. Die moderene Gehirnforschung kann die autonome Funktion als Wirkung der Gehirnganzheit erklären (J. Eccles: Das Gehirn und sein Ich. München 1986) oder gehirngeschichtlich als Dominanz der linken Gehirnhälfte über die bikamerale Psyche. Zur Zeit der bikameralen Psyche (10.000–2.000 v. Chr.) besaß die rechte Gehirnhälfte gegenüber der linken Gehirnhälfte noch einen dominanten Status. Dieses Verhältnis hat sich heute umgekehrt (vgl. J. Jaynes: Der Ursprung des Bewusstseins durch den Zusammenbruch der bikameralen Psyche. Reinbek 1988). Im Kontext der Theorie der bikameralen Psyche erscheint die autonome Funktion als umgreifende Instanz, die die Entwicklung der linken und rechten Gehirnhälfte steuert. Der Gruppenleiter kann schriftgeschichtlich auf die Bedeutung der Entstehung des ersten Alphabets um 1000 v. Chr. hinweisen und auf den Rationalisierungsschub, den die Gesellschaft durch schriftliche Vernetzung gewonnen hat. Dieser Rationalitätsgewinn wird als ganzheitlicher Wert auch dem einzelnen im kreativen Prozess zuteil. Norbert Elias erklärt die wachsende Selbststeuerungskompetenz der Individuen im Zivilisationsprozess aus dem sozio- und psychogenetischen Grundgesetz, das sicherstellt, dass die wachsende gesellschaftliche Rationalität sich in der Erweiterung der Selbstzwänge im Individuum reproduziert. Unter zivilisationstheoretischer Perspektive wird die Durchsetzung der Schrift über die Schulpflicht zu einem wichtigen Instrument des Selbstzwanges moderner Individuen. Die autonome Funktion im Schreibprozess kann auf diesem Hintergrund als individuelle Teilhabe des Einzel-

nen am rationalen Schriftdiskurs erklärt werden. Aus der Psychoanalyse kann der Gruppenleiter die Funktion der Sublimation und Kompensation der Seele als Mittel ihrer Selbststeuerung anführen. Durch Sublimierung wird die Bedürfnisbefriedigung von einer niederen sozialen Ebene auf eine höhere gehoben. Mit Hilfe der Sublimierung verwandelt sich sexuelles Interesse in wissenschaftlicher Neugier. Aus Aggression wird Sport und aus der unmittelbaren Triebbefriedigung wird Kunst. Die autonome Funktion (als Teil des Über-Ichs) steigert die Qualität der Ersatzbefriedigung am Text, indem sie „metaphorische und allegorische Beschreibungen, Symbolisierungen, Verschiebungen und andere Techniken in den Schreibprozess einschleust und das **Es**-gebundene Material ästhetisch gründlich aufwertet" (H. Kreitler, S. Kreitler: Psychologie der Kunst. Stuttgart 1980, S. 273). Die autonome Funktion bewirkt auch, dass im Text Protagonisten auftauchen, „die wahrscheinlich so aufgebaut sind, dass sie die Projektion unbewusster Inhalte fördern und zugleich ins Diffuse wenden, weil die Protagonisten so gestaltet worden sind, dass sie nicht alle Geheimnisse ihrer Motivierung laut und restlos aussprechen" (H. Kreitler, S. Kreitler, a. a. O., S. 274). Aus der Ich-Psychologie kann der Gruppenleiter von der Entdeckung des Selbst berichten, das sich nach H. Kohut besonders im Prozess der Kreativität als ganzheitliches Prinzip zeigt. Das Selbst trägt dazu bei, dass z. B. aus asozialen Tagträumen ein ästhetisch befriedigender Text wird (H. Kohut: Narzissmus. Frankfurt 1973, S. 263, vgl. M. Jacobi: Individuation und Narzissmus. München 1985, besonders S. 121–129).

c) Der Gruppenleiter sollte auch auf die **Gefahren** hinweisen, die bei der Einverleibung der autonomen Funktion durch das Ich (für das Ich) entstehen. Diese Gefahren werden als Verlust der Ich-Grenzen;, als Überflutung mit Mana-Bewusstsein, als narzisstische Aufblähung beschrieben. Die Verschmelzung von Ich und autonomer Funktion kann zu narzisstischen Krisen führen (vgl. H. Hänseler: Narzisstische Krisen. Opladen 1984). Diese Gefahren können aber auch durch einen ästhetisch distanzierten Umgang mit der autonomen Funktion zur Triebkraft der Kreativität werden, wenn das schreibende Ich die Kollektivität der autonomen Funktion in seinen Texten erkennt und respektiert. Der Schreiber kann die ästhetische Distanz zu seinen Texten dadurch aufbauen, dass er den Text und seine Anziehung von seinem eigenen Selbst trennt. Das gelingt, indem der Schreiber dem Text die Aura des Einzigartigen entzieht durch Relativierung des Textes mit Hilfe der Frage nach seinem Ursprung, seinem Einfluss, seinem Marktwert, seiner moralischen Bedeutung. Durch diese Relativierung schwindet die Text-Aura „und es kann keine Interessenkanalisierung in irgendeine bestimmte Richtung stattfinden" (H. Kreitler, S. Kreitler, a. a. O., S. 267). Die autonome Funktion bleibt auf dem Hintergrund des Textes in ihrer Integrität erhalten. Mit Humor, Textkritik und Gruppenschutz kann der zerstörerische Aspekt der autonomen Funktion bewältigt werden. „Ich finde nur wichtig, dass man, wenn man schreibt, dem inneren Schreiber einen gebührenden Platz einräumt – und ihm zuletzt den nötigen Respekt zollt. Nur dann wird er einem wirklich helfen, dass es wie von selber schreibt" (J. vom Scheidt, a. a. O., S. 105).

d) Der Guppenleiter sollte weiter Geduld als Tugend des Schreibens im Umgang mit der autonomen Funktion vermitteln. Er sollte aufzeigen, dass es längere Zeit braucht, um mit der autonomen Funktion angemessen leben zu können.

e) Er sollte die Notwendigkeit der **Stärkung der Rationalität** beim Umgang mit der autonomen Funktion im Schreibprozess betonen. Die rationale Seite der autonomen Funktion ist sowohl ihre stärkere als auch ihre hilfreichere Seite. Die rationale Seite der autonomen Funktion erscheint, wie wir früher schon gesehen haben, als die **„dunkle Totalidee"** im Schreibprozess. Diese Seite wird durch die wissenschaftlichen Deutung der Chancen und Gefahren im Schreibprozess gestärkt. Das mythische Erbe des Schreibprozesses muss durch den Logos geläutert werden. Indem das kreative Schreiben, wie andere Künste auch, den Alltag, die Frühgeschichte der Menschen, die Moral und die Zukunftsorientierung jedes einzelnen bewusst machen kann, trägt es zur „Befriedigung der Neigung bei, die kognitive Orientierung aufzubauen und auszudehnen" (H. Kreitler, S. Kreitler, a. a. O., S. 331). Das kreative Schreiben in der Gruppe schafft einen Raum, in dem dem Bedürfnis der Teilnehmer „nach dem Erweitern, Vertiefen und Entwickeln der kognitiven Orientierung, ohne Rücksichtnahme auf die dringenden Forderungen nach Tätigkeit oder erforderlichen Verhaltensentscheidungen zu entsprechen versucht werden kann" (H. Kreitler, S. Kreitler, a. a. O., S. 334).

„Der Dichter ist befähigt, in alle Tiefen des geistigen Gehaltes einzudringen und, was in ihm verborgen liegt, an das Licht des Bewusstseins hervorzuführen… Das Wort ist das Verständlichste und dem Geist gemäßeste Mitteilungsmittel, das alles zu fassen und kundzutun vermag, was sich irgend durch die Höhen und Tiefen des Bewusstseins hindurchbewegt und innerlich präsent wird."
(G.W.F. Hegel: Ästhetik. Berlin 1965, Bd. 2, S. 362 ff.)

C. Empirische und theoretische Aspekte der Poesiegruppenpädagogik

1. Unstete Aspekte der Schreibgruppenentwicklung

Die Poesiepädagogik begleitet den Schreibprozess. Die Poesie**gruppen**pädagogik begleitet den **Gruppen**prozess. Was hier getrennt diskutiert wird, gehört in der Praxis zusammen. Allerdings rechtfertigt sich die hier vorgenommene analytische Trennung durch die Besonderheit der Gruppeninhalte und Gruppenstrukturen beim kreativen Schreiben. Der Schreibgruppenleiter muss in der Praxis die fruchtbaren Augenblicke des Schreibprozesses **und** des Gruppenprozesses beachten, um situativ angemessen eingreifen zu können. Auch bei der Betrachtung der Schreibgruppenentwicklung lassen sich, wie beim Schreibprozess, Krisen und Chancen ausmachen. Die Krisen resultieren alle aus den Gesetzen der Gruppendynamik, die auch in Schreibgruppen sich bemerkbar machen. Die Chancen eröffnen sich aus den Handlungsmöglichkeiten, die die Planung, Durchführung und Auswertung von Gruppen für den Gruppenleiter eröffnen. Die Gruppendynamik macht sich an folgenden Krisenphänomenen deutlich: krisenhaften Gruppenphasen, Autoritätskonflikten, Gruppenstörungen und der Textdynamik. Die Chancen der Gruppenförderung werden in folgenden fruchtbaren Augenblicken des pädagogischen Handelns in Gruppen deutlich: Zielgruppenauswahl, Planung, Einsatz von Szenarien, Entwicklung von Gruppenregeln, rationale Ministrukturierung. Zur Struktur der Poesiegruppenpädagogik kann der graphische Überblick auf der folgenden Seite dienen.

Bei der Darstellung der Poesiegruppenpädagogik greifen wir wieder auf das empirische Material zurück, das die achtzig bisher evaluierten Schreibgruppen des „Berliner Projekts kreatives Schreiben" an der Alice Solomon Fachhochschule erarbeitet haben.

Zuerst also:

Poesiegruppenpädagogik im Überblick

Handlungstyp	**Krisen in der Schreibgruppe**				**Chancen in der Schreibgruppe**			
Handlungsbereich	Krisenphasen	Autoritätskonflikte	Störungen	Textdynamik	Zielgruppen	Planung	Szenarien	Regeln
Handlungsmittel	Prozessanalysen	Übertragungsanalysen	Aufklärung	Balance	Zielgruppenforschung	rollende Planung	Einsatz von Spielen und Projekten	Gruppenregeln und Interventionen

2. Krisen in Schreibgruppen

2.1. Krisenphasen

Jede Gruppe durchläuft spezifische Phasen. Die Gruppendynamik teilt den Gruppenverlauf in typische vier Phasen ein:

Stufe 1:	Orientierung
Stufe 2:	Konfrontation und Konflikt
Stufe 3:	Produktivität
Stufe 4:	Abschied

Jeder dieser Phase entsprechen verschiedene Typen von Krisen. In der **Stufe 1** findet sich die Gruppe als Gruppe zusammen. Jeder Teilnehmer bringt eine private Mischung aus Unsicherheit und hohen Erwartungen mit. Der neue Teilnehmer fühlt sich inkompetent, zeigt aber seine Selbstzweifel nicht, die unsichere Situation wird durch Verteilung von Etiketten strukturiert, Spekulationen werden darüber angestellt, wie der einzelne bei den anderen ankommt, Sympathie und Antipathie werden übertragen (vgl. K.W. Vopel: Handbuch für Gruppenleiter. Hamburg 1984, S. 83).

In der Schreibgruppe treten in der ersten Gruppenphase spezifische Orientierungsprobleme auf. Ziele, Methoden und Inhalte des kreativen Schreibens müssen verstanden werden. Die Anfängerangst vor dem Schreiben muss überwunden werden. Das Verhältnis von Textproduktion und Textinterpretation ist noch unklar. Beim Umgang mit Texten wird wild gedeutet. Es geht noch recht unübersichtlich zu. Erst gegen Ende der Anfangssitzung eröffnet sich die Chance der Klärung:

„Wir mussten aufpassen, den roten Faden des Abends nicht zu verlieren, weil manche Beiträge auch recht verletzend sein konnten und die Gruppenstimmung beträchtlich in Mitleidenschaft zogen. Darum waren die Abschlussszenen immer sehr wichtig, weil sich durch eine gemeinsame Aktivität die von der Diskussion angespannte Stimmung auflösen konnte“ (C.B., 1987, S. 9).

Es kommt am Anfang auch vor, dass die Schreibzeiten maßlos überzogen werden und aufgrund der Länge des Schreibens die Teilnehmer sich völlig überfordern:

„Wir schrieben ruhig und konzentriert fast **neunzig** Minuten lang. Alle Märchen wurden vorgelesen und kurz besprochen. Die Atmosphäre schien entspannt und aufmerksam. Erst später merkten wir, wie anstrengend diese Sitzung war“ (M. N., 1988, S. 18).

Das kreative Schreiben führt sehr bald zur Aufdeckung unbewusster biographischer Anteile. Die Konfrontation mit diesen unbewussten Gefühlen macht Angst und motiviert Teilnehmer, einfach wegzubleiben:

„Eine Teilnehmerin ist abgesprungen, teils aus Zeitgründen und teils aus Angst, dass zu viel Negatives während des Schreibkurses in ihr aufgedeckt würde“ (S.J., 1985, S. 14).

Die **2. Schreibgruppenphase** ist von Konfrontation und Konflikt gekennzeichnet. Diese 2. Phase, die etwa in der 3. bis 4. Kurssitzung beginnt, zeigt den Kampf um Selbstbehauptung und Territorien an. Die Diskrepanzen zwischen den persönlichen Interessen und den Gruppen- und Sachinteressen brechen nun voll auf (B. Langmaak, N. Braune-Krickau: Wie die Gruppe laufen lernt. Weinheim 1987, S. 81 ff.).

In Schreibgruppen ergibt sich in der zweiten Phase meist der Streit zwischen dem Interesse an Selbsterfahrung und dem Interesse an Literatur. Es geht um die Festlegung der grundlegenden Normen und Werte in der Schreibgruppe, und dabei wird oft darum gerungen, ob die Texte literarisch formal kritisiert oder emphatisch-authentisch rezipiert werden sollen. Die Textdiskussion kann erstmal formal bleiben:

„Das Arbeitsklima hatte Seminarcharakter. Die Erwartungen gingen stark in Richtung Wissens- und Faktenvermittlung. Unsere Anfangs- und Ausgangsübungen fanden weniger Resonanz. Wir machten nochmals deutlich, dass es genauso um die „Zwischenzeilen“ geht. Erst im weiteren Verlauf des Kurses wurde diese Möglichkeit stärker in Betracht gezogen, und der Austausch über die Textinhalte wurde wichtiger als die formale Textkritik“ (U. H., 1988, S. 15).

Entscheidend für die Bewältigung dieser 2. Phase ist die Entwicklung der Bereitschaft zur poetischen Selbsterfahrung. Nur wenn diese Bereitschaft sich entfaltet, kann die Schreibgruppe überleben und die Einheit von emotionellem, kognitivem und literarischem Lernen enthalten. Das auf Offenheit angelegte kreative Arbeitsklima belastet und fordert die Teilnehmer in jedem Fall:

„Die Fragen zur eigenen Person werden oft als sehr tiefgehend empfunden. Das Herantasten an das Unbewusste bringt es mit sich, dass es teilweise Überwindung und Kraft kostet, den Kurs weiterhin zu besuchen. Diejenigen, die es bis jetzt geschafft haben, wollen weiterhin die Auseinandersetzung mit ihrem Unbewussten wagen“ (A. K., 1985, S. 25).

Die Meinungen, ob Stil oder Gefühl der Hauptwert der Schreibgruppe ist, prallen nun hart aufeinander. Oft gibt es lange Diskussionen über Stil und literarische Ansprüche, die die Gruppe an die Grenzen ihrer Leistungsfähigkeit bringen:

„Je brisanter die persönliche Problematik in einem Text ist, je dichter sie unter der Oberfläche liegt, desto höher wird das literarische Anspruchsniveau geschraubt, um sich nicht mit den „eigentlichen Fragen“ beschäftigen zu müssen. Etwa: Reden wir lieber über den Stil statt über meine beschissene Beziehung und meine Unzufriedenheit“ (R. H., 1989, S. 32).

Die **3. Phase** der Gruppenentwicklung wird durch Gewinnung des Gruppenzusammenhalts gekennzeichnet. Diese Phase dauert an, bis die Gruppe an ihr Ende kommt und sich mit der Auflösung in die letzte Phase begibt. In der 3. Phase dominieren Zustimmung und Kooperation. Es kommt zu einem regen Austausch über die Schreibthemen, die Schreibtechniken. Meinungen finden nun einen breiten Darstellungsraum. Allerdings bleiben in dieser Phase die Krisen nicht aus. „Die zunehmende Bekanntheit und die Intensität der Beziehungen sind kein Abwehrmittel für interne Konflikte, sondern erleichtern nur ihre Lösung“ (B. Langmaak, M. Braune-Krickau, a. a. O., S. 85). In dieser Phase sind drei Entwicklungen für Schreibgruppen möglich. Entweder werden sie zur Gruppe „kleiner Schriftsteller“, „kleiner Therapeuten“, oder sie gewinnen die Kraft zur Integration beider Aspekte in der kreativen Schreibgruppenarbeit. Wenn der erste Weg beschritten wird, kommt es zur völligen Ausgrenzung bestimmter biographischer Themen wie Vater, Mutter, Kindheit usw. „Bei einer tiefen Vaterproblematik“, schreibt ein Anleiter, „handelt es sich um ein so grundlegendes Problem, dass es im Rahmen einer Schreibgruppe – sei sie auch selbsterfahrungsorientiert – sicherlich nicht bearbeitet werden kann“ (R. H. 1989, S. 45). Damit wird die Chance, Selbsterfahrenes literarisch zu sublimieren, verkleinert.

Wenn der zweite Weg beschritten wird, eröffnet sich die Gefahr vertiefter emotioneller Regression. Der Einzelne kann die Reise des Schamanen „ins Jenseits“ antreten und der Gruppe verloren gehen. Der Einzelne schreibt sich dann in regressive Tiefe hinein, die jede Schreibgruppe überfordert und in eine reine Poesietherapiegruppe mit professioneller therapeutischer Anleitung gehört.

„In der dritten Sitzung kam A. zu einem ersten Durchbruch, als er bei den Echotexten seine zunächst abwartende, objektivierende Beobachterhaltung aufgibt, nicht mehr nur auf das Ergebnis von außen wartet, sondern ins Fließen kommt, mit poetischer Kraft eine utopische Szene entwirft, die große Energie verrät:

„Ich gleite mit der Glut quer durch Catania hinab ins Meer. Von dort umrunde ich Sizilien und steige in Karthago ans Land. Auf den Mosaikböden der Römer brennt ein Feuer, an dem ich von der Durchquerung Afrikas träumen werde."

Der Traum von der Erforschung des unbekannten Kontinents („Afrika") signalisiert die Bereitschaft, sein eigenes unbekanntes inneres Land zu erforschen. Dieser Durchbruch wirkte sich auch auf A.s Schreibfähigkeit aus: In der sechsten Sitzung macht er sich von allen Vorgaben, Cluster etc. frei, schrieb automatisch einen Text voller dichter, schwerer Bilder. In dieser und folgenden Sitzung (mit den Themen „Vater" und „Mutter") scheint A sich zu zentralen Konflikten durchzuschreiben" (R. H., 1989, S. 46).

Die Orientierung auf den dritten Weg der Integration von Stil und Gefühl stellt eine längerfristige Kreativität der Schreibgruppe sicher.

Die **4. Phase** der Gruppendynamik zeigt die Endkrise der Gruppe. Wenn Entstehung und Wachstum der Gruppe positiv erlebt worden ist und auf dem Gruppenhöhepunkt die Gruppe fast die ganze Welt zu sein scheint, wird die Beendigung der Gruppe schmerzlich und unangenehm erlebt. In dieser Phase muss die Trennung thematisiert und Trauerarbeit geleistet werden. Oft steht am Gruppenende auch der tröstende Höhepunkt der Arbeit, die Organisierung einer öffentlichen Lesung.

„Als Abschluss organisierten wir eine Lesung im Seniorenwohnhaus. Unsere Teilnehmerinnen baten wir, Freunde, Verwandte, Mitbewohner und sonstige Interessierte einzuladen. Die ausgewählten Texte hatten wir fotokopiert, mit einem Einleitungs- und Schlussteil versehen und zu einem Heft gebunden an die Teilnehmerinnen verteilt" (A. N.-C. 1987, S. 8).

Diese Lesungen können den Charakter eines Festes annehmen:

„Am Sonntagabend stand als krönender Abschluss die Lesung zusammen mit der anderen Gruppe und mit geladenen Gästen auf dem Programm. Es waren ungefähr vierzig Zuhörer, und jeder Teilnehmer las zwei bis drei Texte von sich vor. Anschließend blieb Zeit für ein Gespräch über die Texte, über den gesamten Kurs, und bei Spekulatius und Glühwein fand die Schreibwerkstatt einen weihnachtlichen Ausklang" (U. H., 1988, S. 12).

Aber neben der äußerlichen Aktivität steht die innere Trauer und Abschiedsarbeit. Spontan wird zum Thema „Zeit" geschrieben, in der sich Trennung und Abschied spiegelt.

„Der letzte Abend. Bei diesem Treffen sollte ein Thema behandelt werden, das es bisher nicht gab. Um dieses zu ermitteln, nannten alle ein Thema, zu dem sie gerne schreiben würden. Die Themen: Urlaub, Faulenzen, Farben, Ernsthaftigkeit, Zeit, Technik, Naschen, Musik, Und die Moral von der Geschicht, Großstadt, Stimmung, Freizeit, Feierabend und Alltag wurden genannt.

Die Themen wurden nochmal vorgelesen, und jede Frau suchte sich ein Thema aus, zu dem sie schrieb. Der größte Teil der Texte hatte in irgendeiner Form mit dem Thema Zeit zu tun“ (C. B., 1988, S. 11).

Der Abschied macht die eigene Einsamkeit bewusst.

„In der letzten Sitzung der Schreibwerkstatt zeigte sich, wie groß die Einsamkeit der einzelnen und wie wichtig für sie dieses gemeinschaftliche Treffen gewesen war“ (G. K., 1985, S. 10).

Die Schreibgruppe hat in der Schlussphase zwei Möglichkeiten. Sie verdrängt die drohende Trennung:

„Abschied wird bei uns oft vermieden, ist eben kein Thema, so bleibt eine Situation unabgeschlossen“ (R. H., 1989, S. 41).

Oder die Gruppe reagiert produktiv und organisiert sich als poetische Selbsthilfegruppe ohne Anleitung. Auch dafür gibt es Beispiele. Etwa zehn Prozent unserer 80 Schreibgruppen organisierten sich nach dem Schluss der angeleiteten Arbeit als Selbsthilfegruppe.

„Eine Teilnehmerin will den Kurs nach dem Buch von G.L. Rico privat zu Hause weiterführen. Der Vorschlag wird von der Gruppe positiv aufgenommen“ (A. K., 1985, S. 27).

2.2. Autoritätskonflikte

In Schreibgruppen sind Konflikte zwischen Anleitung und Teilnehmern unvermeidlich. Die allgemeinen Gesetze der Gruppendynamik machen sich in Schreibgruppen besonders bemerkbar. Jede Gruppe beginnt mit einer Entwertung der alten Bezugsperson und dem Aufbau neuer Objektbeziehungen. Dieser Übergang ist mit der Wiederbelebung infantiler Ohnmacht und Unsicherheit verbunden. In dieser Situation hilft der psychische Mechanismus der Projektion und Identifikation.

„Angesichts schwieriger, neuartiger oder zu Angst herausfordernder Situationen bereitet uns die Vorstellung Erleichterung, dass ein ganz besonders begabtes Wesen, der Held unserer Träume z. B., die Sachlage im Handumdrehen meistern könnte“ (P. R. Hofstätter: Gruppendynamik. Reinbek 1965, S. 143). Der Projektion folgt dann die Identifikation. Das Ich-Ideal wird auf den Gruppenleiter übertragen, „dem dann jene Allwissenheit und Allmacht zugeschrieben wird, die das eigene unbewusste Ich-Ideal fordert“ (T. Brocher: Gruppendynamik und Erwachsenenbildung. Braunschweig 1967, S. 78). Dieser Schritt hat weitreichende Folgen für die Entwicklung der Gruppendynamik, wenn der Anleiter auf diese Übertragung eingeht und in autoritärer Weise solche infantilen Führungsangebote übernimmt. Die erfahrene Unsicherheit der Gruppe kompensiert der Leiter mit verschärftem autoritären Leitungsstil. Er schraubt die Leistungsansprüche hoch. Diese Rolle wird ihm besonders leicht fallen, wenn er eigene kindliche Minderwertigkeitserfahrungen schon immer durch die Identifikation mit Größenfantasien kompensiert hat. Die Gruppe wird zur idealen Szene, in der der Leiter seine eigenen narzisstischen Bedürfnisse ausleben kann (vgl. W. Schmidbauer: Die hilflosen Helfer. Reinbek 1984, S. 48 ff.). Allerdings produziert er damit seine eigene Hilflosigkeit. Denn die Gruppenteilnehmer fühlen sich von der angemaßten Allmacht herausgefordert. Sie beginnen, Widerstand zu leisten. „Die gemeinsame Gruppenphantasie schlägt in Kürze in die Annahme um: Wir werden hier vom Gruppenleiter wie Kinder behandelt. Opposition ist die Folge. Gegen den gleichen Gruppenleiter, dessen Führung zuvor so dringlich beansprucht wurde, wird sich heftiger Zweifel an der Richtigkeit seiner Theorien, karikierende Nachahmung seines Verhaltens und ein kräftiger Widerstand gegen den Lerngegenstand äußern" (T. Brocher, a. a. O., S. 91).

In Schreibgruppen lassen sich zwei Varianten des Umgangs mit dem Autoritätsproblem finden: **Rebellion** und **Chaos**. Es gibt einmal die Form der Rebellion. Schreibvorschläge werden abgelehnt:

„Unsere Vorgabe, das Bild der Nachbarin zu geben und nicht selbst darüber schreiben zu dürfen, wurde mit Entrüstung aufgenommen, erst die Zusicherung, jede würde ihr Bild zurückbekommen, schaffte Ruhe" (M. N., 1988, S. 11).

Es entstehen umständliche Diskussionen über Schreibthemen, die die Arbeit nun blockieren und für viele Teilnehmer langwierig und frustrierend sind. Der Versuch, mit autoritären Mitteln die Rebellion zu bremsen, ist sicher fragwürdig und verlängert den Teufelskreis des autoritären Syndroms.

„Zwischen einigen Frauen entspann sich eine weitschweifige Diskussion über die ‚Freiheit', die wir ungeschickt zu bremsen versuchten (das führt zu weit). Diese Frauen fühlten sich damit eingeengt und meinten, es sei wichtiger, weiterzureden. (Überhaupt würden wir zu wenig auf die angerissenen Themen eingehen). Nach unserem Einwand: „Wir haben uns hier zusammengefunden, um zu schreiben und das anhand bestimmter Methoden zu lernen / es scheint uns interessanter, wie eigene Texte auf andere wirken, statt philosophische Probleme lösen zu wollen" einigten wir uns darauf, den Begriff ‚Freiheit' das nächste Mal als Kernwort anzubieten" (M. N., 1988, S. 9).

Auch an der Textdiskussion und Textdeutung macht sich die Rebellion fest. Wer literarische Fachkenntnisse hat, kann nun als einzelner die Anleitung völlig lahmlegen.

„Eine Teilnehmerin, die Lehrerin von Beruf ist, will von uns genaue Erklärungen zu bestimmten Textstellen haben. Es kommt zu einer „Wortklauberei", die durch die anderen Kursteilnehmer nicht unterstützt wird" (A. K., 1985, S. 21).

Wenn die Gruppe mit Antworttexten auf Texte reagiert, ergibt sich eine gute Gelegenheit zum Konflikt mit dem Antworttext der Gruppenleitung:

„An einer Stelle wurde es auch etwas kritisch. Mir fiel zu dem mir zugedachten Text in der Kürze der Zeit nichts Besseres ein, als ihn zu verfremden, weil mich die Anhäufung von stimmungsgeladenen Symbolen erdrückte. Es war für mich die sanfteste Form der Textkritik, da ich diesen Teilnehmer als äußerst empfindlich einstufte.

Aber auch damit konnte er nicht umgehen, sondern kritisierte heftig diesen Antworttext. Was mich nicht störte, wohl aber eine andere Teilnehmerin, die meinte, sie fühle sich nicht sicher, wenn mit irgendwelchen Texten so kritisch umgegangen wird" (H. M., 1990, S. 12).

Falls die Rebellionsproblematik nicht gelöst wird, entwickeln sich richtige Chroniken des Machtkampfes, dafür zwei Beispiele:

Chronik eines Machtkampfes zwischen Teilnehmer und Anleitung nach den Sitzungsprotokollen

1. Sitzung: „A. liest seinen Text vor."
3. Sitzung: „A. greift M.'s Text stark an. Eine folgende Diskussion zwischen M. und A. wird von den Anleitern unterbrochen."
5. Sitzung: „A. versucht, Anleiterfunktion zu übernehmen" – „Anleiter geraten in die Defensive. Stärkere Abgrenzung gegen A erforderlich."
6. Sitzung: „A. versucht, sich durch besonders auffällige Texte in den Mittelpunkt zu stellen." – „Anleiter fragen sich, wie sie A. stoppen können, ohne ihn abzuwürgen. Ein Teil der Gruppe widersetzt sich A.'s Dominanz, unterbricht ihn."
7. Sitzung: „Entspannte Stimmung." – **„A. war nicht anwesend.**"
9. Sitzung: „A. hält sich während der gesamten Sitzung zurück."
11. Sitzung: „A.'s Bemerkung, die Texte entsprechen genau seinen Erwartungen bezüglich der einzelnen Teilnehmer, führt zu einer Entladung der gesamten Gruppe gegen ihn." – „Die Auseinandersetzung mit A. verselbständigt sich. **A. ist nicht mehr zu bremsen.**"
12. Schlusssitzung: „Ruhige Stimmung." – „A. war nicht da."

(T.P., G.R., J.R., 1988, S.12)

Der Machtkampf kann zur Spaltung der Gruppe führen. Hier der Bericht, der den Spaltungsprozess in allen Phasen schildert:

„Auf Grund der Schwierigkeiten mit einer Teilnehmerin, Frau X., beim 4. Treffen rief einer von uns sie an, um mit ihr noch einmal über die Grundlagen unserer Schreibgruppe zu sprechen. Dabei wurden ihr gegenüber folgende Punkte angesprochen:

- Es kommt auf die Gefühle und den Inhalt der Texte an, nicht auf die Form.
- Wir sind eine Art Selbsthilfegruppe und keine Therapieeinrichtung, keine Literatenschule mit stilistischen Ansprüchen.
- Diesbezügliche Erwartungshaltungen können wir nicht erfüllen.
- Wenn diese Erwartung weiter besteht, blockierten sie die Gruppe.

Wir finden es wichtig: sich gegenseitig zuzuhören und zu versuchen, auch zu verstehen und nicht an der Form dieser Texte herumzukritisieren. Das ist eine Grundvoraussetzung für unsere Gruppe, was die Ehrlichkeit nicht ausschließt, aber das Bemühen zu verstehen verlangt.

In dem Telefonat stellte sich heraus, dass Frau X. mehrere Schreibgruppen besucht und dass es ihr darum geht, wie sie die Texte am besten „an den Mann bringen" kann, was heißt, dass sie ihre Texte veröffentlichen möchte. Schließlich sagte sie selbst, unter den angesprochenen Voraussetzungen sei unsere Gruppe nichts für sie. Wir verabschiedeten uns ohne Groll und wünschten ihr alles Gute.

Am nächsten Abend bekam einer von uns Anleitern einen Anruf einer anderen Teilnehmerin, die behauptete, wir hätten Frau X. aus dem Kurs „rausgeschmissen". Nach langen Erklärungen und einigem Hin und Her verblieben wir schließlich, dass Frau X. weiterhin mitmachen kann, wenn sie die Gundlage unserer Schreibgruppe akzeptiert.

Zuletzt folgte nochmal ein Telefonat mit Frau X., in dem Missverständnisse aus dem Weg geräumt wurden und sie ihren Entschluss, zu den angesprochenen Voraussetzungen weiter zu machen, kundtat. In diesem Gespräch gestand sie auch ihre Hilflosigkeit ein, ohne literarische Kriterien mit Texten umzugehen …

Frau X. war wieder dabei, und dieses Mal verlief alles ohne Grundsatzdiskussionen. Wir hatten ein gutes Gefühl. Doch zur nächsten Stunde fehlten auf einmal drei Teilnehmerinnen, u. a. auch Frau X. Durch Telefonate mit allen drei Frauen erfuhren wir, dass sie eine eigene Gruppe aufgemacht hatten, in der es mehr um die bei uns fehlenden literarischen Kriterien ginge oder, wie es eine der Frauen ausdrückte, darum „sich gegenseitig zu fetzen", was hart, aber heilsam sei (E.R., G.T., M.B., 1990, S. 28).

Eine andere Variante, auf das Autoritätsproblem zu reagieren, ist der Versuch, die eigene Anleiterautorität zu leugnen und sich scheinliberal zu geben. Allerdings heizt diese Haltung nur die Konflikte der Teilnehmer untereinander an. „Der Laissez-faire-Stil überantwortet die Mitglieder einer Gruppe ihren Trieben" (T. Brocher, a. a. O., S. 67). Gruppenteilnehmer nutzen den Gruppenfreiraum, um sich selbst auf Kosten anderer schwächerer Teilnehmer in Szene zu setzen. Die Anleitung steht nun dem Geschehen hilflos gegenüber:

„Es ging aber nicht so zu, wie wir uns das vorgestellt hatten. Es wurde vorgelesen, und direkt anschließend erläuterte die Autorin ihren Text, so dass die Besprechung des Textes in der Gruppe gar nicht zustande kam. Ich war an diesem Abend sehr aufgeregt, und bei meiner Nervosität habe ich vieles, was wichtig gewesen wäre, nicht gesagt – unter anderem, wie wir bei der Besprechung der Texte vorgehen, nachdem sie vorgelesen worden sind" (C. B., 1988, S. 4).

Da die meisten kreativen Texte gerade die eigenen Schwächen deutlich machen und das Klima der Unsicherheit verstärken, ist in Schreibgruppen die

Tendenz des Ausbruchs des Gruppenchaos bei scheinliberaler Leitung besonders groß. Einzelne Personen steigern sich in rauschhafte Redezustände hinein und drängen dann die Anleitung in den Hintergrund.

„Eine Frau hatte gar nichts geschrieben, weil die Erinnerung an ihre Jugend zu deprimierend war. Indem sie es uns erzählte, geriet sie in einen wahren Rederausch über ihre Jugendproblematik. Es entwickelte sich ein lebhaftes Gespräch. Eine andere Frau fühlte sich dadurch gestört und aus ihrem Text herausgerissen.

Es ist schwierig für einen Kursleiter, am Konzept weiterzuarbeiten, wenn einzelne Mitglieder das Bedürfnis haben, sich über eine Problematik mit den anderen ständig auszutauschen“ (S. J., 1985, S. 15).

Die Lösung des Autoritätsproblems in Schreibgruppen erfordert einen **demokratischen Führungsstil**, der sowohl die emotionalen wie die rationalen Ebenen des Schreib- und Gruppenprozesses berücksichtigt. Dazu gehört einmal, dass die Anleitung etwas Einsicht in die eigenen narzisstischen Gefährdungen und Bedürfnisse besitzt, um die emotionellen Projektions- und Identifikationswünsche der Teilnehmer und der eigenen Person zu unterlaufen. Dazu gehört zum anderen eine gewisse literarische Kompetenz, die den Anleiter in den Stand versetzt, Autoritätskonflikte durch literarische Thematisierung zu bearbeiten und der Gruppe verfügbar zu machen. Um über die emotionellen und inhaltlichen Entwicklungen in der Gruppe auf dem Laufenden zu sein, muss die Anleitung das Instrument der Analyse des Gruppenprozesses häufiger einsetzen. In einfachster Form kann die Gruppenprozessanalyse in der Thematisierung der rebellischen oder chaotischen Störung liegen. Die Inszenierung eines Störungsgesprächs ist in Schreibgruppen schon weit verbreitet. „Es gab eine von uns angeregte Diskussion darüber, dass kaum noch Texte vorgelesen werden. Andere schreiben besser und wollen lieber zuhören. Meine Texte sind zu persönlich. Sie sind zu negativ und zu privat, waren die genannten Gründe, warum immer weniger vorgelesen wurde“ (C. B., 1988, S. 10).

Bei solchen Störungsdiskussionen müssen aber neben den Teilnehmerproblemen auch die Anleiterprobleme und die inhaltlichen Probleme der Gruppe zur Sprache kommen. Die Störungsursache liegt immer in diesem Beziehungsdreieck. Wenn man nur einen Aspekt thematisiert, versandet die Diskussion bald:

„Nur langsam entspann sich eine Diskussion, da das Thema „Beziehung“ offensichtlich für alle Aktualität und Brisanz hatte, die Betroffenheit wirkte hemmend“ (U. H., 1988, S 9).

Die Barrieren der Diskussion lagen hier bestimmt auch in der fehlenden Thematisierung der Beziehung Anleiter – Teilnehmer.

Bisher fehlt es über solche Klärungsgespräche hinaus an geeigneten Instrumenten der Prozessanalyse von Schreibgruppen. Allerdings können hier die Schreibgruppenanleiter die Arbeitsmethoden der Gruppendynamik für die

Prozessanalyse, die Analyse von Rollenfunktionen in der Gruppe, von Kommunikation und Kooperationsstrukturen übernehmen und für ihre Gruppenbelange umformen (vgl. B. Langmaak, B. Braune-Kricke, a. a. O., S. 158–171).

Die **Prozessanalyse** lässt sich z. B. durch die Abfassung von Ich-Wir-Es-Texte seitens Teilnehmer und Anleiter thematisieren. Diese Texte beschreiben die Ich-Situation, die Haltung zur Gruppe und zur Anleitung und die Stellung zu den Gruppenthemen und Inhalten.

Die Rollenfunktion in Schreibgruppen lässt sich z. B. durch ein Steh-Soziogramm überprüfen. Es werden vier Rollenpositionen beschrieben: Der Laienautor, der Profiautor, der Literaturkritiker, der Poesiepädagoge. Die Gruppenteilnehmer werden dann aufgefordert, sich im Raum der gewählten Rolle zuzuordnen und diese Zuordnung zu begründen. Die Gruppe sieht dann selbst ein, wie sich Leistungs- und Helferrollen in der Schreibgruppe quantitativ und qualitativ verteilen und welche Konflikte zwischen diesen Rollen bestehen.

Kommunikations- und Kooperationsstrukturen lassen sich mit der Methode des Briefeschreibens bearbeiten. Jeder sucht sich in der Gruppe den Teilnehmer aus, mit dem er bisher am wenigsten Kontakt gehabt hat und schreibt ihm einen Brief, indem er seine fehlende Beziehung thematisiert. Der Briefempfänger antwortet entsprechend. Die Briefe werden dann in der Gruppe vorgelesen. Das Beziehungsgeflecht auch zwischen Anleiter und Gruppe wird literarisch sichtbar. (Zur weiteren Methode der Analyse der Gruppendynamik vgl. K.W. Vopel: Störung, Blockaden, Krise. Experimente für Lern- und Arbeitsgruppen. Hamburg 1984.)

2.3. Störungen in Schreibgruppen

Die Teilnehmer an Schreibgruppen sind in psychischer Hinsicht nicht homogen. Ein Versuch von G. Herholz, psychische Teilnehmergruppen zu katalogisieren, kommt zu folgendem Ergebnis: Es gibt in Schreibgruppen vier Typen. Zwei von ihnen sind destruktiv und zwei sind produktiv.

Zu den destruktiven Typen gehören die **psychisch Kranken**, die die Schreibgruppe missbrauchen, um eine Therapie zu vermeiden. Diese Personen schreiben nur, um sich zu vergessen. Daneben gibt es die **narzisstischen Literaten**, die ihre Texte für perfekt halten, an den Texten anderer nicht interessiert sind und nur daran denken, zum „Dichterdarsteller“ oder „Subventionspoeten“ aufzusteigen. Beide Typen blockieren die Schreibgruppenarbeit grundsätzlich.

Ihnen gegenüber stehen zwei produktive Typen:

Die **lernwilligen Laien**. Sie sind an Kritik interessiert. Sie wollen ihr Schreiben entwickeln und betrachten ihre Texte mit einer gewissen Distanz. Sie sind an den Texten anderer Menschen interessiert.

Die **sensiblen Autodidakten**. Sie neigen zu Regression und Melancholie. Sie stehen auf Bekenntnisse und haben weniger Interesse an Erkenntnissen. Sie sind vom modischen Depressionismus infiziert.

(Zu diesen Typen vgl. G. Herholz: Aua, Weh, Herr Jemine – Blablabla, Credos, Dada. In: Revier 12 1989, H. 1, S. 36–41)

So krude die Herholzsche Typisierung ist, so legt sie doch den Finger auf ein wichtiges Problem. Um massive Störungen in Schreibgruppen zu vermeiden, sollten die Teilnehmer auf ihre Gruppenfähigkeit hin überprüft werden. Manifeste Psychotiker und schwere Neurotiker können in keiner Schreibgruppe mitarbeiten und sollten über andere Hilfsmöglichkeiten schnellstens aufgeklärt werden. Auch narzisstische Literaten werden bald zum Störfall. Sie zeigen sich oft nicht am Anfang der Gruppenarbeit und erfordern im weiteren Verlauf Beratung und Weitervermittlung. Leichte Neurotiker und Alltagskreative bevölkern meist die Schreibgruppen und machen die Arbeit immer schwierig, aber auch sehr interessant. Um herauszufinden, welche psychisch passenden und unpassenden Teilnehmer sich für die Gruppe gemeldet haben, ist ein Aufnahmegespräch ebenso nützlich wie die Beobachtung in der ersten Sitzung. Meist enthüllt die konkrete Gruppen- Schreibarbeit, ob die Gruppenindikation berechtigt ist oder nicht.

„Beibehalten (und weiterempfehlen) möchte ich die Praxis, mit potentiellen TeilnehmerInnen ein kleines Vorgespräch zu führen, weil nur so Menschen mit größeren Problemen oder Persönlichkeitsstörungen aus Gruppen ferngehalten werden können, die ausdrücklich **keine** Therapie sind, ohne dass der Gruppenprozess gestört wird" (R. H., 1989, S. 1 ff.).

a) Gruppenstörungen

Sehen wir uns nun die typischen Störungen in Schreibgruppen an. Wir wollen dabei die Störung der Gruppe und einzelner unterscheiden. Bei Gruppenstörung dominieren die Situationen des **Schweigens** oder des **Zuviel Redens**.

Zu häufiges Schweigen der Gruppe verunsichert alle, weckt die unterschiedlichsten Vermutungen. Das Schweigen kann verschiedene Ursachen haben. Es kann anzeigen, dass Thema und Ziel des Schreibens unklar geblieben ist, dass die Teilnehmer vor zu hohen Erwartungen stehen, dass das Gruppenklima Angst macht, dass die Teilnehmer sich langweilen, weil sie sich unterfordert fühlen. Eine schnelle Thematisierung des Schweigens ist geboten. Häufig ist in Schreibgruppen auch das Schweigen nach der Vorlesung eines Textes.

„Alle verlesenen Geschichten waren sehr träumerisch, und es wird schwierig, eine Textdiskussion in Gang zu setzen" (M. N., 88, S. 12).

Meistens ist dieses Schweigen produktiv. Es entspringt dem Bedürfnis, den gehörten Text genauer zu durchdenken und nachzufühlen. Es signalisiert

Sympathie und Mitgefühl mit dem Leser, und es deutet darauf hin, dass „eine ganze Gruppe momentan eine starke gefühlsmäßige gedankliche Einheit erlebt“ (K.W. Vopel: Handbuch für Gruppenleiter. Hamburg 1984, S. 113). Der Leiter sollte versuchen, die Qualität des Schweigens zu erspüren, das Schweigen selbst thematisieren oder ein geeignetes Interpretationsspiel für Texte vorschlagen. Zwischen Schweigen und zuviel Reden liegt die Störung der gebremsten Mitarbeit, der latenten **Unruhe**. Oft zeigt diese Störung an, dass die Planung der Sitzung Mängel hatte. Die Störung kann auch an der zu schnellen Überschreitung der Barrieren zur Intimsphäre liegen.

„Die Texte sind sehr aussagekräftig, aber die Stimmung ist befangen, es ist zu dicht, um darüber zu reden. Kommentar von Herrn Schmidt: „Das ist ja wie Seelenstriptease“ (H. M., 1990, S. 30).

Im folgenden Beispiel war das Angebot einfach zu überladen. Es sollte ein Lebenspanorama gezeichnet werden, eine eigene Lebensgeschichte geschrieben und dann noch in ein Märchen umformuliert werden, das musste schief gehen.

„Bei der Bearbeitung dieses Themas tauchten mehr Probleme auf, als wir erwartet hatten. Eine Teilnehmerin zerriss ihr Bild beim Schreiben, eine andere schrieb überhaupt nicht. Auch dauerte die Schreibphase bei diesem Thema sehr lange, dass die zur Verfügung stehende Zeit fast um war, ehe alle Texte fertig geschrieben waren… Dadurch, dass wir zwei Themen für einen Tag vorbereitet hatten, kamen wir in Zeitdruck, der noch dadurch verstärkt wurde, dass wir zu jeweils einem Tagesthema eine sehr intensive Stimulationsphase, die schon fast ein eigenes Thema darstellte (Wunsch- und Traumbilder aus Zeitungen ausschneiden, Lebensweg malen), angesetzt hatten. Ein anderer Grund für den Zeitdruck war, dass wir die „Arbeitshaltung der Teilnehmer“ überschätzten und feststellen mussten, dass sie vielmehr an der zwischenmenschlichen Ebene interessiert waren“ (T.P., G.R., J.R., 1988, S. 17).

Besonders die Intimität des Themas, das dann wahrscheinlich zu früh gestellt wurde, bevor die Gruppe zu sich Vertrauen fasste, kann Grund für den Störungstyp „Unruhe, Schreibblockaden“ sein.

„Ständige Unruhe und Geraschel hielt uns davon ab, konzentriert zu schreiben. Vorlesen wollte keine so recht, Texte über das ‚Ich‘ schienen zu persönlich. So blieb auch die anschließende Diskussion an der Oberfläche (M. N., 1988, S. 7).

Oft zeigt sich die Störung auch beim Vorlesen:

„Sie lesen nun ihre Texte vor und berichten von ihren Schwierigkeiten: Sie hatten große Sperren beim Schreiben, haben lange überlegt, konnten nicht wie bei den anderen Schreibübungen spontan losschreiben (A. K., 1985, S. 27).

Auch bei dieser Störung liegt die Ursache im Bereich der fehlenden Symmetrie zwischen Themenangebot und Teilnehmerinteresse.

Zuviel Reden, dauernde Fragen, häufiges Interpretieren oder Konflikte Anheizen sind andere Störungssituationen in der Gruppe, die besonders dann eskalieren, wenn die Konfrontation mit den Gefühlsqualitäten der Texte umgangen werden soll. Durch Geschichtenerzählen, Sachfragen, durch wilde Spekulationen, durch aggressives Intervenieren wird Widerstand gegen Thema und Textarbeit aufgebaut. Der Anleiter muss hier genau hinfühlen, welche Ursachen diese geräuschvollen Störungssituationen haben. Es sind dabei folgende Ursachen denkbar:

1. Schichtspezifische Unterschiede: Teilnehmer der intellektuellen Mittelschichtkultur stoßen auf Teilnehmer aus der emotionellen Unterschichtkultur.

2. Geschlechtsspezifische Unterschiede: Ein Beispiel:
„Bei der Besprechung der Texte kommt es zu einem Konflikt zwichen Sabine und Emil entlang bekannter Grenzverläufe im Geschlechter-Hickhack: Immer die Typen lassen sich nicht ein, wo bleibt das Persönliche usw. Emil gießt noch Öl in das Feuer, weil er keinerlei Neigung zeigt, die subjektive Dimension seiner Reflexion über Brecht zu erörtern. Mir wird deutlich, dass Sabine nach dem „neuen Mann“ sucht und sauer wird, als sie den alten findet“ (R. H., 1989, S. 31).

3. Altersspezifische Differenzen: Unterschiedliche Lebenserfahrungen und zeitgeschichtliche Kontexte prallen nun aufeinander.

4. Literaturpolitische Unterschiede: Es intervenieren Vertreter unterschiedlicher Poetiken und Politikvorstellungen. Ein Beispiel:

„Mit den Texten zu den Persönlichkeiten Sisyphos und Siddhartha, die ausgeteilt und besprochen wurden, hatten einige Teilnehmer/innen Schwierigkeiten, weil sie sich selbst nicht so extrem wahrnahmen und keine Identifikation eintreten konnte. Andere wieder schlüpften gewissermaßen in ihre Texte hinein und konnten sich sehr gut in den von ihnen beschriebenen Persönlichkeiten wiedererkennen“ (C. B., 1987, S. 10).

Der Anleiter kann die erkannten Ursachen kurz ansprechen und damit eine Thematisierung dieser Störung einleiten.

Gruppenstörungen entstehen auch dann, wenn die Gruppe abbröckelt oder wenn Neue in eine laufende Gruppe eintreten. Das **Abbröckeln** einer Gruppe zeigt sich nicht erst an dem verbleibenden Rest. Schon im Vorfeld gibt es z. B. Querelen um Termine, Planungsinhalte usw. Gerade das Streiten um Termine ist ein gutes Indiz für Gruppenabschmelzungen.

„Trotz der Terminverschieberei kamen nur drei Leute! Unsere Enttäuschung konnten und wollten wir nicht verbergen, obwohl es dann bekanntlich die ‚Falschen‘ trifft“ (C. B., 1987, S. 10).

Konsequente Gruppenprozessanalyse, die Führung eines Gruppentagebuches, in dem die Entwicklung der Ich-Wir-Es Balance, die Beteiligung der Teilnehmer, die Entwicklung des subjektiven Befindens des Leiters eingetragen wird, sind gute Vorbeugemaßnahmen gegen die Gruppenschmelze. Die Integration von Neuen in die Gruppe ist selten bruchlos zu lösen.

„Das sonst recht leicht fließende Gespräch zwischen den regelmäßigen Teilnehmern war durch die neu Hinzugekommenen gehemmt. M. wirkte unzufrieden und nervös. G., die sonst sehr lebhaft ist, war zurückhaltender, und auch F. wollte seinen Text nicht vorlesen, da es ihm zu „turbulent" sei. Einer der neuen Besucher teilte uns mit, dass er schon zu Hause eine Kurzgeschichte geschrieben habe, aber keine „Perle vor die Säue" werfen wolle. Wir teilten ihm mit, dass es sowieso nicht Sinn der Schreibwerkstatt sei, Texte von zu Hause mitzubringen" (A. N.-C., 1987, S. 14).

Dem Neuen fehlt die Kenntnis der Gruppengeschichte, der Textproduktion und Textarbeit. Er steht der Gruppenemotionalität meist fremd gegenüber. Erst eine vorbereitende Beratung und die Zustimmung der Gruppe eröffnen hier Integrationswege.

b) Störungen durch Einzelne

Kommen wir nun zu den **Störungen** Einzelner. Hier ist auf die Entstehung von Sündenböcken in Schreibgruppen besonders zu beachten.

Sündenböcke schafft sich jede Gruppe, die sich durch hohe Emotionalität bedroht fühlt. Die Jagd auf Sündenböcke ist ein beliebter Weg, um Selbstkritik oder Kritik am Leiter aus dem Weg zu gehen. Der Sündenbock erleidet durch die Stigmatisierung als „Sünder" einen Realitätsverlust. Die Gruppenrealität verliert für ihn an Bedeutung, und er flieht in eine Fantasiewelt, erklärt sie zur gültigen Realität und reproduziert damit meist sein eignes Kindheitsverhalten, das er entwickelt, wenn er als Kind in der Familie unter den Druck der Eltern oder der älteren Geschwister geraten war. Die Gefahr des seelischen Zusammenbruchs als Folge der Sündenbockstigmatisierung ist besonders in Schreibgruppen groß, weil in ihnen die Fantasiearbeit und die Regressionsbereitschaft des Schreibenden ein hohes Niveau an Emotionalität hervorbringt. Der Anleiter muss den Sündenbockmechanismus gut kennen und sofort intervenieren. Besonders leicht werden „Schweiger" oder „Leseverweigerer" in Schreibgruppen zu Sündenböcken gestempelt. Kein Wunder, dass z. B. Emil in den Stigmatisierungprozess der Gruppe gerät:

„Im Gruppenklima fällt mir auf, dass die Texte intensiver und tiefer werden; Emil zieht durch seine „Igelhaltung": freundlich mit verstecktem Stachel, öfter den Unmut der anderen TeilnehmerInnen auf sich, die ihn entweder mehr „herauskitzeln" wollen oder seiner freundlichen Fassade nicht trauen" (R. H., 1989, S. 14).

Der Charakter der Freiwilligkeit der Schreibgruppe führt dazu, dass Stigmatisierte meist einfach wegbleiben. Besonders schnell kommen unsichere und isolierte Personen ihrer Gruppenstigmatisierung durch Wegbleiben zuvor. Das emotionelle Klima der Schreibgruppen ist für viele labile Menschen eine zu große Belastung:

„Am dritten Abend kam dann doch noch eine Frau hinzu, die jedoch wieder wegblieb und sich nicht mehr gemeldet hat. Sie war gerade erst nach Berlin gezogen und fühlte sich unsicher in der Gruppe wie auch in dieser Stadt. Als sich einer der Teilnehmer zu ihrem Text (zum Thema Ich) äußerte, fühlte sie sich angegriffen. Aus ihren Äußerungen wurde ersichtlich, dass sie in Gruppen immer wieder das Problem hat, sich draußen zu fühlen" (A. R., 1988, S.7).

Körperlich behinderte Menschen erhalten wegen ihrer besonderen psychischen Reaktionsweise oft schnell eine Außenseiterposition. Bei Multipler Sklerose (MS) ist Stigmatisierungsgefahr schnell gegeben.

„Der positive Gesamtrahmen des Abends wurde für uns dadurch getrübt, dass ein Teilnehmer (MS) Schwierigkeiten hat, unseren Anweisungen und Erklärungen zu folgen und anderseits, bedingt durch seine Krankheit, seine eigenen Texte nur mit großer Mühe vorlesen kann (undeutliche Schrift).

Außerdem sind seine Wortbeiträge und Texte von verhältnismäßiger Euphorie geprägt, die für die anderen Teilnehmer nur schwer nachvollziehbar ist" (B.P., M.S. 1989, S. 23).

Bei besonders störenden Teilnehmern, die nicht freiwillig auf ihre Teilnahme verzichten, hat die Anleitung die Aufgabe der Einzelberatung. Die Einzelberatung zielt auf die Klärung der aktuellen Ursachen des besonderen Verhaltens und auf die Suche nach Lösungen. Dabei werden die Texte des Teilnehmers in die Beratung mit einbezogen:

„Im Anschluss an den letzten Abend bat mich ein Teilnehmer unserer Gruppe um ein Gespräch. Wir hatten mehrfach darauf hingewiesen, dass wir zu Einzelgesprächen zur Verfügung stehen, falls Fragen oder Probleme im oder außerhalb des Kurses entstehen.

Dieser Teilnehmer war gerade in einer Umbruchphase. Er hatte sich erst kürzlich aus einer langjährigen und komplizierten Beziehung gelöst. Wir hatten im Laufe der nächsten Monate im Abstand von zwei bis drei Wochen mehrere längere Gespräche. Im Zusammenhang mit der Trennung fand bei ihm auch eine Auseinandersetzung mit seinen Eltern statt. Während dieser Zeit starb sein Vater. Wir versuchten, im Gespräch über seine Aufschriebe seine aktuellen Fragen zu benennen und damit ein wenig zu klären" (U. H., 1988, S. 12 ff.).

Die Beratung kann auch eine Lösung durch Vermittlung an andere Selbsthilfegruppen anbahnen helfen:

„Die Arbeit mit der Gruppe ergab bis auf die Problemsituation eines Mannes keine erwähnenswerten Schwierigkeiten. In diesem einen Fall waren einige über den Kurs hinausgehende Gespräche nötig. Es ging darin um die sexuelle Orientierung, den Konflikt mit auftauchenden homosexuellen Tendenzen. Nach Abschluss der Gespräche und des Kurses suchte dieser Mann eine Männergruppe auf, um dort seine Probleme weiter anzugehen (A. R., 1987, S. 7 ff.).

Die Beratung kann sich aber auch auf Probleme der Didaktik und Methodik des kreativen Schreibens beziehen und nach dem Beratungsgespräch eine verbesserte Mitarbeit irritierter Teilnehmer zur Folge haben.

„Mit dem Teilnehmer, der meinen Antworttext so kritisierte, und einer weiteren Teilnehmerin hatte ich an diesem und an weiteren Abenden noch nach dem Abschluss der Gruppe lange Gespräche über Stil, über die Wirkung von Texten auf andere und über Textkritik, was bei ihm zu einer offeneren Haltung führte und zu einer größeren Bereitschaft, in Bezug aufs Schreiben von anderen zu lernen (H. M., 1990, S. 13).

2.4. Textdynamik

Im Schreiben vermittelt sich Ratio und Gefühl, Intellekt und Affekt. Freud erkannte, dass im Schreibprozess primäres Fühlen der Kindheit und sekundäres rationales Denken der Erwachsenen zusammenfallen. Im Schreibvorgang steigen Einfälle aus dem Unbewussten auf „in umgekehrt chronologischer Reihe", zuerst die Vergangenheit, die Kindheit, dann die Gegenwart, das Erwachsenensein. Im Schreibvorgang kreist das Schreiben oft „um einen pathologischen Kern" oder bewegt sich im Zickzack und auf Umwegen bis zu den tiefsten Schichten des Unbewussten und zurück zur Oberfläche" (S. Freud: Gesammelte Werke. Bd. 1, S. 292 ff.). Diese Textdynamik wirkt in Schreibgruppen auf den einzelnen beim Schreiben und auf alle beim Vorlesen der Texte. Je mehr in Texten Spuren primärer seelischer Vorgänge aus dem Unbewussten sich hervortun, umso mehr werden Gefühle der Angst und der Verschmelzungssehnsucht bei den Schreibern und später bei den Hörern geweckt. Je mehr in Texten Spuren sekundärer seelischer Vorgänge sich zeigen, umso mehr werden Affekte der Klarheit, der Ruhe und der Selbstzentrierung bei Schreibern und Hörern hervorgerufen. Die Dynamik der Schreibgruppe ist, wegen der Initiationssehnsucht, immer von der Affektdynamik der geschriebenen und vorgelesenen Texte geprägt. Die wichtigsten Erkenntnisse über die Affektdynamik, die von Texten ausgehen können, sollen im Folgenden (noch sehr vorläufig) genannt werden.

Schon bei Freud findet sich die Einsicht, dass Worte Affekte hervorrufen oder dämpfen können. „Worte waren ursprünglich Zauber, und das Wort hat noch heute viel von jener alten Zauberkraft bewahrt. Durch Worte kann ein Mensch den anderen selig machen oder zur Verzweiflung treiben... Worte rufen Affekte hervor und sind das allgemeine Mittel zur Beeinflussung der Menschen untereinander" (S. Freud zit. bei W. Muschg: Freud als Schriftsteller. München 1975, S. 11). Das Wort, führt Freud später aus, „ist ein mächtiges Instrument, es ist das Mittel, durch das wir einander unsere Gefühle kundgeben, der Weg, auf den Anderen Einfluss zu nehmen. Worte können unsagbar wehtun und fürchterliche Verletzungen zufügen" (S. Freud zit. bei W. Muschg, a. a. O., S. 12).

Besonders affektintensive Worte sind Bilder, Symbole und Metaphern. Schon Freud erkannte, dass das Unbewusste nicht direkt, sondern nur in metaphorischen Analogien, die „fortwährend verändert werden mussten, beschrieben werden konnte“ (P.J. Mahony: Der Schriftsteller Sigmund Freud. Frankfurt 1989, S. 128). Freud schöpfte seine Bilder zur Umschreibung des Unbewussten und seiner affektiven Impulse aus einem breiten Spektrum der Wissenschaften, der Literatur und der Kunst. Er gebrauchte für die Abkömmlinge des infantilen Unbewussten Bilder des Krieges, der Reise, der Archäologie, der Physik, der Geographie, um die Verhältnisse zwischen Bewusstsein und Unbewusstem greifbar zu machen. In Schreibgruppen werden die meisten Bilder und Symbole der Affekte des Unbewussten aus der Alltagssprache gewonnen. Sie sind daher meist weniger originell, aber trotzdem sehr wirksam. Wir müssen nämlich von der Grundthese der Imaginationstherapie ausgehen, „dass bestimmte Bilder zahlreiche emotionelle Probleme verursachen können“ (A. Lazarus: Innenbilder. München 1980, S. 35). Schon die antike Medizin kannte den Grundsatz der sich selbsterfüllenden Prophezeihung: „Fortes Imaginatio generat casum – d. h. eine starke Phantasie erzeugt das tatsächliche Ereignis“ (zit. n. Lazarus, a. a. O., S. 53). Bilder des Todes, der Verlassenheit, der Zerstörung, der Vergeblichkeit, des Untergangs und ihrer Entsprechung z. B. in Natursymbolen drücken nicht nur Angst und Qual aus. Sie rufen auch Depression und Regression hervor. Wenn sie in den Texten der Schreibgruppe dominieren, so tritt eine stockende, lähmende, blockierende oder eine heftig emotionelle, aggressive Stimmung auf, die dem Anleiter große Probleme machen kann.

Als Antithesen zu den regressiven Bildern stehen Bilder der Progression: Bilder des Lebens, des Glücks, des Aufbaus, der Hoffnung, des Gelingens und ihre Entsprechung in der Natur- und Tiersymbolik. Diese Bilder rufen die Affekte des Optimismus, der gehobenen Laune, der befreienden Klarheit hervor. Der Anleiter wird diese Stimmung dankbar wahrnehmen und als Zeichen der kreativen Entwicklung der Gruppe deuten.

Meist ist das Auftauchen der regressiven oder progressiven Bilder an bestimmte Themen gebunden. Es liegt nahe, dass das Thema **Herbst** gerade das Auftauchen regressiver Bilder provoziert. Wenn der Herbsttext das Bild der Vergänglichkeit noch verdoppelt, ist die deprimierende Stimmung in der Gruppe der Zuhörer oft vorgezeichnet:

„Alles ist vergänglich,
alles verfällt nach dem Gebrauch
…
Altes muss weg
und Neues her, denn
alles ist vergänglich, und
alles verfällt nach dem Gebrauch.“
(T.P., G.R. , J.R., 1988, Anhang)

Es ist also sicher, dass **Tod- und Teufel-Themen** die Schreibgruppe in stockende, quälende Stimmung versetzt. Oft schreibt sich das regressive Bild auch spontan in den Text, ohne dass das Thema es vorschreibt. Das Thema „**Wasserglas**" brachte einen Text hervor, der eine ganze Schreibgruppe in depressive Stimmung abstürzen ließ.

„Wasserglas
Steht auf dem Tisch, Tuschkasten daneben. Ich tauchte den Pinsel ins Rote, streife ab, streiche die Farbe in einer Linie aufs Papier. Dann tauche ich ein. Die Borsten berühren die Wasseroberfläche, geben Farbe ab. Ein Teppich schwimmt auf dem See. Der Pinsel taucht bis zum Grund, ich rühre ihn heftig, bis das ganze Wasser rot ist. Bevor ich mich richtig erfreue, nehme ich schwarze Farbe auf und weiß, die Mischung im Glas wird mir nicht gefallen. Aber ich kann nicht aufhören zu zerstören. Woher kommt der Sog?" (R. H., 1989, S. 8)

Das Bild des blutigen Wassers soll vernichtet werden und setzt eine aggressive Angstlust frei, die zum Vordringen in die Wassertiefe animiert. Ganz spontan werden hier, angesichts des Eindringens in das Unbewusste, Gefühle der Lust am Ertrinken und der Selbstzerstörung geweckt. Im Symbol des „Sogs" zeigt sich die Überschwemmung des Autors mit aggressiven Affekten, die ihn in die Tiefe zu ziehen drohen.

Auch Texte, die das **Selbst** („Ein empirisch erlebbares, dem Ich übergeordnetes Seelenzentrum, welches die seelischen Prozesse nach einem Gesamtplan zu steuern scheint" M.L. v. Franz: Selbst. In: M. Lurker (Hrsg.): Wörterbuch der Symbolik. Stuttgart 1985, S. 616) thematisieren, führen zu tiefen Erschütterungen. Das Selbst veranschaulicht sich in Symbolen wie Kristall, Stern, Rad, Kugel, Schloss, Blume, Baum, Kreuz, im Heros und im Halbgott. Besonders das Baumsymbol mit seinen Wurzeln im Boden, seinem Stamm in der Welt und seinen Ästen im Himmel kann sehr eindringlich Selbstdarstellungen und Selbstkonfrontationen zur Folge haben. In einer Gruppe entstanden zum Thema **Baum** u. a. zwei Texte, die wichtige Aussagen über die Schreiber vermittelten. Der erste Text lautete:

„Auf einem einsamen Acker
Auf einem einsamen Acker steht ein Baum.
Die welligen Wurzeln krallen im Moos, der
Erde tut es weh.
Der Stamm ist mächtig, kurz, dick, fest.
Er steht auf den Wurzeln.
Die (blattlosen) kahlen Äste verzweigen sich
gespenstisch in den Himmel.
Es ist Winter, leblos und eiskalt.
Gefühlskälte und Hass, gespenstisch.

Der Sensenmann wartet weiter hinten am Waldrand.
Voller Unruhe läuft er hin und her.
Er darf nicht näher kommen.
Er ist ungeduldig.
Er sieht zum Baum und würde ihn am liebsten fällen.
Aber noch darf er nicht.
Ungeduldig wartet er."
(E.R., G.T., M.B., 1990, S. 8)

Mit diesem Baumbild symbolisiert sich der Autor. Er ist einsam. Er hat zur „Mutter Erde" keinen rechten Kontakt: „Wurzel krallen im Moos, der Erde tut es weh." Die soziale Umwelt lehnt ihn ab. „Gefühlskälte und Hass, gespenstisch". In der Einsamkeit hat er Todesängste. „Der Sensenmann wartet. Würde ihn (den Baum) am liebsten fällen." Der Baumtext symbolisiert eine Lebenskrise. Kein Wunder, dass der Autor durch den eigenen Text so aufgewühlt wurde, dass er weinen musste.

Der andere Baumtext lautet:

„Baum
Es wächst, sprießt hervor, verzweigt sich,
lebt auf, grünt, strebt nach oben, sucht
nach Licht.
Es wird abgehackt, abgeschnitten, begradigt, beseitigt,
angeglichen, die Harmonie hergestellt, nach
Augenmaß ausgerichtet.
Es wächst, unaufhörlich, unmerklich, über Nacht,
wild wuchernd, sich auslebend, ungeordnet,
unschön, unvorhergesehen, unausgeglichen.
Es ruft nach der Hand des Gärtners, des Baumarchitekten,
des Holzfällers, des Landschaftspflegers.
Es wird investiert, keine Mühe gescheut.
Doch verdammt noch mal!
Es wächst und wächst und wuchert unheimlich,
bedrohlich, zerstört die Ordnung, die geharkten Wege,
das liebevoll angelegte Beet, den Ziergarten, unseren Park,
von der Wurzel bis zu den Spitzen bäumt es sich auf."
(E.R., G.T., M.B., 1990, S. 9)

Auch der 2. Autor gibt mit seinem Baumtext einen guten Einblick in die Konflikte seiner Seele, in seinem Widerspruch zwischen Trieben:

„Es wächst, sprießt…
Es wächst unaufhörlich…
Es wächst und wächst“

und den gesellschaftlichen Zwängen so wie dem eigenen Gewissen, die diese Triebe beschneiden:“

Es wird abgehackt…
Es ruft nach der Hand des Gärtners…
Es wird investiert.“

Dieser Konflikt zwischen Trieb und sozialer Ordnung droht den Autor zu zerreißen. „Von der Wurzel bis zu den Zweigspitzen bäumt es sich auf.“ Der Konflikt ist dem Ich schon entglitten. Immer ist vom Es die Rede: „Es wächst, es bäumt sich auf.“ Kein Wunder, dass auch dieser Autor in Tränen ausbrach, als er seinen Text vorlas. Sicher arbeitete bei beiden Autoren ein starker Regressionswunsch und eine starke Verdrängung. Das Protokoll vermerkt: „Zwei Teilnehmer wurden durch die eigenen verfassten Texte so aufgewühlt, dass Tränen flossen. Sie fingen sich jedoch schnell wieder“ (E.R., G.T., M.B., 1990, S. 7).

Meist sind auch **Themen aus der frühen Kindheit**, also Vater-, Mutter-, Geschwisterthemen, Geburt, kindliche Ohnmacht usw. mit dem Auftauchen regressiver Bilder beladen. Wenn ein Kindheitsgedicht aus einer Schreibgruppe anfängt: „Irgendwo weit hinter mir liegt ein Paradiesgarten… (Schreibgruppe, 7.10.86–14.12–86), so schwingt die ganze Qual der Vertreibung aus dem Paradies mit und vermittelt die Stimmung der vertriebenen Urmenschen Adam und Eva. Der Versuch, auch **vorgeburtliche Erfahrungen** schriftlich zu fixieren, versetzt den jeweiligen Schreiber oft in einen Zustand der Verwirrung, in dem die Energie des **poeta vates** das Ich überflutet. Der Text über das vorgeburtliche Sein kommt bei einem Seminarteilnehmer auch sehr bald stilistisch ins Stocken:

„Langsam entfern ich mich, langsam schwebe ich mich ab.
Das Einssein, das Gottsein, die stürzenden Wasser,
die erotische Natur innerer Welten
verblassend sind sie verschwunden.
Ich vergesse, dass ich vergesse, dass …“
(Soester Seminar 26.-28.-9.89, S. 17)

Die Thematisierung primärer Bezugspersonen ist mit hoher Erwartbarkeit Anlass zur Regression. Da gibt es stark wirkende **Muttergedichte**, die z. B. nur aus negativen Attributen bestehen, aus Zeilen wie:

„zerschnitten, geklopft, gekehrt, gewunden, aufgehängt“
(C.B., U.H., F.S., 1988, Texte).

Das Leiden an der bösen, abwesenden Mutter ist bald in der Gruppe verbreitet. Es können angstmachende Übermütter in der Gruppe erscheinen, wenn folgender Text vorgelesen wird:

„Mutter
Umarmungsschwer plattgedrückt
mutterkuchengesättigt
mit dem Handfeger Zähne putzend
netzende Übermutter
ausgewickelt
luftschnappt der Fisch
auf dem Trockenen“
(R.H., 1989, S. 30)

Es würde nicht wundern, wenn nach dem Vorlesen des Textes auch die Gruppe auf dem Trockenen nach Luft schnappt. Auch **Väter** in bedrohlicher Gestalt treten in Schreibgruppentexten auf, die das „Herz“ erschrecken:

„Umsonst meine Mühe, mein Suchbild „Vater“ auszulöschen.
Um mich vor Liebe und Hass zu schützen, baue ich Mauern auf,
und meine Seele verdunkelt sich,
wenn ich an ihn denke.
Herzsprung.“
(R.H., 1989, S. 26)

Personen mit starken Selbstzerstörungstendenzen werden durch das Schreiben von ausschließlich regressiven Texten in ihrer Angst und ihren Schuldgefühlen bestärkt. „Schließlich werden ja doch unsere Emotionen durch die Bilder unserer Vorstellung erzeugt. Traurige, ärgerliche und ängstliche Gefühle enstehen durch selbstzerstörerische Bilder“ (A. Lazarus: Innenbilder. München 1980, S. 27). Wenn Vater und Mutter als „rächende, verlassende, in Krisen nicht verlässliche Personen dargestellt werden“, dann kann die Regression bestärkt werden, und ernste Gefahren für die für Regression empfänglichen Personen können entstehen (vgl. J. Leedy: Prinzipien der Poesietherapie. In: H. Petzold, I. Orth (Hrsg.): Poesie und Therapie. Paderborn 1985, S. 244).
Allerdings entwickeln sich in Schreibgruppen auch Texte, die die regressive Dynamik auf vielfältige Weise bannen, die Kraft und Hoffnung verbreiten und die Gruppe aus regressiven Sog-Effekten befreien. Beim Thema „Glück“ schrieb ein Teilnehmer folgenden Text:

„Glück
Ich fühle mich glücklich.
Ich bin glücklich.
Oft denke ich gar nicht daran.
Dann ist das Licht in mir überschattet
von Alltagssorgen und – Gedanken.
Es ist wie mit der Sonne.
ziehen Wolken vor sie, so sehen wir sie
nicht mehr, und das Licht ist gedämpft.
Und nachts ist alles dunkel.
Und doch ist die Sonne immer da und scheint.
Die Sonne ist auch in mir,
auch wenn Wolken vor sie ziehen,
auch wenn es Nacht ist.
Die Wolken ziehen vorbei,
die Nacht vergeht,
die Sonne bleibt." (E.R., G.T., M.B., 1990, S. 12)

Dieser Text beschwört das Symbol der Sonne als uraltes, universelles Gottessymbol. Der Wechsel von Tag und Nacht bedeutet für den Betrachter der Sonne Leben und Tod, für die Sonne selbst bedeutet dieser Wechsel gar nichts. Die Sonne scheint immer. So sagt es auch der Text und beschwört die Unsterblichkeit der Seele. „Die Sonne ist auch in mir, auch wenn die inneren Wolken vor sie ziehen, auch wenn es Nacht ist … Die Sonne bleibt." In dem Text klingt der uralte Initiationsritus an, in dem der Initiant den Sonnenlauf nachahmen muss, indem er den Sonnenuntergang als Tod und den Sonnenaufgang als Wiedergeburt erlebt (vgl. M. Eliade: Das Mysterium der Wiedergeburt. Frankfurt 1988, S. 74, 90). Archetypische Bilder dieser vitalen Lebensbejahung wie Sonne, Feuer, Licht, Frühling usw. sind positive Symbole der Transzendenz. Wenn sie im Text von Schreibgruppen auftauchen, spenden sie Kraft. Sie machen Mut. So wird die Sonne auch in einem Meditationstext zum zentralen Symbol:

„Meditation II
Ich bin noch unbewusst, suche,
habe Fragen an das Leben,
wo geht es lang.
Die Sonne geht auf,
ich fühle und lebe.
Aber da ist noch etwas, das mich
aufhält, mich hinzugeben.
Es kommt immer mehr, bedrohlich,
dann löst sich alles auf,

ganz zart fließt es wieder."
(E.P., G.P., M.B., 1990, S. 211)

Hier erscheint die Sonne als Symbol Apollons, der das Bewusstsein aus dem Unbewussten befreit: „Ich bin noch unbewusst… Die Sonne geht auf, ich fühle und lebe." Die Sonne überwindet auch das „Bedrohliche", das „mich aufhält, mich hinzugeben." Die Sonne überwindet ihren eigenen Untergang. Die Folge der Symbolik des „ewigen Lichts": „Ganz zart fließt es wieder."

Neben die klare Progressionsymbolik treten **ambivalente Symbole**: Herbst, Geburt, Wasser, Berg usw. So gibt es z. B. **Herbstgedichte**, die in sich die Ambivalenz von regressiven und progressiven Gefühlen darstellen und ausbalancieren.

„Herbst
Abschied im Herbst. Das kleine Sterben für den Augenblick. Jemanden loslassen, die eigenen Wünsche loslassen, mitreisen, gute Wünsche – und doch standhalten, bei sich bleiben. Sich fallenlassen in die Kälte, etwas erstaunt das bunte Laub sehen, welch ein Feuer in all dem Sterben und merken, dass es das Bodenlose nicht gibt. Vielmehr kehre ich zurück zu den Wurzeln, die mich tragen."
(R.H., 1989, S. 8)

Gegen die Vergänglichkeit des Herbstes wird standgehalten, gegen die Negation wird die Position gesetzt. Die Lösung der Dialektik heißt: „Rückkehr zu den Wurzeln, die mich tragen." Diese Dialektik tritt oft in Herbstgedichten auf. Herbstgedichte können z. B. in der letzte Zeile aus dem Grau der Vergänglichkeitsgefühle in den Silberstreif der Hoffnung am Horizont umschlagen:

„*… Leere und Reichtum*
Dunkel und Farbe
Hoffnung." (C.B., U.H., F.S., 1988, Texte)

Die Schlusshoffnung kann auch ganz konkret sein. So heißt dann die letzte Zeile: „

Im Herbst fängt eine neue Schreibwerkstatt an, in der ich der Erkenntnis meines Gesichtes näher komme" (C.B., U.H., F.S., 1988 Texte).

Auch **Geburtsgedichte** können mit einer inneren Balance die Regression in die Schwebe bringen. Gegen die Bedrohung des Lebens in Gestalt „bärtiger roter Männer" steht das Grün des Lebens, des Baums und der Hoffnung.

„Geburtskanal
Schleuse des Lebens
von roten bärtigen Männern gaffend bestaunt
er öffnet sich auch mitten im tosenden Feuer

funkelt, glüht, glitzert
und grün kommts heraus
grün – wie das Leben
grün – wie der Baum
grün – wie die Hoffnung
von roten bärtigen Männern gaffend bestaunt."
(M.N., 1988, S. 10)

Mit Ironie wird in einem Gedicht mit dem Titel „Sturz ins **Nichts**" die Gefahr der Zerstörung gebannt. „Wie gut, dass man nach so einem Sturz ins kalte Wasser plumpst" (T.P., G.R., J.R., 1988, Anhang). Der Sturz ins Wasser macht dann auch hellwach und mobilisiert alle Lebenskräfte.

Auch mit Projektion und Abspaltung können die regressiven Gefühle im Text gebannt werden. In einem Text zum Thema „**Verloren**" beschreibt der Autor seine missliche Situation:

„*Ich fühle mich total verloren.*
Immer wenn ich mich anstrenge, funktioniert es nicht.
Dann gebe ich resigniert auf."
(T.P., G.R., J.R., 1988, Anhang)

Dann schildert der Autor aber einen Bettler, der am Rande der Gesellschaft vegetiert, spaltet seine Deklassierungsängste ab, personifiziert sie in einer ich-fremden Figur und lässt diese in der Gestalt des Bettlers die Regression ausagieren.

Auch bei der Abarbeitung von Neid und Hass, z. B. auf den Bruder, kann durch Projektion und spätere Reintegration des Hasses das Hassgefühl abgeschwächt werden. Am Schluss eines Gedichtes, nach einem Frontalangriff auf den Bruder, stehen dann die Zeilen:

„*das schreibe ich*
an meinen bruder Bernd
38 braver beamter
und ich bin mir nicht sicher
ob ich nicht auch einer bin"
(R.H., 1989, S. 16)

Solche balancierten Texte bekämpfen die Regression in Gruppen spontan. Denn für depressive Gruppen eignen sich „Gedichte, die traurig und düster klingen, die aber vor allem gegen Ende Hoffnung und Mut vermitteln" (J.J. Leedy in: H. Petzold, I. Orth, (Hrsg.), a. a. O., S. 243).

Der Anleiter hat auf die Entwicklung der Textdynamik in Gruppen mit Hilfe folgender Grafik zu achten.

Symbole der Textdynamik

Bereiche	Regressive Symbole	Progressive Symbole
1. Transzendenz	Eis, Nacht, Tod, Wasser	Sonne, Licht, Leben, Feuer
2. Selbst	Abgrund, Strudel, Explosion, Krüppel, Ruine, poeta vates	Stern, Kristall, Kreis, Rad, Schloss, Blume, Baum, Kugel, Heros, poeta dotus
3. Bezugspersonen	Böser Vater, böse Mutter, Teufel, Hexe	Guter Vater, gute Mutter, innerer Helfer
4. Gesellschaft	Diktatur, fremdes System, Wolfswelt	Haus, Stadt, Reich
5. Landschaften	Herbst, Winter, Kälte, erfrorene Pflanzen und Tiere	Frühling, Sommer, Wärme, Blumen
6. Tiere	Schlange, Tiger, Fisch, Wolf	Fuchs, Eule, Adler, Storch

Der Anleiter sollte mit der kleinsten Dosis der poetischen Homöopathie die Textdynamik in Schreibgruppen zu steuern versuchen. Dabei hat er folgende acht Techniken zur Hand:

Sich den Gefühlen stellen:
Das Normale bei starker Gefühlsdynamik in Texten ist es, sich auf das Gefühl einzulassen, also nachzufragen. Die Fragen zielen darauf ab, die Dynamik zu thematisieren und stärker bewusstzumachen und damit einer Bearbeitung zuzuführen. „Unangenehmen Gedanken, Bildern, Gefühlen und Ereignissen auszuweichen ist menschlich… Vermeiden wir es jedoch, über unsere negativen Gefühle nachzudenken oder sie durchzuarbeiten, so wird es uns nur selten gelingen, sie zu überwinden… (Durch eine Konfrontation mit den unangenehmen Bildern) sind wir in der Lage, klare Einsichten zu gewinnen und Methoden für den Umgang mit dem Missgeschick zu entwickeln“ (A. Lazarus, a.a.O., S. 24).

Die Konfrontation mit den regressiven Bildern schwächt die Energie dieser Bilder und desensibilisiert ihre Alarmreflexe im Individuum. „Mittels lebhafter Vorstellungskraft wird mit den (Angstbildern)… umgegangen, und die dazugehörigen Ängste neigen dazu, einfach wegzuschmelzen“ (A. Lazarus, a.a.O., S. 72).

Der hilfreiche Konfrontationseffekt wird durch Entspannung gesteigert. Wenn sich die Schreibgruppe die Zeit nimmt, in entspanntem Zustand und nachfolgender Verschriftlichung (nach dem autogenen Training von I.H. Schultz oder der progressiven Muskelentspannung nach E. Jakobsen) ihre negativen Vorstellungen zu verfeinern und zu schärfen, wird sie über ein nützliches Werkzeug der Verbesserung der Selbstkontrolle verfügen lernen. Denn wo Entspannung ist, kann keine Angst sein. Durch die rational emotive Bearbeitung schwächt sich die regressive Dynamik ab und verliert ihre Gefährlichkeit. Dazu ein Beispiel:

„Eine Frau konnte nach einer Fantasiereise kaum sprechen, da sie von persönlichen Problemen umwölkt war. Sie erzähte schließlich davon, zuerst sehr verworren, durch einige behutsame Fragen wurde dann aber immer klarer, worum es ging, ihr und uns. Das Gespräch schien ihr zu helfen" (E.R., G.T., 1990, S. 25).

Paradoxe Intervention

Paradox intervenieren heißt, im Negativen das Positive betonen, in negativen Texten also den Hoffnungsschimmer aufspüren. Auch die Imaginationstherapie geht davon aus, dass regressive Bilder durch progressive Bilder langsam entkräftet werden können. Der Blick in die Vergangenheit ist durch den Blick in die Zukunft zu ersetzen:

„Viele vergessen automatisch die Ereignisse, die ihrem Leben Freude bringen. Sie vergessen, wenn sie deprimiert sind, dass ihnen viele Dinge zur Verfügung stehen, die angenehm sind und Spass machen... Gefühle der Zurückweisung, des Versagens verstärken sich, wenn wir uns mit der Vergangenheit befassen... Versetzen wir uns stattdessen in die Zukunft und machen wir uns bewusst, dass wir einen großen Part in der Gestaltung dieser Zukunft spielen – dann wird sich unsere Stimmung in heitere Erwartung verwandeln. Dieses Verfahren ist im wesentlichen eine Technik des Selbstprogrammierens. Werden wir von negativen, selbstzerstörerischen und düsteren Bildern überflutet, dann schieben wir sie bewusst aus unseren Gedanken fort" (A. Lazarus, a. a. O., S. 103).

Diese Technik kann der Anleiter durch vorsichtiges paradoxes Intervenieren unterstützen und vermitteln.

Reframing:

„Beim Reframing nimmt man eine bisher ungewollte oder schmerzhafte Erfahrung oder Verhaltensweise und formuliert sie als wertvoll und potentiell nützlich um" (D. Gordon: Therapeutische Metaphern. Paderborn 1987, S. 47).

Der Teilnehmer lernt so, zu erkennen, dass auch die negativen Gefühle nützlich sind und für die weitere Entwicklung wichtige Funktionen besitzen können. Der Prozess der Entwicklung einer heilenden Metapher, die gegen die regressive Metapher eingesetzt werden kann, hat für den Anleiter folgende Struktur:

a) Informationssammlung über den Teilnehmer und seine Probleme
b) Bilden der Gegenmetapher zur regressiven Metapher, so dass die Person sich und ihre Probleme in dieser Metapher wiedererkennt und eine Lösung ihrer Probleme in der Metapher deutlich wird

c) Vermittlung der Gegenmetapher an die betroffene Person im Deutungsakt (vgl. D. Gordon, a. a. O., S. 48)

Dazu ein Beispiel: „Eine Frau schreibt einen Text über einen Berg, der vor ihr steht und der ihr die Sicht und die Perspektive verbaut, ihr jede Kraft nimmt. In der eingebrachten Gegenmetapher wird verdeutlicht, dass die Frau im Grunde ein Bergsteiger ist, die am Berg ihr Ziel und ihre Kraft und ihren Sinn finden kann“ (Soester Seminar, a. a. O.).

Weiterarbeiten:
Der Anleiter muss feststellen ob der regressive Text von einem affektiven oder einem rationalen Typ verfasst worden ist. Der affektive Typ wird dann aufgefordert, mehr rationale Texte zu schreiben, während es für den rationalen Typ wichtig ist, dass er mehr emotionale Texte schreibt. Durch diese komplementäre Erweiterung erweitert sich das Balancepotential für das schreibende Ich.

Ambivalente Bilder als Schreibthema geben:
Da, wo ein eindeutiger Affekt sich ausschreibt, kann dieser relativiert werden, indem an die Stelle des eindeutigen Affekts eine Affektmischung beschrieben wird. Bei der Herstellung der Affektmischung kann das Widerspruchscluster von G.L. Rico gut eingesetzt werden.

Regressive Einbrüche durch ausgeglichene Stilformen begrenzen:
Regression ist ein Zeichen von Unausgeglichenheit, von Aufhebung der Ich-Grenzen und der Ich-Balance. Die Arbeit an geschlossenen literarischen Stilformen hilft, die Entgrenzung der Gefühle zu begrenzen. Verdeutlichen wir diese Methode am Schreiben eines Sonetts. In einem Sonett wird in einem ersten Quartett das regressive Gefühl, im zweiten Quartett der antithetische Effekt erfasst, um im ersten Terzett die Reflektion über den Widerspruch zu entwickeln, der im zweiten Terzett in eine allgemeine Aussage mündet. Man sieht also, wie die stilistische Form die Regression bearbeitet, begrenzt und bannt. Durch die Übung bestimmter Stilformen, z. B. des Expressionismus, der Romantik, lassen sich regressive Affekte in den literarischen Symbolrahmen der Stilepochen kleiden. Durch Schreibspiele lässt sich die Regression verfremden. So half z. B. die folgende Anapher („die Wiederkehr eines Wortes am Beginn mehrerer Sätze“ G. Grümmer, a. a. O., S. 104) gegen die Todesangst:

Der Tod
Der Tod verzeiht nicht,
der Tod vergibt nicht,
der Tod liebt nicht,
der Tod denkt nur an sich,

der Tod will nur haben und sein,
der Tod will der Beste sein,
der Tod hat kein Interesse an anderen,
der Tod hält fest, was er hat,
der Tod sieht nur das Schlechte in allem,
der Tod tut nichts und will immer mehr,
der Tod dankt nie,
der Tod liebt nur sich und nicht das Schöne überall,
der Tod will Rache,
der Tod will nur für sich,
der Tod sieht nicht die Liebe, die fließen könnte von einem zum anderen
der Tod will sein Unwohlgefühl ausdrücken,
der Tod lässt seine positiven Empfindungen nicht zu,
der Tod.
(E.R., G.T., M.B. 1990, S. 49)

Jeder Stil ist zugleich ein Distanzierungsmodell. Er verschafft dem Schreiber Luft. Die Arbeit an Stilvorgaben gibt dem Schreiber einen Maßstab, ob er sich von sich wegschreibt oder ob die kognitiven Anstrengungen bei der Erfüllung der Stilvorgaben sein Ich bei der Affektbalance stärken.

„Nach meiner Erfahrung geht von der begrenzten Form ein heilsamer Sog aus" (P. Meckling: Kraftsuche: Selbstheilung mit Literatur. In: Kreatives Schreiben zwischen Literatur und Lebenshilfe. (Hrsg. Aachener Projekt kreatives Schreiben) Aachen 1989, S. 41).

Inneres mit äußerem ausgleichen:
Regressive Texte sind meist Texte über das Innere, das in Aufregung ist. Der Blick nach außen zeigt aber meist eine Statik der Realität. Für innere Unruhe ist das detaillierte Versenken und Beschreiben der Realität, der Dinge und der Umwelt ein guter Ausgleich.

Humor und Weisheit einbringen:
Der Regression kann durch Karikierung, Ironie, durch Nonsens-Reime und Witz-Texte, durch Übertreibung und durch Verfremdung ins Absurde die Spitze genommen werden. Viele Lebensweisheiten predigen die Versöhnung mit den Schwierigkeiten des Lebens durch Ironie, z. B.: „Auf jeden, der stirbt wird einer geboren" usw. Besonders in asiatischen Denksystemen erscheint der Grundwert ambivalent: Yang und Yin. Es gibt außerdem eine Tradition in der Literaturgeschichte, die sich meditativ dem Ausschreiben von Ruhesymbolen zuwendet, um dem Schreiber entsprechende Kraft zu geben. Erinnert sei nur an die Tradition des Schreibens über den Kreis als Symbol der Ruhe (vgl. G. Poulet: Metamorphosen des Kreises in der Dichtung. Berlin 1985). Magie und Schamanismus setzen gegen die Regression die magische Heilkraft der

Sprache: Worte und Mantras. (vgl. P. Meckling: „Das Spinnennetz umgibt den Kornbehälter". Bewusstseinsarbeit in der Poesietherapie. In: PTI-Info Nr. 8, S. 15–20)

Bei jeder gruppendynamischen Krise ist auf die gegenseitige Beeinflussung von Textdynamik und Gruppendynamik zu achten. Die Erforschung weiterer Hilfen gegen regressive Tendenzen in Texten und in der Gruppe und für die Balance von poeta vates- und poeta doctus-Impulsen ist eine der wichtigen Aufgaben der weiteren Arbeit im Bereich kreativen Schreibens.

3. Chancen in Schreibgruppen

Die Eröffnung von Chancen in Schreibgruppen fängt schon an, bevor die Schreibgruppe ihre Arbeit beginnt. Die Festlegung der Zielgruppen, die Findung von Trägerinstitutionen der Veranstaltung, die Vorbereitung und Nachbereitung, die Verfügung über ein breites Spektrum von Spielen und Projekten sind für den Erfolg situativer, unsteter Interventionen in Schreibgruppen ebenso wichtig wie das interne Gruppengeschehen. Beim internen Gruppengeschehen kommt es dann auf die richtige Intervention, die Etablierung von Gruppenregeln, den passenden Einsatz von Spielen und Projekten, das Durchhalten der Balance zwischen Gefühl und Ratio an. Wir werden also im Folgenden die externen und internen Möglichkeiten der Poesie**gruppen**pädagogik aufzeigen, die helfen können, die Krisen in Schreibgruppen zu bewältigen und die produktiven Kräfte in Schreibgruppen zu entfalten.

3.1. Zielgruppen und Trägerinstitutionen finden

Kreatives Schreiben kann sich heute prinzipiell an alle schreibfähigen Personen wenden, die mit Hilfe des Schreibens bestimmte persönliche Bedürfnisse befriedigen wollen. Da aber alle Absolventen der allgemeinen Schulbildung schreibfähig sind und beruflich und im schwindenen Maße persönliche, sachliche oder formale Texte schreiben, gewinnt der Zielgruppenbegriff im kreativen Schreiben erst Kontur, wenn er konkretisiert wird.

Die Zielgruppe bildet sich für den Anleiter in einem Abklärungs- und Forschungsprozess heraus. Dieser Prozess durchläuft von der Identifizierung der Zielgruppe bis zur Begegnung mit der konkreten Teilnehmergruppe folgende Stationen:

a) Klärung der subjektiven Angebotsinteressen des Anleiters
b) Analyse der objektiven Interessen der Zielgruppe
c) Entwurf eines groben Konzeptes des Kurses
d) Identifizierung eines Angebotsortes und einer Angebotszeit
e) Einwerbung von Teilnehmern aus der Zielgruppe

Der Anleiter gewinnt einen **subjektiven Zugang** zu seiner Zielgruppe, wenn er sich die Frage nach seinem Zielgruppeninteresse stellt. Er muss also fragen: Mit welcher Personengruppe möchte ich welche Themen, an welchem Ort, in welcher Zeit, zu welchem Entgeld und mit welchen Methoden und Inhalten des kreativen Schreibens erarbeiten (vgl. B. Langmaak, M. Braune-Krickau, a.a.O., S.38–48). Wenn der Anleiter nun seine subjektiven Umrisse der Zielgruppe entwickelt hat, muss er sich die **objektiven Umrisse** der Zielgruppe erarbeiten. Dabei kann er auf die Zielgruppen- und Adressatenforschung der Schreibbewegung zurückgreifen.

Zur Zielgruppe **Schüler** als Adressaten kreativen Schreibens finden sich die besten Informationen in folgenden Büchern: W. Gössmann: Theorie und Praxis des Schreibens. Düsseldorf 1987, ders.: Sätze statt Aufsätze. Düsseldorf 1976, ders.: Schülermanuskripte. Düsseldorf 1979, G. Mattenklott: Literarische Geselligkeit – Schreiben in der Schule. Stuttgart 1979.

Über die Zielgruppe **Studenten** informiert: K. Daniels, I. Mehn: Konzepte emotionellen Lernens in der Deutschdidaktik. Bonn 1988, H.A. Rau (Hrsg.): Kreatives Schreiben an Hochschulen. Tübingen 1988.

Über die Zielgruppe **Jugendliche** informiert: Bundesvereinigung kulturelle Jugendbildung (Hrsg.): Ich geb's Dir schriftlich. Junge Leute schreiben. Remscheid 1986, Shell-Studie: Jugend heute. Bonn 1981–85.

Über **Frauen** als Zielgruppe informiert: I. Hildebrandt: Warum Frauen schreiben? Freiburg 1980, Projekt kreatives Schreiben Aachen (Hrsg.): Kreatives Schreiben zwischen Literatur und Lebenshilfe. Aachen 1989, S. 77–81.

Senioren als Zielgruppe werden deutlich in: M. Mößner: Zur Theorie und Praxis von kreativen Schreibgruppen mit älteren Menschen. Berlin: FHSS 1989.

Psychisch Belastete werden dargestellt in: H. Petzold, I. Orth, (Hrsg), a. a. O., L. v. Werder: Schreiben als Therapie. München 1988.

Knackies als Zielgruppe: J. Christ: Knastsschreiber . In: Literaturmagazin 11, 1979, S. 170ff.

Aus dieser Literatur lassen sich folgende Besonderheiten der Schreibmöglichkeiten dieser Zielgruppen ermitteln:

Jugendliche haben außerhalb der Schule aufgrund ihrer Identitätsdiffusion in der Pubertät ein besonderes großes Interesse an Tagebuchschreiben und Gedichten. Thematisch lieben sie, das Milieu der Peergroup, die Liebe, die Drogensucht, das Abweichen darzustellen. Sie arbeiten in ihren Texten über die alte Generation. Ihre Schreibvorbilder gewinnen sie oft aus den Autoren der Jugendbuchliteratur, der Comic-Welt.

Frauen beginnen meist private Tagebuchaufzeichnungen, ehe sie sich Schreibgruppen zugesellen. In weiblichen Schreibgruppen dominierte lange das autobiographische Schreiben. Die Frauen suchen nach einer weiblichen Sprache und vertiefen sich in ihre Kindheit. Hier steht die Auseinandersetzung mit der Mutter im Zentrum. Sie versuchen schreibend, sich vom klassischen Frauenbild zu lösen und die Folge der Doppelbelastung als Berufstätige und Mutter zu verarbeiten. Als neue Tendenz im weiblichen Scheiben zeigt sich die Bearbeitung des Lebens weiblicher Vorbilder und Außenseiterinnen.

Senioren ziehen gerne eine schriftliche Lebensbilanz. Sie wenden sich dabei vorzüglich der „goldenen Jugendzeit" zu, aus der sie die wichtigsten Weichenstellungen für ihr Leben ableiten. Sie entwickeln im Schreiben den Wunsch, der jüngeren Generation ihre Erfahrungen mitzuteilen, besonders die Traumen von Faschismus und Krieg. Auch die Verarbeitung ihrer isolierten Gegenwart und die Auseinandersetzung mit dem Tod und mit ihren Krankheiten gewinnt im Schreiben der Alten Gewicht.

Psychisch Belastete erfahren im Schreiben die Möglichkeit, mit kleinen Texten Kontakte im Alltag auszubauen, die Alltagsroutine wieder zu gewinnen und vorsichtig die Traumen von Psychiatrieerfahrungen und Therapieschäden zu bearbeiten.

Behinderte, besonders Rollstuhlfahrer, haben mit dem Schreiben oft ein Medium der Erweiterung ihrer Lebensspielräume. Die Möglichkeiten der Fantasiereisen auf dem Papier kompensieren ihre stationäre, oft abhängige Existenz.

Suchtkranke können mit dem Schreiben der Sonderexistenz ihrer Suchtwelt Ausdruck verleihen oder ihre Kommunikationspotenz für Alltagswelten, die ihnen fremd geworden sind, stärken.

Strafgefangene haben mit dem Schreiben einen Ort des Rückzugs im Knast. In Schreibknastgruppen können sie ihre Kreativität wieder entdecken, wobei „Stellvertreterschreiben" oft über Ausdrucksbarrieren hinweghelfen kann.

Ausländer gewinnen in Schreibgruppen eine gute Möglichkeit der Aneignung des Deutschen, der Auseinandersetzung mit der doppelten Kultur und mit dem Heimweh.

Aus der Vermittlung zwischen seinen eigenen Interessen und den antizipierten Interessen der Zielgruppe kann der Anleiter ein **Grobkonzept** seines Angebots entwickeln (vgl. Kap. 3.2). Dann muss er die Fragen klären, an welchem **Ort und zu welcher Zeit** das Angebot laufen kann. Allgemein ist aus der Schreibbewegung bekannt, dass folgende Institutionen Zielgruppen mit Schreibkursen versorgen (vgl. M. Basse, E. Pfeifer (Hrsg.): Literaturwerkstätten und Literaturbüros in der Bundesrepublik. Lebach 1988, Landesverband der Volkshochschulen Niedersachsens (Hrsg.): Aus den Arbeitsplänen der Volkshochschule. Nr. 58, Literatur und Literarisches, Hannover 1987.).

Jugendliche schreiben in Schulen, Universitäten und Volkshochschulen.
Frauen schreiben im Kontext der Frauenbewegung meist in Selbsthilfegruppen, in Frauenzentren, auch in der VHS, in Kirchengemeinden und Gewerkschaftseinrichtungen.
Alte entwickeln Schreibgruppen in Altenwohnheimen, Nachbarschaftswohnheimen und in Selbsthilfegruppen.
Belastete und Behinderte schreiben in der Psychiatrie, in der Vor- und Nachsorge sowie auch in Selbsthilfegruppen.
Suchtkranke haben Schreibgruppen in Selbsthilfegruppen und Selbsthilfeorganisationen.
Strafgefangene schreiben im Knast, nach der Entlassung in Selbsthilfeorganisationen.
Ausländer schreiben in Selbsthilfegruppen und in interkulturellen Beratungszentren.

Einige Institutionen betrachten Schreibwerkstätten schon als Standardangebot, wie z. B. Hochschulen, Einrichtungen der Erwachsenenbildung und solche der Kultur- und Sozialarbeit: Nachbarschaftsheime, soziokulturelle Zentren und Selbsthilfegruppen. Eine Umfrage an **Hochschulen** ergab, dass 1986 an 38 Hochschulen der BRD, zum Teil seit 10 Jahren und länger, Schreibseminare angeboten werden. „Die meisten Teilnehmer studieren im Hauptfach Germanistik bzw. Didaktik des Faches Deutsch (81 %)" (H.R. Rau (Hrsg.): Kreatives Schreiben an Hochschulen. Tübingen 1988, S. 5). Diese Schreibseminare haben einen besonderen Charakter: Sie sind zwanglos, subjekt-orientiert und kooperativ. Sie werden von vielen Teilnehmern zur Identitätsfindung benutzt.

Über die **Volkshochschulen** des Landes Niedersachsen heißt es:

„An den niedersächsischen Volkshochschulen gehören Schreib- und Literaturwerkstätten mittlerweile zum Standardangebot. Oft ist schon zu beobachten, dass deren Erfahrungen in anderen Bildungsbereichen genutzt werden. So hat sich offenbar ein bestimmtes Repertoire an Verfahrensweisen herausgebildet: Es gibt nurmehr vereinzelt Werkstätten, in denen es an erster Stelle um die bloße Diskussion von „Schubladentexten" oder die therapeutische Funktion des Schreibens („Schreiben befreit") geht. Häufig wiederkehrende Elemente sind dagegen:

- -Schreib- und Sprachspiele, mit denen kreative Techniken ver-mittelt werden sollen,
- Interpretationen von anerkannten, beispielhaften literarischen Texten und

– Einführungen in literaturwissenschaftliche Begriffe und Theorien."
(H.G. Bulla: Auf der Loccumer Tagung 17.-19.11.89)

Auch aus der **Frauenbewegung** sind Schreibwerkstätten nicht mehr wegzudenken. Sie gehören zur Routinepraxis der weiblichen Emanzipation:

„Die Zeit des Aufbruchs ist vorbei. Die Frauenbewegung hat sich in verschiedene Stömungen aufgefächert und institutionalisiert. Frauenbelange, also auch die „schreibender Frauen", sind z. T. öffentlichförderungswürdig. (Beantrage ich den Zuschuss beim Senat für eine Frauenschreibgruppe, dann wird das „Frauen" behandelt wie eine sozialen Randgruppe unter vielen: Gefangene, psychisch Kranke, etc. ..)" (R. Neumann auf der Loccumer Tagung 17.–19.11.89).

Andere Institutionen haben noch Schwierigkeiten, kreatives Schreiben anzubieten, z. B. die **Schule**:

„Der durchschnittliche Deutschlehrer ist nicht ‚schreibbewegt', ist kein gewohnheitsmäßiger Teilnehmer von Workshops zum kreativen Schreiben. Er ist durch Studium und Ausbildung vor allem auf ‚Interpretation' von literarischen Texten gerichtet. Dabei bedeutet das für ihn meist ‚werkimmanente Interpretation',

– weil er es in den sechziger Jahren oder später so und nicht besser gelernt hat,
– weil im Schulalltag und durch die unmittelbaren unterrichtlichen Bedürfnisse die weit vielfältigere Praxis der Textverarbeitung und auch der Interpretation an den Hochschulen sich bei ihm darauf reduziert hat,
– weil die Kultusbehörden es so verordnet haben" (G. Waldmann auf der Loccumer Tagung 17.–19.11.89).

Allerdings wächst in der Schule die Zahl der Lehrer, die in Sekundarstufe I und II an die Stelle des gebundenen Gesinnungsaufsatzes das kreative Schreiben setzen wollen. Das hat sich auch schon in den Rahmenrichtlinien Deutsch in Hessen, Bremen und Berlin niedergeschlagen.

„Die theoretischen und praktischen Voraussetzungen für eine kreative Anreicherung des Aufsatzunterrichts (Pielow) haben sich in der Didaktik der letzten beiden Jahrzehnte so günstig entwickelt, dass Lehrerinnen und Lehrer, die diesen anderen Aufsatzunterricht machen wollen, längst nicht mehr auf sich alleine angewiesen sind und auf viele Anregungen in der didaktischen Literatur zurückgreifen können" (V. Merkelbach auf der Loccumer Tagung 17.–19.11.89).

Die Schule ist aber für das kreative Schreiben noch nicht gewonnen. Die Gegner des kreativen Schreibens in der Schule sitzen besonders in der Ministerialbürokratie. Ihre Hauptthesen gegen das kreative Schreiben in der Schule lauten:

1. Kreatives Schreiben fördert zuviel Subjektivität
   - Die Betonung von Subjektivität im Unterricht (durch entsprechende Materialien, z. B. Alltagslyrik, Texte von Schülern) oder entsprechende Arbeitsformen (z. B. freies Schreiben) hat Folgeprobleme zu bedenken. Solche sind:
   - Pseudo-Kognition (beim „Erkennen" subjektiver Kommunikationsdefizite)
   - Pseudo-Emotionalität (beim Beurteilen der „Wichtigkeit" von Themen)
   - Pseudo-Engagement (bei der emotional und moralisch vorgegebenen Wertung)
2. Zuviel Subjektivität verhindert ästhetische Förderung.
3. Die Versprechungen der Didaktiker des kreativen Schreibens nach emanzipatorischer Schülerförderung sind empirisch noch nicht „bewiesen".
4. Die Konzepte des kreativen Schreibens sind weitgehend ideologisch. „Sie stecken Rahmen ab, besitzen aber keine inhaltliche Präzision."

(K. Fingerhut auf der Loccumer Tagung 17.-19.11.89)

Sicherlich ist der Anleiter des kreativen Schreibens gut beraten, seine Angebote in **außerschulischen Institutionen** zu entwickeln. Der Anleiter wird also in seiner gewählten Anbieterregion eine für seine Zielgruppe geeignete Institution herausfinden, sein Angebot dort unterbringen und mit einer gezielten Werbung seine Teilnehmergruppe zusammenrufen (vgl. G. Schalck, B. Rolfes: Schreiben befreit. Bonn 1986, S. 29–35). Der etwas schwierige Prozess der Entwicklung der Teilgruppenidee zur Teilnehmerrunde lohnt sich aus folgenden Gründen:

a) Der Anleiter kann sich ein Bild von den zukünftigen Teilnehmern seines Schreibkurses machen.
b) Er weiß damit schon etwas über die Lese- und Schreibkultur seiner Teilnehmergruppe.
c) Er kann dieses Wissen bei der Werbung der Teilnehmer nutzen und bei der Findung einer Trägerinstitution seiner Veranstaltung anwenden.
d) Auch für eine grobe, antizipatorische Planung seines Angebots ist Zielgruppenwissen wichtig. Es stellt sicher, dass er nicht an seiner Zielgruppe vorbeiplant.

Über die verschlungenen Wege zu der Teilnehmergruppe gibt es mehrere Berichte, in denen wir zwei Suchtypen nach einer Teilnehmergruppe herausfiltern können.

1. Typ: Der kurze Weg der Fortsetzung eines früheren Angebots
„Die Praxisstelle in der Martha-Gemeinde bekamen wir schnell. Wir schickten unser Konzept dort hin und wurden später eingeladen in eine Teamsitzung, um uns vorzustellen. Im Frauencafé der Martha-Gemeinde existierte früher schon einmal eine Schreibgruppe, mit der gute Erfahrungen gemacht wurden. Von einer neuen Schreibgruppe im Café waren alle ganz angetan.

Die Werbung für die Schreibgruppe übernahmen wir. Neben einem kleinen Werbetext, der im Programmheft des Frauen-Cafés erschien, machten wir Anzeigen in der TAZ und Zitty, hingen Plakate auf und gaben unser Vorhaben an Freunde und Bekannte weiter. Mit Kursbeginn hatten sich zwölf Frauen angemeldet“ (C.B., 1988, S. 2).

2. Typ: Der lange Weg durch die Institutionen
„Die Suche nach Teilnehmern begann bereits im Januar 1985. Als ich in meinem Bekannten- und Freundeskreis über den Schreibkurs berichtete, erklärten sich spontan mehrere Leute bereit, mitzumachen, so dass ich im Nu ca. 10 Personen zusammenhatte. Mit S., die mit mir zusammen den Kursus durchführen wollte, besprach ich die Teilnehmerliste; sie wollte in ihrem Bekanntenkreis auch noch einmal nach Interessenten fragen. Überlegungen, an andere Teilnehmer, evtl. auch bereits bestehende Gruppen heranzutreten, wurden auch angestellt. So erschien uns eine Kursuswerbung in einer Bücherei, einer Kirchengemeinde oder in einem JFH überlegenswert.

In meiner Kirchengemeinde besteht z. B.ein Literaturkreis, geleitet von einer Gemeindeschwester, die mich zu einem der monatlichen Treffen einlud, als ich ihr mein Anliegen vortrug. Der Literaturkreis bestand aus acht alten Damen, die bei Kaffee und Kuchen einem Reisebericht lauschten, den Schwester Rosemarie vorlas. Der Gedanke, hier einen Schreib-Kursus durchzuführen, erschien mir etwas abwegig, so dass ich noch nicht einmal über mein Vorhaben sprach.

Eine andere Möglichkeit, einen Kursus in einem JFH anzubieten, wurde zwar durch die Amtsleiterin im Rathaus Friedenau mit Begeisterung aufgenommen, die Leiter des JFH fanden die Idee weniger gut. Ihre Ablehnung begründeten sich mit mangelndem Interesse der Jugendlichen für Literatur, keine Räume, um einen Kursus abhalten zu können und verwiesen auf die Hektik und Lautstärke, die in den Häusern herrsche. Da ich die Argumente per Telefon durch die Amtsleitung übermittelt bekam, nahm ich sie als gegeben hin und hatte wenig Lust, mich auf weitere Diskussionen einzulassen.

So bleib es bei der alten Teilnehmerliste“ (S.J., 1985, S. 11).

Bei der Suche von Trägern ist es wichtig, darauf zu achten, dass der Träger nicht das Angebot so manipuliert, dass die eigenen Fähigkeiten und Interessen auf der Strecke bleiben. So geschah es bei einem Angebot in der Berliner Buchhandlung „Rauchzeichen“. Dort wurde dann aus einem kreativen Schreibkurs plötzlich ein Schreibtherapiekurs:

„Nachdem wir uns schon diverse Institutionen (z. B. Stadtbüchereien, Alten-, Jugendheime etc.) für eine Schreibwerkstatt überlegt und teiweise auch Kontakte geknüpft hatten, bekamen wir von unserer Praxisanleitung u. a. das „Rauchzeichen" genannt, das an der Durchführung eines solchen Kurses in seinen Räumen interessiert wäre. Das „Rauchzeichen" ist eine Buchhandlung, die ausschließlich Bücher von Kleinst- und Selbstverlangen vertreibt und darüber hinaus auf verschiedene Arten versucht, das literarische Leben im Stadtteil zu fördern. Es werden häufig Lesungen veranstaltet und auf Gruppenabenden auch Texte produziert. Außerdem gibt es regelmäßig Gruppentreffen, z. B. für Alleinerziehende, zum Hören, Schreiben, Diskutieren etc.

Das „Rauchzeichen" stellte uns für einen Abend in der Woche unentgeltlich einen Raum zur Verfügung. Außerdem übernahm es die Werbung in den Stadtzeitungen. Dort erschien dann eine Anzeige mit dem Text vom „Rauchzeichen": Schreiben zur Selbsterfahrung als Therapie für alle Interessenten". Wir selbst hatten in unserer Werbung (wir entwarfen einen Text, den wir dann auf Plakaten und Handzetteln in den Hausfluren, Kneipen und Läden des Viertels aushängten) das Wort Therapie mit Absicht vermieden, denn wir wollten die Erwartungen der Teilnehmer nicht zu hoch schrauben und nicht als kleine, allwissende Gurus auftreten. Um unseren Kurs als Therapie anzubieten und durchzuführen, fühlten wir uns nicht befähigt. Es zeigte sich dann allerdings, dass die meisten Teinehmer aufgrund der Zeitungsannoncen, also wegen des therapeutischen Anstrichs erschienen" (G.K., 1985, S. 8 ff.).

Bei der **Werbung** hat sich gezeigt, dass Poster wenig bringen, Mundpropaganda in der Zielgruppenszene am wichtigsten ist und Annoncen und Aushänge im Szenebereich (Kneipen, Treffs, Nachbarschaftszentren) die Werbung abrunden können;

„Wir gestalten ein Poster, das wir in ca. 20 verschiedenen Cafés und Kneipen aufhingen, inserierten in der TAZ und in der ZITTY und, die effektivste Werbung, erzählten Freundinnen und Bekannten von unserem Vorhaben.

Kreatives Schreiben für Frauen mit Interesse, eigene Texte und Gedichte zu Papier und zu Gehör zu bringen. Beginn Freitag 16.10.87, 18 Uhr.
Weitere Infos: Christel 618 19 34, Martina 216 37 37, Marion 784 63 32

Die Voranmeldung belief sich dann auf zwölf Frauen. (Aufgrund der Information im Café-Blatt kamen zwei Frauen, einige durch die TAZ-Annonce, keine wurde durch die Poster inspiriert)" (M.N., 1988, S. 3).

In der Ankündigung des Schreibseminars fließen dann alle Vorplanungen für eine Schreibgruppe zusammen: die Zielgruppe, Datum, Ort, Inhalt, Gruppenbegleitung, Supervision und die Forderung der Institution. Hier ein Beispiel aus einem Schreibgruppenangebot bei SEKIS, dem Berliner Zentrum der Selbsthilfegruppenarbeit:

„Auf den Spuren der Poesie – Kreatives Schreiben und Selbsterfahrung“
Zielgruppe: Mitglieder von Selbsthilfegruppen; interessierte Männer und Frauen.
Teilnahmebegrenzung auf 15 Personen
Datum/Ort: ab Dienstag, den 7. Oktober 1986, 19.30 Uhr (12 Abende)
SEKIS, Raum: Sitzungssaal
Inhalt: Kreatives Schreiben wird als Medium der Selbsterfahrung geübt. Jede/r Teilnehmer/in wird in 12 Sitzungen mit eigenen und fremden Texten die Möglichkeit haben, unbewusste und unbekannte Seiten ihrer/seiner Person zu erforschen und eigene produktive Potentiale zu entdecken und entwickeln.
Mit Hilfe freier Assoziation und Imagination entstehen Texte aus dem Themenkreis der „heilenden Biographie“.
Am Ende des Kurses ist eine öffentliche Lesung und die Erstellung einer Broschüre geplant.
Nähere Informationen und Materialien gibt es am ersten Abend.
Schriftliche Anmeldung an SEKIS
Gruppenbegleitung: Studentinnen des Hauptstudiums im Projekt „Kreatives Schreiben“ an der ASFH Berlin (Alice Solomon Fachhochschule)
Verantwortlich: Prof. Dr. Lutz von Werder, ASFH
Ansprechperson bei SEKIS: Renate Baum

Wichtige Unterschiede in der Werbung von Zielgruppen lassen sich auch aus folgenden Anzeigen erkennen. Bei der Zielgruppe **Frauen** wird das Schreiben als Hilfe zur Emanzipation von der weiblichen Alltagsrolle präsentiert:

Schreiben befreit!?
Schreibwerkstatt für Frauen
- Schreiben, um etwas loszuwerden
- Schreiben, um etwas festzuhalten
- Warum schreiben Frauen?

In diesem Kurs wollen Frauen die Möglichkeit bieten, sich auf einer anderen Art mit ihrer Situation in dieser Gesellschaft zu beschäftigen: Mit Hilfe von Schreibspielen unterschiedlicher Art werden eigene Texte entwickelt. Dabei geht es uns nicht um stilistisch ausgefeilte Schreibfähigkeiten, sondern um die direkte Umsetzung unserer Alltags-Erfahrungen und Meinungen. Schreiben, um für andere sichtbar und hörbar zu machen, was häufig als banal und unwichtig in unseren Köpfen bleibt oder in der Schublade landet.

Uns ist bewusst, dass es speziell Frauen schwerfällt, einen Schritt in einen solchen Kurs zu wagen. Deshalb wünschen wir uns, gemeinsam mutiger zu werden.
Mo., 19.00–21.15 Uhr
Beginn: 26. Januar 1987
Johannes-Rabeler-Schule
Bei der St. Johannis-Kirche, Raum 10
15 x 3 Unterrichtsstunden
VHS Lüneburg

Die Zielgruppe Senioren wird mit dem Apell an Erinnerungsarbeit und der Erneuerung des Ausdrucks durch stimmiges Schreiben angesprochen:

Schreibwerkstatt für ältere Mitbürger
Wer schreiben will, muss staunen können, von sich erzählen wollen, neugierig sein, muss plappern können, sich erinnern mögen, einfallsreich sein, muss Empfinden spürbar machen können, sollte lieber träumen als reimen und bereit sein, mitteilbar zu machen, was es loszuwerden gilt. Die „Schreibwerkstatt für älter Mitbürger" ist ein offener Kreis für Menschen, denen „Schreibe" Freude macht und somit auch jederzeit für weitere Interessierte offen. Die Schreibwerkstatt entstand im September 1985 aus den Kurzgeschichtenwettbewerben. Ziel ist es, Schritt für Schritt Gedächtnis und Einbildungskraft schreibend zu erforschen und Texte zu formen, deren Worte wirklich stimmen.
Leitung: N.N., mittwochs, 15.00–17.00 Uhr. Termine auf Anfrage in der VHS, VHS-Vortragsraum II, Bahnhofstr. 18, gebührenfrei.
Deister-VHS

Nicht in jedem Fall ist allerdings Zielgruppenarbeit nötig. Besonders in kleinen Städten sollten alle Interessierten ohne besondere Eingrenzungen angesprochen werden, weil sonst der Kurs an Teilnehmermangel scheitern könnte. Bei einem breiten Publikum jedoch muss das Angebot auch sehr breit sein. Es kann angesichts konkreter Teilnehmer dann aber eine konkrete Planung von Fall zu Fall stattfinden. Die folgende Anzeige ist ein gutes Beispiel für ein Angebot, das einem alles verspricht: Textproduktion – Textkritik – textliche Selbsterfahrung – Textvortrag. Der Köder liegt hier bei dem Versprechen, dass junge Autoren eigene Texte in der Gruppe veröffentlichen können. Wer wollte das nicht.

Schreiben kann jeder
Schreib- und Literaturwerkstatt
An zwei abwechslungsreichen Wochenenden sollen die Kursteilnehmer Einblick erhalten in die Produktionsweisen von Textsorten: vom Tagebuch, über den stilistisch pfiffigen Brief bis hin zu Gedichten, Kurzgeschichten und Romanen. Die beiden Wochenenden sollen helfen, liegengebliebene Schubladengedichte aufzuarbeiten, Mut zu entwickeln, eigene Texte im behutsamen Gesprächskreis vorzustellen.
Die Schreib- und Literaturwerkstatt ist ein Arbeitskreis für junge Autoren jeden Alters. Angesprochen sind Autoren, die Lust haben
- über eigene Texte zu sprechen
- über Literatur und Textproduktion zu debattieren
- handwerkliche Kniffe zu erlernen, um Texte lebendiger und wirksamer gestalten zu können
- kreativ neue Texte zu erarbeiten
- mit Sprache zu spielen und zu experimentieren
- der Sprache hinter die Kulissen zu schauen
- sich durch „eigene Schreibe" besser kennenzulernen
- ihre Wahrnehmungen authentisch mit wachsendem Sprachvermögen zu schärfen
- zu lernen, ihre Textprodukte lebendig vortragen zu können

Schriftliche Anmeldung erforderlich.
Höchstteilnehmerzahl: 16
Klaus-Thomas Schnittiger
Freitag, 6.2.1987 und 20.3.1987, jeweils 18 bis 22 Uhr,
Samstag, 7.2.1987 und 21.3.1987, jeweils 14 bis 22 Uhr,
Sonntag, 8.2.1987 und 22.3.1987, jeweils 9 bis 13 Uhr.
Kreativhaus der VHS, Morsstiege 37, Raum 5
72,- DM (40 Ustd.)
VHS Nordhorn f.d.
Landkreis Grafschaft Bentheim

3.2. Veranstaltungsplanung entwickeln

„Wer für Lehrplanung in der Erwachsenenbildung eintritt, muss mit dem traditionellen Einwand rechnen, dass ihr Wert gerade in der Improvisationsfähigkeit zu sehen ist" (H. Tietgens, J. Weinberg: Erwachsene im Feld des Lehrens und Lernens. Braunschweig 1971, S. 200). Die Erwachsenenbildung hat sich aber nicht auf den Fetisch der totalen Verplanung festlegen lassen. Sie hat von 1970–1990 besonders den Wert von Planungsbausteinen herausgearbeitet, mit denen flexibel auf die Nachfrage der Teilnehmer geantwortet werden kann (H. Tietges: Einleitung in die Erwachsenenbildung. Darmstadt 1979,

S. 137). Diese Position kann die Poesiegruppenpädagogik übernehmen und sich im Folgenden auf die Darstellung der wichtigsten Planungsbausteine von Schreibgruppenveranstaltungen konzentrieren.

> Diese Planungsbausteine heißen: Veranstaltungswahl, Themenwahl, Themenstruktur, Planung der einzelnen Sitzungen, der erste Abend, Elemente der rollenden Planung.

Aus der Zielgruppenforschung und Teilnehmeridentifikation (Kap. 3.1) muss genug Informationen gewonnen worden sein, wenn nun weitere Entscheidungen zu treffen sind, z. B. die der **Art der Veranstaltung**. Schreibgruppen gibt es als einmaliges Schnuppertreffen, als kurzen, mittleren oder langen Kurs, als Block-, Wochenend- oder Wochenseminar, als mehrjähriges Lehr- und Forschungsprojekt. Als verbreitetste Angebotsform kann der mittellange Schreibkurs gelten, der an Universitäten, an Volkshochschulen, bei vielen kulturellen Trägern etwa zwölf Abendsitzungen (mit einer Sitzung pro Woche) umfasst. Die Ergänzung eines derartigen Kurses durch ein gemeinsames Wochenendseminar, an dem dann die Texte die Form einer Broschüre annehmen können, hat sich bewährt. Lange Kurse, Blöcke und Lehrprojekte stellen hohe Anforderungen an den Leiter und sollten nur von ausgebildeten Kräften versucht werden.

Themenwahl: Bei der Wahl des Themas des Kurses und der Themen der einzelnen Sitzungen ist große Sorgfalt, Erfahrung und Flexibilität von Nöten. Das Thema entscheidet mit über die Tiefe der Regression und setzt auch die Möglichkeiten der Progression fest. Die Themen müssen von Sitzung zu Sitzung einen gewissen Zusammenhang eröffnen und zugleich Übergänge ermöglichen. Sie müssen die Balance zwischen problematischen und positiven Erfahrungen sichern helfen.

„Nach unseren eigenen Erfahrungen wirkte eine Schreibübung um so nachdrücklicher, je direkter die vorgebenen Themen auf die eigene Vergangenheit bzw. menschliche Existenzfragen Bezug nahmen. Da wir auf jeden Fall vermeiden wollten, dass Teilnehmer durch die Schreibgruppe in ernsthafte Krisen geraten, haben wir auf die Themenauswahl sehr viel Sorgfalt verwandt. Den Teilnehmern sollte ein Zugang zu ihren Gefühlen eröffnet werden. So haben wir uns in der Planung einerseits auf die Themen beschränkt, die ein positives Gefühlserleben ansprechen sollten, andererseits haben wir Themen in unseren Katalog aufgenommen, die Alltagsprobleme behandeln, um hiermit eine kritische Selbstbeobachtung zu ermöglichen. Ein weiterer Aspekt bei der Themenauswahl war unser Bemühen, von Abend zu Abend einen inhaltlichen Übergang zu schaffen und eine Balance zwischen problematischen und eher lebensbejahenden Themen zu finden" (T.P., G.R., J.R., 1988, S. 9).

Allerdings lässt sich das Unbewusste, das beim Schreiben eine große Rolle spielt, nicht verplanen. Auch der Versuch, kritische Themen auszuschließen, kann scheitern, wenn kritische Themen von sich aus zur Darstellung kommen wollen. So scheiterte der Versuch, das brisante Thema Mann/Frau durch das unverfänglichere Thema Hell/Dunkel zu ersetzen:

„Auch jetzt wurde wieder deutlich, dass das Kernwort nur bedingt den Text beeinflusst. Auch mit verändertem Kernwort können Problempunkte im Text auftauchen.

Beispiel: Eine Kursteilnehmerin wollte nicht das Kernwort ‚Mann/Frau' nehmen, da sie darin nicht den Widerspruch sah, der nach unserer Erklärung in diesem Cluster steckte. Sie begründete es damit, dass für sie die Geschlechterproblematik geklärt sei. „Sie habe damit keine Probleme". Nach kurzer Diskussion einigten wir uns auf das Kernwort ‚Hell/Dunkel', und jede schrieb ihren Text. Beim Vorlesen stellte sich heraus, dass in dem neuen Kernwort ebenfalls die Geschlechterproblematik enthalten ist. Die meisten Texte bezogen sich auf den Gegensatz von Mann/Frau" (S.S., 1988, S. 9).

Themenstruktur: Die Reihe der einzelnen Themen sollte sich auf das Kursthema beziehen, gewisse Abwechslung und Vielfalt ermöglichen, auf heterogene Interessen ausgerichtet sein und den erwartbaren Krisen im Schreibprozess und in den Schreibgruppen mit einem breiten Spielraum von produktiven Chancen begegnen. Am Anfang muss Raum für das Aufwärmen bestehen, am Schluss muss Platz sein für den Abschied. Dabei ist zwischen einer offenen und einer mehr geschlossenen Themenstruktur zu unterschieden. Die **offene Themenstruktur** gliedert sich von den kleinsten Schreibspieleinheiten her:

„Wir haben eine lange Liste von Schreibübungen und -spielen erstellt und selbst durchprobiert, aber keinen detaillierten Plan gemacht, was wir an welchem Abend anbieten. Dadurch hatten wir die Möglichkeit, flexibel auf die Bedürfnisse der Teilnehmer und auf die gruppendynamischen Prozesse einzugehen" (H.M., 1990, S. 4).

Folgendes Angebot zielt auf Variabilität:

„Ich legte mir eine lange Liste mit geeigneten Schreibspielen zurecht, wollte aber in der Gestaltung der einzelnen Termine flexibel bleiben" (H.M., 1990, S. 23).

Die mehr **geschlossene Themenstruktur** wird als Kurs entwickelt und durch die Schwerpunkte des Themas bestimmt, dem sich alle kleineren Einheiten dann unterordnen müssen. Jedes Thema hat im Rahmen eines Kurses eine spezifische Binnenstruktur. Dafür nun einige Beispiele:

Der Kurs **Alltags- und Lebensprobleme** beginnt mit dem Thema: Herbst und Vergänglichkeit und knüpft damit an jahreszeitliche Erfahrungen an. Er präsentiert dann kontrapunktisch die Themen Wünsche und Freude. Weihnachten wird aus Saisongründen nicht ausgelassen. Nach dem Fest lag der Schwerpunkt des Schreibens nicht mehr auf einem Alltagsthema, sondern es folgten fünf stilistische Übungen zum Thema: Nichts, ein Satz, Schreiben nach Musik, Beschreibung verschiedener Räume. Am Schluss nahmen dann zwei Sitzungen wieder Bezug auf Lebensprobleme: Lebensmärchen und „Abschied" waren die Themen (vgl. T.P., G.R., J.R., 1988, S. 12).

Der Kurs **autobiographisches Schreiben** gliederte sich nach der Logik der Selbsterkenntnis. Er begann nach einer Aufwärmsitzung mit dem Thema Kindheit, Ich, Ich und die Anderen, thematisierte dann das vorherrschende Gefühl der Selbsterfahrung: „Fremdheit", bot anschließend die wichtigsten Aspekte geschlechtsspezifischer Sozialisation mit den Themen: Vater, Mutter, Mann/Frau an und berührte die Gruppenselbsterfahrung mit dem Thema „Gruppenreise". Auch dieser Kurs schloss mit dem Thema „Abschied" (R.H., 1989, S. 1 ff.).

Kurse zum Thema **„kreatives Schreiben"** bieten zumeist eine bunte Mischung von Schreibspielen, Stilübungen, Versatzstücken aus Schreibprojekten. Derartige Kurse beginnen mit Schreibspielen zur Selbstdarstellung, führen die Clusterbildung vor, die Collage, das Sonett, das Märchen, den Krimi, das Schreiben nach Tarot und das Schreiben nach Musik (B.D., M.S., 1989).

Kurse zum Thema **kreative Medien** verbinden das Schreiben mit der Arbeit in anderen Medien. Am Anfang steht z. B. ein Selbstportrait in Kritzelzeichnungsmanier. Bei der Collage können Worte und originale Stadtgeräusche benutzt werden. Kindheit lässt sich nach eigenen Kindheitsbildern erarbeiten. Mit der Polaroidkamera sind neue Selbst- und Fremdportraits möglich, die zum Texten anregen. Mit Plastik lässt sich ein Selbstbildnis formen. Mit Farben wird eine Entscheidungssituation bildlich realisiert. Das Thema Mann und Frau ermöglicht das Basteln und das Spielen mit entsprechenden Puppen (C.D., 1988, S. 35).

Lyrische Stilkurse z. B. orientieren sich thematisch an den Hauptthemen der Stilepochen. Sie brauchen Platz für die Entfaltung der Stilelemente. Der Expressionismus kennt dann Themen wie: Nachtcafé, Verstädterung, Neurose, Weltende, neue Liebe, neuer Mensch, der neue Dichter (A. C.-N., 1987)

Es zeigt sich, dass die Themenstruktur sehr variabel sein sollte. Sie darf systematisch, assoziativ, praktisch, kulinarisch, lustig, aber niemals langweilig oder pedantisch sein.

Planung der einzelnen Sitzungen: Jede einzelne Sitzung hat eine Struktur, die durch das Medium Schreiben bestimmt wird. In jeder Sitzung wird geschrieben und Textdiskussion betrieben. Allerdings können zu diesen beiden Phasen der Sitzung noch andere Abschnitte kommen. Am Anfang jeder Sitzung ist es gut, ruhig zu werden. Entspannungsmusik, ein Blitzlicht, etwas Meditation kann am Anfang stehen. Angesichts vieler Schreibblöcke ist eine genaue Schreibstimulation wichtig. Als Stimuli werden oft Bilder, Musik, Texte, Fragen, Erinnerungen, Träume, Kernworte oder freie Themenwahl benutzt. Auch die Vermittlung knapper Angaben zur Schreibtechnik kann sich anschließen. Dann kommt das Schreiben, die Textüberarbeitung, das Vorlesen und Diskutieren des Textes bzw. der Texte. Wichtig für die Schlussabschnitte ist die Einsicht, dass nun die Texte auf die Autoren wie die Zuhörer wirken. Die Texte setzen Erinnerungen frei, klären undeutliche Gefühle, ermöglichen Begründungen für diese Gefühle und eröffnen Einblicke in Lebenszusammenhänge. Jede Sitzung erarbeitet einen kleinen Baustein für die Selbsterkenntnis. Jede Sitzung vermittelt zugleich das Erlebnis, von anderen verstanden, akzeptiert oder kritisiert zu werden. Für die zweite Hälfte jeder Sitzung, in der Ratio und Gefühl sich vertieft vermitteln sollen, sind die Anleiter und die Gruppe besonders gefordert.

„Nicht zuletzt erleben die Teilnehmer, dass ihre spontan geäußerten Worte, sei es im Text oder in der anschließenden Besprechung bei den anderen und bei sich selbst Gefühle auslösen, von den anderen akzeptiert und verstanden zu werden" (T.P., G.R., J.R., 1988, S. 4).

Es ist gut, wenn für jede Sitzung wenigstens ein Kurzprogramm entworfen wird, das die Reihenfolge der Kursabschnitte und die genaue Zeitplanung enthält. Ein Beispiel für eine Doppel-Sitzung findet sich auf Seite 420.

Der erste Abend: In der ersten Sitzung entscheidet sich viel. Der Raum sollte hergerichtet sein (Blumen, Kerzen, Schreibutensilien, Stimuli usw.). Die Anleiter sollten sich vorstellen und kurz prägnant das kreative Schreiben und den Themenplan erläutern. Wichtig für die weitere Planung ist die Selbstdarstellung der Teilnehmer. Dazu ein Beispiel:

„Kurz nach 18 Uhr waren zwölf Teilnehmerinnen anwesend. Nach unserer Vorstellung baten wir die Frauen, zu erzählen, warum und mit welchen Vorstellungen sie hergekommen seien.

- Eine Frau schreibt viel, möchte neue Methoden lernen und aus ihrem Schreiben vielleicht einen Beruf zu machen.
- Eine Frau ist auf Grammatik fixiert, schreibt jede Postkarte noch mal ins Reine, will freier schreiben lernen und war besonders angetan davon, dass wir auf Rechtschreibung keinen Wert legen.
- Einige Frauen schreiben Tagebücher.
- Eine Frau schreibt viel, findet aber, dass sie sich gerade durch ihr erzwungenes Schreiben immer weiter davon entfernt, was sie ausdrücken möchte und sucht neue Anregungen.
- Eine Frau schreibt fast nichts, da sie Schreiben als eindimensional empfindet.
- Eine Frau schreibt gar nichts und will mal sehen, was hier passiert.
- Alle Frauen fanden den Gedanken anregend, ihre Texte vorzutragen und sie zur Diskussion zu stellen."
  (M.N., 1988, S. 5 ff.)

KURZPROGRAMM DER DOPPELSITZUNG ZU DEN THEMEN „ICH" UND „ICH UND DU"

Begrüßung: Begrüßung der Teilnehmerinnen bei Kaffee, Tee und Gebäck

1. Teil:
- Die Anleiterin liest das Kinderbuch „Das kleine Ich bin Ich" vor (Dauer: ca. 10 Minuten)
- Die Anleiterin erklärt die Sufi-Übung: „Sag mir, wer du bist" (Dauer: ca. 5 Minuten)
- Durchführung der Sufi-Übung (Dauer: ca. 20 Minuten)
- Schreibphase: 10 Minuten clustern, 10 Minuten schreiben (Dauer instgesamt: ca. 20 bis 30 Minuten)
- Vorlesen der Texte (Dauer: ca. 30 Minuten)
- Feed-back

Pause: kleine „Verschnauf-Pause" (Dauer: 5 bis 10 Minuten)

2. Teil:
- Die Anleiterin erklärt die ungelenkte Fantasiereise zum Thema „Ich und Du" (Dauer ca. 5 Minuten)
- Durchführung der Fantasiereise (Dauer: 20 bis 30 Minuten)
- Schreibphase (Dauer: 20 bis 30 Minuten)
- Vorlesen der Texte (Dauer: ca. 30 Minuten)
- Feed-back

Schluss: Ausklang mit Essen"

(M. Dörner u. a.: Von der Biographie zur Utopie. Berlin 1989, S. 29)

Das breite Interessenspektrum gibt hier den Hinweis auf die Notwendigkeit einer flexiblen Themenführung. Meist sammeln sich Interessenten in Schreibgruppen, die ihren Stil verbessern, die Spass an der Gruppe suchen und autobiographische Erfahrungen sammeln wollen. Ein zweites Beispiel:
„Die Gruppe ist bunt gemischt, und jeder formuliert seine Erwartungen und Absichten.
Ich möchte lernen, wie man Gedichte schreibt.
Ich möchte Rechtschreibung und Schreibstil verbessern.
Ich möchte in einer Gruppe schreiben.
Ich möchte meinen Text vortragen und wissen, wie er ankommt.
etc" (B.D., M.S., 1989, S. 6).
Damit die Nervosität der ersten Sitzung zu zügeln ist, haben Schalke und Rolfes eine hilfreiche Checkliste entworfen:

Checkliste für den ersten Abend

Vorher klären:
* Ist der Raum geeignet? Ruhe? Tische? Lüften möglich?
* Wo sind weitere Stühle?
* Wenn möglich, Anmeldeliste besorgen
* Muß mit Störungen durch einen nachfolgenden Kurs gerechnet werden?

Mitnehmen:
* Teilnehmerlisten, Anmeldungen u. ä.
* gegebenenfalls Wechselgeld
* Tesa-Krepp
* dicken Filzstift (für die Namensschilder)
* einige Kulis und Papier
* eine Uhr!
* Hilfsmittel für geplante Spiele, z. B. Wollknäul oder Interviewbögen

Plan für den ersten Abend:
* Geeignete Vorstellrunde
* Duzen oder Siezen?
* Namensschilder
* Raucherfrage klären
* Organisatorisches klären
* Private Adressenliste anlegen
* Woher haben die Leute vom Kurs gehört? Schreiberfahrung? Wünsche?
* Bewegung, Spass durch Spiele
* Einführung ins Assoziative Schreiben, zuerst mündlich, dann schriftlich; das Vorlesen geschickt beginnen
* Abschließendes Blitzlicht
* Ein Wort zum Thema als Anreiz zum Schreiben mit nach Hause geben

(G. Schalke, B. Rolfes: Schreiben befreit, a. a. O., S. 40 ff.)

Elemente der rollenden Planung: Rollende Planung begleitet die Veranstaltung. Sie stützt sich auf ein Veranstaltungstagebuch, das Eintragungen in folgenden Spalten für jede Sitzung enthalten kann:

Thema, Stimuli, Beteiligung, Besonderheiten der Gruppe, Besonderheiten einzelner Teilnehmer, Schwierigkeiten und Chancen der Anleiter, Kommentar zur Sitzung, Daten und Kommentare zu den Vorlesern und dem Text-Deed.

(vgl. T.P., G.R., J.R. 1988 s.12)

Zur Kontrolle der Sitzungplanungen sollten wenigstens Eintragungen zur Vorbereitung, Durchführung und Nachbereitung der Sitzungen notiert werden. Gerade die Kontrolle der Auswirkung der Planung in der Praxis hilft, den Gruppenkurs flexibel zu halten. Oft zeigt sich, dass Vorbereitung und Durchführung nicht übereinstimmen. Schauen wir uns einige Beispiele dazu an:

Vorbereitung:
„Das Thema war „Mutter“. Zugleich wollte ich eine Einführung in das expressionistische Schreiben geben, da einige TeilnehmerInnen Interesse daran geäußert hatten.

Als Einstieg plante ich kurz den historischen und geistesgeschichtlichen Kontext des Expressionismus darzustellen und erläuterte die Regeln expressionistischer Textgestaltung. Als Schreibanregung sollte zunächst ein Gruppenbrainstorming dienen“ (R.H., 1989, S. 27).

Bei der **Nachbereitung** wird festgestellt:
„Gruppen-Brainstorming und expressionistisches Schreiben scheinen mir nun nicht günstig bei dem Thema der Sitzung. Gruppen-Brainstorming wäre wahrscheinlich sinnvoller bei einem Thema einzusetzen, das mit sozialer Interaktion zu tun hat; auch die expressionistische Schreibtechnik wäre eher der folgenden Sitzung angemessen gewesen“ (R.H., 1989, S. 27).
Das Thema kann sich als zu umfangreich erweisen:
Vorbereitung: „Märchen“. **Nachbereitung**: „Thema war für Sitzung zu lang. Nicht fertig geworden“ (U.H, 1987, S. 8).
Vorbereitung: „Planung von zwei Schreibspielen“
Nachbereitung: „Einige Frauen äußerten, dass zwei Schreibübungen ihnen zuviel wären. Sie möchten sich lieber bei einer Übung mehr Zeit lassen können, offenbar haben wir die Frauen mit zwei Schreibübungen etwas überfordert“ (C.E., E.R., 1990 S. 19f.).
Hilfsmittel können sich als nicht hilfreich erweisen.
Vorbereitung: „Wir wollen ein Symbollexikon bei der Textinterpretation benutzen.“ In der **Nachbereitung** heißt es dann:

„Nach diesem Abend stellten wir fest, dass die ständige Verwendung des Symbollexikons unsere Textgespräche überfrachtet. Wir verlieren damit die Fähigkeit, uns eigenständig Gedanken zu machen, beurteilen unsere eigene Interpretation danach in richtig/falsch, verlassen uns auf die ‚größere Kompetenz‘ diese Büchleins und ermüden uns und die Frauen.

So beschlossen wir, das Lexikon nur noch in besonderen Fällen zu verwenden“ (M.N., 1988, S. 12).

Schreibübungen und Spiele erweisen sich als schwieriger als angenommen. Z. B. erwies sich die Arbeit mit Metaphern, zuerst als simpel eingeschätzt, nachher als besonders schwierig. Für diesen Umstand wird dann folgende Begründung gegeben: „Wir sind schon so sehr vertraut mit unserer konventionellen Sprache, dass oft alles das, was nur etwas anders klingt, als verrückt oder ein wenig ausgeflippt angesehen wird von den anderen, was aber noch viel prägnanter ist, auch von uns selbst. Irgendetwas sträubt sich des öfteren gegen die Art und Weise, sich auszudrücken bzw. unserem Ausdruck freien Lauf zu lassen. Das macht die ganze Angelegenheit schwieriger als sie sich anhört, weil sie unseren Schreibfluss hemmt. Es bedarf etwas mehr Zeit, um sich an diese Form des Ausdrucks zu gewöhnen, aber es geht und macht dann auch sehr viel Freude" (C.E:, E.R., 1990, S. 22).

Eine Textdeutungsmethode, z. B. die schriftliche Reaktion auf einen Text in einem Satz, wird plötzlich von der Gruppe abgelehnt:

„Alle Teilnehmer beginnen zu motzen, diese Art der Deutung enge die Spontaneität ein... Den Frauen fällt nach dieser Methode nichts mehr zu den Texten ein... Die Textdiskussion läuft in unserer Gruppe zwangloser ohne schriftliche Stellungnahme" (C.E., E.R., 1990, S. 28).

Auch der Einsatz von Arbeitspapieren (Tips für lebendiges Schreiben oder Grundregeln für Sonette, für Märchenschreiben usw.) muss richtig in den Kurs eingebaut sein. Die **Vorbereitung** sah die Präsentation von zwei Arbeitspapieren zum Thema „Freie Assoziation" oder „Clusterbildung" vor. In der **Nachbereitung** wurde festgestellt:

„In der Durchführung dieses Abends konnten wir einige Fehler feststellen: Wir begannen mit dem Kurs, als noch nicht alle Frauen anwesend waren, hatten die Konzentrationspause nicht eindeutig koordiniert, waren uns uneins über die Geschwindigkeit unserer Erklärungen und nicht voll zufrieden mit der Wahl unseres Kernwortes. Die Diskussionsleitung machte uns noch einige Schwierigkeiten, somit einigten wir uns auf neue Richtlinien.

Wir werden die zukünftigen Sitzungen mit der Konzentrations- oder Entspannungsübung beginnen, versuchen die ‚Schreibtätigkeit' zeitlich zu begrenzen und die Aufgabe Schritt für Schritt langsam und genau zu erklären (M.N., 1988, S. 8).

Ein gutes Planungsmittel ist die Einbringung von Fragebögen z. B. in der Mitte des Kurses. Der Fragebogen sollte die Meinung der Teilnehmer zur Kursatmosphäre, zur Anleitung, zu Sitzungsinhalten, zum Einsatz von Schreibspielen und Schreibmethoden, zur Textdiskussion, zur Textkritik und zur Erfüllung der Erwartungen der Teilnehmer erfragen. Als Beispiel sei folgender erfolgreich eingesetzter Fragebogen abgedruckt:

Fragebogen zum Kurs „Kreatives Schreiben“

1. Wie schätzt du die Atmosphäre im Kurs ein?

+3 O kommunikativ, interessant, kreativ
+2 O
+1 O
0 O
-1 O
-2 O
-3 O isoliert, langweilig, gespannt

2. Ist die Anleitung in der Einführung in die einzelnen Schreibthemen …

+3 O verständlich, ausreichend, anregend
+2 O
+1 O
0 O
-1 O
-2 O
-3 O unverständlich, unzureichend, uninteressant

3. Sind die Inhalte der einzelnen Sitzungen …

+3 O abwechslungsreich, interessant
+2 O
+1 O
0 O
-1 O
-2 O
-3 O einfallslos, abgegriffen

4. Schreibspiele finde ich …		Gruppentexte finde ich …	
+3	O	+3	O
+2	O	+2	O
+1	O	+1	O
0	O	0	O
-1	O	-1	O
-2	O	-2	O
-3	O	-3	O

Die Clustermethode finde ich…

+3 O
+2 O
+1 O
0 O
-1 O
-2 O
-3 O

5. Wird über die erstellten Texte genügend geredet und reflektiert?

+3 O die Gespräche über die Texte sind ausreichend
+2 O
+1 O
0 O
-1 O
-2 O
-3 O die Gespräche über die Texte sind oberflächlich und kurz

6. Es gibt verschiedene Methoden der Textkritik, mit denen man die erstellten Texte beleuchten und bearbeiten kann.

Von dieser Methode interessiert mich…

die autobiographische Methode

+3 O
+2 O
+1 O
0 O
-1 O
-2 O
-3 O

die stilistische Methode

+3 O
+2 O
+1 O
0 O
-1 O
-2 O
-3 O

die soziologische Methode

+3 O
+2 O
+1 O
0 O
-1 O
-2 O
-3 O

die Texte mit Texten beantworten

+3 O
+2 O
+1 O
0 O
-1 O
-2 O
-3 O

7. Deckt sich der Kurs mit meinen Vorstellungen und Erwartungen, mit denen ich in den Kurs gegangen bin?

+3 O
+2 O
+1 O
0 O
-1 O
-2 O
-3 O

WAS ICH SCHON IMMER EINMAL SAGEN WOLLTE:

(B.D., M.S., 1989, S. 38 ff.)

Als Ergebnis des Einsatzes des Fragebogens wurden folgende Erkenntnisse gewonnen, die dann in die weitere Planungen einflossen:

„Eine mehrstündige Auswertung der Fragebögen ergab, dass die Texte stärker beleuchtet werden sollen und dass die Schreibatmosphäre ein wenig kühl war.

Wir wollen die „Heizungen" schon noch aufdrehen" (B.D., M.S., 1989, S. 11f.).

Diese Ergebnisse der Befragung und die didaktischen Korrekturen wurden den Teilnehmern in der nächsten Sitzung mitgeteilt.

Das schnelle Umstellen der Kursplanung gehört zur Grundqualifikation jeder Anleitung. Steigt der negativ-emotionelle Pegel zu hoch, so müssen schnell die Ratio und positive Gefühle zum Zuge kommen.

„Wir hatten uns noch einmal die Gruppe vorgestellt und erkannt, dass wir mit dem Thema „Angst" zuviel negative Gefühle provozieren, jedoch mit dem Kernwort „loslassen" auch andere, nämlich positive Assoziationen ausgelöst werden konnten.

Der musikalische Einstieg unterstützte unsere Zielvorstellung, dass durch „loslassen" der Belastungen des Alltags die Konzentration der Schreibübung größer wurde (C.B., 1987, S. 6).

Andererseits kann sich zeigen, dass ein sachliches Thema viel Emotionen aufrührt und die Aufgabe entsteht, diese Emotion in einem nächsten Text gleich zu bearbeiten.

„Bei der Textbesprechung stellte sich heraus, dass für alle die Erfahrung, sich fremd und ausgeschlossen zu fühlen, existiert. Ich beschließe daher, das nächstemal „Fremd sein" zum Thema zu machen" (R.H., 1989, S. 14).

Vor kritischen Sitzungen sollte die Anleitung Alternativen zur Planung auf der Hinterhand haben:

„Wir stellten fest, dass es für uns als Anleiter wichtig ist, ständig die Atmosphäre der Gruppe im Auge zu behalten und flexibel auf die Stimmung reagieren zu können – also zusätzliche ‚Aufgaben' in Planung zu halten" (M.N., 1988, S. 15).

Eine gute Möglichkeit der flexiblen Planung besteht auch im Rollenwechsel, nicht nur zwischen den Anleitern, sondern auch zwischen Anleitern und Teilnehmern:

„Da unsere Kurskonzeption darauf abzielt, uns in unserer Funktion als Anleiter überflüssig zu machen, haben wir die Vorbereitung des nächsten Abends in die Hand eines Teilnehmers gelegt. Da er schon am ersten Kurs teilgenommen hat, also zu den Veteranen zählt, sind wir sicher, dass er die wichtigsten Prinzipien berücksichtigen wird" (B.D., M.S., 1989, S. 30).

Ihre Erwartungen werden voll erfüllt. Der Teilnehmer leitete eine erfolgreiche Sitzung. Bei der Arbeit mit schwierigen Teilnehmern muss die rollende Planung durch Einzelgespräche und besondere Aufmerksamkeit bei der Textdiskussion abgesichert werden.

„In den Gesprächen im Blisse-Cafe erzählten einige TeilnehmerInnen, dass sie unter großen persönlichen Problemen leiden (HIV-positiv, Multiple Sklerose, Einsamkeit usw.).

Wir beschlossen daher, uns um einige TeilnehmerInnen näher zu kümmern und in ihren Texten darauf zu achten, in wieweit sie zum Sprachrohr ihrer Problematik werden“ (B.D., M.S., 1989, S. 22).

Die rollende Planung wird erfolgreich sein, wenn der Anleiter sich auf seine Intuition, seine geschulte Wahrnehmung und auf seine Planungselemente und Instrumente verlassen kann.

3.3. Szenarien einsetzen

3.3.1. Schreibspiele

Was ein Schreibspiel eigentlich ist, wollen wir durch seine Definition und durch einen Blick auf seine Geschichte genauer bestimmen. Ein Schreibspiel lässt sich in sechs Aspekten näher definieren:

a) Ein Schreibspiel umfasst Regeln und Vorschriften, die dem Schreibakt eine Orientierung geben.
b) Schreibspiele simulieren Ausschnitte der inneren und äußeren Realität, die Schreibimpulse freisetzten.
c) Schreibspiele spielen mit Sprache, mit Wörtern, mit Sätzen, mit Texten. Sie spielen mit Mythen, Namen, Spuren, Metaphern, Symbolen, (vgl. P. Hutchinson: Games Authors Play. London./NewYork 1983). Schreibspiele regen das Ausdrucksvermögen an, mobilisieren den eigenen latenten Wortschatz, das Symbolisierungs- und Reflektionsvermögen.
d) Schreibspiele sind primär Gruppenspiele. Sie initiieren Wettbewerb und Kooperation, Interaktion und Feed-back, durchbrechen Klischee und Alltagssprache, setzen Textprodukte frei und lassen den Spielleiter zurücktreten, denn in den Mittelpunkt stellen Schreibspiele den Text.
e) Sie bieten Sicherheitsgarantien, dass aus dem Spiel kein Ernst werden muss. Sie simulieren so ein Stück „Arkadien“ oder nähern sich der Realität spielerisch mit arkadischer Distanz.
f) Sie eröffnen ein sprachlichen Spiel- und Experimentierraum, der Wege zu sich selbst, zu anderen, zur Welt und zur Gesellschaft eröffnet.

Die Geschichte der Schreibspiele als literarische Spiele ist sehr alt. Die Geschichte der therapeutischen Spiele ist sehr jung. Blicken wir erst kurz auf die Entwicklung der literarischen Schreibspiele: Sie reichen als Erzählspiele bis tief in die Stammesgesellschaft zurück (vgl. J. Huizinga: Homo ludens. Reinbek 1986, S. 133–160). Später treten sie als verbale Spiele in der Adelskultur des Mittelalters auf. Sie sind in dieser Zeit Gesprächs-, Streit- und Wettkampfspiele, ehe sie später zu reinen Schreibspielen werden. Frühe Formen der Erzählspiele sind der Wechselgesang von Jungen und Mädchen, der Wechselgesang bei der Arbeit. Spätere Formen kennt das Reihum-Erzählen von Geschichten, die Nennung von Wörtern, die zu einer Geschichte werden sollen, die verdeckte Ergänzung von Warum-Fragen mit Weil-Sätzen oder Wenn-Ursachen mit Dann-Folgen. Auch das Spiel der Nennung eines Erzählanfanges, den dann andere fortsetzen müssen, lässt sich finden (vgl. G. Goebel: Schreibspiele oder die Vergesellschaftung der Schrift. In: Lendemais, 3 1978, Bd. 12, S.100 ff.). Die Romatik kreiert dann das reine Schreibspiel. Nun wird die Reihum-Erzählung mit vorgegebenen Wörtern schriftlich praktiziert. Das gipfelt in der Abfassung von kollektiven Romanen. Dieses Schreibspiel hat Schule gemacht. Bis in die Gegenwart sind zwölf Kollektiv-Romane geschrieben und auch gedruckt worden (vgl. R. Albrecht: Vom Roman der XII (1909) zum Kollektiv-Roman „Wir lassen uns nicht verschaukeln“ (1978). In: Diskussion Deutsch 1985, 16 Jg., H. 84, S. 436 ff.). Mit der Romantik beginnt auch das Schreibspiel ohne Thema: die freie Assoziation, über das Börne berichtet. Dieses Spiel gewinnt bei den Surrealisten eine zentrale Stellung, auch als dialogisches und kollektives Szenario. Die Textzerlegung und Textmontage wird von den Dadaisten entwickelt. Das Schreibspiel etabliert ein „ästhetisches Arkadien“, eine paradiesische giechische Ideallandschaft, das heute von vielen modernen Autoren ausgebaut wird. So hat sich die Verwendung von Schachspielen (Carroll), von Tarot-Karten (Calvino), die Fortführung der Wort- und Satzspiele (Ouilipo), die Zufallskreation von Geschichten (Raymond Roussell), die Textmaschine und der Textcomputer, das I-Ging im Spielarkadien etabliert (vgl. G. Mattenklott: Spielregeln der Literatur. In: Diskussion Deutsch 1985, Jg. 16, H. 84, S. 419 ff.). Für dieses Arkadien gibt es auch eine eigene Spielwissenschaft (vgl. A. Liede: Dichtung als Spiel. Berlin 1963, Bd. I-II, P. Hutchinson: Games Authors Play. London/New York 1983) Doch dann kommt Dialektik ins Spiel. **Anti-arkadische** Schreibspiele werden seit 1918 von der sozialkritischen Literatur entwickelt. Tretjakov schuf die Produktionscollage, Freinet eroberte mit dem freien Text die Schulklasse, G. Wallraff gewann das Rollenspiel für die Textproduktion zurück.

Die therapeutischen Schreibspiele haben keine vergleichbare Ahnentafel. Sie tauchen nach dem 2. Weltkrieg mit dem Psychotherapie-Boom auf und stellen einen ersten Versuch der Vergesellschaftung therapeutischen Schreibens dar. Sie wurden im arkadischen Raum des therapeutischen Settings geboren, in der humanistischen Psychologie und ihren Ablegern, also: Encounter, Gestalt-, Familientherapie, Psychoimagination, Themenzentrierte Interaktiion (TZI) und Transaktionsanalyse (TA) (vgl. K.W. Vopel: Handbuch für Gruppenleiter. Hamburg 1984, S. 8). Therapeutische Schreibspiele waren erst verbale Rollenspiele und wurden dann auch auf Schreibgruppen übertragen. Es gibt alltagsnahe therapeutische Schreibspiele, die jedes Kind spielen kann und solche, die einen Therapeuten zur Anleitung erfordern. K.W. Vopel hat in seinen vielen Spielesammlungen aus diesem Grund „stets nur solche Spiele ausgewählt, die auch von einem nichttherapeutischen Gruppenleiter zu handhaben sind“ (K.W. Vopel: Handbuch für Gruppenleiter , a. a. O., S. 5).

Schreibspiele als therapeutische oder literarische Praxis stützen sich meist auf freie Assoziation oder Imagination. Damit eröffnen sie oft einen gefühlsintensiven Zugang zu frühen Lebenserfahrungen. Diese Erfahrungen erscheinen im Schreibakt nicht in ihrer realen Gestalt, sondern als unbewusste, verschlüsselte Erinnerungen in der Art der Träume. Damit sie überhaupt dem Bewusstsein zugänglich werden, ist eine Lockerung der Zensur möglich. Damit sie das Bewusstsein aber nicht überrennen, ist eine angemessene Dosierung nötig. Das ist das Grundproblem beim Einsatz von Schreibspielen, denn: „In der Regel besteht keine Gefahr von Durchbrüchen, Ausbrüchen oder Zusammenbrüchen, die innerpsychische Abwehr arbeitet zuverlässig“ (H. Gudjons u . a.: Auf meinen Spuren. Reinbek 1986, S. 59). Aber gerade eine gewisse Lockerung der Abwehr ist zur Entfaltung der Fantasie erforderlich. Der richtige Einsatz von Schreibspielen wird deshalb von der Analyse der Gruppensituation abhängig zu machen sein. Bei der Analyse der Gruppensituation hat der Anleiter sich folgende Fragen zu stellen:

a) Welche Verhaltensweise legt die Gruppe an den Tag, und welche Gefühle stehen hinter diesen Verhaltensweisen?
b) Wie soll sich die Gruppe gefühlsmäßig entwickeln, und wie kann ich dieses Ziel erreichen?
c) Welches Spiel mit welcher psychologischen oder literarischen Technik hat die richtige Entwicklungsdimension für die Gruppe?

Mit diesen Fragen soll der Leiter die Passung zwischen den Bedürfnissen der Gruppe und den Spielmethoden und Inhalten vollziehen. Die richtige Passung ist eine schwierige intuitive und aus der Praxis sich entwickelnde Fähigkeit. Sie kann besser gesteuert werden, wenn die Einführung ins Spiel folgende Informationen klar und deutlich vermittelt:

Lernziele und Ablauf des Spiels, Betonung der Freiwilligkeit, Vorschlag der passenden Stimuli oder Schreibtechniken.

Eine gute Kontrolle der guten Passung eröffnet auch die Text- und Deutungsarbeit. Sie hilft bei der Bewertung der Spielauswahl. Sie stimuliert besonders die kognitiven Aspekte der Schreibspiele: die Reflektion der Erfahrung, die Verbindung der Erfahrung mit dem Alltag. Der Wert der Deutungsarbeit hängt dabei von der Wahl der passenden Deutungsmethode ab. Diese Wahl sollte nach einem offenen Gruppengespräch, in dem sich die Wirkung des Schreibspiels zeigt und auf der Basis des zu deutenden Textes erfolgen.

Neben einzelnen Schreibspielen lassen sich auch Schreibspielsequenzen über mehrere Sitzungen in der Gruppe realisieren. Goudjons u. a. schlagen z. B. folgende autobiographische Schreibspielsequenz vor:

1. Spiele zur Herkunftsfamilie
2. zur Kindheit
3. zur Jugend
4. zur existentiellen Erfahrung
5. zum Selbstbild
6. zu Lebensentwürfen
7. zur Zeitgeschichte
8. zur Sexualrolle
9. zum Körper
10. zum Gedächtnis

(H. Gudjons u. a., a. a. O., S. 43 ff.)

Schreibspielsequenzen lassen sich auch zu literarischen Stilen und zu Textsorten entwickeln. Wichtig bei der Durchführung von Sequenzen ist die Einhaltung folgender Regeln:

a) Die Warming-up-Phase berücksichtigen. Vorsichtiger Beginn des Spiels.
b) Schreib- und Spielmethoden häufiger wechseln. Jede Methode wird langfristig langweilig.
c) Stark regressive Methoden durch längere kognitive Arbeit auffangen.
d) Die eingesetzten Schreibspiele sollten von jedem Schreibgruppenleiter vor dem Einsatz persönlich ausprobiert worden sein. Er kann dabei aus den in Teil 1 Kapitel C 2 angegebenen Quellen schöpfen oder eigene Quellen erschließen.

Für die Erschließung neuer Schreibspiele kommen folgende Quellen in Betracht:

a) Therapiegeschichte: Viele Therapien, besonders die Gestalttherapie, die Transaktionsanalyse, das Psychodrama usw. enthalten viele bisher unbenutzte Schreibspiele.
b) Literaturgeschichte: Bei vielen Dichtern lassen sich bisher unentdeckte Schreibspiele auffinden.
c) Die Geschichte der Schreibspiele selbst ist bisher nur sehr unzulänglich erschlossen. In dieser Geschichte harren viele Spiele noch ihrer Entdeckung (vgl. G. Grümmer: Spielformen der Poesie. Leipzig 1988, F. Dornseiff: Das Alphabet in Mystik und Magie. Leipzig 1925).

3.3.2. Schreibprojekte

Eine erhebliche Erweiterung der Reichweite des kreativen Schreibens über die Schreibspiele und die aus ihnen entstehenden Schreib-Kurse hinaus leisten die Schreibprojekte. Schreibprojekte orientieren sich an der Projektmethode der Reformpädagogik. Die Reformpädagogik hat für Projekte folgende minimale Bedingungen entwickelt:

a) Entwicklung einer Projektinitiative
b) Entwicklung eines Projektplans
c) Durchführung des Projektplans
d) Auswertung der Projektarbeit

(K. Frey: Die Projektmethode. Weinheim 1982, S. 10 ff.)

Die Projektmethode versuchte Handeln und Lernen, Lernen und Spiel zu verbinden. Sie stützt sich auf folgende allgemeine Prinzipien:

– **Erlebnis und Handeln sind zentrale Lernprinzipien.**
Dieses Credo entwickelte die Reformpädagogik ab 1900. Nur produktive Tätigkeit und gründliche Erlebnisse hielt sie für fähig, Bildung und Identität zu vermitteln und zu unterstützen (vgl. W. Scheibe: Die reformpädagogische Bewegung. Weinheim 1974, S. 155 ff.). Im Handeln und Erfahren wird Wissenserweiterung, Gefühlsarbeit und Aufarbeitung früherer Defizite nötig. Diese Ideen schlugen sich in verschiedenen Strömungen der Reformpädagogik nieder. Die deutsche Reformpädagogik prägte den Grundsatz „Bildung sei nur durch lebendiges Leben und praktische Tätigkeit zu erwerben“ (so bei B. Otto, H. Gaudig, H. Lietz, P. Petersen, G. Kerschensteiner). Der amerikanische Pragmatismus (Dewey, Kilpatrick) hielt die Praxis für wichtiger als die abgelöste Wissenschaft. Wissenschaft erwächst aus dem Leben und der Lebenswelt. Die russische Arbeitsschulbewegung ging auf die marxsche Idee der Verbindung von Produktion und Unterricht zurück und sah in der produktiven Tätigkeit das zentrale Lern- und Entwicklungselement (P. P. Blonskij, A. S. Makarenko, P. Oestreich). Lebensbezogenes Lernen propagierte auch die lateinamerikanische Entschulungsbewegung (P. Freire, I. Illich), die in der BRD durch die Schulexperimente von H. v. Hentig großen Einfluss gewann.

– **Die Kunst ist ein zentrales Medium der Erneuerung des Lebens.**
Die reformpädagogische Kunsterziehungsbewegung entdeckte den Grundsatz „Die Bildung emotionaler Kräfte erfordert den Umgang mit der Kunst“ (W. Scheibe, a. a. O., 1974, S. 142). Künstlerische Tätigkeit entfaltet für die Reformpädagogik im Rückgriff auf die Artistenmetaphysik Friedrich Nietzsches den schöpferischen Sinn des Lebens. Wichtig war ihr nicht die Eliteprodukti-

vität, sondern die freie künstlerische Laienpraxis (vgl. H. Rudloff: Historische Bezugspunkte kreativen Schreibens. In: H.A. Rau (Hrsg): Kreatives Schreiben an der Hochschule. Tübingen 1988, S. 97 ff.).

– **Das freie Schreiben eröffnet den richtigen Zugang zur Literatur.**
Der reformpädagogische Deutschunterricht stellte den freien Aufsatz über die passive Literaturinterpretation (W. Scheibe, a. a. O. 1974, S. 150 ff.). Sprache, Fantasie als Grundlage der Identität sollen im praktischen Schreiben entwickelt werden.

Auf der Basis dieser allgemeinen Prinzipien versuchen Schreibprojekte über die Kursdidaktik der „Planungsbausteine“ hinaus (vgl. Kap. 3.2), Zielgruppen und Schreibinhalte systematisch miteinander zu verbinden.

Für die Schreibprojekte, die meistens außerhalb der Schule im Bereich der Kultur-Sozialarbeit, Erwachsenenbildung und Therapie durchgeführt werden, kommen folgende **Zielgruppen** in Frage:

– Jugendliche, Frauen, Senioren, psychisch Belastete, Behinderte, Suchtkranke, Strafgefangene, Ausländer usw.

Schreibprojekte können folgende **Inhalte** des kreativen Schreibens anbieten:

– Die Schreibpraxis literarischer Epochen
– Das literarische Schreiben bestimmter Poeten
– Literarische Themen, die autobiographisch orientiert sind (Kindheit, Jugend, Lebenskrisen usw.)
– Schreiben nach Literaturschemata: Liebes-, Abenteuer-, Kriminal-, Science-Fiction-Geschichten usw.
– Schreiben von Textsorten: Lyrik, Erzählung, Hörspiel usw.

Wie die Zielgruppen nun mit den Inhalten zu verbinden sind, wird zur zentralen Aufgabe der folgenden vier **Handlungsphasen** des Schreibprojekts:

1. Phase: Festlegung eines Praxisortes des kreativen Schreibens im Rahmen der Lebenswelt einer besonderen Zielgruppe.

2. Phase: Planung (in Kooperation mit der Zielgruppe) eines Schreibprojektes unter Einbeziehung vorliegender oder zu erstellender Projektmaterialien, die auf wesentliche Lebensprobleme der Zielgruppe Bezug nehmen.

3. Phase: Durchführung des Projektes unter Planungsbeteiligung der Teilnehmer und flexibler Innovation bei gruppeninternen oder gruppenexternen Anlässen.

4. Phase: Erstellung einer Broschüre, Veranstaltung einer literarischen Aktion im Stadtteil zur Veröffentlichung und Verbreitung der Projektergebnisse in der Lebenswelt der Zielgruppe.

Diese Handlungslogik orientiert sich an folgenden **Zielen:** Entwicklung einer eigenen Sprache, Verarbeitung eigener Erfahrungen, Auseinandersetzung mit innerer und äußerer Realität, praktischer Aneignung künstlerischer Produktionsmittel und Traditionen, Erarbeitung eines Produkts, Einbindung des Schreibens in soziale Prozesse, Entmystifikation der Elitekultur, außerdem: Abbau von Kommunikationsschwellen und Ängsten, Aufbau von Kontakten, Erfahrung von Gruppenkreativität, Aktivierung von Selbsthilfe.

Bei der Konstituierung der vier Handlungsphasen sind folgende Aspekte zu berücksichtigen:

1. Phase: „Lebensweltuntersuchung einer Zielgruppe vor Ort"
Diese Untersuchung beginnt mit dem Besuch von Kontaktpersonen, einer Besichtigung des Stadtteils oder der Institution, in der die Zielgruppe des Schreibprojekts sich sammelt. Hier ist Werbung zu entfalten (Flugblätter, Anzeigen, Ansprachen auf Stadtteilfesten etc.). Am Ende dieser Phase sollte der Veranstaltungsort, der Träger, die mutmaßlichen Teilnehmer, das Ziel des Projekts und die Dauer klar sein.

2. Phase: „Planung und Beginn des Projekts"
In dieser Phase lassen sich fünf Planungsabschnitte, in denen Zielgruppeninteressen und Schreibgruppeninhalte vermittelt werden, unterscheiden:

a) Vergegenwärtigung des Zielgruppenmilieus mit den Daten aus Planungsphase 1: Lebensbiographien und Schreiberfahrungen.
b) **Themenauswahl und Themengliederung:** Sammlung und Ordnung der Schreibthemen, die sich aus den antizipierten Interessen der Zielgruppe einerseits und den Motiven, epochalen Strukturen und gattungsmäßigen Momenten der passenden Literatur ergeben. Zugleich sind hier Schreibstimuli im Rückgriff auf die passende Literatur andererseits und unter Berücksichtigung der Schreibkursmaterialien (die schon vorliegen) den gegliederten Themen zuzuordnen.
c) **Auswahl der Schreibmethode je Sitzung:** Hier kann z. B. aus folgenden Methoden ausgewählt werden, so dass sie gut zu den Themen der Zielgruppeninteressen passen: Freie Assoziation, Clusterbildung, Imagination, Träume, automatisches Schreiben, montierendes Schreiben aus vorgegebenem Textematerial usw.
d) **Auswahl der Deutungsmethoden je Sitzung:** Dabei ist z. B. aus folgenden Methoden zu wählen: Deutung vom Werk aus, vom Autor aus, von der Gesellschaft aus, von der Rezeption des Werkes in der Gruppe aus.

e) **Entwurf der spezifischen Schreibszenarien je Sitzung:** Auswahl von Phasen der Einzel-, Kleingruppen- oder Großgruppenarbeit. Auswahl des Medieneinsatzes je Sitzung: Musik, Foto, Spiele, Malen, Bilder betrachten. Klärung des Verhältnisses von Stunden- und Wochenendangeboten. Festlegung der Schreiborte: in der Natur, in Stadtszenen (Cafe, Kaufhaus, U-Bahn, Bar etc.), im Zielgruppenmilieu, im Schreibgruppenraum. Klärung der Ausgestaltung des Schreibgruppenraumes: Kerzen, Abdunkelung, Musikrecorder, Filmrecorder, Blumen, Gerüche, Bilder, Getränke, Kopiermöglichkeiten.

3. Phase: „Durchführung des Kurses"
Um die Feinabstimmung von Sitzung zu Sitzung zu gewährleisten, ist die Führung eines Sitzungsbuches, die Besprechung der Ergebnisse jeder Sitzung, die Anregung von textlichen Stellungnahmen der Teilnehmer (zu ihrer Situation in der Gruppe, ihrem Verhältnis zu den Anleitern) nötig. Auf ein ausgewogenes Verhältnis der vier Abschnitte jeder Sitzung (Schreibanregung, Schreibpraxis, Vorlesen, Textdeutung und Textkritik) ist zu achten. Um Autoritätsgefälle zu vermindern, sollten auch Formen kollektiven Schreibens zum Zuge kommen und Schreiben mit anderen kreativen Medien (Malen, Tanzen, Musik machen, Video) angeregt werden. In dieser Phase ist die situative Flexibilität und Innovativität sehr wichtig.

4. Phase: „Erstellen eines Produkts"
Eine Broschüre, ihre Gestaltung und Produktion, ihr Vertrieb und ihre Präsentation muss am Ende jedes Kurses stehen. Jeder Teilnehmer sollte auch Texte über seine Kurserfahrungen beisteuern. Neue Entdeckungen an Themen, neue Techniken des Schreibens sollten in der Broschüre vermerkt, besondere Lernerfahrungen und Krisen in der Gruppe und bei Teilnehmern (anonym!) reflektiert werden. Anschlusskurse (selbst- oder fremdorganisiert) sind zu klären. Ein schönes Abschlussfest kann die Trennungsängste besänftigen.

Bisher gibt es noch keine entwickelte Dokumentation von Schreibprojekten. Die Schreibbewegung sollte aber im Kontext ihrer überregionalen Kontakte gerade zu einem verbesserten Austausch der Erfahrungen in Schreibprojekten kommen. Erst aus einem Netzwerk von Schreibprojekten können sich weitere Perspektiven der Projektschreibdidaktik entwickeln.

3.3.3. Einsatzdynamik

Die psychische Wirkung von Schreibspielen und Schreibprojekten lässt sich danach unterscheiden, ob die Teilnehmer regredieren oder progredieren. Bei der Regression vermehren sich vorbewusste, ich-ferne innere Bilder, die früheren kindlicheren Bewusstseinsstufen entsprechen und das Ich schwächen. Bei der Progression erweitern sich die kognitiven Denkbilder des Erwachsenen-Bewusstseins und stärken das Ich. Oft lässt sich die Progression des Ichs aber nur durch eine Auseinandersetzung mit den unbewussten abgespaltenen regressiven Ich-Anteilen erreichen. Um abschätzen zu können, wieviel Regression und wieviel Progression eine Schreibgruppe für die Entwicklung ihrer Mitglieder braucht, ist für die Anleiter die Kenntnis der progressiven und regressiven Qualitäten von Spielen, Kursen und Projekten nötig. Die Tendenz zur Regression stärken Spiele und Projekte, die beim Schreiber narzisstische Interessen stärken. Spiele und Projekte, die die Erkenntnisgrenzen des Ichs sprengen und die sogenannten Tod- und Teufel-Themen wirken regressiv. Projekte, die Tiefenerfahrung einleiten oder Verschmelzungssehnsüchte des Ich's anstoßen, tragen zur Regression bei.

Die Tendenz zur Progression wird durch Projekte und Spiele unterstützt, die die Objektbeziehungen stärken, die durch Witz dem Ich helfen, sich von seinen unbewältigten Gefühlen zu distanzieren oder durch Stil das Ungestaltete gestalten. Besonders kollektive Schreibtechniken können die Einsamkeits- und Ohnmachtserfahrungen des schreibenden Ichs abbauen und seine Progression stabilisieren. Halten wir diese Einsichten in einer Grafik fest:

Regressives Schreiben	**Progressives Schreiben**
Autobiographisches Schreiben	Rationales Schreiben
Groß-Themen: Tod und Teufel	Witziges Schreiben
Tiefenschreiben: Mythische Urbilder	Dialektisches Schreiben:
	Bedrohung und Rettung
Mystisches Verschmelzungsschreiben	Kollektives Schreiben

Die Tendenz zur Regression oder Progression durch Spiele und Projekte hängt primär von den in den Spielen und Projekten vorherrschenden Schreibtechniken ab. Regressive Schreibtechniken schalten das Über-Ich stark aus und öffnen das Ich stärker dem Es. Progressive Schreibtechniken fördern stärker das Ich, erhalten das Über-Ich und filtern das Es stark ab. Natürlich gibt es auch ambivalente Schreibtechniken, die regressive mit progressiven Tendenzen verbinden. Regressive Schreibtechniken setzen das Ich dem stärkeren Ansturm von mythischen Urbildern, biographischen Schlüsselszenen und infantilen Bedürfnissen aus. Progressive Schreibtechniken steigern die Ratio, die Kognition und die Strukturierung der Denk- und Schreibmuster (vgl. 2. Teil Kap. C. 2.4 Textdynamik).

Bezogen auf unsere Vorstellungen der Schreibtechniken in Teil 1 Kapitel B. 3. lässt sich folgende Aufgliederung der wichtigsten Schreibtechniken treffen:

Regressive Schreibtechniken	**Ambivalente Schreibtechniken**	**Progressive Schreibtechniken**
Freie Assoziation Imagination Einzel-Brainstorming Transzendieren Widerspruchscluster Automatisches Schreiben	Cluster-Methode Märchen-Cluster Krimi-Cluster Kurzgeschichen-Cluster	Gruppenbrainstorming Kollektives Schreiben Mind-Mapping Recherchierendes Schreiben Beobachtendes Schreiben Erzählen

Bezogen auf unsere Spiele aus Kapitel Teil 1 C. 1. ist damit folgende Einteilung möglich:

Regressive Spiele	**Progressive Spiel**
Therapeutische Schreibspiele	Literarische Schreibspiel

Bezogen auf unsere Projekte aus Teil 1 C. 2. ergibt sich folgende Aufteilung:

Regressive Schreibprojekte	**Ambivalente Schreibprojekte**	**Progressive Schreibprojekte**
– Meditatives Schreiben – Galerie der schönsten Schreibbilder – die durchgespielte Autobiographie –	– Märchen – Krimi – Science-Fiction – Schreibreisen	– Lyrik – Revue der klassischen Schreibspiele – Soziologisches Schreiben – Wissenschaftliches Schreiben
	– Utopisches Schreiben	– Kollektives Schreiben
– Die gereimte Familie	– Schreiben gegen Schreibstörungen	– Philosophisches ABC

Bei den Projekten müssen wir den regressiv-progressiven Mischtyp einführen (die ambivalenten Schreibprojekte), weil wir einen Projekttyp entwickelt haben, der regressive Schreiberfahrungen anbietet, um sie progressiv aufzuheben. Je nach dem Bewusstseinsstand der Gruppe muss der Anleiter die richtige Mischung zwischen regressiven und progressiven Schreiberfahrungen initiieren. Dabei gilt für die Anfangsphasen: Primat der progressiven Schreiberfahrungen, also Angebot von progressiven Spielen und Projekten. Für fortgeschrittene Gruppen ist eine abwechslungsreiche Mischung von regressiven und progressiven Spielen und Projekten möglich. Hier ist besonders der Einsatz ambivalenter Schreibprojekte geboten. Mehr als ein regressives Schreibprojekt sollte sich eine Schreibgruppe aber nicht antun. Erst sehr erfahrene Schreibgruppen können im 2. oder 3. Arbeitsjahr sich den regressiven Projekten verstärkt zuwenden. In der Endphase der Schreibgruppen ist aber die Rückkehr zu progressiven Schreibprojekten immer sinnvoll.

Allerdings ist oft bei spontanen tieferen Regressionen sofortige Hilfe nötig, um die Stimmung und die inneren Bilder der Gruppe zu verbessern. Hier gibt es im Kontext des Szenarieneinsatzes ein bewährtes Mittel. Die meisten regressiven Erfahrungen werden beim individuellen Schreiben gemacht. Der Übergang zum kollektiven Schreiben schafft oft dem einzelnen Ich eine unmittelbare Entlastung. Kollektives Schreiben umfasst kollektive Schreibübungen und Spiele: die Schreiber schreiben mit einem Partner, mit der Kleingruppe oder mit der Großgruppe.

In der folgenden Grafik wird ein Überblick über die kollektiven Schreibspiele und ihre entsprechenden Gruppensettings gegeben:

Kollektives Schreiben

Setting	**Übung/Spiele**
Pärchen (2 Personen)	Interview, Dialoge, zwei-Autoren-Texte
Kleingruppe (2–4 Personen)	Reißverschluss-Texte, Textmontage, Reihum-Texte.
Großgruppe (6–10 Personen)	Reihum-Texte, Kettentexte, Romanprojekte

Der plötzliche regressive Einbruch einer Gruppe, der meist von kathartischen Reaktionen einzelner signalisiert wird, sollte mit dem Methodenwechsel vom Einzel- zum Gruppenschreiben aufgefangen werden. Eine tiefe Einzel-Regression macht das Schreiben in der Großgruppe (6–10-Personen) sinnvoll. Wenn die Regression auf Teile der Schreibgruppe beschränkt ist, ist die Anwendung des Pärchen- oder Kleingruppensettings angezeigt. Dabei ist darauf zu achten, dass die stärker regressiven Teilnehmer immer mit wenig regressiven Teilnehmern in ein Setting gehen. Dadurch wird die Vertiefung der Regression durch gegenseitige Bestätigung verhindert.

3.4. Regeln für Schreibgruppen etablieren

Keine Schreibgruppe funktioniert ohne Regeln. Die sozialen und emotionellen Prozesse, die in Schreibgruppen ablaufen, brauchen einen Rahmen und einen klares System der Orientierung. Der Anleiter sollte diese Regeln am Anfang mit den Teilnehmern abklären, sie ihnen schriftlich vorlegen oder immer dann zur Sprache bringen, „wenn das von einer Grundregel geforderte Verhalten nicht praktiziert wird" (K.W. Vopel: Handbuch für Gruppenleiter, a.a.O., S. 131).

Viele Schreibgruppenleiter werden auch den Weg gehen, dass sie die Schreibgruppenregeln im Laufe des Gruppenprozesses mit der Gruppe zusammen entwickeln. In Schreibgruppen ist die Herausbildung von zwei Sorten von Regeln üblich. Die erste Sorte betrifft den Gruppenprozess, die zweite Sorte den Schreibprozess und die Textdiskussion.

Regeln für den Gruppenprozess

Die Regeln für den Gruppenprozess sind in Schreibgruppen meist bei großen Regelverletzungen deutlich geworden. In einer Schreibgruppe wurden gegen Ende die wichtigsten Gruppenregeln entdeckt. Beim Verlassen des Kurses rechtzeitige Abmeldung, Regelmäßigkeit der Anwesenheit, nach der 3. Sitzung keine neuen Teilnehmer aufnehmen, massive Störer aus der Gruppe nehmen:

„Im Anschluss an den Kurs ergaben sich noch einmal schlüssige Überlegungen dazu, was an und in einem neuen Kurs klargestellt werden müsste: z. B. dass bei Abbrechen des Kurses eine Mitteilung darüber bekannt werden muss, das heißt, dass wir benachrichtigt werden, wenn jemand für sich entschieden hat, aufzuhören!

Dass sich die Gruppe nicht wie in einem Uniseminar verhalten sollte: mal kommen, mal wegbleiben!

Dass die Regelung eingehalten werden muss, nach der dritten Sitzung kein/e neue/n Teilnehmer/in aufzunehmen!

Dass wir passive Leute oder gruppenstörende Leute darauf aufmerksam machen wollen, dass diese Gruppe nicht der richtige Ort für sie ist! (schonend natürlich!)" (C.B., 1987, S. 129).

Weitere wichtige Arbeitsregeln wurden in einer anderen Schreibgruppe im Verlauf der Arbeit festgelegt: Schreibpflicht und Freiwilligkeit des Vorlesens.

„Wer anwesend ist, schreibt mit" (B.D., M.S., 1990, S. 29). Oder es wurde formuliert:

„Wir erwähnten dann noch einmal, dass das Vorlesen der Texte auf freiwilliger Basis stattfinden soll, aber alle waren von ihren Werken so begeistert, dass letztendlich jeder Text zu Gehör kam" (B.D., M.S., 1990, S. 22).

Regeln für den Schreibprozess
Viele Teilnehmer brauchen intensive Informationen, wie sie den Schreibprozess für sich gestalten können und welche Regeln für die anschließende Textdiskussion und Deutung gelten. So wird jeder Anleiter die Regeln vorstellen, die bei der Entwicklung bestimmter Schreibtechniken eingehalten werden müssen. Es gibt heute wohl keine kreative Schreibgruppe, in der nicht die Grundregeln für die Clustermethode nach G.L. Rico vermittelt werden. Mit der Vorstellung der **Clusterregeln** ergibt sich gleich die Vermittlung ganz prinzipieller Haltungen im Schreibprozess:

- Einschränkung der Kontrolle
- entspannen
- kindliches Staunen entwickeln über das, was passiert
- Text abrunden
- zur Kontrolle sich den Text nach Abschluss laut selbst vorlesen

In einer Schreibgruppe wurden folgende Grundregeln des Clustering erarbeitet:

„– Kernwort in die Mitte setzen
- nicht versuchen, sich zu konzentrieren
- den Gedankenstömen folgen und rasch aufschreiben
- jedes neue Wort wird durch einen Strich oder Pfeil mit dem vorigen Kreis verbunden
- neue Einfälle gehen wieder vom Kern aus, so dass sich verschiedene Stränge ergeben
- zwischendurch sich eventuell kurz entspannen
- sobald klar ist, worüber man schreiben will, mit dem Clustering aufhören und anfangen zu schreiben
- auf keinen Fall die Einfälle logisch prüfen, weil die instinktive Sicherheit sonst zerstört wird
- das Staunen (kindliche Haltung) einbeziehen: alles ist neu, wird bestaunt
- ca. 8 Minuten lang schreiben – etwa eine halbe Seite
- es entsteht ein geschlossener Text, indem zwischen bildlichem und begrifflichem Denken hin- und hergependelt wird
- ein wichtiges Wort, eine Wendung, ein wesentlicher Gedanke oder ein Gefühl, das in den ersten zwei Zeilen zum Ausdruck kam, wird zum Schluss wieder aufgenommen. Auf diese Weise schließt sich der Kreis
- das Geschriebene laut vorlesen: 1–2 Minuten Zeit für Änderungen nehmen, um den Eindruck zu verbessern.“ (A.N-C, 1987, S. 18)

Andere Schreibgruppen lassen sich bei der Festlegung der Schreibregeln von den „Sieben mal Sieben Tips und Tricks", die J. vom Scheidt seit 1985 erarbeitet und die in seinem Buch Kreatives Schreiben. Frankfurt 1989, S. 201–213" abgedruckt sind, inspirieren. Von den 49 oft sehr heterogenen Scheidtschen Tips hat die folgende Schreibgruppe acht herausgesucht, nämlich die Regeln 10, 11, 18, 15, 24, 23, 29, 21 des Scheidtschen Regelwerkes. Auch bei diesem Regelkanon wird die innere Gelassenheit, die Rücknahme der Kritik und das laute Vorlesen als Regel aufgestellt. Dazu kommen die Regeln der Auseinandersetzung mit Störungen, der Langsamkeit und Stetigkeit der Schreibübungen.

1.) Schreiben Sie auf, was ihnen gerade so einfällt, spontan, fließend, ohne Zensur und Selbstkritik. Das ist schwerer, als es klingt – und ist einfacher, wenn man es ein wenig geübt hat. Lassen Sie sich fallen. Überlassen Sie sich dem Strom der Einfälle.
2.) Schreiben Sie grundsätzlich nur für sich – zunächst. Dann erst zensieren Sie und überlegen sich, was Sie für sich behalten und was Sie anderen zeigen möchten.
3.) Blockiert etwas den Fluss der Einfälle beim Schreiben, so beschreiben Sie zunächst diese Störung. Z. B. so: „Verdammt, mir will einfach nichts einfallen, mein Kopf ist plötzlich wie leergefegt, ich würde so gerne…" In der Regel fangen dann plötzlich die Einfälle an zu purzeln oder wenigstens zu tröpfeln.
4.) Schreiben Sie so langsam wie möglich, am besten mit der Hand. Noch besser mit der schreibungewohnten Linken (bei Rechtshändern), jedenfalls ab und zu als Experiment.
5.) Übung macht den Meister. Jeder Pianist, den Sie nach den Wurzeln seiner Meisterschaft fragen, wird Ihnen sagen: „Üben, üben, üben." Sollte es mit dem Schreiben anders sein?
6.) Versuchen Sie, immer innerhalb derselben Struktur zu schreiben: am selben Ort, zur selben Tageszeit, in der gleichen Gruppe. Es wird eine Weile dauern, bis Sie für sich die passende Struktur gefunden haben. Lassen Sie sich Zeit.
7.) Versuchen Sie, ein Papierformat zu finden, das Sie in der von ihnen gewählten Zeiteinheit auch füllen können, evtl. samt Rückseite – nicht mehr und nicht weniger.
8.) Lesen Sie anschließend Ihren Text laut durch, am besten für jemand anderen, so entdecken Sie leichter „falsche" Töne, zu kompliziert gebaute Sätze, falsche Anschlüsse … Sie werden staunen, wie die Schreibe flüssiger wird.

(A. N.-C., 1987, S. 20)

Diese Regeln können für den Typ selbstbetroffenen Schreibens ausreichen. Beim Schreiben von modernen Textsorten werden sich die Regeln erweitern müssen. Besonders wichtig sind auch die **Regeln der Textdiskussion** nach dem Schreibprozess. Häufig wird in den Schreibgruppen nach der Grundregel des „Segeberger Kreises" gearbeitet: Der vorlesende Autor lässt allen Diskutanten den Vorrang und sagt zum Text und zur Textdiskussion erst zum Schluss etwas. Diese Regel eröffnet die Breite der Assoziation und gibt dem Autor die meisten Anregungen.

„Wir hielten es für richtig, auf einigen Regeln zu bestehen: Die Frauen sollen freiwillig vorlesen, eine Bestärkung wie: „Das war toll" soll – um keine Vergleiche mit dem eigenen Text anzustellen -, nicht ausgesprochen werden.

Die Autorinnen sollen sich nach zweimaligem Vorlesen erst nicht äußern, sondern Neugier auf die Wirkung auf andere entwickeln (verstehen sie, was ich meine, was bemerken die anderen, worauf ich nicht gekommen bin) und durch die Textassoziationen der anderen neue Anregungen erhalten. Würden die Texte sofort erklärt, lenkte man die Assoziationen der anderen in bestimmte Richtungen, und die Vielfalt der Textinterpretation ginge verloren. Einige Interpretationen und Erkenntnisse können zum Schluss geäußert werden" (M.N., 1988, S. 4).

Ein besonders regelbedürftiges Problem in Schreibgruppen ist das „wilde Deuten" oder die direkte Agression im Gewande der Textkritik. Immer wieder lassen sich Regelversuche finden, die den verbalen Angriff auf andere auszuschließen suchen:

„Was ich als änderungswürdigen Ablauf empfand, bezieht sich auf den kritischen Teil des Abends, wenn die Texte besprochen wurden. Dabei fiel es mir schwer, persönlichkeitsverletzende Äußerungen zu unterbinden, weil sie mit dem Temperament des Einzelnen zusammenhingen" (C.B., 1987, S. 12).

Um Aggression zu verhindern, wird die Regel: „Vorsicht vor Verletzungen, bleibt in der Kritik sozial angemessen", entwickelt:

„Daraus entwickelte sich ein Gespräch darüber, inwieweit sich jeder einzelne bei der Textbesprechung zurücknehmen muss, um niemanden anzugreifen und die Grenzen des Anderen anzuerkennen" (T.P. G.R., J.R., 1988, S. 15).

Eine solche Regel ist nun um einige Aspekte zu erweitern. Jeder Teilnehmer ist autonom. Jeder muss bereit sein, die Wirkung seines Textes bei sich und anderen selbst zu verantworten. Er muss abwägen, ob und wann er Texte, die andere betroffen machen können, vorlegen will. Wertungen sollten generell vermieden werden. Alle emotionalen Reaktionen auf den Text sollten im ‚normalen Rahmen' zugelassen werden, allerdings unter der Bedingung, dass niemand völlig allein dasteht. Im Krisenfall ergreift die Anleitung Partei für den Angegriffenen.

„Um den Gruppenprozess zu unterstützen und ein Klima emotionalen Vertrauens herbeizuführen, versuchte ich, bei der Textbesprechung mit einem Verfahren zu arbeiten, das den Feed-back-Regeln von Selbsterfahrungs- bzw. Therapiegruppen entspricht (vgl. L. Schwäbisch/M. Siems: Anleitung zum sozialen Lernen, Reinbek 1974, S. 70 ff. u. F. Schulz v. Thun: Miteinander reden: Störungen und Klärungen, Reinbek 1981, passim):

- Übernahme in die eigene Verantwortung, was ein Text im Leser/Hörer auslöst,
- Vermeiden von Deutungen und insbes. Wertungen,
- **direkter** Ausdruck von Wahrnehmungen, Vermutungen und Gefühle, d. h. Vermeiden von Fragen (außer Verständnisfragen), hinter denen meist eine Aussage verborgen ist" (R.H., 1989, S. 2 ff.).

Der entwickelte Regelwert der **themenzentrierten Interaktion** (R. Cohn: Von der USA zur TZI. Stuttgart 1975, S. 120 ff.) taucht am Rande als Leitlinie von Schreibgruppen auf. Allerdings lässt sich bei J. vom Scheidt die Betonung der TZI-Regel: „Störungen haben Vorrang" finden. Er erläutert diese Regel: „Akute Störungen lassen sich auf diese Weise meist erstaunlich leicht beheben, chronische Störungen hingegen gehören in der Regel in therapeutische Spezialbehandlungen" (J. vom Scheidt: Kreatives Schreiben, a. a. O., S. 217).

K. Daniels und J. Mehn befürworten den Einsatz von TZI-Regeln beim kreativen Schreiben in der Schule (K. Daniels, J. Mehn: Konzepte emotionellen Lernens in der Deutschdidaktik. Bonn 1985, S. 87 ff, S. 193 ff.). Allerdings ist die für Schreibgruppen notwendige Umformulierung der Regeln der themenzentrierten Interaktion noch nicht geleistet. Ein Versuch in dieser Richtung steht aber in unserem Kapitel D 3.2.

3.5. Arbeitspapiere vorlegen

Schreibgruppen verarbeiten im Medium kreativen Lernens ein gewisses Maß an wissenschaftlichen Erkenntissen über alle Aspekte des Schreibens, der Literatur, der Literaturpsychologie und der Literatursoziologie. Dieses Wissen ist aber in den Kontext der Schreibgruppen nicht in Form eines wissenschaftlichen Vortrages sondern meist nur als knappes Arbeitspapier einzubringen. Arbeitspapiere sollen „Grundlegendes hervorheben, Beziehungsreiches herausstellen, den Lernenden Bedeutsames artikulieren" (H. Tietgens, J. Weinberg: Erwachsene im Felde des Lehrens und Lernens. Braunschweig 1971, S. 208). Arbeitspapiere stellen exemplarische Grundkenntnisse vor (vgl. H. Siebert: Erwachsenenbildung. Düsseldorf 1972, S. 89 ff.). In verdichteter Form werden unverzichtbare Basisinformationen mit hohem Transfergehalt für die konkrete Schreibarbeit präsentiert. Mit den Arbeitspapieren kann der Gruppenleiter die Gruppenprozesse strukturieren, emotionelle Erfahrungen kognitiv aufarbeiten, eigene Schreiberfahrungen mit den wissenschaftlichen Erkenntnissen verknüpfen und wissenschaftliches Wissen mit Alltagswissen vermittelbar machen. Dabei ist der Grad der Verwissenschaftlichung kreativen Lernens mit Hilfe von Arbeitspapieren durchaus begrenzt. Das hat folgende Gründe: Wissenschaftliches Wissen wird von kreativen Gruppen nur ausschnittsweise und langsam übernommen. Soweit das Wissen nicht mit den Gruppenerfahrungen übereinstimmt, wird es eher abgelehnt. Die kognitive Dissonanz zwischen dem Wissen der Arbeitspapiere und dem Alltagswissen der Gruppenmitglieder muss durch eine gewisse Popularisierung der Inhalte der Arbeitspapiere gering gehalten werden. Die Informationen der Arbeitspapiere werden akzeptiert, wenn sie unmittelbar Hilfe (Entlastung und Distanzierung) für die Krisen im Schreib- und Gruppenprozess bringen. Soweit wie das Wissen die Krisen bewältigen lässt und kritische Grenzerfahrungen produktiv verarbeiten hilft, wird es in das Alltagswissen der Schreibgruppenmitglieder Eingang finden. Je mehr unmittelbare Wirkungen auf die konkrete Schreibarbeit von den Arbeitspapieren ausgeht, umso mehr werden sie akzeptiert (vgl. L. v. Werder: Alltägliche Erwachsenenbildung. Weinheim 1980, S. 57 ff.). Der Einsatz von Arbeitspapieren ist dem Gang der Entwicklung des Kurses oder Projektes anzupassen. Wir wollen im Folgenden, bezogen auf die verschiedenen möglichen Lernschritte im Schreibgruppenprozess, einige Beispiele für Arbeitspapiere vorstellen. Am Anfang jeder Schreibgruppe haben alle Teilnehmer die Frage: „Warum kreativ Schreiben, und wie soll das gehen?" Das folgende Arbeitspapier greift diese Fragen auf und vermittelt erste Kenntnisse über das kreative Schreiben und seine Methoden.

„Warum „Kreatives Schreiben"?
Jeder kann schreiben, aber – es schreibt ja nicht jeder! Viele Faktoren behindern unseren Zugang dazu:

- schulische Vorgaben und Einschränkungen,
- formale Anforderungen (Bewerbungsschreiben ..., Rechtschreibung, Kommasetzung, daraus folgend innere Widerstände zu freiem Schreiben),
- bislang nicht ernstgenommene eigene Versuche (Tagebücher ...),
- mangelnde Möglichkeiten, eigene Texte mit anderen zu diskutieren.

Viele Frauen fanden aus diesen Gründen nie den Zugang zum Schreiben oder haben es verlernt.
Wie?
Nach Vorgabe von Kernwörtern und/oder deren Einstellung durch freien Einfall wollen wir mit Hilfe von Clusterbildung (Assoziationsketten/Assoziationsnetzen) kleine Texte oder Gedichte entstehen lassen. Dabei sind sämtliche formale Anforderungen (z. B. Rechtschreibung) nicht nur unwichtig, sondern geradezu verboten!
Wer möchte, kann seinen Text vorlesen. Ziel der daraus entstehenden Diskussion innerhalb unserer Gruppe ist nicht die Analyse dieses Textes, sondern vielmehr die Wirkung auf jede einzelne Frau und was sie damit verbindet.
Dabei sehen wir unsere Position in der Aufgabe, Angriffe auf die Autorinnen als auch überspitzte Selbstdarstellungen zu vermeiden."

(M.N., 1987, Anlage 1)

Spätestens in der 2. Sitzung werden Fragen nach dem Wesen der freien Assoziation laut. Das nächste Arbeitspapier arbeitet die Bedeutung der freien Assoziation als Bindeglied zwischen den bewussten und den unbewussten Seiten der Psyche heraus.

„Zur freien Assoziation
Zum freien Einfall – wie auch immer
Die unbewussten Seiten der Person sind zwar nicht Gegenstand der Alltagssprache und des Alltagsbewusstseins, aber Gegenstand der poetischen Sprache und der Bilderwelt des Unbewussten. Die freie Assoziation ist unsere Leiter in die unbekannten Seiten unserer Person.
Freie Assoziationen entwickeln sich aus einem Einfallswort/Kernwort, an das sich Wortketten und Wortgruppen anschließen.
Die Bildung solcher Ketten und Netze sind eine Möglichkeit, unser auf Ordnung bedachtes Denken zu umgehen, durch ‚ziellloses Denken' auf Gedanken, Erinnerungen, Einfälle und Gefühle zu kommen, mit denen wir sonst nicht oft Berührung haben.
... einfach mit dem Schreiben beginnen, ohne zu wissen, was wann wo warum – und das scheinbare Chaos zuzulassen."

(M.N., 1987, Anlage 3)

Als Mittel der Lenkung der freien Assoziation wird oft mit dem „Cluster" gearbeitet. Folgende kurze Erklärung der Clustermethode kann in jeder Schreibgruppe die Ängste des freien Assoziierens bannen.

„**CLUSTER** (heißt Büschel, Traube)

Clustern kommt der Art und Weise entgegen, wie das bildliche Denken arbeitet, denn ein Kernwort regt zu Bündeln von Assoziationen an, die neue Ideen entstehen lassen.
Wieder mit dem Kernwort auf der leeren Seite beginnen, dann schreiben wir unsere Gedanken und Ideen rund um das Wort schnell auf.
Sind unsere aufeinanderfolgenden Assoziationen erschöpft, fällt uns etwas Andersartiges ein oder hüpfen wir mit dem Gedanken zurück zum Kernwort, beginnen wir wieder dort zu notieren.
In Pausen, wenn einem nichts einfällt, baut man das Cluster weiter aus, indem man Einfälle, die zusammengehören, durch Striche oder Pfeile verbindet. Zuerst kommt es euch vielleicht so vor, als würde das nirgendwohin führen, doch wenn ihr – erst scheinbar wahllos – Wörter um ein Kernwort herumgruppiert, werdet ihr Muster erkennen und wissen, wo der Schwerpunkt eures Textes liegt.

Das Gefühl, ziellos umherzuschweifen, macht einer Art Orientierung Platz – fangt dann an, zu schreiben."

(M.N., 1987, Anlage 4)

Jedes Arbeitspapier sollte graphische Illustrationen und Bildmaterial aller Art verwenden. Viele Kenntnisse in Schreibgruppen bedürfen aber begrifflicher Klärung.

Deshalb sind der Möglichkeit der Visualisierung in Schreibgruppen enge Grenzen gesezt. Ein ganz wichtiges Mittel des kreativen Schreibens ist die Bildung von Metaphern. Was Metaphern sind und wie man sie bildet, versucht das folgende Arbeitspapier kurz und knapp zu erläutern.

„METAPHERN UND ANDERE BILDER

Bei der Verwendung von bildlichen Vergleichen entsteht ein gezielter, unmittelbarer gefühlseinprägsamer Eindruck, ein geschlossenes Sprachgebilde, das ohne längere Überlegung und Deutung verstehbar ist.
Die Metapher trägt uns über die alltägliche, handgreifliche Wirklichkeit hinaus. Es gibt die verschiedensten Möglichkeiten, Bilder zu formen:

- Verwendung „uneigentlicher" Worte wie Flussarm, Nadelkopf, Licht der Wahrheit, Staatsschiff
- schmückende oder kennzeichnende Beiworte (der treffliche Hauswirt, das einsam-stille Feld)
- Mischen von Sinnesgebieten („Farbton")

„Nun treibt die Stadt schon nicht mehr wie ein Köder,
der alle aufgetauchten Tage fängt.
Die gläsernen Paläste klingen spröder
an deinem Blick." (Rilke, Spätherbst in Venedig)

- Personifikation, Belebung eines Dinges

„Schön ist der Friede! Ein lieblicher Knabe,
liegt er gelagert am ruhigen Bach." (Schiller)

- Ersetzung des gebräuchlichen Wortes durch ein anderes, das mit ihm in enger Beziehung steht (Mentor statt Betreuer)
- Vergleiche – Verschmelzung der gemeinsamen Gehaltes zweier Bereiche

„(Der alte Bauer) saß da, wie ein Stoß vergessenen Holzes tief im Walde steht, von Nässe versäuert, rissig, von Flechten überkrochen, mit gelöster Rinde." (Stehr)

- Parabeln (=nebeneinanderstellen), Gleichnisse mit selbständiger Handlung, in der eine Wahrheit durch einen Vorgang auf einem anderen Vorstellungsbereich anschaulich gemacht wird
- und – natürlich – Symbole."

(M.N., 1987, Anlage 7)

Wenn die Schreibgruppe über die ersten Anfänge des Schreibens hinaus ist, wird sie sich mit literarischen Formen auseinandersetzen wollen. Die wichtigsten Informationen über Sonette und der Hinweis, dass gereimte Gedichte von den Reimen aus, also vom Zeilenende aus, geschrieben werden können, bietet das folgende Arbeitspapier:

„SONETTE

Das klassische Sonett gibt folgende Strophenanordnung vor: ZWEI STROPHEN mit VIER ZEILEN und ZWEI STROPHEN mit je DREI ZEILEN.
Zu beachten ist die Tradition, die das 1. QUARTETT als THESE, das 2. QUARTETT als ANTI-THESE, die TERZETTE als SYNTHESE auffasst, wobei die LETZTE ZEILE die SCHLUSSFOLGERUNG darstellt.
Das Sonett kommt mit vier Reimen aus, die meist nach folgendem Schema angeordnet sind:

abba abba cdc dcd

Beispiel:

a laufen
b Berg
b Zwerg **These** (Pro, Behauptung, Positives)
a kaufen

a raufen
b Werk
b Clerque
a Haufen **Antithese** (Contra, Widerlegung, Negatives)

c schwer
d Flaum
c mehr **Synthese**

d Raum
c sehr
d Schaum **Schlussfolgerung** (Moral, Pointe)

Themen und Inhalte von Sonetten: Liebeslyrik, Heimweh, Krieg, Vergänglichkeit, Religion…
Auch Gegenstände und Bilder können im Sonett besungen werden.
Die Titel können dann heißen: Auf eine Armbanduhr. – Auf eine Muschel. Auf einen Stein. – Auf…“

(B.D., M.S., 1990, Anhang)

Über das Schreiben von Märchen informiert folgendes knappes Arbeitspapier, das sich in drei Abschnitte gliedert:

a) Bedeutung des Märchens für die Poesie
b) Elemente des Märchens
c) Methode des Schreibens autobiographischer Märchen

„EIN MÄRCHEN SCHREIBEN

Das Märchen ist die Grundform und der Kern poetischen Schreibens und Erzählens.
Märchen sind wie Traumbilder.
Beim Schreiben von Märchen entstehen durch freie Assozaitionen und Spiel der freien Einfälle Ausdrucksmöglichkeiten, die sich dem Unbewussten entgegen aller Zensur eröffnen.

ELEMENTE DES MÄRCHENS
Märchen erzählen meist in drei Akten:

1) Der Anfangskonflikt – Verbot, Verrat, Aussetzung, Verzauberung, Mord.....
2) Suche nach Konfliktlösung – Herausforderung, Prüfung, Angst, Leiden, Kampf.....
3) Lösung – Wiederbelebung, Befreiung, Entzauberung, Hochzeit....

Wir wollen ein autobiographisches Märchen schreiben. Ein ZAUBERMÄRCHEN über die JUGENDZEIT.
Versucht deswegen erst einmal, euch an diese Zeit zu erinnern. Denkt an schöne oder schlechte Begebenheiten, euren Umgang mit Konflikten und deren Lösungen, an Schulfreunde, Eltern, eure Tagträume....
Assoziiert spontan, was für eine (Märchen-)Figur zu euch damals gepasst hätte.
Schreibt die Figur auf, und fangt sofort, ohne weiter zu überlegen, an mit: ES WAR EINMAL.....“

(M.N., 1988, Anlage 9)

Um poetische Texte höherer Qualität verfassen zu können, sind Kenntnisse über Stile und Stilmittel vonnöten. Eine expressionistische Schreibgruppe, die spontan entstandene Urtexte expressionistisch verdichtet, braucht die sechs Regeln expressionistischer Textarbeit. Das folgende Arbeitspapier liefert diese Regeln in knappster Weise, lässt dem Anleiter Raum zu weiterer mündlicher Erklärung und gibt zugleich den Teilnehmern Platz für Nachfragen. Dieses Arbeitspapier dient der Einleitung eines qualifizierten Diskurses über das ästhetische Geheimnis expressionistischer Textwirkung.

„EXPRESSIONISTISCHE TEXTARBEIT

Expressionistische Textarbeit umfasst **sechs Regeln,** deren Anwendung den Ur-Text zum expressionistischen Text hin entwickelt.

a.) SUBSTANTIVIERUNG: d. h. Wortverkürzung, Satzverkürzung, Konzentration.

b.) HETEROGENISIERUNG: d. h. poetische Bilder werden dissonant gegeneinander gesetzt, Bildmontage.

c.) PERSONIFIZIERUNG: die dingliche Umwelt, Landschaften werden als mythische Personen dargestellt.

d.) REDUKTION DER PERSONEN AUF HÄSSLICHE DETAILS: Menschen werden nur noch durch häßliche Körperdetails dargestellt oder als Tiere durch Substantivverschmelzung. Beispiel: Hungerhaie.

e.) EMOTIONALISIERUNG: Hohe emotionale Dauerspannung wird in Laut und Rhythmus ausgedrückt.

f.) UTOPISIERUNG: der wesentliche Mensch zeigt sich hinter dem entfremdeten Menschen, der sich in ekstatischer Liebe, in neuer Naturverschmelzung und in utopischer Gemeinschaftssehnsucht ausdrückt."

(C.B., 1987, Anhang)

Im letzten Beispiel nimmt das Arbeitspapier Lexikoncharakter an. Es erklärt die Fremdworte und illustriert sie so, dass sie unmittelbar die Textverarbeitung anleiten können.

Die Erstellung von Arbeitspapieren erfordert viel Arbeit. Dabei kann der Anleiter auf folgende Quellen zurück greifen: Fachlexika, literaturwissenschaftliche Lehrbücher, Dokumentation von Schreibgruppen, vorhandene Sitzungsentwürfe, Praxisberichte usw. Dieses Material organisiert er entsprechend den zu erwartenden Teilnehmerbedürfnissen. „In der Diskussion mit den Teilnehmern kann dieses Konzept dann modifiziert werden, der Basaltext (Arbeitspapier) kann aufgrund der Vorkenntnisse und Interessen gekürzt oder ergänzt werden" (H. Siebert, a.a.o., S. 90).

Die kognitive Arbeit kann auch durch die Bereitstellung und Benutzung einschlägiger Fachbücher während der Schreibwerkstatt unterstützt werden. Jede Schreibwerkstatt sollte auf dem Arbeitstisch für Textarbeit, Deutung, Amplifikation und Begriffsklärung wenigstens folgende Bücher allen Teilnehmern zugänglich machen:

Lurker, M.: Wörterbuch der Symbolik. Stuttgart 1985.
Best, O.F.: Handbuch literarischer Fachbegriffe. Frankfurt 1982
Steputat: Reim-Lexikon. Stuttgart 1985.
Knörrich, O.: Formen der Literatur. Stuttgart 1981.
Dämmrich, I.U.: Themen und Motive der Literatur. München 1985.
Frenzel, I.: Motive der Literatur. Stuttgart 1988.
Grümmer, G.: Spielformen der Poesie. Leipzig 1988.

Ein wichtiger Fortschritt der Poesiepädagogik wäre zu erreichen, wenn alle entstehenden poesiepädagogischen Arbeitspapiere zentral gesammmelt, nach Zielgruppen und Themen geordnet, überprüft und verbessert würden. Dieses Material könnte dann allen Mitarbeitern der Schreibbewegung auf Anforderung zur Verfügung gestellt werden.

Die Anlage einer EDV-Datenbank für Arbeitspapiere der Poesiepädagogik könnte die didaktische Beratung technisch sehr gut unterstützen.

„Schreiben heißt, einen Apell an den Leser richten, er möge den Enthüllungen, die ich durch das Mittel der Sprache vorgenommen habe, zu objektiver Existenz verhelfen."
(J.P. Satre: Was ist Literatur. Reinbek 1959, S. 30)

D. Anleiter und Teilnehmer des pädagogischen Feldes

Zum Abschluss wollen wir die beiden Hauptfaktoren des poetischen Feldes: die Anleiter und die Teilnehmer, noch einmal gesondert beleuchten, da durch dem richtigen Umgang mit diesen beiden Kräften sich das Schicksal des poetischen Feldes in Schreibgruppen entscheidet.

1. Die Interventionen der Anleiter

Die Interventionstechnik der Anleiter haben wir im Kapitel Poesiepädagogik und im Kapitel Poesiegruppenpädagogik verstreut in den Bereichen „Krisen" und „Chancen" erwähnt. Wir wollen die Interventionen nach ihrem **moderierenden** oder beratenden Charakter unterscheiden. Die moderierende Intervention, die sich auf die formelle Leitung der Veranstaltung, auf die Planungsschritte, die Struktur der Sitzung, das Zusammenfassen von Ergebnissen bezieht, sind schon genügend erwähnt worden. Hier interessierten uns besonders die **beratenden** Interventionen, die „Erfahrung, Einsicht und Kenntnisse vermitteln", indem sie aktuelle Geschehnisse im Schreibgruppenprozess aufgreifen, verstehen und lösen helfen. Wenn die Gruppe inhaltlich nicht weiterkommt, wenn sie sich schwer tut, einen Konflikt zu lösen oder eine Entscheidung zu treffen, dann wird der Leiter es mit einer beratenden Intervention versuchen, um hier weiterzuhelfen. Eine solche Intervention kann durchaus konfrontierenden Charakter haben: z. B. ein Feedback oder eine provozierende Frage beinhalten. „Sie kann aber auch in einer kurzen Sachinformation, in einem Angebot zur Prozessauswertung, vielleicht sogar in einer therapeutischen Sequenz bestehen, um einen Teilnehmer und damit der Gruppe über eine Klippe zu helfen" (B. Langmark, M. Braune-Krickau, 1987, S. 155). Diese beratenden Interventionen geschehen ganz dicht am Schreib- und Gruppenprozess. Der Anleiter ist hier immer persönlich involviert. Seine Intervention bezieht sich jeweils auf einen sehr kurzen Augenblick des Geschehens. Sie ist der Versuch, die „fruchtbaren Augenblicke „ im poetischen Feld kurzfristig zu nützen. Dabei ist nicht zu übersehen,"dass diese Interventionen durchaus langfristig weiterwirken" (B. Langmarck, M. Braune-Krickau, 1987, a.a.o., S. 155). Denn mit der beratenden Intervention setzt der Anleiter entscheidende inhaltliche, teilnehmerzentrierte und gruppenbezogene Akzente, die am besten bei einer gewissen professionellen Distanz des Anleiters zur Gruppe sich entwickeln werden. Wir wollen im Folgenden elf der wichtigsten Interventionstechniken von Schreibgruppenanleitern vorstellen:

1) Klare und ruhige Arbeitsanweisungen geben:
In jeder Sitzung sind bestimmte Übungen anzuleiten, der Umgang mit Texten zu strukturieren, Emotionen zu bewältigen. So einfach der Interventionsgrundsatz ist, so wichtig ist er: Möglichst **klare** Arbeitsanweisungen geben und schrittweise und langsam von einer Arbeitssequenz zu anderen wechseln. „Schnelle" Anleiter geraten bald in Bedrängnis. „Schnelle Gruppenleiter, die allzu forsch und enthusiastisch auf Veränderungen der Teilnehmer drängen, die unbedingt einen Durchbruch erzielen wollen, sind auf einem gefährlichen Pfad" (K.W. Vopel: Handbuch für Gruppenleiter, a. a. O., S. 65). Auch in Schreibgruppen sollte die Erkenntnis herrschen: „Wir erkannten wie wichtig es ist, genaue Anweisungen zu geben und langsam von einem Schritt auf den nächsten überzugehen" (M.N., 1988, S. 6).

2) Angewandte Methoden und Techniken kognitiv erklären:
Viele der in Schreibgruppen angewandten Methoden greifen in die Gefühlswelt der Teilnehmer ein. Damit die Teilnehmer auf diese Veränderungen vorbereitet sind, ist es nötig, die wichtigsten theoretischen Grundlagen und verschiedene Methoden des kreativen Schreibens den Teilnehmern kognitiv zu erklären. Bei der freien Assoziation ist über die Assoziationsgesetze des Gedächtnisses kurz zu informieren. Beim Clustern ist die Einführung in die Arbeit der beiden Seiten des Gehirns unerlässlich. Die Arbeit mit verschiedenen Schreibstilen muss mit einem Blick auf die literarischen Epochen, aus denen sie stammen, verbunden sein. Märchenschreiben erfordert ein Hinweis auf die Romantik. Das automatische Schreiben muss den Surrealismus vorstellen.

3) Isometrie verbessern:
Die Wirkung von Schreibgruppen hängt davon ab, dass der Anleiter die Teilnehmer immer dort abholt, wo die Teilnehmer stehen. Alle Angebote des Anleiters zu Schreibstimuli, Methode, Inhalt und Deutung müssen der Situation und den Problemen der Teilnehmer entsprechen (sie müssen isomorph sein). Sie müssen die Situation der Teilnehmer erfassen und sie dazu bewegen, in ihrer Situation auf ein besseres Ziel hin aktiv zu werden. Für die Schreibgruppen heißt das, die Teilnehmer müssen so mit dem Schreiben konfrontiert werden, dass sie mit Hilfe des Schreibens besser leben lernen. Zielgruppenforschung und praktische Erfahrung hilft die Isometrie der Angebote zu verbessern. Gerade am Ende eines Kurses oder Projektes können wichtige isometrische Erkenntnisse gewonnen werden. Beim Übergang von einer Altenschreibgruppe zu einer anderen wurde z. B. erkannt, dass die Stimuli-Texte einfach, ohne

Fremdwörter sein und der Ästhetik des 19. Jahrhunderts entsprechen sollten: „Die Erfahrungen aus dem ersten Schreibkurs machten wir uns zunutze und vereinfachten jetzt die Texte für die einzelnen Sitzungen, indem wir sie erheblich kürzten und die Fremdwörter übersetzten. Außerdem tauschten wir einige Gedichte aus, die für die Teilnehmer des ersten Kurses zu schwierig waren, und wählten dafür Gedichte aus, die den Empfindungen der alten Menschen mehr entsprachen (Klassiker und Romantiker)" (M.M., 1988, S. 54).

Beim Übergang der Zielgruppe Psychatrie-Entlassene (veranstaltet im Berliner alternativen Psychatriezentrum Komm-Rum) zur Zielgruppe Behinderte (veranstaltet im Berliner Treffpunkt für Behinderte, Blissestraße 22) wurden die Themen der körperlichen Behinderung der Teilnehmer entsprechend umgestellt: „Die Planung für die Durchführung einer Schreibgruppe in der Blisse 14 basierte weitgehend auf unseren Erfahrungen mit der Komm-Rum-Gruppe. Das gilt auch für die Themenauswahl. Bewährte Themen wurden übernommen oder den Teilnehmern, die sich durch Alter, eventuelle Behinderungen und zugehöriges soziokulturelles Umfeld von der Komm-Rum-Gruppe unterschieden, angeglichen" (T.P., G.R., J.R., 1988, S. 13).

4) Schreibstörungen beraten:

Häufig treten in Schreibgruppen Schreibstörungen auf. Die Lust am Schreiben erlischt oder kommt gar nicht auf. Die Texte werden für sich behalten, weil sie der inneren Zensur zum Opfer fallen. Die Aufarbeitung der in der **Schule** entwickelten Schreibstörungen (z. B. die Einsozialisierung von Zeitdruck beim Schreiben) ist immer Teil der Störungsberatung. „ Zwei Teilnehmer kommen mit dem Zeitdruck, der sie an Schule erinnert, nicht zurecht und sind unzufrieden. Ein Gespräch klärt die Situation" (B.D., M.S., 1990, S. 15).

Manche Teilnehmer haben keine richtigen Vorstellungen, wie sie kreative Schreibimpulse nutzen können. Sie denken, die Texte müssen spontan vom Himmel fallen. Auf die Arbeit an eigenen Schreibstimuli lässt sich folgendermaßen hinweisen: „Wir rieten den Teilnehmern, sich ein kleines Archiv ganz persönlicher Stimuli zusammenzustellen, denn dieses Archiv kann Anstoß zu vielen freien Einfällen geben, aus denen dann wieder viele Texte entstehen können. Weitere Anstöße können Träume sein, zu denen man frei assoziiert. Eine weitere Möglichkeit sind Fragen, die man aufschreibt und in deren Antworten Erinnerungsfetzen, Bilder oder Gefühle auftauchen, die dann zu einem Kernwort verwendet werden" (M.M., 1988, S. 35).

5) Feed-back geben und nehmen:

„Es ist unmöglich, nicht nicht zu kommunizieren" (P. Watzlawick). Ständig reagieren wir im Alltag auf andere, und andere reagieren auf uns. Gerade in Schreibgruppen mit ihrem dichten Geflecht von emotioneller Übertragung und Gegenübertragung ist das Feed-back ein wichtiges Mittel, um die Beziehung zwischen Teilnehmern zu klären, Verhalten zu beeinflussen, das Gruppenklima zu verbessern. Feed-back sollte konkret, kurz, direkt, in eigener Verantwortung gegeben werden. Das Feed-back kann vom Anleiter, von Teilnehmern, von der ganzen Gruppe gegeben werden. Häufig ist gerade das Gruppen-Feed-back wichtig: „Diese Feed-backs sind häufig von großer Bedeutung für den Teilnehmer, der gerade im Mittelpunkt stand und auf diese Weise erfährt, dass er mit seinen Problemen nicht allein ist" (K.W. Vopel: Handbuch für Gruppenleiter a.o., S. 138). In Schreibgruppen geschieht das häufigste Feedback bei der Reaktion der Gruppe auf vorgelesene Texte. Die Textdiskussion ist meist ein richtiges Feed-back-Netzwerk:" Nach dem Schreiben wollen wir erläutern, worum es bei der nach dem freiwilligen Vorlesen stattfindenden Textdiskussion gehen soll: nicht um Analyse, sondern – was bewirkt dieser Text in mir, – welche Gefühle und Assoziationen habe ich dazu, – was mag die Autorin meinen, – was hält mir dieser Text vor" (M.N., 1988, S. 5).

Das Gruppen-Feed-back kann zur erheblichen Vertiefung der Texterfahrung beitragen. Es kann Deckerinnerungen auflösen und schmerzliche Erfahrung zugänglich machen.

„In den Gesprächen beteuerten die Teilnehmerinnen, dass sie eine schöne Kindheit hatten, voller Liebe zu Vater und Mutter oder zu den Großeltern. Beim genauen Hinschauen ist bei fast allen Teilnehmerinnen das gestörte Verhältnis zu Vater oder Mutter zu erkennen. Es ist auffällig, dass sich beim Erzählen über die Kindheit die Kindheitserinnerungen, an die man zuerst denkt, angenehm und schön darstellen. Nach längerem Nachdenken tauchen dann aber auch schmerzliche Erinnerungen auf" (M.M., 1988, S. 58 ff.).

Das **Gruppen-Feed-back** kann die Gefühlsunterschiede zwischen den Männern und Frauen in der Gruppe beleuchten:

„Zum Thema „Vater" schilderten Frauen eher Liebesgeschichten, während Männer viel über Wut und Ohnmacht dem Vater gegenüber schrieben. (Beim Thema „Mutter" war es teilweise analog dazu!)" (C.B. 1987, S. 7)

Die Gruppe kann dem Anleiter Feedback geben. Das ist insbesondere am Ende von Sitzungen oder am Ende eines Kurses oder Projektes der Fall:

„Nach der Besprechung der Texte bat ich die Teilnehmerinnen um ein abschließendes Feed-back für mich. Übereinstimmend wurden die Imaginationen, Fantasiereisen und Entspannungsübungen als sehr anregend und wohltuend empfunden. Positiv vermerkt wurde die geringe Gruppengröße, meine Zeit und Geduld bei der Textbesprechung. Alle fanden den Kurs zu kurz, und drei von vieren würden gerne sofort weitermachen" (R.H., 1989, S. 41).

Jeder Teilnehmer kann seine Erlebnisse in der Gruppe dem Anleiter zu erkennen geben, und auch der Anleiter reagiert mit einer richtigen Feed-backstrategie auf die Gefühlssignale der Gruppe durch Text und Diskussion. Dabei ist die Sensibilität für die Widerstände der Teilnehmer wichtigster Teil dieser Interventionsstrategie des Anleiters: „In meinen Interventionen als Leiter versuchte ich, das Hauptaugenmerk darauf zu legen, unterschwellige oder unklare Kontakt- und Beziehungsprozesse deutlicher zu machen und Aufmerksamkeit und Wahrnehmung der Teilnehmerinnen auf ihren eigenen Erfahrungsprozess, besonders dessen emotionale Qualitäten, zu lenken. Das schloss vorsichtige Deutungsvorschläge zu den Texten ein, die sich an den entscheidenden Symbol- und Prozesswörtern (i. S. psychodynamischer Prozesse) orientiert. Mehr denn je gelangte ich zu der Überzeugung, dass diese Art von Textbesprechungsarbeit eng verwandt ist mit der Arbeit an und Deutung von Träumen und mit ähnlichen Methoden geleistet werden kann. Wichtigstes Prinzip dabei blieb für mich, die VerfasserInnen dort abzuholen, wo sie sich mit ihrem Text befanden, ihnen die Führung zu überlassen, keine Deutungen durchzusetzen (d. h. auch Versuche anderer Teilnehmer dazu zu unterbinden!) oder Widerstände zu überrennen, die notwendige Schutzmechanismen dastellen" (R.H., 1989, S. 4).

6) Texte deuten:
Gerne etabliert sich beim Textdeuten die „wilde Psychoanalyse", die überall Sexyalsymbole sieht und auf Orgasmusschwierigkeiten hinaus will. Diese Art Deutung ist in Schreibgruppen nicht hilfreich. Textdeutung durch den Anleiter oder die Gruppe sollte persönliche Verletzungen ausschließen. Das Aufdecken latenter Textbotschaften aus dem Bereich ungelebter Gefühle, ungelöster Lebensprobleme, kollektiver Tradition usw. sollte im Rahmen der Feed-back-Kompetenz der Gruppe bleiben. Die folgenden Deutungsbeispiele, die gut ankamen, decken Pauschalisierung, emotionale literarische Vorliebe und unbegriffene Aggression auf:

„In meiner Intervention beschränkte ich mich darauf, Sabine ihre Pauschalisierungen deutlich zu machen und Emil zu vermitteln, dass seine Wahl, sich mit Brecht zu befassen, natürlich auch eine persönliche, emotionale Komponente hat" (R.H., 1989, S. 31).

Nun die zweite Deutung:

„Am auffälligsten war Christas Text, der Bilder großer Aggression gegen mich enthielt. Ich deutete sie als Wut und Enttäuschung, weil die Gruppe zu Ende geht" (R.H., 1989, S. 41).

7) Für Abwechslung sorgen:
Jede kreative Gruppe steht in Gefahr, in Routine zu erstarren, in Langeweile zu versinken oder an zu viel Gefühl zu ersticken. Hier hat der Schreibgruppenleiter für Abwechslung zu sorgen. Das poetische Feld ist variabel zu halten durch einen angemessenen Wechsel der Schreibmethoden, Schreibstimuli, Themen und Auswertungsformen. Neben das Tragische sollte das Komische treten. Zuviel Tiefe erfordert z. B. Nonsens. Die gelungene Imitation der Klassik ermöglicht die witzige Parodie, eine Einsicht, die der romantischen Ironie Geburtshilfe leistete. Die spielerischen Literaturmomente können der Satire wie dem Humor Tür und Tor öffnen. **Schallendes Gelächter vertreibt die Tränenbäche.** Das allzu Offensichtliche ist als Geheimnis zu verfremden. Die technizistische Lebenswelt will poetisiert, die allzu penetrante Poetisierung

ironisiert werden. Einzelarbeit wird durch kollektives Schreiben, Arbeit im Raum durch Schreiben vor Ort, im Freien, abzuwechseln sein. Wenn das Schreiben ermüdet, kann gemalt, gesummt, Rollen gespielt, aus den Klassikern oder dem Readers Digest vorgelesen werden. Museen, Stadtlandschaften, aber auch Philosophien und Romane eröffnen neue Räume des Textens, wenn in den alten Räumen die Langeweile sich breit macht.

8) Hilfen bei Katharsis geben:
Der Gefühlsdurchbruch begleitet die Schreibgruppen. Der Anleiter und die Gruppen werden durch die kathartische Reaktion immer sehr stark berührt. In Schreibgruppen haben sich verschiedene Interventionen auf kathartische Reaktionen finden lassen:

a) Selbsthilfe:
Der Einzelne hilft sich im Schutz der Gruppe selber.
„Die Autorin drückte in dem Text ihre Freude über das Zusammensein in der Schreibgruppe an diesem Wochenende aus. Sie hatte Hemmungen, ihre Freude über das Gruppenerleben mitzuteilen, was sich darin äußerte, dass sie mehrmals im Vorlesen abbrach und ihre starke emotionale Beteiligung durch Freudentränen deutlich wurde. Obwohl die Gruppe sie nicht drängte, ihren Text zu Ende zu lesen, konnte sie ihre Hemmungen überwinden, weil es ihr ein starkes Bedürfnis war, sich der Gruppe mitzuteilen“ (T.P., G.R., J.R., 1988, S. 14).

b) Gruppenhilfe:
Die Gruppe reagiert spontan einfühlsam, tröstend und schützend auf die Karthasis eines Teilnehmers:

„Wir freuten uns, dass wir in der Lage waren, uns untereinander in Problemsituationen zu stützen. Gut wurde das Auffangen der weinenden Teilnehmerin bewertet“ (B.D., M.S., 1990, S. 8).

c) Ablenkung durch Verallgemeinerung:
Die Anleiter relativieren den Schmerz des einzelnen, entkräften die Ursache der Karthasis und zeigen ihre Allgemeinheit auf. So lenken sie den einzelnen von sich ab und binden ihn in die existentielle Lage der Menschen ein. „Doch nutzten wir in solchen Fällen die Möglichkeit, von uns ins allgemeine überzugehen, was die persönliche Betroffeneheit abschwächte“ (C.B., 1987, S. 20).

d) Kurze Gefühlsreflektion und Stützung durch Gelassenheit:
Die Anleiter stützen z. B. eine weinende Frau durch Gelassenheit, Raum lassen, eine kurze Bearbeitung der Ursachen der Tränen und den Übergang zur Arbeit am Text: „Eine Teilnehmerin fing beim Lesen ihres Textes an zu weinen, sie wurde an längst verdrängte und nicht mehr erfüllbare Lebensträume erinnert …

Als der Frau beim Vorlesen die Tränen kamen, waren wir sehr ruhig, was auch auf die Gruppe übergriff. Es kam keine Peinlichkeit oder Beklommenheit auf. Wir haben abgewartet, bis sie sich einigermaßen gefasst hatte, sie hat kurz über ihre Gefühle geredet, dann hat B. angefangen, ganz normal und sachlich weiter über ihren Text zu reden, so dass die Textreflektion in der Gruppe in Gang kam" (H. M., 1990, S. 7 ff.).

e) Systematische Hilfsintervention:
Schließlich kann der Anleiter auch eine detaillierte Hilfsintervention entwickeln – beim Vorlesen helfen, wenn die Stimme erstickt – die Gruppe zum positiven Feed-back animieren – nach der Ursache der Kathasis fragen – Ursachen ansprechen und durcharbeiten – Ergebnis der Hilfe bewerten. Dazu ein sehr instruktives Beispiel:

„Beim Vorlesen der Textstelle: „Weinend lief ich nach Hause und ich sagte meiner Mutter, dass ich keinen Vater mehr hätte", bricht sie in Tränen aus. Sie bittet mich, den Text zu Ende vorzulesen. Frau S. ist sehr ergriffen. Sie durchlebt noch einmal das ganze kindliche Leid. Die Gruppe wandte sich verständnisvoll und tröstend Frau S. zu. Ich fragte sie, ob sie darüber reden wollte. Sie erzählte uns, dass sie seit damals nie wieder über dieses Ereignis geredet hatte, und sie war selbst erstaunt über ihre starke Reaktion. Sie konnte uns auch nicht erklären, warum sie seine Grabrede geschrieben hatte, worin sie alles beschönigte. Ich nehme an, sie wollte sich dadurch mit ihrem Vater versöhnen.

Ich glaube, dass Frau S. durch das Aufschreiben und Vorlesen ihres Textes sich von diesem erlebten kindlichen Leid befreien konnte" (M. M., 1988, S. 42).

f) Eine kathartische Kettenreaktion verhindern:
Nach einer starken Katharsis empfiehlt sich die Verhinderung von weiteren tiefen Regressionen anderer Teilnehmer mit Hilfe des Einsatzes von Methoden des kollektiven imaginativen Schreibens: „Die Gruppenfantasie erlebte ich als Methode, die es beeinflussen kann, dass einzelne nicht zu stark in innere Bilder sich verlieren. Außerdem kann diese es zu Anfang fördern, dass die Mitglieder lernen, sich aufeinander zu beziehen" (M. Dörner u. a.: Von der Biographie zur Utopie, Berlin 1989, S. 59).

9) Philosophische Begegnung suchen:
In Schreibgruppen wird immer das autobiographische Element zur Spache kommen. Oft gerät die Schreibgruppe bei existentiellen Problemen ins Philosophieren, und das ist gut so.

„Die Lebensskizzen, die am ersten Abend entstanden waren, lagen in der Mitte des Tisches. Sie dienten der erneuten Auseinandersetzung mit dem bisherigen Lebensweg, der in eine verkraftbare Zukunft hineinreichen sollte.

Es entstand aus den Fragmenten der vorher geschriebenen Texte ein neuer Text, der einen hoffnungsvollen Charakter aufzuweisen vermochte. Nach einem annähernd philosophischen Gespräch über den Sinn des Lebens, des Eigenen, gingen wir gemeinsam Essen" (C.B., 1987, S. 11).

Beim Philosophieren über Texte, das hat die Existenzphilosophie deutlich gezeigt, ereignet sich die existenzielle Begegnung: „Besonders aufschlussreich sind die Diskussionen, die sich nach dem Schreiben und Vorlesen ergeben. Nach und nach bringt sich jeder in die Gruppe ein, erzählt von seinen Problemen" (A.K., 1985, S. 24).

Auch beim Schreiben nach Tarotkarten eröffnen sich oft sehr weite Perspektiven: „Nachdem die Texte vorgelesen sind, debattieren wir weit über die Zeit hinaus über die Themen Mystik, Utopie, Lebensängste, Tagträume usw" (B.D., M.S., 1990, S. 31).

In solchen Situationen ist der Anleiter gezwungen, eine philosophische Haltung einzunehmen. Er kann hier nicht raten und kluge Lebensweisheiten vorbringen. Er muss jetzt bereit sein zur „Begegnung" von Existenz zu Existenz. „Dieser letzte Kern des Menschen, den wir als Selbst oder als Existenz bezeichnen, ergibt sich grundsätzlich nie in der Einsamkeit eines Ichs, sondern immer nur in der Begegnung" (O.F. Bollnow: Existenzphilosophie und Pädagogik, Stuttgart 1977, S. 100).

Begegnung ist nur die zwischenmenschliche Berührung „wo der andere Mensch den Menschen so in seinem Kern berührt, dass sein ganzes Leben und alle seine Pläne und Erwartungen umgeworfen werden und etwas völlig Neues für ihn anfängt" (O. F. Bollnow a. a. O., S. 101).

Diese Art Begegnung ist nicht zu planen. Der Anleiter kann sie nur mit der Gruppe suchen und wenn er sie findet, zu nutzen versuchen.

10) Gruppenkonflikte thematisieren:

Gruppenkonflikte zeigen sich bei der Entstehung von Seitengesprächen, bei langen Schweigepausen, bei Gruppenkonfusion, bei Aussteigern und Rebellen, beim Auftreten von Panik und Angst, bei langen Rationalisierungen, bei Zuspätkommen und Fehlen, bei aggressiven oder völlig depressiven Texten, bei Anwachsen von Schreibstörungen, bei wütenden Textverdammungen usw. In diesen Situationen ist das Handeln des Anleiters gefordert. Er muss die Störung zur Sprache bringen. Er muss sie in Fragen an die Gruppe kleiden. Die mit der Frage ausgelöste Diskussion wird den Einsatz weiterer Mittel der Konfliktlösung eröffnen (z. B. Konflikttexte schreiben, Gruppendiagramme malen, Stimmungen in Form von Summen ausdrücken, kollektive Texte schreiben usw.). In einem kollektiven Text kann z. B. der Außenseiter dann als integrierte Gestalt erscheinen und den Konflikt damit bereinigen. „Emil wird beim kollektiven Schreiben als sehr integrativ erlebt, das ist ein verblüffender Widerspruch dazu, dass er häufig die Aggressionen der anderen auf sich zog (R.H., 1989, S. 36).

Diese Rollenumdeutung kann den Anfang der Lösung der Außenseiterprobleme von Emil bedeuten.

11) Schreibwirkungen zur Sprache bringen:
Kreatives Schreiben ist eine Methode, die späte Wirkungen entfaltet und nicht nur im Hier und Jetzt der Gruppe wirkt. Der Anleiter sollte diese Langzeitwirkung in der Gruppe thematisieren, um sich und die Gruppe über die späten Auswirkungen des Schreibens, lange nachdem die Gruppe ihre Arbeit abgeschlossen hat, zu informieren.

„Nach jeder Sitzung spürten sie ihre Veränderung, so berichteten sie, dass sie noch viele Tage nach jedem Kursnachmittag an das Geschriebene und Gesprochene gedacht haben. Frau G. und Frau M. legten jeden Abend ihre Schreibhefte ans Bett, denn wenn sie nicht schlafen konnten, standen sie auf und schrieben. So konnten sie sinnvoll ihre Schlaflosigkeit überbrücken. Frau G. erwähnte, dass sie immer ganz müde war, bevor unser Kurs begann, aber sobald sie anfing zu schreiben, war die Müdigkeit verflogen. Für Frau S. hatte sich ihr gesamter Alltag verändert, seitdem sie diesen Kurs besuchte. Sie traute sich wieder mehr zu. „Ich wage mich jetzt wieder an schwierige Bücher ran", sagte sie (M.M., 1988, S. 48).

Durch die Thematisierung der Wirkung des Schreibens kann der Anleiter helfen, die Lernerfahrungen der Gruppe auch in den Alltag zu transferieren. Wie die Beispiele zeigen, kann die Schreibgruppe besonders bei alten Menschen helfen, im Alltag
- Schlaflosigkeit zu überbrücken,
- Müdigkeit zu überwinden,
- Kommunikation zu stiften,
- Selbstvertrauen zu steigern und
- Leseinteressen anzuregen.

Über solche Transferleistungen sollten die Teilnehmer immer unterrichtet sein, um sie für sich besonders intensiv nutzen zu können.

2. Das Lernen der Teilnehmer

2.1. Emotionelles, soziales und kognitives Lernen

Schreibgruppen aktivieren die Teilnehmer durch den Schreibakt und die Textdiskussion. Das Problem der Übereinstimmung von Lehrangebot und Lernnachfrage stellt sich in Schreibgruppen nicht so stark wie in anderen Lernfeldern, die primär auf Frontalinformation durch den Dozenten setzen. Schreibgruppen eröffnen eine spezifische Einheit von emotionellem, sozialem und kognitivem Lernen, das im Schreibprozess, der Bewusstes und Unbewusstes bewegt, von Anfang an schon vermittelt ist. Einige Schwerpunkte des Lernens der Teilnehmer in Schreibgruppen sollen im folgenden vorgestellt werden.

Im Vordergrund steht häufig das **emotionelle** Lernen.

„Die Qualität der gelesenen Texte bestand darin, dass sich Menschen offen, ehrlich über ihre Gefühle äußerten. Die Kraft dieser Gefühle vermittelt sich auch ohne literarische Ansprüche oder Qualitäten. Die Zuhörer informieren sich hinterher noch ausgiebig über den Entstehungshintergrund der Texte" (A.R., 1988, S. 9).

Unbekannte Gefühle werden dem Ich bekannt gemacht: „ Über meinen eigenen Text war ich ein bißchen erschrocken, weil ich soviel Grausamheit und Kaltblütigkeit von mir sonst nicht kenne. Aber gerade das hat mir auch Spass gemacht" (H.M., 1990, S. 17).

Lebensthemen werden aufgedeckt:

„Obwohl diesmal die Zeit nicht knapp ist, bringt eine Frau am Ende der Schreibphase Ärger über Zeitdruck zum Ausdruck. Im Gespräch darüber stellt sie fest, dass diese Gefühle durch Formulierungen im Text ausgelöst werden, nicht durch die tatsächliche Situation und dass sie ihr ganzes Leben durchziehen" (H.M., 1990, S. 16).

Die im Schreiben aufgedeckten Gefühle lassen sich von anderen Teilnehmern nachvollziehen. Ein Thema gibt oft den Anstoß zum Austausch von Gefühlserfahrungen: „Zu Beginn der Sitzung kommen wir zufällig auf das Thema Träume zu sprechen, denn jeder soll ja nach Möglichkeit seine Träume notieren. Es findet ein reger Erlebnisaustausch statt. „Ich habe mir oft vorgenommen, zu träumen, kann mich aber an keinen Traum erinnern." oder: „Menschen, an die man Jahrzehnte nicht gedacht hat – plötzlich sind sie da." „In der Nacht, als mein Sohn geboren wurde, habe ich von einer toten Umgebung geträumt, in der plötzlich alles zu blühen anfängt." Träume von Zügen, die ankommen und von denen man nicht weiß, wohin sie fahren, oder von Paternostern, die nicht anhalten – dies sind nur einige Beispiele" (S.S., 1985, S. 10).

Die Gefühle werden durch Schreiben nicht nur angestoßen, sondern auch verarbeitet. „Wehmütige Erinnerungen und Konflikte konnten durch das Aufschreiben, Vorlesen und gemeinsame Besprechen poetisch gebannt verarbeitet werden" (M.M., 1988, S. 34). Die rationalen Kräfte der Schrift bannen die Emotionen und schaffen Distanz: „Leid und Glück der Kindheit werden niedergeschrieben und dadurch verarbeitet" (M.M., 1988, S. 40).

Oft auf eine sanfte Weise werden verdrängte Gefühle, die das seelische Gleichgewicht stören, bewusst gemacht. Widerstände werden durch den Beistand in der Gruppe abgebaut. Auch anfängliches Sträuben hilft nicht. Das „krankmachende Geheimnis" muss heraus und wird damit entschärft. „Die Kursteilnehmerin, die sich anfangs gegen dieses Kernwort wehrte, erzählte uns nun anhand ihres Textes, mit welchen Problemen sie seit dem Sommer kämpft. Sie wollte es uns erst nicht erzählen und dachte, durch ein verändertes Kernwort bräuchte sie auch ihre Probleme nicht zu Papier bringen" (S.S., 1985, S. 9).

Das Schreibseminar entfaltet seine heilende aufdeckende Kraft:

„Dieses Verhalten erlebten wir in den folgenden Sitzungen häufiger. Der Widerstand, sich mit seine Problemen auseinanderzusetzen, richtete sich gegen das Kernwort, bei der Wahl eines anderen Kernwortes kehrte jedoch die gleiche Problematik wieder, die verdrängt werden sollte" (S.J., 1985, S. 13).

Besonders aktuelle Gefühlsblokaden werden durch das Lernen mit freien Assoziationen aufgelockert:

„Das Widerspruchsmuster zu bilden, stellte für alle Teilnehmer kein Problem dar, umso größer war die Überraschung über die inhaltliche Konsequenz, die sich beim Schreiben ergab: denn auch in der „Hell-Dunkel"-Clusterbildung kristallisierte sich die Mann-Frau-Problematik heraus.

Auch die Frau, die zu Beginn sich strikt gegen das „Mann-Frau"-Cluster gesträubt hatte, beschrieb ihren Konflikt mit dem anderen Geschlecht. „Irgendwie sei sie dorthingekommen", sagte sie verblüfft und erzählte über ihre momentanen Schwierigkeiten in ihrer Zweierbeziehung, die auch im Text sehr deutlich herauskamen.

Eine andere Frau hatte über ihren verstorbenen Mann geschrieben, obwohl sie es nicht vorgehabt hatte" (S.J., 1985, S. 14).

Das Schreiben hat eine große Flexibilität, so dass überflüssige Gefühle auch durch lustige, witzige Schreibaufgaben abgeführt werden können: „Daran anschließend haben wir noch kurze Reime geschrieben, wobei sich durch das Lachen darüber die vorherige Spannung löste" (C.B., 1988, S. 8).

Das emotionelle Lernen gewinnt historische Qualität. Es wird zur emotionellen Erinnerungsarbeit und erfasst Gefühle aus der frühen Kindheit. Es leistet so einen Beitrag zur Stärkung der biographischen Identität und Kontinuität:

„Man dachte wieder über vieles nach, was doch aus der Erinnerung entwichen war. So manche Erinnerung brachte Freude, andere ließ wieder Wehmut aufkommen" (M.M., 1988, S. 51).

Besonders positive Gefühle werden im Schreibakt erinnernd gefestigt und stärken die aktuelle Bewältigung von Lebensbarrieren: „Sie beschrieb, wie damals aus dem Gefühl der Ohnmacht plötzlich das Gefühl der Macht entstanden war" (M.M., 1988, S. 46).

Der individuelle Stil und Ausdruck kann sich entfalten: „Wir beobachten immer wieder mit Erstaunen, wie viele verschiedene Texte aus einem Thema gemacht werden" (C.E., E.R., 1990, S. 32).

Die eigene Sprache wird aus dem Klische und der Alltagsrede, in der der Einzelne nicht vorkommt, befreit. „Man konnte erkennen, dass die Gedanken und Gefühle jedes Einzelnen in den Texten sich von Sitzung zu Sitzung mehr ähnelten" (E.R., G.T., M.B., 199O, S. 48).

Die zentralen Symbole des eigenen Lebens, die Schlüsselsymbole der eigenen Wünsche und Hoffnungen, die das Leben orientieren, werden erkannt und können vertieft angeeignet werden. Der Zugang zu den emotionellen

Quellen des eigenen Lebens wird wieder eröffnet. Utopische Bilder werden erlebbar: „Der Wunsch solcher Landschaften scheint in jedem Menschen vorhanden zu sein, so etwas wie das Paradies oder das Schlaraffenland" (E.R., S.T., M.B., 1990, S. 50).

Schreiben wird zum Helfer bei der Identitätsarbeit: „Kreatives Schreiben war Begleitung für meinen persönlichen Entwicklungsprozess, es hat mir geholfen Dinge zu verarbeiten, andere Leute kennenzulernen, zu sehen, das habe ich ja auch in mir, bin ja ähnlich. Ich habe viel Verbindendes entdeckt" (I.R., G.T., M.B., 1990, S. 59).

Im Rückblick auf eine Schreibwerkstatt stellt eine Teilnehmerin eine Abschwächung ihrer Depression fest. Hier ihre Tagebucheintragung:

„28. September 1989
Ich hatte mich mitgebracht, mit meinen Ängsten und meiner Traurigkeit, und ich nehme sie auch wieder mit. Dennoch hat sich etwas verändert, es sind Blicke ausgetauscht worden, Gefühle angesprochen und Energien geflossen.
Es ist ein Stück Weg gewesen, und es hat deutlicher werden lassen, aber auch Neues aufgerührt, was ungeahnt war.
Alle von Euch haben sich eingelassen, jeder so, wie er hier angekommen ist, und er wird wegfahren und etwas mitnehmen auf seinen Weg, und das wird mehr sein als nur ein Curriculum oder eine Fortbildung.
Es sind Töne, Klänge, Worte, Sätze, Blicke und Berührungen, es sind Gefühle." (Soester Seminar vom 26.-28.9.1989, S. 41)

Eine andere Teilnehmerin stellt fest:

„Schreiben ist eine stille Tätigkeit, bei der wir Ort und Zeit vergessen und in Erinnerung versinken, unseren Tagträumen nachhängen und Vergessenes wieder wachrufen können. Indem wir schreiben, lernen wir uns selber besser kennen, unsere Wünsche, Träume, aber auch unsere Schwierigkeiten und Grenzen. Schreiben sollte allerdings kein Rückzug in die eigene Innerlichkeit werden" (C.E., E.R., 1990, S. 16).

Die **soziale Dimension** des Lernens in Schreibgruppen zeigt sich einmal im Abbau der sozialen Distanz. Durch das Schreiben von positiven Botschaften wird die Isolation des Alltagsmenschen (der Homo clausus nach Norbert Elias) aufgelöst: „Zum Schluss schrieben wir uns „Botschaftszettel", auf denen wir einen guten Gedanken an Teilnehmer/innen formulierten und den betreffenden Personen übergaben, die die Botschaften leise für sich lasen. Mit dieser Erfahrung, wie man/frau in der Gruppe wahrgenommen wird, löste sich bei manch einem/r die Kontaktsperre" (C.B., 1987, S. 8).

Die Erfahrungen der sozialen Gleichartigkeit der eigenen Probleme ergibt sich in Schreibgruppen recht häufig. „Bei dem Thema Macht/Ohnmacht fiel den Teilnehmern deutlich die Parallelität in ihren Texten auf, worüber große Verwunderung aufkommt" (C.B., 1987, S. 9).

Aus der Verwunderung entwickeln sich dann oft ganz zwanglos wichtige Einsichten in soziale Tatbestände, die in das eigene Lebensschicksal schwerwiegend eingreifen können. „Wir stellen später beim Verlesen unserer Texte viele Ähnlichkeiten oder bekannte Schemata, die zwischen Tochter und Mutter (es war nur ein Teilnehmer in der Gruppe) ablaufen, fest" (C.B., 1987, S. 21).

Die Gleichheitserfahrung macht wiederum Mut und verbessert die soziale Nähe und die Offenheit der Texte: „Die Teilnehmer sind im Laufe des Kurses entspannter geworden, was sich letztendlich auch durch das Schreiben persönlicher Texte zeigte.

Wir betrachten dies als Kompliment und resümieren, dass wir einige Zielsetzungen erreicht haben (Nähe schaffen, Spass, Gruppengefühl, Anregungen, Selbsterkenntnis)" (B.D., M.S., 1989, S. 18).

Leistungsnormen und repressive Wertmaßstäbe, die die eigene Kreativität behindern, werden abgebaut. Ein Protokoll berichtet:

„Mut zum Schreiben gewonnen. Nach negativen „leeren" Phasen positive Aspekte. Angst, „nichts Gutes" zu schreiben, wurde genommen" (S.J., 1985, S. 17).

Die Fähigkeit des öffentlichen Auftritts zeigt die Reichweite der neu gewonnenen sozialen Ermutigung: „Von dem Unwillen, der Unsicherheit sich zu äußern, bis hin zum öffentlichen Lesen von Texten war es kein weiter Weg. In dieser Hinsicht war bei allen Teilnehmern eine erfreuliche Entwicklung wahrnehmbar" (A.R., 1987, S. 12).

Die emotionale und soziale Sensibilisierung in Schreibgruppen eröffnet der **kognitiven** Befestigung der Lernerfahrung gute Möglichkeiten: Erkenntnisse z. B. über die Symbolgeschichte, das Tarot, die sonst kaum vermittelbar sind, werden in Schreibgruppen zugänglich. „Die Diskussionen über die Texte führten tief und waren sehr ergiebig, da wir zusätzlich mit dem Symbollexikon und dem Tarotbuch arbeiteten. Das Blitzlicht ergab, dass dieser Abend für alle sehr spannend gewesen war, voll von Anregungen und Informationen" (M.N., 1988, S. 10).

Emotionelle Betroffenheit ist eine gute Voraussetzung für eine kognitive Wissenserweiterung. Das „reframing", die kognitive Umwertung emotionaler Komplexe lässt sich in Schreibgruppen gut praktizieren: „Als sehr wirksam – besonders in stark regressiven Stimmungen – erwies sich das Verfahren des „reframing", das Neueinrahmen stark besetzter Erfahrungen oder Gefühle, die in einem neuen Be-Deutungskontext zu verblüffenden Erlebnissen von Erleichterung führen können" (R.H., 1989, S. 3).

Technische Fertigkeiten, z. B. im Umgang mit dem Fotoapparat, gewinnen in Schreibgruppen einen positiven Stellenwert. „Der Prozess des Fotografierens wurde von allen Gruppenmitgliedern als positiv empfunden. Die leichte

Handhabung der Polaroid-Kamera führte bei allen zu Bildprodukten, die den Teilnehmer in der Rolle des ‚produktiven Menschen' bestärkten und – durch die Entwicklung handwerklicher Fähigkeiten – das Selbstvertrauen steigern konnten" (C.D., 1988, S. 66).

Auch die Entwicklung des Sprachvermögens und des Stilgefühls ergibt sich in Schreibgruppen mit großer Sicherheit. „Es ist uns gelungen, mit Hilfe der Vorgaben Lyrik zu produzieren. Die Freude darüber begrüßen wir beim nahegelegenen Italiener" (B.D., M.S., 1989, S. 16).

Die Einheit von emotionalem, sozialem und kommunikativem Lernen fasste ein Teilnehmer einer Schreibgruppe in folgende Worte: „Weder machten wir Stilübungen noch bekamen wir abstrakte Themen vorgesetzt, sondern wir wurden ganz behutsam mit unserem eigenen Ich konfrontiert. Und was da alles so zum Vorschein kam, war geradezu verblüffend. Es kam hinter der Person, die man mit der Zeit geworden war, ein ganz anderer Mensch hervor – mit seinen Wünschen, Ängsten, Hoffnungen. – Das war der eine überraschende Moment, der andere, man konnte feststellen – das kam natürlich nicht gleich, sondern wuchs ganz langsam – dass die anderen Kursteilnehmer ähnliche Probleme und Sorgen, Wünsche und Hoffnungen hatten. Mit der Zeit konnte man immer gelöster darüber reden, und es wurde auch im Gespräch manches klarer" (A.K., 1985, S. 34).

Die Lernleistungen der Schreibgruppe sind für bestimmte Aspekte in den Alltag zu übertragen. Die erworbenen Qualifikationen können in der beruflichen Arbeit angewandt werden. „Eine Kursteilnehmerin, die in der Seniorenarbeit tätig ist, erzählt, dass sie die von uns vorgestellten Schreibanregungen in ihrer Arbeit verwendet, und die Senioren mit großer Begeisterung schreiben (B.D., M.S., 1989, S. 36).

Die Freizeitqualität wird durch Kontakte im Kurs mit neuen Freundschaften bereichert: „Freundschaften zwischen Kursteilnehmern sind entstanden und werden den Kurs wohl auch überdauern." (B.D., M.S., 1989, S. 36).

Einige Schreibgruppen machen auch ohne Anleiter weiter und praktizieren echte kulturelle Selbsthilfe. Die Qualität der emotionellen Lernerfahrung deutet sich auch darin an, dass die Erfahrung in der Schreibgruppe als ein Beitrag zur eigenen Therapie eingeschätzt werden. „Im weiteren Kursverlauf erfuhren wir, dass sich mit einer Ausnahme alle in Therapie befanden. Den kreativen Aspekt des Kursangebotes sahen sie als therapie-ergänzend an" (A.R., 1986, S. 11).

Andere bewältigen in der Schreibgruppe ihren Widerstand gegen die Therapie oder lassen sich zu einer therapeutischen Weiterbildung motivieren. „Ich möchte darauf hinweisen, dass zwei Teilnehmer nach je einer Sitzung den Schreibkurs verließen und eine Therapie begonnen haben. Eine Teilnehmerin hat sich während des Kurses entschlossen, einen Bioenergetik-Kursus mitzumachen und möchte diesen weiterführen. Für sie ist Schreiben zur Selbstanalyse geworden" (S.J., 1985, S. 17).

Andere konnten eine laufende Therapie durch die Schreibgruppe früher abschließen: „In den letzten Monaten ihrer langen Drogenabhängigkeit hatte sie angefangen, täglich ihren physischen und psychischen Zustand festzuhalten. Im Laufe der Jahre begann sie, über ihre schulische Ausbildung, das Medium Schreiben intensiver für sich zu nutzen. Parallel zur Gesprächstherapie machte sie einen biographischen Schreibkurs, der mit seinen selbsttherapeutischen Inhalten ihre Ablösung vom professionellen Therapeuten begünstigte.“ (E. T., 1987, S. 18 ff.)

Diese Lernerfahrungen sind allerdings vorläufig. Eine wissenschaftliche Evaluation der Lernleistung von Schreibgruppen gibt es erst in Ansätzen (vgl. M. Nietsch (Hrsg.): „Wenn ich schreibe“. Empiriestudien über Schreibgruppen. Berlin 1990)

Die positiven Lernaspekte dürfen aber nicht dazu verführen, an Schreibgruppen unrealistische Heilserwartungen zu knüpfen. Auch in Schreibgruppen fordert der kreative Prozess große Anstrengung von den Teilnehmern. Es ist völlig unrealistisch, zu glauben, dass in Schreibgruppen ein magischer Prozess zugunsten der Teilnehmer abläuft. Wer das glaubt, läuft Gefahr, aus Schreibgruppen „verletzter und pessimistischer herauszukommen als er hineingegangen ist“ (K.W. Vopel: Handbuch für Gruppenleiter, a. a. O., S. 37).

2.2. Lerngeschichten von Teilnehmern

Die Lerngeschichten von Teilnehmern in Schreibgruppen können durch die Analyse ihrer Textserien rekonstruiert werden. Bei dieser Textanalyse gehen wir von dem Konzept der „produktiven literarischen Differenzerfahrung“ von G. Waldmann (ders.: Produktiver Umgang mit Lyrik, Baltmannsweiler 1988, S. 222 ff.) aus. Für unsere Textanalyse sind dabei folgende Hypothesen gültig:

1. Die Sprache der Literatur und Poesie ist verschieden von der Alltagssprache.
2. Die Differenz von Alltagssprache und Poesie ist nur durch die Praxis beider Sprachen erfahrbar.
3. In Kursen des kreativen Schreibens erweitert der Teilnehmer seine Alltagssprache um eine poetische Sprache und um eine Erfahrung der Differenz von Alltagssprache und Poesie.
4. Diese Entwicklung der poetischen Sprachkompetenz lässt sich an der Veränderung der Sprachkompetenz in den Textserien der Teilnehmer ablesen. Die allgemeine Sprachkompetenz beginnt bei Teilnehmern mit der Praxis der Alltagssprache. Als Ausdruck ihrer Alltagssprache sind ihre Texte zuerst voller Klischees, Platitüden und allgemeinem Gerede. Ihre Alltagssprache vereinfacht, verallgemeinert, schematisiert und geht in die Breite. (H. Hannapel, H. Melenk: Alltagssprache. München 1979, A. Heller: Das

Alltagsleben, Frankfurt 1978, L. v. Werder: Alltägliche Erwachsenenbildung, Weinheim 1980, S. 56 ff.).

Mit dem Fortschreiten des kreativen Schreibens (bei langen Textserien) bewegen sich die Texte auf eine poetische Sprache zu:

Im Verhältnis zur Alltagssprache ist die poetische Sprache „überstrukturiert“ (J. Link: Das lyrische Gedicht als Paradigma des überstrukturierten Textes. In: H. Brakert, J. Stückrath (Hrsg.) Literaturwissenschaft: Grundkurs. Reinbek 1981, S. 192 ff.).

Poetische Sprache ist nicht besser, sondern anders. Im Bereich der Wortlaute besitzt die poetische Sprache musikalische Schwingungen (Verse), im semantischen Bereich besitzt sie Wortwiederholungen und gesuchte Worte (Leitmotive, Metaphern, Allegorien), und im syntaktischen Bereich zeichnet sich die poetische Sprache durch unalltägliche Satzformen aus (mit harten bis glatten Fügungen) (vgl. G. Waldman a. a. O., S. 227). Es lässt sich also festhalten: „Wo die Alltagssprache vereinfacht, das gleichförmige, gewohnte, die sprachliche Breite wählt… ist die poetische Sprache kompliziert, wählt die Variation, das Ungewohnte, die sprachliche Dichte und will das glatte Verständnis eher hemmen und erschweren“ (G. Waldman a. a. O., S. 223).

5. Die Entwicklung der poetischen Sprache geht einher mit der Veränderung der emotionellen, kommunikativen und sozialen Inhalte der Sprache der Teilnehmer in ihren Texten. Diese Gehalte beginnen, der Stuktur des Alltagslebens entsprechend, emotionell erst einmal voller banaler Sorgen, kognitiv mit dem Kochbuchwissen „der Alltagslogik“ und sozial beim natürlichen Egoismus. (Verg. zur Struktur des Alltagslebens und der Alltagssprache: A. Schütz: Gesammelte Aufsätze, Den Haag 1979, S. 33 ff., A. Schütz, T. Luckmann: Strukturen der Lebenswelt, Neuwied 1975, S. 113 ff., P. Berger, T. Luckmann: Die gesellschaftliche Konstruktion der Wirklichkeit, Frankfurt 1969.) Die Gehalte entwickeln sich aber emotionell in Richtung gefühlsechter Metaphern und Symbole. Kognitiv wird die alltägliche Logik des Sorgens durch die literarische Logik erweitert, sozial wird der Egozentrismus durch intersubjektive Selbstdarstellung ersetzt.
6. Wir können also davon ausgehen, dass das emotionelle Lernen einmal um die Lebenskrisen, die unbewältigte Vergangenheit und die zentralen Lebenssymbole kreist. Ist die Lebenskrise noch unentdeckt, herrscht Schweigen. Wird sie bearbeitet, findet sie in den Texten ihren poetischen Ausdruck. Ist die Vergangenheit unbearbeitet, herrschen Deckerinnerungen vor. Ist sie erhellt, tauchen in den Texten Schlüsselszenen auf. Die Lebenssymbole sind erst konventionell, ehe sie authentisch werden. Das kognitive Lernen bezieht sich auf die Sprache, auf Schreibtechniken, Themen, Stile und Inhalte. Die Sprache der Teilnehmer mag unter dem Einfluss des kreativen Schreibens bald zwischen Alltagssprache und poetischer Sprache oszillieren, die Schreibtechnik zwischen Alltagsgerede und kreativer Gestal-

tung, die Themen zwischen Autobiographie und klassischen literarischen Themen, der Stil zwischen Evokation und Explanation (verg. zu diesen Stilunterschieden: G.L. Rico, a. a. O., S. 263 ff.). Der Inhalt ihrer Texte mag sich bewegen zwischen vagem Lebensgefühl und klarem Lebensbegriff. Das soziale Lernen umfasst die Schwerpunkte: Identität, Selbstverständnis, Selbstdarstellung. Die Identität steht in der Spannung zwischen Ich und Wir. (Vergl. N. Elias: Die Gesellschaft der Individuen. Frankfurt 1987, Seite 207 ff.) Das Selbstverständnis schwankt zwischen Überbewertung und Relativierung des Ich, die Selbstdarstellung zwischen Passivität und Aktivität.

7. Um die Lernentwicklung in Textserien der Teilnehmer fassbar zu machen, übersetzen wir die Textentwicklung in eine Entwicklung zwischen alltäglichen Anfangs- und poetischen Zielextremen, die, sprachlich sedimentiert, mit Hilfe von Skalen quantitativ erfasst und qualitativ interpretiert werden können. Zu diesem Zweck haben wir einen Erhebungsbogen für die poetischen Lerngeschichten entwickelt.
8. Die Erhebung dieser poetischen Lerngeschichten hat einmal den Zweck, die Qualität des Lernens in Schreibgruppen als spezifisch emotionales, kommunitives und soziales Lernen, als ganzheitliches Lernen, sichtbar zu machen. Diese Erhebung soll die Teilnehmer über die Qualität ihrer Lernfortschritte aufklären. Zum anderen soll die Erhebung der Lerngeschichten den Anleitern Grundlagen der Individualisierung ihrer Interventionen und der Verbesserung der Nutzung der „fruchtbaren Augenblicke“ in den einzelnen Lernbiographien geben.
9. Poesiepädagogik gewinnt mit der Erhebung von poetischen Lernbiographien von einzelnen und Gruppen in Form von Profilen Möglichkeiten der Lernkontrolle und Lerneffektivierung.

Erhebungsbogen zur poetischen Lerngeschichte von Teilnehmern durch Analyse von Textserien

Emotionelles Lernen

Krisenthema: Schweigen - Ausdruck
-5 -4 -3 -2 -1 0 +1 +2 +3 + 4 +5

Vergangenheitsbewältigung: Deckerinnerung - Schlüsselszenen
-5 -4 -3 -2 -1 0 +1 +2 +3 + 4 +5

Zentrale Symbole: konventionell - authentisch
-5 -4 -3 -2 -1 0 +1 +2 +3 + 4 +5

Kognitives Lernen

Sprache:	Alltagssprache	-	poetische Sprache
	-5 -4 -3 -2 -1	0	+1 +2 +3 + 4 +5
Schreibtechnik:	Alltagsrede	-	kreative Technik
	-5 -4 -3 -2 -1	0	+1 +2 +3 + 4 +5
Schreibthemen:	Autobiographie	-	klassische Litera--turthemen
	-5 -4 -3 -2 -1	0	+1 +2 +3 + 4 +5
Schreibstil:	explanatorisch	-	evokatorisch
	-5 -4 -3 -2 -1	0	+1 +2 +3 + 4 +5

Soziales Lernen

Schreibinhalt:	Lebensgefühl	-	Lebensbegriff
	-5 -4 -3 -2 -1	0	+1 +2 +3 + 4 +5
Identität:	Einzelner	-	Wir
	-5 -4 -3 -2 -1	0	+1 +2 +3 + 4 +5
Selbstverständnis:	Ich-Überbewertung	-	Ich-Relativierung
	-5 -4 -3 -2 -1	0	+1 +2 +3 + 4 +5
Selbstdarstellung:	passiv	-	aktiv
	-5 -4 -3 -2 -1	0	+1 +2 +3 + 4 +5

Als **verschriftlichtes** Beispiel der Arbeit mit diesem Erhebungsbogen wird nun eine Lerngeschichte einer Seniorin vorgestellt. Diese Lerngeschichte basiert auf der Auswertung ihrer Texte, die sie im Rahmen eines zwölf Abende umfassenden Schreibkurses mit autobiographischer Thematik verfasst hat. (Alle Zitate: M. Mössner: Zur Theorie und Praxis von kreativen Schreibgruppen mit älteren Menschen. Berlin 1989).

a) Die Lerngeschichte von Frau M. (75 Jahre, Seniorin)

Emotionelles Lernen: Frau M. geht ihr Krisenthema im Rahmen ihrer Texte schnell an. Schon im ersten Text am ersten Abend wird der Verlust des Vaters thematisiert: „Ich hatte immer Sehnsucht nach ihm. Ich liebte ihn sehr.“ Später wird Trennung und Versöhnung: „Tränenreiches Wiedersehen“ angesprochen. In einem verlorenen Geliebten wird die Vaterfolie noch bemerkbar. Der hilflose Tod eines Bruders, in einem späteren Text gestaltet, figuriert den Vaterverlust noch einmal. Die Verlassenheit wird dann zum Thema ihres Alters, zur Angst vor sozialer Isolation. Der Zugang zur Vergangenheit spricht schon in den ersten Texten Deckerinnerungen an: Kriegsurlaube des Vaters, erster Schultag mit der Mutter, Wochenbett mit der Mutter, Geburt des Geschwisters. Die späteren Texte arbeiten sich aber nicht bis zu Schlüsselszenen vor. Ihre Vergangenheitsbewältigung weist Lücken auf. Dafür entwickeln sich in ihren Texten zentrale Symbole. Sie beschreibt seit der fünfte Sitzung sehr regressive Bilder. Sie spricht über den „grauen Granit", über die Gefahr, „am Rande eines Kraters zu stehen", sie schreibt, „mein Leben ist wie ein Ziffernblatt ohne Zeiger". Dagegen entwickeln sich auch progressive Bilder in ihren Texten, besonders aus dem Bereich intensiver Naturerfahrung: „strahlendes Himmelsblau, Vogelgesang." Auch aus der Religion werden Bilder erschrieben: „Ein Heiligenbild, davor ein ewiges Licht" (S. 86).

Kognitives Lernen: Sie beginnt ihre Texte in reiner Alltagssprache, arbeitet sich dann aber zur poetischen Sprache mit eigenen Metaphern vor. Vom Aufsatztext kommt sie zum Gedicht in freien Rhythmen. Bei den Schreibthemen finden sich allgemein menschliche Themen wie „das Leben", „Zukunft", „Menschlichkeit", „Tschernobyl", die eine Biographie transzendieren. Der Schreibstil beginnt in der ersten Sitzung völlig explanatorisch. Sie schreibt z. B. zum Thema „mein Vater" den schlichten Satz: „Bei meiner Geburt war er 28 Jahre alt, er war Maler, liebte seinen Beruf, wollte Restaurator werden. Der erste Weltkrieg zerstörte seinen Traum, sich weiterzubilden" (S. 81).

In der 10. Sitzung schreibt sie dieses Gedicht im evokatorischen Stil.

„Mein Leben ist wie ein Zifferblatt ohne Zeiger
Der Tag rinnt ohne Unterbrechung dahin.
Ich liege in meinem Bett und habe Angst,
dass ich nicht einschlafen kann.
Ich fürchte mich davor, dass etwas
Unvorhergesehenes geschehen könnte.
Rufe würden nichts nützen,
keiner könnte sie hören.

Der Tag rinnt ohne Unterbrechnung dahin.
Der Verlassene weint über die harte Umwelt.
Keiner sieht seine Tränen,
die kristallen von den Lidern tropfen.
Keiner sieht die Finsternis in seinem Herzen.
Seinen Ruf will keiner hören.
Der Nachtwind trägt ihn von seinen Lippen.
Die Schritte der Einsamen verhallen in der Dunkelheit." (S. 87)

Der Inhalt ihres Schreibens ist anfänglich das konventionelle Lebensgefühl alter Menschen. Sie beginnt mit der Darstellung ihres Schicksalsglaubens:

„So spricht das Leben, und man merkt nicht, dass man seine Feiheit aufgegeben hat“ (S. 87).
Stoisch erträgt sie die schwindene Kraft des Körpers: „Es ist für mich wichtig, gute Miene zum bösen Spiel des Körpers machen zu können“ (S. 85).
Doch dann bringt sie ihr Lebensgefühl auf den dialektischen Begriff:

„Leben
Ich fühle mich alt.
Graue Wolken ballen sich am Himmel zusammen.
Das kann ich vom Bett aus beobachten.
Die Glieder sind schwer.
Keine Lust aufzustehen.
Gut, ich bleibe liegen.
Ich habe ja das Alter.
Ich fühle mich jung.
Ich wache auf, höre Vogelgesang.
Mein Blick geht zum Himmel.
Strahlendes Blau.
Singend stehe ich auf.
Es geht mir alles leicht von der Hand.
Ich fühle mich jung.“
(S. 86)

Soziales Lernen: Frau M. wird in ihrem Selbstgefühl von altersbedingter Isolation geprägt. Sie drückt dieses Gefühl in einem Gedicht aus:

„Spenden ist leicht.
Spenden sind wie Almosen,
mit denen man sein
schlechtes Gewissen beruhigt.
Oft wären ein freundlicher Blick,
ein kleines Lächeln oder
ein paar nette Worte menschlicher
als ein großer Geldbetrag.

Nicht jeder leidet materielle Not,
oft hungert die Seele
nach Zuwendung.
Aber wer sieht das schon?“ (S. 87)

Die Sehnsucht nach dem Wir findet bei ihr keine Antwort. Ihr Ich fühlt sich noch stark. Das zeigt das Gedicht.

„**Ich**
Ich bin jung und alt, unbekümmert und voller Tatendrang.
Ein Kämpfer.
Man wird älter und verständiger, das rauhe Leben beutelt uns
und macht uns stark, um alles zu meistern.
Nach hartem Lebenskampf kommt das Alter und damit die Ruhe, doch die wird gestört durch Krankheit
die man immer versucht zu verdrängen.
Es muss doch lebenswert bleiben,
bis zum Abschied.
Ich bin alt
und jung.“

Sie relativiert auch ihr Ich durch ihre Einordnung in den Generationszyklus. Diese Einordnung gelingt besonders durch die Identifikation mit der Mutter:

„**Mutter**
Du hast am ersten Schultag mich begleitet,
hast mir die Schuhe zugeschnürt.
Du hast für mich das Essen zubereitet,
hast mich behütet und geführt.

Ich wuchs heran, ich konnte zu Dir kommen,
was es auch war, Du hattest immer Rat.
Hab ich daneben mich benommen,
Du schrittest nicht zur Tat
mit bösen Worten oder Strafen
Ermahnungen gab es, die besser trafen.
Mutter, Du warst mein guter Wegbereiter.
Deine Erfahrungen leben auch in Deinen Enkeln weiter.“ (S. 82)

Der Schreibkurs hat sie emotionell, kognitiv und sozial aktiviert. Sie schreibt:

„*Der Schreibkurs*
Es ist erstaunlich, was der Schreibkurs bewirkt hat.
In den ersten Sitzungen tat ich mich schwer.
Mit den Texten kam ich nicht klar.
Diese Art von Gedichten ist mir fremd,
zu modern für mein Alter.
Mir waren in meinem Wesen einige Widersprüchlichkeiten

nicht klar.
Ich glaube, beim Suchen des „anderen Ich“
habe ich es erfahren.
Im Interesse der Familie habe ich noch in härtesten Zeiten
Zuversicht demonstriert,
die ich gar nicht hatte.
Schlimmste Sachen habe ich verdrängt.
Im Laufe des Lebens habe ich es mir zum Motto gemacht,
schau unter Dich, es geht noch vielen schlechter.“ (S. 84)

Frau M. dokumentiert für ihr Alter (75 Jahre) noch eine erstaunliche Lernbiographie. Sie eignet sich das kreative Medium Schreiben an, bearbeitet zentrale Lebensprobleme, entwickelt ihren eigenen Stil, zeigt die Spuren einer „produktiven poetischen Differenzerfahrung“ (G. Waldmann).

Sie zeigt deutliche Fortschritte in emotioneller, kognitiver und sozialer Hinsicht. Sicher ist in kürzeren Schreibgruppen (vier Monate) eine Lernbiographie, wie Frau M sie zeigt, eher selten.

Die Lernprozesse werden noch deutlicher sichtbar, wenn wir Texte untersuchen, die einer längeren Teilnahme der Verfasser an Schreibgruppen zu verdanken sind. Im Folgenden sollen zwei dreijährige Lerngeschichten zweier jüngerer Teilnehmerinnen untersucht werden. Die Untersuchung kann hier nur als Stichprobe erfolgen. Wir wollen von beiden Verfasserinnen Texte zum gleichen Thema aus dem Jahr 1986 mit Texten aus dem Jahr 1989 vergleichen und zusehen, was sich in drei Jahren in emotioneller, kognitiver und sozialer Hinsicht an ihren Texten verändert hat. Diese Veränderungen werfen ein Schlaglicht auf die Wirkung längerfristiger literarischer Lernprozesse im Kontext des kreativen Schreibens.

b) Die Lerngeschichte von Frau K. (34 Jahre, Sozialpädagogin)

Frau K. setzt sich 1986 mit dem Thema „Macht/Ohnmacht“ auseinander. Ihr Text beginnt mit der Feststellung, dass das lyrische Ich sich von den Mächtigen überwältigt fühlt und sich träumerisch wehrt, in den Wald flüchtet, der Sonne zu, dann aber wechselt die Szene: Gewitter und Regen bedrohen das lyrische Ich mit Auflösung. Erst durch den Reflex auf das Traumgeschehen löst sich dann das lyrische Ich von der Gewalt der bedrohlichen Bilder. Das Thema: Macht/Ohnmacht bewegt sich hier primär in Naturbildern, die die anfangs bemerkte Ambivalenz des lyrischen Ichs gegenüber der Macht äußerst bildhaft ausschmücken. Hier der Text von 1986:

„Macht/Ohnmacht
In meinen schlimmsten
Alpträumen
bin ich überwältigt, gleichsam

ohnmächtig
von der Gewalt der Mächtigen.
Auf den oberen Rängen schie-
ben sie ihre Bäuche …
doch
manchmal bin ich ganz
oben,
gehe vom Hochstand weit
hinaus.
Höre das Rauschen des Meeres
auch hier im tiefen Wald,
aus dem ich mich für kurze
Zeit erhoben habe.
Die Luft riecht nach:
„freier atmen“,
Duft der Wolken umgibt mich
sanft.
Baumwipfel wiegen sich
mit beruhigendem Ton, wie
eine liebende Mutter ihr Kind.
Ich bin der Sonne entgegenge-
gangen,
so nah fühle ich sie niemals
sonst.
Doch …
Ein Blitz -
Donnergetöse verzieht das feinge-
malte Himmelslicht zu
schweren Regenwolken.
„Ich muss hier weg,
Regen kommt und schwemmt
mich fort.“
Gift dringt durch meine Haut
ein, ich bin wehrlos,
der Regen,
nasse Schläge peitschen auf
mein Gesicht, das so nackt
gefoltert wird.
Ganz gleich wohin mein Blick
gerichtet ist,
allseitig hämmern Tropfen schwer
und drängen sich in mich
hinein

von außen und
von innen
keine Kraft.
Langsam sterben meine vergifteten
Zellen ab.
Mein Gott, ich sterbe, löse mich
auf – der Regen,
der Regen, Regen …
so lieg' ich auf des Waldes Grund,
begraben,
die gefallenen Baumstämme
liegen schwer auf mir.
Keine Chance,
aber ich bin ja schon tot!
… in meinen
schlimmsten Alpträumen."

Drei Jahre später schreibt die Autorin zum selben Thema einen Text, der sich von ihrem frühen Text grundsätzlich unterscheidet. Er ist kürzer, in zwei Strophen streng gegliedert. Die alten Bilder sind verschwunden. Es herrschen Begriffe vor. Die Naturlyrik hat sich in Gedankenlyrik verwandelt. Hier der Text von 1989:

Macht/Ohnmacht
Schwindel bringt Ohnmacht
Schwindel ist Macht
Symptom ist der Schwindel
Symptom einer Ohnmacht
Der Ohnmacht gegen Macht
Die Macht des Eigenen
Macht zu leben ist revolutionär
Somit wird sie verpackt, vom Selbst
Zugeschnürt zum Symptom
Und der Schwindel bringt Ohnmacht
Die Macht nicht loszulasssen
Soviel Macht zur Ohnmacht
Des eigenen Schwindels – wovor?

Der Weg des **emotionalen** Lernens ist eindeutig: vom Bild der Auflösung der Seele im Waldregen zum Begriff des Schwindels, der 1989 fünf Mal im Text als Leitmotiv auftaucht. Das Emotionelle ist abgesperrter. Die Schlüsselszenen sind ferner gerückt. Die regressiven Bilder (Regen, Vergiftung, Auflösung, Tod) sind verschwunden, in Begriffe untergebracht.

Das **kognitive** Lernen hat nun sein Gewicht. Die Bilder der Alltagssprache von 1986 sind nun zur Begriffspoetik verwandelt. Der Stil steht unter dem Gesetz der Verdichtung. Die autobiographische Aufdringlichkeit hat sich zu Gunsten der glatten Fassade der Gedankenlyrik verflüchtigt. Wo 1986 eine vage Angst vor der Macht als Lebensgefühl sich darstellte, tritt 1989 die Einsicht in die Notwendigkeit des Fragens: „Schwindel – wovor?"

Das **soziale** Lernen zeigt 1986 den klassischen lyrischen Egozentrismus, der sich ganz hilflos gegenüber der Macht zeigt. 1989 wird gegen die schwindelmachende Macht „die Macht des Eigenen" gesetzt. Dieses Eigene wird soziologisch als „revolutionär" verortet und zugleich die soziale Kontrolle der revolutionären Gegenmacht benannt: „Somit wird sie verpackt, vom Selbst zugeschnürt zum Symptom." Die bloße Objektrolle von 1986 hat sich zu einer reflektierten Subjektrolle von 1989 gewandelt.

Es muss hier offen bleiben, wieviel das kreative Schreiben an dieser Wandlung bewirkt hat. Sicher liegt hier auch ein Zuwachs an Lebenserfahrung vor. Aber das kreative Schreiben kann diese Entwicklung verdeutlichen, festhalten und erst eigentlich damit zum Besitz machen. Das „Dunkel des gelebten Augenblicks" (Ernst Bloch) lichtet sich so.

c) Die Lerngeschichte von Frau Z. (30 Jahre, Lehrerin)

Frau Z schreibt 1986 über das Thema Jugend im wehmütigen Rückblick: „Träume und Lebensmut der Jugend, wo seid ihr geblieben."

Die Jugend wird idealisiert, voll mit Träumen gepackt, vom künstlerischen Leben, von Karriere mit Traumhaus, Côte d'Azur, Gin Tonic on the Rocks, eigenem Geld. Da bleibt nur etwas jugendliche Unsicherheit gegenüber „Frauen und Männern, die noch mehr Coolness haben." Hier das Gedicht von 1986:

Jugend
Nie Hoffnungslosigkeit, der Zukunft entgegen,
mit Ideen, verspielt lebenskünstlerisch.
Zukunftspläne an der Côte d'Azur. Dem Traumhaus
in der Provence mit Lebensmut entgegen.
Gin Tonic on the Rocks, du beflügelst meine
Fantasie, aber die erwünschte Coolness entsteht
durch dich nur oberflächlich. Darunter bleibt die
Unsicherheit, den Frauen gegenüber und den
Männern, die noch mehr coolness haben.
Trotz allem, die planenden Träume vom lässig
künstlerischem Leben mit aus eigener Kreativität
verdientem Geld bleiben.
Hoffnungslosigkeit hat es in der Jugend nie gegeben.
Träume und Lebensmut der Jugend, wo seid ihr geblieben?
Ich rufe euch an, kommt zurück zu mir!

Drei Jahre später ein völlig veränderter Text der gleichen Autorin: Fünf Strophen über Jugend als „Herzzeit", vergangen, aber doch geräuschvoll im Jetzt vernehmbar: „Und klopft doch immer wieder an." Die Sprache hat sich gefunden: an die Stelle der Jugendklischees ist die Spannung einer eigenen Bildlichkeit getreten (Herzzeit, die eine und die andere, Tausendgeheimnis).

Jugend
Keine Bilder mehr –
verblasste Töne wabern herüber,
heiße Nächte liegen vor der Tür,
die schwülen Träume verwehten.
Die Herzzeit war eine andere,
die Sehnsüchte diffus und lang.
Leidend blickte Aug in Aug,
und mancher Kuss versandete im Schreck,
um gleich darauf noch mehr zu gieren.
Die Herzzeit war eine andere;
sie schlug schneller an und forsch,
so forsch, um scheu im
Dunst sich zu verbergen – kurz darauf.
Tausendgeheimnis
lüftet die Seele, hoch hinaus
und so weit weg steht sie,
unerreichbar, diese Herzzeit.
Und klopft doch immer wieder an
ans Tor, hinter dem ein Leben lebt
und Herzzeit hat.
Der Ton ist nicht mehr ganz so laut,
doch immer fest –
und darin gleich der Herzzeit, der anderen.

Emotionell wird den Gefühlsklischees der Jugend 1989 der Laufpass gegeben: „keine Bilder mehr". Hinter den aufgedonnerten Jugendgefühlen wird nun die Ambivalenz der Jugendliebe erkannt, im Widerspruch zwischen Gier und Angst, Forschheit und Scheu. Jugend wird als Zeit des „Tausendgeheimnis" erkannt, das ist das neue Bild, das zentrale Bild, in dem die eigene Jugend nun steht: „ Hoch hinaus und so weit weg."

Kognitiv hat das Sprachklischee der poetischen Sprache weichen müssen. Leitmotivisch wird Herzzeit eingesetzt, Herzzeit verdoppelt und zum Tönen gebracht. Aus der autobiographischen Erinnerung von 1986 ist 1989 Literatur geworden, poetisch haben sich die Bilder vertieft und verallgemeinert. Aus dem bloßen Gefühl von 1986 ist ein eigener Stil geworden, ein Lebensstil zugleich, der dem magischen Realismus verpflichtet ist.

Sozial hat sich einiges verändert. Aus dem egozentrischen Vorwurf gegen die verschwundene Jugend ist die Aneignung der Jugend als „Tausendgeheimnis" getreten. Das passive lyrische Ich von 1986 ist das aktive poetische Ich im Besitz von Tausenden von Geheimnissen von 1989 geworden.

Die Lerngeschichten von Frau K. und Frau Z. gehen in völlig verschiedene Richtungen. Bei Frau K. entwickelt sich der Weg zur Begriffslyrik, bei Frau Z. der Weg zur magischen Poesie. Beide zeigen ein tieferes Aneignen der Sprache auf verschiedenen Ebenen.

Welcher Reichtum würde sich zeigen, wenn wir alle Texte dieser drei Jahre von beiden Autorinnen auf ihre Entwicklung hin untersuchen könnten. Was sich im Blitzlicht der Momentaufnahme zeigt, wäre vielfältig zu vertiefen.

Kreatives Schreiben erweist sich hier als eine Methode der empirischen Biographieforschung, die jedem narrativen Interview oder der trivialen Oral-History-Forschung überlegen erscheint (vgl. W. Fuchs: Biographische-Forschung. Oppladen 1984). Kreatives Schreiben kennt außerdem nicht die Zwänge des tiefenpsychologischen oder soziologischen Befragungssettings. Im kreativen Schreiben können alle „Daten" von den Betroffenen selbst produziert werden. Die Betroffenen agieren nicht nur auf der Ebene der Sprachklischees und des geronnenen Diskurses, sondern sie erarbeiten sich in Jahren den Ausdruck einer eigenen Sprache, eines authentischen Selbstverständnisses. Die Betroffenen lassen sich beim kreativen Schreiben nicht „über ihre persönlichen Problem befragen" (W. Fuchs, a. a. O., S. 225). Sie gestalten ihre Probleme, kommunizieren in der Gruppe sofort selbst darüber. Transkription, Auswertung und Interpretation nehmen nicht den Weg der Fremdpublikation durch den vom Forschungsfeld getrennten Forscher wie in der empirischen Sozialforschung sonst üblich. Die Forschungs- und Erkenntnisakte sind beim kreativen Schreiben Bestandteil des selbstbestimmten Gruppensettings. Kreatives Schreiben erweist sich so als ideale Form der seit langem verschwundenen „Handlungsforschung", die die Einheit von Forschung und praktischer Nutzanwendung anmahnte (vgl. T. Heinze u. a.: Handlungsforschung im pädagogischen Feld. München 1975, F. Haag u. a.: Aktionsforschung. München 1975, H. Moser: Aktionsforschung als kritische Theorie der Sozialwissenschaften. München 1975, H. Moser: Praxis der Aktionsforschung. München 1977, H. Moser: Methoden der Aktionsforschung. München 1977).

Ein Netzwerk der kreativen Schreibgruppen in Deutschland könnte durch Aufarbeitung von längeren poetischen Lerngeschichten zum Instrument der Langzeituntersuchung des gesellschaftlichen und biographischen Unbewussten der Deutschen werden. Ein solches Netzwerk könnte mit neuem Material die Arbeit fortsetzen, die N. Elias in „Studien über die Deutschen" (Frankfurt 1989) begonnen hat. Die Erforschung der Typen von Lernbiographien in Schreibgruppen, ihre Verbreitung und die Möglichkeit ihrer individuellen pädagogischen Begleitung und Förderung stehen in der Poesiepädagogik leider noch am Anfang. Mit einer intensiven poetisch- lernbiographischen Forschung kann die Poesiepädagogik eine weitere wichtige Grundlage ihrer Arbeit sich schaffen.

3. Das Halten der Balance auf dem Weg zum poetischen Wir

3.1. Die Balance

Schreibgruppen haben eine hohe Dynamik der Gefühle, der Worte, der Beziehung. Im Schreibprozess, im Gruppenprozess, in der Entwicklung der Texte tun sich wegen der Initiationswünsche des modernen Menschen (M. Eliade) ständig Krisen und Chancen, Probleme und Möglichkeiten auf. Es gibt, dass haben wir in diesem Buch immer wieder versucht zu betonen, eine Vielzahl von Stimuli, Techniken, Interventionen, nun soll die wichtigste für jeden Schreibgruppenleiter hier am Schluss stehen: die **Balance**. Diese Grundintervention für kreative Gruppen wurde von R. Cohn entdeckt. „Die Gruppe entwickelt sich, wenn ihre drei Grundfaktoren: Ich (Individuum), Wir (Gruppe), Es (Thema) sich im Gleichgewicht befinden. Das Gleichgewicht bedeutet, dass das Übergewicht eines Faktors ausgeglichen wird. Bei Ich oder Es-Übergewicht wird das Wir thematisiert, bei Wir-Ich-Übergewicht das Es, bei Es-Wir-Übergewicht das Ich" (R. Cohn: Von der Psychoanalyse zur themenzentrierten Interaktion. Stuttgart 1976, S. 210).

Wenn die Gruppe sich zu sehr ins Thema verbeißt, wird die Aufmerksamkeit vom Thema auf das Ich oder das Wir gelenkt. „Wenn die Gruppe sich umgekehrt nur für eine Person oder für ein Aufwallen von verschiedenen Gefühlen in der Gruppe zu interessieren scheint und sich damit in eine Therapie- oder Sensitivitätsgruppe zu verwandeln droht, schlage ich die Brücke zum Thema" (R. Cohn, a. a. O., S. 115). Ein vollständiges Ich-Wir-Es-Gleichgewicht ist in einer einzelnen Sitzung nicht zu erreichen. „Wichtig ist, dass die positive Bewertung der Gleichgewichtigkeit… sich im Laufe der Serie auch zeitlich erfüllt. So besteht am Anfang… oft eine Ich-Betonung, danach ein spezielles Wir-Interesse und dann ein Es-Übergewicht" (R. Cohn, a. a. O., S. 213).

Die Balance darf für den Anleiter keine Überforderung bedeuten. Zwei Sicherheitsformeln von R. Cohn sind für die Bewältigung des Machtaspekts in der Anleitung wichtig:

Erste Formel: „60:20:20, d. h. 60% der Teilnehmer verhalten sich in Gruppen gleichgültig, 20% lehnen mich ab, und 20% finden mich und was ich sage, großartig" (R. Cohn, a. a. O., S. 205). Mit dieser Formel wird dem überkompensierenden Minderwertigkeitsgefühl, der zwanghaften Perfektion des Anleiters immer wieder sehr schön das Wasser abgegraben.

Gegen den Planungsperfektionismus setzt R. Cohn die zweite Zauberformel: „Jede Planung muss scheitern, aber es muss immer noch Zeit genug vorhanden sein, um die größten Planungsfehler zu korrigieren" (R. Cohn, a. a. O., S. 206).

Das Konzept der Balance ist für Schreibgruppen gut geeignet. Balance ist in Schreibgruppen zwischen dem Schreiber (Ich), der Schreibgruppe (Wir) und dem Text (Thema: Es) herzustellen. Falls der Text Übergewicht bekommt, ist ein Ausweichen auf die Gruppe oder den einzelnen Schreiber nötig. In der Schreibdynamik der einzelnen muss zwischen Regression, Schreibblock und Katharsis einerseits und Ratio, Spiel, Stil, Therapie, Veröffentlichungsmöglichkeiten andererseits balanciert werden. In der Gruppendynamik ist zu balancieren zwischen Krisenphasen, Gruppenkonflikten und Gruppenrollen einerseits und Planungs- und Regelmöglichkeiten, dem wechselnden Einsatz von Spielen, Projekten und der Gruppenprozessuntersuchung andererseits. Bei der Textdynamik ist die ausgleichende Balance zwischen Pessimismus und Optimismus möglich. Der Kern der Identitätsbalance ist immer die Balance zwischen Wir und Ich (N. Elias: Die Gesellschaft der Individuen. Frankfurt 1987, S. 207 ff.). Diese Balance kann in Schreibgruppen vielfältig variiert und vertieft werden, weil mit literarischen Mitteln auch die Du-, die Es-, die Ihr- und die Sie-Perspektive erschlossen werden können. Trotz in Schreibgruppen häufig vorherrschender Neigung zu Ich-Texten kann sich im kreativen Schreiben das komplexe Identitätsnetz, das durch die Fürwörterserie zu beschreiben ist, entfalten. „Die sechs Positionen sind schlechterdings untrennbar, man kann sich kein Ich vorstellen ohne ein Du, ein Er, oder ein Sie ohne ein Wir, Ihr und Sie… Dieser Koordinatensatz (der Fürwörterserie) selbst ist eine der Universalien menschlicher Gesellschaften" (N. Elias: Die Fürwörterserie als Figurationsmodell. In: ders.: Was ist Soziologie?. München 1986, S. 133 ff.). Kreative Schreibgruppen eröffnen damit Wege in die Komplexität individueller und kollektiver Identität auf der Basis schriftlicher Quellen. Schreibgruppen berühren mit Regression und Katharsis auch das archaische Erbe schriftlicher Identität: Die archaischen Formen des Ich-, Du- und Es-Dichtens. Das Ich-Dichten betreibt der Magier, das Du-Dichten der Mystiker und das Es-Dichten der Sänger. Magier, Mystiker und Sänger und ihr archaisches Erbe des poeta vates spielen aus dem kollektiven Unbewussten auch in Schreibgruppentexte hinein (vgl. W. Muschg: Tragische Literaturgeschichte. Bern 1956, ders.: Das archaische Erbe in der Dichtung. Imago 1933, ders.: Die dichterische Phantasie. Bern 1969). Besonders dieses archaische Erbe ist in Schreibgruppen auszubalancieren.

R. Cohn gibt zur Abstützung der Balance noch weitere Gruppenregeln an. Die Gruppenregeln von R. Cohn für TZI-Gruppen sollten zur Unterstützung der Balance aber für Schreibgruppen folgendermaßen umformuliert werden:

1. Seien Sie ihr eigener Schriftsteller. Verantworten Sie Ihre Texte selber, halten Sie sie zurück, wenn Sie Resonanz auf Ihre Texte fürchten.
2. Experimentieren Sie mit Ihrem Schreiben, bleiben Sie lernfähig. Probieren Sie neue Methoden, Stile und Perspektiven des Schreibens und der Deutung aus. Erobern Sie sich im Schreiben einen Einblick in Ihre poetische Vergesellschaftung durch autonome Funktion und poetisches Wir.
3. Beachten Sie auch Ihre Körpersignale auf Ihre Texte und auf die Texte anderer.
4. Beachten Sie Ihre Störung beim Schreiben (Regression, Katharsis, Blöcke) und die Störung beim Vorlesen der Texte anderer (Autoritätskonflikt, Gruppenspaltung).
5. Schreiben Sie immer „ICH", wo sich „man" oder „wir" aufdrängt. Schreiben Sie aber nicht nur im Ich-Stil, sondern entwickeln Sie Ihr poetisches Selbst im Kontext poetischen Wirs, durch das Beherrschenlernen der schriftlichen Du-, Er-, Sie-, Es-, Wir-, Ihr-, Sie-Perspektiven.
6. Schreiben Sie einen Text direkt für ein Gruppenmitglied (Du-Text) oder einen Text über die Gruppe (Wir-Text), wenn Sie etwas sagen wollen.
7. Geben Sie Rückmeldung über Ihre Wahrnehmung bei Texten anderer auch durch die Abfassung eines Ihr- oder Sie-Textes.
8. Hören Sie ruhig zu, wenn Ihre Texte besprochen werden und achten Sie dabei besonders auf Ihre spontanen Einfälle.
9. Über einen Text kann nur einer zur gleichen Zeit sprechen. Störungen (z. B. als Streit über einen Text) haben Vorrang bei der Klärung.
10. Alle Teilnehmer der Schreibgruppe sind verantwortlich für das Gelingen der Schreibgruppe und für die Entstehung des poetischen Wir.
11. Entwickeln Sie das poetische Wir durch eine große Vielfalt individueller poetischer Perspektiven und Stilfähigkeiten bei gleichzeitiger Begrenzung durch die autonome Funktion.

Die Verantwortlichkeit für die Balance der Schreibgruppe kann sich poetisch dokumentieren. Z. B. kann der Anleiter seine Balanceprobleme in ein Gedicht fassen und der Gruppe vorstellen. So gibt es das schöne Anleitergedicht von A.R. (vom 3.1.86), das sie ihrer Schreibgruppe vortrug, als sie um ihr Gleichgewicht zwischen Gefühlschaos und rationaler Ordnung rang.

„LEITERROLLE
Ich als Animateur
fühle wie ich fühle
versuche zu denken
wie es gut wäre zu denken

denn ich verwirre mich leicht
wie ich mich manchmal verwirre
und mich doch nicht verwirren darf
weil ich es bin
der hier die Klarheit behalten sollte
und weil der, in dessen Augen ich da sehe
nicht derjenige ist
in dem ich diese Klarheit finden kann
und vielleicht
kommt es mir in den Sinn
suche ich auch nicht die Klarheit
denn mein Gefühl sucht das Chaos
immer noch
doch diesmal
brauche ich meinen Kopf
und den klaren Kopf anderer
um nicht in das offene Messer zu laufen
und dabei den Schmerz zu spüren
den ich nicht spüren kann
und doch spüren muss
- nur eben nicht heute" (A. R.)

Andererseits können auch Teilnehmer ihre Haltung zum poetischen Dreieck (Ich-Wir-Es) der Schreibgruppe darstellen. So tat es ein ungenannter Teilnehmer auf dem Soester Seminar 1989 und erkannte dabei, das er das poetische Wir wohl verfehlt hatte:

„Ich kam des ESes wegen. Traf unterwegs das WIR. Mit ihm hatte Ich nichts am Hut, denn über das Es wollte ich zum Ich und nichts weiter. Aber das WIR konnte auch nicht übersehen werden. Also was? Und wie?
Zwei Tage fürs ICH, viel zu wenig. Bei meiner Panzerung ist kaum Umwerfendes in der kurzen Zeit zu erwarten. Und übrigens, das ICH fährt anschließend mit mir zurück und wird noch eine Weile bei mir bleiben.
Das ES konnte fachmänisch entjungfert und in grober Weise abgesteckt werden: ES kommt übrigens auch mit mir nach Hause und wird mich einige Zeit begleiten.
Bleibt das WIR. Das WIR gibt es nur hier. Habe ich das WIR verpasst?
Applaus: fürs ICH."

Beim trotzigen Rückzug aufs Ich, den Ich-Stil und die Einsamkeit braucht es nicht zu bleiben, denn es gibt ja weitere Schreibgruppen auf dem Weg zum poetischen Wir. Erst im Wechselspiel von poetischem Wir, poetischem Selbst und gelungenem Text entwickelt sich das Wagnis der poetischen Individuation, an deren Ende die gelungene Balance zwischen den Krisen und Chancen im Schreibprozess steht.

3.2. Entspannen oder Ausbrennen

Die Arbeit als Anleiter in kreativen Schreibgruppen ist eine anstrengende Sache. Sie wird besonders belastend, wenn die Ziele der Arbeit nicht klar sind, kaum Anerkennung für die Arbeit erfolgt, viele negative Reaktionen der Teilnehmer auftreten, zu viele Aufgaben in zu kurzer Zeit zu bewältigen sind, keine Supervision der Arbeit möglich ist, keine Nacharbeit der Praxis stattfindet. Erschwerend wirkt sich die Anleitertätigkeit aus, wenn der Charakter des Anleiters eine hohe Identifizierung mit der Arbeit erzwingt und das Privatleben des Anleiters außerdem spannungsreich ist. Es besteht dann die Gefahr des „Ausbrennens".

> Aus einer enthusiastischen Arbeitsphase geht es beim Ausbrennen in eine Stagnationsphase, die dann weiter abwärts führt. Eine Frustrationsphase leitet beim Ausbrennen in die apathische Phase über. Der Prozess des Ausbrennens wird von folgenden Symptomen begleitet: Der Humor schwindet, Müdigkeit nimmt zu. Der Anleiter reagiert negativ und zynisch. Das Selbstvertrauen des Anleiters schwindet. Der Anleiter ist gereizt und lustlos. Die Angst des Anleiters vor der Arbeit wächst.

(B. Braunsberg, N. Vestlund: Ausgebrannt. München 1988, S. 9 ff.)

Da viele Sitzungen beim kreativen Schreiben „brennende" Probleme artikulieren, ist die Gefahr des „Ausbrennens" bei der Anleitung kreativer Schreibgruppen nicht unerheblich. Die emotionelle und rationale Balance ist oft schwer zu erhalten. Ängste vor einem Überwältigt-werden durch unverstandene Emotionen bleiben nicht aus. Neben einer sorgfältigen Vor- und Nacharbeit, neben Supervision ist für den Anleiter das Erlernen von **Entspannungstechniken** notwendig. Entspannen beginnt ganz einfach damit, dass man sich nach einer Gruppensitzung genügend Zeit lässt, um Distanz zur Gruppe und zu seinen eigenen Gefühlen zu gewinnen. Man kann sich aber auch systematisch entspannen. Hier kommen das „autogene Training" (I.H. Schultz) oder die „progressive Muskelentspannung" (E. Jacobson), deren Er lernen oft in Volkshochschulen angeboten wird, in Frage. Diese Techniken sind vor, während und nach der Sitzung anwendbar. Da Entspannung mit Ruhe, Gelassenheit und Wohlbefinden einhergeht, schließt sie Zustände der Angst und Unruhe aus. Entspannt nehmen wir als Anleiter die Gruppe realistischer war. Entspannt senken wir unsere Angstbereitschaft. Entspannt erhöhen wir unsere Fähigkeit zur Selbststeuerung. Unangenehme Gefühle werden durch Entspannung abgeschwächt. Die progressive Muskelentspannung und das autogene Training können in ihren Grundstufen in fünf bis sechs Sitzungen gelernt werden. Durch das Anspannen und Entspannen der Muskelpartien von den Händen über die Arme, über Gesicht, Nacken, Schultern und Rücken, zu Brust, Bauch, Gesäß, Beinen und Füßen, den Einsatz von Ruhebildern und Plus-Erlebnissen wird bei der progressiven Muskelentspannung die Fähigkeit zur Entspannung so weit verinnerlicht, dass sie auch in allen Alltagssituationen und in jeder für den Anleiter überfordernden Gruppensituation angewandt werden kann. Beim autogenen Training der Unterstufe wird durch Schwere, Wärme und Ruheübungen eine Entspannung des ganzen Körpers erreicht. Der Einsatz der Entspannungstechnik durch den Anleiter, bei der Verbesserung seiner Anleitungsfunktionen wird ihm durch Körpersignale (durch Verspannung, Schwitzen, Druck im Bauch usw.) mitgeteilt, die er nicht überspielen sollte. „Alle Angstzustände gehen mit starken somatischen Erregungen einher, [deshalb besteht] die dringlichste Aufgabe jeder Intervention gegen die Angst darin, diese Erregung zu bekämpfen" (W.G. Fröhlich: Angst. München 1982, S. 259). Die Forschung hat die Wirksamkeit des Entspannungstrainings zur Bekämpfung von Angst und Stress nachdrücklich bestätigt (vgl. H. Zeier: Verhaltenskonditionierung durch Bio-Feedback. In: ders.: Lernen und Verhalten. Weinheim 1984, Bd. 2, S. 152). Über die Möglichkeiten dieser Entspannungstechniken sollte der Anleiter auch die Teilnehmer informieren. Auch die Teilnehmer können das Entspannungstraining nutzen, um die ängstigenden Nebenerscheinungen des kreativen Schreibens besser bekämpfen zu können.

Beim Aufbau einer Weiterbildung von Anleitern des kreativen Schreibens muss gesichert werden, dass Entspannungsmeditationen und positive Bestätigung zum Handwerkszeug des Anleiters bei der Balance von Emotion und Ratio in Schreibgruppen gehören muss.

„Denn der Mensch wohnet, wenn er wohnt, nach dem Wort Hölderlins „Dichterisch ... auf dieser Erde."
(M. Heidegger: Hebel, der Hausfreund. Pfullingen 1967, S. 24)

Schluss: Wie kann mit dem Lehrbuch gearbeitet werden?

Das Lehrbuch hat mehrere Funktionen. Es soll Interessenten ohne jede Vorbildung in das kreative Schreiben einführen. Es soll Teilnehmer an Schreibgruppen über die poesiepädagogischen Hintergründe aufklären. Es soll Anleitern von Schreibgruppen helfen, ein professionelles Selbstverständnis ihrer Arbeit zu entwickeln. Es soll dem Fernstudenten dienen. Für jede der vier Zielgruppen ergeben sich unterschiedliche Arbeitsformen mit dem Lehrbuch.

1. Interessenten ohne jede Vorbildung

Wer neu auf das kreative Schreiben stößt, sollte sich zuerst ein wenig Schreibpraxis aneignen. Er sollte allein, in einer Interessengruppe, in seiner Schulklasse oder seinem Erwachsenenkurs zuerst einige Schreibspiele (Teil 1 Kapitel C Abschnitt 1.) ausprobieren und vielleicht in der Durchführung eines Schreibprojektes (Teil 1 Kapitel C Abschnitt 2) diese Erfahrungen vertiefen. Bei genügendem Interesse könnte er die Praxis der Techniken und Methoden des kreativen Schreibens (Teil 1 Kapitel B) kennenlernen. Mit entsprechenden Erfahrungen ausgestattet, könnte er dann die theoretische Vertiefung seiner Kenntnisse beginnen. Dazu wäre zuerst die Lektüre des zweiten Teils (Über Poesiepädagogik und Gruppenpädagogik) sinnvoll. Am Schluss könnte er sich den Forschungsstand über kreatives Schreiben (1. Teil Kapitel A) aneignen.

2. Teilnehmer an Schreibgruppen

Für diese Zielgruppen wäre zuerst der zweite Teil „Die Praxis der Poesiepädagogik" von Wichtigkeit. Sie können hier beginnen, ihre vorliegenden Erfahrungen mit den Krisen und Chancen des Schreibprozesses und des Gruppenprozesses aufzuarbeiten. Dabei wäre es wichtig, dass sie ein Tagebuch ihrer Schreibgruppenerlebnisse führen. Auf der Basis dieses Tagebuchs könnten sie ermitteln, welche Krisen und welche Chancen sie im Schreiben schon erlebt haben. Für die Arbeit in der Gruppe bekommen sie durch den zweiten Teil des

Lehrbuches Kategorien und Fallbeispiele sowie empirische Illustrationen an die Hand, um effektiv in die Gruppenarbeit und in die Lösung der Gruppen- und Schreibprobleme eingreifen zu können. Mit dem ersten Teil des Lehrbuches können sie dann ihr Repertoire an Techniken und Methoden des kreativen Schreibens sowie ihre Kenntnisse über die theoretischen Grundlagen des kreativen Schreibens erweitern.

3. Anleiter von Schreibgruppen

Anleiter von Schreibgruppen werden in den Szenarien des kreativen Schreibens (Teil 1, B, 1.+2.) nicht viel neues finden. Für den Ausbau ihrer Schreibspielkartei wäre allerdings die Überprüfung ihrer Techniken und Methoden des kreativen Schreibens im Vergleich mit den hier im Lehrbuch angebotenen sinnvoll. Durch die Lektüre von Teil 1 Abschnitt A könnten sie in die Diskussion um die psychologischen Aspekte des kreativen Schreibens verbessert einsteigen. Von Bedeutung ist für die Zielgruppenarbeit der Anleiter aber besonders Teil 2. Die Diskussion um die Poesiepädagogik muss unter den Anleitern eröffnet werden. Deshalb wäre es sinnvoll, wenn sich die Anleiter an der empirischen Erforschung des kreativen Schreib- und Gruppenprozesses beteiligen würden. Die empirischen Kenntnisse über Krisenphänomene wie Regression, Schreibblöcke, Katharsis, über Krisenphasen der Gruppen: Autoritätskonflikte, Gruppenstörung, Textdynamik stehen ebenso am Anfang wie die Erforschung der Interventionschancen in den Schreibgruppen. Besonders die vertiefte Forschung zu den Interventionstechniken wie z. B. Textdeutung, Beratung, Distanzierung, Verschriftlichung, Rationalisierung, Spiel, Stil, Utopie, Therapie, Veröffentlichung, Prozessanalyse, Störungsarbeit, Übertragungsanalyse, Institution und Zielgruppenforschung, rollende Planung, Gruppenregeln, Einsatz von Spielen und Projekten, Einsatz von Arbeitspapieren ist noch erheblich zu vertiefen. Der Königsweg der Balance von Gefühl und Ratio steht als Kern der Poesiepädagogik zur weiteren Erhellung an. Anleiter sollten durch teilnehmende Beobachtung, die Führung eines Gruppentagebuchs, die Verteilung von Fragebögen, durch Videoeinsatz an der empirischen Vertiefung und Bewältigung der Ambivalenzprobleme der Poesiepädagogik mitarbeiten. Für diese empirische Arbeit sollen nun einige Fragebögen vorgestellt werden.

Für das Führen des Gruppentagebuchs empfiehlt sich für jede einzelne Sitzung folgende Rasterung des Protokolls:

Nr. der Sitzung / Zahl der Teilnehmer / Thema der Sitzung / Planung der Sitzung / Verlauf: Störungen, Krisen, und Chancen im Schreib- und Gruppenprozess / Einsatzdynamik von Spielen und Projekten / Vorleser / Textdynamik / Textarbeit / Sitzungsauswertung

Der Schreibgruppenleiter sollte sich und den Teilnehmern während der Kurse in Abständen folgende Fragebögen vorlegen. Jeder Fragebogen ist innerhalb der angegebenen Skala mit positiv- mittel- oder negativ zu beantworten. Die Antworten sind anzukreuzen. Bei mehr positiven Antworten läuft die Schreibgruppe gut. Bei mehr negativen Antworten muss umgesteuert werden. Bei mittleren Ergebnissen kann sich eine Krise anbahnen.

Fragebogen zur Selbstevaluation der Schreibgruppendynamik

	Positiv	Mittel	Negativ
1. Wie fühle ich mich in der Gruppe?			
2. Wieweit sind die Gruppenziele klar?			
3. Wie arbeitet die Schreibgruppe?			
4. Wie sind die Textdiskussionen zu bewerten?			
5. Wie ist das Verhältnis von Textreflexion und Personenreflexion ausgeglichen?			
6. Ist das Verhältnis von Textdarstellung und Selbstdarstellung ausgeglichen?			
7. Halten sich regressive und progressive Schwierigkeiten in der Schreibgruppe die Waage?			
8. Wie erlebten Sie Initiations-Szenen in der Gruppe?			
9. Konnten sich Außenseiter der Gruppe genügend Gehör verschaffen?			
10. Fühle ich mich der Mehrzahl der Teilnehmer gegenüber positiv?			
11. Kann ich mich mit der Schreibgruppe identifizieren?			
12. Bekomme ich Hilfe, wenn ich mich in einer Krise (Katharsis, Schreibblock, Regression) befinde?			
13. Wie kann ich mich in die Schreibgruppe einbringen?			
14. Wie würde ich die Schreibgruppe bewerten?			
15. Wie bewerte ich die poesiegruppenpädagogische Qualifikation des Anleiters?			
16. Wie, glauben Sie, bewertet der Anleiter die Schreibgruppe?			
17. Wie bewerten Sie diese Schreibgruppe verglichen mit Erfahrungen in anderen Schreibgruppen?			
Summe			

Dieser Fragebogen sollte wenigstens in der Mitte des Kurses am Ende einer Sitzung ausgegeben und bis zum nächsten Mal ausgewertet werden. Es ist sinnvoll, wenn der Kursleiter seinen Fragebogen von der der Gruppenteilnehmer gesondert auswertet. Er kann dann erkennen, „ob er selbst stärker belastet ist oder die Gruppenmitglieder" (T. Brocher: Gruppendynamik und Erwachsenenbildung. Braunschweig 1967, S. 134). Wenn er die Gruppe negativer bewertet als die Gruppe sich selbst, dann zeigt das seine Unterlegenheitsgefühle. Wenn sich die Gruppe selbst negativer bewertet, als der Gruppenleiter die Gruppe bewertet, dann zeigt das die Herrschaftstendenzen und die Machtproblematik des Anleiters. An solchen Fragebogenaktionen wird sich zeigen, dass die Gruppenleiter und Gruppenteilnehmer „sich selbst hinsichtlich ihrer Selbstwahrnehmung und der Fremdwahrnehmung oft real täuschen" (T. Brocher, a. a. O., S. 134). Diese Selbsttäuschung stellt aber eine Gefahr für das Gelingen der ganzen Gruppe dar. Diese Gefahr wird bewältigt, wenn durch die Durcharbeitung der Gruppendynamik Luft entsteht für eine gute Begleitung und Steuerung dieser Dynamik. Die Schreibdynamik sollte wenigstens am Ende des Kurses mit dem Fragebogen auf der folgenden Seite untersucht werden.

Die Untersuchung der Schreibdynamik wird die Krisen und Chancen der Bewältigung aufgestauter unbewusster Gefühle durch das Schreiben beleuchten können. Diese Methode und die Methode der Erhebung poetischer Lerngeschichten durch die Auswertung von Textserien wird die Leistung des Mediums kreatives Schreiben weiter erhellen. Die Anstrengung, die diese Arbeit macht, wird durch die Hoffnung belohnt, dass primitiven Initiationswünschen und poeta-vates-Impulsen ein ästhetisches Ventil geboten wird. Dieses Ventil als praktische und ästhetische Vernunft kann einen Beitrag leisten zur Bewältigung auch falscher nationaler wie personaler Idealisierungen und Täuschungen. Die Arbeit mit den Fragebögen, die auch ohne Skalierungen im Setting des narrativen Interviews eingesetzt werden können, kann die empirischen Grundlagen der Poesiepädagogik verbessern helfen.

Fragebogen zur Selbstevaluation der Schreibdynamik

	Positiv	Mittel	Negativ
1. Wie bewerte ich meine Schreiberfahrung in der Gruppe?			
2. Wie fand ich die angebotenen Schreibspiele bzw. den Aufbau des Schreibprojekts?			
3. Hat die Gruppe das Entstehen meiner Texte beeinflusst?			
4. Bestand eine Balance zwischen regressiven und progressiven Gefühlen beim Schreiben?			
5. Wie empfand ich das Wiedererleben infantiler Erlebnisse beim Schreiben?			
6. Gelang mir der Umgang mit Schreibblockaden?			
7. Wie erlebten Sie den Umschwung von belastenden Gefühlen zu entlastender Sprachgestaltung?			
8. Wie erleben Sie poeta-vates-Impulse?			
9. Wie reagierte die Schreibgruppe auf die kathartischen Gefühlsprobleme der Teilnehmer?			
10. Wie bewerten Sie die theoretische Durcharbeitung der Gefühlsdynamik in dieser Schreibgruppe?			
11. Wie ging die Schreibgruppe mit Außenseiter texten um?			
12. Wie bewerten Sie das kreative Schreiben als Methode der Schreibqualifizierung?			
13. Wie hat sich die Qualität der Texte im Laufe der Arbeit mit Schreibspielen/Schreibprojekten verändert?			
14. Konnten Sie eigene Vorschläge für Schreibstimuli, Schreibtechniken, Schreibthemen in die Gruppe einbringen?			
15. Fühlen Sie Ihr Verhältnis zum poetischen Wir durch den Kurs beeinflusst?			
16. Wie bewerten Sie die poetische Qualität des Anleiters?			
17. Wie ist die poetische Qualität der Schreibgruppe im Vergleich zu anderen Schreibgruppen?			
Summe			

4. Fernstudenten

Teilnehmer am Fernstudium zum Anleiter von kreativen Schreibgruppen sollten sich in Teil 1 Kapitel C. Abschnitt 2. nacheinander zehn Projekte heraussuchen, die sie bearbeiten wollen. Ihre fertigen Texte schicken sie an das Institut für Kreatives Schreiben (IKS). Sie werden von einem Mitarbeiter IKS kommentiert. Diese Kommentare werden eine wichtige Hilfestellung bei der weiteren Aneignung des Lehrbuches geben. Durch zwei Präsenzphasen am IKS in Berlin werden die Voraussetzungen zur Durchführung einer eigenen Schreibgruppe geschaffen. Der/die Fernstudent/in wird mit dieser Ausbildung zum Multiplikator der Poesiepädagogik in den verschiedenen Regionen und Praxisfeldern. (Anfragen zum Fernstudium an Prof. Dr. L. v. Werder, 10777 Berlin, Bamberger Str. 52).

Literaturverzeichnis

1. Ausgewählte Materialien des Projektes „Kreatives Schreiben" an der Alice Solomon Fachhochschule Berlin

1.1. Praxisberichte

Jaehn, S.: Praktikumsbericht 1985.

Konrad, G.: Praktikumsbericht 1985.

Kastirr, A.: Praxisbericht 1985.

Spitzer, S.: Praxisbericht 1985.

Ritter, A.: Praxisbericht 1986.

Hildebrand, U.: Praxisbericht 1988.

Böhme, C.: Praxisbericht 1988.

Hennes, J.C., Nalezinski, M., Ruppert, J., Tuchel, I.: Bericht über die Praxisphase des Projekts 1988.

Nietsch, M.: Praxisbericht 1988.

Neuendorf-Cabugao, A.: Praxisbericht 1987.

Bossler, C.: Praxisbericht 1987.

Päpke, T., Reh, G., Reinhard, J.: Bericht zur Praxisphase im 5. und 6. Semester 1988.

Diemers, C.: Praxisbericht 1988.

Reichenbach, E., Tievenow, G., Bommer, M.: Bericht über das Praktikum bei Sekis und im Nachbarschaftsheim Urbanstraße 1990.

Dorow, B., Stöhr, M.: Bericht über die Praxisphase im Sozialtherapeutischen Zentrum „Blisse 14" 1990.

Matzke, H.: Praktikumsbericht 1990.

1.2. Dokumentationen

Schreibgruppe vom 6.10.86–14.12.86, eine Auswahl von Texten. Berlin 1987.

Textbuch der Schreibgruppe bei Sekis. Okt.-Dez. 1986, Berlin 1987.

Hildebrand, U. Bossler, C. (Hrsg.): Texte aus der expressionistischen Schreibwerkstatt vom 20.5–14.7.87. Berlin 1987.

Bossler C. (Hrsg.): Sprachgitter und Wortschluchten. Berlin 1989.

Bossler, C. Hildebrand, U. (Hrsg.): Autobiographisches Schreiben vom 8.11.89–31.1.90. Schreibwerkstatt des Kotti-Vereins und der Stadtbücherei Kreuzberg. Berlin 1990.

Bommer, M. u. a.: Zwischen den Zeilen. Berlin 1990.

1.3. Diplomarbeiten

Jander, E.: Die Selbstanalyse Sigmund Freuds und ihre Bedeutung für die Schreibwerkstätten. Berlin FHSS 1986 (Diplomarbeit).

Mößner, M.: Zur Theorie und Praxis von kreativen Schreibgruppen mit älteren Menschen. Berlin FHSS 1988 (Diplomarbeit).

Böhme, C.: *Schreibwiderstände in Selbsthilfegruppen und Methoden ihrer Überwindung.* Berlin FHSS 1989 (Diplomarbeit).

Diemers, C.: *Der Einsatz kreativer Medien in Selbsthilfegruppen am Beispiel ausgewählter Themenpunkte.* Berlin FHSS 1989 (Diplomarbeit)

Etschenberg, P.: *Biographisches Schreiben als Mittel der Selbstanalyse am Beispiel des Schriftstellers Dostojewski in seinem Roman „Der Spieler".* Berlin FHSS 1989 (Diplomarbeit)

Hennes, J.C.: *Schreiben im Gefängnis – Krise, Begrenzung und Kreativität.* Berlin FHSS 1989 (Diplomarbeit)

Nietsch, M.: *Authentische Märchen: Aspekte der Selbsterkenntnis und Deutung beim Schreiben von Kunstmärchen.* Berlin FHSS 1989 (Diplomarbeit)

Päpke, T.: *Zur Theorie und Praxis des kreativen Schreibens mit Jugendlichen.* Berlin FHSS 1989 (Diplomarbeit)

Reinhard, J.: *Motivation, Verlaufsform und Wirkung des kreativen Schreibens unter Berücksichtigung zweier Schreibgruppen.* Berlin FHSS 1989 (Diplomarbeit)

Ruppert, J.: *Schreiben als Erfahrung am Beispiel von Literaten.* Berlin FHSS 1989 (Diplomarbeit)

2. Wissenschaftliche Arbeiten am IKS

2.1. Dokumentationen

Halmen, R.M.: *Biographisches Schreiben und Selbsterfahrung.* Berlin Poesietherapeutisches und -pädagogisches Institut 1989

Dörner, M., Richter, M., Schütte, M., Schulte, B., Schulte-Steinecke, B., Vaegs, C., Weser, E.: *Von der Biographie zur Utopie. Ein Schreibkurs von und für Frauen.* Berlin Poesietherapeutisches und -pädagogisches Institut 1989

2.2. Infos des IKS 1986 ff.

Nr. 1: *Zur Gründung des Instituts. Curriculum zur Ausbildung zum Berater in poetischer Selbstanalyse und Selbsthilfegruppenarbeit.*
Zum Unterschied von Schreibgruppen und poesietherapeutischen Selbsthilfegruppen.

Nr. 2: *Poetische Selbstanalyse. Zwei Fallgeschichten.*

Nr. 3: *Poesie und Therapie im Alltag.*

Nr. 4: *Ein Jahr PTI. Poesietherapie. Eine Bilanz.*

Nr. 5: *Zur Bedeutung und Funktion des Schreibens im Leben F. Kafkas. Leben mit Krebs: Selbsterforschung.*

Nr. 6: Eichendorffs „*Aus dem Leben eines Taugenichts*": *Drei aktuelle Beispiele kollektiven Schreibens.*

Nr. 7: *Das Berliner Projekt: Kreatives Schreiben.*

Nr. 8: *Poesietherapie in der BRD.*

Nr. 9: *Kreatives Schreiben in der Bundesrepublik. Theoretische Ansätze und Praxis.*

Nr. 10: *Poesietherapie in den USA (Frühjahr 1990).*

Nr. 11: *Creative Writing in den USA. Literature Potentielle in Frankreich (Herbst 1990).*

2.3. Studien zum kreativen Schreiben und zur Poesietherapie

Nr. 1: *... Sich in die Worte zu verwandeln ... Therapeutische und pädagogische Aspekte des kreativen Schreibens* (Hrsgg.), E. Blöchl, C. Mischon. Berlin 1990.

Nr. 2: Nitsch, M.(Hrsg.): *Wenn ich schreibe. Empirische Studien zum kreativen Schreiben.* Berlin 1990.

3. Allgemeines Literaturverzeichnis zum kreativen Schreiben

Adams, D.: Per Anhalter durch die Galaxis. Berlin 1988.

Aebli, H.: Zwölf Grundformen des Lehrens. Stuttgart 1983.

Alcock, L.: Camelott. Die Festung des König Artus? Bergisch-Gladbach 1976.

Allert-Wybranietz, K.: Wie finde ich den richtigen Verlag. München 1988.

Anderson, J.R.: Kognitive Psychologie. Heidelberg 1988.

Angstmann, G.: Schreiben hilft Leben. Freiburg 1989.

Antons, K.: Praxis der Gruppendynamik. Göttingen 1973.

Aristoteles: Poetik in: ders.: Hauptwerke. Stuttgart 1953.

Arp, H. : Wortträume und schwarzer Stern. Wiesbaden 1953.

Artaud, A.: Das Theater und sein Double. Frankfurt 1969.

Balint, M.: Angstlust und Regression. Stuttgart 1960.

Balint, M.: Regression: München 1987.

Basse, M. u. E. Pfeiffer: Literaturwerkstätten und Literaturbüros in der Bundesrepublik. Lebach 1988.

Beer, U. u. W. Erl: Kreativität. 1974.

Benn, G.: Gesammelte Werke. Wiesbaden 1965, Bd. 1.

Bergler, E.: Does Writers Block exist? In: American Imago, 7 Jahrgang 1950.

Bergler, E.: The writer and psychoanalysis. Madison 1988.

Birner, H.: Kreative Gestaltungsübungen im Deutschunterricht. München 1978.

Boal, A.: Theater der Unterdrückten. Frankfurt 1987.

Bohrer, K.H.: Der Lauf des Freitags. Die lädierte Utopie und die Dichter. München 1973.

Bollnow, O.F.: Existenzphilosophie und Pädagogok. Stuttgart 1977.

Bono, E. de: Das spielerische Denken. Reinbek 1971.

Brettschneider, W. : Kindheitsmuster. Kindheit als Thema autobiographischer Dichtung. Berlin 1982.

Broch, H.: Die Heimkehr. Frankfurt 1962.

Brocher, T.: Gruppendynamik und Erwachsenenbildung. Braunschweig 1967.

Brokerhoff, K.H.: Kreativität im Deutschunterricht. Kastellaun 1976.

Brunner, J.S. u. D.R. Olson: Symbole und Texte als Werkzeuge des Denkens. In: G. Steiner: Entwicklungspsychologie. Weinheim 1984, Bd. 1.

Bundesvereinigung kulturelle Jugendbildung (Hrsg.): Ich geb's Dir schriftlich.Junge Leute schreiben. Remscheid 1986.

Burger, H.: Die allmähliche Verfertigung der Idee beim Schreiben. Frankfurt 1986.

Buß, E. u. M. Schöps: Kompendium für das wissenschaftliche Arbeiten in der Soziologie. Heidelberg 1979.

Buzan, T.: Kopftraining. München 1984.

Callenbach, E.: Ökotopia. Berlin 1980.

Callois, R.: Die Spiele und die Menschen. Berlin 1982.

Capelle, W.: Die Vorsokratiker. Stuttgart 1968.

Capra, F. u. a.: Psychologie in der Wende. München 1985.

Chasseguet-Smirgel, J.: Kunst und schöpferische Persönlichkeit. München 1988.

Claiborne, R.: Die Erfindung der Schrift. Reinbek 1978.

Copei, F.:Der fruchtbare Moment im Bildungsprozess. Heidelberg 1950.

Corino, K.: Genie und Geld. Nördlingen 1987.

Cremerius, J.: Die Konstruktion der biographischen Wirklichkeit im analytischen Prozess. In: ders.: Vom Handwerk des Psychoanalytikers. Das Werkzeug der psychoanalytischen Technik. Stuttgart 1984. Bd. 2.

Curtis, M. : Theoria in nuce. In: Diess.: Seminar. Theorien der künstlerischen Produktivität. Frankfurt 1976.
Dämmrich, H. u. I. Dämmrich: Motive und Themen der Literatur. Stuttgart 1986.
Danckert, W.: Wesen und Ursprung der Tonwelt im Mythos. In: Archiv für Musikwissenschaft, 12 Jg. 1955.
Daniels, K. u. J. Mehn: Konzepte emotionellen Lernens in der Deutschdidaktik. Bonn 1985.
Dehn, W. (Hrsg.): Werkstatt Sprache. Frankfurt 1984.
Dieckmann, H.: Methoden der analytischen Psychologie. Olten 1979.
Diels, H.: Die Fragmente der Vorsokratiker. Reinbek 1957.
Dodds, E.R.: Die Griechen und das Irrationale. Darmstadt 1970.
Dörner, M. u.a.: Von der Biographie zur Utopie. Berlin PTI 1989.
Dornseiff, F.: Das Alphabet in Mystik und Magie. Leipzig 1925.
Dorst, T.: Merlin. Frankfurt 1985.
Dührssen, A.: Die biographische Anamnese unter tiefenpsychologischem Aspekt. Göttingen 1981.
Eccles, J.: Das Gehirn und sein Ich. München 1986.
Eicke, C.D.: Psychoanalytiker deuten Gestalten und Werke der Literatur. In: Psychologie des 20. Jahrhunderts. München: Kindler, Bd. 15, S. 863.
Eckert, M.: Transzendieren und immanente Transzendenz. Herder 1981.
Eggert, H. u. Rutschky, M. (Hrsg.): Literarisches Rollenspiel in der Schule. Heidelberg 1978.
Eislers, K.R.: Goethe. Eine psychoanalytische Studie. Frankfurt 1986, Bd. 1+2.
Eliade, M.: Schamanismus und archaische Ekstasetechnik. Frankfurt 1974.
Eliade, M.: Die Sehnsucht nach dem Ursprung. Frankfurt 1981.
Eliade, M.: Das Mysterium der Wiedergeburt. Frankfurt 1988.
Elias, N.: Die Fürwörterserie als Figurationsmodell. In: ders.: Was ist Soziologie?. München 1986, S. 133ff.
Elias, N.: Die Gesellschaft der Individuen. Frankfurt 1987.
Elias, N.: Über den Prozess der Zivilisation. Frankfurt 1976, Bd. 1.
Elias, N.: Über die Deutschen. Frankfurt 1989.
Enzensberger, H.M. (alias Andreas Thalmayr): Wasserzeichen der Poesie. Nördlingen 1985.
Eykmann, C.: Schreiben als Erfahrung. Bonn 1985.
Feinäugle, N.: Satirische Text. Stuttgart 1976.
Fouck, L.: Wissenschaftliches Arbeiten. Insbruck 1926.
Frazer, G.: Der goldene Zweig. Das Geheimnis von Glauben und Sitten der Völker. Reinbek 1989.
Frenzel, I.: Motive der Literatur. Stuttgart 1988.
Freud, S. u. J. Breuer: Studien über Hystrie. Frankfurt 1970.
Freud, S.: Gesammelte Werke. Frankfurt 1960 ff.
Friedrich, H.: Die Struktur der modernen Lyrik. Reinbek 1959.
Fritz, J.: Interaktionspädagogik. Methoden und Modelle. München 1975.
Fritz, J.: Methoden des sozialen Lernens, München 1977.
Fritzsche, J.: Geschichten, Schreibaufgaben, Übungen und Spiele. Lüneburg 1987.
Fröchling, J.: Was beim Schreiben so passiert und wie man damit umgehen kann. In: PTI-Info, 1989, Nr. 9.
Fromm, E.: Gesamtausgabe. Stuttgart 1981, Bd. I-X.
Frutiger, A.: Der Mensch und seine Zeichen. Wiesbaden 1989.
Fuchs, W.: Biographische Forschung. Oppladen 1984.
Fügen, H.N.: Die Hauptrichtungen der Literatursoziologie und ihre Methoden. Bonn 1974.
Fühmann, F.: Die dampfenden Hälse der Pferde im Turm von Babel. Darmstadt 1988.
Fuhrmann, M.: Einführung in die antike Dichtungstheorie. Darmstadt 1973.

G. Keseling: Kreative Schreibseminare als Mittel zur Analyse und Bearbeitung von Schreibstörungen. In: H.A. Rau (Hrsg.): Kreatives Schreiben an Hochschulen. Tübingen 1988.

Gatti, H.: Schüler schreiben Gedichte. Freiburg 1979.

Goebel, G.: Schreibspiele oder die Vergesellschaftung der Schrift. In: Lendemais, 3 (1978) Bd. 12, S. 108 ff.

Goette, J.W.: Methoden der Literaturanalyse im 20. Jahrhundert. Stuttgart 1979.

Golan, N.: Krisenintervention. Heidelberg 1983.

Golther, W.: Handbuch der germanischen Mythologie. Kettwig 1987.

Goody, J., Watt I. u. a.: Entstehung und Folgen der Schriftkultur. Frankfurt 1986.

Gössmann, W.: Sätze statt Aufsätze. Düsseldorf 1976

Gössmann, W.: Schülermanuskripte. Düsseldorf 1979.

Gössmann, W.: Theorie und Praxis des Schreibens. Düsseldorf 1987.

Göttner-Abendroth, H.: Für die Musen. Frankfurt 1989.

Graumann, C.F. (Hrsg.) Denken. Köln 1965.

Grümmer, G.: Spielformen der Poesie. Leipzig 1988.

Gudjons, H. u. a.: Auf meinen Spuren. Reinbek 1987.

Gudjons, H.: Handlungsorientiert Lehren und Lernen. Bad Heilbrunn 1986.

Gudjons, H.: Interaktionsspiel in Schule und Jugendarbeit. In: K.J. Kreuzer (Hrsg): Handbuch der Spielpädagogik. Düsseldorf 1983, Band 3, S. 48 ff.

Gudjons, H.: Spielbuch Interaktionserziehung. Bad Heilbrunn 1983.

Haag, F. u. a.: Aktionsforschung. München 1975.

Hämmerling, E.: Orpheus Wiederkehr. Interlaken 1984.

Handbuch der deutschen Literaturpreise. W. Richter Verlag München 1987.

Hänseler, H.: Narzisstische Krisen. Oppladen 1984.

Häny, A.: Die Edda. Zürich 1987.

Hark, H.: Lexikon jungscher Grundbegriffe. Olten 1988.

Harner, M.: Der Weg des Schamanen. Reibek 1988.

Harrower, M.: The Therapy of Poetry. Springfield 1972.

Harsdörfer, G.P.: Frauenzimmer. Gesprächsspiele. Nürnberg 1645 (Tübingen 1968).

Heilveil, I.: Video in der Psychotherapie. Ein Handbuch für die Praxis. München 1984.

Hein, C.: Kreatives Schreiben in den USA. In: Projekt Kreatives Schreiben Aachen (Hrsg.): Kreatives Schreiben zwischen Literatur und Lebenshilfe. Aachen 1989.

Heinz, R.: Über Regression. In: D. Eicke (Hrsg): Tiefenpsychologie. Weinheim 1982.Bd.1

Heinze, T. u. a.: Handlungsforschung im pädagogischen Feld. München 1975.

Heissenbüttel, H.: Über Literatur. München 1972.

Herholz, G.: Aua, Weh, Her Jemine – Blablabla, Credos, Dada. In: Revier 1989.

Herrmann, J.: Richtig studieren. München 1982.

Hildebrandt, I.: Warum Frauen schreiben? Freiburg 1980.

Hochrain, H.: Die fünftausend Mark Story oder die Kunst mit kleinen Geschichten das große Geld zu machen. Göbenzell 1988.

Hofstätter, P.R.: Gruppendynamik. Reinbek 1971.

Hohmann, K.: Experimentelle Prosa. Paderborn 1974.

Höllerer, W.: Theorie der modernen Lyrik. Reinbek 1965.

Holzapfel, G.: Kulturelle Bildung zwischen Therpie und kognitiven Lernen. In: Weiterbildungsreport 23, Juni 1989.

Horaz: Ars poetica. Stuttgart 1977.

Hövel, W. u. a.: Warum nicht? Literatur handlungsorientiert. Mühlheim 1987.

Hradil, S.: Sozialstrukturanalyse in einer fortgeschrittenen Gesellschaft. Opladen 1987.

Huizinga, J.: Homo ludens – Vom Ursprung der Kultur im Spiel. Reinbek 1988.

Hutchinson, P.: games authors play. London/New York 1983.

Jacobi, M.: Individuation und Narzissmus. München 1985
James, M. u. D. Jongeward: Spontan Leben. Übungen zur Selbstverwirklichung. Reinbek 1986.
Jaynes, J.: Der Ursprung des Bewusstseins durch den Zusammenbruch der bikameralen Psyche. Reinbek 1988.
Joyce, J.: Jugendbildnis. Zürich 1948.
Kallweit, H.: Die Welt der Schamenen. Frankfurt 1988.
Kauffmann, J. u. Kruse, U.J.: Der Kopfarbeiter. Buchenbach 1921.
Kayser, W.: Das sprachliche Kunstwerk. Bern 1959.
Kesselring, T.: Jean Piaget. München 1988.
Kirckhoff, M.: Mind-Mapping. Die Synthese von sprachlichem und bildhaftem Denken. Berlin 1989.
Klumbies, G.: Psychotherapie in der Inneren und in der Allgemeinen Medizin. Leipzig 1988.
Kohut, H.: Narzissmus. Frankfurt 1973.
Kooij, R.v.d.: Die psychologischen Theorien des Spiels. In: K.J. Kreuzer (Hrsg.): Handbuch der Spielpädagogik. Düsseldorf 1983, Bd. 1.
Kowatzki, J.: Der Begriff des Spiels als ästhetisches Phänomen. Bern 1983.
Kreitler, H. u. Kreitler, S.: Psychologie der Kunst. Stuttgart 1980.
Kris, E.: Die Aufdeckung von Kinheitserinnerungen in der Psychoanalyse. In: Psyche 31, 1977, H. 8, S. 757.
Kuhn, R.: Psychoanalytische Theorie der Kunst. Frankfurt 1986.
Landau, E.: Kreatives Erleben. München 1984.
Langmaak, B. u. N. Braune-Krickau: Wie die Gruppe laufen lernt. Weinheim 1987.
Langner, R.: Literatur in der Sicht der komplexen Psychologie. In: Ders.: Psychologie der Literatur. Weinheim 1986, S. 63 ff.
Lazarus, A.: Innenbilder. München 1980.
Leedy, J.J.: Prinzipien der Poesietherapie. In: I. Ort, H. Petzold (Hrsg.): Poesie und Therapie. Paderborn 1985.
Lepenies, W.: Die drei Kulturen. München 1985.
Leuner, H.: Katathymes Bilderleben. Bern 1982.
Leuner, H.: Lehrbuch des katathymen Bilderlebens. Bern 1988.
Leutz, G.: Psychodrama. Berlin 1986.
Liede, A.: Sprache als Spiel. Berlin 1963, Bd. 1–2.
Linder, C.: Schreiben und Leben. Köln 1974.
Literaturbüro NRW: Schreibspiele. Gladbeck 1989.
Loch, W.: Regression. In: ders. Über Begriffe und Methoden der Psychoanalyse. Bern 1975, S. 33–70, M. Balint: Regression. München 1988.
Lurker, M.: Wörterbuch der Symbolik. Stuttgart 1985.
Mahony, P.J.: Der Schriftsteller Sigmund Freud. Frankfurt 1989.
Majakowskij, W.: Wie macht man Verse. Berlin 1960.
Manguil, A. u. Guadalupi, G.: Von Atlantis bis Utopia. Ein Führer zu den imaginären Schauplätzen der Weltliteratur. München 1981.
Mattenklott, G.: Literarische Geselligkeit – Schreiben in der Schule. Stuttgart 1979.
Mattenklott, G.: Literarische Improvisationen. Berlin 1987.
Mattenklott, G.: Spielregeln der Literatur. In: Diskussion Deutsch 1985, Jg. 16, H. 84, S. 419 ff.
Matthies, K.: Schönheit, Nachahmung, Läuterung. Drei Grundkategorien für ästhetische Erziehung. Frankfurt 1988.
May, R.: Mut zur Kreativität. Paderborn 1987.
Meckling, I.: „Das Spinnennetz umgibt den Kornbehälter". Bewusstseinsarbeit in der Poesietherapie. In: PTI-Info Nr. 8, S. 15–20.
Meckling, I.: Kreativitätsübungen im Literaturunterricht der Oberstufe. München 1972.

Meckling, I.: *Metapher. Einführung in bildhaftes Schreiben. Frankfurt 1987.*

Menzel, W.: *Kreative Sprachverwendung. In: C. Hannig(Hrsg.): Deutschunterricht in der Primarstufe. Neuwied 1978.*

Mettler, H.: *Autoren schreiben anders: Der Einfluss der Psychoanalyse auf die moderne Literatur. In: Psychologie im 20. Jahrhundert. München: Kindler 1980, Bd. 15, S. 837 ff.*

Moser, H.: *Aktionsforschung als kritische Theorie der Sozialwissenschaften. München 1975.*

Moser, H.: *Methoden der Aktionsforschung. München 1977.*

Moser, H.: *Praxis der Aktionsforschung. München 1977.*

Mößner, M.: *Zur Theorie und Praxis von kreativen Schreibgruppen mit älteren Menschen. Berlin: FHSS 1989.*

Müller, E.: *Du spürst unter Deinen Füßen das Gras. Autogenes Training in Phantasie- und Märchenreisen. Frankfurt 1983.*

Müller-Braunschweig, H.: *Aspekte der psychoanalytischen Kreativitätstheorie. In: H. Kraft (Hrsg.): Psychoanalyse, Kunst und Kreativität heute. Köln 1984, S. 143 ff.*

Müller-Wieland, H.: *Verleg Dich doch selbst. Hamburg 1984.*

Muschg, W.: *Das archaische Erbe in der Dichtung. Imago 1933, S. 101 ff..*

Muschg, W.: *Die dichterische Phantasie. Bern 1969.*

Muschg, W.: *Tragische Literaturgeschichte. Bern 1957.*

Nichols, M.P. u. M. *Zax: catharsis in psychotherapy. New York 1977.*

Niederland, W.G.: *Trauma und Kreativität. Frankfurt 1989.*

Nietsch, M. (Hrsg.): *Wenn ich schreibe. Empirische Srudien. Berlin 1990.*

Novalis: *Schriften. Darmstadt 1968.*

Nusser, P.: *Schwarzer Humor. Stuttgart 1987.*

Oerter, R. u. L. Montarda: *Entwicklungspsychologie. München 1987.*

Osborn, A.F.: *applied imagination. New York 1963.*

Otto, W.F.: *Die Musen. Darmstadt 1954.*

Pemsel, K. u. U. Rütten: *Autoren werden zur Kasse gebeten. In: Literaturbulletin 1988, 12, S. 5.*

Perec, G.: *Anton Yoyls Fortgang. Frankfurt 1986.*

Petzold, H. u. I. Orth (Hrsg.): *Poesie und Therapie. Paderborn 1985.*

Piaget, J.: *Das Weltbild des Kindes. Stuttgart 1978.*

Piwitt, H.P.: *Plädoyer für den Gelegenheitsschriftsteller. In: Literaturmagazin Reinbek 1979, Nr. 11, S. 25f.*

Platon, Ion in: ders.: *Sämtliche Werke. Reinbek 1959, Bd. 1.*

Platta, H.: *Kunstwerke sind keine Geschenkartikel. Zu neueren psychoanalytischen Büchern über den kreativen Prozess. In: Psychosozial, 13 Jg. (1990) Heft1, S. 104.*

Poe, E.A.: *Die Methode der Komposition. In: ders. Das gesamte Werk in zehn Bänden. Olten 1976 Bd. 10 S. 533f.*

Pörtner, P: *Spontanes Theater. Köln 1972.*

Poulet, G.: *Metamorphosen des Kreises in der Dichtung. Berlin 1985.*

Preiser, S.: *Kreativitätsforschung. Darmstadt 1976.*

Proust, M.: *Auf der Suche nach der verlorenen Zeit. Frankfurt 1954, Bd. 1–7.*

Rico, G.L.: *Garantiert Schreiben lernen. Reinbek 1984.*

Rimbaud, A.: *Seher-Brief. In: W. Höllerer (Hrsg.): Dokumente zur Poetik. Reinbek 1965, Bd. 1.*

Röd, W.: *Die Philosophie der Antike. München 1976, Bd. 1.*

Rogers, C.: *Toward a Theory of Creativity. In: S.J. Parnes u. a.: A Sourcebook for creative thinking. New York 1962.*

Röhrig, P.: *Röhrigs Handbuch für Gelegenheitsdichter. München 1981.*

Rose, M. (Hrsg:): *when a writer can't write. New York 1985.*

Rose, M. (Hrsg.): *writers block. Carbondale, 1984.*

Rothenberg, A.: Kreativität in der Literatur. In: R. Langner (Hrsg.): Psychologie der Literatur. Weinheim 1986, S. 91 ff.

Russell, B.: Philosophie des Abendlandes. Wien 1988.

Rudloff, H.: Historische Bezugspunkte kreativen Schreibens. In: H.A. Rau (Hrsg): Kreatives Schreiben an der Hochschule. Tübingen 1988.

Sanner, R.: Spiel und Spielregeln im kreativen Prozess. In: W. Pielow, R. Sanner (Hrsg.): Kreativität und Deutschunterricht. Stuttgart 1973, S. 31 ff.

Schäfer, C.E.: Das Selbst im Spiel. In: Zeitschrift für Pädagogik, 26, 1980, S. 13–27.

Schalk, G. u. B. Rolfes: Schreiben befreit. Bonn 1986.

Scheff, M.J.: Explosion der Gefühle. Weinheim 1979.

Scheidt, J.v.: Kreatives Schreiben. Fankfurt 1989.

Schiller, F.: Über die ästhetische Erziehung des Menschen. Stuttgart 1977.

Schmidbauer, W.: Die hilflosen Helfer. Reinbek 1984.

Schmidbauer, W.: Schamanismus und Psychotherapie. In: Psychologische Rundschau, 1969, H. 20, S. 47 ff.

Schnurre, W.: Schreibtisch unter freiem Himmel. Olten 1964.

Schubert, F., Hildebrand, U. u. Bossler, C.(Hrsg.): Textbuch der Schreibgruppe bei Sekis. Okt-Dez. 1986. Berlin 1987, S. 45.

Schuhmann, O.: Grundlagen und Techniken der Schreibkunst. Wilhelmshaven 1983.

Schuster, P.: Grundregeln, Empfehlungen, Übungen, Markierungen und Kürzel zur Textkritik, o.O., o.J.

Schuster, P.: Sinnlichkeit und Talent. Zu einer Grundbedingung des Schreibens. In: Literaturmagazin, 11, 1979, S. 164 ff.

Seidel, B.: Schüler spielen mit Sprache. Stuttgart 1983.

Sikora, J.: Handbuch der Kreativmethoden. Heidelberg 1976.

Singer, J.L.: Phantasie und Tagtraum. München 1978.

Sjølund, A.: Gruppenpsychologie für Erzieher, Lehrer und Gruppenleiter. Heidelberg 1974.

Spinner, K.H.: Produktionsaufgaben zu Kurz- und Kürzestgeschichten. In: Praxis Deutsch, 75, 1986, S. 13.

Spinner, K.H.: Programm einer Schreibwerkstatt. In: K.Ermert, T. Bütow: Was bewegt die Schreibbewegung? Rehberg-Loccum 1990.

Spolin, V.: Improvisationstechniken für Pädagogen, Therapie und Theater. Paderborn 1985.

Stein, A. u. Stein, H.: Kreativität. Psychoanalytische und philosophische Aspekte. Fellbach 1987.

Steinhaußen, O. u. a.: Handbuch für schreibende Arbeiter. Berlin 1969.

Steputat: Reim-Lexikon. Stuttgart 1984.

Syme, C.: Kreativer Schreiben. Mühlheim 1990.

Tegtmeier, R.: Tarot. Geschichte eines Schicksalspiels. Bonn 1988.

Thalmayr, A.: Das Wasserzeichen der Poesie. Nördlingen 1985.

Thomas, K.: Meditation. Stuttgart 1973.

Thomson, E.: Aichylos und Athen. Berlin 1985.

Thomson, G.: Die ersten Philosophen. Berlin 1974.

Tietgens, H. u. Weinberg, J.: Erwachsene im Felde des Lehrens und Lernens. Braunschweig 1971.

Tietges, H.: Einleitung in die Erwachsenenbildung. Darmstadt 1979.

Tretjakov, S.: Die Arbeit des Schriftstellers. Reinbek 1972.

Ueding, G.: Literatur ist Utopie. In: ders.: Literatur ist Utopie. Frankfurt 1978.

Ueding, G.: Rhetorik des Schreibens. Königstein 1985.

Ulich, G.: Krise und Entwicklung. München 1986.

Underhill, E.: Mystik. Biedigheim o.J. (1928).

Valery, P.: Zur Theorie der Dichtkunst. Wiesbaden 1962.

Vöker, L.: Muse, Melancholie – Therapeutikum Poesie. München 1978.
Vopel, K. W.: Interaktionsspiele. Hamburg 1974. Band 1–4.
Vopel, K. W.: Interaktionsspiele für Kinder. Hamburg 1980. Band 1–4.
Vopel, K. W.: Interaktionsspiele für Jugendliche Hamburg 1981. Band 1–4 .
Vopel, K.W.: Ausflüge im Lotussitz. Hamburg 1989.
Vopel, K.W.: Dialog mit der Zukunft. Hamburg 1985.
Vopel, K.W.: Handbuch für Gruppenleiter. Hamburg 1984.
Vopel, K.W.: Lehre mich nicht, lass mich lernen. Band 1–4 Hamburg 1987.
Vopel, K.W.: Störung, Blockaden, Krise. Experimente für Lern- und Arbeitsgruppen. Hamburg 1984.
Vopel, K.W.: Wege des Staunens. Übungen für die rechte Hemisphäre. Band 1 Kreatives Schreiben. Hamburg 1985, Band 2 Malen und Formen. Hamburg 1985, Band 3 Phantasiereisen. Hamburg 1987.
Wagner-Egelhaaf, M.: *Mystik der Moderne. Stuttgart 1989.*
Waldmann, G.: *Literatur zur Unterhaltung. Reinbek 1981 Bd. 1–2.*
Waldmann, G.: *Produktiver Umgang mit Lyrik. Baltmansweiler 1988.*
Weller, R. *(Hrsg.): Sprachspiele. Stuttgart 1979.*
Wellershoff, D.: *Der Roman und die Erfahrbarkeit der Welt. Köln 1988.*
Werder, L.v.: ... triffst Du nur das Zauberwort. München 1986.
Werder, L.v.: Schreiben als Therapie. München 1988.
Werner, O.: *Griechische Satyrspiele. Stuttgart 1970.*
Wessel, G.: *Die sanfte Medizin. München 1988.*
Woisin, M.: *Integrität und Erinnerung. Hamburg 1986. Band 1–2.*
Wygotski, L.S.: Denken und Sprechen. Frankfurt 1971.
Zdenek, M.: *Die Entdeckung des rechten Gehirns. Berlin 1988.*
Zeier, H.: *Verhaltenskonditionierung durch Bio Feedback. In: ders.: Lernen und Verhalten. Weinheim 1984, Bd. 2.*
Zimmer-Bradley, M.: *Die Nebel von Avalon. Fankfurt 1986.*
Zürn, U.: *Das Weisse mit dem roten Punkt. Frankfurt 1988*
Zwicky, F.: *Jeder ein Genie. Frankfurt 1971.*

4. Ausgewählte neue Literatur zum kreativen Schreiben

Die Literatur zum Kreativen Schreiben ist unüberschaubar, wenn man sie im internationalen Rahmen betrachtet. Die folgende Bibliographie berücksichtigt hauptsächlich die deutsche Literatur und nur punktuell die englischsprachige. Die englische Literatur kann aber über die angegebenen Bibliographien und Zeitschriften gut erschlossen werden.

Wir gliedern die Spezial-Bibliographie nach den Schwerpunkten des Lehrbuchs in folgenden Aspekten:

1. Bibliographien
2. Zeitschriften
3. Grundlagen der Schreibpädagogik
4. Geschichte des Kreativen Schreibens
5. Literarisches Schreiben
6. Selbsttherapeutisches und autobiographisches Schreiben
7. Berufliches Schreiben

8. Schreiben in der Schule
9. Wissenschaftliches Schreiben
10. Philosophisches Schreiben
11. Schreibgruppendynamik und Schreibgruppenleitung
12. Schreibkrisen- und Schreibberatung
13. Kulturgeschichte des Schreibens
14. Arbeitsmarkt für Schreiblehrer und Schreiblehrerinnen
15. Internet – Surftipps für Kreative Schreiber
16. Ausbildungsgänge für Kreatives Schreiben
17. Verlage für Kreatives Schreiben

Ausgewählte neue Literatur zum kreativen Schreiben

1. Bibliographien

Anson, C. M., Schwiebert, J. E., Williamson, M. M.: Writing across the Curriculum. An annotated Bibliography. Westport 1993

Conference of College Composition and Communication (Hrsg.): Bibliography of Composition and Rhetoric. Carbondale 1x jährlich, 1988–2006

Gere, A. R.: Bibliography of Writing Groups. In: Gere, A. R.: Writing Groups. Carbondale 1987, S. 125–165

Murphy, C., Law, J., Sherwood, S.: Writing Centres. An annotated Bibliography. Westport 1996

Webb, S. S.: Bibliography of Writing Textbooks, In: Writing Program Administration. 1990, Vol. 13, Nr. 3, S. 51–69

2. Zeitschriften

College Composition and Communication. Hrsg.: National Council of Teachers of English. Seit 1948: 4 x jährlich

HDZ-Info. Hrsg.: Hochschuldidaktisches Zentrum der Alice-Salomon-Fachhochschule. Berlin Hellersdorf 1999–2004, 2 x jährlich

Journal of Advanced Composition. Hrsg.: Association of Teachers of Advanced Composition. Seit 1980: 2 x jährlich

Journal of Basic Writing. Seit 1981: 2 x jährlich

Journal of Poetry Therapy. New York. Seit 1986: 4 x jährlich

Poets and Writers Magazine. New York. Hrsg.: Poets and Writers Cooperation. Seit 1980: 3 x jährlich

Rhetoric Review. A Journal of Rhetoric and Composition. Seit 1982: 4 x jährlich

Segeberger Briefe. Zeitschrift für Kreatives Schreiben. Hamburg. Seit 1990 2 x jährlich

TextArt. Magazin für Kreatives Schreiben. Bergisch Gladbach. Hrsg.: Oliver Buslau, seit 2000: 4 x jährlich

Writers Digest Magazine. Hrsg.: Verlag Writers Digest. Cincinatti. Seit 1998: 4 x jährlich

Writing Program Administration. Journal of the Council of Writing Program Administration. Seit 1980: 2 x jährlich

3. Grundlagen der Schreibpädagogik

Aebli, H.: Zwölf Grundformen des Lehrens. Stuttgart 1983

Anderson, J. R.: Kognitive Psychologie. Heidelberg 1988

Aristoteles: Poetik. Stuttgart 2002

Aristoteles: Rhetorik, München 1993

Belanoff, P., Elbow, P. (Hrsg.): Nothing begins with N. New Investigation of Freewriting. Carbondale 1991
Boehncke, H.; Humburg, J.: Schreiben kann jeder. Reinbek 1980
Bräuer, G.: Schreiben als reflexive Praxis. Freiburg 2000
Bräuer, G.: Schreibend lernen. Grundlagen einer theoretischen und praktischen Schreibpädagogik. Innsbruck 1998
Bräuer, G.: Warum Schreiben? Schreiben in den USA. Frankfurt 1996
Brenner, G.: Kreatives Schreiben. Frankfurt 1990
Changeux, J.-P.: Der neuronale Mensch. Reinbek 1984
Curtius, M. (Hrsg.): Seminar: Theorien der künstlerischen Kreativität. Frankfurt 1976
Eccles, J.: Die Evolution des Gehirns. Die Erschaffung des Selbst. München 1990
Elbow, P., Belanoff, P.: A Community of Writers. A Workshop Course of Writing. New York 1989
Ermert, K., Kutzmutz, O. (Hrsg.): Wie aufs Blatt kommt, was im Kopf steckt. Über Kreatives Schreiben. Wolfenbüttel 2005
Goldberg, B.: Raum zum Schreiben. Creative Writing in 200 genialen Lektionen. Berlin 2004
Goldberg, N.: Schreiben in Cafes. Berlin 2003
Gössmann, W.: Theorie und Praxis des Schreibens. Düsseldorf 1987
Haslinger, J.; Treichel, H.-K. (Hrsg.): Schreiben lernen – schreiben lehren. Frankfurt 2006
Herman, W.: The Basic Writers Rhetoric. New York 1988
Hintze, C. J.; Trawner, D. (Hrsg.): Über die Lehr- und Lernbarkeit von Literatur. Wien 1993
Horaz: Epistulae/Briefe. De arte poetica/Von der Dichtkunst. Düsseldorf 2003
Kasper, H.: Schule der Autoren. Ein Handbuch der Dicht- und Schreibkunst. Leipzig 1999
Koch, H. H., Pielow, W.: Schreiben und Alltagskultur. Baltmannsweiler 1984
Koch, H. H.; Pielow, W.: Schreiben als Praxis – Praxis des Schreibens. Baltmannsweiler 1985
Kruse, O., Ruhmann, G. (Hrsg.): Schlüsselkompetenz Schreiben. Neuwied 1999
Lenk, H.: Kreative Aufstiege. Zur Philosophie und Psychologie der Kreativität. Frankfurt 2000
Lindskoog, K.: Creative Writing. Grand Rapids 1989
Ministerium für Schule und Weiterbildung des Landes Nordrhein-Westfalen (Hrsg.): Studienziel Dichter. Ist literarisches Schreiben lehrbar? Düsseldorf 1998
Moffett, J.: Active Voice. A Writing Program across the Curriculum. Portsmouth 1991
Moran, M. G.; Lunsford, R. F. (Hrsg.): Research in Composition and Rhetoric. Westport 1984
Murray, D. M.: Write to Learn. New York 1983
Piaget, J.: Das Weltbild des Kindes. Stuttgart 1978
Pogoda, G. M.: Kreativ Schreiben von der Idee bis zum Text. München 2001
Quintilianus, M. F.: Ausbildung des Redners. Hrsg. H. Rahn. Darmstadt 1988, Bd. 1 u. 2
Scheidt, J. v.: Kreatives Schreiben. Frankfurt 2006
Snger, W.: Gehirn und Kognition. Heidelberg 1990
Springer, S. B., Deutsch, G.: Linkes/rechtes Gehirn. Heidelberg 1987
Stein, A., Stein, H.: Kreativität, psychoanalytische und philosophische Aspekte. München 1987
Ueding, G.: Rhetorik des Schreibens. Königstein 1985
Werder, L. v.: Einführung in das Kreative Schreiben. Berlin 2000
Werder, L. v.: Kreative Literaturgeschichte. Berlin 1993
Wygotski, L. S.: Denken und Sprechen. Frankfurt 1971

4. Geschichte des kreativen Schreibens

Adams, K. H.: A History of Professional Writing Instructions in American Colleges. Dallas 1993
Berlin, J. A.: Writing Instruction in Nineteenth-Century American Colleges. Carbondale 1984
Douglas, G. H. (Hrsg.): Studies in the History of Business Writing. Urbana 1985

Gere, A. R.: Writing Groups. Carbondale 1987 (Geschichte der Schreibgruppen in den USA von 1880–1985)
Jollife, D. A. (Hrsg.): Writing in the Academic Disciplines. Norwood 1988
Library of Congress (Hrsg.): Teaching Creative Writing. Washington 1974
Malone, E.: The Complete Guide to Writers Groups, Conferences and Workshops. New York 1998
Moxley, J. M.: Creative Writing in America. Urbana 1989
Murphy, J. J.: A short History of Writing Instruction. From Ancient Greece to Twentieth-Century America. Davis 1990
Projekt Kreatives Schreiben Aachen (Hrsg.): Kreatives Schreiben zwischen Literatur und Lebenshilfe. Aachen 1980
Russell, D. R.: Writing in the Academic Disciplines 1870–1990. A Curricular History. Carbondale 1991
Schenkel, E. (Hrsg.): Creative Writing – Kreatives Schreiben. Eggingen 1998
Wilbers, S.: The Iowa Writer's Workshops: Origins, Emergence and Growth. Iowa City 1980

5. Literarisches Schreiben

Bickham, J. M: Short Story. Die amerikanische Kunst, Geschichten zu erzählen. Frankfurt 2003
Brande, O.: Schriftsteller werden. Berlin 2001
Cameron, J.: Von der Kunst des Schreibens. München 2003
Egri, L.: Literarisches Schreiben. Berlin 2002
Ehrnsberger, J.: Literarisches Schreiben. Waldsburg 2005
Freytag, G.: Die Technik des Dramas. Berlin 2003
Jagnow, B.: Marketing für Autoren. Der Weg zur erfolgreichen Selbstveröffentlichung. Köln 2001
Kruse, Q.: Kunst und Technik des Erzählens. Frankfurt 2001
Liebnau, U.: Eigensinn. Kreatives Schreiben. Frankfurt 1995
Lodge, D.: Das Handwerk des Schreibens. München 2003
Merkelbach, V.: Kreatives Schreiben. Braunschweig 1993
Modick, K., Mörchen, H. (Hrsg.): Von Lust und Last literarischen Schreibens. Frankfurt 2001
Moldenauer, F., Bitter, J.: Literatur veranstalten. Lesung, Vortrag, Event. Frankfurt 2006
Oates, J. C.: Beim Schreiben allein. Handwerk und Kunst. Berlin 2006
Rico, G. L.: Garantiert Schreiben Lernen. Hamburg 1998
Scheidt, J. v.: Kurzgeschichten schreiben. Frankfurt 1995
Schumann, O.: Grundlagen und Techniken der Schreibkunst. Frankfurt 2004
Spinner, K. H.: Umgang mit Lyrik. Baltmannsweiler 1997
Steck, A., Carver, R.: Creative Writing. Romane und Kurzgeschichten schreiben. Berlin 2004
Vopel, K. W.: Geschichtenwerkstatt. Salzhausen 2001
Vopel, K.: Schreibwerkstatt. Hamburg 1997. Bd. 1 u. 2
Waldmann, G.: Bothe, K.: Erzählen. Stuttgart 1992
Waldmann, G.: Produktiver Umgang mit dem Drama. Baltmannsweiler 1996
Waldmann, G.: Produktiver Umgang mit Lyrik. Baltmannsweiler 1994
Werder, L. v.: Der integrative Ansatz im Kreativen Schreiben. Berlin 1993
Werder, L. v.: Einführung in das Kreative Schreiben. Berlin 1998
Werder, L. v.: Kreative Literaturgeschichte. Berlin 1993

6. Selbsttherapeutisches und autobiographisches Schreiben

Baldwin, C.: Das kreative Tagebuch. München 1992
Barrington, J.: Erinnerungen und Autobiographien schreiben. Berlin 2005
Biniek, E. M.: Psychotherapie mit gestalterischen Mitteln. Darmstadt 1992

Bradbury, R.: Zen in der Kunst des Schreibens. Basel 1987
Cameron, J.: Von der Kunst des Schreibens. München 2003
Johnson, R. L.: Ich schreibe mir die Seele frei. Freiburg 1990
Kelley, P.: The Uses of Writing in Psychotherapy. New York 1990
Koch, H. H., Keßler, N. (Hrsg.): Schreiben und Lesen in psychischen Krisen. Bonn 1998
Lane, B.: Schreiben heißt sich selbst entdecken. Kreatives Schreiben autobiographischer Texte. Augsburg 1995
Leedy, J. J.: Poetry as Healer. New York 1985
Lerner, A.: Poetry in the Therapeutic Experience. New York 1992
Marschik, M.: Poesietherapie. Therapie durch Schreiben? Wien 1993
Meier-Dell Olivo, R.: Schreiben wollte ich schon immer. Gekonnt Tagebuch führen, schärft die Sinne, befreit die Seele. Zürich 2003
Morrison, M. R.: Poetry as Therapy. New York 1987
Petzold, H.; Orth, I. (Hrsg.): Poesie und Therapie. Paderborn 1955
Progoff, J.: At a Journal Workshop. New York 1975
Progoff, J.: Life Study. Experiencing creative Lives by the intensive journal Method. New York 1983
Rainer, T.: Tagebuch schreiben. Berlin 2006
Schalk, G.: Schreiben befreit. Bonn 1986
Scheidt, J. v.: Kreatives Schreiben. Frankfurt 2006
Schulte-Steinicke, B.: Autogenes Training und Kreatives Schreiben. Berlin 1997
Schulte-Steinicke, B.: Meditation als Schreibhilfe. Berlin 1996
Schuster, K.: Das personal-kreative Schreiben im Deutschunterricht. Hohengehren 1995
Schuster, M.: Kunsttherapie. Köln 1986
Vopel, K. W.: Expressives Schreiben. Ein Programm zur seelischen Immunisierung. Hamburg 2006
Waldmann, G.: Autobiografisches als literarisches Schreiben. Baltmannsweiler 2000
Werder, L. v.: Erinnern, Wiederholen, Durcharbeiten. Die eigene Biographie kreativ schreiben. Berlin 1997
Werder, L. v.: Kreative Einführung in Grundkonzepte der Psychotherapie. Berlin 1998
Werder, L. v.: Schreib- und Poesietherapie. Weinheim 1996
Werder, L. v.: Schreiben als Therapie. München 1988
Werder, L. v.; Schulte-Steinicke, B.: Schreiben von Tag zu Tag. Wie das Tagebuch zum kreativen Begleiter wird. Zürich 1998

7. Berufliches Schreiben

Abon-Dakan, M.: Songtexte schreiben. Berlin 2006
Barnes, G. A.: Writing for Success. Philadelphia 1986
Bauer, A.: Liebesromane schreiben. Berlin 2004
Beinhart, L.: Crime – Kriminalromane und Thriller schreiben. Berlin 2003
Brosche, H.: Erfolgreich Kinderbücher schreiben. Von der Idee bis zum gedruckten Buch. Frankfurt 2004
Cohen, M. H.: Creative Writing for Lawyers. New York 1991
Crofts, A.: Ghostwriter. Schreiben und schreiben lassen. Berlin 2005
Drenkelforth, R.: Schreiben für die Zeitung. Zürich 2006
Ebel, H. F.; Bliefert, C.: Schreiben und Publizieren in den Naturwissenschaften. Weinheim 1991
Feinberg, S.: Components of Technical Writing. New York 1989
Ferrera, C. F.: Writing on the Job. Englewood Cliffs 1995
Forman, J. (Hrsg.): New Visions of Collaborative Writing. Portmouth 1992
Frey, J. N.: Wie man einen verdammt guten Krimi schreibt. Köln 2005

Haslinger, J., Treichel, H. U. (Hrsg.): Wie werde ich ein verdammt guter Schriftsteller? Frankfurt 2005
Heinrich, W.: Briefe schreiben – leicht gemacht. Darmstadt 2003
Keane, C.: Schritt für Schritt zum erfolgreichen Drehbuch. Berlin 2003
King, S.: Das Leben und das Schreiben. Berlin 2000
Knauss, S.: Schule des Erzählens. Ein Leitfaden für Roman- und Drehbuchautoren. Frankfurt 2006
Lay, M. M.; Karis, W. M.: Collaborative Writing in the Industry. Amityville 1991
Lazarus, T.: Professionelle Drehbücher schreiben. Frankfurt 2003
Lindeman, E.: Rhetoric for Writing Teachers. New York 1995
Macrorie, K.: Writing to be Read. Portsmouth 1984
Markel, M.: Writing in the Technical Fields. New York 1994
McKee, R.: Story. Die Prinzipien des Drehbuchschreibens. Berlin 2000
Porombka, S.: Kritiken schreiben. Ein Trainingsbuch. München 2006
Rademacher, W.: Schreib Dich reich – Vom Gedanken zum Bestseller.
Reinhardt, K. (Hrsg.): Das Schreibbuch für Pflegende. Bern 2002
Röhrig, G.: Handbuch für Gelegenheitsdichter. Bindlach 1987
Sampson, F. (Hrsg.): Creative Writing in Health and Social Care. London 2004
Weber, M. (Hrsg.): Zwischen Handwerk und Inspiration. Lyrik schreiben und veröffentlichen. Hamburg 2005
Werder, L. v.: Erfolg im Beruf durch kreatives Schreiben. Berlin 1995
Werder, L. v.: Grundkurs des beruflichen Schreibens. Berlin 1996

8. Schreiben in der Schule

Allen, R.: Literatur in 5 Minuten. Ein Schnellkurs. Frankfurt 2002
Böttcher, J.: Schreibkompetenz entwickeln und beurteilen. Berlin 2006
Böttcher, J.: Kreatives Schreiben. Berlin 1999
Bräuer, G. (Hrsg.): Schreiben(d) lernen. Ideen und Projekte für die Schule. Frankfurt 2004
Dehn, M.: Texte und Kontexte. Berlin 1999
Englert, S.: Wörterwerkstatt. Tipps für Jugendliche, die gern schreiben. Hamburg 2001
Leis, M.: Literaturwissen. Kreatives Schreiben. 111 Übungen. Leipzig 2006
Mattenklott, G.: Literarische Geselligkeit. Stuttgart 1979
Mosler, B., Herholz, G.: Die Musenkussmischmaschine. München 2003
Schuster, K.: Das personal-kreative Schreiben im Deutschunterricht. Hohengehren 1995
Werder, L. v.: Brainwriting & Co. Die 11 effektivsten Methoden des Kreativen Schreibens für die Schule und das Studium. Berlin 2002
Werder, L. v.: Creative Thinking. Die effektivsten Denkmethoden großer Philosophen für Schule, Studium und Beruf. Berlin 2003

9. Wissenschaftliches Schreiben

Baurmann, J.; Weingarten, R. (Hrsg.): Schreiben. Weinheim 1995
Belanoff, P. u.a. (Hrsg.): Nothing begins with N. New Investigations of Freewriting. Carbondale 1991
Böttcher, J. u.a. (Hrsg.): Schreiben. Von intuitiven zu professionellen Schreibstrategien. Wiesbaden 2005
Bünting, K.-D.: Schreiben im Studium. Berlin 1996
Buzan, T.; Buzan, B.: Das Mind-Map-Buch. Landsberg 1996
Eco, U.: Wie man eine wissenschaftliche Abschlussarbeit schreibt. Heidelberg 1996
Fulwiler, T.: The Journal-Book. Portsmouth 1992
Kruse, O.: Keine Angst vor dem leeren Blatt. Frankfurt 1998

Macrorie, K.: The I-Search-Paper. Portsmouth 1986
Meehan, E. J.: Praxis des wissenschaftlichen Denkens. Reinbek 1992
Narr, W.-D.; Stary, J. (Hrsg.): Lust und Last des wissenschaftlichen Schreibens. Frankfurt/Main 2000
Rückriem, G. u.a.: Die Technik wissenschaftlichen Arbeitens. Paderborn 1994
Schulte-Steinicke, B.: Bilder werden Worte. Milow 2000
Searle, J. R.: Minds, Brains and Science. Cambridge 1984
Stary, J.; Kreischmer, H.: Umgang mit wissenschaftlicher Literatur. Frankfurt 1994
Werder, L. v.: Brainwriting & Co. Berlin 2002
Werder, L. v.: Grundkurs des wissenschaftlichen Lesens. Berlin 1996
Werder, L. v.: Grundkurs des wissenschaftlichen Schreibens. Berlin 1994
Werder, L. v.: Kreatives Schreiben in den Wissenschaften. Berlin 1996
Werder, L. v.: Kreatives Schreiben von Diplom- und Doktorarbeiten. Berlin 1998
Werder, L. v.: Lehrbuch des wissenschaftlichen Schreibens. Berlin 1993
Werder, L. v.: Rhetorik des wissenschaftlichen Redens und Schreibens. Berlin 1995
Werder, L. v.: Wissenschaftliche Texte kreativ lesen. Berlin 1995
Worsley, D.; Mayer, B.: The Art of Science Writing. New York 1989

10. Philosophisches Schreiben

Dill, A.: Philosophische Praxis. Frankfurt 1990
Hadot, P.: Philosophie als Lebensform. Berlin 1991
Lenk, K.: Kreative Aufstiege. Zur Philosophie und Psychologie der Kreativität. Frankfurt 2000
Martinich, A. P.: Philosophical Writing. Englewood Cliffs 1989
Rabbow, P.: Seelenführung. München 1954
Rosenberg, J. F.: Philosophieren. Frankfurt 1996
Watson, R. A.: Writing Philosophy. Carbondale 1992
Werder, L. v.: Ängstige Dich nicht – schreibe! Berlin 1998
Werder, L. v.: Beklage Dich nicht – philosophiere! Berlin 1996
Werder, L. v.: Creative Thinking. Die effektivsten Denkmethoden großer Philosophen für Schule, Studium und Beruf. Berlin 2003
Werder, L. v.: Lehrbuch der philosophischen Lebenskunst für das 21. Jahrhundert. Berlin 2000
Werder, L. v.: Philosophische Lebenskunst. Berlin 2000–2007, Bd. 1–7
Werder, L. v.: Verzweifle nicht – suche! Berlin 1997

11. Schreibgruppendynamik und Schreibgruppenleitung

Ammon, G.: Gruppendynamik der Kreativität. München 1974
Brand, A. G.: The Psychology of Writing. New York 1989
Elbow, P.: Writing without Teachers. New York 1973
Elbow, P.; Belanoff, P.: Sharing and Responding. New York 1989
Forman, J. (Hrsg.): New Visions of Collaborative Writing. Portsmouth 1992
Hawkins, T.: Group Inquiry. Techniques for Teaching Writing. Urbana 1976
Gere, A. R.: Writing Groups. Carbondale 1987
Landau, E.: Kreatives Erleben. München 1976
Leblanc, P.: Writing Teachers – Writing Software. Urbana 1993
Leuner, H. u.a.: Gruppenimagination. Berlin 1986
Lundsford, a., Ede, L.: Singular Texts/Plural Authors. Perspectives on Collaborative Writing. Carbondale 1990
Sachs, H.: Gemeinsame Tagträume. Leipzig 1924
Schalk, G.; Rolfes, B.: Schreiben befreit. Bonn 1985

Schmidbauer, W. D.: Selbsterfahrung in der Gruppe. Reinbek 1992
Vopel, K. W.: Handbuch für GruppenleiterInnen. Zur Theorie und Praxis der Interaktionsspiele. Salzhausen 2002, 5. Auflage
Vopel, K. W.: Kreative Konfliktlösung. Spiele für Arbeitsgruppen. Salzhausen 2001
Vopel, K. W.: Wirksame Workshops. 80 Bausteine für dynamisches Lernen. Salzhausen 2000
Wilbers, S.: The Iowa Writers-Workshop. Iowa-City 1981

12. Schreibkrisen und Schreibberatung

Bein, C.; Hollner, A. v.: Schreibstörungen – Ihre Pädagogik und Therapie. Berlin 1994
Bergler, E.: The Writer and Psychoanalysis. New York 1992
Flower, L.: Problem Solving Strategies for Writing. New York 1981
Klicpera, C.; Gasteiger-Klicpera, B.: Psychologie der Lese- und Schreibschwierigkeiten. Weinheim 1995
Kruse, O.: Keine Angst vor dem leeren Blatt. Frankfurt 1996
Leader, Z.: Writer's Block. Baltimore 1991
Mack, K. u.a.: Overcoming Writing Blocks. Los Angeles 1979
Milner, M.: On not Being Able to Paint. London 1981
Minniaer, J.: Free Yourself to Write. San Francisco 1980
Mundis, J.: Break Writer's Block now. New York 1991
Nelson, V.: On Writers Block. New York 1993
Rose, M.: When a Writer can't Write. New York 1985
Rose, M.: Writer's Block: The Cognitive Dimension. Carbondale 1984
Werder, L. v., Schulte-Steinicke, B., Schulte, B.: Weg mit Schreibstörung und Lesestreß. Hohengehren 2001

13. Kulturgeschichte des Schreibens

Claiborne, R.: Die Erfindung der Schrift. Reinbek 1978
Coulmas, F.: Über Schrift. Frankfurt 1981
Daiute, C.: Writing and Computers. New York 1985
Eurich, C.: Computer, neue Medien und Kultur. Hamburg 1988
Flusser, V.: Die Schrift. Frankfurt 1992
France, A. W.: Composition as a Cultural Practice. Westport 1994
Gelb, I. J.: Von der Keilschrift zum Alphabet. Grundlagen einer Schriftwissenschaft. Stuttgart 1958
Goody, J. u. a.: Entstehung und Folgen der Schriftkultur. Frankfurt 1986
Goody, J.: Die Logik der Schrift und die Organisation von Gesellschaft. Frankfurt 1990
Goody, J.: Literalität in traditionellen Gesellschaften. Frankfurt 1981
Halpern, J. W., Liggetts, S.: Computer and Composing. How the New Technologies are changing Writing. Carbondale 1987
Hawisher, G. E. u. a. (Hrsg.): Computers and the Teaching of Writing in American Higher Education 1979–1994. A History. Norwood 1996
Kuckenburg, M.: Die Entstehung von Sprache und Schrift. Köln 1989
McLuhan, M.: Die Gutenberg Galaxis. Bonn 1995
Ong, W.: Oralität und Literatur. Opladen 1987
Oxenham, J.: Literacy, Writing, Reading and Social Organisation. London 1980
Sanders, B.: Der Verlust der Sprachkultur. Frankfurt 1995
Turkle, S.: Die Wunschmaschine – Der Computer als zweites Ich. Reinbek 1986
Williams, R.: Writing in Society. London 1983
Zimmer, D. E.: Die Elektrifizierung unserer Sprache. München 1997

14. Arbeitsmarkt für Schreiblehrer und Schreiblehrerinnen

Allen-Wiebranitz, L.: *Wie finde ich einen Verlag?* München 1993
Englen, S.: *So finden Sie einen Verlag für Ihr Manuskript.* Frankfurt 1999
Hesse, Schrader: *Arbeitsmarktchancen für Master.* Berlin 1998
Kratz, H.-J.: *Handbuch Bewerbung.* Berlin 1993
Meynecke, P.: *Von der Buchidee zum Bestseller.* Berlin 1996
Uschtrin, G.: *Handbuch für Autoren.* München 1987

15. Internet – Surftipps für kreative Schreiber

4500 Gedichte: http://www.gedichte.com – Hier kann jeder Gedichte, die ihm gefallen, ins Netz stellen.
Autorenforum: http://www.autorenforum.de – Aktuelle Infos
Bundesverband junger Autoren und Autorinnen e.V.: http://bvja-online.de– viele Infos und ausführliche Linkliste, u.a. zu **Schreibwerkstätten**
Groves, D.: The Writers Guide to the Internet. Wilsonville, 1997
Kostenloses Lektorat: http://junges-lektorat.de – Ehrenamtliche Autoren lektorieren eingereichte Texte
Kreatives Schreiben für Kinder: http://kids-writing.mingco.com – Jugendliche Schreiber können in Englisch ihre Texte ins Netz stellen
Kurzgeschichten bei Jörg Otto: http://www.metropol.de/mlt/shortstory/joerg – Jörg stellt Deine Kurzgeschichte ins Netz
Literaturcafé im Internet: http://www.literaturcafe.de – Die eingesandten Texte werden ausgewählt
Literaturhäuser und Schreibwerkstätten: http://www.equinoxe.de/sharebuch – Liste von Schreibwerkstätten und Literaturhäusern in Deutschland
Literaturmagazin: http://www.txt.de – Magazin mit Darstellung vieler kleiner Verlage, zum Einstieg in die Veröffentlichung erster Texte
Textwelt: http://www.vhs.at/Textwelt – Schreibwerkstatt. Veröffentlichungsmöglichkeit für eigene Texte
Uschtrin-Handbuch: http://www.uschtrin.de – Viele Infos über Kreatives Schreiben, Wettbewerbe, Schreibinstitute
Veröffentlichungschance: http://www.autorenweb.de – Große Linkliste von Verlagen und Präsentation neuester Texte
Veröffentlichungschance: http://www.wild.de/autoren – Veröffentlichungsmöglichkeit für Prosa und Lyrik
Webkönig: http://www.narrkotika.de/ring – Der größte literarische Webring im Internet
Webringe: http://www.blaz.de – Zusammenschluss von 140 Literaturwebseiten

16. Ausbildungsgänge für kreatives Scheiben

Akademische Ausbildungsgänge

Masteraufbaustudiengang „Kreatives und autobiografisches Schreiben" an der Alice-Salomon-Fachhochschule, Berlin Hellersdorf.
Studiengang „Kreatives Schreiben und Kulturjounalismus" an der Universität Hildesheim. Leitung: Prof. Dr. H.-J. Ortheil
Studiengang „Schriftstellerausbildung" des Deutschen Literaturinstituts an der Universität Leipzig
Studiengang „Literatur und Theater" an der Universität Tübingen
Studiengang „Szenisches Schreiben" an der Universität der Künste (UdK) Berlin

Private Schreibausbildungsinstitute:

Institut für Kreatives Schreiben (IKS) Berlin. Wissenschaftliche Leitung: Prof. Dr. Lutz von Werder. Kontakt: 030 / 211 92 04

Schule des Schreibens. Hamburg, Neumann-Reichardt-Str. 273-3

Institut für angewandte Kreativitätspsychologie. Wissenschaftliche Leitung: Dr. Jürgen v. Scheidt, Kontakt: 089 / 39 54 71

Bundesakademie für kulturelle Bildung. Wolfenbüttel. Kontakt: 0 53 31 / 808-415

Schreibschule Erfurt. Leitung: Paulina Schulz, Kontakt: 0361/5518675

Seegeberger Kreis. Gesellschaft für Kreatives Schreiben. Kontakt: Katrin Bothe 040 / 57 00 89 14

17. Verlage für Kreatives Schreiben

Schibri-Verlag, Berlin/Milow (30 Schreibbücher)
Verlag 2001, Frankfurt (8 Schreibbücher)
Verlag Autorenhaus, Berlin (54 Schreibbücher)
Schneider-Verlag, Hohengehren (18 Schreibbücher)
Isko-Press, Salzhausen (8 Schreibbücher)

Index

marixverlag

Wilhelm
Busch
Es ist mal so,
daß ich so bin
Gedichte und Bildergeschichten

Wilhelm Busch
Es ist mal so, daß ich so bin
geb. mit SU, 480 Seiten
Format: 12,5 x 20,0 cm
ISBN-10: 3-86539-092-7
ISBN-13: 978-3-86539-092-9

SEINE BESTEN GEDICHTE

Diese Anthologie zeigt jene großartigen Klassiker, die zur Unsterblichkeit der genialen Schöpfungen des Maler-Dichters führten: Aus den »fliegenden Blättern« und dem »Münchner Bilderbogen«, über »Max und Moritz«, »Die fromme Helene«, »Dideldum«, den »Maler Klecksel« bis hin zu »Schein und Sein«. – Ein unübertroffenes Lesevergnügen!

marixverlag
www.marixverlag.de
info@marixverlag.de

Joachim
Ringelnatz

»Verlasst den schwankenden Boden der Nüchternen, und kommt in das undichte Boot meiner Dichtung«

Gedichte

marixverlag

Joachim Ringelnatz
Verlasst den schwankenden Boden der Nüchternen und kommt in das undichte Boot der Dichtung
Gedichte
geb. mit SU, 480 Seiten
Format: 12,5 x 20,0 cm
ISBN-10: 3-86539-021-8
ISBN-13: 978-3-86539-021-9

DAS BESTE VOM
GROSSMEISTER DES SKURRILEN

Dieses Buch bietet einen Querschnitt durch sein Werk: Schnurrige bis schnoddrig-herzige, neckische, groteske oder traurige Gedichte, die oft einen Haken ins Philosophische schlagen. Ein Klassiker der komischen Muse, ein Leichter mit Tiefgang!

marixverlag
www.marixverlag.de
info@marixverlag.de